邵阳年鉴 2021

SHAOYANG NIANJIAN

邵阳市地方志编纂室 编

方志出版社
Publishing House of Local Records

图书在版编目(CIP)数据

邵阳年鉴. 2021 / 邵阳市地方志编纂室编.
-- 北京:方志出版社, 2022.1
ISBN 978-7-5144-5247-1

Ⅰ. ①邵… Ⅱ. ①邵… Ⅲ. ①邵阳—2021—年鉴
Ⅳ. ①Z526.43

中国版本图书馆CIP数据核字(2022)第187589号

责任编辑:王海荣
责任校对:刘玉霞
责任印制:梅中英
出 版 者:方志出版社
地　　址:北京市朝阳区潘家园东里 9 号(国家方志馆4层)
邮　　编:100021
网　　址:http://www.zgfzcb.cn
发　　行:方志出版社图书营销中心(010-67110500)
印　　刷:湖南省玖玺彩印有限公司
开　　本:889毫米×1194毫米 1/16
印　　张:25.25
字　　数:670千字
版　　次:2022年1月第1版
印　　次:2022年1月第1次印刷
定　　价:280.00元

邵阳年鉴 | SHAOYANG NIANJIAN 2021

邵阳年鉴编纂委员会

邵阳年鉴(2021)编纂人员

编辑说明

一、《邵阳年鉴（2021）》坚持以马克思列宁主义、毛泽东思想、邓小平理论、“三个代表”重要思想、科学发展观、习近平新时代中国特色社会主义思想为指导，坚持辩证唯物主义和历史唯物主义的立场、观点和方法，全面、客观、系统地记载2020年邵阳市国民经济和社会发展的基本情况与重大事件。

二、《邵阳年鉴（2021）》是由邵阳市人民政府主办、邵阳市地方志编纂室编纂的年度资料性文献，力求全面、准确记述2020年邵阳市自然、政治、经济、文化、社会发展状况，为社会各界认识、了解邵阳提供全面、准确、权威信息，并为续修地方志积累资料。

三、《邵阳年鉴（2021）》采用分类编辑法，设类目、分目、条目3个层次，部分分目下设子目，条目为记述基本形式。主体部分有图表，书中插排彩色图片。

四、《邵阳年鉴（2021）》依次并列设特载、大事记、邵阳概览、中国共产党邵阳市委员会、邵阳市人民代表大会、邵阳市人民政府、中国人民政治协商会议邵阳市委员会、中共邵阳市纪律检查委员会 邵阳市监察委员会、民主党派与工商联、群众团体、法治·军事、综合监督管理、城乡建设与生态环境、交通·邮政·通信、农业、工业、商贸流通、金融、教育·科技、文化·旅游·体育、卫生健康与医疗、市县区情、人物、附录，共24个类目。

五、《邵阳年鉴（2021）》所载内容和数据均由各部门、各单位提供，并经撰稿单位领导审核后，由邵阳市地方志编纂室组织编纂，最后由邵阳年鉴编纂委员会审定。统计资料由市统计局提供，书中有些地区性、部门性数据，由于统计口径不同等原因，与市统计局公布的可能不一致，请读者在查阅和引用时注意。年鉴中部分数据因四舍五入原因存在总计与分项合计不等的情况。

六、《邵阳年鉴（2021）》数字用法执行国家标准《出版物上数字用法》（GB/T 15835—2011），标点符号用法执行国家标准《标点符号用法》（GB/T 15834—2011）。收录市领导机关、市直行政事业单位及部、省属在邵阳领导人名单，限于篇幅只收录正处以上（含正处）单位的班子成员，党政领导分设的，标明党委书记或副书记，当年任免的分别予以注明。

邵阳市政区图

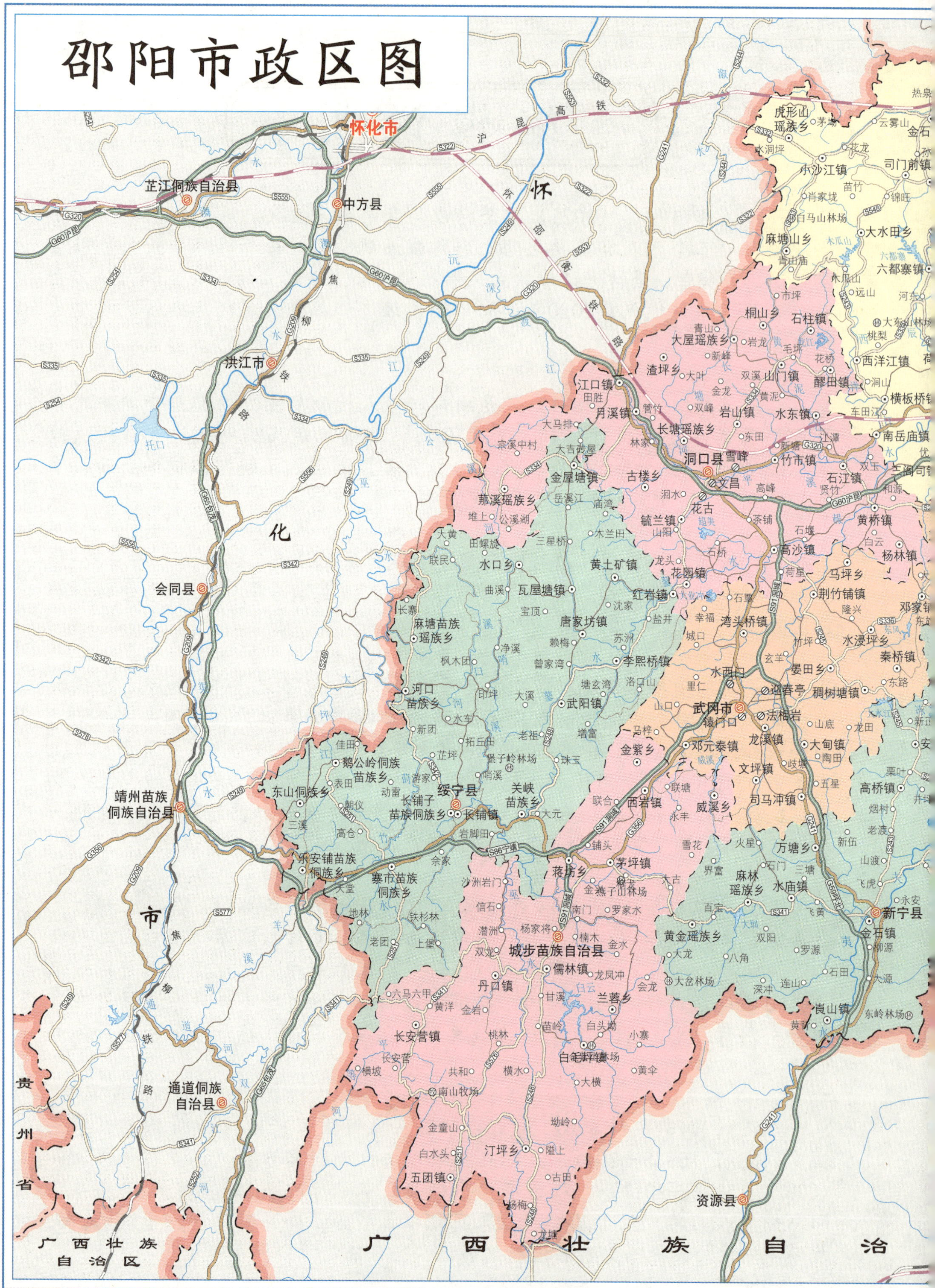

审图号:湘S(2021)第178号

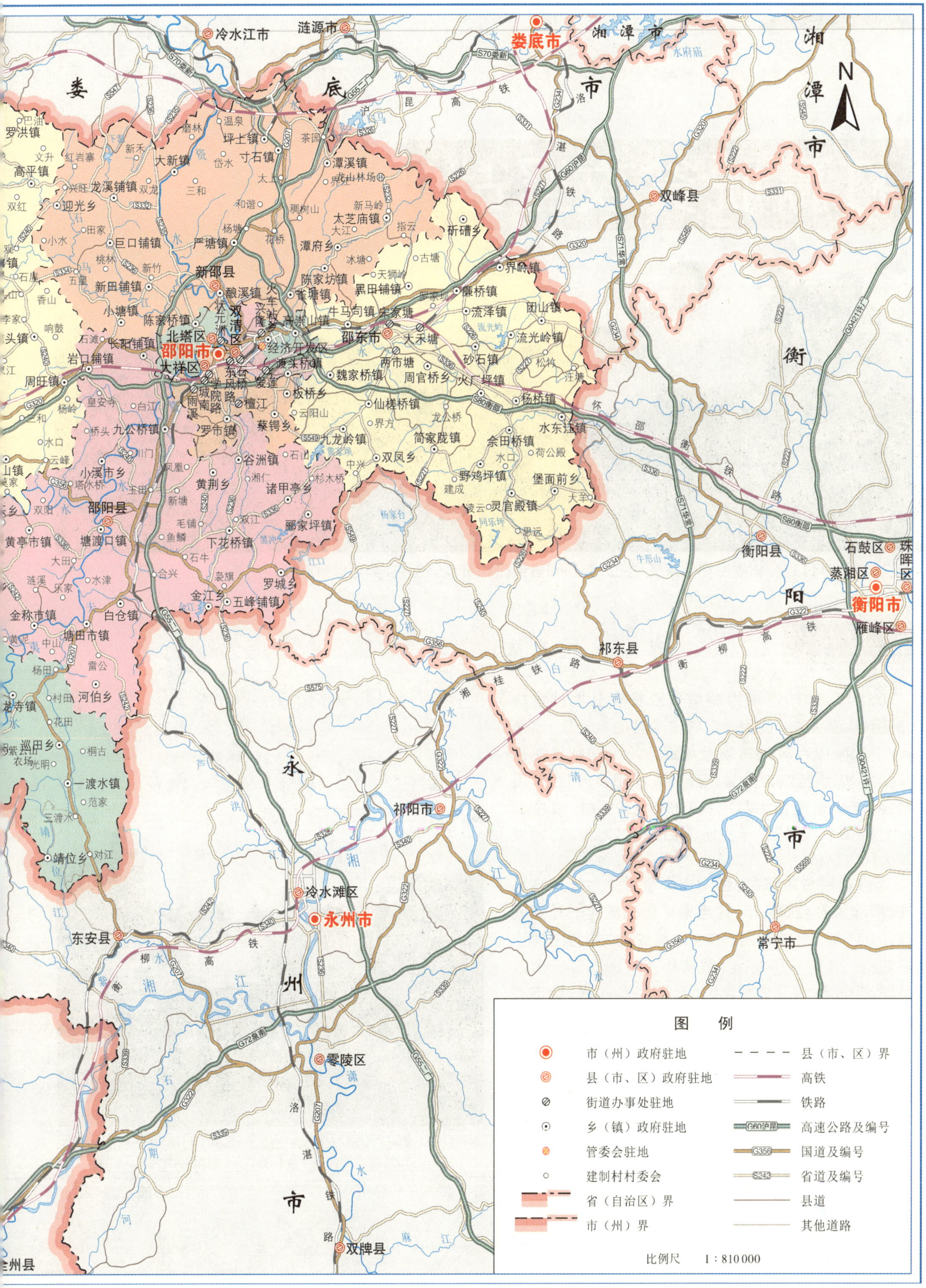

湖南省自然资源厅 湖南地图出版社编制 二〇二一年十二月

打赢脱贫攻坚战

2017年7月11日，省委书记杜家亳（左二）到邵阳县调研脱贫攻坚工作，实地考察产业扶贫基地 （市扶贫办 供图）

概 况

2014年，邵阳市成为湖南省脱贫攻坚主战场之一，贫困县、贫困村、贫困人口约占全省的六分之一。全市有8个武陵山片区扶贫攻坚重点县，3个国家扶贫工作重点县（城步苗族自治县、隆回县、邵阳县），1个深度贫困县（城步苗族自治县）；有1074个贫困村，其中深度贫困村66个；建档立卡贫困人口114.1万人，贫困发生率达16.58%。

为打赢脱贫攻坚战，邵阳市举全市之力推进精准扶贫、精准脱贫。2015年，在全省率先完成新一轮农网改造。2016年，完成贫困户D级危房改造，并为无房户建好住房。2017—2018年，解决所有贫困人口安全饮水问题，完成村级卫生室建设。至2019年年底，全市有贫困人口34530名。

2020年，集中力量开展剩余贫困人口脱贫工作。10月19—25日，国务院扶贫办第三方建档立卡数据质量评估实地核查组对新宁县5个乡镇15个村450户贫困户进行抽查，检查结果良好。脱贫攻坚普查实地登记显示，全市贫困户生活状况“明显改善”率为99.99%，“两不愁 、三保障”落实到位。至年底，全市8个贫困县全部摘帽，1074个贫困村全部出列，110余万名贫困人口全部脱贫，贫困发生率从16.58%降至0.51%，彻底打赢了脱贫攻坚战。

2016年8月，省扶贫办主任王志群（前排中）一行到现场考察邵阳县河伯乡城背村D级危房改造工程

（市扶贫办 供图）

高位推动　以脱贫攻坚统揽经济社会发展全局

▲ 2016年8月24日,市委书记龚文密(左三)在洞口县菥溪镇安顺村与贫困户代表座谈
(市扶贫办　供图)

▲ 2016年11月10日,市委副书记、市长刘事青(左一)与村干部交流脱贫攻坚经验
(市扶贫办　供图)

2014—2020年,邵阳市以脱贫攻坚统揽经济社会发展全局,党政领导牵头抓总,行业部门齐抓共管,社会各界共同参与。

加大行业部门资金整合力度,用好国家贷款、贴息、贴保政策,做好政府、银行、担保、保险有效对接,用活“粮食贷”“特色贷”“救灾贷”“油茶贷”等金融产品,为“精准滴灌”真扶贫、扶真贫提供资金保障。

强化政策投入,在确保国家、省里扶贫政策精准落地的基础上,市、县两级结合自身特点,出台一批有质量、有温度、有实惠、可操作的行业扶贫政策和具体帮扶措施,吸引更多市场主体、民营企业和爱心人士投入到产业扶贫、社会扶贫中。

动员科研院所和科技专家投身精准扶贫,组织实施“一县一团队,一村一专家”工程,就地培训一批爱农业、懂技术、善经营的扶贫产业带头人和新型职业农民。

推行科技特派员制度,采取“科研院所+合作社+龙头企业+贫困户”“科技特派员+龙头企业+村集体+贫困户”等模式,不断提高产业扶贫的科技支撑能力。

产业兴市　把发展产业作为精准脱贫的根本之策

邵阳市大力发展特色产业和电商、光伏、旅游等新业态，县县有工业园区、特色基地、优势产业，形成“一县一业”“一村一品”格局。邵阳县油茶、邵东中药材、隆回金银花、新宁脐橙、洞口雪峰蜜橘等打造“国字号”品牌。至2020年年底，全市199家龙头企业、2971个专业合作社、3510户种养大户和992个家庭农场与近20万名贫困群众建立利益联结机制，贫困地区“造血”功能进一步增强，产业扶贫带动70多万名贫困人口增收脱贫。全年落实产业扶贫资金11.19亿元，新增产业扶贫项目551个，使用财政扶贫资金实施的产业项目达2645个。

▲ 洞口县在驻村帮扶工作队的帮扶下，发挥旅游资源优势，成功把苏溪森林公园创建成国家AAAA级旅游景区，带动苏溪等周边3个乡镇通过旅游增收脱贫，图为洞口县苏溪瑶族乡贫困妇女集中开发瑶族熬茶　(市扶贫办 供图)

▲ 隆回县实施项目扶贫，大力推广金银花种植，带动18万名花农走上产业脱贫之路，全县金银花种植面积达20余万亩，年产干花1.2万吨，占全国金银花总产量的50%以上，是全国最大的原生态金银花种植区

(市扶贫办 供图)

▲ 新宁县强力推进产业扶贫工程，助推乡村贫困人口脱贫增收，烟叶种植成为贫困户脱贫的“短平快”项目，图为新宁县安山乡大桥村烤烟基地

(罗建国 供图)

补齐短板　实现贫困地区基础建设新跨越

邵阳市抢抓国家基础设施补短板政策机遇，聚焦脱贫攻坚、铁路、公路、机场、水利、能源、农业农村、生态环保、社会民生等重点领域，至2020年年底，建成武冈机场、怀邵衡铁路以及二广、洞新、武靖高速等一批重大基础设施项目，实现县县通高速。贫困村道路硬化、安全饮水、危房改造、卫生室、村级活动场所、合格学校建设、广播电视"村村通"、农网改造以及宽带互联网等实现全覆盖，其中自然村通水泥路3633公里、提质改造4309公里，新（改）建安全饮水工程6958处，集中供水565万人，农村自来水普及率89.3%。

▲ 城步苗族自治县交通条件明显改善　　(市扶贫办 供图)

▲ 邵阳市武冈机场　　(武冈市史志研究室 供图)

多措并举　全面巩固脱贫攻坚成果

2020年7月31日至8月2日，国务院扶贫办、人社部联合调研组在邵阳市调研，对贫困劳动力就业工作给予充分肯定。至11月底，全市贫困人口外出务工人数达到36.18万人，已就业贫困劳动力月平均工资达到2753元；累计发放就业扶贫扶持资金4643万元，惠及贫困劳动力6.64万人次；建成就业扶贫车间835个，通过开发公益性岗位安置贫困劳动力20694人；建立贫困村专业合作社2241个，实现贫困村专业合作社全覆盖；实施兜底保障，将全市农村低保标准调整为每月340元（每年4080元），确保农村低保标准稳定高于国家扶贫标准，全市社会救助兜底保障对象7.8万户13.26万人；开展健康扶贫，全市有村（社区）卫生室3471所，实现"空白村"全部清零，建档立卡贫困户县域内医保定点医疗机构住院全部实施"一站式"结算，结算专户资金到位率达100%，县域内就诊实际综合报销比例达87.5%；推进消费扶贫，全市已认定扶贫产品1822种，涉及企业319家，商品年总价值158亿元，帮助贫困地区销售农产品24.54亿元，居全省前列。

▲ 2016年4月，扶贫项目邵阳县岐山村光伏扶贫电站并网发电　(市扶贫办 供图)

▲ 新邵县潭府乡水口村异地扶贫车间吸收贫困劳动力，实现家门口就业　(新邵县史志研究室 供图)

▲ 绥宁县谢家村易地扶贫迁入区全景图　(市扶贫办 供图)

抗击新冠肺炎疫情

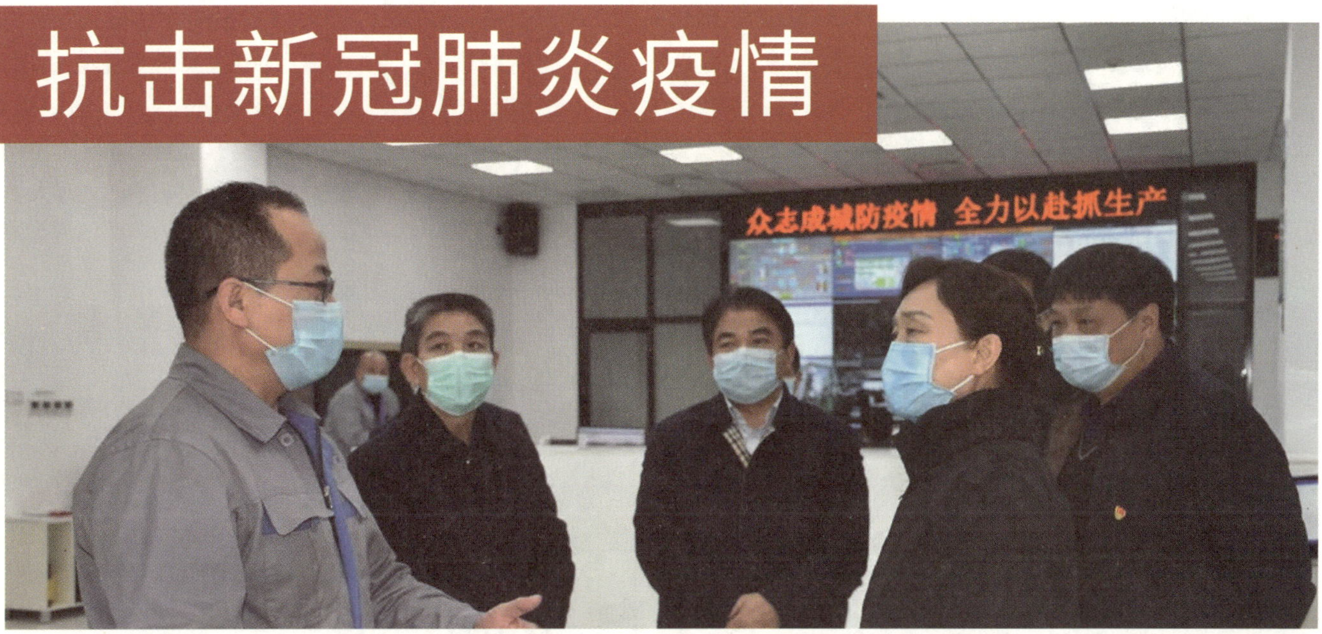

▲ 2020年2月26—27日，省政协主席李微微（右二）率省委第三指导组赴邵阳指导新冠肺炎疫情防控和病患救治工作

（申兴刚 摄）

概 况

2020年1月24日，邵阳市出现新冠肺炎感染者。面对全市“两史”人员、发热人员、确诊病例、聚集性病例、老年人病例、境外入邵阳人员“六多”形势，邵阳市委、市政府贯彻落实习近平总书记关于疫情防控工作的重要讲话和指示批示精神，贯彻落实中共中央、国务院和省委、省政府决策部署，按照“坚定信心、同舟共济、科学防治、精准施策”总要求，落实落细疫情防控各项措施。全市从2月19日开始没有新增病例，3月13日实现确诊病例清零，正常生产生活秩序全面恢复。截至12月31日，全市连续317天没有出现确诊病例、疑似病例、无症状感染者。邵阳市核酸检测方案获全省统一推介，市中心医院救治团队在《自然》杂志上发表专业论文，市卫生健康委员会被授予“湖南省抗击新冠肺炎疫情先进集体”称号。

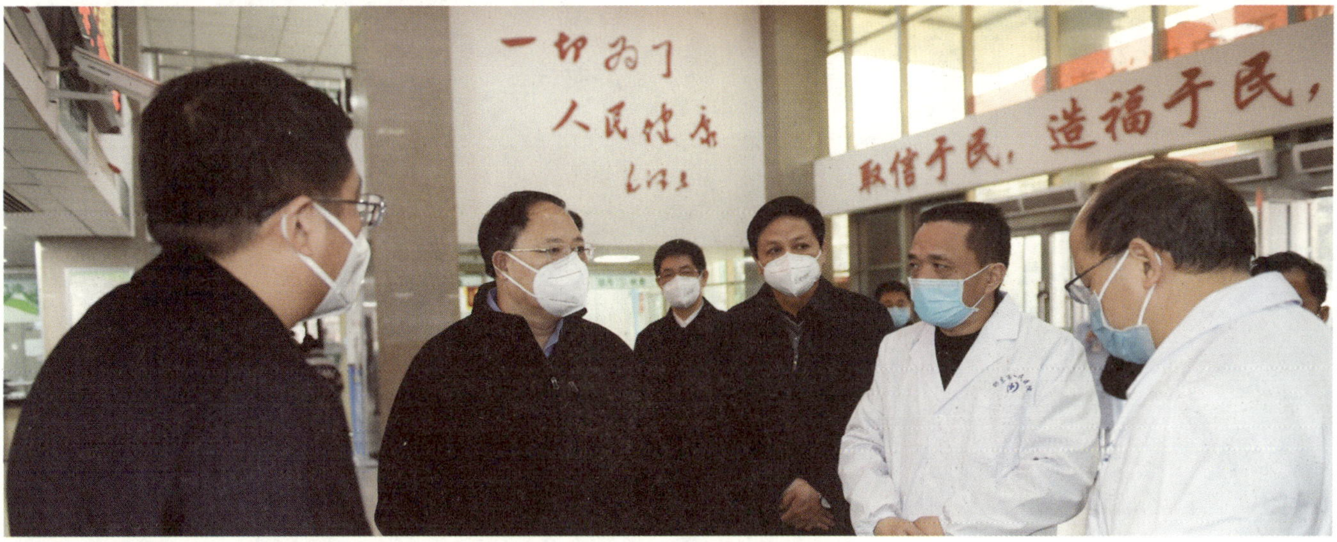

▲ 2020年2月1日，省委常委、秘书长张剑飞（左二）在邵东市督导疫情防控工作

（申兴刚 摄）

控制新冠肺炎传染源头 前移排查关口

全市依靠市、县、乡、村各级各部门力量，采取技术比对、设卡排查、入户摸排、群众报告等方式，对重点人员实行地毯式排查，做到排查不留死角、不留盲区，使新冠肺炎病例“早发现、早报告、早隔离、早治疗”。1月28日开始，检测范围由疑似病例“一类人员”扩大至密切接触史人员、集中隔离人员、发热门诊留观人员“四类人员”；1月31日，公安部门大数据通报全市重点人员1.5万余人，比对摸排3.2万余人；2月16日，将检测筛查关口前移到发热门诊发热人员、一线医护防控人员、出院患者等“八类人员”；从3月1日起，又增加境外入邵阳人员，共“九类人员”。通过扩面筛查，累计比对摸排4.24万人。

▲ 2020年疫情期间，医务人员和志愿者对入邵阳车辆和人员进行排查 (申兴刚 摄)

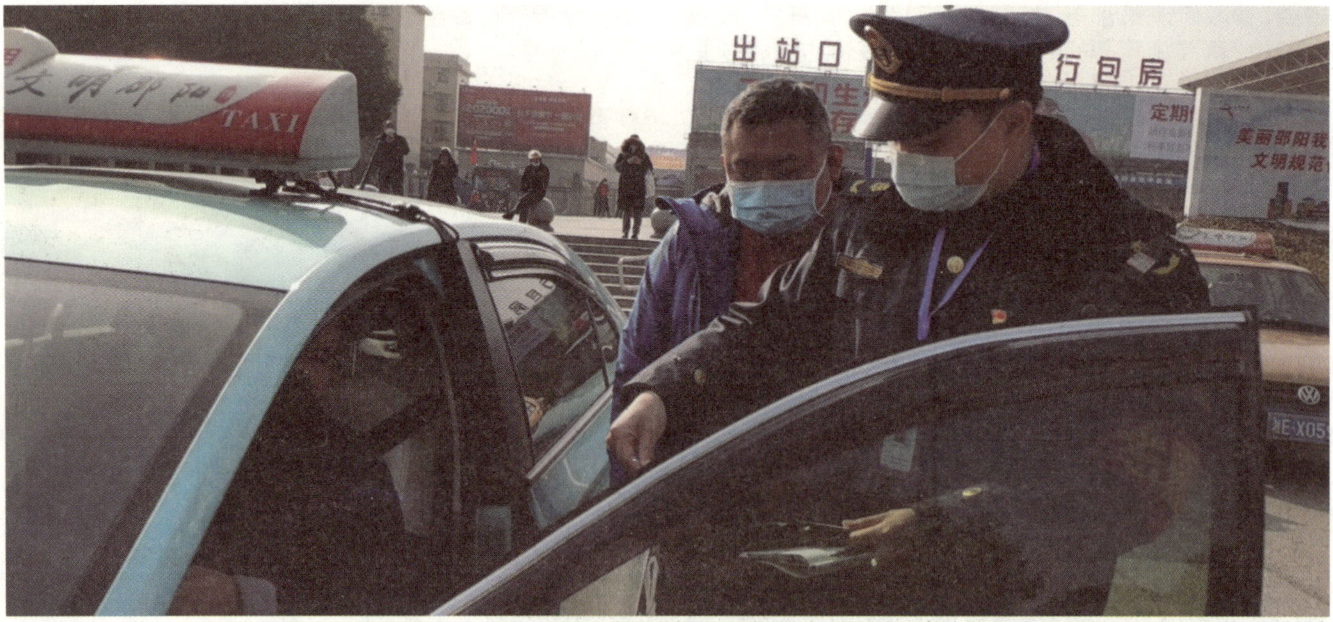

▲ 2020年1月29日，交通运输行政执法人员在收费站对过往车辆进行检查

立足切断传播途径　织牢防控网格

实行市委常委联点包县、县领导包乡镇（街道）、乡镇（街道）领导包社区（村）、社区（村）干部包片、部门单位包行业和服务对象的包干责任制。从市直机关和3个区区直机关选派5276名党员、干部下沉邵阳市城区社区一线，做到防控检测全覆盖。坚持重点管控在网格，开展聚集性活动、重点场所疫情管控。构建单位带头、行业协作、村社为主的联防联控、群防群控、自防自控的防控网格。

▲ 2020年1月28日，市委书记龚文密（右一）到大祥区二纺机社区检查疫情防控工作

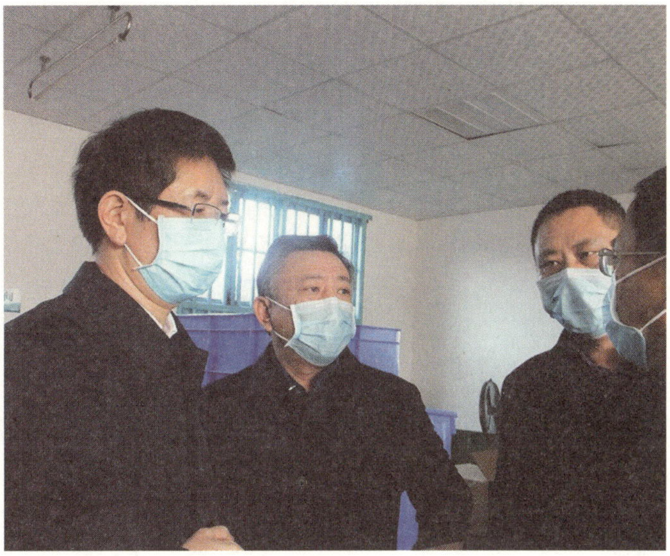

▲ 2020年1月28日，市长刘事青（左一）在邵东市调研防疫物资生产、供应、稳价等工作

▲ 2020年疫情期间，志愿者在沙井头社区疫情监测点服务　　（共青团市委　供图）

立足常态化防控 强化管控措施

疫情防控转入常态化后，邵阳市强化“人员转运、集中隔离、核酸检测”的“三个工作闭环”管控措施，做到境外返邵阳人员一个不漏、一个不缺全部摸排核实、全部集中观察、全部核酸检测。邵阳市是全省唯一组建云南工作专班的市，外防输入“三个工作闭环”防控做法获全省推介。同时，筑牢入境口岸、站点卡口、社区防控、医疗机构、群众自防5道防线，实施常态化疫情防控。在医疗机构防线上做到全员培训、全员流调、全速检测、全力防控、全面应对。培训医务人员5万余人、疫情防控应急专业人员1.89万人（其中采样10853人、检测389人）。从3月26日开始，对所有发热门诊、急诊、普通门诊的就诊病人和14天内入院的住院患者进行流行病学调查，实现“院内确诊患者零漏诊、医务人员零感染、院内零传播”。检测机构从1家增加到23家，检测PCR由1台增加到42台，签约第三方核酸检测机构4家。核酸检测能力从每天276人份提高到3万人份。在市中心医院建立全市核酸检测基地，配备9台检测PCR，综合调配市区检测PCR达18台。提升队伍实战、核酸检测、应急处置、隔离管控、医疗救治、物资储备、多病共防7种能力。强化常态化监测预警措施，对全市疫情和防控情况坚持日分析报告制度；把握2小时、12小时、24小时3个时限，对医疗卫生机构、重点场所人员，以及冷冻食品、农贸（集贸、海鲜）市场和肉类加工场所进行常态化监测预警，对每批进口冷链食品和相关从业人员按照相关规范进行检测。

▲ 2020年2月1日，双清区石桥街道向各村（社区）免费发放体温计、消毒液、酒精、喷雾机、一次性口罩、特殊有害垃圾收集桶等防疫物资 （伍洁 摄）

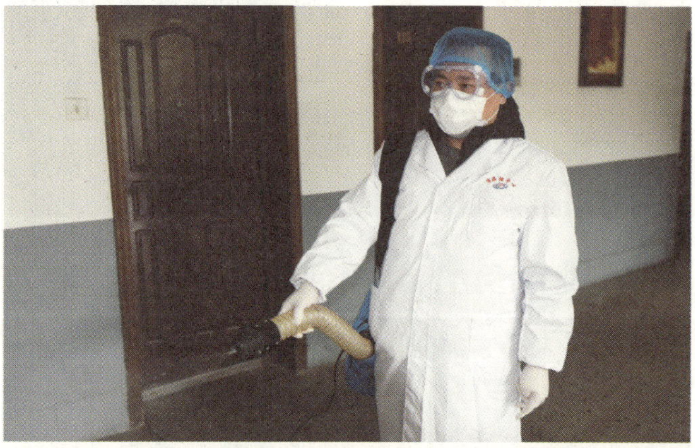

▲ 2020年疫情期间，医务人员进行日常消毒 （申兴刚 摄）

▲ 2020年2月1日，邵阳市召开疫情防控工作座谈会 （申兴刚 摄）

立足提高救治效率 升格医治层级

全市确定定点医院11家、后备定点医院12家，统筹安排3600余名医护人员，组建2080人的医疗救治团队。实行“一个患者、一名领导、一支队伍、一套方案”，尤其是对重症患者，省市专家组集体会诊，严格遵循医学规律，注重关口前移、尽早收治，实行一人一策、集中救治，坚持因势调整、升格医治，特别强化中西并举、辩证施治以及呼吸管理、营养支持、专科护理等协同诊治，给予确诊患者最及时、最优质的治疗方案和医疗资源，从而最大限度提高治愈率，降低病亡率。全市中医预防用药42万多人次。对确诊患者，抽调7名中医专家进驻市级定点医院，每天“零距离”为患者把脉问诊，一人一方，缩短病程。全市中医参与改善和治愈比例达95.1%。经全力救治，重症治愈率达96%，确诊病例治愈出院率达99%，自2月13日以来在全国确诊病例过百例的45个重点城市中连续排名第一。同时，派出5批次91人的精锐医疗队驰援黄冈、武汉、北京、新疆，为全国抗疫贡献力量。

▲ 2020年1月27日晚，邵阳市中心医院抗击新冠肺炎病毒感染突击队宣誓 (云邵阳 供图)

▲ 2020年2月21日，邵阳市脑科医院心理医疗队驰援湖北 (邵阳新闻网)

▲ 2020年2月22日，邵阳市首批疾控专家驰援湖北黄冈 (市疾控中心 供图)

目录 >>>

特载

2 政府工作报告

大事记

12 1月
12 2月
13 3月
14 4月
14 5月
15 6月
16 7月
16 8月
17 9月
17 10月
18 11月
19 12月

邵阳概览

22 地理
22 位置
22 地貌
22 水文
22 自然资源
22 区域气候特征
22 2020年气候表现
22 2020年主要天气事件
24 区位交通

24 建置·区划
24 建置沿革
24 行政区划

25 人口·民族
25 人口总量
25 人口变动
25 年龄结构
26 人口受教育情况
26 民族
26 宗教

26 国民经济和社会发展
26 经济综合
26 疫情防控及复工复产
26 产业发展
27 三大攻坚战
27 项目建设
27 改革开放
27 民生保障
27 农业农村
28 工业和建筑业
28 固定资产投资
28 国内贸易和物价
28 对外经济贸易和旅游
29 交通和邮电
29 金融、证券和保险
29 教育
29 科学技术
30 文化
30 卫生和体育
30 社会保障
30 重点民生实事
30 资源、环境和安全生产

30 经济体制改革
30 公车制度改革
31 市场准入负面清单制度
31 供给侧结构性改革
31 “放管服”改革
31 开放型经济改革

31 国企国资改革

31 **城乡居民生活**
31 概况
31 城乡居民人均可支配收入
32 城乡居民工资性收入
32 城乡居民经营性净收入
32 城乡居民财产净收入
32 城乡居民转移净收入
32 居民消费支出

36 **市党政领导机关、市直行政事业单位及部、省属派驻邵阳单位领导名单（2020年）**

中国共产党邵阳市委员会

56 **重要会议、重要文件**
56 市委新冠肺炎疫情防控、经济发展、脱贫攻坚大会
56 全市决战脱贫攻坚再动员会议
56 工作推进会
56 市委全体会议
57 全市湘南湘西承接产业转移示范区建设推进现场观摩会
57 第五届全球邵商大会
57 下发的重要文件

57 **市委办公室工作**
57 办文办会
58 综合调研
58 督查工作
58 信息及内网工作
58 邵阳市党委办公室主任座谈会

58 **绩效考核**
58 概况

59 **外事工作**
59 概况

59 **对台工作**
59 对台经济
59 对台交流
59 涉台服务
59 涉台宣传教育

59 **党史档案工作**
59 党史工作
59 档案工作

59 **公务接待**
59 概况

60 **政策研究**
60 概况
60 调查研究
60 全面深化改革
60 财经工作
60 全面小康建设

60 **保密工作**
60 概况
61 邵阳市委保密委员会全体会议暨全市保密工作会议
61 建章立制和依法行政
61 保密自查自评工作监督检查

61 **组织工作**
61 组织疫情防控
61 “不忘初心、牢记使命”主题教育
61 教育培训
62 干部队伍建设
62 基层组织建设
62 人才队伍建设

63 **宣传工作**
63 理论武装
63 健全体制机制
63 主题宣传
63 媒体宣传
63 县级融媒体中心建设
63 意识形态工作
64 文明城市创建
64 文化文艺工作
65 新闻出版行业监管

65 **统一战线工作**
65 概况
65 助力疫情防控
65 助力脱贫攻坚
65 推进议政建言
65 助力经济发展
66 助力乡村振兴

66 聚力创新创造
66 助推“邵品出邵”
66 助推书香活动
66 海外统战工作
66 港澳台统战工作

66 **市直机关党建**
66 概况
66 模范机关创建
67 思想宣传引导
67 机关党建
67 廉政建设

67 **机构编制工作**
67 机构编制管理
68 中小学教职工编制管理
68 机构编制监督检查
68 事业单位登记管理
68 机构改革
68 生产经营类事业单位改革
68 综合行政执法改革

68 **老干部工作**
68 离退休干部党建
68 发挥离退休干部正能量
69 服务离退休老干部

69 **党校教育**
69 概况
69 教学
69 科研

70 **网络安全和信息化管理**
70 概况
70 党管互联网
70 网络综合治理
70 互联网行业党建
70 维护网络意识形态安全
71 网络主流意识宣传
71 网络安全保障
71 信息化惠民利民
71 数字经济发展

邵阳市人民代表大会

73 **综述**
73 概况
73 常委会自身建设
73 支援疫情防控

73 **重要会议**
73 市第十六届人民代表大会第六次会议
73 市十六届人大常委会第二十八次会议
73 市十六届人大常委会第二十九次会议
74 市十六届人大常委会第三十次会议
74 市十六届人大常委会第三十一次会议
74 市十六届人大常委会第三十二次会议
74 市十六届人大常委会第三十三次会议
75 市十六届人大常委会第三十四次会议
75 市十六届人大常委会第三十五次会议
75 市十六届人大常委会第三十六次会议

75 **依法履职**
75 调查研究
75 助推改革发展
75 深化依法治市理念
76 开展地方立法工作
76 促进社会综合治理
76 财经监督
76 专项评议
76 专题询问

76 **代表工作**
76 推行代表票决制
77 代表建议督办
77 代表履职活动

邵阳市人民政府

79 **重要会议**
79 市政府第五次全体扩大会议
79 市政府常务会议
80 市政府专题会议

80 **市政府办公室工作**
80 概况

82 **扶贫工作**
82 概况
82 剩余贫困人口脱贫
82 就业扶贫
82 “两不愁、三保障”
82 巩固脱贫攻坚成果
82 脱贫质量“回头看”
82 社会扶贫
83 “知党恩、感党恩、听党话、跟党走”脱贫攻坚主题活动推进会议

83 **行政审批服务**
83 概况
83 “放管服”改革
83 “三集中三到位”改革
83 “一件事一次办”改革
84 政务公开
84 政府服务热线
84 政务云平台建设

84 **政策研究**
84 调查研究
84 文稿服务
84 经济预测分析
84 智库交流
84 示范区建设

84 **人力资源和社会保障**
84 概况
85 就业再就业
85 就业服务
85 帮扶重点群体就业
85 劳务协作
85 就业扶贫
85 创业带动就业
86 农民工服务保障
86 民办培训机构管理
86 技工院校管理
86 职业技能培训
86 职业技能竞赛
86 企业养老保险
86 退役军人断档补缴
86 机关养老保险
87 城乡居民养老保险
87 在全省率先实现退捕渔民“应保尽保”
87 落实被征地农民社会保障
87 失业保险
87 工伤保险
87 专业技术人员管理
88 人才工作
88 事业单位人事管理
88 工资福利
88 人力资源开发
89 表彰奖励
89 人事考试
89 劳动关系
89 劳动监察
89 劳动人事争议仲裁
90 社会保险基金监督
90 统计信息
90 社会保障卡建设

90 **民政**
90 兜底保障
90 养老服务
90 儿童福利
91 基层民主自治
91 社会公共事务管理
91 新冠肺炎疫情防控

91 **退役军人事务**
91 概况
91 思想政治和权益维护
91 移交安置
92 优待抚恤
92 就业创业
92 双拥共建
92 新冠肺炎疫情防控

93 **民族宗教事务**
93 民族地区经济发展
93 少数民族文化体育事业
93 依法行政和民族团结进步创建工作
93 宗教事务管理
93 民族宗教领域综治工作

93 **信访**
93 概况
93 削减信访存量

94 **住房公积金管理**
94 概况
94 扩面放贷
94 利民便民服务
94 规范管理

94 **库区移民事务**
94 概况
95 移民脱贫增收
95 犬木塘水库移民安置

95 **公共资源交易**
95 概况
95 工程建设专项整治

95 **无线电管理**
95 无线电服务
96 无线电管制设备管理

96 无线电监测
96 无线电宣传
96 基础设施改造和维护
96 服务国防建设

中国人民政治协商会议邵阳市委员会

98 重要会议
98 政协邵阳市十二届四次会议
98 政协邵阳市十二届五次会议
98 十五次常委会会议
98 十六次常委会会议
98 十七次常委会会议
98 十八次常委会会议
98 十九次常委会会议
98 二十次常委会会议
98 二十一次常委会会议
99 二十二次常委会会议

99 重要活动
99 全市“双助双行动”工作电视电话会议召开
99 市政协部署“政协委员帮千户”行动
99 市委政协工作会议召开
99 省政协主席李微微到邵阳调研

99 主要工作
99 抗击新冠肺炎疫情
99 参与脱贫攻坚
100 助推承接产业转移示范区建设
100 助力优化营商环境
100 坚持党的全面领导
100 协商议政
100 增进民生福祉
101 凝聚共识
101 委员工作

中共邵阳市纪律检查委员会 邵阳市监察委员会

104 综述
104 纪检监察体制改革
104 推进“廉洁单位”创建活动
104 群众信访工作
104 重要会议
104 重大决策部署监督检查
104 作风建设
104 惩治腐败
105 重点领域专项整治
105 脱贫攻坚“护航行动”
105 巡察工作

民主党派与工商联

107 中国国民党革命委员会邵阳市委员会
107 概况
107 组织和思想建设
107 参政议政
107 社会服务

107 中国民主同盟邵阳市委员会
107 概况
107 思想建设
107 参政议政
108 社会服务

108 中国民主建国会邵阳市委员会
108 概况
108 思想建设
108 组织建设
108 参政议政
109 社会服务

109 中国民主促进会邵阳市委员会
109 概况
109 组织建设
109 参政议政
109 社会服务
109 成立湘中幼专总支
110 捐资送教助学

110 中国农工民主党邵阳市委员会
110 组织建设
110 参政议政
110 民主监督
110 社会服务
110 抗击新冠肺炎疫情
111 农工党省委支持邵阳发展
111 纪念农工党成立90周年
111 宣传和参政党理论研究
111 党内监督预警

111 九三学社邵阳市委员会
111 概况

111 思想建设
111 参政议政
111 社会服务
112 疫情防控

112 邵阳市工商业联合会
112 助力疫情防控
112 助力企业复工复产
112 教育引领
112 招商引资

群众团体

114 邵阳市总工会
114 全体会议
114 疫情防控
114 劳动和技能竞赛
114 慰问劳模、困难企业及职工
114 劳模推荐评选和表彰
114 双联和城市困难职工解困脱困
114 基层工会组织建设
114 全市职工工间操大赛、气排球赛
114 “湘悦读·工力量”活动
115 “送清凉”活动

115 中国共产主义青年团邵阳市委员会
115 教育培训
115 选树青年正面典型
115 青年防疫抗疫
115 青春建功
116 社会实践活动
116 “智慧团建”
116 “青年之家”创建
116 社会领域团组织建设
116 共青团改革
116 青联改革
116 新媒宣传
116 未成年学生极端行为预防
117 志愿服务活动
117 “共青团爱心专列”活动
117 面对面主题活动

117 邵阳市妇女联合会
117 概况
117 巾帼脱贫
117 巾帼创业创新
118 健康扶贫
118 乡村振兴巾帼行动
118 疫情暖心行动
118 维护妇女儿童合法权益
118 家庭教育
119 基层基础建设

119 邵阳市科学技术协会
119 概况
119 服务科技工作者
119 科学道德与学风建设
119 服务创新驱动发展
119 科技下乡
120 科普教育基地认定
120 第四十一届青少年科技创新大赛
120 全国科普日活动
120 科技馆工作
120 基层组织建设
120 重要会议

121 邵阳市归国华侨联合会
121 概况
121 组织建设
121 第八次归侨侨眷代表大会
121 抗击新冠肺炎疫情
121 助力脱贫攻坚
121 为侨服务
121 权益保障
121 对外经济文化交流

121 邵阳市社会科学界联合会
121 概况
122 课题立项
122 社科普及和社科成果

122 邵阳市残疾人联合会
122 残疾人脱贫攻坚
122 残疾人教育就业
122 残疾人维权
122 残疾人精准康复服务
123 残疾人宣传文化体育活动
123 残联组织建设

123 邵阳市文学艺术界联合会
123 抗击新冠肺炎疫情主题文艺创作
123 “梦圆2020”脱贫攻坚主题文艺创作活动
123 “美丽邵阳我的家”主题系列文艺活动和志愿服务活动

124 邵阳市红十字会
124 概况

法治·军事

126 政法委与综治
126 概况
126 维护社会稳定
126 维护经济社会发展
126 扫黑除恶专项斗争
126 平安邵阳建设
126 法治邵阳建设

126 公安
126 概况
127 扫黑除恶专项斗争
127 新时代禁毒人民战争
127 打击治理电信网络诈骗犯罪
127 全市交通顽瘴痼疾集中整治
127 打造城市乡村治理“平安网”
128 创新内保保安联防联控工作机制
128 政治建警从严治警教育整顿活动
128 新时代县域警务工作
129 全面防控新冠肺炎疫情
129 猎豹突击队拉动演练活动

129 检察
129 概况
129 司法改革
130 刑事检察
130 刑事执行检察
130 职务犯罪检察
130 民事行政检察
131 公益诉讼
131 控告申诉检察
131 案件管理
131 检务督察
132 检察技术

132 法院
132 概况
132 刑事审判
132 民事及行政审判
132 保障民生
132 司法改革

132 司法行政
132 概况
132 依法治市
132 法律服务

133 仲裁
133 概况

133 邵阳军分区
133 军分区党委十四届三次全体（扩大）会议
133 思想建设
133 战备训练
133 国防动员
133 基层建设
133 党管组织
133 综合保障

综合监督管理

135 宏观经济管理
135 概况
135 固定资产投资
135 重点工程建设
135 产业和园区经济
135 工业经济与高新技术产业
136 农业经济
136 服务业经济
136 铁路、机场、高速公路建设
136 能源建设
137 招投标、公共资源管理及代建制
137 优化经济发展环境
137 社会事业
137 湘西地区开发及易地扶贫搬迁
138 以工代赈
138 物流业管理
138 社会信用体系建设
138 价格管理
138 粮食产业调控及发展
138 长江经济带发展

139 国有资产监督管理
139 资本合作
139 推进市属经营性国有资产集中统一监管
139 规范国有产权和处置管理
139 完善业绩考核和薪酬管理

139 服务发展
140 推进三大攻坚战

140 国企改革
140 驻邵阳央企省企社会职能分离移交
140 市属企业改革扫尾
140 新启动的市属企业改制
140 推动企业做大做强做优

140 自然资源和规划管理
140 概况
140 用地保障
140 土地供应
140 耕地保护
141 自然资源开发利用
141 国土空间规划
141 国土空间生态修复
141 服务民生
141 自然资源确权登记
141 地质灾害防治
142 执法监督

142 财政
142 概况
142 财政运行总体平稳
142 支持疫情防控和复工复产
142 支持园区产业发展
142 稳投资、稳外贸、促消费
143 支持“三大攻坚战”
143 改善民生福祉
143 财政管理

143 税务
143 概况
143 减税降费和组织收入
144 税收征管
144 税收服务

144 审计
144 概况
144 政策跟踪审计
144 财政审计
144 经责审计
144 固定资产投资审计
144 专项资金审计

144 统计工作
144 概况
145 统计法治工作
145 统计法治宣传
145 统计监督
145 邵阳市第七次全国人口普查
145 常规及其他统计调查
145 核算改革
146 企业退、入库工作
146 统计服务
146 统计基层基础工作

146 统计调查
146 概况
147 脱贫攻坚普查

147 市场监督管理
147 商事制度改革
147 食品安全监管
148 药品安全监管
148 特种设备安全监管
148 重点工业产品监管
148 市场秩序维护
148 质量强市
148 知识产权保护
148 防疫用品监管

148 应急管理
148 概况
148 马路市场整治
149 安全生产三年行动
149 直管行业隐患排查
149 汛期风险防范
149 森林防火
149 减灾救灾
149 应急救援
149 基层基础建设

149 消防救援
149 概况
149 执勤备战工作
149 消防监督
150 消防宣传
150 后勤保障

150 邵阳海关
150 概况
151 邵阳海关举行开关揭牌仪式

城乡建设与生态环境

153 城乡建设
153 ·综述·
153 概况
153 新型城镇化建设
153 住建领域三大攻坚战
153 保障性安居工程建设
153 建筑产业监管
154 工程建设项目审批制度改革
154 人民防空事业

154 ·城市管理·
154 环境卫生
154 市容秩序
154 市政设施
155 公用事业
155 园林绿化
155 综合执法

155 ·城市建设投资经营·
155 概况
155 项目建设
156 产业转型

156 生态环境
156 ·环境状况·
156 环境质量
156 大气环境质量
157 声环境质量
157 水环境质量

157 ·污染防治·
157 大气污染防治
157 水污染防治
157 土壤污染防治
157 污染防治“夏季攻势”

158 ·环境监管·
158 建设项目环评审批
158 环境监管执法
158 环境信访调处

158 ·区域环境综合治理·
158 自然生态监管与保护
158 固体废物规范化管理
159 ·环境基础能力建设·
159 垂直管理制度改革
159 环境监测
159 环境宣传教育

交通·邮政·通信

161 交通
161 ·公路·
161 概况
161 交通疫情防控
161 重点项目建设
162 交通运输服务
162 综合治理
162 平安交通建设
163 干线公路建设
163 干线公路管养
163 农村公路管养
164 行业安全生产监管

164 ·铁路·
164 邵永高铁前期工作
164 邵阳站改扩建工程
164 高铁项目前期工作

164 ·水路·
164 概况

164 ·民用航空·
164 概况

165 邮政
165 行业疫情防控
165 邮政扶贫
165 风险防范
165 行业绿色发展
165 行业服务
165 邮政市场管理

166 通信
166 ·中国电信邵阳分公司·
166 概况
166 市场经营
166 机制创新
166 基础管理
166 客户服务
167 运维建设
167 巡察整改
167 电信扶贫

167 ·中国移动邵阳分公司·
167 概况
167 网络建设和维护
167 社会服务

168 ·中国联通邵阳分公司·
168 概况

农 业

170 **综述**
170 概况
170 种植业
171 畜牧水产业
171 休闲农业
171 农产品质量监管
171 农机管理
171 农业科研推广
171 农业综合执法
172 美丽乡村建设

172 **林业**
172 概况
172 南山国家公园体制试点
172 创建国家森林城市
173 自然保护地整合优化
173 植树造林
173 人工繁殖野生动物处置
173 森林资源保护
173 特色林业产业

174 **水利**
174 概况
174 河长制基层建设
174 小水电清理整改
174 衡邵干旱走廊治理
174 农村饮水安全保障
174 水旱灾害防御
175 水利系统安全

175 **湖南南山国家公园体制试点区**
175 概况
175 南山国家公园通过第三方评估验收
176 生态保护
176 社区发展
176 生态扶贫
176 要素保障

176 **大圳灌区管理**
176 灌区防汛抗灾
177 灌区水资源管理与“三农”服务工作
177 灌区“十四五”续建配套与现代化改造方案的编制与申报
177 灌区工程建设与管理

177 **气象**
177 概况
177 气象服务保障
177 气象创新
178 防雷监管

178 **水文**
178 概况
178 汛前准备
178 水情服务
178 水资源管理
179 农村安全饮水
179 水文监测

工 业

181 **综述**
181 概况

181 **冶金、有色金属工业**
181 概况
181 重点项目建设

182 **机械行业**
182 概况

182 **电子信息产业、软件和信息服务业**
182 概况
182 重大产业项目投产
182 建设显示功能材料产业链
182 建设新经济产业园

182 **人工智能和数字产业**
182 概况
182 数字产业化
183 产业数字化

183 **建材工业**
183 概况

183 散装水泥推广

183 消费品工业
183 ·综述·
183 概况

183 ·医药工业·
183 概况
183 中医药企业发展

183 ·食品工业·
183 概况
184 诚信体系建设
184 发展白酒产业

184 ·轻工业·
184 概况
184 产业园区
184 邵东五金小镇迈向生产智能化

185 ·纺织工业·
185 概况
185 东信棉业技改扩建

185 国网供电
185 电网发展
185 电力服务
185 能源清洁转型
185 服务民生福祉

185 邵阳经济开发区
185 概况
186 项目建设
186 产业高质发展
186 招商引资
187 征地拆迁“百日大会战”和“秋季攻坚”行动
187 优化营商环境
187 社会事业

商贸流通

189 商务
189 概况
189 招商引资
189 对外贸易
189 消费促进
190 平台建设
190 电商扶贫
190 第五届全球邵商大会召开

190 贸易促进
190 贸易投资促进
190 国际联络交流
191 抗击新冠肺炎疫情

191 供销合作
191 概况
191 农业生产服务
191 农产品流通服务
191 打造城乡社区综合服务平台
191 农村合作金融服务
192 基层社改造升级
192 领办、创办农民专业合作社
192 创新联合社治理机制
192 防疫保供
192 市直公司经营管理

192 烟草专卖
192 概况
192 烟叶生产
193 市场监管
193 卷烟营销
193 企业治理
193 全市烟草市场综合治理工作会议
193 全市烟田翻耕专题调度会议

193 石油经营
193 ·中国石化·
193 概况
193 经营
194 管理
194 网建
194 改革

194 ·中国石油·
194 概况
194 经营管理
194 安全管理
194 网络开发
194 管理改革

195 盐业经营
195 概况

195 经营管理

金 融

197 综述
197 概况
197 金融支持新冠肺炎疫情防控
197 资本市场建设
197 地方金融监管
198 地方金融稳定

198 银行业
198 ·人行邵阳市中支·
198 概况
198 支持复工复产
198 金融精准扶贫
199 利率改革
199 防范金融风险
199 金融消保工作
199 法治央行建设
199 金融统计研究
199 支付结算服务
199 科技工作成果转化
199 货币金银管理
200 经理国库
200 信用体系建设
200 外汇管理

200 ·邵阳银保监分局·
200 概况
200 推进“引金入邵”
200 支持重点产业和重点项目
200 提升小微企业金融服务水平
200 支持脱贫攻坚
200 有效防控重点领域风险

200 ·中国工商银行邵阳分行·
200 概况
201 资产业务
201 负债业务
201 转型业务
201 内部管理
201 内控案防
201 渠道建设

201 ·中国农业银行邵阳分行·
201 概况
201 服务实体经济
202 “三农”业务
202 创新转型
202 风险防控

202 ·交通银行邵阳分行·
202 概况
202 支持政府债务化解
202 保障园区建设资金
202 支持园区实体企业

203 ·建行邵阳市分行·
203 概况
203 助力疫情防控
203 支持重点项目和重点领域
203 服务社会民生
203 助力脱贫攻坚
203 个人消费信贷
203 数字化经营
203 渠道建设
204 重点产品与业务营销
204 全面风险管控
204 推进“断卡”行动
204 消费者权益保护

204 ·农发行邵阳市分行·
204 概况
204 信贷支农
205 风险防控
205 基础管理

205 ·中国银行邵阳分行·
205 概况
205 授信业务
206 负债业务
206 内控管理
206 资产质量管控

206 ·邮储银行邵阳市分行·
206 概况
206 风险管理
206 渠道建设
207 服务地方经济发展

207 ·邵阳市农信系统·
207 概况
207 存贷业务
207 支持复工复产
207 扶贫信贷
207 政银合作

207 ·邵阳农商银行·
207 概况
207 存贷业务
207 服务农业

208 ·华融湘江银行邵阳分行·
208 概况
208 业务发展
208 风险管理
208 金融服务

209 ·中信银行邵阳分行·
209 概况
209 经营管理
209 零售业务
209 风险管控

209 保险业
209 ·综述·
209 概况
209 支持疫情防控
210 服务民生
210 保险市场监管

210 ·邵阳平安人寿·
210 概况
210 业务发展
210 战略转型
210 合规经营
211 公益事业

211 ·邵阳国寿·
211 概况
211 保险服务

211 ·邵阳平安财产·
211 概况

212 证券业
212 ·国泰君安证券·
212 概况

212 ·湘财证券·
212 概况
212 经纪业务
213 投资者教育
213 反洗钱工作

213 ·财信证券·
213 概况

教育·科技

215 教育
215 ·综述·
215 概况
215 教育改革
215 民族教育
215 品德教育
216 教师队伍建设
216 教育督导
216 改善办学条件
216 学校安全
216 考试工作
217 就业工作
217 学校体育卫生
217 学生资助

217 ·基础教育·
217 学前教育
217 义务教育
218 普通高中教育
218 民办教育
218 特殊教育

218 ·中等职业教育·
218 概况
218 邵阳市高级技工学校

219 ·高等教育·
219 概况
219 邵阳学院
220 邵阳职业技术学院
221 湘中幼儿师范高等专科学校
221 邵阳广播电视大学

222 科学技术
222 概况
222 培育高新企业
222 科技助农
223 争取项目
223 科技成果转移转化
223 实施守信激励和失信惩戒活动

文化 · 旅游 · 体育

225 文化
225 ·公共文化·
225 公共文化服务体系建设
225 邵阳市新华书店
225 邵阳市文化馆

225 ·文学艺术·
225 概况
226 文学作品
226 书法作品
226 美术作品
226 音乐作品
226 戏剧作品
227 摄影作品
227 舞蹈作品
227 诗词
227 楹联作品

227 ·文化遗产保护·
227 概况
227 非物质文化遗产保护传承

228 ·新闻出版·
228 邵阳日报社
229 《邵阳城市报》

229 ·广播电视电影·
229 概况
229 抗疫宣传
229 主题报道
229 外宣上稿
229 创优评奖
229 媒体融合
230 主题活动
230 公益电影放映

230 ·党史研究·
230 党史基础研究
230 党史学习和宣传教育
230 党史联络工作

230 ·地方志·
230 概况
230 机构改革
231 《邵阳市志（1978—2004）》完成总纂和部门评审
231 实现市县综合年鉴公开出版全覆盖
231 市辖3个区首次公开出版综合年鉴

231 ·档案·
231 概况
231 档案接收征集
232 档案保管和查阅
232 档案编研
232 邵阳市档案馆新馆对外开放

232 旅游
232 旅游产业发展
232 文旅广体融合发展

233 体育
233 概况

234 综合治理
234 概况

卫生健康与医疗

236 卫生健康
236 ·医疗体制改革·
236 公共卫生体系建设
236 公立医院综合改革

236 ·基层卫生·
236 概况
236 基层卫生人才能力建设
237 家庭医师签约服务
237 健康扶贫政策宣传
237 落实健康扶贫政策
237 农村贫困家庭签约服务
237 医疗救治和公共卫生
237 基层医疗机构规范化建设

237 医联体建设
237 专业人才培养

238 ·疾病预防控制·
238 概况
238 急性及重点传染病防治
238 慢性病、地方病、寄生虫病防治
238 卫生应急体系和能力建设
238 公共卫生检测
238 检测质量管理
239 免疫规划
239 精神卫生
239 学校卫生
239 职业健康

239 ·妇幼健康服务·
239 概况
239 母婴安全
240 儿童健康服务
240 出生缺陷防治
240 预防艾滋病、梅毒和乙肝母婴传播
240 公共服务
240 计划生育技术服务

241 ·老龄健康·
241 老龄基层组织建设
241 银龄安康工程
241 老龄法治环境建设
241 医养结合项目建设

241 ·健康促进·
241 国卫复审通过省级验收
241 卫生城镇创建
242 病媒生物防制工作
242 预防性消毒工作
242 爱国卫生活动

242 ·卫生监督执法·
242 执法队伍建设
242 卫生健康监督执法行动
243 卫生健康领域污染治理
243 食品安全风险监测

243 ·医政管理·
243 概况
243 卫生应急管理
243 医疗卫生资源配置
243 医疗服务质量管理

244 ·药政管理·
244 基药配备和销售管理
244 药事管理
244 药品临床综合评价及经费保障
244 药品监测及保供稳价

244 ·中医药事业·
244 概况
244 中医药全程参与疫情防控
245 中医药服务
245 中医药人才培训
245 继续教育和学术活动

245 ·卫生健康宣传教育·
245 卫生健康宣传
245 医生培训和医学科研
246 健康科普教育
246 青春健康教育
246 群众性主题宣传活动

246 ·计划生育·
246 概况
246 人口监测
246 构建支持生育环境
247 计划生育家庭奖励扶助
247 精准帮扶计划生育特殊家庭
247 生育关怀

247 **医疗保障**
247 概况
247 医疗保险
247 生育保险
248 大病保险
248 医保扶贫
248 基金监管
248 医药价格和招标采购
248 医药服务
248 异地就医
248 市本级医保稽核管理
248 市本级特殊门诊
248 市本级意外伤害工作
249 市本级参保权益工作
249 市本级个人账户工作
249 市本级结算工作
249 市本级特殊人员医保服务

249 医疗机构
249 概况
250 邵阳市中心医院
251 邵阳学院附属第一医院
253 邵阳学院附属第二医院

市县区情

255 邵东市
255 市领导成员名录
255 概述
256 邵东星沙物流园开园
256 王调兵被追授“中国青年五四奖章”
256 邵东经开区与生态产业园正式合并
256 邵东位列全国县域营商环境百强县第67位
257 大羊村获评全国文明村
257 邵东获评国家知识产权示范县
257 邵东市被认定为中国特色农产品优势区
258 邵东“两廉线”正式通车

258 武冈市
258 市领导成员名录
258 概述
260 “卤菜市长”直播带货
261 云山国家森林公园被授予“湖南夏季避暑胜地”称号
261 武冈市跻身“2020中国社会保障百佳县市”
261 全省首个鱼类健康养殖院士工作室落户武冈
261 共享电单车成武冈市民出行方式新选择

261 新邵县
261 县领导成员名录
262 概述
264 筱溪国家湿地公园通过国家评估验收
264 新邵县获评“全国村庄清洁行动先进县”
264 新邵县成功创建国家卫生县城
264 新邵县“康寿新邵”文化旅游节暨2020年夜间经济启动仪式

265 隆回县
265 县领导成员名录
265 概述
267 新冠肺炎疫情防控
267 禁毒工作
267 招商引资
267 重点项目建设
268 邹学校院士专家工作站落户湖南军杰食品科技有限公司
268 2020年湖南（夏季）乡村文化旅游节举行
268 县委书记王永红赴长沙参加基层代表座谈会
268 隆回举行扶贫脱单集体婚礼
268 小沙江镇采石场生态环境突出问题整改通过省销号核查
269 隆回县易地搬迁入选国家发改委易地扶贫搬迁典型案例
269 第七次全国人口普查和脱贫攻坚普查
269 举办第三届“魏源杯”全国演讲大赛
269 “隆回龙牙百合”被列为农产品地理标志产品

269 洞口县
269 县领导成员名录
270 概述
271 洞口县实现脱贫摘帽
271 改善城乡面貌
271 优化生态环境

272 绥宁县
272 县领导成员名录
272 概述
272 新冠肺炎疫情防控
272 农业
272 工业
273 旅游业
273 城乡建设
273 深化改革
273 民生保障

273 城步苗族自治县
273 县领导成员名录
274 概述
275 城步摘掉贫困县帽子
275 城步峒茶“五峒”商标注册马德里国际商标
276 城龙高速（湖南段）开工建设

276 新宁县
276 县领导成员名录
276 概述
278 脱贫攻坚
279 全域旅游
279 农业现代化

279 邵阳县
279 县领导成员名录
280 概述
283 犬木塘水库工程开工仪式在邵阳县举行

283 邵阳县农村垃圾收转运和集镇清扫保洁项目启动运营
283 邵阳县塘田战时讲学院旧址被列为省级干部党性教育基地

283 **大祥区**
283 区领导成员名录
284 概述
285 蔡锷故里文化博览园开园

285 **双清区**
285 区领导成员名录
285 概述
286 寒梅村入选全国乡村治理示范村
287 双清区根治拖欠农民工工资工作获省政府表彰
287 双清区获评全省2020年安全生产和消防工作优秀单位

287 **北塔区**
287 区领导成员名录
288 概述
289 乡村振兴全面实施
289 防范重大风险

人 物

291 全国劳动模范刘令安
291 全国劳动模范陈方清
291 全国劳动模范王化永
291 全国劳动模范张丽青
291 全国劳动模范肖笑波
292 “全国先进工作者”张国华
292 全国三八红旗手杨淑亭
292 全国扶贫工作先进个人

附 录

295 **文件选登**
295 邵阳市承接产业转移示范区发展规划（2020—2025年）
303 邵阳市城区生活垃圾分类工作实施方案
306 邵阳市乡镇污水处理设施建设四年行动实施方案（2019—2022年）
308 应对新冠肺炎疫情影响强化稳就业的若干措施
312 邵阳市老旧小区改造实施方案

315 **统计资料**

特载

政府工作报告

——2021年1月6日在邵阳市第十六届人民代表大会第七次会议上

邵阳市人民政府市长　　刘事青

各位代表：

现在，我代表市人民政府向大会作政府工作报告，请予审议，并请各位政协委员和其他列席人员提出意见。

一、“十三五”及2020年工作回顾

“十三五”时期是很不平凡的五年。面对严峻复杂的国际形势和艰巨繁重的改革发展稳定任务，特别是新冠肺炎疫情的严重冲击，我们坚持以习近平新时代中国特色社会主义思想为指导，坚决贯彻落实党中央、国务院、省委、省政府和市委决策部署，团结带领全市人民不忘初心、牢记使命，攻坚克难、砥砺奋进，加快推进“二中心一枢纽”建设，“十三五”主要目标任务较好完成，全面建成小康社会取得伟大历史性成就，脱贫攻坚取得决定性胜利，高质量发展迈出坚实步伐，为开启全面建设社会主义现代化新征程奠定了坚实基础。

（一）综合实力大幅跃升。经济总量迈上新台阶。地区生产总值达到2251亿元（预计数，下同），时隔14年后重返全省第二方阵首位，大大缩小了与第一方阵的差距，年均增长7.2%，增速排全省第5位。规模工业增加值年均增长6.6%。社会消费品零售总额突破1200亿元，年均增长8.2%，增速排全省第2位。地方一般公共预算收入105亿元。经济结构明显趋优。扎实推进供给侧结构性改革，“三去一降一补”成效明显。全市煤炭行业、烟花爆竹生产企业整体退出，关停退出“散乱污”企业56家，关闭矿山60个。“十三五”节能减排任务全面完成。三次产业比由2015年的21.6：36.6：41.8优化为2019年的16.3：27.7：56.0。地方财政收入非税占比下降17.4个百分点，是全省下降幅度最大的市州之一。高新技术产业增加值年均增长15.4%，增速排全省第4位。经济动能显著增强。固定资产投资、产业投资、工业投资、民间投资分别增长11.2%、12.6%、12.8%、12.0%，均高于全省增速。新增贷款1080亿元，年均增长17.2%，存贷比提高16.8个百分点。市场主体总量达到35.6万户，净增17.1万户，总量由全省第6位上升到第4位，增量排全省第3位。“四上”单位4950家，净增2514家，总量由全省第7位跃升到第2位，增量排全省第2位。商贸物流业较快发展，友阿国际广场、步步高新天地、大汉悦中心、邵东国际商贸城等投入使用，邵东星沙物流园、武冈保税物流园等建成开园。电子商务交易额年均增长36.5%，9个县市全部跻身全国电子商务进农村综合示范县。新三板挂牌企业5家、湖南股权交易所挂牌企业38家。

（二）三大攻坚战取得决定性成就。精准脱贫成绩斐然。坚持以脱贫攻坚统揽经济社会发展全局。累计投入专项扶贫资金138.7亿元，全市8个贫困县全部摘帽，1074个贫困村全部出列，现行标准下114万农村贫困人口全部脱贫，为全省最多。2019年，我市获评全省脱贫攻坚工作先进市。农民人均纯收入由7786元增加到2019年的13055元，年均增长12%，增幅高于全省2.1个百分点。贫困村道路硬化、人安饮水、危房改造、标准化卫生室、村级服务中心、合格学校、广播电视“村村响”、建制村通客车、农网改造以及宽带互联网等实现全覆盖，贫困地区旧貌换新颜。易地扶贫搬迁工作获国家发改委通报表彰，社区融入工作经验在全国推介。农村危房改造16.5万户，连续四年获评全省先进。杨淑亭获得2019年“全国脱贫攻坚奖奋进奖”。污染防治成效明显。“散乱污”企业全部关闭或转产，黏土砖厂全部退出，“僵尸船”全部清理，城区“黄标车”、10蒸吨以下燃煤锅炉全部淘汰，建筑扬尘、采石采砂全面规范，空气质量综合指数从全省第13名提升到第7名。截污入网工作基本完成，中心城区黑臭水体整治全面完成，全市所有监测断面水质达标率100%，国家监测断面水质排全国地级市第26位、全省第2位。完成龙须塘老工业区重金属污染、邵东铬污染农田等区域地块综合治理和生态修复。中央、省级环保督察及“回头看”反馈问题整改按序时完成，区域环境质量明显好转。重大风险防范有力有效。严厉打击“一非三贷”，非法金融得到有效整治。严格按照“五个精准”“六个一批”管理政府性债务，推进平台公司市场化转型，市本级综合债务率大幅下降，在全省率先退出高风险地区，化债工作绩效考核从全省末尾跻身全省先进。严格落实安全生产责任制，安全生产事故起数和死亡人数逐年下降，亿元GDP死亡人数下降82.8%。接续开展消防大建设、基层消防上台阶两个“三年行动”，

首创基层消防“一村一居”模式在全省推介。铁路沿线安全环境整治获评全省先进。粮食生产面积、产量、质量实现“三提升”，地方储备粮收储、轮换任务全部完成。

（三）高质量发展形势喜人。充分利用邵商优势，积极承接产业转移，成功获批湘南湘西承接产业转移示范区。累计引进重大产业项目727个，到位资金1668亿元。新增规上工业企业数量连续五年排全省前3位；规上工业企业总数达到1882家，由全省第5位上升到第2位。园区建设全面发力。湘商产业园建设领跑全省，“135”工程累计完成投资230亿元，建成标准厂房785万平方米，新增投产企业738家，实现产值1420亿元、税收56.8亿元，新增就业6.98万人，在全省“135”工程三年综合评价考核中名列第一。全市建成省级工业园区11个，入园企业2780家。在2019年全省园区综合评价考核中排名第6位。沪昆百里工业走廊基本成型。域内7个园区入园企业、工业总产值、上缴税金、吸纳就业人数均占全市总量八成以上，成为湘中湘西南体量最大、覆盖人口最多的工业走廊。战略性新兴产业强势崛起。三一专汽成功打造邵阳首家百亿企业，建成全球最大的工程搅拌车生产基地，销量占全国市场30%。中电彩虹特种玻璃建成投产国内首条G7.5盖板玻璃生产线，为国家解决关键核心技术“卡脖子”问题做出了邵阳贡献。拓浦精工成功打造国内先进水平的厨电类工业4.0柔性生产线，亚洲富士电梯建成全球最高的智能立体车库，邵纺机研发的特种化纤设备填补了国内空白，湘中制药成为全国最大的抗癫痫药物生产基地。2019年全省产业项目建设推进现场观摩会在邵阳召开，为欠发达地区发展高新技术产业树立了标杆。传统产业加速转型升级。市场占有率大幅提升，红包、打火机分别占全球80%、70%的市场份额，书包、小五金分别占全国60%、40%的市场份额。农业产业打造特色品牌。新晋国家级龙头企业5家，十大百亿农业优势特色产业初具规模。邵阳县油茶、邵东中药材被纳入国家特色农产品优势区，邵阳茶油、洞口雪峰蜜橘进入2019中国农产品区域公用品牌目录。

（四）改革开放迈出新步伐。出台迎老乡回家乡创业发展15条、降低实体企业成本21条、物流业降本增效19条、保税改革试点16条、高新技术企业倍增17条等系列政策措施，支持实体经济发展，激励创新创业。营商环境持续优化。开展“优化营商环境提升年”活动，着力解决企业“愿不愿来”“敢不敢来”“赚不赚钱”“安不安心”的邵阳经验得到省委、省政府肯定。深化“放管服”改革，调整下放行政权力1861项，向邵阳经开区一次性下放经济管理权限232项。推动“最多跑一次”改革，企业全程电子化登记比例达到85%、排全省第3位。不动产数字管理技术获中国地理信息产业工程金奖和省管理创新奖。市公共资源交易中心获评全国公共资源交易行业“改革制度创新奖”。累计新增减税降费21.9亿元，为出口企业办理退（免）税90.6亿元。金融支持实体经济贷款余额928亿元，累计增长101.1%；小微企业贷款余额655亿元，累计增长124.2%。开放型经济活力迸发。邵阳海关开关运行，建成邵阳经开区和9个县市保税仓监管仓、14个企业自用型保税仓。全球邵商大会做成品牌，成功举办“推进湘南湘西承接产业转移示范区对接粤港澳大湾区产业融合发展”高峰论坛、邵阳名优产品走进东盟经贸博览会。实际到位内资年均增长18.8%，实际利用外资年均增长16.3%，增速分列全省第3位、第2位。引进“三类500强”企业58家。外贸出口总额266.5亿元，年均增长32.7%，高于全省10个百分点，总量由全省第7位上升到2019年的第2位，增速排全省第3位。邵阳发制品、邵东箱包、邵东打火机获批国家外贸转型升级基地。连续四年获评全省开放型经济先进市。创新引领取得实效。地方财政科技投入年均增长28.2%。新增专利申请7137件，专利授权4061件。建成省级工程研究中心、重点实验室14个、省级企业技术中心22个、院士工作站8个、博士后工作站1个，拥有国家级众创空间1家、省级众创空间7家、省级科技企业孵化器3家。新增邵阳经开区、邵东、新邵、隆回4个省级双创示范基地。邵阳先进制造技术研究院成功打造国家数控系统工程技术研究中心邵阳分中心、数字制造装备与技术国家重点实验室邵阳分室。邵东获批首批省级创新型县市。12家企业被授予“国家知识产权优势企业”称号。55家企业获得省级“专精特新”小巨人企业称号，其中通达汽零、永锐电子、广信科技获评国家级称号。

（五）城乡面貌焕然一新。城乡建设同步推进。全市城镇化率提高9.1个百分点。中心城区建成区面积由72平方公里扩大到93平方公里，人口从60万增加到88万，位居湘中湘西南首位。邵东成功撤县设市。市文化艺术中心、市体育中心建成投用，打造了邵阳城市新地标。雪峰大桥、桂花大桥、新华路隧道贯通，世纪大道、新城大道、湖口井路、学院路等一批城市骨架路网建成，邵塘大道、蔡锷大道等城际快线通车，主干道路“白改黑”、小街小巷改造全面完成。限摩限电、城区“禁炮”工作卓有成效。建成紫薇博览园、西苑公园、蔡锷故里文化博览园等主题公园。成功创建国家卫生城市，国家森林城市创建指标全部达标。入选全国首批产城融合示范区，获批国家生态文明先行示范区。推进农旅深度融合，获批全国重点镇18个、全国特色镇2个、全国特色景观旅游名镇名村2个。新宁崀山成功创建国家AAAAA级景区，新增AAAA级景区5个。建成高标准农田179万亩，永久基本农田划定工作获国土资源部、农业部通报表彰。生态环境明显改善。实施农村人居环境整治三年行动，完成3250个村集中整治。推动168个美丽乡村示范村建设，25个村获评省级示范村。建成乡镇污水处理厂34个。垃圾分类回收“一村一站一员”机制在全国推介。实施“四边五年”绿色行动，6个县获评全国绿化模范县，3个县市建成省级森林城市，新宁创成国家生态文明建设示范县。“河长制”工作进入全省先进行列。完成小水电清理整改691座。扎实推进南山国家公园体制试点，有序实施产业退出、生态移民、退牧退耕、还草还湿等生态保护和修复，顺利通过国家实地评估验收。基础设施全面发力。安邵高速、武靖高速竣工通车，高速公路通车总里程582公里，排全省第4位；干线公路建成通车312公里，完成农村公路窄加宽4483公里，自然村通水泥路3726公里，实现了县县通高速公路、乡乡通高等级公路、村村寨寨通硬化公路。邵阳武冈机场建成通航。娄邵铁路完成扩改，怀邵衡铁路建成通车，开通始发北上广深高铁，我市成为重要区域性综合交通枢纽。“气化邵阳”一期建成通气，二期加速推进，城镇燃气普及率80%以上。投资70亿元推进电网建设三年行动，新建、扩改变电站96座，完成314个自供区村、462个中心村、626个贫困村的电网改造升级。行政村光纤和4G网络实现全覆盖。加快“四水”治理工程，市区资江南岸防洪堤和县市区10个保护圈建设完成。

（六）民生福祉不断提升。民生保障扩面提质。城乡居民基本养老保险实现全覆盖，被征地农民养老保险全面铺开，城乡居民基础养老金最低标准接近翻番，企业退休人员基本养老金连年上调，月人均超2000元。基本医保参保率达到97.5%，超过省定考核指标。城乡低保保障标准分别提高36%、55%，实现应保尽保。武冈市、新邵县跻身2020年中国社会保障百佳县市。住房公积金管理工作跻身全国50强。新增城镇就业25.3万人，新增农村劳动力转移就业25.7万人。全体居民人均可支配收入年均增长9.7%，增速排全省第1位。完成公租房建设28443套、棚户区改造13.1万户，市区C、D级危房改造完成计划的230%。社会事业稳步发展。新增公办幼儿园学位51386个，新建、改扩建中小学校241所，建成芙蓉学校8所，消除义务教育大班额7361个，超大班额全面清零。农村薄弱学校改造基本完成，所有县市区通过国家义务教育基本均衡发展督导评估。邵阳市一中、武冈市一中、邵阳县一中新校区投入办学。邵阳学院、邵阳医专成功合并，湘中幼专建成办学。市中心医院东院、邵阳县人民医院建成投运。每千常住人口医疗机构床位数从4.5张增加到5.7张、执业（助理）医师数从1.7人增加到2.2人，人均预期寿命由75.9岁提高到77.1岁。成功举办湖南省第十三届运动会（成年组）、2020年全国女子举重锦标赛暨东京奥运会模拟赛。《磨豆腐》《山乡工匠》《边桃边李》等一批文艺作品参加全国展演。社会治理扎实有效。“一村一辅警”“邵阳快警”经验获全省推广、全国推介，“一村一辅警”经验入选“全国法治政府建设示范项目”。社会治安持续向好，连续两年获评全省平安建设（综治工作）先进市。推进信访“三无”创建，隆回县、新宁县获评国家级信访“三无”县，绥宁县、新邵县获评省级信访“三无”县。深入开展拥军优属、拥政爱民活动，成功蝉联全国双拥模范城。

（七）政府自身建设不断加强。扎实开展“两学一做”学习教育、“不忘初心、牢记使命”主题教育。全面加强政府系统党风廉政建设，深入开展违规发放津补贴、违规借贷、“提篮子”、“打牌子”、群众身边腐败和作风问题、人防系统腐败问题、工程建设项目招投标突出问题等专项整治。扎实推进中央、省委巡视和专项巡察反馈问题整改。深入开展“廉洁单位”创建活动。自觉接受人大法律监督、工作监督和政协民主监督。地方立法迈出坚实步伐，《邵阳市城市公园广场管理条例》《邵阳市乡村清洁条例》等5部地方性法规出台实施。全市机构改革全面完成。压缩“三公”经费2.98亿元。加大财政投资评审力度，审减资金39.9亿元。认真开展经济责任、自然资源资产、政府投资等审计，查出问题资金212.7亿元，节约财政资金5.7亿元。努力争先创优，2019年获省政府真抓实干督查激励奖项排全省第4位。

我们不断加强国防动员和后备力量建设，扎实做好国防教育、人民防空、兵役征集、民兵调整改革工作。驻邵部队、武警部队和广大民兵预备役人员在抗击疫情、脱贫攻坚、抢险救灾、维稳处突、社会治理以及生态建设等方面发挥了积极作用，为全市改革发展稳定大局作出了重要贡献。

各位代表，2020年是极不平凡、极其不易的一年。我们坚决贯彻党中央和省委、市委决策部署，统筹推进疫情防控和经济社会发展，扭转了开局不利局面，办成了一批大事实事好事，交出了一份人民满意答卷。

这一年，面对百年不遇的疫情，我们坚持科学防治、精准施策，疫情防控取得决定性胜利。仅用26天实现确诊病例零新增、50天实现本土确诊病例清零。派出87名白衣战士驰援湖北，完成72条熔喷布生产线交付任务，并将近千万只口罩交由省里统一调配，为全省、全国抗疫贡献了邵阳力量。18个单位、57人获得国、省表彰奖励。有序推进复工复产、复市复业、复学复游，应对疫情复工复产稳就业工作、涉外疫情“三个闭环”防控做法在全省推介。

这一年，面对经济下行压力，我们全力做好“六稳”“六保”，经济发展稳住了基本盘。精准施策稳增长。下好援企稳岗“先手棋”，打好政策帮扶“主动仗”。全市新增减税降费7.6亿元，减免三项社保费用6.6亿元，发放稳岗返还资金1742万元，全市银行机构为6550户企业发放贷款330亿元，平均利率同比降低57个基点，市本级减免房租1180万元。全年新增市场主体6.5万户、排全省第3位，新增“四上”单位638家、排全省第2位，其中，新增规上工业企业235家，排全省第1位。投资102亿元的犬木塘水库工程开工建设。白新高速、永新高速、城龙高速开工建设。邵永高铁前期工作基本完成，邵阳高铁南站扩改工程开工。18项主要经济指标除进口总额、社会消费品零售总额外，16项实现由负转正，13项高于全省平均水平。全力以赴稳产业。产业投资同比增长22.5%，高于全省10.3个百分点，排全省第2位。全年引进招商项目253个，总投资897.6亿元，其中，引进“三类500强”企业项目11个。省“五个100”工程的6个重大产业项目完成年度投资计划的120.4%。推进制造强市“123工程”，实施高新技术企业倍增计划，培育和引进高新技术企业253家，增速排全省第1位。三一配套产业园建成投产，新经济产业园开园运营，三一生态智能产业园及汽车试验场、邵阳智能终端产业园、东盟科技产业园等一批重大项目开工或建成。特种玻璃研究院建成运营。投资200亿元的邵虹基板玻璃项目开工建设。千方百计稳就业。采取选派“联络员”蹲点企业服务、“招工小分队”下乡进村帮助企业招工等方式保障就业。新增城镇就业4.8万人，新增农村劳动力转移就业5.3万人。开发扶贫公益性岗位20754个、就业困难人员公益性岗位3611个，有就业意愿的贫困劳动力全部实现就业。

这一年，面对群众“急难愁盼”，我们担当作为，办成了一批民生实事。压减政府一般性支出6.5亿元，集中财力保民生，省定12件、市定10件重点民生实事全面完成，民生支出占一般公共预算支出的74.8%。政务服务“六办”做法在全省推介。着力推进工程建设项目“容缺承诺”审批制度改革，项目建设许可难、审批慢问题得到有效解决。城镇老旧小区改造项目开工381个、完成181个，处置“三房”遗留问题项目19个，历年棚改和超期安置房欠账问题逐步补足。开展交通问题顽瘴痼疾集中整治，398家马路市场全部清退，积极推进停车难、行车堵问题专项治理。第二批4所芙蓉学校建成，市十七中新建项目开工，湘中职业技术学院开建，义务教育消除大班额年度任务超额完成，增加公办幼儿园学位45555个，上学难、上学贵问题有效缓解。率先实行医保市级统筹，112个品种集中带量采购药品价格平均降幅达53%，群众看病难、看病贵问题逐步好转。

这一年，面对重点难点工作，我们补短板、提成色，较好地完成了目标任务。环保治污有力有效。6项主要污染物平均浓度均达到国家空气质量二级标准，空气质量优良天数达到342天，比上年增加30天。水环境质量全省第二，城市水质改善幅度全省第一；建成乡镇污水处理厂11座，完成100个村级生活污水治理任务，“河长制”工作经验在全省推介。完成78家废弃矿山地质环境治理。隆回小沙江采石场污染综合治理和生态修复全部完成。新邵、邵东垃圾焚烧发电项目正式开建。粮食生猪生产超额完成。粮食播种面积、产量实现“双增”。生猪出栏排全省第2位。禁捕退捕工作率先完成。禁食退养、禁捕退捕转产转业和社保补贴全部到位。自然资源三项任务全面完成。新增耕地1.6万亩。强力推进农村乱占耕地建房整治专项行动。违法用地宗数同比下降90%，整治率全省第一。开展净地攻坚战，处置批而未供土地230宗 4410亩、闲置土地251宗8102亩，商住用地出让均价同比增长21%。

这一年，面对各类风险和挑战，我们防风险、守底线，全市大局保持和谐稳定。全年化解隐性债务68亿元。市本级债务风险等级保持二类。加强食品药品监管，“放心早餐”、保健品等食品安全专项行动富有成效。推进网络综合治理，建成全省一流网络安全和舆情应急指挥中心。安全生产总体平稳，未发生较大及以上生产安全事故。狠抓防灾减灾工作，防汛工作获评全省先进。扎实推进禁毒工作，新建强戒所5所，邵阳县公安局禁毒大队获评全国禁毒工作先进集体。全力开展扫黑除恶“六清”行动，打掉涉黑涉恶犯罪团伙183个，社会治安持续好转。

各位代表，五年来，我们共同见证了邵阳的发展和变化，蝶变蕴含艰辛，成就令人振奋。总结“十三五”时期的发展经验：一是坚持党的领导不动摇，牢牢把握高质量发展方向。我们坚持把政治建设放在首位，把“四个意识”“两个维护”落实到行动上，在党中央、省委、市委的坚强领导下，奋力推动经济社会沿着正确的方向阔步前行，把党的政治优势转化成推动邵阳高质量发展成效，“二中心一枢纽”建设加快推进。二是坚持产业兴邵不放松，持续提升高质量发展水平。接续开展“产业项目建设年”活动，主动承接产业转移，传统产业成建制升级，战略性新兴产业出新出彩，百亿企业成功打造，千亿园区呼之欲出，产业发展实现了总量和质量“双提升”、结构和效益“双优化”。三是坚持改革创新不停步，全面激活高质量发展动力。四是坚持民生优先不懈怠，充分共享高质量发展成果。五是坚持淬炼自身不松劲，不断增强高质量发展本领。这五年，可以说是产业发展后劲足，开放崛起势头足，全面小康成色足，干事创业劲头足。

各位代表，五年的工作实属不易，五年的成绩尤为不易！这是以习近平同志为核心的党中央坚强领导的结果，是认真贯彻落实党中央、国务院、省委、省政府和市委决策部署的结果，是市人大、市政协监督支持的结果，是全市人民奋力拼搏的结果。在此,我代表市人民政府,向全市广大干部群众，向各民主党派、工商联、无党派人士、各人民团体，向中央和省驻邵单位，向驻邵人民解放军指战员、武警官兵、政法干警、消防救援队伍指战员，向所有关心支持邵阳改革发展的各界人士,表示衷心的感谢！

各位代表，在肯定成绩同时，我们也清醒地看到发展中存在的困难和问题，主要表现在：产业实力不够强，经济体量不够大，特别是人均量不高；城乡发展、东西部发展不平衡；公共服务供给不充分，一些历史欠账和民生问题尚未彻底解决；财政实力不强，收支矛盾突出，统筹防风险、守底线、求发展压力较大；一些政府工作人员能力不足、不敢担当、不善作为等问题依然存在。对此，我们将采取有效措施，切实加以解决。

二、“十四五”时期经济社会发展的主要目标任务

“十四五”时期发展指导思想是：以习近平新时代中国特色社会主义思想为指导，全面贯彻党的十九大和十九届二中、三中、四中、五中全会精神，坚决落实习近平总书记考察湖南重要讲话指示精神，坚持稳中求进工作总基调，立足新发展阶段，贯彻新发展理念，构建新发展格局，以推动高质量发展为主题，以深化供给侧结构性改革为主线，以改革创新为根本动力，以满足人民日益增长的美好生活需要为根本目的，坚持系统思维和底线思维，更好统筹发展和安全，全面落实“三高四新”战略，高质量建成“二中心一枢纽”。

“十四五”时期发展主要目标是：地区生产总值年均增长7.5%，经济总量突破3500亿元，固定资产投资年均增长10%，地方一般公共预算收入年均增长6%。产业基础更加坚实，经济质量显著提高，创新能力持续提升，公共服务更加均衡，生态环境更加良好，民生福祉不断改善，治理效能不断增强，综合实力进入全省第一方阵。

（一）持之以恒兴产业，奋力打造国家重要先进制造业高地。围绕优势产业链做优做强和传统产业提质升级，部署好创新链，吸引好人才链，安排好资金链，保障好政策链，创造更多“首台首套首创”新技术、新材料、新装备，促进产业链向高价值环节延伸，打造骨干核心企业，培育“专精特新”示范企业，打造细分领域行业冠军。运用绿色化、信息化、智能化手段改造传统产业，建设智能工段、智能生产线、智能车间、智能工厂，提升产品附加值、产业竞争力。推进制造强市“123工程”，加快沪昆百里工业走廊提质提效。实施装备制造业智能化改造行动，建设先进装备制造基地。实施中国（邵阳）特种玻璃谷建设行动，打造具有国际先进水平的新型显示器件制造基地。实施机械零部件配套行动，建设全国有影响力的专用汽车、工程机械、轨道交通零部件配套基地。实施智能家居家电提升行动，建设技术领先的智能家居家电生产基地。实施特色轻工“专精特新”行动，建设中部地区最大的特色轻工研发、生产基地。实施中医药产业创优行动，建设全国中医药制造基地。实施新能源新材料培育行动，建设全省重要的新能源新材料生产基地。实施质量提升行动，加强标准、计量、专利、检测等建设，打造邵阳制造业品牌，提高竞争力和美誉度。

（二）持之以恒抓创新，奋力打造具有核心竞争力的科技创新高地。持续实施高新技术企业倍增计划，设立支持企业发展科创基金和风险基金，通过市场化、企业化的方式，打造像邵东智能制造技术研究院这样的制造业技术服务平台，形成富有竞争力的研发团队，围绕企业生产中的实际问题，有针对性地进行技术研发、流程再造，推动共性技术、关键核心技术攻关，带动中小企业创新发展。加强创新平台建设，新建15个国家级和省级工程研究中心、工程实验室和企业技术中心。支持邵阳学院、邵阳职业技术学院推进一批特色应用学科建设。实施“宝庆人才”行动计划，大力培育和引进各类创新人才。聚焦七大工业新兴优势产业链，攻克一批关键核心技术，重点突破新型显示器件领域国外“卡脖子”技术。

（三）持之以恒强开放，奋力打造内陆地区改革开放高地。把开放发展与产业发展、扩大内需结合起来。打造高端平台、吸引高端要素、发展高端产业，推动外贸创新发展，全面提升开放质量和水平。积极对接中欧班列、中老专列等国际物流通道和粤港澳直通车。深化“对接500强、提升产业链”行动，引进一批战略投资者和企业总部、区域总部、功能性总部落户邵阳。把建设湘南湘西承接产业转移示范区与发挥邵商优势结合起来。积极对接中非经贸博览会、中国（湖南）自贸区等平台，紧扣产业链条延补配，充分发挥邵商在东盟、非洲和“一带一路”沿线优势，打通邵阳至东盟物流通道，建设邵阳东盟科技产业园、邵阳东盟跨境电商平台、邵阳中非经贸产业园，对接缔结友好城市。把改善硬件设施与优化软环境结合起来。强化开放平台功能，提升园区承载能力，畅通航空、公路、铁路等物流通道，提速“互联网+政务服务”，推进简政放权和公正监管，打造市场化、法治化、国际化营商环境。深化工程建设项目审批制度改革,做好多图联审、多测合一、告知承诺、区域评估和联合验收。深化事业单位分类改革。深化行业协会、商会和中介机构改革。深化预算管理体制改革。深化要素市场化改革，完善工业用地市场化配置制度，保障重大产业项目用地需求。深化投融资体制改革，推进企业上市和平台公司市场化转型，健全守信联合激励和失信联合惩戒机制。

（四）持之以恒扩内需，奋力构建新发展格局。把实施扩大内需战略同深化供给侧结构性改革、改善人民生活品质有机结合起来，加大政策协同力度，进一步挖掘内需潜力。提档升级汽车、家电、家居等实物消费，提质扩容信息、健康、家政、养老、育幼等服务消费，推动电商、冷链物流等下乡带动农村消费，积极培育体验消费、网络消费，打造时尚消费、品质消费，拓展文旅消费新蓝海。有效投资仍然是我市稳增长的“压舱石”。围绕重大产业、“两新一重”、“五网”建设、生态环保、乡村振兴、公共安全与应急能力提升等领域，优化升级传统基础设施，优先发展新型基础设施，优质补齐民生基础设施。采取有效措施，大力激发民间投资活力。继续高质量推进以人为核心的新型城镇化，实施城市更新行动，发挥棚改、旧改等领域稳投资、促消费拉动作用。抓好现代物流产业建设，创建提升现代物流体系。

（五）持之以恒发展县域经济，奋力壮大县域经济实力。实施特色县域经济强县工程，深化扩权强县改革，落实促进县域经济发展的政策措施。发挥比较优势和本地特色资源优势，促进县域经济特色化发展。推进以县城为重要载体的城镇化建设，实施县城城镇化补短板强弱项工程，推动公共服务设施提标扩面。创新县域发展体制机制，支持县市在市级园区建立“飞地经济”。制定差异化发展配套政策，对县市实行与主体功能定位相适应的考核机制。邵东市在巩固全省县域经济十强的基础上，全力冲刺全国百强县。

（六）持之以恒促协调，奋力加快“一群一圈”建设。统筹城乡、“群”“圈”发展布局，科学划定生态保护红线、永久基本农田保护线、城镇开发边界线，优化国土空间规划，明确主体功能区定位。推进东部城镇群建设。加快中心城区扩容提质，推动中心城区东连、西扩、北融、南延，打造省域副中心。推进东部城镇群交通、电力、通讯、供水、供气等一体化，构建城区三环线，完善城区“七横十纵”路网架构，推动区域联动发展，打造湖南中西部核心城镇群。推进西部生态圈建设。支持武冈打造西部生态圈中心城市。积极推进雪峰山生态修复工程，打造湘西南生态屏障。大力发展生态文化旅游、农产品精深加工、电子科技等低碳产业，主动融入以张家界、桂林为两极的湘桂大旅游圈，以崀山、南山为重点培育壮大生态旅游品牌，建设全国知名的生态旅游休闲康养度假目的地，打造湘西南桂北经济协作示范区、全省绿色发展示范区、雪峰山国家级山地度假文旅融合示范区。我们要通过不懈的努力，让世界知道邵阳，让世人对邵阳刮目相看!

（七）持之以恒惠民生，不断改善人民生活品质。守住就业基本盘。实施更加积极的就业创业政策，建立完善高校毕业生、农民工、退役军人等重点群体就业支持体系。扩大公益性岗位安置，帮扶残疾人、贫困劳动力、零就业家庭成员就业。守住社会保障线。统筹社会养老、基本医疗保险全覆盖。发展社会救助、社会福利和慈善事业。健全重大疾病和医疗救助机制。健全退役军人工作体系和保障制度。完善帮扶残疾人、孤儿等社会福利制度，建立健全农村留守儿童、妇女、老人关爱服务体系，发展普惠托育服务体系。坚持“房住不炒”定位，促进房地产市场平稳健康发展，推进城镇老旧小区和棚户区改造等保障性安居工程建设。打造湘中湘西南教育中心。积极发展学前教育，公办幼儿园和普惠性民办园占比达到85%以上。加快义务教育标准化学校建设，促进义务教育优质均衡发展。扩大普通高中办学规模，提升普通高中办学质量。办好职业教育，县市区集中办好中职教育，市本级重点办好高职教育，创建一批国、省级骨干高职学院、技师学院、中职学校。新申办一所高职院校、一所本科院校。打造湘中湘西南文化体育中心。推进公共文化体育设施全面覆盖，推动大型综合儿童游乐园建设。发展壮大本土特色文化，深入挖掘邵阳红色文化，推进长征国家文化公园（邵阳段）和“5个十大”文旅融合建设。创建全国民族团结进步示范市。推进健康邵阳建设，打造全省知名特色专科，健全公共卫生特别是基层公共卫生体系，提升公共卫生服务和应急能力。

（八）持之以恒保安全，积极推进更高水平的平安邵阳建设。更好统筹发展与安全。牢牢守住“三不”底线，积极稳妥化解存量债务，确保不发生区域性系统性风险。加强和创新社会治理，创建全国市域社会治理现代化试点合格城市，依法严厉打击黄赌毒、网络诈骗、涉众型非法经营等违法犯罪，推进扫黑除恶斗争常态化长效化，扎实推进“无毒县”“无毒乡”“无毒村”创建活动，坚决打赢禁毒人民战争。推动法治邵阳建设，增强全民法治观念，打造法治政府。压实安全生产责任，加强安全生产执法监管，坚决遏制较大事故，杜绝重特大事故。启动市应急救援指挥基地、物资储备基地和自然灾害防治服务中心建设。落实“四个最严”要求，保障食品药品安全。

三、2021年工作安排

2021年是全面开启社会主义现代化建设新征程的第一年，是“十四五”规划开局之年，也是中国共产党建党100周年，做好今年工作，具有特殊重要的意义。

2021年全市经济社会发展主要预期目标是：地区生产总值增长8%以上，规模工业增加值增长9%，固定资产投资增长10%以上，地方一般公共预算收入增长7%，社会消费品零售总额增长10%以上，进出口总额增长15%，全体居民人均可支配收入增长8.5%，城镇调查失业率控制在5.5%以内，万元GDP能耗下降2%。

重点抓好七个方面工作：

1.抓实常态化疫情防控。严格落实“外防输入、内防反弹”的总体防控策略，进一步压实“四方责任”，筑牢“五道防线”，提升“七种能力”，突出做好春节、清明、中秋等重大节假日疫情防控，夯实农村防疫基础，落实好常态化疫情防控各项措施，巩固拓展疫情防控和经济社会发展成果。

2.抓实重大产业项目。加快推进“601”工程、三一产业园灯塔工厂、汽车试验场、东盟科技产业园、中非经贸产业园、智能终端产业园、新经济产业园和县市区重大产业项目建设。邵阳经开区争创国家级经济技术开发区。抓好产业小镇建设，进一步提升打火机、小五金、发制品、箱包市场份额和品牌价值。矢志不移推进“个转企”“小升规”“规改股”“股上市”，努力实现上市企业零的突破。

3.抓实乡村振兴。坚决守住脱贫攻坚成果。认真贯彻落实党中央关于脱贫后设立5年过渡期的决定，做好巩固拓展脱贫攻坚成果同乡村振兴有效衔接，做到工作不留空档、政策不留空白。健全防止返贫动态监测和帮扶机制，坚决防止规模性返贫。努力扩大就业，支持扶贫车间稳步发展，补齐技术、设施、营销等短板，保障农民家门口就业、就地增收。全力推进乡村振兴。加快发展乡村产业，推进“一县一特、一特一片”建设。加强社会主义精神文明建设，推动形成文明乡风、良好家风、淳朴民风。加强乡村规划管理，着力解决乡村“有新房没新村、有新村没新貌”问题。加强农村生态文明建设，推进土壤污染、地下水超采、水土流失等治理和修复。实施乡村建设行动，接续推进农村人居环境整治提升行动，重点抓好改厕和污水、垃圾处理。推动城乡融合发展见实效，促进农业转移人口市民化。加强和改进乡村治理，做好村级换届工作，选派能人和大学生充实村级班子，提高乡村善治水平。狠抓种子和耕地保护。落实最严格的耕地保护制度，加大农村乱占耕地建房清理处置力度，坚决遏制耕地“非农化”、防止“非粮化”。加强永久基本农田特殊保护，完成高标准农田建设39.99万亩。完成粮食播种746万亩，出栏生猪580万头，切实扛起产粮大市粮食安全政治责任。启动市级种子库、种子园建设，打好种业“翻身仗”。

4.抓实基础设施建设。以“五网”建设为核心，统筹推进传统和新型基础设施建设。全年实施市级重点建设项目260个以上、年度投资400亿元以上，争取省级重点建设项目10个以上、年度投资50亿元以上。开工建设呼南高铁邵永段，启动兴永郴赣铁路邵阳段前期工作，高质量推进邵阳高铁南站扩改工程；加快推进白新、永新、城龙高速公路建设和国省干道提质改造进度，开工建设新新高速公路，加快推进洞溆高速公路前期工作，启动崀山通用机场建设。继续实施电网建设三年行动,加快市城区电网改造升级，完成雅中—江西特高压邵阳段建设，推动农村用电达标、城市及工业园区电网提质，实现220千伏变电站所有县市全覆盖。加快推进新邵、邵东垃圾焚烧发电项目建设，启动武冈、洞口垃圾焚烧发电项目。建成娄底—邵阳—永州成品油管网（邵阳段）。加快犬木塘水库施工进度，完成30个中小型水库除险加固，做好大圳灌区提质改造，加快市区防洪堤闭合圈建设。扎实推进公办幼儿园、乡村小规模学校、乡村寄宿制学校等项目建设,加快邵阳职教新城和湘中职业技术学院建设。推进5G基站建设，实现主城区、县城核心城区5G网络全覆盖。加快储能设施、充电桩建设。推进数字园区、数字政务、数字乡村等互联网项目建设。

5.抓实新型城镇化建设。实施城市更新行动。打通“断头路”、畅通“微循环”，建成桃花桥、北塔路、佘湖桥东端南北匝道，启动白马大道（桃花桥至邵石路段）、五井塘路、金塘路等路网建设。加快大祥区南片区雨污分流、红旗渠污水处理厂调水和枫江溪截污干管等工程建设。启动湖口井路、双坡南路、塔北路等主要路段电力廊道建设。大力推广生活垃圾分类，加快推进餐厨废弃物资源化利用和无害化处理项目。规范建筑工地扬尘治理，推进渣土消纳场“一区一点”建设。努力确保成功通过国家国卫复审，确保年内成功创建国家森林城市。抓好全国文明城市创建。发展健康产业，支持多样化健康服务新业态，建设健康邵阳。

6.抓实生态环境建设。加大污染防治力度。扎实推进长江经济带生态环境突出问题整改，持续发起“夏季攻势”，推动系统联治。综合施策，推进空气质量进一步提升。扎实推动老旧小区截污入网、新建区域雨污分流、黑臭水体提质治理防返臭。确保饮用水水质达标。加快推进垃圾分类处理，加强固体废物无害化处理，综合治理农业面源污染。加强生态保护和修复，建设好南山国家公园。

7.抓实民生实事。用心用情办好10件重点民生实事：①完成城镇老旧小区改造项目295个29255户

293万平方米，新启动105个10294户105万平方米；②完成棚户区改造3154户，公租房和安置房交付入住1500户；③完成大祥坪公共停车场建设，市城区新增停车位10000个以上；④完成32个乡镇污水处理厂建设；⑤完成农村公路新改建200公里、安防工程200公里；⑥完成农村户用卫生厕所改（新）建3万户，新建公厕30座；⑦完成乡镇卫生院修缮提质改造建设项目20个；⑧完成50处农村饮水安全巩固提升工程，巩固和新增农村自来水供水人口3万人；⑨完成8所芙蓉学校建设，完成市十七中新建项目主体工程建设；⑩市城区新建公办幼儿园6所，全市新增公办幼儿园学位9545个。

各位代表！做好今年的工作，必须全面加强党对政府工作的领导，必须不断加强政府自身建设。

坚持政治统领，做到政令畅通。增强政治意识，加强政治建设，进一步增强“四个意识”、坚定“四个自信”、坚决做到“两个维护”。高度注意经济活动背后的政治效果，善于从政治上看问题，不断提高政治判断力、政治领悟力、政治执行力。全面加强党对经济工作的领导，始终把政治纪律和政治规矩挺在前面，切实解决工作落实中的温差、偏差、落差问题，确保党的各项决策部署落地见效。

坚持法治思维，做到依法行政。坚持依法依规行使权力、履行职责、开展工作。依法接受人大及其常委会的监督，自觉接受人民政协的民主监督，主动接受社会和舆论监督。认真办理人大议案、人大代表建议和政协委员提案。深入推进审计监督全覆盖。严格遵守重大行政决策程序，不断提升依法行政能力。

坚持简政便民，做到高效施政。加快推进政务公开、“互联网+政务服务”，推动更多政务服务事项“一网通办”，努力做到“办事不求人、审批不见面、最多跑一次”。创新工作推进机制，按照“可量化、可执行、可落地”的要求，对重点工作实行清单式管理、跟踪式推动、销号式验收，全力推动政府工作提速增效。

坚持干净干事，做到廉洁从政。认真贯彻落实中央八项规定及其实施细则精神，严格执行省委、市委“约法三章”，全面加强党风廉政建设，切实履行全面从严治党主体责任。推进清廉邵阳建设，加强重点领域、重要部门和关键岗位廉政风险管控，强化一把手监督，坚决整治群众身边的不正之风和腐败问题。严格财政预算制度，强化公共财政管理和国有资产监管。坚持政府过紧日子，让老百姓过好日子，节俭搞建设，把每一笔钱花在刀刃上、紧要处。

各位代表，新目标开启新征程，新战略引领新发展！让我们更加紧密地团结在以习近平同志为核心的党中央周围，高举习近平新时代中国特色社会主义思想伟大旗帜，在中共邵阳市委的坚强领导下，勠力同心、开拓奋进，干在实处、走在前列，奋力实现“十四五”良好开局，以优异成绩庆祝中国共产党成立100周年！

相关名词解释

1. 二中心一枢纽：湖南省域副中心、湘中湘西南经济文化体育中心、全国区域性综合交通枢纽。

2. 三去一降一补：去产能、去库存、去杠杆、降成本、补短板。

3. “四上”单位：规模以上工业企业、资质等级建筑业企业、限额以上批零住餐企业、规模以上服务业企业。

4. 一非三贷：非法集资、校园贷、套路贷、非法高利贷。

5. 五个精准：识别精准、计划精准、措施精准、项目支出精准、排险精准。

6. 六个一批：“自接自盘”延展一批、“替接他盘”置换一批、“延期回售”续持一批、“发新还旧”平滑一批、“债务重组”盘活一批、“债转股”转化一批。

7. “135”工程：全省扶持创新创业园区100个，建设标准厂房3000万平方米以上，引进创新创业企业5000家以上。

8. 三类500强：指世界500强、中国500强和民营500强三类企业。

9. “四水”治理：湖南的湘、资、沅、澧及其主要支流治理（一般指流域面积3000平方公里以上）。

10. 三个闭环：“指导调度、督查落实、反馈完善”工作闭环，“摸排上报、推送交办、比对核查”数据信息工作闭环，“人员转运、集中隔离、核酸检测”全流程管理工作闭环。

11. 六稳：稳就业、稳金融、稳外贸、稳外资、稳投资、稳预期。

12. 六保：保居民就业、保基本民生、保市场主体、保粮食能源安全、保产业链供应链稳定、保基层运转。

13. “五个100”工程：实施100个重大产业项目、100个重大科技创新项目、100个重大产品创新项目，引进100个500强企业、100名科技创新人才。

14. 六办:政务服务线上全程办、预约错时办、特事秒批办、容缺承诺办、专人辅导办、主动帮代办。

15. 三房:棚改房、公租房、安置房。

16. 六清：线索清仓、逃犯清零、案件清结、伞网清除、黑财清底、行业清源。

17. 三高四新：根据习近平总书记考察湖南重要讲话指示精神，湖南省委十一届十二次全会确定的全省发展战略，即着力打造国家重要先进制造业高地、具有核心竞争力的科技创新高地、内陆地区改革开放高地，在推动高质量发展上闯出新路子，在构建新发展格局中展现新作为，在推动中部地区崛起和长江经济带发展中彰显新担当，奋力谱写新时代坚持和发展中国特色社会主义的湖南新篇章。

18. 七大工业新兴优势产业链：指先进装备制造、显示功能材料、智能家居家电、时尚用品、循环经济、中医药、互联网七大工业新兴优势产业链。

19. “五网”建设：指路网、电网、水网、互联网、教育网五个方面的基础设施建设。

20. 一群一圈：东部城镇群、西部生态圈。

21. 七横十纵：“七横”是指中山路、南山路、云山路、魏源路、宝庆路、邵州路—邵阳大道、白马大道，“十纵”是指雪峰路、北塔路—大祥路、西湖北路—西湖路—西湖南路、戴家路—邵水西路、建设路、黄桑路—双坡路—邵石南路、百合路—新华北路—新华南路、邵云路、进站路、大兴路。

22. 5个十大：构建十大文旅融合区域、开展十大文旅融合活动、建设十大文旅融合项目、开发十大文旅融合产品、打造十大文旅融合特色小镇。

23. “三不”底线：隐性债务不新增、“三保”资金不断链、风险事件不发生的底线。

24. 四方责任：属地责任、部门责任、单位责任、个人责任。

25. 五道防线：指入境口岸、站点卡口、社区防控、医疗机构和群众自防五道防线。

26. 七种能力：队伍实战能力、核酸检测能力、应急处置能力、隔离管控能力、医疗救治能力、物资储备能力、多病共防能力。

大事记

1月

1日 即日起，邵阳市低保标准城市提高至每月530元、农村提高至每月340元，特困人员基本生活标准城市提高至每年8268元、农村提高至每年5340元，全市困难残疾人生活补贴和重度残疾人护理补贴发放标准提高至每月65元。

5日 《邵阳日报》载，邵阳市2019年地方财政收入首次突破100亿元大关，完成102.9亿元，增幅居湖南省第一位。

5—7日 政协邵阳市第十二届委员会第四次会议在市文化艺术中心召开。市委书记龚文密讲话，市委副书记、市长刘事青等出席会议，市政协主席鞠晓阳作市政协第十二届常务委员会工作报告，副主席周晓红作提案工作情况的报告。

6—7日 湖南省政协主席李微微率省政协调研组赴邵阳县，就更好地发挥政协委员主体作用，持续深化“双助·双行动”，与当地省市县三级政协委员和干部群众座谈收集意见。

7日 邵阳市建立7个创建国家森林城市工作指导组，以推动各地各单位创建国家森林城市工作落地见效。

6—9日 邵阳市第十六届人民代表大会第六次会议在市文化艺术中心召开。大会执行主席龚文密等出席会议，市长刘事青作政府工作报告。会议听取市人大常委会工作报告、市中级人民法院工作报告、市人民检察院工作报告，书面审查关于邵阳市2019年国民经济和社会发展计划执行情况与2020年计划草案的报告、关于邵阳市2019年预算执行情况与2020年预算草案的报告。表决通过《邵阳市第十六届人民代表大会第六次会议补选办法》。

9日 邵阳市“不忘初心、牢记使命”主题教育总结大会召开。市委书记龚文密、省委巡回第五指导组副组长胡东风分别讲话，市长刘事青主持会议。

10日 中央歌舞剧院的艺术家到城步苗族自治县开展“文化迎春、艺术为民”慰问演出。

是日 邵阳市举办首届居家与社区养老服务体系建设论坛，为群众普遍关注的养老现实问题引入专家见解，提出破解之道。

11日 邵阳市举行重大产业项目集中签约仪式，现场签约的8个项目总投资达36亿元，其中7个均与邵阳经开区签约并落户邵阳经开区。

13日 《邵阳日报》载，邵阳市对全市古树名木实行一树一案挂牌保护，每棵树都有自己的编号，2万株古树全部挂牌保护。

15日 邵阳好人馆开馆。该馆位于市博物馆内，以图片、文字、实物等形式集中展示近年涌现出的“邵阳好人”典型事迹，当日起免费对外开放。

20日 市长刘事青到邵东市现场检查部分交通问题隐患整治情况，一线督导交通问题顽瘴痼疾集中整治行动。

是日《邵阳日报》载，邵阳市城建投集团成功获批发行城市停车场建设专项债券。此次专项债券不超过20亿元，期限7年，其中所筹资金用于城市停车场建设项目及补充营运费用。

21日 市委常委会召开会议，传达学习贯彻中纪委、省纪委全会精神，部署新冠肺炎疫情防控工作。

25日 邵阳市启动重大突发公共卫生事件Ⅰ级响应。市委书记龚文密、市长刘事青强调，各级各部门要提高认识、强化领导、攻坚克难、分工合作，坚决打赢疫情防控阻击战。

26日 市长刘事青要求做好新冠肺炎疫情防控十一个方面的工作，健全联防联控机制，切实将重大突发公共卫生事件Ⅰ级响应工作措施落地落实。

27日 市委召开常委会会议，部署邵阳市贯彻落实中共中央政治局常委会会议、湖南省委常委会会议精神，强调要把人民群众生命安全和身体健康放在第一位，把疫情防控工作作为当前最重要的工作来抓。

2月

1日 湖南省委常委、省委秘书长张剑飞到邵阳督导新冠肺炎疫情防控工作，强调要科学防控，精准施策，坚决打赢疫情防控阻击战。市领导龚文密、刘事青、李万千、李志雄分别参加督导或座谈。

2日 市委新冠肺炎疫情防控工作领导小组召开会议，强调抓好疫情防控，分层分类有力有序救治确诊患者。

3日 市委书记龚文密主持召开市委常委会会议，要求始终坚持统一领导、统一指挥、统一行动，确保新冠肺炎疫情防控各项工作有力有序有效推进。

是日 市长刘事青就新冠肺炎疫情防控期间“菜篮子”保供工作进行专题调度，要求确保“菜篮子”产品和农业生产资料产得出、运得动、供得上、放得心（质量安全）、吃得起（价格稳定）。

是日 市市场监督管理局为2家抗疫相关企业快速完成登记注册，开通急事急办、特事特办的绿色通道，在全市首开告知承诺制行政许可先河。

6日 市委常委会召开扩大会议，要求各级各部门全力做好复工复产条件下的新冠肺炎疫情防控工作。

8日 邵阳市下发《关于切实做好城市社区疫情防控工作的通知》。

10日 邵阳经济开发区共有21家规模企业和重点项目复工复产。

12日 湖南省医疗专家组一行7人到邵阳市中心医院，就邵阳市已有的新冠肺炎重症、危重症、高危患者进行集体会诊。市领导龚文密、刘事青、曹普华、李华和到现场听取专家意见。

13日 上午，市委书记龚文密主持召开县市区委书记视频会议，强调要根据疫情分类分区精准施策，统筹疫情防控和经济社会秩序恢复。下午，邵阳市召开新冠肺炎攻坚克难誓师大会，对全市医疗救治工作进行再动员、再部署。

14日 《邵阳日报》载，邵阳市支援湖北抗疫医疗队被授予“邵阳好人”群体荣誉称号。新冠肺炎疫情以来，邵阳市8家医疗单位、75名医务工作者第一时间奔赴湖北抗疫第一线。

18日 邵东市2名新冠肺炎治愈患者捐献的2袋各300毫升血浆被紧急送往市中心医院，用于救治2名新冠肺炎危重患者。这是邵阳市首次成功采集新冠肺炎治愈患者恢复期血浆。

是日 邵阳市在交通运输综合体系建设工作、铁路安全环境整治工作、省重点民生实事农村公路建设工作等全省三项考核指标均位居前三，是唯一一个三项工作均被评为先进的市州。

19日 市委新冠肺炎疫情防控工作领导小组在原有9个工作组基础上，增设经济运行服务组，并配套设置重点项目建设与申报、复工复产与稳岗招工、政策落实难点问题处置等小组，统筹落实省稳企稳岗稳就业10条措施和市9条企业复工复产措施，在确保疫情防控安全的前提下，有序推进全市复工复产。当日起，龚文密、刘事青、王昌义、曹普华、鞠晓阳等市领导分别到全市各基层一线督查指导疫情防控及企业复工复产工作。

21日 《邵阳日报》载，新冠肺炎疫情以来，邵阳市共组织疫情防控志愿者10万余人，开展各类志愿服务活动5000余场次，发动爱心企业和社会人士捐赠口罩、手套、防护服和84消毒液等疫情防护物资合计价值人民币300余万元。

是日 邵阳市响应省委新冠肺炎疫情防控工作领导小组号召，紧急派出第二批支援湖北抗疫医疗队共10名心理医生驰援湖北。至此，邵阳市支援湖北抗疫医疗队扩大至86人。

26日 邵阳市推进污染防治攻坚战“夏季攻势”工作在全省生态环境保护工作电视电话会上作典型发言。2019年，邵阳市把绿色发展理念贯穿于全市经济社会发展过程，持续推进污染防治攻坚战，一年一度的“夏季攻势”任务完成质量居全省第一位。

26—27日 省政协主席李微微到邵阳调研统筹推进疫情防控和经济社会发展工作。

29日 副省长吴桂英到邵阳指导新冠肺炎患者医疗救治工作，强调要关心关爱防控一线医务人员，为打赢疫情防控阻击战提供坚强保障。

3月

1日 市委书记龚文密主持召开会议，专题研究邵阳市新冠肺炎疫情防控期间企业复工复产工作。要求各级各部门要主动作为，化危为机，努力把疫情造成的损失夺回来。市领导刘事青、蔡典维、李万千、张皓、侯文、彭华松出席会议。

是日 由邵阳日报社新媒体中心制作、“云邵阳”移动新闻客户端首推，展示邵阳市抗疫群体形象的原创短视频《我在开满鲜花的路口等你》，被新华社“新华屏媒”选用，在北京、上海、南京、沈阳等全国8个政治、经济、文化重地同步滚动播出，每日播放30次以上，持续至3月底。这是邵阳首次在北京、上海等一线城市及多个省会城市车站广场等核心区的大屏同步展示邵阳人美好形象。

4日 市长刘事青组织市发改委、市工信局、市交通运输局、市市场监督管理局等部门和邵阳经开区主要负责人就全市口罩生产企业当前面临的困难，特别是原材料供应紧缺问题会商对策，要求全力以赴帮助企业打通堵点稳产保供。

6日 市委书记龚文密主持召开县市区委书记视频会议，要求加快建立同疫情防控相适应的经济社会运行秩序，力争经济社会发展早日全面步入正常轨道。

7日 中国共产党邵阳市第十一届纪律检查委员会第五次全体会议召开。

是日 市委书记龚文密主持召开会议，研究部署邵阳市防控境外新冠肺炎疫情输入工作，要求多措并举坚决防范境外疫情输入风险。

11日 邵阳市出台《邵阳市阶段性减征及缓缴职工基本医疗保险费实施意见》，决定从2月1日起实施医保阶段性减半征收、延缓缴费等政策，支持企业复工复产。

12日 邵阳市公安机关为期100天的“平安一号”专项行动正式启动。此次行动以“战疫情、治枪爆、扫毒患、剿黄赌、护稳定、报平安”为中心内容，坚持打击、防范、治理多管齐下，全力以赴防风险、保平安、护稳定。

15日 邵阳市下发《关于新冠肺炎境外疫情输入防控工作的通告》。

是日 邵阳市发布《关于做好餐饮业有序复工营业疫情防控的通知》，明确全市餐饮单位在达到疫情防控相关要求的前提下，可根据自身实际情况自主决定适时恢复营业。

18日 《邵阳日报》载，新冠肺炎患者救治期间，全市11家定点救治医院部分科室停止接诊，2500余家个体诊所全部暂停营业，122家民营医院有近100家暂停开业。2月10日起逐步恢复开业和接诊，截至3月10日，全市所有定点救治医院、民营医院和个体诊所全面恢复正常诊疗工作。

20日 《邵阳市大气颗粒物污染防治条例（草案）》举行立法听证会。

22日 邵阳支援湖北武汉、黄冈医疗队的86名队员回到邵阳，龚文密、刘事青到队员们定点修整的酒店，代表市委、市政府和全市人民欢迎英雄凯旋。邵阳医疗队所在的湖南援助黄冈第二批医疗队历时50天，圆满完成救治任务。

23日 位于邵阳市双清区的八路军驻湘通讯处旧址和武冈市革命历史纪念馆被命名为第五批湖南省爱国主义教育基地。

24日 邵阳市启动房地一体的农村宅基地和集体建设用地使用权确权登记试点工作。

25日 邵阳市8个项目入列全省“五个100”重大产业项目实施计划，总投资107亿元。8个项目均为总投资10亿元以上、计划年度投资4亿元以上的单体项目。

27日 邵阳市下发《邵阳市土地违法违规行为专项整治行动工作方案》，决定3—7月在全市开展土地违法违规行为专项整治行动。

30日 《邵阳日报》载，位于湖南南山国家公园里的金童山国家自然保护区、白云湖国家湿地公园候鸟观测站，在不到两个月的时间里，监测到过境候鸟种类和数量达104种、90.7万只，较上年同期增加9万余只，为历史新高。

4月

1日 湖南省特色工业小镇建设座谈会在邵阳召开。省委副书记、省长许达哲在会上强调，要努力探索具有湖南特色、符合规律、可持续的特色小镇发展路子。

3日 邵阳经开区举行富力机械等7个机械制造产业链项目集中签约仪式。7个项目业主均来自浙江台州，是机械设备制造、汽车零部件生产等方面的骨干或专精高企业，项目投资总额达12亿元，投产后年产值预计达20亿元以上。

是日 《邵阳日报》讯，邵阳日报社制作的以邵阳的春天、鲜花、复工复产场景为画面内容的短视频《一年之计在于春》被“新华屏媒”选用，先后在北京、长沙轮番播出。

7日 邵阳市被评为全省“2019年度脱贫攻坚先进市州”，武冈市、隆回县、城步苗族自治县、新宁县、邵阳县、邵东市、北塔区被评为全省“脱贫攻坚先进县市区”。2019年全市脱贫摘帽5个县，退出贫困村182个，减少贫困人口13.14万人，贫困发生率下降至0.51%。

11日 市委常委会扩大会议暨市安委会全体会议召开，听取4月10日下午洞口县平溪江落水事件情况汇报，研究部署应急处置工作。4月10日下午，洞口县平溪江发生一起落水事件。经救援队伍全力搜救，截至11日凌晨4时，6名落水人员已搜救3人上岸，其中1人无生命危险，2人死亡，还有3人失踪。市县两级在继续搜救失踪人员的同时启动前期调查和善后工作。

13—15日 湖南省政府第三核查组对邵阳市2019年度保障农民工工资工作进行实地核查。2019年，全市劳动保障监察部门巡查各类用人单位1792家，立案查处67件，法定期限内结案率100%，为劳动者追讨工资2000余万元，涉及劳动者2980人。

16日 省政协主席李微微在邵阳县开展“落实社会保障兜底扶贫政策，建立解决农村相对贫困的长效机制”重点课题调研和“三个一”扶贫行动大回访活动，并出席省政协香港委员孙易兵扶贫助听行动捐赠仪式。

17日 市委书记龚文密主持召开市委新冠肺炎疫情防控工作领导小组会议，强调要严防境外疫情输入，安全有序推进文化娱乐场所开放工作。

是日 以“创新创业 圆梦邵阳”为主题的第三届邵阳市创新创业大赛（创客中国）暨2020湖南省创新创业大赛（创客中国）邵阳市分区赛正式启动。

21日 市政府与中国建筑第五工程局有限公司签订《关于邵阳公路桥梁建设有限责任公司的股权合作框架协议》，标志着邵阳路桥与中建五局深化股权合作正式迈入实质性操作阶段。

23日 中华人民共和国邵阳海关开关揭牌仪式举行，标志着邵阳市从此有了专门服务于对外经济贸易的海关机构。邵阳海关当天即完成第一单报关单通关手续，为邵阳阳光发品有限公司申报出口尼日利亚的一批发制品。

28日 全市61个重大项目集中开工，概算总投资158.15亿元。在邵阳经开区东盟科技产业园项目现场，副省长何报翔宣布项目开工。同时，12个县市区同步组织重大项目集中开工。

5月

3日 13时17分，从上海飞抵邵阳的HO1117号航班降落邵阳市武冈机场，“上海—邵阳—昆明”航线开通投入运营，标志着邵阳正式迈入长三角两小时经济圈。

是日 邵阳市中心医院团委被共青团中央授予“全国五四红旗团委”称号。

5日 邵阳经开区举行征地拆迁百日大会战誓师大会。决定当日起强力推进园区重点产业项目、商业配套项目、批而未供土地征拆项目、路网及公共配套扫尾项目的征拆工作，集中攻坚39个项目，确保实现目标任务。

11日 市委书记龚文密、市长刘事青会见中电彩虹集团董事长、党委书记司云聪一行，双方就深化合作、加快项目建设等交换意见。中电彩虹集团在邵阳投资的首条盖板玻璃生产线已全面达产，第二条生产线将于6月底具备点火条件，达产后，企业盖板玻璃年产能将达到400万平方米，年产值超5亿元。

是日 全市居家和社区养老服务改革试点工作启动。邵阳市于2月份正式被民政部、财政部确定为全国第五批居家和社区养老服务改革试点城市。

是日 新宁县博落回农产品获中华人民共和国农产品地理标志登记证书。博落回属多年生草本药材品种，新宁博落回种植面积达10000亩，年产果荚1500吨，其提取物产品销往全球40多个国家和地区。

15日 邵阳市大祥区陈宁家庭、新邵县何锡华家庭入选2020年全国抗疫最美家庭。

18日 湖南省发展和改革委员会正式批准犬木塘水库工程立项。该工程是国家重点规划的治理衡邵干旱走廊的重大水利工程，功能定位为以灌溉、供水为主，兼顾发电、改善水生态环境等综合利用。总投资约102亿元，70%左右的投资在邵阳市。建成后将改善邵阳市灌溉面积约50万亩，增加邵东市城市年供水量5300万立方米，对32.3万名乡镇人口的供水起到提质增效作用。

是日 新邵县雀塘镇3个村（社区）通上管道天然气。雀塘镇成为第一家在全省推进“村村通”天然气工程项目的乡镇。

22日 新宁县崀山入选“湖南十大文旅地标”。崀山已先后获“中国最令人向往的地方”“中国最美七大丹霞”“中国最佳生态文化旅游目的地”“中国风景名胜区摄影基地”“世界外交官旅游休闲基地”等称号。

26—27日 国家自然资源督察武汉局党组书记、局长张先余一行到邵阳市督察国家耕地保护督察反馈问题和往年土地例行督察“挂账”问题整改工作。

28日 截至当日，邵阳市201个派出乡镇（街道）监察办公室全部挂牌组建，标志着邵阳市监察“最后一公里”全面打通，监察监督实现全覆盖。

6月

1日 邵阳高铁南站扩改工程正式开工，标志着邵阳市“二中心一枢纽”建设取得新的突破。扩改工程总投资8.0578亿元，总建筑规模5.2万平方米，建设工期为3年。

是日 邵阳市举行重点产业项目集中签约暨招商推介活动，包括华为邵阳运营中心、邵阳口味王三期、国碳纳米锂离子导电材料等在内的11个项目正式签约落户邵阳，合同金额14亿元。

3日 邵阳市全面启动国家卫生城市复审整改工作，对照国家卫生城市复审标准，全民动员、全员参与、全面落实整改责任，确保城市卫生提标提质，如期通过第一次国家卫生城市复审。

是日 “助推高质量 勇夺双胜利”邵阳市劳动和技能竞赛暨宝庆工匠评选活动正式启动。6—12月在全市重点建设项目中开展劳动竞赛，并在全市制造行业开展宝庆工匠技能竞赛。

6日 《邵阳日报》载，截至5月底，邵阳市生猪存栏237.83万头，环比增加10.52%，出栏生猪201.33万头，生猪产能恢复势头呈现良好态势。

7日 《邵阳日报》载，自4月开展打击野生动物违法交易专项整治行动以来，邵阳市已责令有关电商平台等下架野生动物交易信息68条、菜品150种；检查网店、花鸟市场和宠物店4017家次，责令整改17起；检查餐饮单位8123家次，责令整改62起；巡查农贸相关市场及商场286家次，责令整改24起。

9日 中国消费扶贫生活馆·“邵阳红”专馆合作签约仪式举行，这是正式签约的湖南首家中国消费扶贫生活馆。中国消费扶贫生活馆是依托中国社会扶贫网积极助推贫困地区农特优产品走进市场，助力消费扶贫的创新试点项目。

10日 湖南省民政厅公布第一批湖南省“十百千”示范社会组织名单，邵阳市共有11家社会组织在列。

11日 邵阳市全面启动市城区户外广告专项整治行动，按照“拆除一批、收回一批、改造一批、保留一批、新建一批”原则，让户外广告的设置和管理逐步达到科学化、规范化、制度化、资源化。

12日 由邵阳市花鼓戏保护传承中心创作排演的大型现代花鼓戏《山乡工匠》获批拍摄成电影。该剧是湖南省唯一入选第二届全国地方戏曲南方会演的剧目，并入选国家艺术基金2019年度舞台艺术创作资助项目。

19日 三一集团到邵阳考察三一职能生态汽车城项目和国家级汽车试验场项目的选址工作。

是日 邵阳市首创的“一村一辅警”机制入围全国法治政府建设示范项目。

23日 邵阳县公安局禁毒大队获“全国禁毒工作先进集体”称号，全省仅3个集体获此殊荣。

24日 市市场监督管理局统计，上半年全市市场主体新增28741户，其中企业6839户、个体户21902户，同比增长30.37%。

28日 邵阳市建设工程安全和质量监督站、市住房保障服务中心分别揭牌成立，标志着市住房和城乡建设局（人防办）机构改革工作全面完成。

30日 在邵阳市金融助力“六稳”“六保”工作推进会上，湖南晶博光电有限公司等24家企业分别与中国农业银行邵阳分行签订信贷合作协议，授信金额合计近29亿元。

7月

1日 当日起，邵阳火车站新增深圳北—怀化南G6144次、G6143次，深圳北—铜仁G2138次、G2137次4趟途经邵阳市的列车。邵阳市武冈机场新增西安航点，邵阳往返西安航班HU7839、HU7840由海南航空执飞，海口—邵阳—西安航线每周一、三、五、日执飞。

是日 当日起，邵阳市启动为期一个月的全市危险货物道路运输安全生产专项整治行动。

2日 邵阳市人民政府与湖南省农信联社举行“深化金融服务推进经济社会高质量发展合作协议”签约仪式，10家农商银行与全市各工业园区及相关企业签约，签约总金额100亿元。

9日 邵阳市退役军人创业孵化基地在邵东市正式挂牌成立。基地可为退役军人创办的小微企业进行政策指导、信息分享、资源对接等立体化创业帮扶，提供从人才、资金、运营到管理的一站式创业孵化服务，同时也可搭建劳务用工平台，为退役军人提供就业岗位。

10日 在市森林公安局和大祥区人民检察院干警的见证下，涉嫌非法经营罪的陈某某将价值5000多元的鱼苗放入资江河中，这是邵阳市首个公益诉讼民事先行典型案例。

是日 南山国家公园智慧公园建设项目启动实施，项目总投资7394万元，包括智慧管理中心建设及智慧系统平台建设两个方面。

18日 中华人民共和国成立以来湖南投资最大的单体水利工程——犬木塘水库开工仪式在邵阳县举行。省委副书记、省长许达哲宣布开工，副省长隋忠诚讲话，省政府秘书长王群主持，市委书记龚文密致辞。水库概算总投资102.5亿元，建设内容包括枢纽、灌区两大部分。建成后可改善和新增灌溉面积121.7万亩，保障90万人供水。

20日 2020年湖南省小巨人企业拟定名单进行公示，邵阳市13家企业上榜。

22日 邵阳市举行显示功能材料产业链项目集中签约活动，总投资23.1亿元的17个重点产业项目集中签约落户邵阳经开区。

27日 邵阳市崀山风景名胜区、蔡锷故居和纪念馆入选湖南省第一批“湖南省华侨文化交流基地”。

是日 《邵阳日报》载，邵阳经开区坚持统筹推进疫情防控与经济社会发展。截至7月底，规模以上工业企业复工137家，27个省市重点项目全面实现复工复产，到岗人数、到岗率均超过上年同期水平，有70家以上规模工业企业实现正增长。

28日 湖南省市州首份财政电子票据在邵阳市交通行政执法支队执法现场在线开出，标志着邵阳市财政票据管理在全省14个市州中率先迈入电子新时代。

29日 雅中至江西±800千伏特高压直流输电工程（湖南段）架线首牵试点在邵阳县和新宁县接壤处举行。该工程起于四川雅中换流站，途经四川、云南、贵州、湖南、江西5个省，设计输送量800万千瓦时，其中一半容量送至湖南。在邵阳市境内线路全长220.2公里，主要经过绥宁县、武冈市、洞口县、新宁县、邵阳县、邵东市，新建铁塔494座。

30日 邵阳市出台首个专门加强和支持检察公益诉讼工作的规范性文件《关于加强检察公益诉讼工作的决定》，为全市检察机关公益诉讼工作向纵深发展提供制度保障。

是日 《邵阳日报》载，上半年邵阳市实现进出口总值111.2亿元，同比增长17.7%。进出口总值位列全省第五，比全省平均增速高4.3个百分点。

8月

5日 《邵阳日报》载，邵阳市在全省率先出台《关于规范和简化城镇老旧小区改造项目报建手续的通知》，对老旧小区改造项目评审全面推行“一站式办理”，建立“先建后验”机制，一切围绕项目开展工作，助推老旧小区改造。

11日 湖南省委常委、常务副省长谢建辉到隆回县督导小沙江采石场废水外排长江经济带生态环境突出问题整改。该问题是国家长江办交办湖南省的重点问题之一，省市积极推进整改，依法关闭退出石材行业企业，有序推进生态修复工程。

18日 《邵阳日报》载，邵阳经济开发区在新冠肺炎疫情防控常态化背景下，上半年园区技工贸总收入、规模以上工业增加值、工业投资实现逆势增长，分别增长6.5%、5.87%、73.91%。

是日 邵阳市举办2020年邵阳市“最美抗疫家庭、最美文明家庭、最美巾帼标兵、最美妇联人”表彰大会暨“书香飘万家——阅出梦想，读出幸福”家庭亲子朗诵大赛，践行家庭美德，传承良好家风。

21日 中电彩虹邵阳特种玻璃有限公司第一期第二条G7.5盖板玻璃生产线在邵阳成功点火。副省长陈飞，市委书记龚文密，中电彩虹集团副总经理、彩虹（邵阳）特种玻璃有限公司董事长陈晓宁共同为项目点火，市长刘事青主持点火仪式。

26—28日 2020年湖南（夏季）乡村文化旅游节在隆回县举行。此次旅游节由湖南省文化和旅游厅、邵阳市人民政府共同主办，邵阳市文化旅游广电体育局、隆回县人民政府承办。文化节在大花瑶景区设“锦绣潇湘·云上花瑶”主会场，在岩口镇向家村设“锦绣潇湘·美丽向家”分会场。安排“锦绣潇湘·神秘花瑶”抖音视频摄影大赛、“锦绣潇湘·云上花瑶”山地越野赛2项赛事，开幕式暨文艺演出、湖南省首届山地度假旅游发展峰会、花瑶“讨僚皈”纪念活动暨“锦绣潇湘·云上花瑶”魅力非遗乡村音乐会等九大主会场活动，经典怀旧电影展映、地方戏曲展演、乡村美食节等10项分会场活动。

28日 邵阳市分别在大祥区和邵东市举行2020年秋冬季新冠肺炎疫情防控应急实战演练。

9月

8日 在北京人民大会堂举行的全国抗击新冠肺炎疫情表彰大会上，邵东市疾病预防控制中心唐志伟、隆回县人民医院孙小红获全国抗击新冠肺炎疫情先进个人称号，洞口县雪峰街道双联村党总支获全国抗击新冠肺炎疫情先进集体和先进基层党组织称号。

是日 邵阳市举行重点优抚对象短期疗养启动仪式，两年内将组织28批次、1400多名重点优抚对象参加短期疗养。全市当前有各类优抚对象8.3万人。

10日 市委书记龚文密、市长刘事青分别会见到邵阳考察访问的老挝驻长沙总领事馆总领事本·印塔巴迪一行。当前邵阳人在老挝投资兴办的企业有1000多家。

12日 国家公园体制试点评估验收专家组到邵阳开展南山国家公园体制试点评估验收实地核查。副省长陈文浩出席工作汇报会时要求，为湖南国家公园建设打造“南山样板”，为全国南方集体林区建设国家公园探索“南山经验”。

13日 2020年湖南省青少年田径（传统校组）锦标赛在邵阳市体育中心体育场开赛。全省国家级、省级体育传统项目学校（田径项目）共112个代表队1000余名运动员，在为期4天的比赛中围绕32个项目展开角逐。邵阳市派出7所学校代表队的55名运动员参赛。

15日 湖南省第六生态环境保护督察组进驻邵阳开展为期15天的生态环境保护督察“回头看”。重点督察中央交办督办突出生态环境问题整改情况，省生态环境保护例行督察、专项督察、日常督察整改情况，污染防治攻坚战特别是“2020夏季攻势”整改任务完成情况，以及生态环境保护长效机制建立和推行情况。

16—17日 湖南省人大常委会副主任杨维刚率省人大常委会执法检查组到邵阳，就贯彻落实《湖南省中小学校幼儿园规划建设条例》情况开展执法检查，并召开邵阳、娄底两市贯彻实施情况汇报会，反馈检查情况。

17日 中央文明办发布2020年2—7月“中国好人榜”，邵阳市新邵县的段善文获评“见义勇为”中国好人。2019年11月29日村里发生意外火灾，他舍身扑火受重伤致瘫痪，被村民称为救火英雄。

19日 邵阳步步高新天地购物中心开业。该中心总投资17亿元，是集多个业态于一体的城市智慧商场，当前入驻商家368户，为邵阳新增就业岗位3000多个。

22日 政协邵阳市第十二届委员会第五次会议在市文化艺术中心召开。会议学习贯彻习近平总书记在湖南考察调研时的重要讲话精神，并举行选举大会，蒋伟当选为政协邵阳市第十二届委员会副主席，周飞鹏当选为政协邵阳市第十二届委员会秘书长。

27日 邵阳智能终端产业园和新经济产业园正式开园。邵阳智能终端产业园是打造中国（邵阳）特种玻璃谷和显示功能材料产业集群的重点承接平台，项目于2019年9月开工，规划用地300亩，已引进欲勤光学等10多家显示功能材料产业链企业；邵阳新经济产业园是邵阳首家互联网科技园区，由邵阳经开区打造，委托58科创集团运营，已建成1.55万平方米园区办公用房，引进华为等18家互联网科技企业。

是日 在2015—2020年全省电子商务进农村综合示范县工作推进会上，新宁县获评“全省电子商务进农村工作优秀县”。

29日 全市87个重大项目集中开竣工，总投资467.42亿元。其中集中开工的有三一生态智能产业园及汽车试验场等50个项目，概算总投资387.51亿元，竣工投产的有特种玻璃研究院等37个项目，完成总投资79.91亿元。

是日 蔡锷故里文化博览园正式开园。该园占地面积381亩，总投资1.5亿元，是邵阳市十大城市建设工程之一，是一处集文物保护、爱国主义教育、国防教育与中小学生研学于一体的人文景观。

10月

4日 市委书记龚文密到市区交通要道、客运车站，检查督导节假日期间客运保障和交通安全、消防安全等工作。市领导李志雄、谭学军、晏丽君一同检查督导或参加座谈会。

5日 国家数控系统工程技术研究中心邵阳分中心、数字制造装备与技术国家重点实验室邵阳分室在邵阳先进制造技术研究院正式揭牌成立，邵阳“智造”再添生力军。

9—11日 湖南省长江流域重点水域禁捕退捕工作联合督查组到邵阳督查。自长江流域重点水域禁捕退捕工作启动以来，截至10月11日，邵阳市退捕签约率、捕捞许可证回收率、网具销毁率、退捕渔民养老保险参保率均达到100%，资水干流邵阳段提前4个月实现“四清”“四无”目标。

12—14日 由新华社、人民日报社、中新社等12家媒体组成的中央媒体团深入邵阳市基层村镇、企业，采访残疾人脱贫攻坚工作经验，深度报道邵阳市在推动残疾人就业扶贫、加强基层组织建设、培育残疾人扶贫脱贫典型等方面的经验做法。

14日 城步苗族自治县人民检察院被最高人民检察院授予第七届“全国先进基层检察院”称号。

16日 “崀山杯”2020全国女子举重锦标赛暨东京奥运会模拟赛在邵阳市体育中心体育馆开赛。此次比赛为期4天，设10个竞赛级别，来自全国31支代表队的216名运动员参赛。这是邵阳市首次举办最高规格的全国单项赛事，全程免费向市民开放。

18日 邵阳市档案馆新馆正式投入使用。新馆为独栋6层建筑，占地1856平方米，建筑面积10860平方米，其中查阅房280平方米，可同时容纳30人翻阅档案资料，并提供预约查档、延时查档、电话查档等便利服务。

20日 邵阳市获第十一届“全国双拥模范城”称号。这是邵阳市第二次获此称号。

22日 邵阳市朱绮华等7人、省派驻邵阳各县市扶贫工作队刘献文等5人，获评全省2020年“百名最美扶贫人物”。

27日 湖南省宗教界代表人士集中谈心总结交流会在邵阳市举行。省委常委、省委统战部部长黄兰香在会上讲话，副省长吴桂英主持会议。

是日 中共邵阳市委、市人民政府决定将11月定为全市“污染防治攻坚战集中整改攻坚月”，就全市生态环境突出问题进行集中整改。

27—28日 学习贯彻习近平总书记考察湖南重要讲话精神省委宣讲团报告会分别在邵阳市区和邵阳县举行。根据省委统一安排，省委政法委委员、政治部主任、机关党委书记黄进良作宣讲报告，市委书记龚文密主持市区报告会，市长刘事青参加市区报告会。

28日 邵阳市成功通过国家卫生城市省级复查。国家卫生城市省级复查组组长易露茜反馈复查情况并提出工作要求，市委书记龚文密作工作落实表态，市长刘事青主持反馈会。

29日 湖南农业生态循环产业研讨会暨绥宁县特沃斯生态产业园投产仪式在绥宁县湘商产业园举行，标志着全省最大农业有机废弃物回收利用工厂建成。

11月

1日 第七次全国人口普查邵阳市入户登记正式启动。当日起至30日，普查员将进入住户家中，逐人逐项登记普查信息，并将随机抽取10%的住户填报普查长表，获取更为详细的人口结构信息。

3日 市委书记龚文密主持召开全市七大工业新兴优势产业链发展规划审议专题会议，强调要以产业链高质量发展助推邵阳经济高质量发展。

11日 邵阳市召开全市领导干部会议，传达学习贯彻中共十九届五中全会精神。

12日 李书文八极拳第三代传承人李志成将珍藏上百年的李书文八极拳拳谱、各种武术器械书籍、武术医学书籍和相关档案资料等76件物品捐赠给市档案馆，这是市档案新馆开馆以来首次成建制接收的社会名人档案，填补了市档案馆武术类档案的历史空白。

13日 2020年湖南省不动产测量专业委员会暨不动产测量技术交流会在邵阳市召开。

是日 中共十九大代表、隆回县羊古坳镇赵家冲村党支部书记、雷锋村袁隆平超级杂交水稻高产攻关科研基地王化平获第十一届“袁隆平农业科技奖”，成为此次唯一获奖的基层农民代表。

14日 邵阳市举行市情推介暨中国侨联2020“海外侨领中国国情研修班”邵阳现场教学活动招待会，来自25个国家和地区的45名海外侨领到邵阳考察研学。据统计，邵阳有海外华人华侨15万余人，主要分布在欧美、东南亚、非洲等49个国家和地区。

16日 邵阳市中心医院感染科科研团队成员为共同第一作者的研究论文《新冠COVID-19康复患者的特异性循环T滤泡辅助细胞和交叉中和抗体反应》在《自然·微生物学》（中科院JCR分区1区，影响因子：15.540）上发表，这是邵阳地区在医学领域取得的重大成就，也是邵阳市卫生系统第一次在国际顶尖学术刊物上以共同第一作者身份发表研究成果。

17日 湖南省首个村级残疾人康复综合服务站落户绥宁县唐家坊镇小乡村。

18日 《邵阳日报》讯，邵阳市14个易地扶贫搬迁典型案例入选全国“十三五”时期易地扶贫搬迁典型案例。

23日 学习贯彻中共十九届五中全会精神湖南省委宣讲团报告会在邵阳市委礼堂举行。省委常委、宣传部部长张宏森作宣讲报告，市委书记龚文密主持，省委宣传部副部长刘学，刘事青、鞠晓阳、王昌义等市级领导和离退休老同志出席。

24日 在北京举行的全国劳动模范和先进工作者表彰大会上，邵阳市5名全国劳动模范和1名全国先进工作者获表彰。

25日 邵阳经开区特种玻璃特色产业园区被省发改委认定为2020年湖南省特色产业园区。该园面积2.28平方米，特色产业主营业务收入达137亿元，占主体园区技工贸收入的30.8%，入园企业95家，其中规模以上关联企业66家，主营业务收入1亿元以上龙头企业27家。

27日 《邵阳日报》讯，邵东市跻身全国县域营商环境百强县，排名第67位。

30日 新宁县被授予“第四批国家生态文明建设示范市县”称号，成为邵阳市第一个获此命名的市（县）。

是日 邵阳市一批抗疫先进个人和集体获省级表彰，62人被授予“湖南省抗击新冠肺炎疫情先进个人”称号，18个集体被授予“湖南省抗击新冠肺炎疫情先进集体”称号，8人被授予“湖南省优秀共产党员”称号，5个集体被授予“湖南省先进基层党组织”称号。

12月

3日 《邵阳日报》载，12月上旬，邵阳市3178个村、425个社区志愿消防队实现人员、车辆、装备三个到位，消防力量真正实现基层“全覆盖”并实效运行。

6日 《邵阳日报》讯，邵阳市住房公积金中心发展指标综合评价全国排名第31位，首次入围全国50强。

8—10日 湖南省专项督察组到邵阳督察指导邵阳市长江经济带生态环境警示片披露问题整改工作。

10日 2020年邵阳市劳动模范和先进工作者表彰大会在市委礼堂举行，63人被授予邵阳市劳动模范称号，30人被授予邵阳市先进工作者称号。

16日 市委书记龚文密、市长刘事青与天鹅董事长兼CEO陈小华一行，就进一步深化合作，更好地助推邵阳现代服务业升级和数字经济发展座谈。

是日 邵阳市生态环境局通报全市水生态环境整改成效：1—11月，邵阳市国家地表水城市水质综合指数排名全省第二，城市水质综合指数变化程度排名全省第一，43个国控、省控断面水质优良率100%，17个县级以上城市集中式饮用水水源达标率100%。

17—18日 中国共产党邵阳市第十一届委员会第十一次全体会议召开。全会听取市委书记龚文密受市委常委会委托作的工作报告，审议通过《中共邵阳市委关于制定邵阳市国民经济和社会发展第十四个五年规划和二〇三五年远景目标的建议（讨论稿）》《中国共产党邵阳市第十一届委员会第十一次全体会议公报（草案）》。市长刘事青就建议（讨论稿）向全会作说明。市领导鞠晓阳、王昌义、李万千、张皓、周迎春、李志雄、侯文、周爱国、曾市南、彭华松、王永红等出席。

18—19日 商务部党组成员、部长助理任鸿斌在城步苗族自治县实地调研定点扶贫工作。城步是商务部定点扶贫县，自2013年始，商务部先后投入和引进帮扶资金超1亿元，实施定点扶贫、电商扶贫等一批帮扶项目，推动双向干部挂职交流。2019年，城步实现脱贫摘帽，被评为全省“2019年度脱贫攻坚先进县”。

23日 第五届全球邵商大会在邵阳市区开幕，全球350多名邵商代表和各界嘉宾到会。市委书记龚文密致辞，市长刘事青主持，市领导鞠晓阳、王昌义、李万千、侯文、彭华松、王永红等出席。此次大会以产业对接为主题，集中发布招商项目140个，总投资1855.67亿元，其间举办先进装备制造产业、中非经贸产业园、新经济产业等多场对接活动。

24日 第五届全球邵商大会东盟产业对接会召开，8个项目在会上签约。邵阳市在东盟国家和地区投资兴业的邵商约10万人，企业2000家，总数和投资额均居全省前列。

26日 城步苗族自治县至广西龙胜各族自治县的城龙高速公路（城步段）开工建设，标志着从湖南至广西境内一条崭新的“大动脉”即将畅通，邵阳乃至湖南对接粤港澳大湾区又多一条“快车道”。城龙高速公路邵阳境内主线长51.82公里，连接线长8.3公里，估算总投资89.78亿元。

27日 省委副书记、代省长毛伟明深入邵阳市调研，强调要把“三高四新”▲战略要求贯彻到经济社会发展的全方位、全领域、全过程。

是日 邵阳市启动重污染天气橙色（Ⅱ级）应急响应措施。市长刘事青组织有关部门主要负责人，会商应对解决当前空气质量重度污染情况，要求采取强有力管控措施遏制空气质量恶化趋势。

28日 第五届全球邵商大会湖南中非经贸产业园对接会召开，邵阳市分别与湖南中非经贸合作研究会、逸谭国际集团有限公司签订战略合作协议和湖南中非经贸产业园项目协议，此举将推动邵阳在全省打造中非经贸深度合作先行区中走在前列。

30日 为期9天的第五届全球邵商大会结束。本届大会共举行8场产业对接会，20场分会场系列活动；30余个专业团组、1500余名客商参加各类招商、考察活动。共签约项目130个，总投资550.94亿元。其中500强企业投资项目3个，总投资23.54亿元。

31日 长江流域重点水域“十年禁渔”启动活动邵阳分会场在资江望江楼开启，标志着邵阳市长江流域重点水域未来十年全面禁捕启动，资江邵阳全境进入十年休养生息期。

是日，全国妇联表彰第十二届“全国五好家庭”暨家庭工作先进集体、先进个人，同时揭晓

2020年“全国最美家庭”。洞口县文昌街道文昌社区的刘慧家庭和新邵县酿溪镇大坪经济开发区的谢昭娟家庭被评为“全国五好家庭”；城步苗族自治县儒林镇中心社区的贺秀英家庭和隆回县荷香桥镇塘冲村的周良香家庭被评为“全国最美家庭”。

注▲“三高四新”：中共湖南省第十一届委员会第十二次全体会议提出实施“三高四新”战略，即三个高地和四新使命。三个高地：着力打造国家重要先进制造业高地；具有核心竞争力的科技创新高地；内陆地区改革开放高地。四新使命：在推动高质量发展上闯出新路子；在构建新发展格局中展现新作为；在推动中部地区崛起和长江经济带发展中彰显新担当；奋力谱写新时代坚持和发展中国特色社会主义的湖南新篇章。（邓 艳）

邵阳概览

地　理

【位置】 邵阳市位于湘中偏西南、资江上游，资江自西南向东北流贯全境。东与衡阳市为邻，南与永州市和广西壮族自治区桂林市接壤，西与怀化市交界，北与娄底市毗连。位于北纬25° 58' ~ 27° 40'、东经109° 49' ~ 112° 57'，土地总面积20824.37平方公里。市城区位于市境东北，邵水与资江汇流处，建成区面积93平方公里。

【地貌】 邵阳市地处江南丘陵向云贵高原过渡地带，南岭山脉绵亘南境，雪峰山脉耸峙西部、北部，中部、东部为衡邵丘陵盆地。最高峰二宝顶，海拔2024米；最低处是邵东珍龙村测水岸边，海拔仅125米。市境北、西、南面高山环绕，中、东部丘陵起伏，平原镶嵌其中，由西南向东北倾斜，形成向东北敞口的筲箕形盆地，岩溶地貌广布，丹霞地貌壮观。地貌类型多样，山地、丘陵、岗地、平原兼有，分布面积分别占全市总面积的66.32%、20.12%、5.02%、5.18%，其余为水域。山地主要分布在西、南、北三面边缘地区。

【水文】 邵阳市溪河密布，分属资江、沅江、湘江与西江四大水系。资江干流两源逶迤，支派纵横，自西南向东北呈“Y”字形流贯全境，流域面积遍及市辖7个县、2个市、3个区。巫水源出城步，横贯绥宁，西入沅江，为西南部主要水道。资江及其支流邵水流经市区，把市区一分为三，市辖3个区即依此划分。2020年年末，全市有5公里以上的大小河流633条，天然水资源总量174.9亿立方米，地表水源总量131.44亿立方米，地下水（浅层）总量43.46亿立方米。

【自然资源】 2020年年末，邵阳市有耕地面积448.81千公顷、园地面积69.44千公顷、林地面积1232.46千公顷、牧草地面积9.09千公顷、水域面积66.92千公顷。水能资源蕴藏量0.021亿千瓦，其中可开发量0.012亿千瓦。全市已发现的矿藏有煤、铁、锰、钨、锑、石膏等74种。矿床102处，其中大型矿床8处、中型矿床18处、小型矿床76处。非金属矿藏蕴藏量大，石膏矿储量4792万吨、煤矿储量2331万吨。铁矿储量1809万吨。市境内高等植物有245科、792属、2826种。其中，用材林树种210种，以杉木、马尾松和阔叶用材林为大宗；经济林树种432种，楠竹、油茶、油桐等成片分布；有国家Ⅰ级保护植物银杉、资源冷杉、伯乐树等，国家Ⅱ级保护植物三尖杉、篦子三尖杉、华南五针松等。有野生脊椎动物397种，分属5纲、33目、102科。有国家Ⅰ级保护动物云豹、金钱豹、林麝等，有国家Ⅱ级保护动物穿山甲、水獭、斑林狸等。已建立绥宁黄桑、新宁舜皇山、城步金童山3个国家级自然保护区，以及武冈云山1个省级自然保护区。邵阳旅游资源主要有崀山风景名胜区、白水洞风景名胜区、湖南南山国家公园、云山国家森林公园、黄桑自然保护区、隆回虎形山—花瑶风景名胜区等。

【区域气候特征】 邵阳市地处亚热带，属典型中亚热带湿润季风气候，光照充足，雨水充沛，四季分明，气候温和，夏少酷热，冬少严寒。受地貌多样、高度悬殊影响，气候既有东、西部的地域差异，又有山地与丘陵平原地区的垂直差异，形成一定的小气候环境和立体气候效应。20世纪90年代中期以前偏低，90年代中期开始平均气温变化呈上升趋势，90年代中期之后总体上呈偏高态势，2000年以后，仅2012年年平均气温低于常年平均值，其他年份均高于常年平均值。年降水量年际变化大，90年代中期以前主要呈偏少态势，90年代中期到2004年降水量主要呈偏多态势，2005年以后降水量主要呈偏少态势，仅2006年、2015年、2019年、2020年降水量偏多。年日照时数90年代中期以前呈下降趋势，90年代中期到2010年呈上升趋势，2014年后又呈下降趋势。

【2020年气候表现】 2020年，邵阳地区气候年景较差。全市年平均气温17.6℃，较常年偏高0.6℃，其中冬季、春季、夏季气温偏高，秋季偏低；平均年降水量1371.3毫米，较常年同期偏多1.8%，冬季、秋季降水偏多，春季、夏季降水偏少；年平均日照时数1230.1小时，较常年同期偏少207.8小时。年主导风向为ENE。年内出现八大主要天气气候事件。据市民政局统计，各类气象灾害共造成全市132.3万人受灾，紧急转移安置1.8万人，农作物受灾面积68.2千公顷，直接经济损失10.3亿元。

【2020年主要天气事件】 2020年，邵阳市出现强暖冬、风雹、倒春寒、暴雨洪涝、雷电、高温干旱等主要天气气候事件,其中风雹出现早，暴雨重现频繁。

历史第二强暖冬：2019—2020年冬季全市平均气温8.6℃，较常年同期偏高1.9℃，为有记录以来的第二高值，仅次于1998—1999年冬季平均气温。各县（市）均达到暖冬的气候标准，其中城步冬季平均气温为1960年以来第一高值，武冈为第二高值，邵东、绥宁、邵阳县为第三高值。

雷雨大风出现早：1月6—7日邵阳市出现飑线，并伴随雷雨大风天气，10个县（市）均出现6级以上大风，其中武冈、绥宁、新宁出现8级以上大风且持续时间长（6日夜间至7日凌晨）。2月15日伴随寒潮过程，市区、新邵、邵东、洞口、城步出现7级偏北大风，隆回、邵阳县、新宁出现6级偏北大风。3月22日中午至23日凌晨，全市普降中到大雨，自北向南出现强对流天气过程。其中绥宁县13个区域出现暴雨，邵阳县、新邵县出现6级以上的雷雨大风，隆回周旺镇、邵东团山镇、洞口八角山及绥宁长铺子乡、秋田村、河口出现冰雹。此次强对流天气过程对邵阳市农作物以及农业设施、电力设施、交通造成较大影响。5月14日出现雷雨大风过程，其中新邵、隆回出现8级大风，市区、洞口、新宁出现7级大风，邵阳县、邵东、武冈、城步出现6级偏北大风。

寒潮两度来袭：受强冷空气影响，2月14—16日出现一次降温降水天气过程，48小时内全市平均最低气温下降11.4℃，最低气温最大下降幅度为13.4℃（城步）。10个县市均达到寒潮标准。12月29—31日出现一次降温降水天气过程，48小时内全市平均最低气温下降10.1℃，最低气温最大下降幅度为11.7℃（邵阳县）。其中绥宁达中等冷空气标准，城步达强冷空气标准，其余8个县市达到寒潮标准。

中度“倒春寒”：3月27日至4月5日受持续冷空气影响，全市平均气温为10.4℃，较常年同期偏低3.4℃，比前10天平均气温18.5℃偏低。10个县（市）均达到倒春寒标准，其中市区、隆回、新宁、城步为中度倒春寒。

暴雨频繁重现：2020年汛期邵阳市局部小范围暴雨频发，造成洞口县、隆回县、邵阳县、新邵县等地区小流域洪水频发。共出现15次强降雨过程，主要集中在6—7月。其中5月20日8时至21日8时全市南部出现一次暴雨，局地大暴雨天气过程，过程最大降雨量为225.1毫米，出现在绥宁县朝仪，最大小时雨强为42.1毫米。据统计，此次强降雨共造成绥宁和新宁县农作物受灾面积1710.18公顷，绝收面积341.2公顷，受灾人口8.96万人，严重受损房屋104间，紧急转移3209人，153处山体滑坡道路塌方，造成直接经济损失8600万元。9月全市平均降水量220.5毫米，较历年同期偏多2倍，属异常偏多；全市平均降雨日数为23.8天，较历年同期（9天）偏多14.8天，突破历史极值，4—5日、10—11日、15—17日出现暴雨过程。其中新邵、邵东、隆回、绥宁月降水量创

2020年邵阳市人口和自然资源情况表

表1

项　目	计量单位	2020年	项　目	计量单位	2020年
一、人　口			五、水文、水利		
年末总人口	万人	822.32	5公里以上河流	条	633
人口密度	人/平方公里	395	境内河流长度	公里	—
二、土　地			淡水面积	万公顷	—
土地面积	平方公里	20824.37	其中：可养殖面积	千公顷	—
其中：耕　地	千公顷	448.81	天然水资源总量	亿立方米	174.9
园　地	千公顷	69.44	地表水源总量	亿立方米	131.44
林　地	千公顷	1232.46	地下水（浅层）总量	亿立方米	43.46
牧草地	千公顷	9.09	水能资源蕴藏量	亿千瓦	0.021
水　域	千公顷	66.92	其中：可开发量	亿千瓦	0.012
三、气　候			六、矿产资源		
市区年平均气温	℃	17.47	锰　矿	万吨	147.69
市区年日照时数	小时	1337.60	石膏矿（矿石）	万吨	4792.00
市区年降水总量	毫米	1460.90	铅锌矿（金属量）	万吨	3.01
四、森　林			锑矿（金属量）	万吨	2.09
林地面积	万亩	1981.95			
有林地面积	万亩	1743.15			
森林覆盖率	百分比	61.02%			
林木蓄积量	万立方米	8403.23			

历史极高值，市区、邵阳县、城步排历史第二高值。

高温热浪：夏季全市平均高温（日最高气温≥35℃）日数14天，接近常年同期（14.2天），比上年同期偏少6天。其中8月27—31日绥宁、新宁达到轻度高温热害标准（日最高气温≥35℃连续5～10天）。

干旱阶段性发展：自4月开始受降水偏少、气温偏高的影响，邵阳市气象干旱发展，最严重为5月14日，出现轻中度干旱，5月下旬受降水过程影响，气象干旱缓解。6—8月受高温少雨影响，南部气象干旱比较明显，其中武冈达到重旱等级。据统计，邵阳、武冈、新宁3个县（市）发生干旱灾害，有9.29万人受灾，因旱饮水困难需救助9729人，农作物受灾面积16191.73公顷，农作物绝收面积870.8公顷，直接经济损失12406万元。9—10月降水偏多，干旱缓解。12月开始干旱又有所发展。

寒露风灾情重：受降温降水天气过程影响，9月16日开始邵阳市10个县市区相继出现寒露风天气，达到重度寒露风标准。全市出现轻到中度连阴雨。"寒露风"来得早，且低温阴雨持续时间长，对一季稻及双季晚稻带来不利影响。

重污染天气：全市出现大雾330站次，比上年偏少13站次，各县（市）出现大雾日数为4天（绥宁、城步）～67天（市区）。其中，2月出现最多，3月次之；冬季最多，春季次之，夏季最少。全市出现霾84站次，比上年偏少43站次，各县（市）出现霾的日数在0天（隆回）～27天（市区）。其中，12月最多，1月次之；冬季最多，其次是秋季，春季、夏季较少。12月26—28日大气扩散条件较差，加上外来污染物输入，市区连续3天出现重污染天气，对人体健康造成较大影响。

【区位交通】 邵阳市位于湘中偏西南，资江上游，自古为"上控云贵、下制长衡"的交通要塞。明清时期，宝庆府城依资江黄金水道和数条驿道而成为水陆要冲，湘中重镇。民国时期，湘黔公路干线贯穿境内，邵阳县城成为东南与西南商品物资转运枢纽。2002年12月，潭邵高速正式通车，邵阳进入高速公路时代。2014年12月，邵阳高铁北站投入使用,邵阳驶入高速铁路时代。2017年6月，邵阳武冈机场顺利通航，邵阳步入航空时代；12月，武靖高速建成通车，邵阳市进入"县县零距离上高速"的"新高速时代"。2018年，怀邵衡铁路开通运行，联通东西沪昆、南北京广两大高铁大动脉，邵阳成为高铁交通枢纽，全面进入"高铁时代"。2020年年末，邵阳公路总里程22600公里，占全省总里程的9.4%，其中高速公路582公里，占全省总里程的8.4%。实现县县通高速公路、乡乡通高等级公路、村村寨寨通硬化公路。省内1小时左右可直达娄底、怀化、永州、衡阳、湘潭等地，省外4小时左右可达江西、贵州、广西、广东等地。邵阳武冈机场新开通"杭州—邵阳—南宁"航线。与北京、上海、深圳、重庆、昆明、兰州等12个城市实现通航，实现旅客吞吐量29万人次。

（邓　艳）

建置·区划

【建置沿革】 邵阳在秦代时分属长沙郡及黔中郡。西汉初设置昭陵县。东汉末属零陵郡。三国吴宝鼎元年（266）置昭陵郡，为境内建郡之始。西晋太康元年（280）更昭陵为邵陵。唐代设邵州，与邵阳县在今城区同城而治。北宋崇宁五年（1106），分邵州西部置武冈郡。南宋宝庆元年（1225），升邵州为宝庆府。元代设宝庆、武冈二路。明初设宝庆、武冈二府，后降武冈为州。1913年，废宝庆府设宝庆县，境内各县隶湘江道；1922年直隶于省。1928年，宝庆县复名邵阳县。1937年，在邵阳县城设置湖南省第六行政督察专员公署。

1949年10月10日，邵阳解放。13日设置湖南省邵阳区督察专员公署，同时建立邵阳市，隶邵阳县。11月，邵阳区督察专员公署更名为行政专员公署。1950年7月，邵阳市升格为县级市。1955年4月，邵阳区行政专员公署更名为邵阳专员公署。1958年，邵阳专员公署辖邵阳市和邵东、新邵、邵阳、隆回、洞口、武冈、城步、新宁、绥宁、新化、涟源、双峰、湘乡14个市县。1965年划湘乡县归湘潭地区管辖。1968年2月，成立邵阳地区革命委员会，邵阳专区改称邵阳地区。1977年7月，邵阳市升格为省辖市，由邵阳地区代管；10月，划出东北部邵东、新邵、新化、涟源、双峰等县及冷水江市置涟源地区。1980年1月，邵阳市由省直管，领东区、西区、桥头区、郊区4个区。1983年，邵阳市增领邵东、新邵2个县。1986年1月，撤销邵阳地区建制，实行市领导县体制，原邵阳地区所辖邵阳、隆回、洞口、武冈、绥宁、城步、新宁7个县归邵阳市管辖。1987年，桥头区并入东区。

1994年2月，国务院批准撤销武冈县，设立县级武冈市，属邵阳市代管。1997年10月，市辖3个区重新调整区划，更名为大祥区、双清区、北塔区。2019年7月，国务院批准撤销邵东县，设立县级邵东市，由邵阳市代管。至此，邵阳市辖7个县、3个区，代管2个县级市。

【行政区划】 2020年年末，邵阳市设大祥区、双清区、北塔区3个市辖区，辖新邵县、邵阳县、隆回县、洞口县、绥宁县、新宁县、城步苗族自治县7个县，代管邵东市、武冈市2个县级市，共12个县级行政单位；设112个镇、39个乡（其中15个民族乡）、36个街道办事处，共187个乡级行政单位；有468个居民委员会，比上年增加13个；有3166个村，比上年减少10个。

（邓　艳）

2020年邵阳市行政区划一览表

表2 单位：个

县、市、区	镇	乡	民族乡	街道办事处	居委会	村
双清区	1	1		9	57	16
大祥区	1	2		11	60	38
北塔区		1		4	30	14
邵东市	18	4		3	61	518
新邵县	13	2			47	366
邵阳县	12	8			28	391
隆回县	18	3	2	2	61	511
洞口县	14	3	3	3	30	334
绥宁县	8	1	8		19	215
新宁县	8	6	2		17	299
城步苗族自治县	7	5			28	160
武冈市	11	3		4	28	287
经开区	1				2	17
合计	112	39	15	36	468	3166

人口·民族

【人口总量】 2020年年末，邵阳市户籍人口总户数252.89万户，比上年（下同）增加3.19万户；总人口822.32万人，减少3.46万人，其中男性434.41万人、女性387.91万人，分别减少1.91万人、1.55万人；年平均户籍人口824.05万人，人口密度397人／平方公里。年末，常住人口总户数233.84万户，增加19.07万户；总人口656.15万人，减少74.09万人，其中男性339.13万人、女性317.02万人，分别减少41.52万人、32.56万人；城镇人口342.22万人、农村人口313.93万人，分别减少14万人、60.11万人；城市化率52.16%，提高2.42个百分点。

第七次全国人口普查（以2020年11月1日零时为标准时点）与2010年第六次全国人口普查相比，邵阳市常住人口减少50.82万人，减少比例7.19%，年平均增长率–0.74‰。城镇人口比重提高19.32个百分点。平均每个家庭户的人口减少0.81人。

【人口变动】 2020年，邵阳市年内总出生人口77426人，与上年相比，减少8171人；其中男性41535人、女性35891人，分别减少4138人、4033人；出生人口性别比为115.73，出生率9.40‰，减少0.95个千分点。死亡人口80452人，其中男性46185人、女性34267人，死亡率9.76‰。自然增长人口–3026人，其中男性–4650人、女性1624人，自然增长率–0.36‰。全年省外迁入人口6391人、迁往省外人口31075人，分别比上年减少9997人、3280人。

【年龄结构】 2020年，邵阳市户籍人口中，0~14岁人口164.79万人，15~64岁人口545.20万人，65岁以上人口112.33万人，分别比上年增加17.87万人、41.77万人、32.33万人，分别占总人口的20.04%、66.30%、13.66%；总抚养比0.5083人/人，其中老人抚养比0.2060人/人，少儿抚养比0.3023人/人。未成年（0~17岁）人口198.70万人，占总人口的24.16%；成年（18岁以上）人口中，18~34岁179.17万人，35~59岁296.08万人，60岁以上148.36万人，分别占总人口的21.79%、36.01 %、18.04%。

第七次全国人口普查与第六次全国人口普查数据相比，0~14岁人口的比重上升1.14个百分点，15~59岁人口的比重下降7.57 个百分点，60岁及以上人口的比重上升6.43个百分点，其中65岁及以上人口的比重上升5.75个百分点。

【人口受教育情况】 第七次全国人口普查数据显示，邵阳市常住人口中，拥有大学（指大专及以上）文化程度的人口为49.62万人，拥有高中（含中专）文化程度的人口为115.54万人，拥有初中文化程度的人口为257.71人，拥有小学文化程度的人口为169.38万人（以上各种受教育程度的人包括各类学校的毕业生、肄业生和在校生）。与第六次全国人口普查数据相比，每10万人中拥有大学文化程度的由0.45万人上升为0.76万人，拥有高中文化程度的由1.39万人上升为1.76万人，拥有初中文化程度的由4.16万人下降为3.93万人，拥有小学文化程度的由2.70万人下降为2.58万人；15岁及以上人口的平均受教育年限由8.83年上升至9.47年，文盲人口（15岁及以上不识字的人）为13.53万人，减少9.37万人，文盲率由3.24 %下降为2.06 %，下降1.18个百分点。

【民族】 2020年，邵阳市有1个少数民族自治县（城步苗族自治县）、1个少数民族人口过半县（绥宁县）、15个民族乡、6个民族村。有50个少数民族，有56.62万名少数民族人口，占全市总人口的6.89%。世居的少数民族主要有苗族、瑶族、回族、侗族4个，人数分别为41.35万人、5.24万人、3.88万人、3.75万人。邵阳少数民族呈现族别多、分布广、民族风俗习惯保持较为完整等特点。

【宗教】 邵阳市宗教历史悠久，佛教、道教、伊斯兰教、天主教、基督教并存，有隆回县、洞口县、武冈市、邵东市4个湖南省宗教工作重点县（市）。2020年，全市信仰宗教总人数59.83万人，有赋码的宗教活动场所627处、爱国宗教团体22个，其中市级爱国宗教团体5个、县级爱国宗教团体17个。有经认定备案的宗教教职人员405名。

（邓 艳）

国民经济和社会发展

【经济综合】 2020年，邵阳市完成地区生产总值2250.8亿元，增长3.9%（与上年比较，下同）。固定资产投资增长8.6 %；财政总收入增长0.25%；规模工业增加值增长4.1%；社会消费品零售总额下降2.5%；全体居民人均可支配收入增长6.3%；金融机构存款余额3298.2亿元，贷款余额1961.5亿元，贷存比为59.47%。第一产业完成增加值399.8亿元，增长4.1%；第二产业完成增加值698.6亿元，增长3.2%；第三产业完成增加值1152.4亿元，增长4.3%。三次产业结构比为17.8∶31.0∶51.2。民营经济实现增加值1658.7亿元，增长4.0%，占地区生产总值的比重为73.7%；中小企业实现增加值912.2亿元，增长3.4%。全社会用电量103.1亿千瓦时，增长4.1%；工业用电量40.5亿千瓦时，增长0.6%；居民生活用电量42.2亿千瓦时，增长8.3%。全市一般公共预算收入169.3亿元，增长0.25%。地方一般公共预算收入105.3亿元，增长2.3%。其中，税收收入66.0亿元，增长4.1%，非税收入39.3亿元，下降0.5%。上划中央收入52.3亿元，下降4.0%，上划省级收入11.7亿元，增长1.6%。一般公共预算支出584.9亿元，增长0.6%，其中，一般公共服务支出69.3亿元，增长12.8%，教育支出110.8亿元，增长11.9%，科学技术支出7.2亿元，增长50.5%，卫生健康支出68.2亿元，增长11.7%，住房保障支出14.7亿元，增长8.0%。

【疫情防控及复工复产】 2020年，邵阳市一手抓口罩生产供应，一手抓口罩市场投放，较短时间将全市口罩生产企业从2家发展到28家，日产能从3万个提升至879万个，全市累计投放平价口罩2900余万个，其中儿童口罩300多万个。在全省率先推进园区、企业和重点项目复工复产，制定出台《关于支持和推动企业复工复产的具体措施》及相关专项扶持政策，通过保障防疫物资需求、纾解企业成本压力、打通融资用工物流堵点等一揽子举措助力企业复工复产。实行“每日一调度、每日一协调、每日一反馈”机制，及时解决突出问题。出台疫情防控期间保供稳价相关措施，强化粮油米面、肉蛋果蔬、医疗物资、水电气等民生商品和防疫医药品价格监测。及时启动价格联动机制，全市累计向困难群体273万人次发放价格临时补贴1.22亿元。落实阶段性降低企业用电、用气、用水成本政策，降低人民群众生活成本和实体经济运营成本。

【产业发展】 2020年，邵阳市加快工业转型升级，出台《邵阳市承接产业转移示范区发展规划（2020—2025年）》，全市产业投资增长18.4%，居全省第二位，产业投资占全部投资的比重达62.4%，高新技术产业投资增长59.2%，居全省第三位。邵阳经开区获批国家小型微型企业创业创新示范基地，武冈经开区、新邵经开区获批省级双创示范基地，宁庆航空航天智能装备有限公司获批省级企业技术中心，三一专汽总产值突破140亿元，刷新邵阳单个工业项目产值突破百亿的历史纪录。全省特色工业小镇现场会在邵东市召开，仙槎桥五金小镇在会上做经验介绍。

促进园区建设 加快推进“135”工程升级版，全市建成标准化厂房220万平方米，新增投产企业180家，实现产值75.6亿元，新增就业1.6万人。邵东经开区调区扩区方案获省发改委批复；三一配套产业园建成投产，在省委经济工作会议上获省委书记许达哲肯定，新经济产业园开园运营，三一生态智能产业园及汽车试验场、邵阳智能终端产业园、东盟科技产业园等一批重大项目开工或建成。

提升服务业支撑能力 北塔区全省特色文化服务业示范集聚区建设通过省级验收；城步苗族自治县发

展农村电商助力脱贫工作经验获省政府2020年工作综合大督查通报表彰；新宁县崀山镇入选第二批省级文旅特色小镇；全市服务业增加值增长3.4%，其中规模以上服务业营业收入增长11.4%，居全省第二位。

巩固农业基础 全年实现粮食播种面积743.93万亩，总产量323.96万吨；南山牧业、军杰食品、贵太太茶油被新认定为第六批农业产业化国家重点龙头企业；邵东玉竹被评为第四批中国优势农产品优势区；新宁县黄龙镇入选2020年全国农业产业强镇。犬木塘水库工程正式开工建设，为湖南省投资规模最大的单体水利工程；石漠化综合治理、新增粮食产能、“四水治理”、大中型病险水库（水闸）除险加固等一批重大农林水项目有序推进，农林水畜牧三大块项目获中央和省预算内投资6亿元。

【三大攻坚战】 2020年，邵阳市易地扶贫搬迁全面收官。全市易地搬迁入住率、拆旧复垦率、产业覆盖率实现“3个100%”，易地扶贫搬迁工作经验在全国推介。隆回县被国家发改委评为“十三五”搬迁工作成效明显县，市发改委、绥宁县发改局被评为搬迁工作担当有为集体，武冈市湾头桥镇善星小区、新邵县潭府乡水口村集中安置区、邵阳县梅溪嘉园安置区被评为美丽安置区。

推进环境污染治理 推动长江经济带突出问题整改，隆回小沙江石材行业全部关停退出，获国家和省长江办肯定。做好能源消耗总量和强度“双控”工作，组织开展市2020年节能宣传周和全国低碳日活动暨邵阳市建筑节能和科技展示会活动。邵东、隆回、新邵成功创建省级森林城市。

防范化解重大风险 对政府投资项目从严把关，建立专项债券联合督查机制。牵头完成全市“景观亮化工程”过度化专项整治。

【项目建设】 2020年，邵阳市争取中央和省预算内项目200多个，获批资金30多亿元，争取地方政府专项债券资金项目68个，获批资金87.05亿元，为23家疫情防控重点企业争取专项再贷款1.81亿元。全市285个重点项目完成投资478.38亿元，为年计划的105.13%，85个项目实现投产或单项投产，其中208个重点产业项目完成投资341.29亿元，为年计划的106.33%；24个省重点项目完成投资157.65亿元，为年计划的181.33%；省“五个100”工程的6个重大产业项目完成投资45.06亿元，为年计划的136.54%；2个重大科技创新项目、3个重大产品创新项目均超额完成年度计划，引进“三类500强”企业项目11个，科技创新人才9人。邵阳高铁南站、白新高速、永新高速、城龙高速等一批重大基础设施项目开工建设。5G建设加快，全市开通5G基站1566个，完成市定任务的108%。

【改革开放】 2020年，邵阳市深化重点领域改革。推进供给侧结构性改革；推进“一件事一次办”“三集中三到位”改革；推进工程建设项目“容缺承诺”审批制度改革，12个县市区、邵阳经开区入驻省工改审；推进价格体制改革、粮食收储制度改革、财税金融体制、医疗卫生体制、国企国资等改革，南山国家公园体制试点改革通过国家考核验收。

持续扩大对外开放 推进邵阳东盟科技产业园和中非产业园建设，打造与东盟合作的桥头堡，包装策划2020年产业招商项目。结合“一带一路”、长江经济带、乡村振兴、湘南湘西承接产业转移示范区建设，包装开发招商引资项目149个。

优化营商环境 实施“优化营商环境提升年”活动，打造“1+7+10”工作体系，制定深化对接“北上广”优化大环境行动工作方案，开展工程建设领域招投标突出问题专项整治，对12起破坏营商环境和5起工程建设项目招投标典型案例进行通报。推进社会信用体系建设，强化信用信息共享交换。

【民生保障】 2020年，邵阳市稳就业促创业。坚持就业优先，出台线上职业技能培训支持政策，推动返乡创业高质量发展，支持公共实训基地项目建设，全年新增城镇就业4.8万人，新增农村劳动力转移就业5.3万人。

能源保障供给 新冠肺炎疫情防控期间，全市能源供应不断档、不停摆。迎峰度夏期间，用电保障有序有力；迎峰度冬以来，协调电煤调运、外电入邵和天然气供应，科学组织和推行有序用电，确保民生用电不受影响。

办好民生实事 支持文化教育卫生体育等社会事业领域基础设施项目建设。湘中职业技术学院开建，市十七中异地新建项目有序推进，第二批芙蓉学校4所建成、8所开工，义务教育消除大班额任务超额完成。完成老旧小区改造项目181个。新建社会足球场54个，完成率排名全省第三。

抓好粮食工作 在粮源紧粮价高情况下，全面按质按量完成全市粮食轮换收购任务，隆回县落实粮食安全责任制工作获省政府“真抓实干”激励表彰；定期对市县粮库进行检查，杜绝安全事故发生。

【农业农村】 2020年，邵阳市完成农林牧渔业总产值677.5亿元，增长4.2%。其中，完成农业产值346.3亿元，增长6.2%；粮食产量324.0万吨，增长2.1%；蔬菜产量303.4万吨，增长4.4%；油料产量21.2万吨，增长9.8%；烤烟产量0.9万吨，增长4.5%；茶叶产量0.6万吨，增长6.1%；牛奶产量3.0万吨，下降14.0%。完成牧业产值262.2亿元，增长0.6%；年末存栏生猪420.6万头，增长36.2%；年内出栏生猪523.7万头，下降4.4%；牛出栏21.9头，增长3.6%；羊出栏69.4万只，增长5.8%。完成林业产值20.2亿元，增长5.4%；完成渔业产值16.5亿元，下降0.5%；水产品产量9.7万吨，下降1.4%；完成农林牧渔专业及辅助性活动产值32.3亿元，增长7.3%。

全市农村用电量11.4亿千瓦时，增长5.8%；年末拥有农业机械总动力513.9万千瓦，增长2.0%；基本农田面积34.3万公顷，高标准农田建设面积40.0万亩、增长12.0%；提质改造农村公路568.2公里；农村完成10千伏及以下配电网改造7940万元；改（新）建农村户用厕所3.57万个；年末拥有农产品加工企业6623家，实现销售收入1560.0亿元，增长9.8%，实现利润93.8亿元，增长9.0%，其中国家级、省级、市级龙头企业数分别为4家、75家和230家；名优特水产品养殖面积2.7万亩，增长35.5%，名优特水产品产量0.8万吨，增长23.0%。

【工业和建筑业】 2020年，邵阳市规模工业企业共1801户，规模工业增加值增长4.1%。按企业规模分，大中型企业增加值增长7.3%，小微型企业增长2.8%；按经济类型分,国有企业增加值增长0.1%，集体企业下降0.4%，股份制企业增长4.4%，外商企业、港澳台商企业下降7.5%；省级及以上产业园区工业增加值增长5.6%。

全市农副食品加工业增长2.6%；石油加工、炼焦和核燃料加工业增长49.9%；化学原料和化学制品制造业增长20.2%；医药制造业增长1.3%；非金属矿物制品业增长9.1%；黑色金属冶炼和压延加工业增长8.7%；汽车制造业增长78.7%；计算机、通信和其他电子设备制造业增长8.2%。

全市规模工业企业主要产品中，改装汽车3.9万辆，增长37.6%；印制电路板93.1万平方米，增长28.5%；饮料酒10.4万千升，增长22.9%；饲料产量103.9万吨，增长20.8%；大米产量208.6万吨，增长98.3%；精制食用植物油23.7万吨，增长1270.1%；商品混凝土1621.7万立方米，增长18.1%；钢材1.9万吨，下降10.6%；水泥1043.8万吨，下降1.2%；石膏82.6万吨，增长133.6%。

全市规模工业企业实现主营业务收入2219.7亿元，增长5.6%；实现利润总额105.9亿元，增长16.2%，亏损企业亏损额2.3亿元，亏损面4.2%；利税总额137.2亿元，增长15.8%；工业产品销售率98.2%，下降0.7个百分点；出口交货值增长25.7%。

全市具有建筑业资质等级的总承包和专业承包企业228户，实现利润总额10.4亿元，增长9.9%；房屋建筑施工面积4568.7万平方米，增长17.0%，其中新开工面积2152.3万平方米，增长15.6%；房屋建筑竣工面积1648.4万平方米，下降2.0%。

【固定资产投资】 2020年，邵阳市固定资产投资同比增长8.6%。其中，国有投资增长15.8%，非国有投资增长5.9%，民间投资增长5.3%。分产业看，第一产业投资额下降8.2%，第二产业投资额增长15.6%，第三产业投资额增长7.8%。项目施工3164个，是年投产项目2074个，计划总投资4847.5亿元，增长22.7%。

全市工业投资增长16.3%，其中，采矿业下降41.9%，制造业增长16.9%，电力、热力、燃气及水的生产和供应业增长26.0%，工业技改投资下降15.8%，高新技术产业投资增长59.2%。全市基础设施投资增长6.9%，其中，交通运输、仓储和邮政业下降5.8%，水利、环境和公共设施管理业增长24.8%，教育投资增长8.2%，卫生、社会工作投资增长27.8%。

全市有房地产开发企业310家，完成投资241.2亿元，增长10.2%。商品房施工面积1764.7万平方米，下降18.4%；竣工面积276.5万平方米，增长27.9%；销售面积500.4万平方米，增长14.0%，其中，住宅销售面积451.1万平方米，增长15.9%；商品房每平方米均价4678.1元，增长6.3%。

【国内贸易和物价】 2020年，邵阳市完成社会消费品零售总额1208.8亿元，下降2.5%，其中限额以上单位零售额528.6亿元，增长3.9%。在限额以上法人单位零售额中，城镇实现零售额426.0亿元，增长3.8%，其中城区247.6亿元，增长5.6%；乡村实现零售额24.6亿元，增长11.3%。按行业分，批发和零售业422.7亿元，增长5.0%，住宿和餐饮业27.9亿元，下降7.1%。

全市限额以上法人单位批发零售企业共1199户，完成商品零售额450.6亿元，增长4.2%。其中，粮油、食品类62.6亿元，增长9.3%；饮料和烟酒类26.8亿元，增长6.3%；服装、鞋帽和针纺织品类20.9亿元，下降0.1%；化妆品类2.4亿元，增长2.1%；家用电器和音像器材类27.8亿元，增长2.1%；金银珠宝类7.3亿元，增长4.9%；汽车类89.8亿元，增长4.0%；家具类32.3亿元，增长6.9%；机电产品及设备类2.5亿元，增长11.9%。全市实现网上社会消费品零售额13.2亿元，增长4.4%。

全市居民消费价格上涨2.2%。其中食品烟酒价格上涨7.3%，衣着类下跌0.7%，医疗保健类上涨2.7%，居住类下跌1.3%，教育文化和娱乐类上涨1.0%，生活用品及服务类上涨0.8%，交通和通信类下跌2.6%，其他用品和服务类上涨3.6%。商品零售价格上涨1.2%。

【对外经济贸易和旅游】 2020年，邵阳市实现进出口总额262.8亿元，增长1.1%，其中出口额257.7亿元、增长1.6%，进口额5.1亿元、下降17.0%。全市实际利用境外资金3.97亿美元，增长16.5%。实际利用省外境内资金573.8亿元，增长23.1%，其中，第一产业76.0亿元、增长29.4%，第二产业323.6亿元、增长31.87%，第三产业174.2亿元、增长7.5%。引进2亿元以上省外境内项目58个，实际到位资金23.15亿元。

受新冠肺炎疫情影响，全市旅游消费下降明显。全市实现旅游总收入421.4亿元，下降19.2%。接待国内游客4300.5万人次，下降23.3%，实现国内旅游收入421.3亿元，下降19.1%；接待外国及中国港澳台地区

2020年邵阳市社会消费品零售总额及分类情况表

表3

指　标	绝对数（亿元）	比上年增长（%）
社会消费品零售总额	1208.8	-2.5
限额以上单位零售额	528.6	3.9
其中：法人单位零售额	450.6	4.2
1. 按地区分		
城　镇	426.0	3.8
#城　区	247.6	5.6
乡　村	24.6	11.3
2. 按行业分		
批发和零售业	422.7	5.0
住宿和餐饮业	27.9	-7.1

游客0.2万人次，下降97.3%，旅游外汇收入45.7万美元，下降97.5%。

【交通和邮电】 2020年，邵阳市公路通车里程为2.26万公里，比上年增加15.6公里。完成交通运输固定资产投资（不含高速公路）38.68亿元，为省定目标的187.9%，同比增长63.2%。高速公路总里程达582公里，白新高速、永新高速、城龙高速正式开工，其中白新高速完成投资13.3亿元，为省年度目标的156%。娄怀高速坪上互通连接线年底建成通车，G60沪昆高速黄桥连接线、G55二广高速邵阳县互通连接线正在进行路基施工。

年末，全市民用车辆保有量116.5万辆，增长10.1%，其中，汽车68.1万辆、增长11.1%，私人汽车65.1万辆、增长11.3%，轿车31.5万辆、增长13.3%。受新冠肺炎疫情影响，水路完成货运量121.6万吨，下降44.4%，货物周转量4224.5万吨公里，下降43.8%；公路水路完成客运量3074.2万人，下降64.3%，旅客周转量15.4亿人公里，下降53.6%。

全市完成邮电业务总量493.3亿元，增长46.4%。其中，邮政业务量25.9亿元，增长41.9%；电信业务量467.4亿元，增长46.6%。年末固定电话用户30.60万户，比上年末减少1.45万户；移动电话用户574.88万户，比上年末增加24.44万户；年末互联网宽带用户数68.88万户，比上年末增加5.97万户。

【金融、证券和保险】 2020年，邵阳市年末金融机构本外币各项存款余额3295.2亿元，比年初增加286.9亿元、增长9.5%，其中非金融企业存款391.6亿元、增长1.5%，住户存款2484.1亿元、增长10.8%，广义政府存款419.5亿元、增长9.9%。年末金融机构本外币各项贷款余额1961.5亿元，比年初增加327.7亿元，增长20.1%，其中住户贷款950.2亿元、增长19.7%，非金融企业及机关团体贷款1011.3亿元、增长20.4%。人民币消费贷款581.4亿元，增长28.8%；个人住房消费贷款413.1亿元，增长32.5%；房地产开发贷款56.2亿元，下降5.7%；中小微企业贷款733.2亿元，增长25.2%。

年内在邵证券营业部新开户数59060个，股民保证金20.16亿元，增长18.48%，年内股票基金交易量(含融资融券)3593.83亿元，增长1.1%，年内A股交易量3349.25亿元，增长41.7%。

全年保费收入89.4亿元，增长12.0%，其中财产险28.0亿元、增长11.2%，人身险61.4亿元、增长12.3%。保险深度3.97%，比上年上升0.01个百分点。完成各项保险赔付金额27.3亿元，增长11.7%，其中财产险16.5亿元，增长17.3%；人身险10.8亿元，增长4.1%。

【教育】 2020年，邵阳市普通高等教育招生1.17万人，增长0.7%，在校生4.06万人，毕业生0.88万人。各类中等职业教育招生2.96万人，下降2.2%，在校生7.92万人，毕业生2.34万人。普通高中招生4.99万人，增长1.8%，在校生14.37万人，毕业生4.32万人。初中和小学共招生18.41万人，下降9.3%，在校生90.18万人，毕业生19.70万人。特殊教育招生0.02万人，在校生0.23万人。幼儿园在园幼儿20.0万人，增长0.5%。各类民办学校（包括民办幼儿园）1071所，在校生24.32万人。小学适龄儿童入学率和毕业生升学率均达到100%。

【科学技术】 2020年年末，邵阳市拥有高新技术产品生产企业1080家，比上年增加223家，其中省科技厅认定的高新企业223家，比上年增加146家。实现高新产值1747.7亿元，实现增加值446.95亿元，增长11.3%。签订技术合同81个，成交金额9.6亿元。全年专利申请量8167件，比上年增加1761件，增长27.5%，其中发明专利申请量2993件，增长146.3%；专利授权量4383件，增长14.8%，其中发明专利授权量183件，增长140.8%。

【文化】 2020年，邵阳市参加2020湖南(国际)文化旅游产业博览会暨文化和旅游装备展，获1枚金牌、2枚银牌、4枚铜牌及“最佳组织奖”“最佳展台奖”。年内新增新邵白云岩、岳坪峰、隆回向家牛天岭景区获评国家AAA级旅游景区，大花瑶景区成功创建国家AAAA级旅游景区。新宁县崀山镇获评2020年湖南省文旅特色小镇。隆回县虎形山瑶族乡白水洞村、洞口县莃溪瑶族乡宝瑶村入选全省文化和旅游扶贫示范村。成功举办2020年湖南夏季乡村文化旅游节、六六山歌节、四八姑娘节、乌饭节、崀山脐橙文化旅游节等节庆赛事活动。全市建成乡镇（街道）综合文化站202个，基层综合性文化服务中心3586个，建立24小时自助图书屋15个。

【卫生和体育】 2020年年末，邵阳市有卫生机构5827个，拥有医院床位数3.4万张，增长3.3%。卫生技术人员4.2万人，下降0.2%，其中，执业医师和执业助理医师2.8万人，增长2.3%；注册护士2.0万人，下降2.1%。全市疾病预防控制中心（防疫站）13个，疾病预防控制中心（防疫站）卫生技术人员568人。

全市累计投入体育彩票公益金2024万元，用于举办体育活动、开展体育培训及健身器材采购。有“国学武术进校园示范单位”68所，30个学校成立了校园武术队，拥有专业教练员40名、武术体育老师52名。成功举办“崀山杯”2020年全国女子举重锦标赛暨东京奥运会模拟赛、湖南省“公仆杯”羽毛球赛、“宝古佬”羽毛球邀请赛等。

【社会保障】 2020年，邵阳市基本医疗保险参保人数714.1万人，减少0.3万人，其中，城乡居民657.6万人，减少1.3万人；城镇职工56.5万人，增加1.0万人。参加工伤保险职工人数54.6万人，增加0.9万人；参加失业保险职工人数33.1万人，增加0.9万人，领取失业保险金人数7.2万人次。参加生育保险职工人数33.8万人。农村低保人数18.7万人，共发放低保金5.4亿元；城镇低保人数6.1万人，共发放低保金3.0亿元。

【重点民生实事】 2020年，邵阳市省定22项重点民生实事项目全部完成。其中，新增公办幼儿园学位4.56万个，为省定任务的135.1%；政府补贴性职业技能培训7.87万人次，为省定任务的187.3%；农村转移劳动力培训4.96万人次，为省定任务的330.6%;新改扩建集中供养机构4所，为省定任务的100.0%；新增护理床位612张，为省定任务的191.3%；提质改造农村公路568.2公里，为省定目标任务的100.2%；自然村通水泥（沥青）公路483.5公里，为省定任务的138.9%；巩固和新增农村自来水人口15.37万人，为省定任务的110.6%；农村低保标准和救助水平分别达到人均4080元/年、230元/月，分别高于省定目标任务80元、17元；孕产妇免费产前筛查35621人，为省定任务的103.4%；农村及城镇低保适龄妇女“两癌”免费检查10.12万人，为省定任务的101.2%；行政村卫生室补助运行经费2338.5万元，为省定任务的122.7%。

【资源、环境和安全生产】 2020年，邵阳市年末耕地面积44.9万公顷，基本农田34.3万公顷；批准建设用地152.8万公顷，建设占用耕地73.3万公顷，下降24.3%；补充耕地600万公顷。

全年开工各类水利工程80个，投入资金21.2亿元，水利工程完成土石方48.8万立方米，新增农田有效灌溉面积100.0公顷，新增节水灌溉面积3.06千公顷。

全年环境空气质量优良天数为342天，空气质量综合指数3.60，优良天数比例为93.4%、同比上升7.9个百分点。PM10浓度均值为52微克/立方米、下降11.9%，二氧化氮浓度均值为20微克/立方米、下降13%，二氧化硫浓度均值为12微克/立方米、下降20%。辖区内资江、沅江、湘江、珠江水系国控、省控43个地表水断面和省、市级交界断面水质达标率100%，水质均为Ⅱ类或以上；17个县级以上城市集中式饮用水水源达标率100%，全部达到Ⅱ类或以上。

植树造林、公益林保护、退耕还林和石漠化治理等生态工程进展顺利，全市活立木蓄积8326万立方米，完成造林面积22.2万亩，年末实有封山（沙）育林面积39.8万亩，森林覆盖率达60.95%。自然保护区共4个，其中，国家级3个，省级1个，自然保护区面积5.4万公顷。

全年发生各类生产经营性安全事故120起，事故死亡人数117人；亿元GDP生产安全事故死亡人数为0.052人；工矿商贸行业生产安全事故死亡15人；煤矿生产安全事故死亡1人，煤矿百万吨死亡人数为6.0人。道路交通事故1114起，死亡512人，下降5.7%，受伤1064人，道路交通万车死亡人数4.45人。

（邓艳　市发改委办公室）

经济体制改革

【公车制度改革】 2020年，邵阳市完成市直事业单位公车制度改革收尾工作。市发改委对全市市直事业单位车改落实情况进行全面调查，确保全市市直事业单位车改工作全面完成、不留遗漏。按时向省车改办报送相关车改数据，并配合市机关事务管理局对各县市区下达通知，保质保量完成公车平台信息录入工作。下达《关于明确市直事业单位车改取消车辆处置牵头单位的批复》，明确由市机关事务管理局牵头负责市直事业单位取消车辆的处置，并多次召开协调会议，推动市直事业单位取消车辆拍卖工作的开展。11月，公车改革办公室工作职能移交到市机关事务管理局。

【市场准入负面清单制度】 2020年，邵阳市制定并发布《邵阳市全面实施市场准入负面清单制度联席会议制度》，联席会议办公室设在市发改委，由市政府联系发改工作的副秘书长担任召集人，市发改委、市商务局分管负责人担任副召集人，各成员单位分管负责人为联席会议成员。联席会议设联络员，由各成员单位有关处室负责人担任。6月30日召开第一次联席会议，明确工作职责、机构组成、工作规则等事项，研究讨论《邵阳市全面实施市场准入负面清单制度实施方案（讨论稿）》，进一步细化主管部门和权责分工，明确各项任务完成的时间节点。采取主动公开的方式，通过市政府、各县市区政府和各部门门户网站公开发布《市场准入负面清单（2019年版）》相关内容。各部门可依托全国一体化政务服务平台建设，进一步梳理清单所列事项措施的管理权限、审批流程、办理要件等，实现清单事项“一目了然、一网通办”，提升市场准入透明度和便捷性。

【供给侧结构性改革】 2020年，邵阳市持续深化供给侧结构性改革，巩固“三去一降一补”成果。推进企业复工复产，强化金融支持力度，对2431户疫情防控和复工复产企业发放贷款67.46亿元。加快淘汰煤炭领域落后和过剩产能，启动实施30万吨以下煤矿分类处置。制定出台《推进供给侧结构性改革的总体方案》《邵阳市人民政府关于降低实体经济企业成本的若干意见》等系列文件，关停退出“散乱污”企业56家，关闭矿山99个；淘汰落后产能项目16个，降低企业用电、物流成本5.1亿元，减轻企业税费负担15.1亿元。

【“放管服”改革】 2020年，邵阳市有序推进“互联网+政务服务”、政务公开等各项改革，加快建设政务服务实体大厅，“四个平台”拓展升级，建设一批县、乡、村级实体；推进市直部门审批服务“三集中三到位”改革，32家市直部门入驻，发布审批服务事项823件。市本级行政审批项目由原来的301项精简到153项，非行政审批项目从150项精简到43项，在全省率先公布行政审批清理项目。推出211项“一件事一次办”事项、28项复工复产政策兑现“一件事一次办”事项、189项“一件事一次办”跨域能办事项在“一件事一次办”平台运行。商事制度改革方面，推进落实“证照分离”“全程电子化”等改革举措。截至年底，全市市场主体总量达34.6万户，总量和增量分别位居全省第四和第三位。优化营商环境，制定出台《邵阳市“优化营商环境提升年”实施方案》，打造“1+7+10”工作体系。

【开放型经济改革】 2020年，邵阳市坚持“引进来”和“走出去”发展战略，4月邵阳海关正式开关，进口保税仓和出口监管仓建设稳步推进，邵阳经开区迅源物流“两仓”建设通过海关验收，隆回、绥宁、武冈“两仓”全面建成；承接产业转移示范区建设工作有序推进。

【国企国资改革】 2020年，邵阳市推进市属国企改革改制，市本级167家国企，除邵阳神风动力公司和洞口石下江煤矿2家企业外，其余165家全面完成改制，安置职工9.85万人；推进驻邵阳省企央企办社会职能分离移交，截至9月底，15家驻邵阳央企省企“三供一业”分离移交工作全部完成；推动市属平台公司整合转型，制定《邵阳市属投融资平台公司整合工作方案》，市属7家投融资平台公司撤并整合为3家。

（市发改委办公室）

城乡居民生活

【概况】 2020年，邵阳市城乡居民收入保持增长态势，人均可支配收入绝对值突破2万元、3万元两个关口。农村增速高于城镇，城乡差距缩小。居民四大类收入稳步增长，其中工资性收入和转移净收入增长相对较快，分别增长6.1%和9.0%；经营净收入和财产净收入平稳增长，分别为3.7%和5.0%。居民消费支出小幅增长。全市城乡居民人均可支配收入21067元，增长6.3%。城镇居民人均可支配收入30845元、增长4.5%，人均消费性支出19880元、增长0.9%。农村居民人均可支配收入14119元，增长8.1%，人均消费性支出14042元，增长2.4%。恩格尔系数26.5%，下降3.8个百分点，其中城镇居民家庭恩格尔系数25.1%，农村居民家庭恩格尔系数27.8%。

【城乡居民人均可支配收入】 2020年，邵阳居民人均可支配收入比上年增长6.3%，较全省平均增速6.1%高出0.2个百分点。其中，城镇居民人均可支配收入同比增长4.5%，较全省平均水平低0.2个百分点；农村居民人均可支配收入同比增长8.1%，较全省平均水平高0.4个百分点。受新冠肺炎疫情等影响，城乡居民人均可支配收入增速放缓，但缓中有升，增长势头不变。全体居民人均可支配收入绝对值达21067元，突破2万元关口；城镇居民人均可支配收入达30845元，突破3万元关口。分城乡看，全市城镇居民人均可支配收入增长4.5%；农村居民人均可支配收入增长8.1%。农村居民收入增幅比城镇居民收入增幅高3.6个百分点。城乡居民收入比的差距进一步缩小，由上年的2.26∶1缩小为2.18∶1。

【城乡居民工资性收入】 2020年，邵阳市城乡居民工资性收入较快增长。全体居民人均工资性收入10576元，占可支配收入的50.2%，对全体居民人均可支配收入的贡献率为49%，拉动居民收入增长3.1个百分点。其中，城镇居民人均工资性收入15832元，同比增长2.6%，占城镇可支配收入的51.3%，对城镇居民收入的贡献率为30.2%，拉动城镇居民收入增长1.4个百分点；农村居民人均工资性收入6841元，同比增长11.3%，占农村可支配收入的48.5%，对农村居民收入的贡献率为65%，拉动农村居民收入增长5.3个百分点。据调查，工资性收入的增长主要得益于本地就业岗位的增加、就业扶贫政策以及务工工资和最低工资标准的提高等。

【城乡居民经营性净收入】 2020年，邵阳市城乡居民经营性净收入小幅增长。全体居民人均经营性净收入3727元，占可支配收入的17.7%，对全体居民人均可支配收入的贡献率为10.6%，拉动居民收入增长0.7个百分点。其中，城镇居民同比增长2.3%，占城镇可支配收入的13.8%，对城镇居民收入的贡献率为7.1%，拉动城镇居民收入增长0.3个百分点；农村居民同比增长4.7%，占农村可支配收入的23.8%，对农村居民收入的贡献率为27.4%，拉动农村居民收入增长1.2个百分点。据调查，邵阳招商引资力度加大，营商环境不断优化，减税降费政策的落实和农业产业结构优化升级等大大降低了经营成本和提高了经营收入，最终促进经营净收入的快速增长。

【城乡居民财产净收入】 2020年，邵阳市城乡居民财产净收入城乡涨跌不一。全体居民人均财产净收入1553元，占可支配收入的7.4%，对全体居民人均可支配收入的贡献率为5.9%，拉动居民收入增长0.4个百分点。其中，城镇居民同比增长4.8%，占城镇可支配收入的11.0%，对城镇居民收入的贡献率为11.6%，拉动城镇居民收入增长0.5个百分点；农村居民人均财产净收入250元，同比降低2%，占农村可支配收入的1.8%，对农村居民收入的贡献率为-0.5%。据了解，总体上财产净收入保持增长，主要由投资理财渠道的拓宽、房屋出租价格的上升和土地流转的加快等方面促进，但由于农户投资分红、股息等收入的降低，造成农村居民财产性净收入下降。

【城乡居民转移净收入】 2020年，邵阳市城乡居民转移净收入快速增长。全体居民人均转移净收入5211元，占可支配收入的24.7%，对全体居民人均可支配收入的贡献率为34.5%，拉动居民收入增长2.2个百分点。其中，城镇居民同比增长10.26%，占城镇可支配收入的23.9%，对城镇居民收入的贡献率为51.1%，拉动城镇居民收入增长2.3个百分点；农村居民人均转移净收入3674元，同比增长6.5%，占农村可支配收入的26.0%，对农村居民收入的贡献率为21.2%，拉动农村居民收入增长1.7个百分点。调查发现，机关企事业单位养老金、居民基础养老金补贴和最低生活保障标准的上调等，有效促进转移净收入的增加。随着扶贫开发持续加大投入，脱贫攻坚取得重大胜利，使农村居民转移净收入增长受益明显。

【居民消费支出】 2020年，邵阳市委、市政府全力做好“六稳”“六保”，保障和改善民生，居民生活质量稳步提高。但受疫情影响，居民部分消费被抑制，消费信心减弱，居民消费支出增速放缓。据住户收支与生活状况调查数据显示，全年邵阳居民人均生活消费支出16468元，同比增长1.8%，总体上居民消费支出小幅增长，居民消费潜力有待释放。

（刘洪波）

2020年邵阳市城乡居民人均可支配收入与总支出情况表

表4　　　　单位：元

指标名称	总　计	城镇住户	农村住户
第一部分　可支配收入	21066.70	30844.90	14118.60
一、工资性收入	10575.80	15831.70	6841.00
（一）工　资	10279.70	15257.80	6742.50
1. 按月发放的工资	6473.90	11407.10	2968.50
2. 补发工资	174.50	239.40	128.30
3. 不按月发放的奖金津贴过节费等	3631.40	3611.30	3645.70
（二）实物福利	74.70	100.70	56.30
（三）其　他	221.30	473.20	42.30
二、经营净收入	3726.70	4251.30	3353.90

续表4

指标名称	总计	城镇住户	农村住户
（一）第一产业经营净收入	596.60	249.20	843.40
（二）第二产业经营净收入	424.10	282.70	524.50
（三）第三产业经营净收入	2706.00	3719.40	1986.00
三、财产净收入	1553.00	3386.90	249.80
（一）利息净收入	167.00	265.90	96.70
（二）红利收入	150.80	333.10	21.20
1. 集体分配的红利	0.50	0.00	0.90
2. 其他红利收入	150.20	333.10	20.30
（三）储蓄性保险净收益	3.70	9.00	0.00
（四）转让承包土地经营权租金净收入	4.40	0.20	7.40
（五）出租房屋财产性收入	517.50	1166.00	56.70
（六）出租机械专利版权等资产的收入	3.20	6.10	1.10
（七）其他财产净收入	118.10	190.40	66.70
（八）房屋虚拟租金	588.30	1416.10	0.00
四、转移净收入	5211.30	7375.00	3673.80
（一）转移性收入	6231.40	8870.30	4356.20
1. 养老金或离退休金	2880.40	5805.80	801.70
2. 社会救济和补助	182.10	170.00	190.70
3. 政策性生活补贴	42.00	33.70	47.90
4. 报销医疗费	247.40	191.10	287.30
5. 家庭外出从业人员寄回带回收入	1829.50	1900.80	1778.80
6. 赡养收入	955.90	683.00	1149.90
7. 其他经常转移收入	54.80	78.00	38.20
8. 从政府和组织得到的实物产品和服务折价	3.00	2.70	3.20
9. 现金政策性惠农补贴	36.3	5.3	58.3
（二）转移性支出	1020.10	1495.30	682.40
1. 个人所得税	8.10	14.80	3.30
2. 社会保障支出	790.60	1285.50	439.00
3. 外来从业人员寄给家人的支出	7.50	0.10	12.80
4. 赡养支出	109.80	130.30	95.30
5. 其他转移性支出	104.10	64.70	132.10
（1）经常性捐赠支出	43.50	0.40	74.10
（2）经常性赔偿支出	0.00	0.00	0.00
（3）其他经常转移支出	60.60	64.40	58.00
第二部分　总支出	22944.30	26597.70	20348.30
一、消费支出	16467.60	19880.40	14042.50

续表4

指标名称	总计	城镇住户	农村住户
（一）食品烟酒	5372.30	6284.20	4724.40
（二）衣　着	930.00	1379.20	610.80
（三）居　住	3817.50	4282.40	3487.10
（四）生活用品及服务	830.60	1038.20	683.10
（五）交通通信	1744.70	2491.70	1213.90
（六）教育文化娱乐	2175.30	2733.50	1778.70
（七）医疗保健	1368.50	1355.90	1377.40
（八）其他用品和服务	228.60	315.30	167.00
二、生产经营费用支出	1233.20	485.30	1764.60
（一）第一产业经营费用支出	1025.00	198.90	1612.00
（二）第二产业经营费用支出	35.10	4.50	56.80
（三）第三产业经营费用支出	173.10	281.90	95.80
三、财产性支出	21.10	44.70	4.40
（一）生活贷款利息支出	18.70	43.80	0.90
（二）其他财产性支出	2.40	0.90	3.50
四、转移性支出	1020.10	1495.30	682.40
（一）个人所得税	8.10	14.80	3.30
（二）社会保障支出	790.60	1285.50	439.00
（三）外来从业人员寄给家人的支出	7.50	0.10	12.80
（四）赡养支出	109.80	130.30	95.30
（五）其他转移性支出	104.10	64.70	132.10
五、部分商业保险支出	69.50	125.60	29.60
六、购置资产及非经常性转移支出	3493.10	3708.00	3340.40
（一）购置资产支出	1095.90	768.10	1328.90
（二）非经常性转移支出	2397.20	2940.00	2011.50
七、借贷性支出	639.70	858.30	484.40
（一）存入储蓄款	56.40	23.40	79.80
（二）借出款	16.90	22.80	12.70
（三）归还借款	115.10	27.80	177.20
（四）购买有价证券	0.00	0.00	0.00
（五）其他投资支出	34.10	74.60	5.40
（六）归还住房贷款	296.30	476.60	168.30
（七）归还汽车贷款	85.80	183.70	16.20
（八）归还教育贷款	0.00	0.00	0.00
（九）归还其他贷款	22.30	19.30	24.40
（十）其他借贷支出	12.80	30.20	0.50

2020年邵阳市城乡居民家庭主要经济指标情况表

表5

指标名称	单位	城乡	城镇住户	农村住户
调查样本住户数	户	2313450		
（一）城镇住户	户		989547	
（二）农村住户	户			1323903
可支配收入	元	21067	30845	14119
消费支出	元	16468	19880	14042
（一）食品烟酒	元	5372	6284	4724
（二）衣着	元	930	1379	611
（三）居住	元	3817	4282	3487
（四）生活用品及服务	元	831	1038	683
（五）交通通信	元	1745	2492	1214
（六）教育文化娱乐	元	2175	2733	1779
（七）医疗保健	元	1368	1356	1377
（八）其他用品和服务	元	229	315	167

2019年、2020年邵阳市居民消费价格总指数对比表

表6

单位：%

	2020年	2019年
居民消费价格总指数	102.2	102.9
一、食品烟酒	107.3	107.3
粮食	101.3	98.8
鲜菜	101.0	111.7
畜肉	137.9	125.3
水产品	103.4	98.5
蛋	91.5	101.9
鲜果	90.2	112.5
二、衣着	99.3	101.7
三、居住	98.7	101.0
四、生活用品及服务	100.8	101.7
五、交通和通信	97.4	99.9
六、教育文化和娱乐	101.0	101.6
七、医疗保健	102.7	100.8
八、其他用品和服务	103.6	102.5

市党政领导机关、市直行政事业单位及部、省属派驻邵阳单位领导名单

（2020年）

中共邵阳市委

书　记：

龚文密

副书记：

刘事青

曹普华

常　委：

龚文密

刘事青

曹普华（2020.10免）

蔡典维（2020.5免）

李万千

张　皓

周迎春（女）

李志雄

侯　文

朱　彤（2020.6免）

周爱国

曾市南

彭华松（2020.7任）

王永红（2020.11任）

秘书长：

李万千

副秘书长：

赵逢春

彭仲文（2020.4免）

李驰宇

毛文胜（2020.4任）

赵步高

汤建武

邵阳市第十六届人民代表大会常务委员会

主　任：

龚文密

党组书记：

王昌义

党组副书记：

蒋耀华（2020.4免）

刘德胜（2020.4任）

副主任：

王昌义（常务）

蒋耀华（2020.7退）

刘德胜

赵为济

秦立军（兼）

唐　渊（兼）

刘永德

秘书长：

禹志加

副秘书长：

张尚庚

陈智英（女）

邵阳市人民政府

市　长：

刘事青

副市长：

蔡典维（2020.5免）

朱　彤（2020.7免）

彭华松

谭学军

李华和

蒋志刚

肖拥军

晏丽君

仇珂静（2020.9任）

秘书长：

陈秋良

副秘书长：

肖化虎

杨一丁

王成章（2020.7免）

刘柏生（2020.4退）

石亮明（2020.6任）
夏　刊（2020.8任）
黄负平
张　雄
刘　昊（2020.6任）
刘厚见（2020.6免）
周永红（2020.6任）

邵阳市政协第十二届委员会

主席、党组书记：
鞠晓阳
党组副书记：
肖益林（2020.4退）
周晓红（2020.4任，2020.9退）
李放文（2020.12任）
副主席：
肖益林（2020.4退）
周晓红（2020.4任，2020.9退）
李放文（2020.12任）
蒋科荣（兼）
李少华（兼）
郭　妤（女）
邓联日（兼）
徐桂阳（兼）
郑再堂
伍备战（2020.1任）
蒋　伟（2020.9提名任，2020.9任）
沈志定（2020.12任）
副厅级干部：
伍邵华（女，2020.7退）
秘书长：
周飞鹏（2020.4提名任，2020.9任）
副秘书长：
邓劲松
蔡治军（2020.7提名免，2020.9免）
陆先宏（2020.7提名任，2020.9任）

中共邵阳市纪律检查委员会
邵阳市监察委员会

邵阳市纪律检查委员会

书　记：
曾市南
副书记：
杨卫平（常务）
陈建平（2020.4免）
苏远刚
龙明主（2020.11任）
常　委：
龙民主（2020.11免）
刘南霞（女，2020.11免）
唐小富
向树华
杨桂林（2020.11任）

邵阳市监察委员会

主　任：
曾市南
副主任：
杨卫平（常务）
陈建平（2020.4免）
苏远刚
龙明主（2020.12任）
委　员：
龙民主（2020.12免）
唐小富
向树华
杨桂林
王　霖（2012.12任）

邵阳市中级人民法院

院　长：
曾鼎新
副院长：
吴纲要（常务）
毛学雄（2020.7任）
莫争春
范才友（2020.4免）
彭志贤（2020.7任）
政治部主任：
吴波涛（2019.12免）
黄智勇（2019.12任）
派驻纪检监察组组长：
邓　忠

邵阳市人民检察院

检察长：
戴华峰（2020.12免）
黄　劲（2020.12任）

副检察长：
刘亦龙（常务）
黄雁峰
唐志军
吴青山
党组成员：
姚柳荣
邓星洪（2020.6任）
派驻纪检监察组组长：
肖永丰

各民主党派邵阳市委会、邵阳市工商联

民革市委会
主　委：
李少华
副主委：
李志文（2020.9任）
欧阳隆俊
黄四清
石富东

民盟市委会
主　委：
赵为济
专职副主委：
何　忠（2020.8免）
邹建山（2020.12任）
副主委：
孙清良
张三平
张群慧(女，苗族）
秘书长：
邹建山（兼）

民建市委会
主　委：
蒋志南
专职副主委：
卿　晖
副主委：
肖国球
蒲秀连
张宗凡
秘书长：
刘成生

民进市委会
主　委：
徐桂阳
专职副主委：
杨喜国
兼职副主委：
刘承智
戚雅颂
黄家胜

农工党市委会
主　委：
毛学雄
专职副主委：
赵忠明
兼职副主委：
鞠远英
龙　达
汤芳萍（女）
秘书长：
张　程

九三学社市委会
主　委：
晏丽君（女）
专职副主委：
贺小玲（女）

邵阳市工商业联合会
主　席：
蒋科荣
党组书记：
邓　政（兼）
副主席：
谢岸炀
谢华云
党组成员：
鞠科文
高　强

市委工作机构及其部门管理机构

市委办公室
主　任：
李万千

副主任：

赵逢春（常务）

毛文胜（2020.4任）

赵步高

汤建武

罗健康（2020.7免）

谭丁磊

派驻纪检监察组组长：

胡少华

市委组织部

部　长：

张　皓

副部长：

刘　刚（常务）

陈英杰

陈爱民

姚文娟（女，2020.8任）

贺祝民（兼）

李青元（兼，女）

派驻纪检监察组组长：

肖玉国

市委宣传部

部　长：

周迎春（女）

副部长：

黄光荣（常务，2020.4任）

林少林

赵应国（2020.6退）

姚鹏飞（兼，2020.6任）

罗健康（2020.7任）

陈　广（2020.7任）

派驻纪检监察组组长：

邹　洪（2020.7免）

黄小斌（2020.11任）

机关党委书记：

简利中（2020.11免）

部务会成员：

陈　广（2020.7免）

李远良

市委统战部

部　长：

曹普华

副部长：

吴承红（常务）

邓　政（2020.8免）

陈新高

李江晖（2020.9任）

派驻纪检监察组组长：

黄正佑（2020.5免）

派驻副处长级纪检员：

向　阳

市委政法委

书　记：

李志雄

副书记：

龙黎明（常务）

杨如秋

金卫国

周　彦

机关党委书记：

孙在启（2020.3免）

政治部主任：

唐贵平

派驻纪检监察组组长：

申鹏岚

委　员：

周新华（2020.10免）

彭国志

易明方

市委政研室（市委改革办）

主　任：

曾建新

副主任：

唐　凌（专，2020.7免）

孙雨晴（专）

文英武

肖湘磊（2020.7任）

市直机关工委

副书记：

阳志奇（常务，2020.6免）

曾秦伟（常务，2020.6任）

周忠良

金永辉（2020.6任）

纪工委书记：

李　军（2020.12逝）

工会主席：

尹大跃（2020.4退）

市机构编制委员会办公室
主　任：
毛文胜（2020.5免）
杨映林（2020.6任）
副主任：
傅丽华（女，2020.6任）
尹自云
张建军

市委老干部局
局　长：
李青元（女）
副局长：
刘　慧（女）
杨起帆（2020.5免）
申琼豪
尹远芳（2020.5任）

市信访局
局　长：
刘厚见（2020.4免）
周永红（2020.4任）
副局长：
张　雄（2020.9免）
刘鹏高（2020.8任）
刘灿春
曾律玮
刘　琴（女）

市委党校（邵阳行政学院）
校（院）长：
曹普华（兼，2020.10免）
副校（院）长：
李小坚（常务）
郑典福
肖秋成
陈湘清
教育长：
肖　凤（2020.8任）

市委党史研究室
主　任：
吴波涛
副主任：
刘　辉（2020.10免）
杨丽江

市委、市政府接待处
主　任：
王慧敏（女）
副主任：
隆　慧
尹　清（2020.8任）

市档案馆
馆　长：
龙毅鹏
副馆长：
刘巧萍
徐继雄（2020.6任）

市委巡察办
主　任：
向树华
副主任：
匡　正
杨小平

市委网络安全和信息化委员办公室
主　任：
姚鹏飞
副主任：
李顺桥
魏树威
易德钧

市人大各专门委员会及常委会工作机构、办事机构

民族华侨外事委员会
主任委员：
丰新妹（女，苗族）
副主任委员：
赵筱玲（女，2020.12免）

监察和司法委员会
主任委员：
申志勇
副主任委员：
黄士成

法制委员会
主任委员：
夏宇红（2020.04辞）
副主任委员：
刘金花（女）
肖建楚

财政经济委员会
主任委员：
蒋建龙（2020.1任）
副主任委员：
曾纪永（女）
唐耀平（2020.8免）

教育科学文化卫生委员会
主任委员：
龙飞云（女）
副主任委员：
孙　俊（2020.4免）
郭炳涛（2020.7任）

环境与资源保护委员会
主任委员：
赵开勤（2020.12辞）
副主任委员：
何小舟（女，2020.7免）
金　艳（女，2020.7任）

农业与农村委员会
主任委员：
罗早林
副主任委员：
黄红禹

社会建设委员会
主任委员：
敬文阳
副主任委员：
邓玉霞（女）

市人大常委会工作机构、办事机构

办公室
主　任：
禹志加
副主任：
张尚庚
王少锋

选举任免联络工作委员会
主　任：
彭正华（2020.4免）
邓波涛（2020.8任）
副主任：
杨建平

研究室
主　任：
杨启帆（2020.5任）
副主任：
罗志元

预算工作委员会
主　任：
王超群
副主任：
曾纪永（女）
唐耀平

法制工作委员会
主　任：
夏宇红
副主任：
刘金花（女）
肖建楚

市人民政府工作部门

市政府办公室
主　任：
陈秋良
副主任：
肖化虎
杨一丁
王成章（2020.7免）
刘柏生（2020.4退）
石亮明（2020.6任）
夏　刊（2020.8任）
黄负平
张　雄

刘　昊（2020.6任）
刘厚见（2020.4免）
周永红（2020.4任）
梁　栋
派驻纪检监察组组长：
易祥忠
党组成员：
陈劲松

市发展和改革委员会

主　任：
张顺华
副主任：
何志红
朱绍阳
戴先平
陈功春
陈业华
派驻纪检监察组组长：
刘盛源
总经济师：
刘百军

市教育局

局　长：
肖玉叶
副局长：
刘　毅
刘运礼
廖明君
胡扬宏
机关党委书记：
肖克勤
派驻纪检监察组组长：
肖能刚

市科学技术局

局　长：
段邵宁
副局长：
林千军
游国富
谢跃斌
蒋志南
总工程师：
刘泽球

市工业和信息化局

局　长：
谢益林
副局长：
李世卿
李永禄
肖建华
派驻纪检监察组组长：
胡　俊
总经济师：
曾高贵
机关党委书记：
肖　林（兼）

市民族宗教事务局

党组书记：
王文蕊（2020.11免）
马健强（2020.11任）
局　长：
彭泽愿
副局长：
张常红
吴小明
龚世喜
黄四清

市公安局

局　长：
谭学军（兼）
副局长：
肖国清（常务，2020.6退）
龙卫平（常务，2020.7任）
康正健（2020.1退）
邓启元
朱建龙（2020.7任）
朱邵武
派驻纪检监察组组长：
罗海君

市民政局

局　长：
刘得正
副局长：
曾晴阳（2020.4免）
肖殿群（2020.1免）
蒋益民
刘光怀（2020.6任）

派驻纪检监察组组长：

李拥军（2020.10免）

雷　勇（2020.10任）

党委委员：

覃　勋

市司法局

局　长：

李新华

副局长：

尹安中

曾伯华

吴善成

政治部主任：

李杰红

市财政局

局　长：

李桂楚

副局长：

李政权

陈　刚

王华南（2020.8任）

派驻纪检监察组组长：

黄生安

党组成员：

刘昆耀

总会计师：

孙　三（2020.8任）

市人力资源和社会保障局

局　长：

贺祝民

副局长：

王祥国

岳荣俊

曾玉娥（女）

胡育红

派驻纪检监察组组长：

蒋劲飞

总会计师：

赵友明

机关党委书记：

吕光华

市自然资源和规划局

局　长：

袁胜良（2020.4免）

吴　韬（2020.4任）

副局长：

彭启阳

刘宣平

蒋卓斌

李红军

派驻纪检监察组组长：

林　森

党组成员：

唐朝晖

朱建湘

李延龄

总工程师：

李荣仁

市生态环境局

局　长：

邓江南

副局长：

李寿云

杨开云

李忠生

金日飞

总工程师：

李　勇

市住房和城乡建设局（人防办）

局长、主任：

王大松

副局长：

陈少红

赵龙云

唐飞云

李世太

曾志旺

罗尔赫

刘吉元

罗　雄

赵海峰

曾德生

陈志忠

副主任：

陈　晖

谢辉荣

派驻纪检监察组组长：

孙伯贵（2020.6免）

刘孝峰（2020.6任）

总工程师：

王跃辉

党组成员：

李爱科（2020.9退）

市城市管理和综合执法局

局　长：

朱　敏

副局长：

徐桂阳

肖志健

彭学武

谭海艮

苏　纲

温凯新

党组成员、总工程师：

刘长军

市交通运输局

局　长：

吴　韬

副局长：

陈湘伟

蒋胜利

李立新

派驻纪检监察组组长：

梁保平

总工程师：

蒋和清

市农业农村局（市委农村工作领导小组办公室）

党组书记、局长、主任：

肖高国

党组副书记、副局长：

肖文胜（2020.11任）

副局长：

肖文胜（2020.11免）

何晓林（2020.3免）

周响亮

刘　勇

陈友良（2020.10免）

派驻纪检监察组组长：

蒋再菊（2020.6免）

李茂林（2020.7任）

专职副主任：

刘文峰

党组成员：

李晓峰

刘开兴

吴求生

总农艺师：

左　保（2020.8任）

市水利局

局　长：

伍先明

副局长：

姜卫军

魏粮钢（2020.11免）

杨永忠

派驻纪检监察组组长：

唐少武（2020.6免）

蒋再菊（2020.7任）

总工程师：

孙晓明（2020.8任）

市林业局

局　长：

李秀清

副局长：

刘湘中

李仕刚

市商务局

局　长：

许红梅（女）

副局长：

陈四平

吴伟民

陈录华

贺婷婷（女，2020.6任）

党委委员：

陈中献（2020.5退）

派驻纪检监察组组长：

米　锋（2020.6免）

唐建新（2020.6任）

市投资促进事务中心主任：

王卓雄

市文化旅游广电体育局

党组书记：

张映梅（女）

局　长：

谢治辉

副局长：

郑小娟（女）

罗开明

舒年新（2020.7退）

曾克平

刘金雄

段光华

总工程师：

王松柏

党组成员：

赵俊杰

市卫生健康委员会

主　任：

刘晓江

副主任：

田清良

温凯新

俞　坤

派驻纪检监察组组长：

朱鹏程

党委委员：

胡邵华（兼，2020.3任）

市审计局

局　长：

申建伟

副局长：

李伯升

刘　喆

袁连文（2020.4免）

宇向东

总审计师：

朱良华

市应急管理局

党组书记：

刘志斌（2020.4免）

王　俊（2020.4任）

局　长：

朱文敖

副局长：

谢续才

李进发

赵　韬

向国胜

党组成员：

段绍兴

总工程师：

陈小雄

政治部主任：

谢　妮

市消防救援支队

政治委员：

李孟军

支队长：

刘　洋（2020.8免）

黄荣浪（2020.9任）

副支队长：

雷志勇

曹铁牛

罗　艺

吴　非

副政治委员：

谭伟峰

政治部主任：

许名芳

市统计局

党组书记：

许登雍

局　长：

邓联日

副局长：

汤艳丽（女）

赵景文（2020.4免）

李　峰

何海波（2020.7任）

党组成员、总统计师：

舒振朝

市市场监督管理局

党组书记：

吴卫红

局　长：

何育新

副局长：

陈其谋

欧阳秋生（2020.3免）

范清乐

何科能

段志远

杨光辉

曾广晖

张备清
曹建文
总工程师：
汤芳萍
派驻纪检监察组组长：
姚曙光
党组成员：
罗梅香（2020.3免）
刘赵云

市国有资产监督管理委员会
主　任：
阳志奇
副主任：
龙景刚
谭运祥
夏建国
派驻纪检监察组组长：
黄小斌（2020.11免）
王　雄（2020.11任）

市机关事务管理局
局　长：
许洪范
副局长：
雷少平
马健强

市行政审批服务局
党组书记：
贺利平
局　长：
欧阳向东
副局长：
罗　雄
肖　丽（女）
陈泽元

市退役军人事务局
局　长：
杨修文
副局长：
雷铜生
赵有志
廖洪战
欧阳清明（2020.12任）

市医疗保障局
局　长：
黄海蓉
副局长：
唐足平
李邦银
杨　霞

市政府发展研究中心
主　任：
何志红（2020.6任）
副主任：
向更生
达继国

市金融工作办公室
主　任：
佘芝云
副主任：
伍韶山
周　碑（2020.8任）

市政协办公室及各专门委员会

机关党组
党组书记：
伍备战（2020.4免）
周飞鹏（2020.4任）
党组成员：
陆先宏（2020.7任）
邓劲松
蔡治军（2020.7免）
戴宏伟
唐立新
刘复兴（2020.6免）
梁志奇（2020.6任）

办公室
主　任：
伍备战（2020.6免）
周飞鹏（2020.6任）
副主任：
陆先宏（2020.7提名任，2020.9任）
邓劲松
蔡治军（2020.7提名免，2020.9免）
戴宏伟

机关党委书记：
唐立新

研究室
主　任：
陈海清
副主任：
蒋　吉

委员学习联络委员会
主　任：
肖松海（2020.10提名免）
副主任：
何颜斌

提案委员会
主　任：
范珍萍（女）
副主任：
扈展胜

经济科技和外事委员会
主　任：
唐颂武（女）
副主任：
肖体团

农业和农村委员会
主　任：
李新启（2020.6提名免，2020.9免）
副主任：
曾　林（2020.12提名免）

人口资源环境委员会
主　任：
赵海燕（女）
副主任：
李　英（2020.6任）

文教卫体和文史委员会
主　任：
张治求
副主任：
申麒祥（2020.10提名免）

社会法制和民族宗教委员会
主　任：
谢洪军
副主任：
曾景霞（女，2020.6免）

群众团体

市总工会
主　席：
蒋耀华（2020.6免）
刘永德（2020.6任）
党组书记：
蔡灿辉
副主席：
赵比特
吴少安（2020.6免）
欧阳征友（2020.6免）
罗素云（女，挂职，2020.9任）
邓莉萍（挂职）
经审主任：
雷　虹（女）

共青团市委
书　记：
曾　艺
副书记：
彭　康（2020.12免）
贺　雄

市妇女联合会
主　席：
辜红姿（女）
副主席：
岳红艳（女）
陈海洋（女，2020.6任）
刘海艳（女，挂职）
吕天妮（女，兼）
谢　君（女，兼）

市文学艺术界联合会
主　席：
肖治国（2020.11免）
曾伟子（2020.11任）
副主席：
曾伟子（2020.11免）

申翊君（2020.11任）
唐海龙

市科学技术协会

党组书记：
唐前启
主　席：
段雪梅（女）
副主席：
刘武典
邓昌海
贺　贝（挂职）
张克军（兼）
彭引平（兼）
雷庆良（兼）
王晚秋（兼）

市归国华侨联合会

主　席：
周　玲（女）
副主席：
刘　军
党组成员：
陈　屹（女）

市社会科学界联合会

主　席：
张千山
副主席：
海　卓
李　毅

市残疾人联合会

理事长：
唐青青
副理事长：
刘　华
谢　涵

其他正处级机构

市广播电视台

台　长：
胡光华
副台长：
申翊君（2020.11免）
谢桂明（2020.5免）
杨荣干
黎　瑾（2020.7任）
曾建斌（2020.12任）
总工程师：
咼安全（2020.5免）

市扶贫领导小组办公室

主　任：
罗广洪
副主任：
肖洪照
吕湘翎
谢小洋
卫力勤（挂职）
李顺桥（挂职）
尹锦明（挂职）
党组成员：
邓小容

市地方志编纂室

主　任：
石卫东（2020.7免）
肖治国（2020.12任）
副主任：
曾爱武（2020.6任）
肖　潇（2020.8任）

邵阳市农科院

院　长：
罗　华
副院长：
刘中阳
唐　俊
李良明
纪委书记：
谢长青

市供销合作总社

理事会主任：
汪庆春
监事会主任：
唐怡胜（2020.6退）
理事会副主任：
阳海军

孙易之
蒋美凤

市公路建设养护中心

主　任：

石亮明（2020.7免）
范赞科（2020.7任）

副主任：

彭端祥
陶永雄
谢　恺

市库区移民事务中心

主　任：

夏存良（2019.5任）

副主任：

黄石林
邵江华

市大圳灌区管理局

局　长：

黄拥军（2020.4任）

副局长：

范建成
肖银成（2020.8免）
刘程里（2020.8）
黄拥军（2020.4免）
蒋兴元（2020.8任）

市住房公积金管理中心

党委书记：

蒋小燕

主　任：

毛学雄（2020.6免）
王瑞虎（2020.6任）

副主任：

江学军
柳　明
潘光明

总会计师：

杨雄良

市公共资源交易中心

主　任：

唐曼玲（女）

副主任：

梁东海
蒲秀连（女）

党组成员：

隆林洲

南山牧场

场　长：

刘跃发（2020.11免）
陈立发（2020.12任）

副场长：

吴均洋
杨安农
王祥辉
漆录明

纪委书记：

刘继成

总会计师：

周　锋

邵阳日报社

社　长：

黄颂民

总编辑：

王乐华

副社长：

匡光昭

副总编辑：

张卫民

副社长、副总编辑：

黄仁发（2020.8任）

副处级编委：

朱长青
谢恩桂

市城市建设投资经营集团有限公司

董事长：

龚子文（2020.4免）
孙清良（2020.6任）

党委书记：

丁　武（2020.6任）

总经理：

许乾明（2020.8免）
范　瑾（2020.8任）

副总经理：

范　瑾（2020.8免）
夏小明
胡国辉（2020.4退）
李秋明
许新华

黄国银（2020.12任）
罗　琦（2020.12任）
纪委书记：
吴　华（2020.6任）

市商业企业改制服务办公室

主　任：
袁驰炳
副主任：
宋洪波
路湘玲（女）
钱雄亮

市工业企业改制服务办公室

主　任：
戴开盛
副主任：
黄爱群
曾展鹏
李秀成
刘建平
汤农辉
刘　长

邵阳经济开发区管委会

党工委书记：
周飞鹏（2020.4免）
袁胜良（2020.4任）
党工委副书记、主任：
吴名蒙
党工委副书记：
杨　平
副主任：
李茂席（常务，2020.6任）
唐荣贵（2020.6免）
陈冯坚
黄伟军
纪工委书记、监工委主任：
米　锋（2020.5任）
党工委委员：
刘　长

医疗卫生机构

市疾病预防控制中心

主　任：
胡邵华
副主任：
肖善良
粟　兴
岳　军
纪委书记：
陈立红

市中心医院

党委书记：
张国华
党委副书记、院长：
刘天云
党委副书记：
陈毅明
副院长：
刘小勇
黄雅莲（女）
肖　谦
郑　核（2020.11任）
工会主席：
宁绍斌
纪委书记：
陈　容

邵阳学院附属第一医院

党委书记：
廖旭才
院　长：
黄端阳
党委副书记：
李均祥
副院长：
吕　冬（女）
张铁群
双庆翠（女）
纪检书记：
赵品清
工会主席:
汪顺清

邵阳学院附属第二医院

党委书记、代院长：
伍石华
党委副书记：
胡杨青
副院长：
肖乐东

张根萍

纪委书记：

唐益民

大中专学校

邵阳学院

党委书记：

邓党雄

党委副书记、校长：

彭希林

党委副书记：

陆步诗

副校长：

袁　曦（女）

李金成

王　刚

向文江

纪委书记：

张治春

党委委员：

赵敏丽（女）

贺金莲（女）

王玉林

邵阳职业技术学院

党委书记：

李小平

党委副书记、院长：

段雪梅（女）

党委副书记：

张远红

副院长：

周　平

马昌保

刘一兵

纪委书记：

申金阳

党委委员：

刘邵忠

曾　云

湘中幼儿师范高等专科学校

党委书记：

谢景峰

党委副书记、校长：

曹才力

党委副书记：

李能华

副校长：

曾广耀

吕永忠

李勤敏

纪委书记：

曾宪高

党委委员：

杨宗斌

刘光仁（2020.9免）

肖军华（2020.11任）

邵阳广播电视大学

党委书记：

刘　毅

校　长：

刘先江

副校长：

曾世勇

王艳恒

金军华

纪委书记：

肖彩红

市高级技工学校

党委书记：

孟一凡（2020.6任，2020.12免）

张远红（2020.12任）

校　长：

孟一凡（2020.6免）

陈博文（2020.6任）

副校长：

易　嵱

袁　晖

曾毅敏

纪委书记：

孙　炯

工会主席：

孙大明

部、省属派驻邵阳单位

市税务局

局　长：

李剑平

副局长：
郑牧龙
刘湘和
邹华利
孙荣华
纪检组长：
彭志扬
总会计师：
李源辉

国家统计局邵阳调查队

队　长：
刘昆怀
副队长：
向和群（2020.7任）
刘岩松（2020.3任）
纪检组长：
向和群（2020.7免）
陈旭阳（2020.7任）

市气象局

局　长：
袁智生
副局长：
金宜喜
李福勇
纪检组长：
谢美兰（女）

邵阳水文水资源勘测局

党委书记、局长：
曾邵华（2020.2任）
副局长：
毛建清（2020.3任）
党委副书记兼纪委书记：
曾邵华（2020.2免）
纪委书记：
刘　皓（2020.3任）
副局长、总工程师：
周良雄（2020.3任）
副局长、工会主席：
杨　锋（2020.3任）

市烟草专卖局（公司）

局长、经理：
王　昆
副局长：
汪少波
副经理：
陶文强（2020.5免）
张光利
纪检监察组长：
杜树坤
总会计师：
彭雨珍

国网邵阳供电公司

总经理、党委副书记：
林　峰（2020.12免）
王日中（2020.12任）
党委书记、副总经理：
王日中（2020.12免）
欧阳宏（2020.12任）
副总经理：
刘建华
杨　利
赵征伟
纪委书记：
钱　武（2020.12免）
程德刚（2020.12任）
总会计师：
刘立华

湖南盐业公司邵阳市分公司

党委书记、总经理：
龚　文
党委副书记、纪委书记、副总经理：
黄　飞
副总经理：
朱欢群

新华书店邵阳市分公司

总经理：
邓铮铮
副总经理：
罗少清
刘四海
肖东亮（女）
孙　晔（2020.11免）
张　蕾（女，2020.11任）
纪委书记：
罗少清（兼）

湖南南山国家公园管理局

局　长：

罗建南

副局长：

张戈锐（常务，2020.5任）

周建宏（挂职，2020.4免）

苏　海

黄俊玲

市邮政管理局

局　长：

文湘安（2020.10任）

副局长、纪检组长：

陈振高（2020.10免）

盛永华（2020.10任）

中国电信邵阳分公司

总经理：

王建民（2020.4免）

符传剑（2020.4任）

副总经理：

刘鸿儒

温文斌

刘展年

欧阳利民

总经理助理:

黄费秋（2020.7任）

中国移动邵阳分公司

总经理：

周友庚

副总经理：

谢寒松

曾　利

刘　胜

中国联通邵阳分公司

总经理：

刘长勇（2020.2免）

陈　斌（2020.2任）

副总经理：

向勇平

唐　琳

罗忠礼

派驻纪检监察组组长：

李　琦（2020.3任）

中国石化邵阳石油分公司

党委书记：

陈文胜

经　理：

蒋雄飞

副经理：

郑伟红

刘胜强

陈　雷

中国石油邵阳分公司

总经理、党委副书记：

谭宇斌

党委书记、纪委书记、副总经理：

李宝卫

副总经理：

刘克志

中国人民银行邵阳市中心支行

行　长：

李贤智

副行长：

黄少青（2020.11免）

胡立平

陈飞雄

纪委书记：

谢流胜

工会主任：

甘再华

中国银保监会邵阳监管分局

局　长：

叶建新（2020.5免）

李文静（2020.5任）

副局长：

谢阳春

李少亮（2020.4免）

邓向红

纪委书记：

姚元明

中国工商银行邵阳市分行

行　长：

周壮山

副行长：

刘颂仁

贺松华

纪委书记、工会主任：
曾　斌
行长助理：
王　浩

中国银行邵阳分行

行　长：
罗　毅（2020.7免）
游　健（2020.7任）
副行长：
谭清华
申　辉
朱晓报
杨　艳（2020.6免）
纪委书记：
车立新（2020.5免）
甘朝晖（2020.5任）

中国建设银行邵阳市分行

行　长：
刘　浪（2020.6任）
专职三级风险经理、工会主任：
谢希岳
副行长：
宋宗伟（2020.9免）
杨滔滔
赵　颖
张绍煌
派驻纪检监察组组长：
尹光惠

中国交通银行邵阳分行

行　长：
龚　艳
副行长：
肖勇光
行长助理：
杨　晖

中国农业发展银行邵阳分行

行　长：
向建国
副行长、纪委书记：
司马钢
副行长：
袁树华
李上军

中国农业银行邵阳分行

行　长：
曹　海
副行长：
黄　英
谭小兵
李孝古
纪委书记：
李生华

中国邮政储蓄银行邵阳市分行

行　长：
吴继峰
副行长、纪委书记：
吴明昭
副行长：
黄满元
李文青
尹尧军

华融湘江银行邵阳分行

行　长：
黄渊伯
副行长：
杨进忠
凌小红
黄　容
纪委书记：
黄　容（兼）
授信审批官：
赵维俊

省农村信用社联合社邵阳办事处

主　任：
杨长青
副主任：
周玉荣
唐志明

中国共产党
邵阳市委员会

邵阳年鉴 SHAOYANG NIANJIAN 2021

重要会议、重要文件

【市委新冠肺炎疫情防控、经济发展、脱贫攻坚大会】 2020年2月28日，邵阳市委以电视电话会议形式召开市委新冠肺炎疫情防控、经济发展、脱贫攻坚大会。贯彻落实中央统筹推进新冠肺炎疫情防控和经济社会发展工作部署会议、中央经济工作会议、省委经济工作会议和全国扶贫开发工作会议、全省决战脱贫攻坚动员会精神，部署全市新冠肺炎疫情防控工作、经济工作和脱贫攻坚工作，总结全市2019年经济工作及产业发展工作，部署全市2020年经济工作及产业发展工作。会议由市委常委、市委秘书长李万千主持。市委书记龚文密、市长刘事青、市委副书记曹普华分别在会上讲话，市委常委、常务副市长蔡典维宣读全市综治工作、安全生产工作表彰通报。龚文密要求，统筹推进新冠肺炎疫情防控和经济社会发展，坚定信心，坚决打赢疫情防控的人民战争、总体战、阻击战；坚持新发展理念不动摇，推动经济高质量发展；坚定决战脱贫攻坚信心和决心，一鼓作气攻克贫困最后堡垒；着力优化营商环境，持续激发市场主体活力；发挥党把方向、管大局、保落实的作用，把党的领导的制度优势转化为治理效能。

【全市决战脱贫攻坚再动员会议】 2020年3月20日，市长刘事青主持召开全市决战脱贫攻坚再动员会议，各县市区设分会场。会议传达学习贯彻习近平总书记在决战决胜脱贫攻坚座谈会上的重要讲话、省委十一届十次全体会议精神和中央、省脱贫攻坚决策部署，全面开展脱贫质量“回头看”，进一步推进决战脱贫攻坚工作。会上，市委书记龚文密讲话，副市长肖拥军宣读省扶贫开发领导小组印发的《全面开展脱贫质量“回头看”切实加强问题整改工作方案》，市委副书记曹普华做工作部署。会议要求，认真学习贯彻习近平总书记在中央政治局常务委员会会议上的重要讲话和省委十一届十次全体会议精神；做实做细防疫防控，把疫情对脱贫攻坚损失降到最低；以湘南湘西承接产业转移示范区建设为抓手，推动经济高质量发展，为脱贫攻坚打下坚实基础；精准精细精心，确保脱贫攻坚不漏一户、不掉一人；以政治建设为抓手，在脱贫攻坚中考察干部，为脱贫攻坚提供坚强的组织保障。

【工作推进会】 2020年4月14日，邵阳市文明委全会暨创建全国文明城市工作推进会召开。会议传达学习中央、省文明委会议精神，总结、部署全市精神文明建设工作。会上，市文明办汇报有关工作情况，审定2020年全市精神文明建设工作要点和2019年市级文明单位等名单；市委常委、宣传部部长周迎春就年度精神文明建设和全国文明城市创建工作做具体安排；市委书记龚文密讲话。会议强调，要提高站位、深化认识，把精神文明建设工作摆在更加突出的位置；要突出重点、务求实效，把精神文明建设工作任务抓紧抓细抓实；要加强领导、凝聚合力，把精神文明建设工作推上新台阶。

5月7日，全市承接产业转移示范区建设干在实处走在前列推进电视电话会召开，市主会场设市政府六楼会议室，各县市区设分会场。会议贯彻落实省委、省政府推进湘南湘西承接产业转移示范区建设部署会议精神，加快推进全市承接产业转移示范区建设。会上，市委书记龚文密、市长刘事青讲话；邵东市、隆回县、武冈市、邵阳经开区、市发改委、市商务局做表态发言。会议强调，要深化认识，抢抓机遇，把推进示范区建设作为头等大事抓紧抓好；提振信心，不辱使命，真正在示范区建设中干在实处、走在前列；坚持问题导向，用改革的思维、方法和勇气推进示范区建设；加强党的领导，提高抓落实的自觉和能力。

6月2日，全市落实全面从严治党党委主体责任工作推进会召开。市长刘事青主持会议。深入学习贯彻落实习近平新时代中国特色社会主义思想和新时代党的建设总要求，落实党委（党组）全面从严治党主体责任，推动全面从严治党向纵深发展，为决胜全面小康、决战脱贫攻坚和加快“二中心一枢纽”建设提供更加坚强有力的保障。会上，市委常委、市纪委书记、市监委主任曾市南就全市纪检监察系统履行全面从严治党监督责任讲话。市委书记龚文密强调，要切实增强落实全面从严治党主体责任的思想自觉、政治自觉和行动自觉；准确把握全面从严治党主体责任的内涵要义；以从严从实的要求推动全面从严治党市主体责任落实。

【市委全体会议】 2020年，中国共产党邵阳市第十一届委员会共召开3次全体会议。

7月17日，第九次全体会议召开。会议全面总结2020年上半年工作，安排部署下半年工作，审议通过《中共邵阳市委邵阳市人民政府关于湘南湘西承接产业转移示范区建设干在实处走在前列的若干意见（草案）》。市委书记龚文密就抓好当前几项重点工作提出十一点意见。

10月27日，第十次全体会议召开。会议进一步深入学习贯彻习近平总书记考察湖南重要讲话精神，审议通过《中共邵阳市委关于深入学习贯彻习近平总书记考察湖南重要讲话精神在打造“三个高地”担当“四新”使命落实“五项重点任务”中展现邵阳新作为的意见（草案）》和《中国共产党邵阳市第十一届委员会第十次全体会议决议（草案）》。市委书记龚文密就如何确保习近平总书记重要讲话精神和省委决定、市委意见落地见效提出三个方面意见。

12月17—18日，第十一次全体会议召开。会议进一步深入学习贯彻中共湖南省第十一届委员会第十二次全体会议精神，听取和讨论市委常委会工作报告，审议通过《中共邵阳市委关于制定邵阳市国民经济和社会发展第十四个五年规划和二〇三五年远景目标的建议（讨论稿）》《中国共产党邵阳市第十一届委员会第十一次全体会议公报（草案）》。市委书记龚文密就深入学习贯彻中共十九届五中全会和省委十一届十二次全会精神，抓好市委建议的贯彻实施，提出六点意见。

【全市湘南湘西承接产业转移示范区建设推进现场观摩会】 2020年8月20—21日，邵阳市召开全市湘南湘西承接产业转移示范区建设推进现场观摩会。会议总结前阶段全市湘南湘西承接产业转移示范区建设、135工程升级版和沪昆百里工业走廊建设工作，研究部署下阶段工作。20日现场观摩武冈经开区、洞口经开区、隆回高新区、新邵经开区、邵阳县工业集中区、邵东经开区、邵阳经开区产业项目。21日在邵阳湘林酒店召开会议。会上，常务副市长彭华松宣读《2020年1—6月全市承接产业转移示范区建设情况通报》；邵东市、隆回县、武冈市、邵阳经开区做经验介绍；市承接产业转移示范区建设领导小组办公室、市科技局发言；市委书记龚文密、市长刘事青分别讲话。

【第五届全球邵商大会】 2020年12月23—28日，第五届全球邵商大会召开，大会分为开幕式、产业对接会、县市区分场活动三个阶段。此次邵商大会以产业对接为主题，集中发布招商项目140个，总投资1855.67亿元。23日上午举行大会开幕系列活动，全球350多名邵商代表和各界嘉宾参加。大会期间相继举行中非经贸产业园、农业产业、先进装备制造产业、东盟产业园、新能源新材料产业、新经济产业、智能家居产业、显示功能材料产业8场对接会，各县市区分别举行招商推介会、项目集中开工仪式、产业座谈会、企业点火仪式等20场活动。

【下发的重要文件】 2020年3月10日，市委办公室、市政府办公室印发《邵阳市全面小康决胜年行动方案》的通知。

4月30日，市委、市政府印发《关于抓好农业农村重点工作确保农村同步全面建成小康社会的意见》。

5月6日，市委办公室、市政府办公室印发《邵阳市推进制造强市“一二三工程”三年行动方案（2020—2022年）》的通知、《邵阳市对接粤港澳大湾区行动方案（2020—2025年）》的通知、《关于实施高新技术企业倍增计划的激励措施》的通知、《邵阳市“优化营商环境提升年”实施方案》的通知、《关于成立邵阳市推进湘南湘西承接产业转移示范区建设领导小组的通知》。

5月14日，市委办公室、市政府办公室印发《关于深化改革加强食品安全工作的实施方案》的通知。

5月28日，市委印发《关于新时代加强和改进人民政协工作的实施意见》，市委办公室印发《关于推行“两单一书”督促党委（党组）落实全面从严治党主体责任的实施办法》的通知。

5月29日，市委印发关于贯彻落实《党委（党组）落实全面从严治党主体责任规定》的实施意见。

7月27日，市委、市政府印发《关于湘南湘西承接产业转移示范区建设干在实处走在前列的若干意见》。

9月1日，市委办公室、市政府办公室印发《关于动员和支持社会力量参与农村留守儿童关爱服务工作的实施意见》。

9月27日，市委办公室印发《关于进一步加强“三公经费”监督管理的十条措施》的通知。

11月2日，市委印发《关于深入学习贯彻习近平总书记考察湖南重要讲话精神在打造“三个高地”担当“四新”使命落实“五项重点任务”中展现邵阳新作为的意见》。

12月4日，市委印发《关于加强对“一把手”监督的十条措施》的通知。

12月16日，市委办公室、市政府办公室印发《关于坚决制止餐饮浪费行为的十条措施》的通知。

12月25日，市委发出《关于制定邵阳市国民经济和社会发展第十四个五年规划和二〇三五年远景目标的建议》。（龙宝华）

市委办公室工作

【办文办会】 2020年，市委办公室处理传真来电来文962件、送阅机要文件105批次、县市区及市直单位请示件120件。办理全市性会议1次，书记办公会议1次。开展党组织印章清查，规范全市各级党组织印章管理。服务市委常委会会议57次，起草制发会议纪要57次；完成书记专题会会议记录113次、省市视频会议相关记录15次；起草制发书记专题会会议纪要6次、常委议事协调会会议纪要5次；办理市委书记龚文密批示件397件、市委副书记曹普华批示件12件，及时办理率100%，办结率100%。发放重要会议（活动）通知489次，调度安排使用会议室547次，接待重宾11人次，服务市委领导调研、考察等政务活动53次。

起草《贯彻落实习近平总书记视察湖南重要讲话指示精神三个责任分工方案》《关于实施高新技术企业倍增计划的激励措施》等市委文件10余件；审核市委文件58件（请示、报告、批复、函件、纪要、人事调整、表彰奖励、会议活动、机构改革类等文件不纳入精减范围的口径统计）；向省委报送备案党内规范性文件25件，报备及时率100%；审查各县市区党内规范性文件116件，发现问题文件12件；对《邵阳市乡村清洁条例（草案）》《邵阳市大气颗粒物污染防治条例（草案）》《邵阳市村庄规划和村民建房管理条例（草案）》《邵阳市文明行为促进条例（草案）》进行法规政策和文字把关。

【综合调研】 2020年，市委办公室重点围绕克服疫情影响、做好“六稳”“六保”工作、巩固脱贫成果、加强生态文明建设、推进市域社会治理等方面，开展专题调研10余次，形成一批有质量、有分量的调研报告，其中进入领导决策视野的6篇，组织基层单位撰写调研文章60余篇。围绕疫情防控、产业发展、防汛救灾等重点难点工作，及时总结邵阳经验做法，主动向省委内刊推介邵阳工作，其中《持续激发市场主体活力》《绥宁县应对山洪地质灾害的主要做法》《隆回县落实省委“1+5”文件出实招见实效》等被《省委工作情况交流》采用。围绕市委重大决策部署和市委领导政务活动安排，加强文稿服务工作，全面提升以文辅政水平。全年累计起草各类会议材料或重要文件65件，撰写领导讲话、总结报告、会议致辞等综合文稿210余篇，编发《市委通报》14期、《市委内参》10期；整理省委、市委领导讲话录音稿50多篇。

【督查工作】 2020年，市委督查室围绕市委重大决策部署的贯彻落实，改进督检考方式方法，加强“督检考”统筹规范工作，坚持考少考精、考准考实，制订出台《督查检查考核年度计划》，明确23项督检考类别，其中督查检查类15项、考核类8项。全年办理中央、省委、市委主要领导批示件34件，已全部办结。其中牵头办理的一批省委、市委领导批示件，得到省委常委、省委秘书长张剑飞，市委书记龚文密等领导肯定性批示。指派专人负责省委和市委主要领导的网民留言办理工作，办理“地方领导留言板”“问政湖南”涉邵阳留言10条，回访复核率90%，办结率100%。收到党委系统政协委员提案24件，全部办结，办结率满意率、回访率均为100%。开展全市性会议会风会纪督查10次。深入一线开展对防控防疫物资保障、群众生产生活物资保障等重点工作的督查，先后对12个县市区、邵阳经开区开展3个轮次全覆盖督查，实地检查56个市直单位、73个乡镇、241个村（社区），发现并督促立行立改问题112个，发出《督查通报》8期；向纪检监察部门移交问题线索80条，处置问责干部59人。强化“组织实施、统筹协调、综合汇总”的工作职责，加强对各县市区和市直有关单位“两个主义”整治工作的指导，开展“五规五治”专项行动，先后组织召开工作调度会8次，开展专项暗访督查7次，发出《督查通报》5期，形成专题报告4个，并抓好整治落实，基层松绑减负。编写《工作简报》10期，其中《点对点开展“五规五治”，实打实减轻基层负担》等一批经验材料获省委领导肯定。

【信息及内网工作】 2020年，市委办公室向省委办公厅报送信息2505条（篇），被采用603条（篇），其中省领导对上报信息作出批示8次、市领导作出批示60余次，全市信息质量系数迈入全省先进行列。编发《邵阳市疫情防控专报》128期、《要情汇报》66期、学习贯彻习近平总书记考察湖南重要讲话精神专报3期。报送各类突发紧急信息78条次。《邵阳市抢抓农时千方百计扩大早稻生产规模》《邵阳市多措并举加强公交出行安全管理》《绥宁县“四个在前、四个到位”》《邵东市“三举措”推动外贸出口逆势增长》《隆回着力把金银花产业培育成富民惠民产业》等20余篇被省办采用，信息科撰写的《邵阳市奋力推进经济社会高质量发展》（学习贯彻习近平总书记考察湖南重要讲话精神专报）被省委办公厅单篇刊发。

完成全市电子政务内网“纵向到底、横向到边”建设，完成全市信创工程一期建设。建立规章制度2个，起草文件20件，编写实施方案2个、可行性研究方案2个、政府采购文件5件、会议方案25个，撰写汇报材料25份、向省里上报的资料7份；到上级及同级单位协调工作50余次，组织承建单位召开工作例会和项目协调会30余次；学习中央和省市下发的相关文件通知40余份。

【邵阳市党委办公室主任座谈会】 2020年8月31日，邵阳市党委办公室主任座谈会召开。会议通报2019年全市党办系统“三表率一模范”主题活动暨统筹联动工作情况；总结2019年全市党委办公室工作，安排部署下阶段工作。市委办公室室务会成员，市人大常委会、市人民政府、市政协分管文秘工作的副秘书长，邵阳军分区政治部分管文秘工作的副主任；各县市区委办公室主任，邵阳经开区分管办公室工作的副职；市委常委所在单位办公室主任，市法院办公室主任、市检察院办公室主任，市直部分单位办公室主任；市委办公室各科室（局）主要负责人参加会议。会议宣读《2019年全市党办系统“三表率一模范”主题活动暨统筹联动工作情况通报》；新邵县、城步苗族自治县、大祥区、邵阳县、武冈市、洞口县、隆回县在会议上发言，北塔区、绥宁县、双清区、新宁县、邵东市、邵阳经开区作书面发言；市委副秘书长发言；市委常委、市委秘书长、市委办公室主任李万千讲话。 (龙宝华)

绩效考核

【概况】 2020年，邵阳市制定《2020年县市区重点工作绩效考核评估方案》《2020年度市直和省属驻邵单位绩效考核评估方案》《2020年全市重点民生实事项目实施方案》，科学设置考核指标，实现考少考精考重点的要求。同时，下发《2020年度市直副处级及以下二级机构绩效考核评估原则》，拓展考核范围，进一步规范市直副处级及以下二级机构绩效考核工作，全面做好机构改革后事业单位的绩效考核，创新评估方式，对市本级166个二级事业单位创造性地开展绩效考核，实施差异化考核，实现考核全覆盖。并与省里对标对表，将省绩效指标全部纳入对县市区的考核，确保省委、省政府决策部署落地见效。全市绩效考核工作实现“保良进位”年度目标，省绩效评估综合得分94.20分，被评为良好等次，在二类地区排第三名，比上年前进一个名次；省重点民生实事工作再次获优秀等次；在省政府真抓实干激励表彰中获奖励24项次，居片区第三名，获奖励资金3150万元，其中市本级获奖6项次、奖金1300万元，县市区获奖18项次、奖金1850万元。（龙宝华）

外事工作

【概况】 2020年，邵阳市召开全市外事工作委员会第二次会议，召开1次全市外事工作交流会议。办理因公出国4批7人，其中党政干部1批1人、企事业单位3批6人。办理来湘邀请函3批10人。接待到邵阳访问团1批。参加老挝民主共和国成立60周年庆典。处理涉外事件12起。印发涉外领事保护资料，开展春节期间领事保护工作及在邵阳外国人新冠肺炎疫情防控工作。（龙宝华）

对台工作

【对台经济】 2020年，邵阳市建立对台招商引资项目资料库，编印对台招商引资指南和项目书，组织小分队赴上海、苏州、昆山和广东推介项目、考察招商，邀请深圳台商协会总会高级顾问、三洋电子股份有限公司董事长一行到邵阳洽谈硅水胶隐形眼镜项目，并参观邵阳经开区智能终端产业园。建立防疫复工台资企业联络员制度，帮助台资企业疫情防控和复工复产，为台资企业争取抗疫物资。疫情初期为台资企业提供口罩近10万个，帮助九兴招工1277人，提供稳岗资金800万元，减免连泰鞋厂养老保险缴费582.75万元，组织台湾居民的大陆配偶捐款捐物10余万元。服务台资企业，召开各责任单位座谈会，就“31条措施”“26条措施”“11条措施”等惠台政策落实情况听取意见建议，有针对性地部署落实各项惠台政策；在全市台资企业进行集中全面走访摸底，就企业提出的问题向市委领导汇报并提出意见建议，及时为台资企业排忧解难。

【对台交流】 2020年，邵阳市克服新冠肺炎疫情等不利影响，采用线上交流方式，举办“第一届崀山杯邵台青少年围棋交流赛”，邀请台北教育文化体育交流协会理事长等10余名嘉宾到场，打破疫情期间的交流隔阂，增进两地青少年的情感沟通。完成“邵籍陆配娘家行”活动，重点围绕省级对台交流基地崀山开展民俗民风交流活动，维护发展与该群体的联系。

【涉台服务】 2020年，邵阳市委台办主动服务，及时化解各类涉台矛盾纠纷，台企台胞台属来信来访案件持续下降，全年收到涉台来信来访52人次，其中立案7起，结案7起，结案率100%。妥善处理省委台办转交的“关于海峡诚通贸易有限公司防疫物资被人诈骗求助案”，帮助受骗台企追回资金90万元。妥善处理台企观鼎生态农业有限公司受灾情况，为受灾企业争取到帮扶资金8万元。主动协调教育部门，为台湾企业九兴鞋业有限公司在邵阳台胞子女就近就学提供便利。联合市仲裁委赴长沙市台办和长沙市仲裁委学习培训，成立涉台仲裁工作领导小组，与市仲裁委建立沟通联系机制，推进涉台仲裁工作机制建设。

【涉台宣传教育】 2020年，邵阳市委台办持续宣传贯彻中央和省委系列惠台措施，宣传大陆防疫抗疫先进事迹和台湾企业复工复产情况，利用微信公众号、涉台网页等宣传报道台胞、台商、台湾青年在大陆创业就业、学习工作的精彩故事，形成良好的对台工作氛围。先后3次组织全市对台系统参加省级涉台经济政策、投诉协调、交流服务等专职培训班，加强对台方针政策和台海形势的宣讲。（龙宝华）

党史档案工作

【党史工作】 2020年，市委办公室协助开展全市《2019年度党委工作纪事》征集工作，协调推进党史编研等重点工作。组织编写《邵阳剿匪新编》一书，发挥其教育和资政价值；完成《百年党庆图说邵阳（1921—2021）》纲目编写。组织开展全市党史工作考核检查。

【档案工作】 2020年4月27日，邵阳市召开全市档案工作会议，市委常委、市委秘书长李万千出席会议并讲话，各县市区委常委、办公室主任参加会议，对机构改革后全市档案工作做出全面部署。加快推进市档案馆新馆搬迁，新馆于10月18日正式开馆。挖掘档案资源，组织市县两级档案馆编写《邵阳解放》《邵阳抗日武装档案汇编》《抗战时期邵阳县政府抚恤档案汇编》等，推动档案成果利用。将档案业务工作纳入绩效考核范围，组织开展档案工作年检年审，推动档案业务工作有序规范开展。整改档案工作政务公开和服务、“互联网+监管”事项。开展档案系列职称评审，制定下发《邵阳市2020年度档案系列初、中级职称评审工作实施方案》，40人申报中（初）级职称评审。加强档案队伍业务能力建设，组织市县两级档案人员参加省里培训，各县市区对县直单位和乡镇加强业务培训。（龙宝华）

公务接待

【概况】 2020年，邵阳市完善制度，促进公务接待制度化。贯彻落实中央、省委、市委关于公务接待的部署要求，制定邵阳市集中公务接待审批表、邵阳市外事公务接待审批表、邵阳市招商引资公务接待审批表、邵阳市公务接待采购计划审批表。促进审批程序规范化，凭公函接待，严格控制接待标准和陪餐人员。落实对口接待要求，对不属于集中接待范围的接待申请严格按要求退回申请单位，由申请单位实行对口接待。同时，坚持即时报告与定期报告相结合，通过短信报告、月度报告、年度报告等方式将公务接待审批情况及时报告市委秘书长，供领导第一时间掌握全市公务接待工作情况。全年按标准和程序审批公务接待91次。从俭、从实、从严协调做好重宾接待工作。对市委办对口接待的重宾接待，做到"简化而不失礼，热情而不超标，满意而不违规"；对其他单位对口接待的重宾接待，指导有关单位按照要求，做好服务指南、确定陪餐人员,确保接待工作完成。

（龙宝华）

政策研究

【概况】 中共邵阳市委政策研究室（以下简称邵阳市委政研室）是市委综合参谋服务机关，承担着重要文稿起草、全面深化改革、全市财经工作、全面小康建设以及机关刊物出版等职能。

2020年，撰写各类文稿360篇、140余万字，文稿份数、字数分别比上年增加15%、20%。其中，产业发展、疫情防控、河长制工作、中医药产业发展等经验材料在全省性会议上做典型发言。立足邵阳实际，突出邵阳特色，将市委刊物《邵阳工作》办成宣传政策的窗口、推介邵阳的平台、服务领导的载体、联系各界的桥梁，全年出版12期，刊发文章300余篇、80余万字。

【调查研究】 2020年，邵阳市委政研室聚焦全市中心工作和工作推进中的热点难点问题开展调研。其中，为有效应对疫情影响，推动复工复产，与市发改委、市商务局等单位到有关县市区、工业园区和企业调研，撰写的《积极作为化危为机，将经济损失夺回来》经验文章，在《湖南工作》上刊发；与市税务局等有关单位就全市税收情况、外贸出口情况进行调研，撰写的《优化税收营商环境激发市场主体活力》经验文章，以市委财经专报形式呈送给市委财经委领导，获市委书记龚文密批示，省委办公厅以《内部情况交流》形式在全省推荐。

【全面深化改革】 2020年，邵阳市委政研室发挥总体设计、统筹协调、整体推进、督促落实作用，推动各项改革落地生根。通过高位推动、对标对表、常态调度、调研辅政等举措，年初确定的35大项、100小项改革任务有序推进。其中，"三集中三到位"改革效果明显，市本级政务大厅入驻单位40个（新增12个），入驻事项1112项（新增363项），入驻人员 131人（新增首席审批员等人员36人）；商事制度改革总量和增量分别位居全省第四位和第三位；不动产数字管理技术创新改革等8个案例入选"湖南省基层改革探索100 例"，入选数量排全省第二。邵阳市改革工作被湖南省委改革办评定为优秀等次。

【财经工作】 2020年，邵阳市委政研室发挥"财经智库"作用，参与起草湘南湘西承接产业转移示范区发展规划、对接粤港澳大湾区实施方案、制造强市"一二三工程"三年行动方案、优化营商环境提升年行动方案、高新技术企业倍增计划激励措施、市委落实习近平总书记考察湖南重要讲话精神意见、市委关于"十四五"发展和二〇三五年远景目标建议等文件，打造"市委核心智库"，推进全市经济社会高质量发展。

【全面小康建设】 2020年，邵阳市委政研室主动跟进省绩效考核和省全面小康考评工作的新形势新变化新要求，开展全面小康决胜年行动，聚焦补短板、强弱项，推进"一脱贫三促进六覆盖"工作。年初，起草《全面小康决胜年行动方案》，将"一脱贫三促进六覆盖"工作细化为10大项47小项具体任务，建立健全"一项工作、一名领导、一个班子、一套方案"的工作推进机制。5月，牵头组织全面小康推进工作培训；6月、9月、11月，3次到县市区现场督导全面小康推进工作。同时，推行"月调度季通报"，每月监测调度全面小康各项指标数据，按季度对全市"一脱贫三促进六覆盖"工作情况进行通报，确保按时高质完成各项目标任务。

（胡方实）

保密工作

【概况】 2020年，邵阳市委保密委员会办公室牵头建立市重要设施周边环境安全保密协商联席会议工作机制，召开联席会议1次，组织开展综合检查1次、专项检查3次，全年全市各处重要设施周边环境未发现失泄密等安全隐患。

加强科技支撑作用，组织实施新的信息化系统技术方案；市、县建成两级监控平台，实现对收发文、档案、起草公文等易失泄密岗位计算机的全覆盖；增加对智能手机、平板电脑的技术检查，筹备建立保密技术服务中心。

加强定密指导，组织全市定密工作培训，严格定密授权，督促派生定密，重点检查"该定密不定密"的违规检查。加强涉密人员岗前审查、在职培训、离职脱密管理等全过程闭环管理，对涉密人员进行分类管理。

开展国家统一考试保密监督，会同有关部门先后4次检查各个试卷保密室，依法依规监督试卷入库、分发等全过程，全市高考、成人高考、律师资格考试、研究生考试、自学考试等各项国家统一考试均无失泄密事件发生。

对违法违规行为进行处置，24名具体责任人受到各自单位批评教育，5名责任人和1名分管领导被市国家保密局约谈，4个单位受到通报批评。

【邵阳市委保密委员会全体会议暨全市保密工作会议】 2020年4月4日，邵阳市委保密委员会召开全体会议暨全市保密工作会议。市委保密委成员单位责任人、各县市区保密委员会主任、军工企业保密委员会主任出席会议。会议传达上级指示精神和通报失泄密典型案例，市委保密委员会委员进行述职，安排部署2020年度保密工作，审议《中共邵阳市委保密委员会2020年工作要点（草案）》《协商联席会议工作规则（草案）》。要求各级各单位学习贯彻中共中央关于加强和改进保密工作的要求、省委关于加强和改进保密工作的实施意见，坚持党管保密，加强监督检查，强化保密系统自身建设，加快邵阳市保密事业发展。

【建章立制和依法行政】 2020年，邵阳市委保密委员会办公室全面梳理各项保密制度，形成15章141条邵阳保密工作制度，并印发至各单位。完成全市行政权力清单和责任清单动态调整工作，认领市级行政权力事项3项。规范非涉密计算机监控系统处理流程，建立涉密案（事）件线索核查机制。通过实施保密系统依法治理“账图”模式，将法律依据、法律要求和法律责任细化落实到科室、岗位和重要工作节点，做到权责统一，进一步规范保密行政执法工作。

【保密自查自评工作监督检查】 2020年，邵阳市委保密委员会办公室为深入推进自查自评工作，对市级部门开展自查自评集中培训，并应邀对各县市区部门进行分批培训12次。全年对29个市级部门进行保密自查自评专项督查，实现市级部门全覆盖；各县市区保密办实现本级部门自查自评工作督查全覆盖。市委保密委员会办公室组成督查组，对26个单位进行抽，共抽检两级部门在用计算机137台，发出督查情况记录表26份，提出整改意见100余条，消除一大批失泄密安全隐患。 （丁念喜）

组织工作

【组织疫情防控】 2020年，邵阳市动员全市1.12万个党组织、1.3万支“党员突击队”“党员应急小分队”、32.5万名党员投入疫情防控阻击战，8602名驻村第一书记、工作队员返村参与疫情防控，3710个工作组、3.6万名干部下沉村（社区）指导疫情防控。选派1486名驻企防疫联络员下沉2862家企业，安排527名两新党建指导员作为“企业复工特派员”，帮助解决实际困难。为全市3万多名抗疫一线的村（社区）“两委”干部、省市县乡驻村帮扶工作队员办理抗击疫情专属保险。在抗疫一线发展党员86名，其中火线发展入党60名。开展疫情防控优秀工作者评选表扬活动，分2批评选出69名优秀干部并在全市通报表扬。掌握储备316名经受考验、担当作为的优秀干部，对9名在疫情防控中表现特别优秀的予以提拔重用或晋升职级，其中晋升二级巡视员的3名。30.14万名党员自愿捐款助力疫情防控，捐款率达到92.6%，捐款2726.56万元；全市安排战疫专项党费558.7万元。组织全市龙头企业、规模企业采取“党建+就业”“党建+金融”方式推动就业，推动邵阳市8个贫困县市与长沙、湘潭两地7个国家、省级经开区和市内10个省级园区开展结对帮扶促进就业扶贫。至11月底，提供用人岗位2万余个，成功促进贫困劳动力就业3000余人，其中贫困户1500余人。

【“不忘初心、牢记使命”主题教育】 2020年，邵阳市委组织部印发《邵阳市“不忘初心、牢记使命”主题教育总结报告》，对全市主题教育进行全面系统总结，并建立“四个持之以恒”长效机制。持之以恒学好用好习近平新时代中国特色社会主义思想，将习近平新时代中国特色社会主义思想作为各级党委（党组）理论学习中心组学习、党员干部教育培训、基层党组织书记轮训的必修课，作为各级党校（行政学院）的主课程，融入党课教育、主题党日活动。持之以恒加强党的政治建设，把加强党的政治建设摆在首位，教育引导全市员干部坚定不移做到“两个维护”，做好各项工作。持之以恒抓好问题整改，采取“一清单一承诺一公示”方式，开展中央、省委专项整治八个方面重点内容和检视发现的问题整改整治“清零”，其中，整治落实党中央决策部署阳奉阴违方面问题330个，不担当不作为方面问题1039个，贯彻中央八项规定精神方面问题278个，形式主义、官僚主义方面问题801个，领导干部配偶、子女违规经商办企业方面问题17个，侵害群众利益方面问题468个；查处群众身边腐败问题和作风问题654件，处理4492人，追缴资金5647.23万元；全市性的发文、办会、督查考核数分别同比减少50.5%、36%、60%。持之以恒加强制度建设，建立健全集中学习、集中交流研讨，“七提”方式查找违背初心使命问题，经常性专项整治重点问题的清单管理和逐一销号，开门抓教育，形成服务群众等长效工作机制，加强监督检查和考核评价，确保各项制度机制落实。

【教育培训】 2020年，邵阳市委组织部在全省组织系统率先制定《全市组织系统深入贯彻习近平总书记考察湖南重要讲话精神全面落实新时代党的组织路线的具体措施》，明确6个方面28项具体措施。市委常委会、市委组织部部务会第一时间组织学习讨论，并纳入各级党委（党组）理论学习中心组学习内容，纳入全市所有党支部主题党日活动内容，纳入全体组工干部学习重点内容，纳入市县两级党校主体班培训内容。全市举办市级重点培训班11期，培训乡村两级基层党组织书记和党员干部1650人。督促指导各地各系统举办党员教育培训班135期，培训党员1.53万人。落实市本级党员教育经费340多万元，举办培训示范班29期。开展“党课开讲啦”和红色教育微党课活动，收集精品党课课件125个，征集红色教育微党课作品12部。选送85人参加上级调训，市一级举办主题班7期，培训400多人次，指导县市区举办各类主题班48期，培训2587人次，在全市推行“以考促学”“以评助学”“以用导学”的“三学”模式，增强干部教育培训的吸引力和针对性、实效性。制定《关于落实全省干部教育培训“三百工程”的实施方案》，在全市范围内评选优秀教师15名、精品课程15门、典型案例20个。

【干部队伍建设】 2020年，邵阳市委组织部完善政治建设考察办法，重点考察完成急难险重任务情况，推进市直单位和县市区乡科级领导班子、领导干部政治建设考察，运用政治建设考察成果，对表现突出的28名县市区党政班子成员予以提拔重用。全市765名脱贫攻坚优秀干部人选中，列入储备培养184人、提拔使用（含职级晋升）172人、表彰奖励354人、宣传报道214人。坚持正确用人导向。以实绩评价干部、以成效选任干部，完成14批次376人次干部调整，其中提拔正处级35人、副处级75人，进一步使用30人；暂缓5名因个人事项填报不实、2名因干部人事档案存疑、4名因考察中有不良反映的干部的任用，取消1名在公示期有举报且查实有影响的干部的任职；对2名违纪违法市人大代表进行罢免，对2名不担当不作为的干部进行问责，对30名不适应岗位、状态不佳的干部进行免职或调整；对全市7个处级工业园区进行全方位调整。培养选拔年轻干部。建立1690人的优秀年轻干部资源库，实行动态管理；16名“80后”年轻干部提拔到副处级领导岗位，实现每个县市区党政领导班子中至少有1名年轻干部；推动约70名市直单位和乡镇（街道）优秀年轻干部“双向”交流任职。推进职级晋升工作。在职级晋升中突出正向激励，晋升198名在疫情防控工作中、375名在脱贫攻坚中表现突出的公务员；完成职级晋升14批次693人次，其中晋升二巡41人次、晋升一调149人次、晋升二调74人次、晋升三调429人次；对历史遗留问题，做好政策解释和思想工作，有效答复相关疑问1800多次。加强干部管理监督。审批任前事项107批次，暂缓、否决6批次；结合举报查核，开展提醒2人次、函询9人次、诫勉2人次；领导干部个人有关事项实现应报尽报，重点查核16批188人，给予诫勉处理5人，随机抽查1批133人，给予诫勉处理15人，移交市纪委处理1人；开展因私出国（境）登记备案人员“一人多证”专项清理工作，将3.21万名登记备案人员数据上报至省公安厅。

【基层组织建设】 2020年，邵阳市全面落实基层运转经费。全市村（社区）年均运转经费19.23万元，同比增长10.18%；社区年均运转经费25.44万元，同比增长5.04%；各县市区均制定乡镇干部待遇高于县市区机关同职级干部20%的待遇发放方案，并全部落实到位。建强乡村干部队伍。在选人用人中突出基层导向，提拔11名乡镇（街道）党（工）委书记直接任县级领导班子，提拔30岁以下干部30名和选调生14名，370名35岁以下干部进入乡镇（街道）领导班子；面向乡镇（街道）事业站所、村（社区）“两委”干部定向招录公务员86名；全市统筹拿出34个编制，面向村（社区）主职定向招录乡镇（街道）事业编制干部；全年累计调整不合格不胜任不称职村（社区）党组织书记6人，清理不符合条件的村（社区）“两委”干部54人；提前布局换届，推进村（社区）换届主职“一肩挑”工作，明确“一肩挑”人选的村（社区）3320个，占比91.38%。提升服务群众水平。推进基层公共服务（一门式）全覆盖，将省定13项工作任务细化分解为25项具体措施；推进村（社区）服务中心产权证办理，全市3633个村（社区）服务中心水电路网等配套设施实现全覆盖；全面规范挂牌工作，清理机构标识牌、功能标识牌、规章制度牌等1.96万块；明确乡镇（街道）公共服务事项54项、村（社区）高频政务服务“就近办”事项26项和公共服务事项37项；实现政务外网连通到所有村（社区），全面完成“互联网+政务服务”一体化平台。加强组织体系建设。全市所有党支部达到“五化”标准；建设9个市委党建工作领导小组基层联系点和54个基层党建示范点，探索建立24个小区党建示范点；排查出的144个软弱涣散基层党组织实现提升；实施两新党建“标杆引领”计划，选树100余个市级两新“标杆党组织”创建对象；推进基层网格“多网合一”，建立1个网格1名街道干部1名社区干部的“一格两员”工作机制。

【人才队伍建设】 2020年，邵阳市落实宝庆人才行动计划各项配套措施，使用人才周转编制3名，解决18名高层次人才子女和企业人才子女就学需求，对各类人才专家发放资助、奖励1895.5万元；搭建双清区中小企业公共服务平台，成功引导130多家企业用户注册，引入509家服务机构、1万多项双创资源；制定《邵阳市专家服务组工作制度》，做细做实党委联系服务专家工作。建设各类人才队伍。引进本科以上各类人才620人，公开招录2735人，引进“科技创新人才”8人；成立邵阳先进制造技术研究院，引进专家团队8人；举办邵阳市酿酒行业、手工制茶、制造行业技能大赛，评选出6名“宝庆工匠”；组织开展人才创新创业能力提升培训班10多期，培训网信工作者、电子商务从业人员等各类人才2000多人。引导人才服务基层。市县两级选派781名科技特派员，完成各类农民科技培训10.13万人次，确定优秀农民境外培训后备人选51名、“三农”干部走出去培训后备人选18名；开展“村播带货”科技服务，举办“村播带货”培训班，培训种养大户、返乡农民工、大学生、企业管理人员1518人；激励新冠肺炎疫情防控人才。先后组建2批共87名医护人员支援湖北，抽调51名专家组成市级医疗救治专家组；落实防疫一线医务人员各项激励优惠政策，发放临时性补贴510.55万元，15名一线医务人员子女中考加10分，108名一线医务人员提前1年申报中级职称，市直8名援鄂编外护士通过定向考核方式入编；14名防控一线医务人员、87名援鄂医疗队员被评为全市疫情防控先进工作者，47名医卫专家人才获国家或省级表彰。（唐涛）

宣传工作

【理论武装】 2020年，邵阳市将学习作为全市各级党委（党组）会议的第一议题，市委常委会会议第一时间学习传达，市委理论学习中心组开展规范化学习11次，制定《党委（党组）理论学习中心组巡听旁听办法》，专题督导《习近平扶贫故事》《中国共产党宣传工作条例》等学习情况，整改学习不实、质量不高的中心组12个。整合全市各级党组织、社科理论工作者、志愿者等力量，围绕中共中央和省委的决策部署，紧扣基层群众关注的热点，细分12个专题，推出76堂精品课，组建高规格宣讲团“定时、定点、定人”开展习近平总书记考察湖南重要讲话精神、中共十九届五中全会精神集中宣讲解读，完成“六大微课堂”基层宣讲2万余场次，发行《习近平谈治国理政》（第三卷）19.2万册，依托“学习强国”平台开展在线抢答赛、“学习达人”评选推荐等系列活动，“宝庆大讲坛”持续开讲。举办“新冠肺炎疫情下的国际变局与中国”专题讲座、“加强网上舆论宣传，做好互联网工作”集中学习研讨班、“节约集约用地，严守耕地红线”全市四级干部集中大宣讲等专题培训，引导干部把高质量发展的要求转化为推动高质量发展的实际能力。市级领导深入基层调研，撰写发表理论文章139篇。

【健全体制机制】 2020年，邵阳市宣传系统继续实施新闻宣传“八项制度”，对线索归集报送、报道策划、采编、阅评、通报、培训等实行全过程规范化管理，建立市、县、乡三级宣传部门和市、县两级新闻媒体线索归集、报道策划机制，下发宣传重点提示235份，打通新闻宣传调度“最后一公里”。加强调度组织，落实一月一策划、一月一提示、一月一调度、一月一通报、一月两阅评的常态化工作机制。落实市直媒体上稿考核通报制度,形成新闻上稿合力。建立市直和县市区新闻单位工作者与上级媒体常态化跟班学习机制。开展“德业双优”新闻工作者评选表彰活动。

【主题宣传】 2020年，邵阳市宣传系统常态化开设“在习近平新时代中国特色社会主义思想指引下——新时代、新作为、新篇章”主题宣传；开设“五中全会精神在基层”“贯彻全会精神一线在行动”等专栏；围绕产业发展、承接产业转移、脱贫攻坚、交通问题顽瘴痼疾专项整治、“扫黑除恶”、创文等重大主题加大新闻宣传力度。开展抗疫宣传。组织300余名记者奋战新冠肺炎疫情防控宣传一线，推出报道2.6万余篇，制作推出动漫、短视频、图说、H5新媒体产品400余个，总点击量突破3亿人次。出动宣传车辆7.1万余台次，悬挂标语横幅9.8万余条，发放疫情防控宣传短信约500万条；开展“以文战疫 大爱邵阳”主题文艺创作活动，收集文艺作品4066件，其中300多部文艺作品在“学习强国”和《人民日报》等媒体平台推广，《我在开满鲜花的路口等你》MV被“新华屏媒”选用，在北京、上海等8个城市核心地段展播，覆盖人数达800余万人；邵阳经开区开展核酸检测的稿件由新华社总社播发对海外的中文通稿；邵阳援建雷神山医院的好汉子刘志强的采访视频在新华社Facebook、Twitter和YouTube平台上发布。

【媒体宣传】 截至2020年11月底，邵阳市制作推出新媒体产品1246件，在国家级、省级媒体上稿3027篇（包含“学习强国”），其中新华社174篇、《人民日报》27篇、中央电视台42篇；卫视发稿总条数770条，列全省各城市台第一位。《湖南邵阳工业走廊强势崛起》《脱贫攻坚战场来了亲兄弟》等一批重点稿件在全国产生热烈反响。与香港《经济导报》合作开展“邵阳对接大湾区 打造承转高地”专题报道活动，推出《湖南邵阳市：“邵品出海”引领新经济乘风破浪》等重点稿件。

【县级融媒体中心建设】 2020年，邵阳市将县级融媒体中心建设纳入意识形态工作责任制巡查内容和督查考核范围，建立县级融媒体中心建设工作测评体系，细化项目指标，加强实施进度评估、效果评估。各地县级融媒体中心实现网站、电视、客户端、WAP站多平台互通，音频、视频、文字、图片互融，有效整合平台资源，提升县级媒体播力和可持续发展能力。截至11月底，全市已有7个县市区通过省级验收。

【意识形态工作】 2020年，邵阳市全面压实意识形态工作责任。市委将意识形态工作责任制作为全面从严治党主体责任和市委第九次、十次全会的重要内容推进落实，把意识形态工作和网络意识形态工作纳入党委工作、党建工作、干部使用、绩效评估、巡察等方面。市委召开9次常委会会议专题研究意识形态和宣传工作，市委书记龚文密30余次参加重大“扫黄打非”案件处理、重点自媒体人员引导。实施县市（区）委书记和市直行业党（工）委书记落实意识形态工作责任制述职评议考核，对评议考核“一般”等次的5个单位进行约谈。完成二轮27个单位意识形态专项巡察，整改具体问题132个，推动意识形态工作责任制履职到位。

规范落实风险防范化解系列制度。执行清单管理，完善实施意识形态工作联席会议、分析研判、责任清单、正面清单、负面清单等系列制度。围绕新冠肺炎疫情、脱贫攻坚等重大事件节点，分层部署开展意识形态领域形势分析研判，市委召开联席会议3次，下发风险提示13期，落实防范措施36条，形成全市各级党组织共同防范化解意识形态领域风险的工作格局。

【文明城市创建】 2020年，邵阳市推进全国文明城市创建工作。先后召开市创文重点工作部署会、调度会，市文明委全会暨创文工作推进会，重点调度街道社区、背街小巷的物业管理、交通秩序、公益广告等工作，重点整治出租车和公交车不文明行为，排查整治破损、脏污、陈旧的公益广告。推进《邵阳市文明行为促进条例》制定工作。指导邵阳县、新邵县、绥宁县创建省级文明县城。开展文明单位系列动态管理平台应用培训。

推进社会主义核心价值观宣传教育。以落实《新时代爱国主义教育实施纲要》《新时代公民道德建设实施纲要》为重点，推进社会主义核心价值观进单位、进学校、进企业、进农村（社区）。开展“双十最美”“最美抗疫人”典型选树推介，选树“最美抗疫人”69人，发布“邵阳好人”88人，17人入选湖南好人榜，段善文入选中国好人榜。开展爱国卫生运动。“邵阳好人馆”建成开馆。

推进未成年人思想道德建设。推动9所乡村学校少年宫项目建设，全市中小学校文明校园创建活动实现全覆盖。开展抗疫家书征集、“童心共绘 抗击疫情”防疫书画作品征集等活动。评选发布48名市级“新时代好少年”，2人获评湖南省“新时代好少年”。

推进志愿服务工作。举办第二届邵阳市志愿服务项目大赛。开展“户帮户亲帮亲 互助脱贫奔小康”“认领微心愿，争当圆梦人”学雷锋志愿服务主题活动。全市注册志愿者78万人，有志愿服务队2550支，开展活动1.1万余场，受益群众达20余万人。

推进新时代文明实践中心试点工作。下发实施方案，实行周调度、月督办、月通报制度。定期到国家级试点县隆回、武冈蹲点调研。全市设立新时代文明实践中心12个、新时代文明实践所202个、村（居、社区）新时代文明实践站3631个，实现市县乡村市级全覆盖。组织150余名心理咨询志愿者开展疫情防控心理疏导和干预，10余万名志愿者开展活动5000余场次。

【文化文艺工作】 2020年，邵阳市投入文化事业产业发展、艺术创作、宣传文化活动等资金近5000万元，新建、改建、扩建公共文化设施533万平方米，增量居全省前列。召开全市文艺工作座谈会，出台文艺创作题材规划方案。以时代楷模钟扬为原型的大型现代祁剧《种子方舟》、花鼓戏《山乡工匠》获国家艺术基金资助，花鼓戏《豆腐西施》、小戏《蜜橘红了》入选“百年百项”小型作品创作计划重点扶持作品，《儿大女大》等参加全国巡演，电影《父母的城市生活》杀青。开展百姓春晚、“宝庆群艺汇”艺术讲堂等群众文化活动，完成“周末剧场”48场、“送戏下乡”850场。建立“扶贫扶智文艺基地”，对贫困村进行艺术帮扶，开展“梦圆2020 脱贫攻坚”主题文艺创作活动，举办宝庆群艺汇消费扶贫月文艺专场演出。举办绥宁四八姑娘节、城步六六山歌节、隆回“讨僚皈”、崀山脐橙文化旅游节，承办湖南（夏季）乡村文化旅游节，举办“崀山杯”2020年全国女子举重锦标赛暨东京奥运会模拟赛，举办第五届“潇湘·100”国际长跑越野赛。重点推进蔡锷故里文化博览园、魏源故居、宝庆特色文化旅游小镇、中国崀山文化旅游产业园等重点项目建

2020年9月28日，庆祝中华人民共和国成立七十一周年邵阳市美术书法摄影展暨邵阳市第三届美术节开幕
（市委宣传部 供图）

设，重点培育武冈古王城、绥宁寨市和上堡、城步苗族古村寨、隆回瑶族村寨、洞口高沙古商城、武冈浪石村等古城、古镇、古村落文化产业特色县和文化特色村镇项目建设。

【新闻出版行业监管】 2020年，市委宣传部加强对印刷出版发行和电影行业的监督管理，依法依规进行年检年审。印刷企业通过年审152家，注销6家，取缔2家；民营出版物发行单位通过年审314家，缓检2家，注销2家；内报内刊（连续性内部资料）核准26类，注销6类；市区10家影院通过年审。规范行政许可审批程序。推进行政审批标准化工作，所有审批服务事项均入驻政务窗口；按照“一件事一次办”，依法依规受理并审批发放印刷经营许可证6个、内部性资料准印许可证24个、电影放映经营许可证1个。全面推进“扫黄打非”工作。开展“净网”“清源”“护苗”“秋风”“固边”等专项行动，春季、暑期、秋季及中秋国庆期间对出版物市场专项督导检查。全市查办“扫黄打非”案件65起，收缴违法出版物11970余件，处置网络有害信息1130余条。依法从严办结全国“扫黄打非”办公室与公安部联合挂牌督办的“邵阳7·3侵权盗版案”、“邵阳12·6传播淫秽物品案”和省“扫黄打非”办公室挂牌督办的“邵阳11·28涉嫌侵权盗版案”。开展基层站点规范化标准化建设工作，全市207个乡镇（街道）、3613个村（社区）完成“扫黄打非”基层站点规范化标准化建设任务，实现覆盖率100%。

（邵红威）

统一战线工作

【概况】 2020年，市委统战部积极参与脱贫攻坚战和新冠肺炎疫情防控，人民网、新华网、《中国统一战线》、《湖南日报》、《湖南统一战线》多次宣传推介全市统一战线成员同心抗击疫情、助力脱贫攻坚、促进民营经济“两个健康”的经验做法。

强化思想引领。坚持上下、内外联动，通过集中宣讲、联合学习、个人自学，开展“人人上讲台，个个做宣讲”“党课进商会”等活动,重点宣讲习近平新时代中国特色社会主义思想、习近平总书记在湖南考察时的重要讲话精神、习近平关于疫情防控和经济社会发展系列重要讲话精神、习近平总书记在企业家座谈会上的讲话精神以及全国民营经济统战工作会议精神。采取集中与分散相结合的方式，组织民营经济人士、宗教界代表人士、党外知识分子、新的社会阶层人士等800余名统战成员，到园区、同心美丽乡村、爱国主义教育基地等开展考察谈心活动，凝聚人心力量。市县两级统战工作部门开展联动调研，进党派、进商会、进企业、进寺庙、进社团走访统战成员3000余人次，收集并撰写“新媒体从业人员参与社会治理途径”“建立涉法涉诉企业协调保护机制”“民主党派思想政治建设”等意见建议780余条，推动解决各类困难问题1000余件。

【助力疫情防控】 2020年，邵阳市各级统战部门和各民主党派、工商联、知联会、新联会、宗教团体、港澳台胞、海外侨胞等开展捐款捐物等助力新冠肺炎抗疫工作，募捐资金1741.05万元人民币、0.97万美元，捐赠防疫物资折合人民币4088.85万元。暂停举办有人员密集的各类活动，暂停统一战线各领域聚集性、群体性活动“三暂停”措施，所有统战组织、统战团体没有出现一例病例。党外知识分子和新的社会阶层人士发挥专长，创作歌曲《你把名字写在后背》、诗词《抗疫前线党旗飘扬》《中国精神》、宝庆竹刻作品《众志成城抗疫魔》等一大批文化艺术作品。开展“勠力同心战‘疫’行”主题宣传，人民论坛、《湖南日报》宣传推介全市统一战线同心勠力战疫情的经验做法，市委统战部网站、微信公众号刊发战疫宣传稿件100余篇，引导邵阳市新媒体从业人员发布疫情通报、辟谣和科普文章300余篇，全网点击总量超300余万次。

【助力脱贫攻坚】 2020年，市委统战部持续组织实施“万企帮万村”，全年新增民营企业对口帮扶贫困村16个，实施项目95个，投入资金5000余万元，新增受益群众5000余人。全年在驻村帮扶的新宁县清江村投入帮扶资金88万元，帮助贫困村硬化脐橙园道路、加固山塘、硬化水圳等基础设施建设。帮助171名贫困劳动力实现稳岗就业，带动贫困户新扩脐橙220亩，养殖鸡鸭6000余羽。

【推进议政建言】 2020年，市委统战部推动市委制订2020年政党协商计划，明确政党协商的形式、内容和要求，进一步巩固完善政党协商制度。组织召开2019年度参政议政调研成果专题汇报会，各民主党派市委会、市工商联和无党派人士就国家地理标志农产品、农村产业“三年提质”行动、老旧小区多层建筑加装电梯等重大课题，提出有价值、有影响的调研报告18篇、意见建议100余条；支持民主党派、工商联和无党派人士围绕打好“三大攻坚战”、湘南湘西承接产业转移示范区建设、“二中心一枢纽”等重大发展战略部署以及事关全市经济社会发展的重点难点问题，筛选、撰写调研课题近20篇。

【助力经济发展】 2020年，市委统战部开展“万企大走访 同心促发展”调研活动，组成6个组走访民营企业717家、园区28家、商协会139家，帮助民营企业解决实际困难和问题150个。持续推动民营企业家沙龙迭代升级，新举办民营企业家沙龙6场，建立健全政企沟通协商、民营企业家诉求收集、沙龙诉求反馈督办等制度，市县两级沙龙解决民营企业“急难愁盼”问题600余件。主动搭建政企银对接平台，对接市金融部门开展“百行进万企”活动，出台《邵阳市金融助力疫情防控和经济社会发展“暖春行动”工作实施方案》等文件，全市金融机构展期续贷本息合计64.86亿元，其中展期37.36亿元，续贷27.5亿元，全市银行机构信用贷款占比提高至29.77%，首贷率提高至43.46%，大幅提高民营小微企业的首贷、信用贷款和无还本续贷比例，缓解了企业还贷压力。

【助力乡村振兴】 2020年，市委统战部坚持“献一计、引一人、搭一台、下一单、扶一把”思路，协调市委党校、市机关事务局等8个单位支持帮助北塔区陈家桥乡李子塘村建设“美丽乡村示范点”；结合乡村振兴战略，整合统战资源力量，建设市级“同心美丽乡村”6个，新邵县清水村、洞口县古楼村、新宁县三江村成功创建省级“同心美丽乡村”。

【聚力创新创造】 2020年，市委统战部成立全省首家市级新媒体从业人士联谊会，吸纳全市新媒体企业负责人、网络大V、网络主播等新媒体从业人员62名。推动统战工作实践创新，依托智创直播间、优优爱逛直播间、优农找抖音直播间、飞扬996电台等平台精准助农增收，开展“湘游宝庆·直播助农”等系列爱心助农公益活动7场次，直播带货销售农产品225万余元。

【助推“邵品出邵”】 2020年，邵阳市委统战部借助网络信息化发展大势，指导市党外中青年知识分子联谊会、市新的社会阶层人士联谊会承办助农网红经验交流暨“邵阳红助农带货达人培育计划发布会”，通过技能培训、经验交流、扶贫产品原产地直播等活动，举办网络主播培训班6期，召开网络助销经验座谈交流会3场，培育具有专业水准的网络带货达人100名，使网络涉农带货达人成为助推“邵品出邵”与经济社会发展的一支重要力量。

【助推书香活动】 2020年6月12日，市委统战部、市党外知识联谊会联合邵阳市少儿图书馆赴绥宁县退役军人服务中心开展“我们的节日，书香伴粽香”捐书志愿活动。捐书仪式上，志愿者们向绥宁县退役军人服务中心捐赠图书1万多册，并签订合作协议。赠书仪式结束后，市委统战部、市党外知识联谊会、市少儿图书馆就如何进一步支持绥宁县创建全国全省双拥模范县、丰富县退役军人业余文化生活等与县退役军人事业局进行了座谈交流。

2020年6月12日，邵阳市新的社会阶层人士和党外知识分子服务团联合市少儿图书馆赴绥宁县退役军人服务中心开展捐书志愿活动，捐书1万余册，并签订合作协议（市委统战部供图）

【海外统战工作】 2020年，邵阳市委统战部利用“互联网+”，搭建全球侨胞和海外侨界社团无障碍联络服务平台，涉侨“七项事项”全部纳入全国一体化在线政务服务平台。成功申报蔡锷故居和纪念馆、新宁崀山、城步南山为“湖南省华侨文化交流基地”。成立法律顾问委员会，在市委政法委、市中级人民法院设置侨界绿色通道，收到咨询事项200余项次，帮助解决房产纠纷、交通事故和涉外婚姻等矛盾20余起，维护侨界人士合法权益。

【港澳台统战工作】 配合省委统战部审核“三侨”及港澳台胞考生身份，开展全市“三胞”基本情况摸底调查、健在黄埔同学摸底，以及困难台胞生活补助发放工作。

（袁 渊）

市直机关党建

【概况】 2020年，邵阳市直机关工委在市直单位开展模范机关建设，成效获全省肯定。强化思想宣传引导，推动各市直单位以大学习促大提升，以大宣传促大推动。进一步推进党支部“五化”标准建设，指导基层党组织换届改选。加强市直单位廉政建设，督促成立机关纪委，设立机关总支（支部）纪检委员。

市直机关单位3153名党员下沉86个社区一线抗击新冠肺炎疫情，“新湖南”等媒体平台对此进行专题报道和推介；1.39万名党员自愿为抗疫捐款137.04万元，覆盖率100%。开展群团工作，年内新设工会2个，审批换届工会30个，近160个工会组织依法设立工会账户。市直机关各级群团组织开展演讲比赛、唱红歌、竞技比赛、红色之旅等系列活动。

【模范机关创建】 2020年，邵阳

2020年11月，邵阳市直机关举办乒乓球比赛

（市直机关工委 供图）

市在市直单位开展模范机关建设，邵阳经验获全省肯定。召开市直机关党建工作会议，贯彻落实习近平总书记在中央和国家机关党建工作会议上的讲话精神。市委书记龚文密、市长刘事青等市领导带头调研机关党建工作。开展专题党课、专题组织生活会、主题党日活动，引导党员干部自觉做到“两个维护”。758名党组（党委）书记和基层党组织书记讲党课1250次；通过单位推荐、网上投票、专家评选，从120余部视频党课中选出10部优秀作品在网上展播，增强党员的政治认同。

【思想宣传引导】 2020年，邵阳市各市直单位以大学习促大提升，把学习贯彻习近平新时代中国特色社会主义思想作为首要政治任务，中心组学习规范化，党支部学习经常化，“学习强国”平台学习常态化，理论学习走心走深走实。以大宣传促大推动，在邵阳电视台新闻频道、交通频道开设“市直机关党旗红”专栏，对市直机关单位党建工作开展情况和党组织、党员先进事迹进行报道，其中新闻频道播出10多期、交通频道播出180多期。结合疫情防控、脱贫攻坚、文明创建、垃圾分类等工作开展党员志愿服务活动1000多次，服务群众30万人次。

2020年12月9—10日，邵阳市直机关党务干部轮训暨党员教育示范培训班开班

（市直机关工委 供图）

【机关党建】 2020年，邵阳市直机关工委出台《市直机关党的建设工作负面清单》《基层党支部规范化建设指南》，督促基层党组织落实按期换届、“三会一课”、支部主题党日、谈心谈话、组织生活会、民主评议党员、党课等制度，确保所有党支部达到“五化”标准。指导基层党组织换届改选106个，成立基层党组织6个，发展党员56人，为36个离退休干部党支部和困难企业党支部安排活动经费7.2万元，对市直机关94名优秀共产党员、52名优秀党务工作者、52个先进基层党组织进行表彰。贯彻落实《中国共产党党和国家机关基层组织工作条例》，严格党建考核，35名“一把手”年度述职被评为“好”以下等次，50个单位党建考核被扣分。结合实际出台《市直机关工委指导督促市直党组（党委）履行机关党建工作主体责任暂行办法》，建立工委联系指导市直机关抓党建工作机制，进一步强化机关党建第一责任人责任。

【廉政建设】 2020年，邵阳市直机关工委督促市直单位成立机关纪委，设立机关总支（支部）纪检委员。年底已有40家单位成立机关纪委，市直单位专（兼）职机关纪检干部156人。推行市直机关纪委书记、副书记任前审查和集中谈话制度,开展任职前谈话20次。出台《市直机关工委廉政风险防控实施办法》《市直机关工委关于落实全面从严治党要求运用监督执纪“第一种形态”的实施办法（试行）》，从源头上防范化解工委廉政风险，营造风清气正的政治生态。

（尹 娣）

机构编制工作

【机构编制管理】 2020年，中共邵阳市委机构编制委员会办公室（以下简称邵阳市委编办）创新机构编制管理。在进人管理上创新突破，研究制定《邵阳市市直行政事业单位进人的有关规定》，严明“核编在先、进人在后”原则，规范各类进人渠道的进入方式、比例划分等要求，强化市直行政事业单位进人管理；探索群团机构管理创新，明确各县市区群团机构设置的方式、个数、级别及领导职数，规范全市群团机构管理；探索部门所属事业单位管理创新，形成县市区部门所属事业单位的规范意见，对县市区部门所属事业单位进行全面摸底，为公益性事业单位改革工作打下基础。

【中小学教职工编制管理】 2020年，邵阳市委编办针对市县两级编制有余而教师不足问题，研究制定《关于各县市区公办中小学教职工编制动态调整的通知》，建立中小学教职工编制动态调整机制，打破编制地区所有观念，将63648名中小学教职工编制重新调整至各县市区，并督促各县市区加大招考力度，消化多余编制5359个，提高编制使用效率。牵头下发《关于贯彻落实〈关于进一步挖潜创新加强中小学教职工管理的指导意见〉的实施方案》，协同推进已有教职工中存在的在编不在岗、到民办学校任教、管理岗位比重过大等问题整改。通过系列举措，全市教职工编制得到优化配置。

【机构编制监督检查】 2020年，邵阳市委编办以常态化的监督检查推动机构改革落地、《中国共产党机构编制工作条例》的贯彻落实。上半年组成督查组采取“两查一听”方式，就机构改革工作推进落实情况对12个县市区开展专项督查，并以市委编委名义下发通报；年底以审核各县市区委编办上报纸质台账的方式，对各县市区的条例贯彻落实和机构改革方案落实等情况进行专项检查，推进机构编制工作的落实。

【事业单位登记管理】 2020年，邵阳市委编办发挥网上登记系统的便利，推动网上办理、不见面办理，通过线上培训、网上申请、在线审核、证书邮寄的方式，确保新冠肺炎疫情期间全市事业单位的正常登记管理服务。全年市直办理事业单位设立登记31家、变更登记97家、注销登记34家、证书补领2家、年度报告306家，机关群团统一社会信用代码初领或变更发证29家，受理单位或个人对法人登记信息查询130余次。

【机构改革】 2020年，邵阳市委编办巩固机构改革成果。市本级48家行政单位、12家群团机关和40家涉改事业单位“三定”，以及各县市区群团机关和涉改事业单位“三定”全部印发到位。人员转隶工作同步推进，市本级行政涉改1425人、事业涉改1845人全部转隶到位，各县市区因机构改革引起的人员转隶全部完成。开展机构改革“回头看”，完善市区两级自然资源部门的体制机制和职责边界梳理调整工作，理顺市县应急管理、农业农村等部门的职责关系，解决市应急管理局和市国资委部门职责移交问题，完成市县森林公安机关管理体制调整工作；优化乡镇权责体系，各县市区先后编制出台乡镇权力清单、责任清单、执法事项清单和经济社会管理权限目录。

【生产经营类事业单位改革】 2020年，邵阳市委编办作为生产经营类事业单位改革推进小组成员单位，简化工作流程，坚持分类施策、严格审核把关，加强指导敦促，在规定的时间节点前完成改革任务。市直25家、县市区54家共79家生产经营类事业单位全部按照上级精神完成改革批复。因调研、沟通、谋划等前期工作扎实，且综合考量资产、效益、经营能力及人员安置等各种因素，全市生产经营类事业单位改革平稳有序。

【综合行政执法改革】 2020年，邵阳市委编办针对市与区的执法层级、县市区执法队伍如何设置等问题开展调研，与市直主管部门协商,征求县市区意见,推进全市综合行政执法改革。市本级六大执法领域实现机构组建、职责整合、班子配备、人员转隶、“三定”印发、实质运转等六个到位，执法层级清晰,执法权限明确，形成责权统一、高效集中的综合行政执法体系。县市区五大执法领域稳步推进，完成机构组建、职责整合、班子配备、实质运转等工作。

（尹毅林）

老干部工作

【离退休干部党建】 2020年，邵阳市委老干部局加强离退休干部思想政治建设。引导离退休干部学习习近平新时代中国特色社会主义思想、中共十九届四中及五中全会精神、习近平总书记在湖南调研考察的重要讲话精神等内容。全市600多个离退休干部党支部通过专题党课、开展红色教育、过政治生日、演讲、征文、歌咏等形式开展“寻初心、守初心、践初心”主题活动。在离退休干部党支部中开了“党课开讲啦”活动，录制拍摄党课视频14部。组织离退休干部参加“不忘初心、砥砺前行”知识竞答赛，在全省获优秀组织奖。开展省市示范离退休干部党支部创建工作，成功创建5个第五批省级示范离退休干部党支部和31个市级示范离退休干部党支部，评选15名“五好”离退休干部党员。推进“美在金秋”老党员之家品牌建设，打造离退休干部党员开展学习、发挥作用、展示风采、服务管理的综合性平台，在市、县、乡、社区建成52个“美在金秋”老党员之家。发挥先进典型示范作用，洞口县高沙镇退休干部党总支被评为全国离退休干部先进集体，邵阳县公安局退休干部党总支被评为全省离退休干部先进集体，离退休老领导尹文武、李晓红、王兴贵等8人被评为全省离退休干部先进个人。

【发挥离退休干部正能量】 2020年，邵阳市委老干部局推动

2020年，邵阳市委老干部局工作人员上门走访慰问老干部
（市委老干部局 供图）

离退休干部发挥正能量展现新作为。助力疫情防控，离退休干部创作抗击新冠肺炎疫情题材诗词、书法、绘画、快板、微视频等作品1万余篇（首），为中共中央决策部署点赞，为防控一线工作人员加油。助力脱贫攻坚，各级老科协、老年保健协会等涉老团体组织老专家、老干部到扶贫村开展义诊服务50多场次，科普宣传、技能培训活动100多场次，为贫困群众发放老年保健书籍2万余册。开展志愿服务，全市160多个离退休干部志愿服务队、1万多名离退休干部志愿者围绕创建全国文明城市、平安建设、社区治理、疫情防控宣传等工作开展志愿服务活动；5000多名离退休干部党员与街道、社区干部一起开展体温检测、社区巡逻劝导、人员车辆登记等志愿服务活动。开展关爱青少年活动，组织“五老”人员开展红色文化宣讲193场次，引导青少年传承红色基因、争做时代新人，受教育青少年4万多人次；实施“个十百千万”隔代家庭教育工程，组建10支隔代家庭教育讲师团，开展近100场隔代家庭教育专题讲座。

【服务离退休老干部】 2020年，邵阳市委老干部局落实离退休干部政治、生活待遇，落实离休干部医药费、护理费和交通费，为市直离退休干部发放年度一次性生活补贴，并逐年提高补贴标准。坚持走访慰问、住院探望、老干部体检、去世吊唁等制度。看望慰问住院老干部60余人次、生日祝寿106人、吊唁去世离休干部21人；组织121名副厅以上（含副厅医疗待遇）离退休老干部开展健康检查；办结5起老干部疑难信访案件。落实关爱帮扶，对市直240名老干部进行慰问走访活动，七一走访慰问20名老党员和生活困难党员；开展纪念抗日战争胜利75周年和抗美援朝出国作战70周年走访活动。

（陈少波）

党校教育

【概况】 2020年，市委党校（邵阳行政学院）通过全市人才引进计划共招录硕士研究生学历教员2名，公开遴选行政管理人员3名；启动4轮干部职级晋升工作，晋升29人次；1名教师申报副高职称，3名教师参加初任中级职称申报。全体教职工开展自我预防、校园门禁管理、加强疫情宣传、协助社区疫情防控等各环节疫情防控工作。加强学校基础设施建设，沟通、完成宿舍楼危房改造、堡坎修复、食堂屋顶修缮等。完成扶贫、创建文明城市、平安创建等中心工作。开展对照《中国共产党党校工作条例》找差距的专题调研活动，对全市7个县2个市3个区党委、政府落实《中国共产党党校工作条例》情况进行调研，形成专门的调研报告，并提交市委常委审议；出台《中共邵阳市委办公室关于落实〈中国共产党党校工作条例〉的通知》，指导全市党校系统开展工作。

【教学】 2020年，邵阳市委党校出台《中共邵阳市委党校 邵阳行政学院教学专题招标办法》，围绕中共十九大及十九届二中、三中、四中、五中全会精神，对教学专题进行招标试讲，以提升教学质量。全年开设各类主课专题97个，课题更新率达100%。组织教员进行新专题试讲，新增专题25个，占总专题数的26%。调训主体班7个，其中组工干部班1个、处级干部进修班2个、中青年干部培训班2个、乡镇党委书记进修班1个、乡镇长进修班1个，培训主体班学员348人。开展宣讲、送教下基层100余场，培训人数8000多人。推进领导干部上讲台，先后邀请3名市级领导到党校授课3次，聘请20名省、市级专家学者作专题报告40次。

【科研】 2020年，邵阳市委党校完成2019全省党校系统社科课题、省社会主义学院课题的结项工作，9项省党校系统社科课题、4项省社会主义学院课题均成功结项。9项省党校系统社科课题、5项省社会主义学院课题申请立项。全年在省级公开刊物发表论文26篇，市级刊物发表文章72篇。其中，戴开成的《“内容为王”理念助推在线旅游行业发展》发表于CSSCI期刊《人民论坛》，夏云峰与他人合作撰写的《大数据时代的教育科学研究：可能、风险与策略》发表在CSSCI期刊《湖南师范大学教育科学学报》，夏云峰撰写的《大数据时代参政党建设：机遇、挑战与路径》在《陕西社会主义学院学报》上发表，程慧撰写的《承接产业转移视角下的邵商回归研究》在《湖南省社会主义学院学报》上发表，马昌永撰写的《健全容错纠错机制的逻辑指向及实现之道》在《甘肃理论学刊》上发表。举办全市党校系统理论研讨会，收集79篇论文，评选出获奖论文38篇，向省委党校报送59篇理论文章参评，20项在全省党校系统理论研讨会上获奖，其中市委党校获奖9项。 （肖承武）

网络安全和信息化管理

【概况】 中共邵阳市委网络安全和信息化委员会办公室（以下简称邵阳市委网信办）是中共邵阳市委网络安全和信息化委员会的办事机构，于2019年1月25日正式成立，属新一轮机构改革增设的正处级市委工作机关，加挂市互联网信息办公室牌子。

2020年，举办“加强网上舆论宣传，做好互联网工作”集中学习研讨班等全市大型培训班6次，邀请专家领导就网上舆论宣传、推进依法治网等课题到邵阳授课，培训1500余人次，提升全市领导干部用网管网治网能力。

是年，邵阳市委网信办网络安全应急指挥中心建设工作排名全省第一，成为全国示范性中心建设样板，获中央网信办宣传推介；网络安全工作被评为“全省网络安全工作先进单位”，经验做法获中央网信办表扬；网络综合治理体系建设、网络综合执法、网上群众工作、互联网行业党建等多项工作获中央网信办、省委网信办、《人民日报》、新华社等省级以上主管部门和主流媒体通报表扬、宣传推介38次；获全省重大舆论引导先进集体、网络舆情信息工作先进单位等称号10个。

【党管互联网】 2020年，邵阳市委、市政府先后组织召开市委常委会会议、市政府常务会议、市委深改委会议，开展市委理论学习中心组（扩大）集中学习，研究部署网信工作。邀请省委宣传部副部长、省委网信办主任周湘到邵阳就“加强网上舆论宣传，做好互联网工作”授课，培训市级领导、各县市区和市直有关单位主要负责人。市委书记、市人大常委会主任、市委网信委主任龚文密到洞口县等地一线调研工作，先后交办督办、指示批示11件（次），并安排市委督查室督促各地各部门对网信工作信息、网上投诉等进行办理落实；对落实网络意识形态工作不力的地区和单位实行一票否决。市委副书记、市长、市委网信委副主任刘事青对网上反映的“圆通快递停送”等民生问题进行调度处置。市委网信委领导对市委网信办的队伍建设、网络安全、应急指挥中心建设等工作先后作出重要批示指示103件（次）。将落实网络意识形态工作责任制和网络安全工作责任制纳入各级党委（党组）理论学习中心组学习、年度绩效考核、平安建设考核、政治巡察和意识形态专项检查内容，对84个单位网络意识形态工作开展巡察，对18个县市区委和市直行业系统党（工）委书记进行述职评议考核。

【网络综合治理】 2020年，邵阳市委网信办推动网络综合治理工作纳入2020年全市重点改革项目，市委深改委2020年第4次会议原则审议通过《邵阳市关于加快建立网络综合治理体系的实施办法》，在全省率先形成由互联网领导管理、正能量传播、内容管理、社会协同治理、网络法治、技术治网六大体系组成的网络综合治理体系。推动市县两级组建以网信、政法、文旅广体、市监等单位执法人员为主体的200余人的网络综合执法队伍，形成“党委政府主导、多元主体共治”的网络综合执法模式。加强网络谣言治理机制、网络辟谣平台建设，先后开展“清朗”等专项行动37次，核查、打击、澄清谣言477件次，发布辟谣稿件325篇。清理违法违规有害信息4093条，处置违法违规账号和网站375个，行政处罚88人，刑事立案19人。联合指导隆回县依法打击以网牟利、网络犯罪的肖某胜、阳某青等人，公开宣判涉网络恶势力犯罪案件，成为全省网络综合执法典型案例。网络综合执法数量、质量均位居全省第一，《邵阳市“五个聚焦”提升网络综合执法水平》经验做法在全省推介。规范党员干部网络行为，对违反党员干部网络行为规范的18名党员干部予以通报批评或纪律处分。

【互联网行业党建】 2020年，邵阳市委网信办建立以县为单位的企业党建台账，全面动态掌握实情。指导邵阳市新经济产业园新入驻的18家互联网企业建立联合党支部和示范性党建活动室，指导邵东市成立互联网行业党委。在互联网行业、企业推进“三会一课”制度，开展“不忘初心、牢记使命”主题教育和“众志成城 共抗疫情”公益捐款活动等各类专题学习、红色教育、主题党日活动12次。推动互联网企业助力全市疫情防控工作，动员湖南云开智联公司联合相关企业捐赠价值7680余万元的体温检测系统、物联网安全直饮水净化检测设备。开展“网络扶贫 爱心助学”公益活动26次，宣传教育100余场次，帮困3000多人次。优化党建联点指导，在全省互联网企业党建工作推进会上，邵阳市作为先进代表发言。举办邵阳市互联网企业党建工作现场推进会暨“高质量发展看邵阳”网络主题活动。

【维护网络意识形态安全】 2020年，邵阳市委网信办健全工作机制，落实7×24小时值班制度，全市网信系统协同妥善处理各类突发事件，做到应急工作“一盘棋”“一张网”。加强硬件设施建设，应急处突工作走在全省前列。完善网络意识形态领域风险隐患定期排查和分析研判制度，定期排查、防范化解各类风险隐患，召开相关研判会议37次。优化网络问政工作，对网民留言办理实行台账制、交办制、督办制相结合，一月一考核通报，全年收集交办督办涉邵网络问政、投诉、信访等信息10574条，回复10526条，回复率99.55%，促进“新均建材公司欠薪”等一批涉众类问题及时有效解决，网络问政工作全省综合排名第三位。联合市“监督服务微信群”管理办公室开展网上群众工作，并在市委网信办网络安全应急指挥中心和市纪委监委、市信访局合署办公。

【网络主流意识宣传】 2020年，邵阳市委网信办坚持用习近平总书记重要报道占据首页首屏头两条，落实上级全网推送指令365次。推进实施网络内容建设工程，开设学习宣传贯彻习近平新时代中国特色社会主义思想、中共十九届五中全会精神、习近平总书记考察湖南讲话精神以及决战脱贫攻坚、疫情防控、承接产业转移等重大主题宣传专题321个，中央、省级主流网络媒体上稿2800余篇。邵阳高质量发展重大主题宣传的一批网络宣传作品被人民网、新华网等20余家网媒编发推送。开设“决胜2020——全面小康湖南行”“精准扶贫在邵阳”“决战决胜脱贫攻坚”等专题专栏，推出一批优秀脱贫攻坚原创稿件。指导隆回县、武冈市、新邵县、新宁县等组织开展“决战决胜网约邵阳”主题活动，其中“决战决胜 网约花瑶”活动的微博话题阅读量超1.1亿次，各类网络直播平台吸引流量6630万人次，获全省网上重大主题宣传和重大议题设置优秀创意奖。实施新媒体业界人士“同心圆”工程，联合市委统战部成立湖南省首家新媒体从业人士联谊会，吸纳新媒体从业人员62人。组织网络媒体从业人员开展“高质量发展看邵阳”等座谈会、联谊活动10余次，引导新媒体从业人士建设清朗网络空间。

【网络安全保障】 2020年，邵阳市委网信办组织市直网络安全管理执法部门、行业监管部门和各县市区对451家党政企事业单位、595个网络信息系统进行网络安全检查。对全市40家重点单位进行网络安全远程渗透测试和现场检查，提升网络安全监管水平。加强网络安全日常监测预警和巡查，整改日常巡查、上级交办、渗透测试的网络安全风险漏洞994个，约谈2家网络安全工作监管不力单位。加强全市关键信息基础设施安全防护，牵头编制《邵阳市“十四五”网络安全发展规划》，构建全市网络安全技术体系。组织参加湖南省关键信息基础设施网络安全应急攻防演练，取得“零击穿”最佳战果。组织开展2020年国家网络安全宣传周活动，张贴海报横幅2万余张（条），发送网络安全公益短信760万余条，接待咨询96万人次。经验做法《湖南邵阳建立“五机制”提升网络安全保障“五力”》获中央网信办、省委网信办推介。

【信息化惠民利民】 2020年，邵阳市委网信办组织开展“信息化助农”“网约邵阳”等专项行动，帮助销售农产品186万吨，总价值13亿余元，助力网络消费扶贫。组织开展全市建档立卡贫困地区农户“网络直播”培训，重点帮扶当地优秀农民网络达人，“决战决胜 网约花瑶”活动在湘农荟大直播、淘宝、虎牙等网络直播平台吸引流量6630万人次，助销金银花等农特产品金额1000余万元；在城步苗族自治县举办公益扶贫直播带货专场，直播间观看人数1423万人，总引导成交金额1063万元。

【数字经济发展】 2020年，邵阳市成立市信息化领导小组，统筹编制《邵阳市“十四五”信息化发展规划》，将互联网纳入市委“五网”建设重要内容，把加快发展信息化产业作为推进邵阳高质量发展的突破口。全面统筹推进互联网产业发展，推进“互联网+”产业链建设，试行链长负责制。邵阳新经济产业园和智能终端产业园正式开园，引进华为、中国电子、欲勤光学等28家互联网科技企业、产业链企业，预计三年内产业达70亿元、税收4亿元以上，提供就业岗位5000个以上。加强“数字邵阳”建设，指导大祥区成功申报为全省四家国家数字乡村建设试点区之一。

（罗博文　王梦）

邵阳市
人民代表大会

综　述

【概况】 2020年，邵阳市人大常委会完成了市十六届人大六次会议确定的各项目标任务。全年举行代表大会1次、常委会会议10次、主任会议18次，听取和审议专项工作报告16个，任免国家机关工作人员61人次，制定地方性法规4部，作出决议决定2项。

【常委会自身建设】 2020年，邵阳市人大常委会始终确保正确政治方向，把学习贯彻习近平总书记考察湖南重要讲话精神同学习贯彻习近平总书记关于坚持和完善人民代表大会制度的重要思想、习近平法治思想和中共十九届五中全会精神结合起来，围绕省委“三高四新”战略实施，研究制定12条具体贯彻措施；坚持党对人大工作的全面领导，执行重大事项请示报告制度，围绕市委贯彻落实党中央大政方针的决策部署，依法行使重大事项决定权和任免权。全面落实管党治党责任。强化日常监督管理；推进“廉洁机关”创建工作，制定出台“廉洁机关”十条规定；扎实推进“不忘初心、牢记使命”主题教育，落实党内组织生活制度，组织开展“追寻先烈足迹，传承红色精神”系列主题党日活动。加强基层基础工作。支持县市区人大推进信息化建设，完成预算联网系统一期建设任务；组织对全市211名乡镇人大主席和街道人大工委主任开展集中培训，促进《湖南省乡镇人民代表大会工作条例》贯彻实施；市人大机关信息中心正式运行；开通邵阳市人大抖音官方账号，在微信公众号创新推出“今日人大事”专栏，宣传推介县乡人大亮点工作和特色做法。

【支援疫情防控】 2020年，邵阳市人大常委会服从市委统一指挥调度，常委会领导全部深入邵东、城步等联点县市区督导疫情防控工作，市人大机关干部职工全部下沉基层社区开展志愿服务。发出疫情防控倡议书，动员全市各级人大和全体人大代表参与联防联控、踊跃捐款捐物。推动依法防控，专题听取市人民政府关于新冠肺炎疫情防控情况的报告，督促加强全市基层公共卫生体系建设，推动构建常态化的疫情防控工作机制。编发《疫情防控法律法规政策知识简明读本》《关于全面禁止非法野生动物交易、革除滥食野生动物陋习法律法规选编》，开展疫情防控普法宣传，倡导科学健康的生活方式。

重要会议

【市第十六届人民代表大会第六次会议】 2020年1月6—9日，邵阳市第十六届人民代表大会第六次会议在市文化艺术中心举行。大会听取和审查市人民政府市长刘事青作的《政府工作报告》、市第十六届人大常委会常务副主任王昌义作的《邵阳市人民代表大会常务委员会工作报告》、市中级人民法院院长曾鼎信作的《邵阳市中级人民法院工作报告》、市人民检察院检察长戴华峰作的《邵阳市人民检察院工作报告》；审查和批准《关于邵阳市2019年国民经济和社会发展计划执行情况与2020年计划草案的报告》，批准《邵阳市2020年国民经济和社会发展计划》；审查和批准《关于邵阳市2019年预算执行情况与2020年预算草案的报告》，批准《邵阳市2020年市级预算》；审议通过《邵阳市第十六届人民代表大会第六次会议选举办法(草案)》；补选市人大常委会委员。会议确定2020年全市经济社会发展预期目标：地区生产总值增长7.5%，规模工业增加值增长7.5%以上，全社会固定资产投资增长10%以上、其中产业投资占比力争达到60%，地方一般公共预算收入增长6%，社会消费品零售总额增长10%以上，城乡居民收入分别增长8.5%、9.5%，城镇调查失业率控制在5.5%以内，万元GDP能耗下降2%。

【市十六届人大常委会第二十八次会议】 2020年3月31日，邵阳市十六届人大常委会第二十八次会议召开。会议通过人事任免事项；对《邵阳市乡村清洁条例（草案）》进行三审；听取和审议2019年市人大常委会审议意见研究处理结果的报告；表决通过《邵阳市乡村清洁条例（草案）》；听取和审议市人大常委会2020年工作要点和监督工作计划；对《邵阳市大气颗粒物污染防治条例（草案）》进行一审。会议批准：夏业伟为邵东市人民检察院检察长，辞去新宁县人民检察院检察长职务；李学礼为洞口县人民检察院检察长，辞去绥宁县人民检察院检察长职务；杨尊永为绥宁县人民检察院检察长；龙武陵为新宁县人民检察院检察长；唐贤为大祥区人民检察院检察长，辞去城步苗族自治县人民检察院检察长职务；姚建军辞去大祥区人民检察院检察长职务；唐智友辞去洞口县人民检察院检察长职务。免去唐杰、甘建民的邵阳市人民检察院检察员职务。

【市十六届人大常委会第二十九次会议】 2020年4月30日，邵阳市十六届人大常委会第二十九次会议召开。会议听取和审议市人民政府关于提请审议《湖南资水犬木塘水库工程涉及邵阳市城市总体规划修改方案》的议案；通过人事任免事项。会议决定：接受夏宇宏辞去邵阳市第十六届人民代表大会常务委员会委员、邵阳市第十六届人民代表大会法制委员会主任委员职务，报邵阳市人民代表大会下一次会议备案。决定任命：周永红为邵阳市信访局局长，吴韬为邵阳市自然资源和规划局局长。决定免去：彭正华的邵阳市人大常委会选举任免联络工作委员会主任职务；夏宇宏的邵阳市人大常委会法制工作委员会主任职务；刘厚见的邵阳市信访局局长职务；吴韬的邵阳市交通运输局局长职务；袁胜良的邵阳市自然资源和规划局局长职务；陈建平的邵阳市监察委员会副主任职务。免去：孙俊的邵阳市第十六届人民代表大会教育科学文化卫生委员会副主任委员职务；范才友的邵阳市中级人民法院副院长职务；欧阳力颇的邵阳市中级人民法院审判委员会委员、审判员职务；李青云的邵阳市中级人民法院审判员职务。

【市十六届人大常委会第三十次会议】 2020年5月29日，邵阳市十六届人大常委会第三十次会议召开。会议听取市十六届人大常委会代表资格审查委员会关于个别市十六届人大代表异动情况的报告；通过人事事项；审议并通过《邵阳市人民代表大会常务委员会重点专项工作评议办法》；听取和审议市人民政府关于2019年规划年度计划实施情况的报告；听取和审议市人民政府关于2019年度环境状况和环境保护目标完成情况的报告；听取市人大环资委关于2019年度全市环境状况和环境保护目标完成情况的初审意见；解读并安排部署市人大常委会重点专项工作评议和专题询问工作；对《邵阳市大气颗粒物污染防治条例》进行二审。会议决定任命：杨起帆为邵阳市人大常委会研究室主任，李叶松为邵阳市交通运输局局长。批准：唐杰为城步苗族自治县人民检察院检察长。

【市十六届人大常委会第三十一次会议】 2020年7月30—31日，邵阳市十六届人大常委会第三十一次会议召开。会议听取市十六届人大常委会代表资格审查委员会关于个别市十六届人大代表的代表资格异动情况的报告；通过人事任免事项；听取和审议市人民政府《关于全市公益诉讼检察工作情况的报告的审议意见研究处理结果的报告》、市人民检察院《关于全市公益诉讼检察工作情况的报告的审议意见研究处理结果的报告》；听取市中级人民法院《关于全市公益诉讼检察工作情况的报告的审议意见研究处理结果的报告》（书面）；听取市人大监察和司法委员会《关于市人民政府、市人民检察院关于全市公益诉讼检察工作情况的报告的审议意见研究处理结果的报告》的审议意见；审议并表决《邵阳市人民代表大会常务委员会关于加强检察公益诉讼工作的决定（草案）》；对《邵阳市大气颗粒物污染防治条例（草案）》进行三审；听取和审议市人民政府关于邵阳市2020年上半年国民经济和社会发展计划执行情况的报告；听取和审议市人民政府关于2019年市级决算草案和2020年上半年预算执行情况的报告；听取和审议市人民政府关于2019年市级预算执行和其他财政收支的审计工作报告；听取市人大财政经济委员会关于2019年市级决算草案审查结果的报告（草案），审查和批准2019年市级决算；听取和审议市人民政府关于残疾人保障相关工作情况的报告；听取市人大社会建设委员会关于全市残疾人保障相关工作情况的调研报告；听取和审议市中级人民法院、市人民检察院、市公安局“扫黑除恶”工作的报告；听取市人大监察和司法委员会关于市中级人民法院、市人民检察院、市公安局“扫黑除恶”工作开展情况的调研报告；听取和审议市人民政府《关于邵阳市中级人民法院执行工作情况的报告的审议意见研究处理结果的报告》、市中级人民法院《关于邵阳市中级人民法院执行工作情况的报告的审议意见研究处理结果的报告》（书面）；听取市人大监察和司法委员会《关于市人民政府、市中级人民法院关于邵阳市中级人民法院执行工作情况的报告的审议意见研究处理结果的报告》的审议意见（书面）；表决《邵阳市大气颗粒物污染防治条例（草案）》；对《邵阳市文明行为促进条例（草案）》进行一审；对《邵阳市村庄规划和村民建房管理条例（草案）》进行一审；对市城区教育均衡发展及市十七中重建问题开展专题询问。会议决定任命：阳志奇为市人民政府国有资产监督管理委员会主任。决定免去：朱彤的市人民政府副市长职务；曾秦伟的市人民政府国有资产监督管理委员会主任职务。任命：金艳为邵阳市第十六届人民代表大会环境与资源保护委员会副主任委员；郭炳涛为邵阳市第十六届人民代表大会教育科学文化卫生委员会副主任委员；毛学雄为邵阳市中级人民法院副院长、审判委员会委员；彭志贤为邵阳市中级人民法院副院长、审判委员会委员；唐保良为邵阳市中级人民法院审判委员会委员；李汉斌为邵阳市中级人民法院审判委员会委员。免去：何小舟的邵阳市第十六届人民代表大会环境与资源保护委员会副主任委员职务；曾海利的邵阳市中级人民法院立案第一庭庭长、审判员职务；康洁的邵阳市中级人民法院立案第一庭副庭长职务。

【市十六届人大常委会第三十二次会议】 2020年8月25日，邵阳市十六届人大常委会第三十二次会议召开。会议通过人事任免事项。会议决定任命：邓波涛为邵阳市人大常委会选举任免联络工作委员会主任；唐耀平为邵阳市人大常委会法制工作委员会主任。决定免去：唐耀平的邵阳市人大常委会预算工作委员会副主任职务。免去：唐耀平的邵阳市第十六届人民代表大会财政经济委员会副主任委员职务。

【市十六届人大常委会第三十三次会议】 2020年9月27—28日，邵阳市十六届人大常委会第三十三次会议召开。会议通过人事事项；听取市人大常委会专题调研组关于放心早餐“百店千户”大调研的报告；听取和审议市人民政府关于农村违法乱占耕地建房问题整治情况的报告；听取市人大常委会专题调研组关于农村违法乱占耕地建房“百村”大调研的报告；审议并表决邵阳市人大常委会关于制止农村违法乱占耕地建房的决议（草案）；听取和审议市人民政府、市中级人民法院、市人民检察院关于贯彻实施《中华人民共和国禁毒法》情况的报告；听取市人大常委会执法检查组关于检查《中华人民共和国禁毒法》在邵阳市实施情况的报告；听取和审议市人民政府关于邵阳市十五个少数民族乡经济社会发展情况和六个少数民族村村集体经济发展情况的报告；听取市人大民族华侨外事委员会关于邵阳市十五个少数民族乡经济社会发展情况和六个少数民族村村集体经济发展情况的调研报告；对《邵阳市文明行为促进条例（草案）》进行二审；对《邵阳市村庄规划和村民建房管理条例（草案）》进行二审；对缓解市城区行车难停车难问题开展专题询问。会议决定任命：仇珂静为邵阳市人民政府副市长。批准：范赞科辞去武冈市人民检察院检察长职务。

【市十六届人大常委会第三十四次会议】 2020年10月29日，邵阳市十六届人大常委会第三十四次会议召开。会议对《邵阳市文明行为促进条例（草案）》和《邵阳市村庄规划和村民建房管理条例（草案）》进行三审；听取和审议市人民政府关于2020年市级预算调整方案（草案）的报告；听取市人大财政经济委员会关于2020年市级预算调整方案（草案）的审查报告（草案），审查和批准2020年市级预算调整方案；审议并通过《邵阳市人民代表大会常务委员会市级预算审查监督暂行办法（草案）》；表决《邵阳市文明行为促进条例（草案）》和《邵阳市村庄规划和村民建房管理条例（草案）》。

【市十六届人大常委会第三十五次会议】 2020年11月26日，邵阳市十六届人大常委会第三十五次会议召开。会议听取市十六届人大常委会代表资格审查委员会关于个别市十六届人大代表的代表资格审查报告；听取和审议市人民政府关于财政项目资金绩效评价情况的报告；听取市人大常委会法工委关于2020年备案审查工作情况的报告；听取和审议重点专项工作报告并开展评议。

【市十六届人大常委会第三十六次会议】 2020年12月21日，邵阳市十六届人大常委会第三十六次会议召开。会议审议并通过关于召开邵阳市第十六届人民代表大会第七次会议的决定（草案）；通过人事事项；听取和审议市人民政府关于2019年度市级预算执行及其他财政收支审计查出问题整改情况的报告；听取市公安局、市工业和信息化局、市自然资源和规划局关于2019年市级部门预算执行及其他财政收支审计查出问题整改情况的报告；对审计查出问题整改情况的3个单位进行测评；听取市公安局、市交通运输局、邵阳银保监分局、市教育局、市文化旅游广电体育局、市卫生健康委员会、市农业农村局、市自然资源和规划局、市人力资源和社会保障局、市医疗保障局关于重点处理建议的办理情况汇报；听取市人民政府关于市十六届人大六次会议以来代表建议、批评和意见办理情况的报告；听取市中级人民法院关于市十六届人大六次会议以来代表建议、批评和意见办理情况的报告；听取市人大常委会联工委关于市十六届人大六次会议以来代表建议、批评和意见办理和督办工作情况的报告；对重点处理建议办理情况进行满意度测评；听取和审议市人民政府关于全市脱贫攻坚工作的报告（书面）。会议决定：接受赵开勤辞去邵阳市第十六届人民代表大会环境与资源保护委员会主任委员职务，报邵阳市人民代表大会下一次会议备案。免去：赵筱玲的邵阳市第十六届人民代表大会民族华侨外事委员会副主任委员职务。任命：龙明主为邵阳市监察委员会副主任；曾维、彭启玮为邵阳市中级人民法院审判员；雷桂香为邵阳市人民检察院检察员。批准：吴学田为武冈市人民检察院检察长。

依法履职

【调查研究】 2020年，邵阳市人大常委会贯彻习近平总书记关于农村违法乱占耕地建房的重要批示精神以及省委、市委主要领导批示，启动全市农村违法乱占耕地建房“百村大调研”，形成19个专题调研报告、1个综合调研报告和1部电视专题片。市人大常委会党组向市委常委会作专题汇报，为市委制止农村违法乱占耕地建房问题提供重要参谋意见，并为相关立法提供重要支撑。针对舌尖上的安全，在市城区开展放心早餐“百店千户”大调研，形成审议意见，促进市区早餐安全监管工作，邵阳米粉品牌建设得到进一步重视。同时，围绕“放管服”改革、少数民族乡经济社会发展及少数民族村集体经济发展、犬木塘水库工程建设、不动产登记发证、市城区历史文化保护、文旅融合发展、老年人权益保护等开展专题调研。

【助推改革发展】 2020年，邵阳市人大常委会成立多个专题调研组，会同政府有关部门联合开展调研，提前深度介入并审查“十四五”规划和二〇三五年远景目标纲要，精准助力湘南湘西承接产业转移示范区建设、新兴产业链供应链布局、社会保障事业发展规划等。听取和审议全市脱贫攻坚工作的报告，推动脱贫攻坚与乡村振兴有效衔接。落实环境保护年度报告制度，听取和审议2019年度环境状况和环境保护目标完成情况报告。参与组织“邵阳红”公用品牌文化与产品专题调研，宣传推介“邵阳红”系列产品。

【深化依法治市理念】 2020年，邵阳市人大常委会组织对民法典、野生动物保护等领域的法规和规范性文件进行专项清理。听取和审议全市备案审查工作情况报告，对

26件规范性文件进行备案审查，依法纠正3件。推进宪法和法律法规宣传，创新开展法治集中宣传日活动，在城南公园广场展览宣讲中共十九届五中全会精神、宪法、民法典、疫情防控相关法律以及邵阳市已制定的8部地方性法规，举办民法典专题讲座，制作推出《保卫蓝天》《乡村清洁在行动》专题纪录片，综合运用网站、微信、抖音、短视频等新媒体，推动依法治市进程。

【开展地方立法工作】 2020年，邵阳市人大常委会制定《邵阳市乡村清洁条例》《邵阳市大气颗粒物污染防治条例》《邵阳市文明行为促进条例》《邵阳市村庄规划和村民建房管理条例》4部地方性法规。组织对《邵阳市传统村落保护条例（草案）》《邵阳市农村公路建设管理条例（草案）》《邵阳市传统美食品牌传承保护条例（草案）》3部法规草案开展立法调研和起草工作。与娄底、益阳开展资江保护协同立法工作。配合省人大开展《湖南省爱国卫生条例》等4部法规的修订立法调研工作。

【促进社会综合治理】 2020年，邵阳市人大常委会听取和审议“一府两院”关于扫黑除恶、残疾人权益保障等方面专项工作报告，完成省人大委托开展的突发事件应对“一法一办法”执法调研，督促健全扫黑除恶常态化工作机制、优化营商环境、加快推进无障碍设施建设、加强公共应急管理。推动法律法规实施，组织开展禁毒法执法检查，持续对2019年的水污染防治“一法一条例”执法检查交办问题整改情况、关于民族区域自治“一法两规定”实施情况的审议意见等进行跟踪监督。助力司法改革，依法作出《邵阳市人民代表大会常务委员会关于加强检察公益诉讼工作的决定》。

【财经监督】 2020年，邵阳市人大常委会听取和审议2020年上半年国民经济和社会发展计划执行情况报告，支持政府统筹推进疫情防控和复工复产，依法依规抓好财政收入征收管理工作。开展预决算审查监督，出台《邵阳市人民代表大会常务委员会市级预算审查监督暂行办法》，优化预算联网监督，强化预算绩效管理，推动政府重大项目资金绩效评估结果向人大报告，督促预算调整资金主要用于支持重大产业发展、重大项目建设、重大民生保障。贯彻中共中央和湖南省委、邵阳市委关于加强政府债务监督的部署安排，强化债券资金使用监督，助力化解债务风险。组织对审计查出问题的整改情况进行专项督查，促成出台《关于进一步加强审计整改工作的实施意见》，对3个单位审计查出问题的整改情况开展满意度测评。

2020年3月，邵阳市召开《邵阳市大气颗粒物污染防治条例（草案）》立法听证会
（市生态环境局 供图）

【专项评议】 2020年，邵阳市人大常委会依法规范听取和审议专项工作报告的监督方式，将专项评议融入审议流程、作为关键环节，通过对重点专项工作开展满意度测评，不断提高审议监督工作质量。制定出台《邵阳市人民代表大会常务委员会重点专项工作评议办法》，并争取市委支持，将评议情况纳入单位绩效考核和干部年度考核范畴。3月开始，组织对国有资产管理、基层公共卫生体系建设、中小学校幼儿园规划建设、乡村清洁工程4项工作开展专项评议，依法监督相关部门单位摸清国有资产底数，提升基层公共卫生风险评估和预警能力，落实中小学校幼儿园规划建设责任，妥善解决污水、垃圾处理的投入与运行不可持续等问题。

【专题询问】 2020年，邵阳市人大常委会组织对群众反映强烈的市城区义务教育均衡发展及市十七中重建事项、市城区行车难停车难问题开展专题询问，通过实地调研，梳理交办6个问题清单，提出20余条建议措施。市长、分管副市长和7个相关部门单位的主要负责人现场接受询问，全程视频录播，网络点击量达30余万人次，该做法得到省人大重点推介。通过专题询问，促成市十七中异地重建、大祥坪停车场项目开工建设。

代表工作

【推行代表票决制】 2020年，邵阳市人大常委会落实省人大常委会工作部署，制定下发《关于邵阳市乡镇民生实事项目人大代表票决制工作的指导意见》《全市乡镇人大推行民生实事项目代表票决制工作方案》，组织召开全市乡镇民生实事项目人大代表票决制工作座谈会，在贫困村较多、信访问题较多、工作基础较好的乡镇先行试点，市人大常委会领导经常性下沉基层调研，指导乡镇贴近人民群众生产生活实际，抓好项目征集初定、代表审议票决、项目监督评估等方面工作。全市166个乡镇全部推行票决制，覆盖率达100%。

【代表建议督办】 2020年，邵阳市人大常委会出台《关于进一步完善市人大代表建议、批评和意见答复分类工作的意见》，规范代表建议办理考核标准，协同市绩效办对上年度全市代表建议办理工作进行考核评估。根据轻重缓急，对全年收到的124件代表建议进行分类交办，市人大常委会领导牵头对11件重点处理建议进行跟踪督办，通过现场督办、会议督办、函告督办、联合督办等方式，推动不动产办证历史遗留问题处置、城区主要路口试点安装临时性晴雨伞、优化生猪屠宰产能布局规划等工作。全年代表建议办结123件，办结率99.2%，11件重点处理建议均通过满意度测评。

【代表履职活动】 2020年，邵阳市人大常委会组织市级领导干部中的市人大代表开展“发挥代表作用，促进‘六稳’‘六保’”代表小组主题活动，19名市级领导参加活动并提出具体建议4件，引导带动广大代表零距离了解民意、化解矛盾、促进发展。助力邵阳特色产业发展，组织全国、省、市人大代表到重点企业和产业链开展集中视察调研。拓宽代表履职渠道，组织省、市人大代表参加各类视察调研和座谈会400余人次，列席省、市人大常委会会议30余人次。

（杨向军）

邵阳市
人民政府

重要会议

【市政府第五次全体扩大会议】 2020年3月21日，邵阳市人民政府召开第五次全体扩大会议暨廉政工作会议。会议解读领会习近平总书记3月18日在中共中央政治局常务委员会会议上的重要讲话精神，传达贯彻省委十一届十次全体会议精神，贯彻落实2020年市委新冠肺炎疫情防控、经济发展、脱贫攻坚大会精神，研究部署政府系统党风廉政建设和反腐败工作。对清明节期间的防火、防汛、防地质灾害、防道路交通事故等安全生产工作进行部署。市长刘事青强调，要统筹抓好疫情防控和经济社会发展重点工作，尽快全面恢复正常生产和生活秩序，千方百计稳增长，努力实现全年经济社会发展目标任务。市委常委、常务副市长蔡典维主持会议。会议以电视电话形式召开，各县市区设分会场。市领导彭华松、谭学军、李华和、蒋志刚、肖拥军、晏丽君，市政府秘书长陈秋良参加主会场会议。（阳小朋）

【市政府常务会议】 2020年，邵阳市政府召开常务会议30次。

1月6日，召开第1次会议。会议重点研究农林水财政支出、根治拖欠农民工工资暨“两清零”工作推进、全市交通问题顽瘴痼疾集中整治等事项。

1月27日，召开第2次会议。会议专题研究推进新冠肺炎疫情防控工作。

2月4日，召开第3次会议。会议专题研究支持企业发展，帮助企业春节后复工复产工作。

2月13日，召开第4次会议。会议专题研究部署在做好疫情防控安全的前提下，扎实做好“六稳”工作，推动复工复产复业和项目建设，确保经济运行平稳、社会和谐稳定。

2月19日，召开第5次会议。会议学习贯彻习近平总书记关于疫情防控工作系列重要指示批示精神，学习省委书记杜家毫对疫情防控和企业复工复产工作要求精神，研究部署加快落实重大项目申报、重点项目及相关重点行业领域开工复工复产复业复市措施，降低疫情影响，促进经济平稳运行。

3月4日，召开第6次会议。会议学习传达中共中央、国务院和省委、省政府关于抓好农业农村、中央经济工作会议、“十四五” 规划编制、真抓实干等系列文件精神。重点研究部署春季农业生产、生态环境保护、重点项目复工复产等事项。

3月11日，召开第7次会议。会议重点研究全市财政、第七次全国人口普查工作、深化“放管服”改革、政府信息化和办公自动化建设等事项。

3月19日，召开第8次会议。会议重点研究全市脱贫攻坚、全面小康、发改重点工作、文旅广体等事项。原则同意《邵阳市大气颗粒物污染防治条例(草案)》，报市人大常委会会议审议。

3月27日，召开第9次会议。会议重点研究全市工业和信息化工作、食品安全工作、民办和义务教育发展等事项。

4月10日，召开第10次会议。会议重点研究全市医疗保障、金融、公安工作等事项。

4月21日，召开第11次会议。会议重点研究承接产业转移示范区建设、激励高新技术企业倍增发展、居家和社区养老服务改革试点、湖南南山国家公园创建等事项。

4月27日，召开第12次会议。会议学习贯彻习近平总书记在陕西考察时的重要讲话指示精神和中央有关会议精神，重点分析一季度经济运行形势，调度二季度经济发展重点工作，研究部署在常态化疫情防控形势下，扎实做好“六稳”，切实落实“六保”重要事项。

5月14日，召开第13次会议。会议学习贯彻习近平总书记关于禁毒工作的重要讲话指示精神和中央、省有关会议及文件精神，重点研究全市禁毒、迎接国家卫生城市复审、城市防洪堤建设等事项。

6月3日，召开第14次会议。会议学习贯彻全国两会精神和省有关会议及文件精神,重点研究强化稳就业、强力推进真抓实干督查激励、中小学校地质灾害防治等事项。

6月28日，召开第15次会议。会议学习贯彻中央、省有关文件精神,研究重点民生实事推进等事项。

7月9日，召开第16次会议。会议学习贯彻中央、省有关会议和文件精神，重点研究邵阳市长江流域重点水域禁捕和退捕、粮食生产和安全、河长制、平安邵阳建设等事项。

7月14日，召开第17次会议。会议专题研究加快推进湘南湘西承接产业转移示范区建设事项。

7月22日，召开第18次会议。会议传达省政府第六次全会精神，分析上半年经济运行情况,研究部署下半年经济工作；听取公办幼儿园学位建设情况汇报；审议《邵阳市村庄规划和村民建房管理条例（草案）》《邵阳市文明行为促进条例（草案）》《2019年市级决算草案和2020年上半年预算执行情况的报告》。

7月30日，召开第19次会议。会议传达贯彻国、省有关会议精神，重点研究扫黑除恶、关爱留守儿童等事项。

8月17日，召开第20次会议。会议传达贯彻中共中央政治局7月30日会议精神，并进行集中学习研讨，重点研究推动全市产业园区高质量发展、提高全市脱贫质量、市城区垃圾分类工作等事项。

8月24日，召开第21次会议。会议重点研究市本级集中化解房地产办证历史遗留问题、新兴优势产业链人才引进等事项。

9月7日，召开第22次会议。会议重点研究“数字政府(邵阳)”建设、义务教育教师待遇落实、重大产业项目推进等事项。

9月23日，召开第23次会议。会议传达学习民法典内容，重点研究审议邵阳“十四五”规划编制工作基本思路、安全生产工作等事项。

10月14日，召开第24次会议。会议重点研究城镇老旧小区改造、农村乱占耕地建房问题整治等事项。

10月26日，召开第25次会议。会议重温习近平总书记11月14日在江苏省南京市主持召开的全面推动长江经济带发展座谈会上的重要讲话精神和习近平总书记关于推进生态文明建设工作的系列重要指示批示精神。重点研究邵阳市长江经济带生态环境突出问题整改等事项。

11月5日，召开第26次会议。会议重点研究法治政府建设、国有资产管理等事项。审议并原则同意《邵阳市人民政府拟定地方性法规草案和制定规章程序规定（草案）》。

12月2日，召开第27次会议。会议传达学习习近平总书记在全面推动长江经济带发展座谈会上的重要讲话精神和习近平总书记关于推进生态文明建设工作的系列重要指示批示精神。重点研究邵阳市长江经济带生态环境突出问题整改等事项。

12月18日，召开第28次会议。会议重点研究省定真抓实干督查激励年度高质量结账等事项。

12月19日，召开第29次会议。会议听取邵阳市国土空间总体规划大纲编制工作情况汇报；审议《2021年政府工作报告（征求意见稿）》《邵阳市“十三五”规划纲要和2020年国民经济和社会发展计划执行情况与2021年计划草案的报告（送审稿）》。

12月22日，召开第30次会议。会议审议《邵阳市国民经济和社会发展“十四五”规划和二〇三五年远景目标纲要（讨论稿）》。

（李　威）

【市政府专题会议】 2020年，市政府召开专题会议30次。

1月21日、23日、24日、25日、26日，连续5次研究全市新冠肺炎疫情防控工作。

2月10日，研究支持和推动全市外贸企业复工复产有关问题。

2月26日，研究全市养老机构新冠肺炎疫情防控及规范化管理工作有关问题。

3月17日，研究全市早稻生产有关问题。

4月14日，研究市属国企改革扫尾有关问题。

4月22日，研究防汛抗旱和森林草原防灭火工作有关问题。

4月26日，研究犬木塘水库工程建设占用宝庆森林公园林地补划有关事宜。

4月28日，与中国电子系统技术有限公司洽谈合作工作。

5月7日，研究邵阳新经济产业园（大祥园）建设有关问题。

5月8日，研究湘中幼儿师范高等专科学校附属小学、附属幼儿园项目建设有关问题。

6月19日，研究恒天九五邵阳纺机“退城入园”项目遗留问题。

6月30日，研究宝庆森林公园自然保护地优化整合协调工作。

7月8日，研究支持邵阳市鑫鹏科技有限公司发展有关问题。

7月8日，研究市第十三中学扩建项目超期安置工作。

7月10日，研究解决双清区部分棚改项目及资江防洪堤有关问题。

7月13日，研究邵阳经开区“保产业供应链”有关问题。

8月22日，研究市第一中学支持双清区明德学校办学问题。

10月10日，研究邵阳市东信棉业有限公司细纱车间智能升级改造项目有关问题。

10月16日，研究供而未建“净地”攻坚工作有关问题。

10月30日，研究祭旗社区4号安置地及圣地亚哥小区有关事项。

11月6日，研究专门教育工作和专门学校建设有关问题。

11月10日，研究市城建投集团公司转型发展相关事项。

11月26日，研究威溪水库除险加固工程空库施工和武冈市城乡供水一体化等有关问题。

11月30日，研究邵阳鑫鹏科技有限公司新建再制造产业链基地有关问题。

12月2日，研究邵阳体育运动学校整体搬迁及市体育中心使用管理等问题。

12月29日，研究应对低温雨雪等灾害天气影响和电力保障的有关问题。（刘可欣）

市政府办公室工作

【概况】 2020年，邵阳市政府办公室撰写领导讲话、汇报材料、调研报告等800余篇，处理各类领导批示件、效办函500余件，完成各分管领域的专题会议组织、基层调研活动1200余场（次）。依托“数字邵阳”建设平台，率先启动市政府OA协同办公系统建设工作。

全年编辑发行《邵阳政务信息》47期、《政府公报》12期，向省政府上报各类信息673条，刊发政务信息360条，其中6条获市领导批示。信息工作全省排名第六位，获评全省政务信息先进单位，市政务信息工作经验被省政府推介。

年内组织或参与各类督查23次，下发督办函144份，印发《邵阳督查》11期，完成国务院第七次大督查、省政府综合大督查等工作任务，开展真抓实干督查激励工作跟踪督办，市本级（含大祥区、双清区、北塔区、邵阳经开区）10项、县市13项获省督查激励。

全年发文315个，收文2165个，发文总量同比减少6.5%，下发基层文件同比减少17.32%。组织承办全市性各类电视电话会120余场次、现场会议11次，保障市长会议（活动）100余场、市政府党组会议9次，筹备召开市政府常务会议30次。

年内接报各类突发性事件信息（含公安要情）275份，处置突

2020年邵阳市政府文件（邵市政发）一览表

表7

序号	标　题	发文日期
1	关于市区部分河段实施禁渔制度的通告	2月24日
2	关于2020年征兵的命令	3月26日
3	邵阳市第七次全国人口普查工作的通知	3月25日
4	关于森林防火期禁止野外用火的通告	4月3日
5	关于集中开展农村宅基地和集体建设用地房地一体确权登记发证工作的通告	4月8日
6	关于印发《邵阳市承接产业转移示范区发展规划（2020—2025）》的通知	5月6日
7	关于印发《邵阳市随军家属就业安置办法》的通知	6月8日
8	关于加快白酒产业高质量发展的意见	6月30日
9	关于划定高排放非道路移动机械限制作业区的通告	10月21日
10	关于实施“三线一单”生态环境分区管控的意见	12月25日

2020年邵阳市政府文件（邵市政办发）一览表

表8

序号	标　题	发文日期
1	关于进一步加强市本级政府投资项目审批及概算管理有关事项的通知	2月25日
2	关于印发《邵阳市残疾人联合会改革方案》的通知	3月9日
3	印发《关于进一步规范和加强土地出让管理的规定》的通知	3月10日
4	关于印发《邵阳市乡镇污水处理设施建设行动方案（2020—2022年）》的通知	3月25日
5	关于印发《邵阳市老旧小区改造实施方案》的通知	4月17日
6	关于印发《邵阳市基本医疗保险和生育保险市级统筹实施方案》的通知	4月26日
7	关于印发《南山国家公园管理办法》的通知	5月6日
8	关于印发《应对新冠肺炎疫情影响强化稳就业的若干措施》的通知	6月4日
9	关于进一步明确全市农村供水安全管理有关事项的通知	6月5日
10	关于印发《邵阳市沿江化工企业搬迁改造实施方案》的通知	6月15日
11	关于印发《关于加强乡（镇）、村河长制“两长两员”管理办法》的通知	8月7日
12	关于公布行政审批中介服务事项清单的通知	9月7日
13	关于印发《邵阳市市城区生活垃圾分类工作实施方案》的通知	10月30日
14	关于印发《拟定地方性法规草案和制定规章程序规定》的通知	12月4日
15	关于开展第一次全国自然灾害综合风险普查的通知	12月26日
16	关于废止人防易地建设费有关文件的通知	11月16日

发性事件20余起，其中死亡3人以上的5起，向省政府总值班、市委办上报、续报各类突发事件信息27期，编发突发事件信息领导批示17期，落实反馈省、市领导各类批示32批次。

是年，市政府大院保持“文明院落”称号，市政府办获评平安建设先进单位。　（达小车）

扶贫工作

【概况】 2020年，邵阳市集中力量开展剩余贫困人口脱工作，所有剩余贫困人口均达到“一超过、两不愁、三保障”脱贫标准。出台《切实做好就业扶贫工作的十条措施》等文件，推动贫困劳动力稳定就业，有就业意愿的贫困劳动力全部实现就业。全面解决贫困人口“两不愁三保障”，实现教育资助“应补尽补”、医疗保障“应享尽享”、农村危房“应改尽改”、易地扶贫搬迁“应搬尽搬”、安全饮水工程“应建尽建”。同时，健全返贫监测预警和动态帮扶机制、建立重点帮扶机制、推进产业扶贫，多措并举巩固脱贫攻坚成果；开展脱贫质量“回头看”问题整改清零行动，确保6月底各类问题全部见底清零。

是年，邵阳市8个贫困县全部摘帽，1074个贫困村全部出列，决战脱贫攻坚取得决定性胜利。14人被评为全国脱贫攻坚先进个人、7个单位被评为全国脱贫攻坚先进集体。

【剩余贫困人口脱贫】 2020年，邵阳市集中力量开展剩余贫困人口脱贫工作。对剩余贫困人口分类管理，因户施策，尤其是对老弱病残等无法依靠产业就业帮扶的贫困人口，落实落细低保、医保、养老保险、特困人员救助供养、临时救助等保障措施，所有剩余贫困人口均达到“一超过、两不愁、三保障”脱贫标准。

【就业扶贫】 2020年，邵阳市有效消减新冠肺炎疫情等不利影响，出台《切实做好就业扶贫工作的十条措施》等文件，全市35.67万名贫困劳动力实现稳定就业，累计建设就业扶贫载体1045家，其中就业扶贫车间972家，就业扶贫车间总数位居全省第一位，开发扶贫公益性岗位20754个、就业困难人员公益岗位3611个，有就业意愿的贫困劳动力全部实现就业。

【“两不愁、三保障”】 2020年，邵阳市全面解决贫困人口“两不愁、三保障”。教育资助“应补尽补”，资助学生70.87万人次，资助金额约6.05亿元，实现从学前至大学各学段全覆盖，贫困学生教育资助覆盖率100%。建立健全“三帮一”控辍保学机制，义务教育阶段学生无一人因贫失学辍学。医疗保障“应享尽享”，全面实施基本医疗保险、大病保险、扶贫特惠保、民政救助、医院减免、政府兜底“六重保障”措施，建档立卡贫困人口参保率100%，资助参保1.63亿元，“一站式”结算13.42万人，实际报销比例达87.25%。农村危房“应改尽改”，累计鉴定4类重点对象房屋44.51万户，A、B级27.98万户及时挂牌标识，C、D级16.53万户全部完成改造，同时改造“边缘户”1165户；易地扶贫搬迁“应搬尽搬”，完成易地搬迁2.37万户、8.95万人，建设安置住房2.37万套，其中集中安置项目273个（500人以上安置区32个），集中安置1.36万户5.08万人，集中安置占比56.7%。安全饮水工程“应建尽建”，完成巩固提升工程120处，完成投资约3.92亿元，巩固和新增农村自来水人口15.37万人，农村饮水问题全面解决。

【巩固脱贫攻坚成果】 2020年，邵阳市多措并举巩固脱贫攻坚成果。健全返贫监测预警和动态帮扶机制，市县均出台建立防止返贫致贫监测和帮扶机制的文件，建立动态监管台账。全市动态识别脱贫不稳定人口6306户1.64万人，边缘易致贫人口5543户1.59万人，逐一前置帮扶措施。建立重点帮扶机制，在原市派127支驻村工作队不撤的基础上，增派29支市派驻村工作队，并对118个重点帮扶的非贫困村由市财政每村安排40万元资金帮扶。推进产业扶贫，落实产业扶贫资金11.19亿元，新增产业扶贫项目551个，使用财政扶贫资金实施的产业项目达2645个；建立贫困村专业合作社2241个，实现贫困村专业合作社全覆盖；加强产业扶贫的信贷支撑，新增小额扶贫信贷2.21万笔10.11亿元，累计投放扶贫小额信贷33.22亿元。

【脱贫质量“回头看”】 2020年，邵阳市开展脱贫质量“回头看”。3—6月，地毯式排查贫困户26万余户、边缘户4916户、特殊困难群体9.5万余户，全面检验“两不愁、三保障”实现情况、扶贫各项政策落实情况，复核脱贫质量和脱贫结果的真实性、准确性，摸清已脱贫户稳定脱贫存在的隐患和不足、未脱贫户脱贫存在的短板和差距、建档立卡外农户存在的致贫风险。6月12日，市委常委会（扩大）会议召开，要求全市各级各部门开展脱贫质量“回头看”问题整改清零行动，对已发现的问题进行全面整改，实施台账式、清单式、销号式管理，确保6月底各类问题全部见底清零。

【社会扶贫】 2020年，邵阳市稳步推进消费扶贫，开展扶贫产品认定工作，认定扶贫产品1822种，涉及企业319家，商品总价值158亿元。开展扶贫产品帮销活动，完成帮销26.84亿元，总量排全省第二名。建设“三专一平台”，布设专柜1318个，完成建设专馆25个、专区20个。全面推广中国社会扶贫网，完成爱心人士注册15万人，贫困户个人需求发布5.08万条，对接次数4.19万次，对接资金40.9万元，发布的13个众筹项目，筹集资金到位1598万元，到位资金全省排第四名，获“中国社会扶贫网”湖南频道积分1211万分，全省排第三名。

【“知党恩、感党恩、听党话、跟党走”脱贫攻坚主题活动推进会议】 2020年12月4日，邵阳市召开“知党恩、感党恩、听党话、跟党走”脱贫攻坚主题活动推进会议。市委书记龚文密传达学习习近平总书记12月3日在中共中央政治局常务委员会会议上的重要讲话精神和省委十一届十二次全体会议精神，强调要深入贯彻落实习近平总书记关于脱贫攻坚重要讲话指示精神，全面总结脱贫攻坚伟大成就，强化感恩奋进教育，引导广大群众知党恩、感党恩、听党话、跟党走，进一步凝聚决胜脱贫攻坚力量，奋力夺取脱贫攻坚战全面胜利。市委副书记、市长刘事青主持会议。鞠晓阳、王昌义、李万千、张皓、周迎春、李志雄、侯文、曾市南、彭华松、王永红等在职市级领导出席。市委常委、市委秘书长李万千，市委常委、常务副市长彭华松分别传达全省脱贫攻坚和安全生产工作有关精神；副市长肖拥军宣读《邵阳市“知党恩、感党恩、听党话、跟党走”脱贫攻坚主题活动实施方案》。

（邱海华）

行政审批服务

【概况】 2020年，邵阳市委、市政府专题研究行政审批服务工作20余次，解决实际工作中存在的问题和困难。市行政审批服务局深化“放管服”和行政审批制度改革，聚焦“一件事一次办”、“三集中三到位”、“互联网+政务服务”、政府服务热线、政务云平台建设等重点任务，提升政务服务效能，全面优化营商环境，获2020年度湖南省推进“一件事一次办”改革、政府职能转变和深化“放管服”改革工作真抓实干督查激励表扬，获“湖南省文明单位”称号，获评市直机关党建工作优秀单位、平安建设（综治工作）年度考核评估先进单位。

2020年12月，邵阳市在城南公园开展“转变政府职能 深化‘放管服’改革优化营商环境”宣传活动

（市行政审批服务局 供图）

【“放管服”改革】 2020年，邵阳市行政审批服务局加强简政放权，持续深化“放管服”改革。印发《邵阳市深化“放管服”改革优化营商环境重点任务分工方案》《2020年真抓实干督查激励工作方案》等文件，细化工作举措，形成协同配合、精准高效的工作格局。建立健全季度通报年度考核机制，开展常态化监管，采取多种方式对市县两级落实省政府取消、新增、下放的行政权力事项进行专项工作督查和指导。组织开展全市行政许可清单、权责清单、中介服务事项清单等10类政务清单一体化动态梳理和调整，梳理调整后市本级行政权力事项为2804项，其中行政许可事项382项、行政处罚事项1682项、行政强制事项109项等，市本级中介服务事项119项。

【“三集中三到位”改革】 2020年，邵阳市行政审批服务局统筹协调，推动“三集中三到位”改革。按照全市“三集中三到位”改革工作方案，市、县两级一体推进“三集中三到位”改革，7月中旬，市本级提前4个多月完成改革任务，实现“人员（事项）应入尽入、一站式服务功能切实强化、行政审批服务更加便利高效”。改革后，市本级政务大厅入驻单位40个（新增12个），入驻事项1112项（新增363项），入驻人员120人（新增首席审批员等36人）。建立市场准入等六大审批和公共服务功能区，其中，工程项目审批改革功能区集中市住房和城乡建设局、市发改委、市自然资源和规划局等14个部门，实行全链条审批服务，精简审批流程，减少审批环节，压短审批时限，工程项目审批时限由改革前最长230天压缩至最短40天。“一件事”的平均办事流程从27个减至3个，精减89%，平均提交材料从32件减至10件，精减69%，平均办理时限压减78%。同时拓展免费寄递服务、印章刻制、银行开户等外延服务。

【“一件事一次办”改革】 2020年，邵阳市行政审批服务局打破地域壁垒，推动“一件事一次办”改革。推出邵阳市211项“一件事一次办”事项、30项“六稳”“六保”政策兑现“一件事一次办”事项、287项“一件事一次办”跨域通办事项，市县乡村四级共3850个政务大厅统一设置“一件事一次办”专窗。设计启用“一件事一次办”邵阳政务专递信封；迭代升级跨域通办，探索跨省通办，实现跨省通办新突破；推出与怀化市“跨市通办”政务服务高频互认事项，提升为民服务的精准性和实用性。全年“一件事一次办”总办件量为404.29万件，跨域通办办件量为23.74万件；“六稳”“六保”政策兑现办件量为2.02万件。

【政务公开】 2020年，邵阳市行政审批服务局完善政务公开平台，全方位接受社会监督。推进政府网站集约化建设，市、县两级政府门户网站和32家市直部门网站全部迁移至全市政府网站集约化平台，发挥市政府门户网站作为政务公开第一平台的作用，实现全市所有政府网站互联互通。市政府网站和政务新媒体管理工作在全省排名靠前。推动基层公共服务“一门式”全覆盖，完善“一门式”办理、“一站式”服务模式，提升基层公共服务标准化规范化水平。全市所有县市区（含邵阳经开区）全部实现基层公共服务（一门式）全覆盖，全市3630个村（社区）电子政务外网建设实现全覆盖。

【政府服务热线】 2020年，邵阳市行政审批服务局加快12345政府服务热线整合升级步伐，市本级新增整合热线11条（合计整合16条），新话务中心于10月中旬搬迁至新址办公，提前两个半月完成省定政府热线整合任务，实现“一号对外”“一站式服务”工作目标。推动热线成员单位作风建设，联合市直机关工委等部门开展作风问题督办，提高办件质量，热线整合升级工作走在全省前列。建立健全行政效能电子监管制度体系，推进“好差评”系统建设和应用，完善红黄牌预警处理制度和案例分析制度，促进审批效率和服务质量双提升，发挥政府热线平台联系群众、回应群众诉求功能。市本级热线平台呼入总次数5.27万件，受理市民有效投诉5.26万件，市民满意率达99.94%。

【政务云平台建设】 2020年，邵阳市行政审批服务局按照市委、市政府部署和要求，在“数字邵阳”领导小组领导下，推进“数字邵阳”建设。完成政务云平台等5个项目招投标前期工作。推进“互联网+政务服务”工作，完善一体化平台功能，建成并启用线下24小时不打烊自助服务区。加强政务服务安全体系建设，完成电子政务外网网络设备升级和市本级电子政务外网提速扩容。推进“互联网+监管”工作，健全联络机制，强化业务培训。全市“互联网+监管”存量数据汇聚排全省第三名，执法人员数和用户注册数排全省第一名。

（李芸云）

政策研究

【调查研究】 2020年，邵阳市人民政府发展研究中心聚焦经济社会重点难点问题，会同相关部门深入企业、园区、基层一线，开展“提升财政收入质量”“推进园区体制机制改革”等专项研究，起草《邵阳市落实〈湖南省区块链发展总体规划（2020—2025年）〉的实施方案》。利用国庆假期开展落实农村群众“急难愁盼”问题全员微调研，为领导决策提供咨询服务。参与疫情防控经济运行组、综合服务组工作,参与制定应对疫情影响强化稳就业的若干措施、促进企业招工招商增订单扩产能12条等系列“硬核”措施，服务稳岗就业、复工复产、“三个闭环”防控等工作。

【文稿服务】 2020年，邵阳市人民政府发展研究中心围绕产业承接、脱贫攻坚、污染防治、防范化解重大风险等重点领域和热点难点问题开展政务服务，完成各类领导讲话和文稿起草100余篇，做好国务院第七次大督查、省政府综合大督查等重点督查文稿工作，总结提炼出一批“邵阳做法”“邵阳模式”，并获市领导肯定。组织完成年度市政府工作报告撰写，提出的一些发展思路、具体措施得到采纳。

【经济预测分析】 2020年，邵阳市人民政府发展研究中心根据职能职责主动担当作为，开展前瞻性经济社会发展形势预测分析，在全省2021年经济预测调研座谈会、全市季度经济运行调度会等会议上提出了研判预测建议。开展前沿资讯搜集，探索建立《宏观经济与产业发展最新动态》月报、《经济形势和预测研判》季报制度，为市委、市政府决策提供信息参考。

【智库交流】 2020年，邵阳市人民政府发展研究中心加强和市内外智库交流，做好“纵向贯通、横向对接”工作。参加省政府发展中心组织召开的研讨交流活动3次；完成国务院发展研究中心到邵阳关于《优化营商环境条例》落实情况调研评估，完成郴州市政府研究室到邵阳开展湘南湘西承接产业转移示范区建设等调研交流活动；配合省中心开展关于深化与“一带一路”沿线国家双向投资合作、特色小镇建设、县级财政支出等专题研究，开展关于深化制造业与互联网融合发展的若干政策措施、湘西地区开发等实施效果评估。

【示范区建设】 2020年，邵阳市人民政府发展研究中心承担市承接产业转移示范区建设领导小组办公室日常事务。建立健全“1+N”(若干意见和发展规划、135工程升级版、对接粤港澳大湾区、优化营商环境等10个文件）的政策体系，细化在建项目、招商项目、客商信息、承接企业、专家智囊的“五库”建设调度机制，组织编制先进装备制造等七大产业链专项规划，推动市示范区建设进程。市产业发展、园区建设2项工作获省政府真抓实干激励表彰，纳入省重点项目建设工作获省政府通报表扬。

（邓玉琪）

人力资源和社会保障

【概况】 2020年，邵阳市连续第

9年被评为湖南省“指导城乡居保经办管理服务工作优秀单位”；全市经营类事业单位改革工作获评全省优秀，邵阳市在全省保障农民工工资支付工作考核中连续三年被评定为A级，成为全省唯一一个连续三年获评的市州。市人社局先后被评为2020年度“全市平安建设（综治工作）考核评估先进单位”、“全市安全生产和消防工作先进单位”、“全市信访工作先进单位”、“全市湘南湘西承接产业转移示范区建设暨产业发展先进单位”、“全市人民防空建设工作先进单位”、“全市无偿献血工作先进单位”、全市推进“一件事一次办”改革、政府职能转变和深化“放管服”改革工作先进单位。市人力资源和社会保障局12333咨询服务中心接听来电2.17万个。

【就业再就业】 2020年，邵阳市投入就业资金31199.84万元，市本级配套资金1200万元，发布21条关于应对新冠肺炎疫情服务支持企业发展的政策措施，降低企业用工成本，帮助企业复工复产稳定就业。全面完成省政府、市政府下达的就业工作目标任务。实现新增城镇就业4.82万人，失业人员再就业2.81万人；新增农村劳动力转移就业5.33万人，新增发放创业担保贷款4.78亿元；零就业家庭持续保持动态清零；开展政府性补贴职业技能培训13.04万人次，完成省重点民生实事项目任务的250.86%；农村劳动力转移培训5.09万人，完成培训人数的339.5%。

【就业服务】 2020年，邵阳市开展“抗疫复工复产”专项行动、“线上+线下”春风行动、创业“展翅行动”“点亮万家灯火”就业帮扶主题服务活动、援企稳岗行动等5项主题帮扶活动，促进就业创业。全年落实招工补贴90.57万元，为2家防疫物资生产企业落实一次性用工补贴80万元；通过“线上+线下”同步招聘方式，开展招聘活动154场次，发布岗位信息13.6万个，落实公益性招聘补贴、高校校园招聘活动补助等230万元，帮助4.5万人实现就业；完成创业培训9411人，发放创业担保贷款2299笔3.51亿元；开展“点亮万家灯火”活动232次，受益人数1.51万人；组建270个招工小分队，为企业新招聘员工2.04万人。其中，邵阳县“复产招聘”工作先进经验被中央电视台《朝闻天下》栏目专题报道，《北塔区组建各级招工小分队51支“三级联动助就业”》被《湖南日报·市州版》头版头条推介，绥宁县人力资源和社会保障局“充分就业社区（村）”创建工作走在全省前列。

【帮扶重点群体就业】 2020年，邵阳市开展高校毕业生就业促进、农民工全面返岗、贫困劳动力就业清零、退捕渔民安置保障、困难人员托底帮扶“五大行动”，实施“点亮万家灯火”“集中送岗位进校园”系列专项行动，帮扶重点群体就业。全市2020届离校未就业高校毕业生实名制登记1.53万人，实名制登记的离校未就业高校毕业生实现就业1.51万人，完成青年见习1987人。开通农民工返岗“就业直通车”263台次（其中专列13次），输送1.5万名农民工返岗复工；全市新增农村劳动力转移就业5.33万人，有就业意愿的退捕渔民、零就业家庭实现动态清零。城步苗族自治县创新创业典型人物杨淑亭、杨小树分别获“全国脱贫攻坚奋进奖”和“全国优秀农民工”称号。

【劳务协作】 2020年新冠肺炎疫情期间，邵阳市加强与江浙等沿海地区的劳务协作。通过专列、专车等方式组织贫困劳动力免费出行，推动贫困劳动力返岗复工，与山东、浙江、上海、广东、福建等省市以及省内市州、县市区政府部门和企业单位签订379份劳务协作协议；发挥华南人力、湖南航荣等人力资源中介机构作用，搭建劳动者和企业之间的互通桥梁，推动劳动力合理流动，双向选择，主动安置贫困劳动力就业。

【就业扶贫】 2020年，邵阳市出台《关于印发〈切实做好就业扶贫工作的十条措施〉的通知》等政策，加大政策支持和工作推动力度。对42.18万名贫困劳动力就业状态、务工收入以及返乡回流贫困劳动力就业信息更新等开展核实核查，确保有意愿就业的返乡回流贫困劳动力不挑不拣72小时内实现再就业。实施“政府+劳务公司+劳务经纪人+劳动力”四位一体的就业扶贫新模式，采取“征询到户、预招到岗、稳岗到人”招聘模式，建立一支3000人的就业“红娘”队伍，实现村村有劳务经纪人，经劳务经纪人推荐就业人数达3.2万余人。通过“企业出资、部门援建、返乡创业、村级所有、引企入住、社会参与”方式，打造“家门口”的扶贫车间，全市建成就业扶贫车间972家，总数居全省第一位，吸纳贫困人口就业总人数9285人，成为贫困人口脱贫致富的重要载体。邵东市人力资源和社会保障局获评“全国脱贫攻坚先进集体”，为全省人社系统仅有的两个单位之一；武冈市获评“全省落实促进就业和‘双创’等政策措施成效明显的县市区”。邵阳市劳务经纪人、扶贫车间建设工作经验，先后被中央电视台《新闻联播》、新华网、《湖南日报》等中央、省主流媒体关注报道。

【创业带动就业】 2020年，邵阳市发挥众创空间、创业孵化器、创业孵化基地等平台的作用，鼓励和支持创新创业。落实创业培训补贴1276.84万元，免费培训创业学员9741人；发放创业补贴717万元，扶助创业人数463人；发放求职创业补贴729.42万元，资助求职创业12553人；发放创业担保贷款3009笔4.78亿元，扶持创业3009人。全市新增就业扶贫车间393家，总数达972家，新增省、市级就业扶贫基地18家，总数达到73家。提供职业指导、岗位推荐、免费技能培训信息等公共就业服务30.1万人次，落实就业扶贫政策补贴资金8339万元，惠及贫困劳动力10.15万人次。

【农民工服务保障】2020年，邵阳市人力资源和社会保障局落实农民工动态监测预警调度机制，及时掌握全市农民工动态信息，实现“底数清、动态明”。实施“湘融湘爱”农民工服务保障社会协作机制，征集并授牌16家企事业单位为首批市级农民工服务保障社会协作单位。推动实施“湘融湘爱”农民工权益关爱湖南行动和市民化融合湖南行动，邀请教育、公安、工会等职能部门和农民工代表参加农民工恳谈会，面对面讲政策、释疑问、解难题，并为农民工代表提供健康宣教和免费体检。

【民办培训机构管理】2020年，邵阳市规范民办培训机构管理。建立民办职业培训机构正常的设立审批和退出机制，吸纳师资力量雄厚、硬件设施设备优的职业培训机构，对不合格的培训机构实行亮黄牌制度，直至取消办学资质，督促规范办学行为，引导民办培训机构健康有序发展。

【技工院校管理】2020年6月，邵阳市人力资源和社会保障局组织召开邵阳市中等职业学校招生办学行为突出问题专项整治工作会议，重点整治违法违规招生、绝虚假招生广告宣传、违规联合办学、违规设置专业、违规组织实习、违规校外设点及学籍管理混乱等问题，并对各学校在湖南省中等职业教育阳光招生信息平台上发布的宣传资料逐项核实。鼓励技工院校适时开设市场需求量大、就业前景好的专业。全市技工学校招收新生5235人，其中技师学院1771人。督促指导技工院校对在该校就读的所有建档立卡贫困家庭应往届“两后生”相关信息在全国技工院校电子注册和统计信息管理系统进行标识完善，与建档立卡贫困人口信息系统进行精准比对，确定扶贫重点专业，承担职业技能提升重任，达到“教育培训一人，就业创业一人，脱贫致富一户”目标。

【职业技能培训】2020年，邵阳市人力资源和社会保障局根据新冠肺炎疫情期间不能开展线下职业技能培训实际，调整教学模式，采取线上平台理论教学和“企业新型学徒制”实训相结合的方式，确保疫情防控期间培训工作“不打烊”。坚持“一企一策”，以“以工代训”为工作突破口，因地制宜开展职业培训工作；坚持送培训到田间地头、校园工厂，结合群众实际需求，突出高校毕业生、退捕渔民等重点群体的职业培训；强化部门联动，形成职业技能培训工作合力；坚持产学培研有机结合，开展企业新型学徒制培训。全年全市开展政府性补贴职业技能培训12.73万人次，完成省重点民生实事项目任务的303.09%，其中开展农村转移就业劳动者培训6.39万人次，完成目标任务的425.71%。邵阳全年职业技能培训人数和完成任务百分比均位列全省第二。

【职业技能竞赛】2020年，邵阳市市人力资源和社会保障局举办育婴、中式面点、茶艺3个工种的全市大规模的职业培训技能竞赛；联合市总工会、市工信局、市住建局、市公安局、市残联等举办“宝庆工匠”等行业技能比武，并对获各工种第一名的选手授予“邵阳市技术能手”称号；举办邵阳市首届职业技能大赛。

【企业养老保险】2020年，湖南省人社厅下达邵阳市企业养老保险征缴目标任务17.87亿元，完成基金征缴收入48.66亿元，超额完成任务。全市离退休人员（含停发人员）28.18万人，发放养老金75.02亿元。从11月1日起，企业养老保险征缴正式划转税务征收。巩固统收统支统管的省级统筹。全面取消手工报盘，实现基本养老金社银发放；全面清理代发项目，明确代发项目“谁委托，谁负责”的原则，实现基本养老金与代发项目分开测算、发放。落实从2月起对大型企业养老保险费单位部分减半征收延长至6月底，对中小型企业养老保险费单位部分全部减免延长至12月底的阶段性减免养老保险费政策，确保符合政策的企业一个不落，一个不少。全市参保缴费企业累计阶段性减免养老保险费5.72亿元，受益人数达105.9万人。其中，受益大型企业17家，减免0.24亿元；中小微企业5579家，减免5.12亿元。办理企业养老保险关系省内转移4400余笔，跨省转移890余笔；办理机关与企业养老保险制度间转移120余人。完成全市26.67万名企业退休职工的待遇调整工作，企业职工养老金实现16年连涨。调待后，全市企业退休人员人均增加126.34元/月，人均养老金达2220.68元/月。其中市本级企业退休人员人均增加138.22元/月，人均养老金达2648.13元/月。审核审批市本级各类企业退休手续3531人，其中正常退休2584人、特殊工种提前退休727人、因病提前退休220人。

【退役军人断档补缴】2020年，邵阳市人力资源和社会保障局联合市退役军人事务局对全市部分退役士兵机关事业养老保险实际断缴时间段和断档月数进行核查认定，核查完成全市退役士兵养老保险，为退役士兵打印缴费通知单。

【机关养老保险】2020年，邵阳市所有符合政策的机关事业单位及其工作人员纳入新制度覆盖范围。全市在职参保人数16.21万人，离退休人数7.72万人全部实现使用新业务信息系统发放基本养老金。全年发放基本养老金42.86亿元。完成5家单位的社保关系转移；完成基本险转入153例，转出52例；一次性待遇申领核定136例。展开个人账户清理，全市411家单位清理完成363家，退费9110人，退费金额4180万元。落实缴费比例改革，开展降低市本级机关事业单位养老保险费率工作，从2019年5月1日起，市本级机关事业单位养老保险单位缴费比例由20%降至16%。确保退休人员待遇，全市退休人员人均月增基本养老金173元。确保每月25日全市机关事业单位离退休人员养老金及时社会化发放，全年发放养老金42.86亿元。

【城乡居民养老保险】 2020年，邵阳市城乡居民养老保险参保总人数达420万人，享受待遇117.4万人，当年累计发放养老金16.4亿元。完成贫困人口基本养老保险"应保尽保"目标任务，为1.73万名建档立卡贫困人员代缴保费160万元，为11.98万名低保对象、特困人员代缴保费1264.75万元，代缴比例达100%，将年满60周岁、未领取国家规定的基本养老保险待遇的贫困人员3798人纳入城乡居民养老保险制度范围，享受按月发放养老金待遇。市人社局联合市财政、市税务部门实施城乡居民养老保险全覆盖行动，在广播电台制作人物专访节目，录制宣传音频在村村响广播上播放，各县市区组织宣传小分队下到乡镇摆摊设点发放宣传单，宣传社保参保扩面。通过大数据比对、上门摸底，动员符合条件未参保人员参加养老保险。城乡居民养老保险参保人员比2019年增加10万人，增长比例达2.4%。

【在全省率先实现退捕渔民"应保尽保"】 2020年，邵阳市人力资源和社会保障局组织业务骨干制作城乡居民养老保险待遇测算表、如何选择养老保险参保险种等内容，印制参保手册，以村为单位对退捕渔民进行养老保险政策宣讲，并综合考虑参保人年龄、参保缴费年限、就业、家庭经济状况等情况，为每一名退捕渔民提出个性化的养老保险参保建议。通过"讲透政策+便捷服务"，在全省率先实现退捕渔民的"应保尽保"。农业农村部门提供50人的应享受退捕渔民社保补贴名单，经分参保险种测算补贴费用，截至12月30日，应到位补贴资金186.75万元已全部进入社保基金账户，其中已落实50人，发放社保补贴129.95万元。

【落实被征地农民社会保障】 截至2020年12月31日，邵阳市完成自2008年9月涉及的740多个征地项目的相关资料清理和保障对象审核，市区8.4万余名被征地农民被确定为保障对象，发放养老保险补14.27亿元。2020年启动被征地农民社会保障涉及项目227个，其中大祥区61个、双清区35个、北塔区28个、经开区103个，确定被征地农民保障对象1.23万人，发放养老保险补贴1.77亿元

【失业保险】 2020年，邵阳市完成失业保险参保总人数33.04万人。为7.17万人次失业职工发放失业保险金8200.21万元，缴纳职工医保1847.49万元，发放物价补贴294.42万元，为1.76万人次发放失业补助金388.49万元。全市失业保险基金累计结余2.35亿元。为支持企业复工复产稳定劳动关系，阶段性减免企业失业保险单位缴费，全年减免失业保险费2638.84万元。从5月1日起阶段性降低失业保险费率，失业保险实施总费率1%政策，年内为企业减轻负担约6764.29万元。1月1日至12月31日继续将现行技能提升补贴申领条件由企业在职职工累计缴纳失业保险费36个月及以上放宽至12个月及以上，约为189人发放技能提升补贴25.59万元。全市累计为474家企业6.72万名企业职工落实稳岗返还2190.3万元，助力企业渡过阶段性难关。严控基金风险，全年查处提前退休及重新就业人员13人，挽回失业保险基金损失9万余元。

【工伤保险】 2020年，邵阳市工伤保险参保人数达54.61万人；建筑行业按项目参加工伤保险871家，参保人数3.2万人，参保率100%。工伤保险基金累计结余5.35亿元。推进"快捷调查"机制，坚持重大事故、有疑问事故及伤情可能继续恶化事故必调查原则，对事实清楚、证据确凿的工伤案件，参保单位资料交齐后立即送行政审批。全年市本级受理申报工伤事故1339起，一般工伤事故调查率85%左右，重大事故、工亡事故等工伤事故调查率达100%。继续实行协议医疗机构工伤保险医疗费用总额控制和工伤职工医疗次均费用控制制度，规范单例病例结算方式和老工伤人员待遇管理，实行工伤人员住院结算可在医院结算或在市人社局结算科结算的便民结算办法。全年全市支付工伤待遇1.53亿元，其中老工伤人员待遇788万元、工亡待遇支出5662万元。落实工伤保险市级统收统支。10月28日下发《邵阳市工伤保险基金市级统收统支实施方案》，按照"全市统一管理、分级征收"原则，进一步明确、规范工伤保险基金征缴、待遇支出、预算管理和责任分担，12月底各县市均完成工伤保险基金归集。促进企业复工复产，全年为企业减免工伤保险单位缴费部分7286.82万元；继续落实阶段性降低社会保险费率，工伤保险在现行费率基础上阶段性降低企业参保费率20%，全年降费3660.6万元。

【专业技术人员管理】 2020年，邵阳市开展年度享受国务院政府特殊津贴专家选拔推荐工作，经申报单位考察、公示、推荐，7名专业技术人员提交申报材料。经人力资源和社会保障部评选，肖笑波入选2020年度享受国务院政府特殊津贴人员名单。开展2019年度、2020年度职称评审、认定、推荐和备案工作，先后完成2019年度工程、中专、中小学系列（市直单位）中级职称和2020年度中小学、中专、农业等11个系列的高级、中级职称评审工作。其中，2019年度参评人员305人，评审通过255人；2020年度参评人员1842人，评审拟通过1161人；完成73人的职称认定和确认工作，其中研究生初任64人，以考代评人员9人；推荐1054人参评卫生、工程等21个系列高级职称，其中中小学正高级推荐30人；完成

2019年度、2020年度县市区中小学一级和基层卫生中级职称备案工作。2019年度备案2070人，2020年度备案453人。完成各类专业技术资格考试、职业资格考试的资格审查和有关系列的考试工作任务，全年审查10492人，审查通过10139人，32人待审，321人审查不通过。

【人才工作】 2020年，湖南省人力资源和社会保障厅分配邵阳市引进科技创新人才任务5人，签约引进9人，超额完成年度目标任务。拟定《2020年邵阳市急需紧缺人才目录》，设置159个岗位921人的需求计划，涉及智能制造、文化创意、农业、教育等12个行业。对530名申报市高层次人才分类认定的专家进行复审，拟对439人予以认定，其中B类人才1人、C类人才12人、D类人才16人、E类人才410人。市人社局会同市委组织部、市卫健委、市教育局出台《"宝庆名医"评选与管理办法》《"宝庆名师"评选与管理办法》。加强专家服务管理和基地建设。组建市第七届专家服务组，出台《邵阳市专家服务组工作制度》，多次组织各方面专家深入基层开展服务和培训。开展先进专家典型宣传和专家慰问工作。及时发放在邵阳院士、博士后和享受国务院政府特殊津贴人员岗位津贴。组织54名专家及抗疫人员进行休假休养活动，先后推荐19名专家参加人社部、省人社厅举办的4个高级专家研修班。指导洞口县尚君生态农业科技有限公司申报国家级专家服务基地。开展湘西特聘专家支持行动计划工作，与对口单位省林业科学研究院沟通协调，经省人社厅批准组建2020年度邵阳市湘西特聘专家服务团，多次到基层一线开展技术指导、答疑解惑、培养人才。推荐邵东智能制造技术研究院有限公司作为邵阳市博士后科研工作站申报单位，上报省人社厅后获批。

【事业单位人事管理】 2020年，邵阳市人力资源和社会保障局审核备案39个县市区事业单位公开招聘方案，共3913个招聘计划；组织全市村主任、书记招聘，23名优秀村（社区）党组织书记、主任获聘；市直事业单位公开招聘审核发布19家主管部门所属68家事业单位公开招聘公告，共678个招聘计划、441个招聘岗位，其中援鄂一线编外医务人员公开招聘专业技术人才8名。按照省人社厅的部署，面向西藏籍大学生招聘事业单位专业技术人员6名；开展参加"集中送岗位进校园"专项活动，向省人社厅报送451个招聘计划。审核并发布市本级以及12个县市区人才引进方案，计划引进高学历、高职称、技能型人才1460名，其中市直137名、县市区1323名。按照上级统一部署，在全市事业单位集中开展脱贫攻坚专项奖励工作，经各级推荐、审核，报省记大功个人2名、集体1个，市记功个人25名、集体10个，市记嘉奖个人387名、集体18个。审核事业单位专业技术三级岗位人员聘用资格10名，其中市直5名。完成编制发生变化单位的岗位设置162家（含县市区）。办理市直190家事业单位岗位异动733次，为4094人办理岗位异动。完成市直196家事业单位的2019年度考核工作，记功33人，优秀等次3178人。

【工资福利】 2020年，邵阳市人力资源和社会保障局完成市属改制企事业单位主要负责人安置的工资套改和工资关系转移接续工作；指导县市区有序开展乡镇工作补贴审批工作；继续开展邵阳市公立医院薪酬制度改革试点工作，核定市中心医院2019年薪酬总量及其主要负责人年薪数并进行备案；完成市国有企业职教幼教退休教师待遇重新核算工作；根据机构改革总体要求，完成对原工资数据库的备份和建立事业单位和机关工人数据库。落实保障义务教育教师工资待遇工作，按照义务教育教师按照不低于公务员收入水平核算市直中小学教师绩效考核奖金增量所需资金；督促指导各县市区人社局开展提高乡镇事业单位工作人员待遇工作，统筹考虑各县市区、各行业以及各群体实际情况组织测算，集中进行数据审核，落实到位各项待遇。完成各项机关事业单位工资福利业务审批，办理机关事业单位新进人员工资核算、工资系统录入670人次，查阅各类档案1670份；办理市直单位相互调动手续859人次；办理转正人员工资手续231人次；办理晋升职务（职称）工资1314人次，正常晋档384人；办理退休人员审批手续446人次，查阅退休人员档案446份；审批机关事业单位一次性抚恤金139人；办理机关事业单位遗属困难补助31人。

【人力资源开发】 2020年，邵阳市人力资源和社会保障局完成市直事业单位机构改革人员异动工作。审核涉改人员档案，核实身份信息，办理好涉改人员划转运动手续；参与经营性事业单位改革工作，完成涉改人员划转异动；对2015年后市属已审计验收改制企业负责人进行安置，安置21人。开展公开选调工作，为13个政府部门所属事业单位公开选调80名工作人员，大部分选调人员为基层单位工作人员。对市直系统内"三同"人员办理岗位异动手续，不再办理调配手续。按规定对退役士兵和随军随调家属等政策性安置人员办理进人手续、转正手续。联合市场监督管理部门在全市范围内组织开展清理整顿人力资源市场秩序专项行动，对23家经营性职业中介机构、91家劳务派遣业务公司进行执法检查，对检查中发现的问题进行整改。完成2019年度人力资源服务机构统计工作。开展"三支一扶"工作。审核县区"三支一扶"招募方案，统一招募考试时间和考试试题，由县区组织考试，市人社局向每个县区派出2名巡考人员巡考。加强对"三支一扶"人员的日常管理，挑选7名优秀招募人员参加省人社厅组织的强化培训，为服务期满人员办理期满合格证书，督促各县区为期满合格人员安置工作，组织开展对“三支一扶”人员新春慰问活动。全面规范各单位借用人员问题，并办理备案手续。完善档案管理规章制度和操作流程，实现管理规范化、现代化。市人力资源管理服务中心托管在库档案112468份，其中大中专毕业生档案6706份、改制企业档案100899份、其他档案4863份。

【表彰奖励】 2020年，邵阳市推荐评选3名先进个人、2个先进集体上报抗击新冠肺炎疫情国家级表彰，其中邵东市疾控中心唐志伟、隆回县人民医院张小红获全国抗击新冠肺炎疫情表彰先进个人称号，洞口县雪峰街道双联村党总支获全国抗击新冠肺炎疫情表彰先进集体称号。推荐评选55个先进个人、17个先进集体上报省抗击新冠肺炎疫情表彰，组织代表团参加湖南省抗击新冠肺炎疫情表彰大会。完成国家抗美援朝70周年纪念章发放工作，全市第一批抗美援朝70周年纪念章1734枚全部发放到抗美援朝老兵手中。完成全省绿化先进集体和先进个人等省级工作部门各类表彰推荐评选工作8个，推荐省级工作部门各类表彰先进集体22个、先进个人49人。开展全国优秀农民工推荐评选工作，3人获评“全国优秀农民工”。

【人事考试】 2020年，邵阳市人力资源和社会保障局从考试业务流程、硬件设施、人员入手，全面分析排查隐患、漏洞和风险点，落实疫情防控各项措施，对报名信息不实和未按时到现场进行资格核验的11名考生作报名无效处理，并进行公示和短信通知。全年组织实施公务员考试11755人次、职称计算机考试464人次、二级建造师考试8565人次、社会工作者考试1369人次、一级建造师考试4754人次、执业药师考试6729人次、一级造价工程师考试1324人次、经济专业技术考试818人次、一级注册消防工程师考试1796人次、二级造价师考试1087人次。

【劳动关系】 2020年，邵阳市人力资源和社会保障局推进企业和谐劳动关系建设，下发《邵阳市人民政府办公室关于同意建立邵阳市构建和谐劳动关系联席会议制度的复函》，并联合市总工会、市企业管理协会、市工商业联合会下发《关于开展劳动关系预警监测点工作的通知》，健全协调劳动关系三方机制，建立全市劳动关系预警机制。依法规范行政许可。按照人社部、省人社厅关于审批劳务派遣项目的规定所设置的条件，逐项进行审核，并到现场进行实地核查，把好审批关。新批19家企业经营劳务派遣业务，并对15家劳务派遣单位进行延期许可；3月向各劳务派遣单位下发《关于开展我市劳务派遣单位2019年度经营情况核查的通知》，要求2019年年底之前已许可的91家劳务派遣单位进行自查，并提交2019年度劳务派遣经营情况报告。加强劳动合同的管理，全市进行劳动用工备案企业达2003家，用工备案人数达80286人，用工规模较大的企业已劳动用工备案全覆盖。继续处理上轮改制企业职工办理分流安置手续、改制政策的咨询、上访接待解答、遗留问题的处理等。开展2020年度改制企业的职工安置分流指导工作，完成神风动力公司职工安置费发放。

【劳动监察】 2020年，邵阳市劳动监察机构强化日常巡查，并开展清理整顿人力资源市场秩序专项检查行动和根治欠薪冬季专项检查。全市常规检查各类用人单位992家，立案调查101件，结案94件，法定期限内结案率100%，为劳动者追讨工资2435.03万元，涉及劳动者2179人。加强劳动保障信用体系建设，开展劳动保障诚信等级评价，实行分类分级动态监管，定期将重大劳动保障违法行为向社会公布，将严重拖欠工资失信企业及时共享至国家企业信用信息公示系统以及“信用邵阳”等信用信息平台。通过报纸、网络对19起重大劳动保障违法行为及劳动保障失信单位进行集中曝光，对违法失信企业，在政府资金支持、招投标等方面依法予以限制。

加强法律法规政策宣传。举办全市建筑领域学习《保障农民工工资支付条例》培训班和邵阳市贯彻落实《保障农民工工资支付条例》培训班，发放宣传资料2.5万份。湖南卫视、湖南经视、邵阳电视台、《湖南日报》、《邵阳日报》等新闻媒体先后就邵阳市根治欠薪工作的经验做法进行专题报道。推进“两网化”建设。将“两网化”建设与信息化建设、劳动监察机构标准化等相结合，建立“横向到边，纵向到底，责任明确，跟踪及时”的劳动监察网络，加大对全国根治欠薪线索反映平台、湖南省劳动保障监察两网化联动管理平台以及审计、信访、网络等各渠道反映的欠薪问题线索的解决力度，推动劳动监察执法由被动向主动、事后处置向事前预防转变。

【劳动人事争议仲裁】 2020年，邵阳市各级仲裁机构“互联网+仲裁”办案系统全部上线，全市处理劳动争议案件1423件，案外调解238件，不予受理案件240件，立案受理案件945件，其中裁决结案314件、调解结案631件，到期结案率达98%，调解结案率达73.46%。全年没有因为劳动争议仲裁而引发不稳定事件。预防劳动纠纷，安排专人定期走访市直部分规模企业、经开区劳动纠纷高发企业，帮助企业完善各项管理，宣传疫情期间国家关于劳动用工颁布的相关政策，让企业做到合法用工；利用“上门送法，合法维权”“国家宪法日”等主题活动开展法治宣传活动；掌握劳动者有集体仲裁可能性时，及时与用人单位沟通，促进企业与劳动者协商，发生集体案件做到快速立案、极力调解，尽量化解当事人双方矛盾，避免事件扩大化。全市没有因新冠肺炎疫情发生大型的集体劳动争议案件。

注重改进方法，提高劳动争议调解结案率。强调创建和谐劳动关系，引导当事人以调解形式解决纠纷；突出调解程序，办案人员在当事人立案前、立案后至庭审前和庭审后多次组织调解，尽可能实现调解结案；运用“换位思考调解法”“过错剖析法”“冷处理法”等调解方法提高调解成功率。

【社会保险基金监督】 2020年，邵阳市人力资源和社会保障局加强现场监督力度。采取交叉检查和抽查相结合方式，组织开展全市失业保险基金管理内控专项检查，对失业保险经办机构和相关行政科室的基金财务控制、信息系统控制、内部控制管理与监督等5个方面内容实施自查自纠与全面检查。9月组成专项检查组抽查武冈、洞口、邵阳3个县市，建立问题清单156条，受检单位对照问题建立整改台账，明确整改措施和整改时间，整改到位并上交整改报告。对企业职工基本养老保险提前退休问题进行专项核查，对省厅下发的1819条疑点数据逐一进行核查，严把特殊工种审核关。提高非现场监督能力。将监管软件预警信息交各经办机构核实，核查预警信息616条，其中核查后上报不属实的574条、属实的42条，追回资金0.55万元。建立第三方审计工作机制，通过引入独立的第三方会计师事务所对社保基金开展审计工作并出具审计报告，根据审计报告反映的问题督促经办机构逐条整改。开展企业年金备案工作，对市国有资产投资经营有限公司递交的企业年金方案备案相关资料进行经查验，并予以备案通过。

【统计信息】 2020年，邵阳市人力资源和社会保障局门户网站发布各类信息933篇，总访问量162.54亿次，独立用户访问量51.74亿个。“邵阳人社”微信公众号有4.63万人关注，发布信息2008篇。收到“12345”政府服务热线群众来电工单94件，所有工单完成任务，满意率达100%。“市长信箱”收到信件69件，均及时予以回复。所有信访案件均按规定及时处理，没有出现处置不当引发规模集体上访事件。推动市人社局“互联网+政务服务”工作要求，落实“一件事一次办”，编制、发布“一件事一次办”事项17项，通过线下和线上办理3万余件；行政审批事项全部入驻市政务中心，派出首席审批员常驻市政务中心，企业、群众办事做到“只进一扇门”，实现“一窗”受理、“一站式”审批、“一条龙”服务的运行模式；在湖南省“互联网+政务服务”一体化平台发布公共服务事项办事指南206项，全方位为企业、群众服务，全程线上办理事项达10万余件。

【社会保障卡建设】 2020年，邵阳市人力资源和社会保障部门将在校学生社会保障卡数据采集工作作为社会保障卡扩面建设的重点工作，采集37.1万名在校学生基础数据，并完成制卡21.1万张，全市累计完成604.5万人社保卡基础数据采集，持卡人数568.4万人；配合省人社厅、合作银行建设社会保障卡即时制卡环境，在全市建142个即时制卡网点，实现社会保障卡即时制卡县市区全面覆盖，破解以往社会保障卡申领时间过长难题。

（杨昌泉）

民　政

【兜底保障】 2020年，邵阳市民政部门开展农村低保专项治理，全市累计纳入低保17438户25199人，累计退出6844户9075人。全面推行精准救助，建成市级居民家庭经济状况核对信息系统并投入使用，实现居民经济状况信息大数据归总和运用。全市筹集救助资金13.59亿元，保障城市低保保障对象39021户62325人，月人均救助水平达到374元；保障农村低保对象119929户186832人，月人均救助水平达到226.5元。保障城市特困供养对象657人，发放城市特困供养金535万元，救助水平达8892元/年；保障农村特困供养对象36036人，发放农村特困供养金2.21亿元，救助水平达5304元/年。推行社会救助综合改革并纳入绩效管理，构建制度健全、统筹联动、社会参与、数据共享、服务便捷的综合救助格局。全市重度残疾人护理补贴累计发放1036952人次，累计发放金6698.258万元；困难残疾人护理补贴累计发放716209人次，累计发放金额4679万元，残疾人“两项补贴”按65元每人每月的标准发放到位。

【养老服务】 2020年，民政部办公厅、财政部办公厅公布第五批居家和社区养老服务改革试点验收结果，邵阳市被评为“优秀”等次。同时被省民政厅推荐为2020年度全省养老服务真抓实干督查激励对象。市民政局联合住建、自然资源和规划、消防救援等部门，组织专业力量，对未登记备案的民办养老机构，逐一上门展开排查摸底，9月上旬完成提质改造工作。建设完成邵东市廉桥中心敬老院、武冈市水西门街道龙田中心敬老院、新邵县陈家坊中心敬老院、双清区老年养护楼4所养老服务机构提质改造工程项目。开展全市养老护理员、机构管理人员集中培训和全省线上护理员培训，培训912人，全市共有养老护理员4124人，持证上岗率100%；组织3期职业化养老院长、7期护理员和3期社工培训。举办邵阳市首届养老护理员技能大赛，评选最美养老护理员并纳入劳动模范范畴。

【儿童福利】 2020年，邵阳市儿童关爱保护工作形成“政府主导、民政牵头、社会参与、家庭尽责”的服务体系，纵向建立市、县、乡、村四级责任链，横向建立儿童关爱保护工作联席会议制度，完善“纵向到底、横向到边、家庭尽责”的儿童关爱保护机制。加强儿童关爱服务阵地建设，全市3633个村

（居），有儿童之家3566个，覆盖率达98%，其中县级以上示范儿童之家433个。加强服务队伍建设，培养乡镇儿童督导员及村（居）儿童主任3835名。探索1名儿童与1名心理专家、1名志愿者结对帮扶的“1+2”关爱服务模式，从精神关爱、心理抚慰、行为矫治等方面提升精细化服务水平。开展“文明创建·大爱邵阳”农村留守儿童关爱保护活动，完成22405场留守儿童关爱活动，直接受益人数达6万多人。

【基层民主自治】 2020年，邵阳市民政局指导修订完善村规民约、居民公约，全市3633个村（居），村规民约、居民公约修订完善覆盖率达100%。配合市委组织部，将各地推动基层公共服务（一门式）全覆盖工作纳入“一单四制”管理和全市民政重点工作综合评估范围，实现全市民政系统一体推进。实施市域社会治理现代化试点，制定治理规划，明确可量化、可评价的阶段性目标，加强分类指导、对口联系，推动各项试点任务有序开展。

【社会公共事务管理】 2020年，邵阳市民政局倡导殡葬、祭扫新风尚。开展殡葬领域突出问题专项摸排整治，对违法违规私建“住宅式”墓地、硬化大墓、活人墓等突出问题进行执法整改；推行节地生态安葬，倡导文明祭扫，开展“云上清明”“鲜花换纸钱”“丝带寄哀思”等文明祭扫活动；推进市梁山公墓建设，指导各县市区申报建设城乡公益性公墓12座。强化流浪救助管理。提升救助管理服务水平；推进救助管理站等级建设工作，隆回县救助管理站按二级救助站标准建设运营，洞口县救助站按三级救助站申报并推进。推进等级婚姻登记机关创建工作，邵阳县、双清区、北塔区、绥宁县、武冈市成功创建3A婚姻登记机关。创新社会组织管理。全市登记注册的社会组织2714家，备案社会组织9000多家；引导创建示范性社会组织，11家社会组织成功入选“湖南省示范社会组织”名单；组织140家市级社会组织开展全市社会组织参与脱贫攻坚的“双千”结对帮扶活动；发动243家社会组织参与新冠肺炎疫情防控，累计捐助款物2633万余元。加强区划地名管理。推进界线管理工作，指导完成4条县界线的联检任务，平安边界创建工作落实到位。推动慈善社工发展。探索市场化运营模式，全面搭建基层募捐与救助平台，慈善超市县市区全覆盖；推进社工志愿服务，全市注册志愿者人数达90.6万人，乡镇社工站实现全覆盖，社工站成为基层民政工作的重要补充；常态化开展“春风行动”“微笑列车”“守护光明——关爱抗疫人员眼健康公益行”等慈善项目活动；配合各县市区扶贫办开展扶贫网上众筹项目。

【新冠肺炎疫情防控】 2020年，邵阳市民政系统第一时间成立各级疫情防控工作领导小组，落实联点分片承包责任制、24小时值守、日报告、常态化调度督查等工作制度。全面落实封闭管理和疫情防控“八个最严格”“六字诀”等措施，重点开展养老服务、儿童福利、流浪救助管理、殡仪服务、精神卫生、婚姻等登记的防控管理，民政服务对象“零感染”。在全省率先对全市养老机构服务对象和工作人员全覆盖实施核酸检测筛查。建立临时备用金制度，对符合条件的因疫情导致生活困难的个人和家庭开通绿色通道，及时实施救助。开展“共同抗疫、爱伴成长——留守儿童及困境儿童关爱保护”系列活动。加强对社区防控的指导帮助，引导慈善力量、社会组织、志愿者和社会工作者参与疫情防控，慈善办累计接收社会捐款132.46万元、物资捐赠价值59.306万元。争取湖南省众善公益基金会支持，为全市乡镇（街道）民政助理员202名和村（社区）工作者3631名购买“战疫爱心保”。20多家社工机构，243家社会组织5000多人参与疫情防控。

（金　锦）

退役军人事务

【概况】 2020年，邵阳市退役军人事务局发表宣传报道300余篇，被退役军人事务部授予《中国退役军人》杂志宣传工作先进单位；军地联合，邵阳市蝉联第十一届“全国双拥模范城”称号；10月17—18日，副省长谢卫江到邵阳调研，对邵阳基层退役军人服务站建设工作给予高度评价。11月24日，全国“用教学现代化提高百万扩招人才培养质量和效率”先进经验现场交流会在邵阳举行，邵阳退役军人教育培训工作先进经验在会上被推广介绍。组织颁发“中国人民志愿军抗美援朝出国作战70周年”纪念章1381枚，弘扬英烈事迹。动员系统内干部职工和退役军人投身新冠肺炎疫情防控阻击战。联合邵阳市红十字会举行“抗击新冠肺炎疫情捐款仪式”，全市退役军人和系统干部职工捐款105.82万元，捐赠口罩、消毒液、蔬菜、水果等各类物资总价值21.22万元。推进退役军人复工复产，做到疫情防控和生产保障两不误。

【思想政治和权益维护】 2020年，邵阳市退役军人事务局集中打造“枫桥式退役军人服务中心（站）示范点”132个。成立企业军转干部、退伍志愿兵、伤残军人和农村参战人员代表等6个工作支部，多次组织开展党建活动，工作经验被市委、市政府主要领导要求在全市进行推广。定期开展春节走访慰问、春耕生产帮扶、八一走访慰问、特殊困难退役军人帮扶和临时困难帮扶等活动，为退役军人送去帮扶慰问资金。

【移交安置】 2020年，邵阳市退役军人事务局坚持“量化评分、按序选岗”的阳光安置政策，完成军转干部、转业士官、军休干部、复员干部和伤病残士兵的接收安置任务。全市养老办结率100%，退休士兵医保办结率100%。同时，落实军休人员政治待遇和生活待遇，开展支部党建、走访慰问、特色文体活动，及时发放军休对象生活补助，参加湖南省退役军人事务厅组织的军休老干部门球比赛，获第三名。建立老干部健康档案，定期组织家庭巡诊，落实军休对象管理服务责任制，实施定人定责包干服务工作，推进军休服务大楼建设，改善军休面貌。

【优待抚恤】 2020年，邵阳市退役军人事务局对新增的优抚对象进行信息采集，逐一登记造册，建立档案，发放悬挂光荣牌，保障优抚对象国家定期抚恤补助及时足额发放；为有效解决优抚对象“看病难、看病贵”等问题，组织开展重点优抚对象短期疗养和医疗巡诊活动，在18个乡镇为重点优抚对象提供医疗巡诊服务。制定实施《关于进一步规范优抚待遇申办资料的通知》，压实县市区退役军人事务局档案管理和优抚待遇申办依据核查责任。联合纪检监察、卫生系统有关部门成立邵阳市优抚业务医学鉴定委员会，组建优抚业务医学鉴定医疗卫生专家库（有199名专家），营造公平公正的医学鉴定环境，按照规定时间、步骤、标准开展工作。开展参战参试军队退役人员身份核查认定工作，将参战参试部队目录作为身份认定的统一标准、唯一依据。坚守纪律要求，落实保密纪律，坚决执行政策，该停发的待遇必须停发，该处理的人员必须处理，该帮扶的必须帮扶。

【就业创业】 2020年，邵阳市退役军人事务局创新方法，通过线上招聘和线下招聘相结合、专场招聘与日常招聘相结合、大型专场招聘和小型招聘会相结合等方式，举办“春风行动”“八一”“荣归潇湘·英才启航”等多场招聘会，全年累计220余家单位参加，提供岗位3800余个，多名退役军人求职者与企业达成就业意向。先后与邵阳农商银行、邮储银行签订战略合作签约，推出“退役军人就业创业贷”和退役军人就业创业金融保障服务，退役军人可享受不超过10万元的无抵押贷款，有效解决退役军人初创型小微企业及复工复产的资金需求难题。打造邵阳市退役军人“一村一网店”电商服务项目，依托现代互联网技术，结合乡村农产品特点，因地制宜打造有地方特色的农村退役军人电商，在帮助退役军人成功创业的同时，助推乡村振兴经济发展。将电商平台建在村级退役军人服务站，将服务站建设成退役军人的创业服务基地、就业信息窗口、政策宣传园地。通过公开评审的方式确定30家综合实力较强的退役军人培训机构，为退役军人提供技术含量高、就业前景好的职业技能培训服务，助力退役军人实现就业。11月24日，“用教学现代化提高百万扩招人才培养质量和效率”先进经验现场会在邵阳举行，来自湖南、广东、河南、四川等多个省市的50所中高职院校的150余名专家教授，聚焦高职扩招退役军人的培养与评价智能化问题，为邵阳退役军人既扩招又提质的成功经验点赞。

【双拥共建】 2020年，由邵阳市级领导带队慰问驻邵阳部队，征求官兵意见，了解官兵生活、训练情况，支持部队营房建设和战备训练，推动双拥创建工作新发展。驻军子女全部安排进入市、县重点中小学就读，有效解决驻邵阳部队的“三后”问题。打造邵阳市博物馆双拥馆、湘窖酒业、湘郡铭志学校等双拥宣传教育示范基地，营造拥军优属、拥政爱民氛围，助推邵阳市获第十一届“全国双拥模范城”称号。

【新冠肺炎疫情防控】 2020年，市退役军人事务局认真传达贯彻疫情防控精神，在确保自身防护到位的情况下，广泛动员系统内干部职工和退役军人投身疫情防控阻击战，用行动诠释了初心不改、军魂犹在的使命和担当。联合邵阳市红十字会举行“抗击新冠肺炎疫情捐款仪式”，全市退役军人和系统干部职工共捐款105.82万元，捐赠口罩、消毒液、蔬菜、水果等各类物资总价值21.22万元。大力推进退役军人复工复产，切实做到疫情防控和生产保障两不误。

（市退役军人事务局办公室）

2020年疫情期间，邵阳市退役军人事务局组织退役军人及退役军人工作人员为抗击新冠肺炎疫情捐款

（市退役军人事务局 供图）

民族宗教事务

【民族地区经济发展】 2020年，邵阳市向上级争取省级民族发展专项资金475万元。5月21日市委常委会会议决定，将市级民族发展资金由280万元增加到560万元，并纳入市级财政预算。城步苗族自治县长安营镇、隆回县虎形山瑶族乡申报为省民族特色文旅小镇，绥宁县多逸寨村、洞口县宝瑶村等列入第四批中国少数民族特色村镇名单。落实民贸民品企业贴息509.36万元。指导相关县开展2021年省散居资金项目库申报和2021年省散居资金项目备案与绩效自评，开展2018—2020年省民族团结进步创建经费绩效自评。

【少数民族文化体育事业】 2020年，邵阳市审核享受普通高校招生民族优惠政策考生4731人，其中散居区少数民族584人、民族地区汉族1077人、过半县少数民族708人、聚居区少数民族2362人；审核初中升高中考生213人。连续八年零举报、零投诉、零上访。指导绥宁县成功举办苗族“四八姑娘节”、隆回县成功举办花瑶“讨僚皈”节庆活动，指导绥宁县开展河口苗族乡成立30周年乡庆工作，11月17日举行庆典。将民族教育工作纳入调研重点内容，市民族宗教事务局联合市教育局、团市委、市新华书店举办邵阳市首届“建设伟大富强祖国，建设文明美丽家乡”演讲比赛；组织参加省“两个建设”演讲比赛，获2个二等奖；选送节目参加全省少数民族文艺会演，节目《花瑶呜哇情》获金奖，市民宗局获优秀组织奖。

【依法行政和民族团结进步创建工作】 2020年，邵阳市民族宗教事务局推进“互联网+监管”工作，梳理部门监管事项，形成部门监管事项目录清单，厘清监管责任、明确监管措施，实现监管工作标准化、规范化、精准化。开展全民国家安全教育日宣传与普法宣传活动；举办一期全市民族宗教政策法规培训班。组织5个全省民族团结进步模范集体代表、2个全省民族团结进步模范个人和未进京参加表彰的全国民族团结进步模范集体代表、模范个人赴长沙，参加全省民族团结进步表彰大会。会后对全省民族团结进步模范先进事迹进行宣传报道。9月份制定下发《中共邵阳市委统一战线工作领导小组关于印发〈邵阳市民族团结进步创建工作方案（2020—2023年）〉的通知》，明确提出到2023年将邵阳市创建为“全国民族团结进步示范市”；城步苗族自治县、隆回县、洞口县、新宁县创建为省级以上民族团结进步示范县；全市新创建12个市级以上民族团结进步教育基地、100个市级以上民族团结进步“七进”示范单位。在城步苗族自治县汀坪乡和新宁县麻林瑶族乡举行“湖南省民族团结进步示范乡镇”授牌仪式。向国家、省推荐一批全国、全省民族团结进步创建示范区（单位），20个单位拟创建为全市民族团结进步创建示范区（单位）。

【宗教事务管理】 2020年5月21日，市委常委会会议决定市民族宗教事务局增设1个宗教业务科室，增加2名行政编制。落实市委书记龚文密批示精神推进宗教政策法规学习教育。开办宗教教职人员政策法规培训班。印发《邵阳市（民族宗教领域）市域社会治理现代化试点工作实施方案》。开展宗教界“五进五好”活动，全省宗教界“五进五好”表彰大会在邵阳市召开，市玉清宫、市清真南寺被评为全省“五进五好”示范宗教活动场所，吴理之、张小林被评为先进个人，市伊协被评为优秀组织单位。指导洞口县、新宁县佛教协会和绥宁县佛教协会、道教协会及时换届，新成立邵东市道教协会。邵阳市在2020年度全省宗教领域平安建设工作（打击非法宗教活动）考核中获满分。

【民族宗教领域综治工作】 2020年，邵阳市加强到邵阳少数民族人员服务管理工作。指导到邵阳少数民族做好新冠肺炎疫情防护，给他们送去口罩、消毒液等防护用品，并督促其暂停营业。就到邵阳的新疆少数民族人口疫情防控中存在的困难，及时上报困难情况，引导复工复产。强化协调联动机制，加强排查调处整改，确保民族宗教领域和谐。年内，市民族宗教事务局被评为全市平安（综治）建设先进集体。

（市民族宗教事务局办公室）

信　访

【概况】 2020年，邵阳市信访局强化示范引领效应，持续推进“无会周”领导干部带案下访工作，所有市级领导在每月最后一周带头下沉到联点县市区，解决群众“急难愁盼”问题。全年市县市区两级领导“无会周”有效化解信访案件1593件，其中市级领导带案下访化解411件、县级领导化解1182件。

强化信访“三无”创建，市信访联席办公室坚持一月一调度、一季一讲评、半年一通报、一年一考核。新邵县、绥宁县成功创建省级信访“三无”县，实现历史性突破,获省人民政府真抓实干表扬激励;大祥区信访局和新邵县信访局通过省信访局考核验收，被评为全省“人民满意窗口”创建示范单位。

全市信访系统完成一系列重大特别防护期信访保障工作任务。邵阳市信访工作被评为全省先进，绩效考核和平安建设考核被评为全市先进。

【削减信访存量】 2020年，中央信访联席办第一批交办邵阳市重复信访件1673件，要求2020年化解20%。市委、市政府部署信访积案化解“百日会战”专项行动。年内线下化解重复信访件549件，省信

2020年10月13日，邵阳市集中治理重复信访化解信访积案工作专题会议召开（市信访局 供图）

访局线上审核通过上报国家信访局404件，超额完成省定工作任务，化解绝对量在全省排第一位。

（贺 军）

住房公积金管理

【概况】 截至2020年年底，邵阳市有5309个单位、29.1万人缴存住房公积金，累计归集总额268.7亿元，职工因购建房等累计提取123.2亿元，归集余额145.5亿元；累计向9.38万户干部职工家庭发放个人住房贷款210.2亿元，贷款余额126.2亿元。在为企业“降本减负”和新冠肺炎疫情双重背景下，市住房公积金管理中心完成各项任务指标。全市归集住房公积金39亿元，同比增长10%；当年提取住房公积金25.1亿元，同比增长15%；当年发放个人住房公积金贷款28.3亿元，同比增长13%；当年个贷率86.8%，贷款逾期率为零。邵阳市住房公积金跻身全国50强，列第31位。

【扩面放贷】 2020年，邵阳市住房公积金管理中心下发《关于进一步规范我市住房公积金缴存工作的通知》《关于规范非公企业缴存建制工作的通知》等文件，规范缴存行为，维护缴存职工的合法权益。在扩面“源头”找路子、想办法，与市人社局等部门形成联动，引导未建单位主动建制。全市新增缴存单位227家、新增缴存职工2.13万人，其中新增非公企业133家，将7400名非体制内缴存职工纳入住房公积金保障范围，占全部新增职工的34.8%，为支持中、低收入职工购房发挥积极作用。为减少新冠肺炎疫情影响，组织工作人员下楼盘、进企业，宣传政策，推动贷款发放，提前完成全年贷款任务。

【利民便民服务】 2020年，邵阳市住房公积金管理中心落实落细为企业复工复产提供政策支持。为企业减负提供政策支持，出台《邵阳市住房公积金缓缴、降低缴存比例操作办法》，邵阳爱尔眼科医院等6家缴存单位申请缓缴或降比，惠及缴存职工1267人，缓缴住房公积金485万元。为企业复工复产提供政策支持，出台应对新冠肺炎疫情提供阶段性政策支持，南方水泥等4家受疫情影响的企业申请缓缴，惠及缴存职工531人，缓缴住房公积金308万元，对6045名受疫情影响未能正常还款的个人不作逾期处理。为老旧小区改造工作提供政策支持，与市住建局等四部门联合制定出台《邵阳市既有多层住宅增设电梯办理细则》，允许既有多层住宅增设电梯竣工后可提取住房公积金。为维护好职工合法权益提供支持，进一步简政放权，优化办事流程，提高“一次办”“马上办”工作实效，为群众办事提供便利。坚持服务便民，制定出台《服务窗口规范化服务标准》《政务服务“好差评”制度和“服务满意度”制度》，下发《关于推行服务窗口文明服务“十步曲”的通知》，提高服务水平；增设双清、北塔2个服务网点，开展业务分流，实现网点全市覆盖，做到业务“就近办”；推进“互联网+政务服务”改革，实现企业和群众办事“只进一扇门”。

【规范管理】 2020年，邵阳市住房公积金管理中心将2020年确定为信息化建设年，制定出台《信息化建设三年规划》《计算机运行维护管理规定》等多项信息安全制度。住建部、省住建厅联合专家验收小组对中心综合服务平台建设工作评定为“优秀”等级；出台《“三公”经费管理办法》等规范性文件，强化骗提骗贷联合打击力度，进一步防范骗提骗贷；加大内审稽核检查和成果运用，自觉接受纪委监委、财政、审计等监督检查。

（马 军）

库区移民事务

【概况】 2020年4月17日，邵阳市编制委员会办公室下发《关于印发〈邵阳市库区移民事务中心职能配置、内设机构和人员编制规定〉的通知》，明确规定市库区移民事务中心设综合部、规划安置部、后期扶持部、资金财务部4个内设机构，核定事业编制14名。6月18日增加1名周转事业编制。2020年，市库区移民事务中心综治工作评为全市先进单位。

【移民脱贫增收】 2020年，邵阳市通过上山兴产业、下山建社区和社区办合作社，推动移民脱贫致富。坚持“基地+移民户”和入股分红推进移民产业化基地提质改造工程，全市新建或改建油茶基地11480亩、水果生产基地13050亩、楠竹5050亩、茶叶5960亩、中药材基地4495亩，蔬菜基地10019亩，助力700名移民脱贫。按照“突出重点、精准扶持、整村推进”思路，集中移民后扶资金，撬动部门资金，推进移民美丽家园建设。对全市300人以上的21个重点移民村，采取“一村一策一方案”，以实施脱贫攻坚计划为整村推进的主攻方向，推进移民产业增收、人居环境改善、基础设施配套等项目建设。《邵阳日报》头版头条报道新邵县玄本村从深度贫困奔向文明小康的整村推进经验做法。向省移民事务中心争取避险解困专项项目资金2446万元，帮助1223名移民解决住房遇到的新矛盾新问题，完成1011名移民避险解困工作。搭建移民技能培训新平台，提升移民职业技能，推动不同层次移民劳动力向技术型人才转变，增加移民就业机会，促进移民劳务增收。全市转移就业培训任务1556人，完成1653人次，完成率106.23%；农业技能培训任务2724人，完成2809人次，完成率103.12%。助力行业和驻村帮扶脱贫，向省移民事务中心争取扶贫专项资金210万元，帮助脱贫移民巩固脱贫成果。

【犬木塘水库移民安置】 邵阳市犬木塘水库征地移民补偿总额17.19亿元，生产安置人口4108人，搬迁安置移民762人。2020年，已实施的水库淹没区、枢纽工程建设区移民投资10.06亿元，永久性征收土地13652.33亩，临时征用土地705.19亩，生产安置人口2246人，规划拆迁房屋面积46337.71平方米，规划搬迁安置移民597人。市移民中心提前介入移民安置前期工作。指导督促项目法人和地方政府依法依规依程序开展实物调查、规划设计等工作；配合项目业主和省、市水利部门等跟踪水库控制性工程九龙岭隧洞工程的开工建设，推动枢纽和应急备用水源工程的征地移民相关前期工作；完成移民安置规划设计评审。向省移民中心争取移民投资概算增加青苗补偿费、签约奖、腾地奖等投资近3000万元，移民房屋补偿标准高于邵阳市现行标准410元/平方米。7月18日，犬木塘水库控制性工程九龙岭隧洞正式动工；12月21日，枢纽工程动工典礼在邵阳市举行，实现如期动工，完成年度投资计划6.5亿元；12月22日，省移民中心、邵阳市、业主签订移民安置三方协议；12月28日，邵阳市与邵阳县、大祥区、北塔区签订移民安置责任书。（罗伦国）

公共资源交易

【概况】 2020年，邵阳市公共资源交易中心坚持全市合一、应进必进，推进阳光交易、透明交易、高效交易。完成工程建设、政府采购、国土和产权四大类进场交易项目1795宗，同比增加47.41%，交易额304.15亿元，同比增加32.45%，节约财政资金6.25亿元，增加财政收入10.2亿元，收取服务费4994.52万元，为企业减免费用4800万元。新成立的市政府采购中心作为邵阳市的集中采购代理机构，年内代理政府采购项目105宗，总预算2.6亿元，完成交易项目98宗，交易额2.4亿元，节约财政资金1310万元，为企业减负348万元。

是年，市公共资源交易中心获评全国公共资源交易行业“优化营商环境先进单位”。

【工程建设专项整治】 2020年，邵阳市公共资源交易中心以提升交易服务全流程电子化、规范化、标准化、智能化、便捷化和加强推进远程异地评标常态化，推动专项整治工作。结合工程建设项目招投标专项整治工作部署，发挥平台聚集效能，从坚持应进必进到能进则进，探索股权、债权、特殊经营权等入场交易试点，资产变资本，资本变资金，为经济发展筹措资金。首次开展股权交易，其中市城建投的邵阳市恒昇城建开发有限公司100%国有股权转让项目（交易标的金额7.7亿元）、新宁县城建投公司类似政府化债项目（交易标的金额1.65亿元）成功交易，学校食堂经营权入场交易。配合省市专项整治工作，报送2017—2020年1828个项目信息，为省级层面大数据分析提供数据支撑；组织评委对20个项目开展监管履职情况监督检查，覆盖所有项目类别；按省要求对岳阳、郴州、湘西33个项目开展招标文件评估审查，发现31个项目存在的72个问题；配合纪检监察、行业监管和司法机关，查处问题线索17起，调取保证金、开评标视频等各类资料52宗。线上线下稳步推进。完成全省统一开发的交易系统端口对接及建设，10月底工程建设项目全部实现全流程电子化。全年完成126个全流程电子化项目，全流程电子化率100%。全市自然资源交易项目、国有资产和特殊资源项目均实现全流程电子化。政府采购项目除开评标环节外，均实现线上操作。

（欧阳鹏伟）

无线电管理

【无线电服务】 2020年，邵阳市无线电管理处及时办理台站许可，其中广铁集团怀邵高铁新发无线电台执照21个，邵阳电信新发电台执照2220个、换发1182个，邵阳移动新发电台执照351个、换发4125个，邵阳联通新发电电台执照438个、换发2912个，邵阳武冈机场换发40个，沃尔玛宝庆东路店换发对讲机执照22个。依规征收频占费，办理无线电频率行政征收12起，征缴无线电频率占用费5.94万元，其中征缴市县广电系统10个单位无线电频率占用费5.2万元、征缴邵阳武冈机场对讲机无线电频率占用费0.4万元、征缴沃尔玛对讲机无线电频率占用费0.34万元。

【无线电管制设备管理】 2020年，邵阳市无线电管理处针对区内无序和违规使用无线电管制设备（屏蔽器）行为，深入移动、电信、联通等通信企业调研，并提请市人民政府召集市网信、公安、人社、教育、工信、市场监管、无线电管理等部门及三家通信企业，召开专题会议研究，要求各部门和单位依法依规使用无线电管制设备、实行无线电管制设备使用告示提醒制度、责成各类考试规范使用无线电管制设备、强调无线电管理部门加强监测检测和行政执法。在清理整顿中，针对使用无线电管制设备的学校较多、基本数据不清、管理难问题，市工信局、市教育局、市无线电管理处于9月7日联合下发《关于全市各类教育机构规范使用无线电管制设备的通知》，明确各县（市）中小学校使用无线电管制设备，由县（市）教育部门上报市教育考试院，再报市无线电管理处，其他如邵阳学院、各类职业学院（校）直接向市无线电管理处报告；明确无线电管制设备使用范围和要求，重申各学校自行组织的考试不得使用无线电管制设备，一旦发现，按非法设台查处。经整顿，全市滥用无线电管制设备的现象得到遏制，因考试对通信产生的干扰大幅减少。

【无线电监测】 2020年，邵阳市无线电管理处按照国家和省办下达的监测任务，全市3个固定监测站共完成日常监测10189小时，其中中心站1770小时、城南站4500小时、华天站3550小时、移动站369小时。监测频率涵盖公众通信，数传通信、广电发射、铁路调度及GSM—R、民航导航及通信、气象、人防、对讲机等。完成无线电安全保障考试任务23次，出动无线电监测车81次，出动保障人员296人次，设备136套次。发现无线电疑似作弊信号3起，及时启动压制设备，对可疑作弊信号进行压制。维护电波秩序，开展打击非法设台专项行动(黑广播、伪基站)12次计1233小时，完成打击非法设台专项月报12份，排查无线电干扰案件1起。对广电、公众移动通信基站、邵阳武冈机场在用无线电发射设备进行检测，并及时出具检测报告。完成57台设备的检测工作，其中检测广播电视台基站5台、邵阳移动通信基站20个、邵阳电信通信基站11个、邵阳联通基站20个、检测邵阳武冈机场发射设备1台，核查导航台设备5台。

【无线电宣传】 2020年，邵阳市无线电管理处利用新闻媒体和科普基地开展无线电宣传活动。在第9个世界无线电日、第52个世界电信日和9月份全国无线电管理宣传月活动中，利用宣传媒体、全媒体、展板等开展无线电法规和科普知识的宣传活动。9月份宣传月期间利用交通频道开展硬广宣传，宣传片时长20秒/次，每天7:30—18:30，每半小时播出1次；在专题节目《应急之声》电台每周推出1期无线电专题节目，共4期节目向听众介绍无线电在应急服务方面发挥的重要作用；邵阳广播电视台官方抖音号发布宣传小视频，在交通频道微信公众号上制作4期微信专题宣传，在市政府大院和无线电科普基地制作32块宣传展板。

建设无线电科普基地，探索建立无线电管理宣传和科普宣传长效机制。虽受到新冠肺炎疫情影响，基地仍从4月底开始限制性接待参观学习和体验的学生和家长，航模、机器人及无线电测向等科技类体育活动同时开展，年内接待学生和家长参观体验人数3000多人。同时在秋季承办区教育扶贫暨免费校外培训活动。

【基础设施改造和维护】 2020年，邵阳市无线电管理处扩建无线电科普基地无人机演示厅，经报省办并同意，在原无线电科普基地扩建近200平方米，作为无人机的展示、演练和宣传学习处，扩建后的无线电科普基地与市委政法委禁毒科普基地形成邵阳科普宣传的一道亮色；根据湖南大学钢结构检测公司的检测报告，聘请原铁塔制作安装单位对3个监测站的5座铁塔进行全面维护和保养；配合省办安排，对在用监测设备进行检测和维护。

【服务国防建设】 2020年，邵阳市无线电管理处继续开展军地无线电协调工作。加强辖区内无线电电磁环境监测，及时清除非法设台，为区内提供良好的电磁环境；与驻军通信部门保持沟通协调机制，及时为部队提供服务；根据部队需要及时提供辖区内台站数据资料和其他发射设施信息。10月份配合部队开展国防动员重点潜力核查。

（市无线电管理处办公室）

中国人民政治协商会议
邵阳市委员会

重要会议

【政协邵阳市十二届四次会议】 2020年1月5—7日，中国人民政治协商会议邵阳市第十二届委员会第四次会议在市文化艺术中心举行。会议听取和讨论市委书记、市人大常委会主任龚文密的讲话，听取并审议通过政协邵阳市第十二届委员会常务委员会工作报告和提案工作报告，听取并协商讨论市长刘事青所作的政府工作报告，协商讨论关于邵阳市2019年国民经济和社会发展计划执行情况与2020年国民经济和社会发展计划草案的报告、关于2019年全市和市本级预算执行情况与2020年全市和市本级预算草案的报告、市中级人民法院工作报告、市人民检察院工作报告，对上述报告均表示赞同并提出建设性意见和建议。

【政协邵阳市十二届五次会议】 2020年9月23—25日，中国人民政治协商会议邵阳市第十二届委员会第四次会议在市文化艺术中心举行。会议听取市委书记、市人大常委会主任龚文密的讲话；补选十二届市政协副主席1名，补选市政协秘书长；组织委员视察“湘南湘西承接产业转移示范区”建设情况。

【十五次常委会会议】 2020年1月7日，政协邵阳市第十二届委员会常务委员会第十五次会议召开。会议听取各小组学习领会市委书记、市人大常委会主任龚文密的讲话，协商讨论各工作报告以及人事酝酿情况的汇报；审议并通过选举办法（草案）和总监票人、监票人建议名单，确定总计票人、计票人名单；审议《政协邵阳市第十二届委员会第四次会议政治决议及有关决议（草案）》，并一致同意将以上有关决议（草案）提交1月7日下午举行的市政协十二届三次会议闭幕大会表决通过。

【十六次常委会会议】 2020年6月24日，政协邵阳市第十二届委员会常务委员会第十六次会议召开。市委书记、市人大常委会主任龚文密，市委副书记、市委统战部部长曹普华参加会议。会议就“提高兜底贫困户脱贫质量”进行专题议政，听取市政协党组副书记、副主席周晓红作调研情况的说明，听取部分委员议政发言和部分市直单位回应发言，市委书记、市人大常委会主任龚文密讲话；会议审议并通过《关于提高全市兜底贫困户脱贫质量向中共邵阳市委、邵阳市人民政府的建议案（草案）》《政协邵阳市第十二届委员会第四次会议提案委员会关于提案审查情况的报告（草案）》，协商并通过政协邵阳市第十二届委员会委员辞免、增补事项和有关人事任免事项。

【十七次常委会会议】 2020年9月8日，政协邵阳市第十二届委员会常务委员会第十七次会议召开。会议协商并通过政协邵阳市第十二届委员会委员增补辞免事项（草案）；审议并通过政协邵阳市第十二届委员会第五次会议程序性事项；审议并通过政协邵阳市第十二届委员会第五次会议组织性事项；协商决定有关人事任免事项；审议并通过《政协邵阳市委员会提案工作条例（草案）》；研究其他事项。

【十八次常委会会议】 2020年9月23日，政协邵阳市第十二届委员会常务委员会第十八次会议召开。会议审议并通过《政协邵阳市第十二届委员会第五次会议选举办法（草案）》。

【十九次常委会会议】 2020年9月24日，政协邵阳市第十二届委员会常务委员会第十九次会议召开。会议听取中共邵阳市委有关人事事项的说明；部署小组讨论和有关人事的酝酿协商工作。

【二十次常委会会议】 2020年9月24日下午，政协邵阳市第十二届委员会常务委员会第二十次会议召开。会议听取各小组协商讨论的情况汇报；审议通过有关人事事项；审议通过总监票人、监票人建议名单。

【二十一次常委会会议】 2020年11月12日，政协邵阳市第十二届委员会常务委员会第二十一次会议召开。市委副书记、市长刘事青，市政府副市长、北塔区委书记仇珂静参加会议。会议就“全市承接产业转移示范区干在实处走在前列工作推进情况”开展专题议政，听取市政协副主席郭好对调研情况的说明，听取部分委员议政发言和部分市直单位回应发言，市委副书记、市长刘事青讲话；会议审议并通过

2020年9月23—25日，中国人民政治协商会议邵阳市第十二届委员会第五次会议召开
（市政协 供图）

《关于进一步推动我市承接产业转移示范区建设向中共邵阳市委、市人民政府的建议案（草案）》，协商并通过政协邵阳市第十二届委员会委员辞免事项。

【二十二次常委会会议】 2020年12月25日，政协邵阳市第十二届委员会常务委员会第二十二次会议召开。会议通过市政协2020年度“优化经济发展环境，促进实体产业发展”进行民主测评；审议通过市政协2020年度重点提案办理民主评议；审议通过政协邵阳市第十二届委员会第六次会议程序性事项；审议通过政协邵阳市第十二届委员会第六次会议组织性事项；审议通过政协邵阳市第十二届委员会常务委员会工作报告（草案）；审议通过《政协邵阳市第十二届委员会常务委员会关于十二届四次会议以来提案工作情况的报告（草案）》；协商通过政协邵阳市第十二届委员会委员辞免增补事项；协商通过有关人事任免事项；研究其他事项。

（周倜伊 许小松）

重要活动

【全市“双助双行动”工作电视电话会议召开】 2020年3月5日，邵阳市政协聚焦夺取疫情防控和实现经济社会发展目标双胜利开展“双助双行动”（围绕“助推新发展、建设新湖南”和“助力脱贫攻坚、全面建成小康社会”，持续开展“三进三助”聚力行动和“三个一”扶贫行动）工作电视电话会议召开。市政协党组书记、市政协主席鞠晓阳作工作部署动员讲话，要求切实在思想上、行动上与以习近平同志为核心的党中央保持高度一致，以更加坚定的信心决心、更加饱满的精神状态和更加扎实的工作作风，为打赢疫情防控阻击战和实现经济社会发展目标做出政协贡献。

【市政协部署“政协委员帮千户”行动】 2020年5月9日，邵阳市政协召开全市“政协委员帮千户”助力脱贫攻坚工作会议。市政协党组书记、主席鞠晓阳主持会议并讲话。他强调，要聚焦夺取疫情防控和实现经济社会发展目标双胜利，推进“双助双行动”工作；要贯彻习近平总书记在决战决胜脱贫攻坚座谈会上的重要讲话精神，开展好“政协委员帮千户”助力脱贫攻坚行动，精准确定帮扶对象、积极组织帮扶力量、科学制订帮扶计划、认真落实帮扶措施，加强督查指导和典型宣传；要聚焦发挥人民政协专门协商机构作用，开好“提高兜底贫困户脱贫质量”专题议政性常委会。市县两级政协要认真研究思考，创新方式方法，打造更多平台，提高协商质量。会议就贯彻全国和省委政协工作会议精神，做好市委政协工作会议相关工作提出明确要求。

【市委政协工作会议召开】 2020年6月2日，中共邵阳市委召开政协工作会议。市委书记、市人大常委会主任龚文密讲话，市委副书记、市长刘事青主持会议，市委副书记曹普华，市政协党组书记、主席鞠晓阳，市人大常委会党组书记、常务副主任王昌义出席会议。龚文密充分肯定全市各级政协组织和广大政协委员为社会主义民主政治建设和邵阳改革发展稳定做出的积极贡献，并就加强和改进新时代全市政协工作提出明确要求。会议印发《中共邵阳市委关于新时代加强和改进人民政协工作的实施意见》《中共邵阳市委办公室关于表扬政协邵阳市第十二届委员会委员和政协工作者的通报》。

【省政协主席李微微到邵阳调研】 2020年10月27—29日，湖南省政协主席李微微带队赴邵阳市宣讲调研。李微微一行到城步苗族自治县和邵阳市区，深入城镇乡村、产业园区、学校、医院、委员工作室等实地考察调研，并与驻邵阳省政协委员座谈。她强调，要深刻领会习近平总书记考察湖南重要讲话精神的丰富内涵，与学习贯彻中共十九届五中全会精神结合起来，与学习贯彻习近平总书记关于加强和改进人民政协工作的重要思想结合起来，确保在全省政协系统落地生根、结出硕果。深刻把握习近平总书记对湖南提出的新定位新目标新要求，为“十四五”规划编制贡献政协智慧，做到服务大局有更高目标，双向发力有更大作为，专门协商机构建设有更高质量。深刻感悟习近平总书记深沉的人民情怀，进一步加强委员联系服务界别群众的工作，积极主动通过政协云走好网上群众路线，政协组织要搭好平台做好服务，使委员更加用心用情为民代言、为民建言。

（周倜伊 许小松）

主要工作

【抗击新冠肺炎疫情】 2020年，邵阳市政协先后两次发出倡议，及时召开远程会议进行抗疫部署。市县两级政协主席会议成员带队走访委员企业303家，协调解决复工复产复市问题982个，协助引进口罩生产线24条；各级政协委员、政协工作者捐款捐物达1.2亿元，反映社情民意300多条，参与医疗救治、物资购运、社区防控、志愿服务等工作3万余人次,创作抗疫歌曲、诗词、公益视频等宣传作品90余件。委员申桂荣创作的抗疫歌曲《我在开满鲜花的路口等你》在北京、上海、南京等8个城市滚动播出。

【参与脱贫攻坚】 2020年，邵阳市政协聚焦未脱贫户、边缘户和特别困难户，启动“政协委员帮千户”行动。组织全市3107名政协委员和政协工作者组建帮扶小组1008个，结对帮扶深度贫困户1008户，帮助就业162人，资助钱物1036万元，协助贷款128万元，助学289人，义诊1500余人次，赠送价值400元的爱心包500个，落实微心愿130个，开展心理辅导384人次。《人民日报》作《从

2020年2月，省政协主席李微微率省委第三指导组赴邵阳指导新冠肺炎疫情防控和病患救治工作（市政协 供图）

“三个一”扶贫行动，到“帮千户”攻坚工程，湖南邵阳市——我们的政协委员就在贫困户身边》专题报道。召开“提高兜底贫困户脱贫质量”专题议政性常委会会议，市委书记龚文密到会协商并作讲话，广泛凝聚脱贫攻坚工作共识，形成向市委、市政府的建议案。市委常委会会议和市政府常务会分别进行专题研究，出台《关于切实提高全市兜底贫困户脱贫质量的实施方案》《落实〈政协邵阳市委员会提高全市兜底贫困户脱贫质量建议案〉责任分工方案》。

【助推承接产业转移示范区建设】 2020年，邵阳市政协持续推动2019年高峰论坛系列活动成果落地。对29个签约项目落实情况进行监督调研和委员集中视察，全市承接产业转移示范区建设推进会通报项目落实情况。将承接产业转移示范区建设推进情况作为政协常委会重点协商课题，走访调研产业园区18个、企业39家，发放调查问卷260份，召开座谈会16场，收集整理意见建议105条。召开专题议政性常委会，市长刘事青到会参与协商，10名委员就工业转型升级、东盟科技产业园建设等问题进行议政发言，形成建议案并报送市委、市政府，市委常委会进行专题研究。

【助力优化营商环境】 2020年，邵阳市政协持续深化“优化经济发展环境，促进实体产业发展”专题民主监督，采取设立监测点、委派民主监督小组、民主测评三种监督方式，在重点项目和企业中设立优化经济发展环境监测点38个，委派63名政协委员，分7个民主监督小组入驻市城建投集团公司、行政审批服务局等7个单位开展民主监督，发出民主监督函、民主监督简报27件（期），通过微建议、微监督、“12345”热线督办优化经济发展环境事项136项，组织118名委员、38名企业负责人对67个单位进行优化营商环境民主测评，助推优惠政策在企业落地见效。

【坚持党的全面领导】 2020年，邵阳市政协坚持把学习宣传贯彻中共十九届五中全会精神和习近平总书记考察湖南重要讲话精神作为首要政治任务，推动政协党组理论学习中心组专题学、主席会议集体学、常委会会议集中学、界别委员座谈学。市政协领导带队组成5个宣讲组，赴12个县市区政协、25个界别宣讲26场，讲专题党课12场，组织委员读书活动30场，实现学习传达全覆盖。配合市委出台《关于新时代加强和改进人民政协工作的实施意见》，推进市委、市政府领导参加政协议政性常委会会议成为机制，委员工作室建设经费纳入财政预算。贯彻全国政协和省政协党建工作座谈会精神，发挥政协党组把方向管大局保落实作用，落实党组成员联系相关界别党员委员、党员委员联系党外委员制度，在全体会议、调研视察和培训学习期间设立临时党组织，确保政协始终在党的领导下主动负责、协调一致地开展工作，自觉地把党的主张和重大决策部署转化为政协决定、决议和委员共识。聚焦习近平总书记关于加强和改进人民政协工作重要思想，开展理论研究和宣传阐释，发挥基层政协专门协商机构独特优势的理论研究成果在《人民论坛》和《中国政协》上刊发，人民网客户端、学习强国等平台进行转发。

【协商议政】 2020年，邵阳市政协推进政协协商广泛多层制度化发展，全年组织各类协商262次，委员参与协商1931人次，提交提案213件。围绕推动邵阳高质量发展主题，在市政协十二届四次全体会议上，7名委员作大会发言，41名委员作联组发言，市领导批示委员发言和提案31件，市政府对委员的135条意见建议作出书面答复；围绕提高兜底贫困户脱贫质量、承接产业转移示范区建设2个议题召开专题议政性常委会；围绕邵阳市“十四五”规划编制、公共卫生服务体系建设、财政预决算、邵阳经开区体制改革等8个议题开展专题协商，并开展“我为邵阳（十四五）规划建言献策”活动，委员参加座谈109人次，参与政协云网上协商162人次,收集意见建议210条次；围绕国家卫生城市复检、挖掘红色文化资源等5个议题开展对口协商；围绕垃圾分类、康养产业发展、乡村民宿发展等5个议题开展界别协商；围绕渣土消纳场建设、住宅电梯增设、调整火车站末班公交车时间等开展提案办理协商43次。

【增进民生福祉】 2020年，邵阳市政协围绕金融支持企业复工复产、饮用水安全监管、生猪产业发展、“菜篮子”产品供应、春耕备耕、建筑砂石材料供给、乡镇污水处理厂建设、乡镇卫生院人才队伍建设等事关群众生产生活问题开展调研协商监督，关于新邵县潭府乡易地搬迁扶贫项目的调研成果纳入全国政协100个经典扶贫案例。围绕学校安全防护、改进燃气服务等群众关注的重点提案进行督办，在“政协云”“云邵阳”“邵阳发布”“爱上邵阳”4个平台对8件重大民生提案开展公众测评，9.2万人参与测评，获点赞28.5万个。围绕群众关切引导委员反映社情民意和微建议，编发社情民意专报63期，市委、市政府领导批示交办30篇，省政协采用信息14条，反映微建议119件，办结116件，其中特诊病人医药费报销、完善公交车站便民设施等一批民生问题得到交办落实。

【凝聚共识】 2020年，邵阳市政协为民主党派、工商联、无党派人士参政议政搭建平台，联合督办提案23件，联合调研课题7个，联办协商活动21次，安排大会发言16人，占比76.2%；采编社情民意36期，占比57.1%；立案提案142件，占比75.5%。开展中华优秀传统文化进宗教场所活动和民族宗教界委员线上线下读书分享座谈会，促进宗教和顺。加强对外开放交往，走访东盟邵商，组织召开东盟商会会长座谈会，就打通东盟贸易通道、融入“一带一路”倡议进行对接。为企业转型发展牵线搭桥，促成天香生物科技公司与湖南中医药大学开展校企产学研项目合作。发挥文史工作存史资政、团结育人作用，继续出版邵阳文史资料，推介邵阳特色历史人文。讲好政协故事、委员故事，征集上报委员“亲历扶贫”文章34篇，在《人民日报》《新湖南》《湘声报》等媒体上推出协商履职、抗击疫情、助力脱贫报道50多篇，在全省政协宣传工作会议上代表市州政协作经验推介。

【委员工作】 2020年，邵阳市政协发挥专门委员会基础作用，健全对口联系部门、联系界别制度，定期组织委员调研视察、学习交流。依托政协云，推进“互联网+政协”，加强政协云履职应用，通过云上直播+远程协商方式召开专题议政性常委会，累计57.4万人次观看直播、21.44万人次进行点赞、互动留言933条，扩大社会参与，凝聚社会共识。动员委员参与政协云线上值班108人次，就优秀传统文化传承、心理健康教育等问题回应群众留言953条。加强委员工作室建设运用，搭建“请你来协商”平台，引导委员广泛参与基层治理，建成委员工作室132个，其中6个委员工作室被评为湖南省示范性政协委员工作室、15个委员工作室被评为邵阳市示范性政协委员工作室。加强委员履职管理，制定《委员履职考核评价办法》，对委员履职情况进行实时统计、量化打分，健全委员履职档案。发挥委员主体作用，73名政协委员和政协工作者在市委政协工作会议上受到通报表扬。

（周倜伊　许小松）

2020年度邵阳市政协优秀提案一览表

表9

序号	编号	提案标题	提案者
1	0001	关于巩固脱贫成果防止脱贫后返贫的几点建议	谢　涵
2	0002	关于巩固提升国家卫生城市成果，助力创建国家文明城市的建议	民盟市委
3	0003	关于推进我市社区养老服务产业发展的建议	提案委
4	0005	关于建立邵阳本地农产品集散中心的建议	民革市委
5	0006	关于加快置换或释放我市被抵押工业用地的提案	李世卿
6	0007	关于大力提升我市体育中心社会化利用水平的建议	文教卫体和文史委
7	0013	关于加强全市中小学(幼儿园)安全防护建设的建议	罗海君
8	0016	关于大力发展职业教育,助推美丽乡村建设的建议	刘洪波
9	0019	关于完善邵阳市城区公交候车站便民设施的建议	邓　艳
10	0032	关于规范道路交通标线与信号灯设置的建议	孙雁翔

续表9

序号	编号	提案标题	提案者
1	0001	关于巩固脱贫成果防止脱贫后返贫的几点建议	谢 涵
2	0002	关于巩固提升国家卫生城市成果，助力创建国家文明城市的建议	民盟市委
3	0003	关于推进我市社区养老服务产业发展的建议	提案委
4	0005	关于建立邵阳本地农产品集散中心的建议	民革市委
5	0006	关于加快置换或释放我市被抵押工业用地的提案	李世卿
6	0007	关于大力提升我市体育中心社会化利用水平的建议	文教卫体和文史委
7	0013	关于加强全市中小学(幼儿园)安全防护建设的建议	罗海君
8	0016	关于大力发展职业教育,助推美丽乡村建设的建议	刘洪波
9	0019	关于完善邵阳市城区公交候车站便民设施的建议	邓 艳
10	0032	关于规范道路交通标线与信号灯设置的建议	孙雁翔
11	0035	关于支持创作“邵阳民俗百图”的建议	邹建山
12	0039	关于构建“亲”“清”新型政商关系,助推民营经济高质量发展的建议	何燕燕
13	0040	关于南山国家公园草地生态修复的建议	九三学社市委
24	0118	关于尽快恢复生猪产能的建议	陈国雄 欧阳耀华 周后卿 王晚秋
25	0142	关于完善我市农村青年返乡创业金融服务政策的建议	彭 康
26	0149	关于严控和化解村级隐性债务风险的建议	尹业波
27	0155	关于我市高铁建设实现“两个快速联通”的建议	陈功春
28	0168	关于完善大祥路公交路网方便群众出行的建议	彭启阳
29	0177	关于提振旅游经济，做大做强我市旅游业的建议	周后卿
30	0182	关于规范中药材种植，做强做大我市中药产业的建议	汤芳萍

中共邵阳市纪律检查委员会
邵阳市监察委员会

【综述】 2020年，中共邵阳市委常委会研究部署党风廉政建设和反腐败工作20次。中共邵阳市纪律检查委员会、邵阳市监察委员会（以下简称邵阳市纪委、监委）围绕“三高四新”新定位和五个方面重点工作，制定20项任务分解表，明确责任，深化监督。制定“两单一书”实施办法、加强“一把手”监督的十条措施、市级领导干部谈话提醒实施意见、委托谈话工作通知。全年发出任务提示单560份、问题清单583份、纪检监察建议书366份，委托各级党委（党组）书记谈话245人次。严把党风廉政意见回复关，提出暂缓或否决意见58人次。坚持“三个区分开来”，进行容错纠错，为194名干部在一定范围内澄清正名，减轻处理、免责19名干部。全市查处违反政治纪律案件32件32人。

加强纪检监察干部队伍建设。开展“重程序、讲规矩、强本领”建设活动，以及县级纪委监委领导班子政治建设考察。坚持全员培训，开办“爱莲讲堂”等业务培训班，开展案件审理、文字综合、信访举报处理、审查调查谈话岗位练兵比武活动。市本级7人通过国家法律职业资格考试。严肃办案和外调的工作纪律、保密纪律，规范内部管理和工作程序、纪法衔接程序。制定出台规范约见县市区党政主要负责人、提议召开党委（党组）会议等暂行办法，被省纪委转发全省纪检监察机关执行。系统内立案14件，处理处分54人，其中县处级1人。市纪委监委机关获评全国文明单位。

【纪检监察体制改革】 2020年，邵阳市纪委、监委挂牌组建202个乡镇（街道）监察办公室，监察监督向基层全覆盖。出台加强乡镇（街道）纪委规范化建设意见，着力实现“专业素养有提高、监督措施有强化、办案安全有保障、工作流程有规范、信访形势有好转”的“五有”目标。制定市纪委监委派驻机构改革实施意见和方案，向3家市管企业派出监察专员，向邵阳经开区、邵东经开区、新宁崀山管理局派出监察工作委员会。

【推进“廉洁单位”创建活动】 2020年，邵阳市纪委、监委督促各级各单位开展廉洁制度与业务工作、权力运行等紧密结合的“廉洁单位”创建活动。市委健全市委常委联系指导机制，召开全市创建工作推进会。制定考核评估办法，细化为16个方面67项具体指标。开展“创建廉洁单位书记谈”活动，公开12名县市区委书记、15名市直单位党委（党组）书记访谈。市县纪检监察机关加强督促检查，推动创廉工作有形有效。落实创建工作与文明单位、绩效考核、年度考评、机关党建“四挂钩”。

【群众信访工作】 2020年，邵阳市纪委、监委开展“带着板凳进村”接访活动，实现村居全覆盖，接访群众2.7万人次，解决问题1.5万个。在全省首批开通检举控告处置子平台。开展重复越级信访举报专项治理“百日会战”，有效化解“多年多层多头”越级重复信访积案170件。开展“四个一批”活动，市纪委、监委领导班子成员包案认领17件，全部息访；挂牌督办31件、直查直办16件，全部办结。建立村级“监督服务微信群”6330个，覆盖207万余人，线上线下解决群众反映问题。全市纪检监察信访举报总量同比下降35%。

【重要会议】 2020年3月7日，中国共产党邵阳市第十一届纪律检查委员会第五次全体会议在市区举行，33名市纪委委员出席，108名单位负责人列席。市委书记、市人大常委会主任龚文密出席会议并讲话，要求一以贯之、坚定不移推进全面从严治党，为决胜全面建成小康社会、决战脱贫攻坚、加快“二中心一枢纽”建设提供坚强保障。市委副书记、市长刘事青主持会议。曹普华、鞠晓阳、王昌义、蔡典维、李万千、张皓、周迎春、李志雄、侯文等在职在邵阳市级领导出席会议。市委常委、市纪委书记、市监委主任曾市南代表市纪委常委会作工作报告。会议以视频会议形式举行，各县市区设分会场。会上，与会人员集中观看警示教育片《初心迷失》。

【重大决策部署监督巡查】 2020年，邵阳市纪委、监委加强新冠肺炎疫情防控监督，制定“八个严禁”“八个一律”纪律规定，组织开展4轮专项监督检查，立案82件，处分69人，曝光典型案例30起。围绕复工复产、“六稳”“六保”开展营商环境蹲点调研，跟进监督，发现问题75个，下发问题清单19份。聚焦重点项目推进开展挂牌监督，制定“三类三制三看”工作办法，市县纪检监察机关挂牌监督125个重点项目。聚焦违建别墅、禁捕退捕、重点环保整改任务、农村乱占耕地建房、重点企业减税降费等开展专项监督检查，对高考冒名顶替案开展调查处理。

【作风建设】 2020年，邵阳市纪委、监委开展“五规五治”专项整治工作，进一步整治“文山会海”和“督检考”过多过频等突出问题，市级层面发文、开会持续精简。对邵东“申家大院”违建私宅和邵东市、武冈市生态环境整治不力中存在的形式主义、官僚主义分别问责20人、16人，并公开通报。执行省委、市委“约法三章”，追究市高级技工学校党委主体责任和纪委监督责任，对该校党委书记、纪委书记分别给予党纪处分并免职。从严处理大祥区17名党员领导干部工作日违规组织聚餐并饮酒的典型案件，对1名区政府办主任、14名乡镇街道负责人予以免职。处理隆回县顶风违纪打牌赌博的7名公职人员。开展“三公”经费执行情况专项审计和督查，出台加强“三公”经费监督管理制度。开展机关食堂、公共餐饮场所监督检查，推动治理餐饮浪费行为。全市查处违反中央八项规定精神问题220个，处理处分447人。

【惩治腐败】 2020年，邵阳市纪委监委查处李某贤案，查处陈某君、肖某等黑恶势力“保护伞”，查处顶风违纪的李某案，对5名县处级干部进行进断崖式处理或重大职务调整。全市立案2224件，处分2006人，其中立案县处级干部40人、移送司法机关48人。协助省纪委、监委查办刘某生、龚某生案以及湘投集团胡某岗案。市级派驻机构立案66件。全市有56名干部在不敢腐的震慑下主动投案，同比增长51.3%。以案促改，对3起领导干部“抱团式”腐败案件和4起严重违纪违法案件进行剖析通报。深挖彻查涉黑涉恶腐败和“保护伞”，开展“六清行动”，加大“打伞”“破网”力度，对涉龙某波案的12名党员干部立案，查处欧阳某等7名“保护伞”；处理处分涉及高某、王某黑恶势力案有关党员干部66人。全市处理处分310人，其中县处级干部11人，纪检监察和公安机关移送司法机关66人。

【重点领域专项整治】 2020年，邵阳市纪委、监委持续整治工程建设项目招投标领域顽瘴痼疾，聚焦电子交易平台建设、招标文件备案审核评估、代理机构监管等，查处典型案件86起，处理139人，通报案例6起、评标专家23人，收缴、处罚违规违纪资金1777万元。整治人防系统腐败问题，紧盯行政审批、工程建设、行业市场管理、设备采购、资产管理等八大重点，处理处分26人，追缴人防易地建设费8100万元。聚焦教育医疗、医保社保、居民就业等基本民生保障领域突出问题开展专项治理，解决一批群众急难愁盼问题。

【脱贫攻坚“护航行动”】 2020年，邵阳市纪委、监委制定扶贫领域腐败和作风问题专项治理“护航行动”12项硬措施。按照“四不两直”、吃住在村、既督又战的要求，组织市县955名纪检监察干部集中进村入户督查，覆盖全市所有贫困村。对362件扶贫领域信访举报实现动态清零。实行“一县一清单”“一部门一清单”监督制度，推进产业扶贫、生态扶贫、易地扶贫搬迁等专题治理。强化“四个严查”，发现问题线索6964个并督促整改到位。全市扶贫领域立案1265件，处分897人，追缴资金7061万元，退还群众资金2724万元，扶贫领域信访件同比下降70.66%。市纪委、监委被评为全省扶贫领域腐败和作风问题专项治理工作“一类单位”，获省纪委通报表扬。

【巡察工作】 2020年，邵阳市纪委、监委对20个市直单位开展常规巡察，对8个已脱贫摘帽县（市）开展“一脱贫三促进六覆盖”专项巡察，对7个重点经济园区开展优化营商环境专项巡察。配合省委巡视组对邵东市和邵阳县投融资平台公司、邵东市营商环境、三区法院执行情况开展专项巡察。统筹安排对县市区22个涉企单位开展交叉巡察。市、县两级巡察覆盖率分别达到93.4%、100%；巡察村（社区）3362个，覆盖率93.1%。协助市委出台《关于进一步加强巡察整改和成果运用的意见》，建立分管联点领导督促落实整改、整改验收评估等机制，推进巡察整改制度化常态化。在全省率先对巡视巡察发现的工程项目超概算、干部职工借公款长期不还等7类共性问题，在全市范围内实行提级整改，获省委、省纪委肯定。运用巡察成果，交办立行立改事项2445件，发现问题5920个，移送问题线索248件，处理处分97人，聚焦重点问题开发专题报告20余份。对23个市直单位党组织巡察整改情况进行督查，对整改率低于95%的进行通报，对整改率后三名的责令上台表态发言。

（唐荣军）

民主党派与工商联

邵阳年鉴 SHAOYANG NIANJIAN 2021

中国国民党革命委员会邵阳市委员会

【概况】 2020年，中国国民党革命委员会邵阳市委员会（以下简称民革邵阳市委）辖武冈市委会、大祥总支（辖大祥一支部、大祥二支部）、双清总支（辖双清一支部、双清二支部）、北塔总支（辖北塔支部）3个区总支，四中支部、职业技术学院支部、邵阳学院附属第一医院支部、中心医院支部、机关支部、邵阳学院支部、邵东支部7个区域或行业支部。市委会班子成员包含主委1人，副主委4人（含专职副主委1人），市委委员17人。市委会内设办公室、组织处、参政议政处、宣传处、社会服务处5个内设机构。

【组织和思想建设】 2020年，民革邵阳市委发展新党员21人，其中本科以上学历21人，正处级干部1人，副高以上职称2人。截至年底共有党员497人。11月，完成除武冈市委会外12个支部换届工作，48名党员当选为各支部委员会委员，新当选的支委班子中有博士1名，副教授4名，正科级及以上领导干部4名，“90后”1人，“80后”13人，“70后”9人。围绕“组织建设年”主题，开展“不忘合作初心，共担时代使命”“观故居，走多党合作之路”等主题教育，组织学习习近平总书记在全国抗击新冠肺炎疫情表彰大会上的讲话以及习近平总书记在湖南考察时的系列讲话精神，组织党员学习中共十九届五中全会精神。

【参政议政】 2020年，民革邵阳市委完成“关于加快湖南中药材市场发展”调研，撰写调研报告《补链延链强链，促进我市中药材市场高质量发展》，获民革湖南省委会2020年度调研成果评比二等奖。在市政协十二届四次全会上，市委会以《发展我市会展经济》《以特色优质农产品基地建设促进乡村产业兴旺》为主题分别作大会和联组发言。提交的提案《关于公交车站台设置候车座椅的建议》《关于建立邵阳本地农产品集散中心的建议》被市政协列为重点督办提案，办理成效明显。社情民意信息方面，市委会提交的《建议以抗击新冠肺炎疫情为契机，大力发展中医药事业》被全国政协采用，《关于加强中小学生心理健康教育的建议》被新华社《高管信息》采用，另有3篇被省政协采用，2篇被市政协采用。

【社会服务】 2020年，民革邵阳市委在年初的新冠肺炎疫情防控工作中，有52名党员战斗在防疫一线。组织党员捐款4.6万元，募捐医疗物资价值7.6万元。邵东民革党员姜加祥被授予“湖南省抗击新冠肺炎疫情先进个人”称号。参与邵阳经济社会建设，引进中欧建工、中科坤林落户邵阳。继续开展关爱抗战老兵活动，截至年底，全市有在册幸存抗日战争老兵65人。开展义诊助学等扶贫帮困活动，发动党员筹集扶贫、助学资金50余万元，捐助困难学生50余人。5月，组织民革大祥支部、邵东支部、市中心医院支部党员组成医疗专家服务队赴隆回南岳庙乡开展健康扶贫义诊活动。

（魏娅茴）

中国民主同盟邵阳市委员会

【概况】 2020年，中国民主同盟邵阳市委员会（以下简称民盟邵阳市委）下辖民盟武冈市委、邵阳学院总支、市二中总支、民盟湘中幼专总支、民盟邵阳市大祥总支、民盟邵阳市双清总支、民盟邵阳市北塔总支，以及37个支部。有盟员871人，其中高级职称303人，特级教师3人。担任县处级以上领导职务14人，其中市人大常委会副主任1人、市政协副主席1人，省人大代表3人、常委会委员1人；市级人大代表4人、常委会委员3人，市级政协委员29人、常委7人；县级人大代表9人、常委会委员2人，政协委员32人、常委6人。

年内完成14个支部换届工作。发展盟员25人，其中高等院校职工6人、博士1人、副高以上职称2人。选派2人参加民盟省委会优秀基层负责人培训。完成民盟邵阳市委青年工作委员会改组，审议通过青委会章程。

【思想建设】 2020年，民盟邵阳市委将政治理论学习作为民盟市委会主委会议、市委全会第一议程，逢会必学习近平新时代中国特色社会主义思想和习近平总书记重要讲话精神。召开4次主委会议，集中学习习近平总书记在决战决胜脱贫攻坚座谈会的讲话、在纪念中国人民志愿军抗美援朝出国作战70周年纪念大会上的讲话、湖南考察调研重要讲话精神等一系列讲话精神和中共十九届五中全全精神。印发《学习传达习近平总书记在湖南考察调研重要讲话精神工作方案》，推动全市各级民盟组织和全体盟员学习讲话精神。举行纪念民盟市委会第二任主委马少侨100周年诞辰座谈会，缅怀其不平凡的人生。通过邵阳民盟内部媒介，对第三任主委、名誉主委傅治同表示哀悼。全市各级民盟组织坚持学习教育活动与实际相结合、与本职工作相结合、与现代传媒手段相结合，创新性开展一系列活动。

【参政议政】 2020年，民盟邵阳市委《关于巩固提升国家卫生城市成果，助力创建国家文明城市的建议》《关于加强邵阳市儿童口腔干预项目支持力度的建议》分别被列为年度市政协主席会议成员领衔督办的重点提案，各民主党派、市工商联督办的重要提案。《关于尽快开工建设呼南通道邵阳至永州段铁路的建议》获省发改委明确答复。5个理论课题被立为省级课题，“各民主党派参加人民政协工作的共同性事务情况交流机制研究”“新时代民主党派内部监督体制机制创新研究”“严怪愚评传”“湖南统一战线史的基本特征研究”“高校民主党派人士监察监督机制研究”5个理论课题被立为省级课题。其中成果《严怪愚评传》获评二等奖，《新时代民主党派内部监督体制机制创新研究》获评三等奖。省、市人大代表向省、市人大会议提交建议5件。市级政协委员提交提案15件，其中3件集体提案。《巩固创卫成果 夯实创文基础》作为市政协十二届四次全会大会发言材料，并获市长刘事青批示；《关于进一步巩固提升脱贫攻坚成果，防止脱贫户再度返贫的建议》被省人大常委会主任会议确定为2020年一类重点处理建议。报送社情民意信息20余件，被民盟中央采用2件、民盟省委采用20余件、市政协采用11件。其中《强力推动我市住宅小区配套教育设施建设的建议》《关于争取将永州经清远至广州高铁列入国家“十四五”规划并开工建设的建议》《关于促进“十四五”期间邵阳文化产业高质量发展的建议》《关于“十四五”期间加快邵阳制造业向智能制造转化转型的建议》获市委书记、市人大常委会主任龚文密批示；《关于加紧完善疫情防控立法工作的建议》《关于加强和创新基层社会治理与平安建设的建议》被民盟中央采用。

【社会服务】 2020年，民盟邵阳市委推进民盟爱心基金品牌化建设，在盟内开展爱心基金资金筹集活动，持续传递爱心，资助慰问特困和罹患重病盟员、深度致伤危重男童等。支持引导民盟中心医院支部第三期肾友病人微商创业活动，助力肾友病人依靠自身力量走出经济困境。推动和引导各基层组织结合自身实际，构建社会服务平台，打造社会服务品牌。民盟武冈市委会参加“政协委员帮千户”助力脱贫攻坚活动；民盟邵东支部联合邵东一中振华实验学校党支部捐建“弘道承德图书馆”，开展爱心助学活动。助力新冠肺炎疫情防控，全市231名盟员捐赠7.88万元。助力脱贫攻坚，协调争取到位资金50余万元，完成对口帮扶贫困村新宁清江村500余米水毁修复工程、河堤改造工程建设。为尘肺患者协调解决医药费5000元，资助帮扶对象生产性资金6000余元，直播带货销售脐橙2500余公斤。开展“爱心购”，带动盟员和盟员所联系的群众购买脐橙等农产品2.5万多元。组织开展“政协委员帮千户”助力脱贫攻坚行动，12名民盟界别市政协委员结对帮扶武冈市大甸镇深度贫困户10户34人，给每户送去生产性资金1000元，开展爱心购200元以上。 （邹建山）

中国民主建国会邵阳市委员会

【概况】 2020年，中国民主建国会邵阳市委员会（以下简称民建邵阳市委）有1个县级市委会、3个总支、28个支部。有会员689人，其中男性会员500人、女性189人，平均年龄53.3岁。会员中高级职称56人、中级职称306人；省政协常委1人、省政协委员2人，市人大代表5人（其中常委3人）、市政协委员23人（其中常委6人），县市区人大代表8人（其中副主任2人、常委2人）、县市区政协委员60人（其中副主席4人、常委9人）；政府机关任副处以上干部22人；中共交叉党员18人；享受国务院特殊津贴3人、市政府特殊津贴1人；民建邵阳市委有委员19人。

【思想建设】 2020年，民建邵阳市委持续开展学习贯彻习近平新时代中国特色社会主义思想。以庆祝民建成立75周年暨在湘建立组织70周年为契机，结合民建在邵阳的实际，组织开展相关活动，并参加民建省委会组织的纪念民建成立75周年暨在湘建立组织70周年的一系列庆祝活动；先后邀请专家宣讲中共十九届五中全会、多党合作与政治协商、民建历史。围绕“习近平总书记关于提高民主党派五种能力建设”“民主党派后备队伍建设”“统一战线领域风险防控问题之初探”“民建会员核心价值观的正确引导”“加强民建组织政治建设的实践和创新”，分别组织会员开展理论研究；组织会员参加民建省委“我牵挂的那家人”脱贫故事征文活动，收到征文11篇。以重大宣传题材为抓手，宣传邵阳民建和民建会员事迹，邵阳电视台、《邵阳日报》、《邵阳晚报》跟踪采访民建市委在市政协的大会发言《对我市“十四五”规划的建议》《关于做好我市科技创新的建议》《全面推进“邵阳红”公共品牌建设》，肖坤后、匡芳梅、毛琳玲、李梅等人的事迹被中央、省、市媒体报道。

【组织建设】 2020年，民建邵阳市委发展会员24名，其中研究生学历3人、本科学历12人；选送8名骨干会员到省社会主义院、市委党校学习，3名会员到发达地区跟班挂职。推进基层支部换届和市委换届工作，年底全部换届完毕，一大批优秀年轻会员进入支部班子。加强制度建设，修订组织建设工作制度，形成适合邵阳民建自身特点又有利于各项工作规范化运行的制度体系，对班子成员进行明确分工，每个成员分管一块工作，并负责联系一个总支、专委会和基层支部；通过定期检查、督促，推进基层支部制度化、规范化建设。从人力、财力上支持各基层支部开展会史和统战知识学习、主题聚会、考察调研等会务活动，增强组织凝聚力。重视老会员服务工作，经常开展系列尊老爱老活动。市委机关完善健全日常管理、会务服务等相关制度，成功创建市级文明单位。

【参政议政】 2020年，民建邵阳市委主委蒋志南、专职副主委卿晖多次参加市委、市政府召开的制定“十四五”规划意见征求会、座谈会等，在建设邵阳湘商产业园、创建全国文明城市、脱贫攻坚、医疗改革等方面提出意见和建议。年内民建界别人大代表、政协委员撰写批评建议和提案131篇，其中提案《对我市“十四五”规划的建议》《关于做好我市科技创新的建议》《全面推进“邵阳红”公共品牌建设》获市领导批示。6名政协委员被市政协选派为民主监督员，参与行风评议、政府专项工作评议。民建市委组织界别市政协委员对《我市生猪复产迫在眉睫》重点提案进行督办，对邵阳、新宁两县脱贫攻坚和产业发展进行视察调研；针对邵阳市提高基层治理能力、湘商产业园发展、巩固脱贫成果、发展特色农业产业等课题进行调研，撰写《加强基层村级组织治理体系建设的建议》《促进外贸企业稳定发展的建议》《发展特色农业要注重品牌建设》《完善基层治理体系应加快推进智能社区建设》4篇调研报告；对邵阳县、大祥区脱贫攻坚工作中的“两不愁、三保障”政策的落实进行民主监督调研，及时反馈问题；先后与市环境保护局、市交通运输局、市农业委员会、市工商局召开对口联系工作会，并对城区支流水系保护、城区公共交通资源合理布局、“邵阳红”农产品推广和保健品市场规范开展联合调研；组织信息员培训班，全年收集各类社情民意15篇，其中全国政协、民建中央各采纳1篇，省委办公厅采纳2篇，市政协采纳6篇。

【社会服务】 2020年，民建邵阳市委支持会员企业做大做强。市委班子成员多次赴会员企业开展调研，帮助企业解决问题和困难，重点支持湖南中大、新明燃气、邵阳消防医院、花仙子花卉、昭陵茶业、恒远混凝土等。参与扶贫攻坚，派员入驻省级贫困村新宁县清江村，参与大祥区划船村扶贫，发动会员为贫困村民销售农副产品，并送去慰问金。巩固“四同创建”成果。协助樟树垅社区解决存在的问题，利用会员和会员企业资源优势，开展送科普、送法律、送温暖等活动；社区“同心法律援助联系站”为群众免费服务，接待群众咨询40多人次；邵阳民建法律援助中心接待来信来访100余人次，调处非诉纠纷5起；民建市委组织“同心创业”培训班12期，举办创业大讲坛3次，培训农村致富带头人400多名；民建宝庆竹刻创业实践基地新增学员12人。抗击新冠肺炎疫情。会员陈国雄、邓凤姣等坚守在防疫第一线；会员罗民、向新昕等通过民建系统捐款捐物总计16万余元；会员李双喜向武汉捐赠价值4万余元的脐橙，并筹集资金2000多万元及时复工复产。（刘成生）

中国民主促进会邵阳市委员会

【概况】 2020年，中国民主促进会邵阳市委员会（以下简称民进邵阳市委）有1个县级市委会、2个总支、16个支部，有会员477名。会员中316人具有中、高级职称，占总数的66.2%；副厅级干部2人、正处级干部2人、副处级干部7人；有73人兼任社会职务，其中省政协委员2人，市人大代表3人、市政协委员18人，包括市政协副主席1人、政协常委4人，县（市、区）人大代表4人、县（市、区）政协委员46人。

【组织建设】 2020年，民进邵阳市委物色、培养、考察发展23名新会员，其中优才3人。对支部进行整合调整，抽调积极、优秀的会员充实到活动开展不积极的支部以增强支部活力，完成全部基层支部换届工作；成立民进湘中幼儿高等师范专科学校总支委员会，选举产生第一届委员会班子及下属湘中幼专一支部、二支部2个支部班子。组织100余名会员参加民进湖南省委在邵阳市举行的“我身边的先进”巡回宣讲会；围绕履职能力建设主题年活动，通过领导班子集中学习、各基层组织学习讨论、发动会员借助网络平台自学等形式加强学习，提升履职能力。

【参政议政】 2020年，民进邵阳市委为进一步做好会市委参政议政工作，将课题招标与邀标相结合，撰写完成重点调研成果3个。围绕重点工作开展课题调研，配合民进湖南省委完成三项重点调研活动，同时组织开展重点课题调研，完成脱贫攻坚、乡村振兴、城市管理等重点调研课题。

【社会服务】 2020年，民进邵阳市委助力新冠肺炎疫情防控阻击战，助力复工复产，220名会员捐款4.87万元，并为大祥区翠园街道办事处和李子园社区、资江学校、板桥乡龙头村等送去抗疫物资。会员邱源海创作《你把姓名写在后背》《横刀立马赴武汉》等抗疫歌词；曾胜程撰写十几首抗疫诗歌，其中《中华民族的力量》经邵阳电视台音乐频道主播朗诵播出。动员全会力量助力脱贫攻坚。主委徐桂阳带领民进界别的省、市政协委员赴新邵县巨口铺镇高升村开展“政协委员帮千户”活动，会同市委机关坚持每月走访对口帮扶户，并为他们解决实际困难。利用自身优势，开展社会服务。文艺支部参加双清区政府举办的“非遗过大年 文化进万家”春节文化活动；赴隆回县就传统文化的传承与保护开展调研；与民进长沙市委共同主办“名师同心讲坛”及“公益拍卖、爱心助学”活动。

【成立湘中幼专总支】 2020年10月22日上午，民进邵阳市委湘中幼儿高等师范专科学校总支委员会召开成立大会。自武冈师范与邵阳师范合并成立湘中幼专后，为便于支部开展工作，民进邵阳市委广泛征求会员意见，多方协调，精心筹划，保留原武冈师范支部，撤销邵阳师范支部，将原武冈师范支部部分在职会员和邵阳师范支部会员合并成立湘中幼专总支。会议选举产生民进湘中幼专总支第一届委员会班子及下属湘中幼专一支部、二支部两个支部班子。

【捐资送教助学】 2020年5月30日，民进邵阳市委与民进长沙市委共同主办的“名师同心讲坛，助力洞口教育”教师培训活动在洞口县一中举行，5位名师分别就语文、数学、英语、文综、理综等学科开展专题讲授，为洞口县7所高中的近200名骨干教师进行高考前的备考指导，现场解答教师们在教学方面的各类难题。31日，举行助力洞口复工复产复学“公益拍卖、爱心助学”暨佳和美家国际家居广场招商启动仪式，通过拍卖洞口最大广告屏黄金广告时段、珍品黑茶等方式，募集善款10多万元，全部用于洞口贫困儿童助学。活动现场向24名学生每人发放1000元助学金，同时确定将按照每年10万元的标准长期助学。（陈文佳）

中国农工民主党邵阳市委员会

【组织建设】 2020年，中国农工民主党邵阳市委员会（以下简称农工党邵阳市委）贯彻落实人才强党战略，发展一批医卫、教育、经济、行政等领域的专家学者、代表人士入党。全年发展新党员14人，其中具有硕士学位6人，具有副高以上职称6人。截至年底，全市有农工党员587人。年内选送3名党员参加省社会主义学院和市委党校的培训，选送7名基层组织负责人参加全省基层组织主委培训班，选送10名新党员参加全省新党员培训班。开展基层组织换届工作，召开动员部署会，下发换届工作方案、换届意向申报表、关于换届人事安排的请示、候选人登记表、换届选举暂行办法等文件材料，使基层组织换届工作更加规范化、制度化，如期完成换届任务。优化组织结构，成立大祥区支部、邵阳学院基层委员会。市疾控中心支部成功创建省级农工党员之家。

【参政议政】 2020年，农工党邵阳市委组织医疗卫生、生态环保、人口资源和经济建设等方面专家学者，成立联合调研组，围绕市委、市政府中心工作开展调查研究，撰写完成调研报告14篇报送有关单位和部门。其中，《健康扶贫政策落实情况调研报告》被评为市政协优秀调研报告；《资江流域生态环境保护调研报告》《邵阳市健康扶贫政策及落实成效的调研报告》被农工党湖南省委会吸纳采用，形成的调研报告分别获全国政协副主席、农工党中央常务副主席何维，省委常委、统战部部长黄兰香，省政府副省长吴桂英批示；报送农工党湖南省委会的4篇课题论文，被吸纳汇编成《湖南省中药产业链发展论坛论文选编》，获省委常委、统战部部长黄兰香和省政府副省长隋忠诚批示。各级两会上，农工党员中的人大代表、政协委员提交个人提案建议40多件。其中《关于普及市民医疗急救常识和技能，促进邵阳健康城市建设的建议》被评为市政协优秀提案。7月，市医药支部组织调研全市中医药产业发展现状，形成《邵阳市西南地区中药材产业发展情况调研报告》，市委会副主委汤芳萍以《规范中药材种植，做强做大我市中药材产业》为题，在市政协常委会上做建议发言。北塔区支部撰写的《北塔区现代服务业发展问题的调研》被市委会采用吸纳并转化为市政协大会发言材料。市中医医院支部主委丁晖在省人大会上提交《不忘初心、牢记使命关于加强我院法制建设的调研报告》。中西医结合医院支部调研报告《加强基层卫生服务能力建设，加强村医培训》被作为大祥区政协会议发言材料。

【民主监督】 2020年，农工党邵阳市委继续对口隆回县、洞口县开展脱贫攻坚民主监督。5月，组建专题调研组，用4天时间分别在隆回县三阁司镇禾塘村、七江乡水西村、洞口县高沙镇曲塘村、石榴村进行实地调查和暗访，对调研中发现的问题进行综合分析，形成意见建议提交相关部门单位。省政协副主席、农工党省委主委张灼华带领调研组到邵阳进行脱贫攻坚民主监督调研，并开展系列帮扶活动，出席对口邵阳市脱贫攻坚民主监督座谈会，市委会全程参与并做好调研期间系列工作。

【社会服务】 2020年，农工党邵阳市委机关干部11次走访慰问新宁县清江村贫困户，送上慰问金及油、米等生活物资。5月，组织召开市政协农工党、九三界别活动组会议，传达市政协“政协委员帮千户”助力脱贫攻坚工作会议精神，各级政协委员、人大代表助力脱贫攻坚，走访慰问贫困户并送去慰问金或物资价值2万元。6月，市中心医院总支，邵阳学院附一医院支部、附二医院支部分别组织党员中的医疗专家，在红旗社区、城西社区与邵水桥社区同时开展“农工党邵阳市委会2020年环境与健康宣传周”活动，为居民举办免费讲座，160余名居民和社区干部参加听讲。10月，市委会到洞口县大屋瑶族乡高峰村走访慰问贫困户。市委会领导出面协调为新宁县清江村争取5万元资金用于基础设施建设。市中西医结合医院支部多次到市铭德医院、大祥区面铺乡进行中医健康宣教和义诊，参加人次约50人，发放宣传资料160多份，受益群众176人。全市农工党员分别主持开展或参加各类社会公益活动20余场次。

【抗击新冠肺炎疫情】 2020年，邵阳市有74名农工党员参与到一线的疫情救治和防控工作。其中，党员罗亚率医疗队入驻黄冈市大别山区域医疗中心开展疫情防控救治工作。市委主要领导带队，分别多次到市中心医院、市中西医结合医院、市中医医院看望慰问奋战在抗疫一线的党员，协调解决实际困难，解除一线抗疫党员后顾之忧；市委会宣传报道“最美逆行者”事迹，在各类媒体刊发“抗击新型冠状病毒感染的肺炎疫情，邵阳农工党在行动”系列报道7期；鼓励党员创作“抗击疫情”主题作品，其中何泽民创作诗歌《在看不见敌人的战场，我想……》、市中医医院支部党员创作《小黄人的故事》等。82名党员响应市委会倡议，捐款（含捐物折合）6.6万元。市委会被农工党中央表彰为“抗击新冠肺炎疫情先进集体”，罗亚被农工党湖南省委会授予“优秀农工党员”称号，廖晓平、陈少敏、曾昭明等28人被农工党湖南省委会评为“新冠肺炎疫情防控工作先进个人”。

【农工党省委支持邵阳发展】 2020年，农工党湖南省委通过长沙群英会向邵阳市中医医院捐赠现金、物资价值7.3万元。通过中国初级保健基金会向邵阳基层医疗机构捐赠抗疫专项经费和药品60万元。争取古井贡酒湖南分公司向市中医医院、市中西医结合医院捐赠10万元抗疫物资。通过省农业农村厅、省交通运输厅为邵东市、洞口县争取项目资金共25万元。7月，组织省市7名党员医疗专家，到新宁县清江村卫生院为当地的贫困户及普通村民开展义诊送药活动，并向村卫生院捐赠价值10万元的医疗物资，向村委会捐赠3台办公电脑。

【纪念农工党成立90周年】 2020年，农工党邵阳市委以开展农工党成立90周年纪念活动为契机，推进“优良传统弘扬年”活动。分别组织党员参加省委会开展的“讲好中国故事”报告会、“庆祝中国农工民主党成立90周年”党史党章知识竞赛、“中国农工民主党成立90周年”文艺会演等活动。龙达、刘辉文等4名党员分别获知识竞赛一、二、三等奖，市中医医院“小黄人的故事”获文艺会演二等奖。在省委会纪念表彰活动中，市委会被评为全省“宣传工作先进市级组织”“参政议政先进市级组织”，武冈市总支、市医药支部等7个基层组织被评为全省先进基层组织，汤芳萍、肖磊等30名党员被评为省优秀农工党党员，陈少敏、孙雁翔等9人被评为省优秀党务工作者。市委会获农工党中央“纪念中国农工民主党成立90周年先进集体”称号。

【宣传和参政党理论研究】 2020年，农工党邵阳市委通过中央、省、市各级报刊、网站和省委统战部要情快报等各类新闻媒体，刊发稿件40篇次，其中中国政协网、农工党中央、湖南红网、三湘统战网、湖南农工等网站和《邵阳日报》宣传报道10篇次。市委组织参政党理论研究小组，围绕农工党自身建设和参政履职面临的理论和实践问题，开展研究，形成理论研究成果12篇，其中党员胡丹、文君琳、朱庚香撰写的理论文章，获农工党中央庆祝中国农工民主党成立90周年理论征文三等奖。

【党内监督预警】 2020年，农工党邵阳市委监督委员会对市委委员和基层组织班子成员履职情况进行监督，对市委会班子成员民主生活会整改落实情况进行监督；在基层组织换届工作中，监督委员会全程参与对班子成员执纪执法审查。按照“分级负责，一级抓一级”原则，有针对性地综合运用教育、制度、监督等多种措施，通过谈心谈话、排查廉洁风险，制定防控措施、警示教育、典型案例通报等常态化工作，开展廉洁风险预警提示活动。（张　程）

九三学社邵阳市委员会

【概况】 2020年，九三学社邵阳市委员会（以下简称九三学社邵阳市委）有基层委员会1个、支社21个，社员总人数393人，其中具有副高以上职称139人，占35.37%，平均年龄48岁。年内发展新社员10人，平均年龄36岁。除发展有代表性的科技界高中级知识分子外，加强对社会科学、经济界、法律界代表性人士的发展，使社员专业更趋合理。

【思想建设】 2020年，九三学社邵阳市委召开专题会议学习，组织各支社学习，对“十四五”时期经济社会发展的指导方针、主要目标、基本理念、举措部署进行重点学习，通过开展多层级、多形式的学习、宣传、解读和宣讲等活动，学习领会中共十九届五中全会精神的核心要义。主委带头撰写学习中共十九届五中全会心得体会，社市委会结合全年工作，系统学习习近平总书记考察湖南重要讲话精神及中共湖南省委贯彻落实意见，明确贯彻落实重要讲话精神在参政议政、民主协商、社会服务和自身建设等各方面的要求，聚焦打造“三个高地”、担当“四新使命”、落实五项重点任务，并要求全体社员以实际工作助推重要讲话精神落实落地。

【参政议政】 2020年，九三学社邵阳市委整合内外资源，开展调查研究，围绕市委、市政府中心工作，通过调研考察、提案议案等形式建言献策。在市级人大政协两会上，提交集体提案6篇、大会发言3篇、个人提案22篇。其中《积极稳妥推进农村宅基地“三权分置”改革》的大会发言获市长刘事青批示。按照社省委的要求，完成招标课题调研，并形成调研报告。向社省委和市政协上报社情民意15篇。

【社会服务】 2020年，九三学社邵阳市委资助贫困学生30名。组织“爱心购活动”7次，发动310人次购买，为7个贫困村132户贫困户销售农副产品9.8万元。开展进同心美丽乡村义诊、捐赠图书活动6次，为1200余名村民进行义诊，举办3场健康讲座，捐赠图书2000册。组织中医院支社和西湖支社在新邵县清水村开展“不忘合作初心继续携手前进”美丽乡村志愿者义诊活动和关爱留守儿童志愿服务活动，为20多名留守儿童准备内容丰富、形式多样的活动，并为学生送去图书、书包、文具等学习用品。联合文化支社在邵阳县白仓镇四峰社区开展“同心美丽乡村”创建活动，并送去图书600册。

【疫情防控】 2020年新冠肺炎疫情期间，九三学社邵阳市委开展各项防疫工作，组织社员累计捐款捐物价值92万余元。其中，泰国湖南商会会长、社员刘纯鹰捐赠给省会定点医院医用防护服2000套，协助邵东市采购防护服3600套、防护眼镜1000副；社员王杰向市中心医院、邵阳学院附属第二医院疫情防控定点捐赠蔬菜合计4000公斤，2月10日从三亚市九所镇蔬菜种植基地一次性采购约36.5吨蔬菜驰援武汉市蔡甸区，总价值31.64万元，并承担全程运费7.5万元；社员谢有名捐款1万元购买物资，慰问北塔区防疫一线医务人员。

（解 美）

邵阳市工商业联合会

【助力疫情防控】 2020年，邵阳市工商业联合会（以下简称邵阳市工商联）发挥自身优势，引导商会、民营企业等投入疫情防控的人民战争、总体战、阻击战。1月28日，市工商联向全市工商联系统、全国异地邵阳商会、市工商联直属行业商会和民营企业家发出《关于全力支持打赢新型冠状病毒感染的肺炎疫情防控阻击战的倡议书》，得到民营经济人士热烈响应。针对抗疫物资紧缺情况，第一时间动员当地商会和异地邵阳商会利用自身优势在全球范围内采购和捐赠抗疫物资。其中，泰国湖南商会会长刘纯鹰从国外为市工商联采购大量防护物资；北京邵阳企业商会、江苏省湖南邵阳商会、长沙邵阳商会等向邵阳市防疫定点医院捐赠4台救护车。截至3月31日，全市工商联系统组织当地商会、异地邵阳商会、当地民营经济人士和1200余名异地邵商，捐赠防疫资金1378.5万元、价值3000余万元的物资。其中，县市区工商联组织捐赠资金1260.1万元，价值2736.8万余元的物资；市工商联本级组织捐赠资金118.3万元，价值263万元的物资。同时，利用官网、微信公众号等进行正面宣传外，并与邵阳电台等媒体共同打造“抗疫情——我们在一起”宣传活动，组织21家直属商会和180余名民营企业家参加广播录制，坚定打赢疫情防控战信心。

【助力企业复工复产】 2020年，邵阳市工商联系统以“家人、家业、家事”理念配合统战部门助力企业复工复产。市工商联配合市委统战部成立支持民营企业复工复产工作专班，直属商会党委组织各商会党组织引导会员企业按照防疫要求，统筹开展疫情防控、复工复产工作。3—4月，市工商联组建6个调研走访小组，走访717家民营企业、28个产业园区、139家商协会，为企业解决一系列复工复产难题。活动走访调研期间，市县工作组向民营企业发放口罩50.44万个、酒精5053瓶、消毒液34吨、额温枪590把。其中市工商联分别向100余家企业和14个商会发放口罩32.1万个、酒精4066瓶、额温枪217把。同时，对接市金融办、市人民银行和市银保监分局开展“百行进万企”活动，协助出台《邵阳市金融助力疫情防控和经济社会发展“暖春行动”工作实施方案》，配合银行开展对企业的信贷支持工作。全年全市各银行支持复工复产发放贷款99.8亿元、无还本续贷1.67亿元、展期续贷11.35亿元。

【教育引领】 2020年，邵阳市工商联传达贯彻中央、省委、市委关于疫情防控和复工复产指示精神，并将出台的一系列应对疫情影响支持企业复工复产、促进经济平稳发展的政策措施汇编成册，下发至各商会及会员企业，引导民营企业人士自觉参与诚信经营、减租免租行动。据统计，市直商会及其会员为经营户减缓免租金600多万元。

7月23日召开民营企业座谈会，学习习近平总书记7月21日在企业家座谈会上的重要讲话精神和省纪委《关于规范政商交往推动构建亲清政商关系的意见》，并在全市工商联系统开展“学重要讲话，提发展信心”活动。开展以“守法诚信经营，坚定发展信心”为主题的理想信念教育实践活动。依托红色教育基地、贫困地区等，加强世情国情党情教育，增进民营经济人士对中国共产党和中国特色社会主义的政治、思想和情感认同。在市直属行业商会中开展“创文明商会，做文明市民”活动，引导民营经济人士牢固树立守法诚信意识。配合市委统战部分别在市区、隆回县、邵东市等举办第7、8、9、10、11期民营企业家沙龙。市工商联党组在市直属行业商会中开展“提信心、促发展”活动，其中6月11—14日，市汽车行业商会组织45家会员企业举办“2020年春季车展会”，成交量1100余台，交易额达2亿元。11月27日，指导邵东市浙江商会成立邵阳市首家人民调解委员会。

【招商引资】 2020年年初，邵阳市联系、服务异地邵阳商会职能由市商务局移交到市工商联。市工商联主动对接全国异地邵商开展回邵考察交流活动。5月16日组织长沙市邵阳商会120余名商会代表到邵考察营商环境，实地参观拓浦精工智能制造（邵阳）有限公司、彩虹集团（邵阳）特种玻璃有限公司、三一重工股份有限公司邵阳分公司等企业，举行项目推介会，介绍邵阳招商引资的优惠政策，推介邵阳红品牌项目，商会代表发起邵商回乡投资倡议。6月13日，接待由广东省肇庆市邵阳商会20余名企业家组成的考察团。（市工商联办公室）

群众团体

邵阳市总工会

【全体会议】2020年4月10日，邵阳市总工会召开第十六届委员会第五次全体委员会议。会议总结2019年全市工会工作，部署2020年工作任务。市委副书记、市委统战部部长曹普华出席会议并讲话，市人大常委会党组副书记、市总工会主席蒋耀华主持会议，市总工会党组书记蔡灿辉代表市总工会常委会作工作报告。

6月22日，市总工会召开十六届六次全体会议。会议学习贯彻中共十九大和十九届二中、三中、四中全会精神，传达贯彻习近平总书记给郑州圆方集团职工回信精神以及全国两会、省委、市委和省总工会有关会议精神。刘永德当选为邵阳市总工会第十六届委员会主席。

9月4日，市总工会召开十六届七次全体会议。总结上半年工作，研究部署下一阶段工作任务，全面推进全市工会"五个年"建设。市人大常委会副主任、市总工会主席刘永德出席会议并讲话。会议替补选举金永辉为市总工会第十六届委员会委员，投票选举罗素云为市总工会第十六届委员会副主席。

【疫情防控】2020年，邵阳市总工会在新冠肺炎疫情发生后，第一时间发出倡议书，号召全市工会干部和广大职工投身疫情防控阻击战。为各类企业送去复工复产慰问口罩5.75万个，对75名援鄂医护人员和防疫一线医务工作者及其他工作人员进行慰问，组织49名援鄂医疗队员进行疗休养。发动1166个基层工会发放7个节日电子消费券1.78亿元，发放疫情防控特别慰问消费券省级补助1127万元、县级补助98.84万元。发动全市4300余家基层工会组织参加"湘观影"活动。

【劳动和技能竞赛】2020年，邵阳市总工会开展"助推高质量 勇夺双胜利"邵阳市2020年劳动和技能竞赛暨宝庆工匠评选活动，全市开工建设的116个重点建设项目均参加劳动竞赛，参赛职工12619人，参赛企业和参赛职工参赛率均达100%。在制造行业车工、钳工、焊工、电工、叉车工、玻璃翘曲测定、药品检验、智能装配、点卤、酿酒等10个工种开展宝庆工匠技能竞赛，评选出一批"宝庆工匠"。

【慰问劳模、困难企业及职工】2020年1月3日，湖南省总工会副主席彭岘丹带队到邵阳市药材公司、邵阳市啤酒厂等企业，看望慰问部分劳动模范和困难职工。春节期间开展慰问劳模活动，1月22日、23日，市委书记龚文密、市长刘事青率领市总工会等相关部门人员分别看望慰问全国劳模刘顺同、阳超伟。全市慰问全国、省、市三级劳模957人次，发放慰问金311.1万元，所有慰问资金都通过银行转账方式转入劳模个人账户。

【劳模推荐评选和表彰】2020年，邵阳市总工会开展全国、省、市三级劳模评选工作，推荐6人获评全国劳动模范和先进工作者，推荐39人获评湖南省劳动模范和先进工作者，评选出93名市级劳动模范和先进工作者。12月10日，全市劳动模范和先进工作者表彰大会在市委礼堂召开，市委书记龚文密出席会议并讲话，市长刘事青主持会议，市委常委、市委组织部部长张皓宣读表彰决定，市委常委会全体成员出席会议。大会为在疫情防控、复工复产工作一线中涌现出的53名先进个人授予邵阳市五一劳动奖章。

【双联和城市困难职工解困脱困】2020年1月4日，邵阳市"双联"和城市困难职工解困脱困暨新时代产业工人队伍建设改革推进会召开，市委副书记、市委统战部部长曹普华出席会议并讲话。市人大常委会党组副书记、市总工会主席蒋耀华主持会议，市政协副主席郑再堂宣读《关于表彰2018—2019年度全市"双联"和城市困难职工解困脱困工作先进单位和先进个人的通报》，市总工会党组书记蔡灿辉作工作报告。2020年，市总工会开展农民工技能培训、春送岗位等服务活动，联合人社部门开展专场招聘会29场，6500余名下岗职工实现再就业。做好职工医疗互助、女职工特殊保障、金秋助学、大病关爱、困难职工帮扶"五件实事"，全市近16.8万名职工参加医疗互助项目，7万余名女职工参加特殊疾病保障，近8000名职工获补助资金达1000万元，为271名困难职工子女发放助学金82.96万元。出台《帮扶残疾人困难职工家庭十项措施》，全市三类建档困难职工减少到499户，全面完成城市困难职工解困脱困工作任务。

【基层工会组织建设】2020年，邵阳市总工会做实工会组织和会员实名信息采集工作，完成62.59万名会员的录入。推进六大领域、八大群体建会入会工作，新建工会组织605家，新增工会会员5.15万人，其中农民工2.89万人。指导20多家大中型企业依法依规建会入会。4个基层工会分别获全国模范职工之家和职工小家称号，9个基层工会分别获省级模范职工之家和职工小家称号，7个基层工会获湖南省"百佳乡镇（街道）、开发区（工业园区）工会"称号。

【全市职工工间操大赛、气排球赛】2020年9月26日，邵阳市总工会在市体育中心举办2020年邵阳市职工工间操大赛，来自各县市区和市直基层工会的31支代表队近700名职工参加此次大赛。

10月28日至11月3日，举办2020年中国梦·劳动美——"推进全民健身·奔向全面小康"邵阳市职工气排球比赛，全市49支队伍600余名运动员参赛。

【"湘悦读·工力量"活动】2020年5—11月，邵阳市总工会在全市职工中开展"湘悦读·工力量"职工主题阅读活动，以"好书荐读接力赛”“城市读书快闪活动”“同城共读”主题读书月等活动为载体，并通过省总工会提供的相关媒体平台、“芙蓉悦读者”“芙蓉领读者”“最美职工书屋”典型评选和举办读书成果交流活动，在全市职工中掀起“以读书强素质，以读书传文明，以读书筑梦想”活动热潮。

【“送清凉”活动】 2020年8—9月，邵阳市总工会组织全市各级工会开展高温送清凉活动。市总工会本级筹措资金27万元，到重点建设项目工地为一线高温作业人员送去藿香正气水、人丹、风油精、复方板蓝根、绿豆、花茶、西瓜等防暑降温物品，助力夺取疫情防控和经济社会发展“双胜利”。8月26日，湖南省总工会、省重点建设项目事务中心领导率队到邵阳市新邵雀塘再生资源综合利用生产线项目和邵东廉桥医药工业科技园2个省重点建设项目地，为高温下仍奋战在一线的劳动者送上清凉慰藉。

（唐怡桂）

中国共产主义青年团邵阳市委员会

【教育培训】 2020年，中国共产主义青年团邵阳市委员会（以下简称共青团邵阳市委）强化思想教育引领，持续开展邵阳市青年讲师团宣讲活动，在全市范围内组建“邵阳市青年讲师团”，开展43场宣讲活动。开展青年大学习活动，将青年大学习作为重点工作之一，由书记室亲自督促，每周进行2次统计、1次通报，要求全市团员青年参与该项活动。以中共十九大精神、习近平总书记考察湖南重要讲话精神和团的十八大精神、中共十九届五中全会精神为重点，开展形式多样的社会主义核心价值观宣传活动。以基层团组织召开全会为契机，多次在基层团组织为团干和团员青年上团课，开展理论学习交流。开展团中央主体班学员推报工作，推荐曾艺、罗凯等11人参加团中央2020年度团干部教育培训主体班轮训。

【选树青年正面典型】 2020年，共青团邵阳市委开展“双红双优”等评选表彰工作，并向团中央、团省委推荐“双红双优”。其中陈琳琳被评为“全国优秀共青团员”，杨金娥被评为“全国优秀共青团干部”，市中心医院团委被评为“全国五四红旗团委”，大祥区第一中学团总支被评为“全国五四红旗团支部（团总支）”，毛小文获第六届湖南向上向善好青年创新创业类，王调兵追授为全国五四青年奖章和湖南省青年五四奖章。同时，开展市级“双红双优”评选表彰工作，评选表彰120名市优秀团员和优秀团干，80个市五四红旗团委和团支部（团总支），19个市青年志愿者工作先进单位和137名市优秀青年志愿者。评选表彰邓定发等16名“邵阳青年五四奖章特别贡献奖”、市中心医院援鄂医疗队等4个“邵阳青年五四奖章特别贡献集体”。推报袁子皓、王文姣2人获评“湖湘青年英才”称号。

【青年防疫抗疫】 2020年，邵阳市5000余名青年志愿者、2000余名返乡大学生投身“奉献青春，守护家园”疫情防控志愿服务活动，396支青年突击队发挥防疫“尖刀”作用，500余名在邵阳大学生志愿者提供线上课业辅导和一线医护人员子女亲情陪伴志愿服务，150余名心理辅导志愿者提供免费线上心理咨询热线服务。涌现出“新宁返乡创业青年逆行千里携60吨爱心脐橙驰援武汉”等系列感人事迹，抗疫青年王调兵被追授“中国青年五四奖章”。发挥团组织协调作用，组织募集捐赠物资，累计筹款270余万元、各类物资价值700余万元。开展宣传引导，推出防疫信息2000余条次，开辟“疫魔在，我不退”邵阳青年抗疫风采专项报道，专项宣传抗疫先进人员67名。助力复工复产，各级团组织深入园区调研，通过抖音、微博、微信等青年关注的新媒体平台为45家招工企业发布职位需求，联合建设银行邵阳市分行推出“青创贷”力助青年企业渡难关。

【青春建功】 2020年，共青团邵阳市委聚焦教育扶贫，开展希望工程“一元捐”“湘窖·我的大学梦”“芙蓉学子”“彩票公益金”等贫困学生资助活动，全年资助贫困学生1000余人次，援建邵阳县五峰铺镇东风悦达起亚希望小学等4所希望小学，拨出资助款403.79万元。聚焦就业援助，开展“千校万岗”就业行动，帮助1800余名建档立卡贫困大中专毕

2020年9月，邵阳市举办“青创10万+”中国青年创业大讲堂（湖南邵阳站）

（共青团市委 供图）

业生就业。聚焦创业扶助，开展“青创10万+”系列工作，协助184名创业青年获贷款7849万元；号召60余名青少年开展“青年夜市——团团喊你来摆摊”活动。开展青年电商实训、农村青年致富带头人等培训，培训扶助创业青年1934人。创新开展扶贫年货节暨优质农产品产销对接活动，打造线下销售平台、优质企业和“爱心助农直播”活动、“助农网红经验交流暨邵阳红助农带货达人培育计划发布会”等特色农业主题活动，实现销售扶贫产品2568万元。

【社会实践活动】 2020年，共青团邵阳市委依托红色教育基地，将蔡锷故居和生平业绩陈列馆建设成湖南省青少年教育基地。组织76名大学生到隆回县、城步苗族自治县、洞口县、武冈市开展暑期“三下乡”社会实践活动。强化思想教育,在红色教育基地开展入队仪式,组织少先队辅导员、党史专家、青年讲师团成员,讲解党、团、队的关系和党史、团史、队史。

【“智慧团建”】 2020年，共青团邵阳市委开展“智慧团建”业务，全面提升基层基础。全年拟定新发展团员数量为17900人，已录入的新发展团员数量为15823人，团员录入率在全省排名前列。梳理团支部类别，标记学生团支部毕业时间，召开专题会议部署“学社衔接”工作，提高“学社衔接”率，全市非升学类型的毕业学生团员数26512人，邵阳市外申请转入的团员数43380人，已完成转接的团员数64318人，全市“学社衔接”率92%，在全省排名前列。

【“青年之家”创建】 2020年，共青团邵阳市委创新开展“青年之家”创建工作，推动“青年之家”活动开展。新增“青年之家”数量50余家，其中新邵县农村青年致富带头人协会“青年之家”、邵东市爱心义工联“青年之家”、武冈市湾头桥镇“青年之家”等均较好地发挥联系、组织、服务青年作用，各县级团委以创建乡镇“青年之家”活动为契机，持续开展系列具有组织特色的品牌活动，引导与推动更多农村团员青年汇聚公益力量，服务党政中心，在社会上产生一定影响。邵东市、城步苗族自治县的乡镇“青年之家”已实现全覆盖。截至11月底，全市有146家“青年之家”入驻云平台，全年开展活动1352场次。

【社会领域团组织建设】 2020年，共青团邵阳市委多措并举，持续扩大社会领域团组织有效覆盖面。在群团改革工作中，按照重心下移、力量下沉、资源下沉的原则，健全完善“智慧团建”组织的建立，整合服务阵地、充实工作力量，以服务基层为导向，提升基层团组织服务质量和服务水平。截至年底，全市公立学校（初中、高中、职高）团组织建立396家，实现全覆盖；全市民办学校（初中、高中、职高）团组织建立54家，覆盖率87.9%；卫生领域团组织符合条件建团的103家，已建立（含联合建立）89家，覆盖率86.4%；规模以上非公经济领域符合建团条件的91家，已建立91家，覆盖率100%；社会组织领域符合建团条件的33家，已建立33家，覆盖率100%。

【共青团改革】 2020年，共青团邵阳市委统筹推进全市共青团改革。对各县市区改革后改进共青团干部选拔使用和管理、创新团的基层组织设置和活动、加强党的领导和支持保障体系等方面进行全面督察、调研，对各地区党建带团建工作进行考核调研，形成调研报告，落实上级考核要求。邵阳共青团“扶贫年货节暨农产品产销对接”项目参加全省共青团改革创新大赛并获二等奖。强化学校共青团改革。统筹推进校内校外团的建设，健全团员教育机制，通过领学、自学相结合的方式，开展主题学习活动。完善团教协作机制，建立市、县两级团委主要负责人主抓、分管副书记具体抓、一名中层骨干具体负责少先队工作的工作格局。以主题活动为载体，开展“与信仰对话”“彩虹人生”“集体入队仪式”“十八岁成人仪式”“争做新时代好队员”等主题活动。

【青联改革】 2020年，邵阳市青年联合会按照《湖南省青联委员履职规范》《湖南省青联委员年度履职考核积分细则》规定，组织26名邵阳籍省青联委员开展2019年度履职考核，全体委员均考核合格。12月29日，召开邵阳市青年联合会第六届委员会第一次全体会议，168名委员参会,完成市青联换届选举,市青联科技、教育、卫生、律师等专业技术人员比例达42.93%。

【新媒宣传】 2020年，共青团邵阳市委开展新媒体宣传引导，内容涵盖政治、民生、志愿服务、共青团工作等各个方面，全年团市委微信公众号编发稿件406篇，总阅读量超过161万人次；官方微博发帖4000余条，总阅读量超过1亿次；官方抖音发布297条短视频，总播放量超过1亿次，点赞超过500万次，其中最高的一条短视频播放量达1637.8万次。团市委抖音获评“湖南省青媒奖”“湖南十佳青少年喜爱大众媒体”。

【未成年学生极端行为预防】 2020年，共青团邵阳市委强化未成年学生极端行为预防工作。邀请禁毒专家、法律工作者开展禁毒知识宣讲，开展“拥抱民法典 守护青少年”法治宣传报告活动，在全市各级各类学校开展禁毒心理健康进校园活动150余场次，提高学生拒毒防毒意识和自觉抵制毒品侵袭的能力，覆盖青少年学生4万余人。联合市禁毒办、市教育局、市司法局等单位编印青少年禁毒预防教育读本，每年秋季开学作为地方教材，小学五年级至高中三年级学生人手一册。同时，联合市教育局将禁毒宣传教育列入小、初、高教学大纲,联合市司法局加强法制副校长管理，发挥法制副校长在禁毒法律宣

2020年1月，共青团邵阳市委联合共青团广州市委等单位开展冬日暖阳·大爱邵阳共青团免费爱心专列活动 （共青团市委 供图）

传教育方面的作用。推动心理健康教育进校园，联合市中医院开展“培育阳光心态 助力健康成长”青年讲师团进校园活动18场次。

【志愿服务活动】 2020年，共青团邵阳市委开展“关爱困境青少年，点亮微心愿”、“圆梦工程”“七彩假期”、希望工程“一元捐”等活动，服务农村留守儿童1.8万人次。利用青少年法治宣传周、青少年禁毒宣传等活动，在全市各级各类学校开展活动150余场次，覆盖青少年学生4万余人。持续开展心理疏导活动，邀请市心理学会的9名心理咨询师在高考前夕为200余名学生进行一对一现场心理咨询。组织开展“奉献青春，守护家园”新冠肺炎疫情防控等志愿服务活动，组建396支青年突击队、5000余名青年志愿者、2000余名返乡大学生投身疫情防控志愿服务活动。主动承办东京奥运会模拟赛暨全国女子举重锦标赛特色志愿服务工作，承接邵商大会志愿服务工作，组织义务植树、义务清扫、文明劝导等志愿服务活动助力创森、创卫工作。团市委获评“湖南省新冠肺炎疫情学雷锋志愿服务工作先进单位”。

【“共青团爱心专列”活动】 2020年，共青团邵阳市委为支持与帮助异地就学、异地务工青年，春运期间，联合广州团市委、广州市来穗人员管理局、广铁集团、邵阳驻广州团工委等单位，举办“冬日暖阳·大爱邵阳”免费直通车活动，组织“共青团号”爱心专列。在一票难求的春运返乡时节帮助邵阳籍在广州就学、务工人员返乡过年，并优先选择有低保证、残疾证等贫困证明者，约600人返乡过年。并决定将“共青团爱心专列”活动持续开展下去。

【面对面主题活动】 2020年，共青团邵阳市委举行2020年“共青团与人大代表、政协委员面对面”活动座谈会，全市部分创业青年代表、市人大代表、市政协委员以及相关职能部门负责人等20余人围绕解决创业过程中遇到的问题等，进行讨论发言。全市累计召开面对面座谈会13场，形成调研报告14篇，提交议案提案20篇次。

（共青团市委办公室）

邵阳市妇女联合会

【概况】 2020年，邵阳市妇女联合会（以下简称邵阳市妇联）深化“百千万巾帼大宣讲”活动，推动习近平新时代中国特色社会主义思想走进基层、走进妇女群众中。开展“争做巾帼好网民”主题活动，组织全国巾帼文明岗开展“讲好巾帼文明岗故事网上行”活动，网聚巾帼正能量，邵东市妇联、新邵县妇联获评全省妇联系统二星级“网上妇女之家”。以“巾帼心向党·奋进新时代”为主题，引领广大妇女听党话、跟党走。组织先进妇女典型进乡村、进社区、进学校、进企业，讲好湘女故事，弘扬新时代湘女精神。培树典型，城步苗族自治县杨淑亭获评全国三八红旗手、全国脱贫攻坚先进个人，市中级人民法院审判管理办公室获评全国三八红旗手集体。

是年，邵阳市妇联获评全国巾帼建功先进集体、省妇联舆论宣传阵地建设表现突出单位，获“湘女e家”最佳传播奖，第四期中国妇女地位调查优秀组织奖，第二届省巾帼创业创新大赛优秀组织奖，省第四届科学素质网络大赛优秀组织奖等奖项。

【巾帼脱贫】 2020年，邵阳市各级妇女联合会开展“扶贫扶志我先行”活动，设立以奖代投工作经费10万元，邵阳县妇联被省妇联评为扶贫扶志我先行先进单位。开展巾帼脱贫示范基地创建工作，成功创评全国级基地1个、省级2个、市级15个，洞口县妇联建立“巾帼扶贫车间”14个。组织参加省妇联“电商助农 湘女在行动”系列活动，推荐150余家“妇”字号企业或基地农产品入驻芒果云和湘农荟平台。组织参加“出手吧，姐姐”全省妇联系统七一扶贫大直播活动，邵阳市建立直播间20个，发动广大妇女参与消费扶贫。

【巾帼创业创新】 2020年，邵阳市妇联推进巾帼创业创新行动。评选表彰市级巾帼建功标兵42名、巾帼建功先进集体10个、巾帼文明岗15个。创评省级巾帼建功标兵4个、巾帼建功先进集体3个、巾帼文明岗13个。联合人社、商务等部门开展女农民工技能培训、巾帼家政培训、家政服务技能大赛，与市公安局联合开展首届邵阳市刑事技术职业技能大赛。组织参加第二届省巾帼创业创新大赛，邵阳市获6个奖项，邵阳市妇联获优秀组织奖。助力复工复产，线上开展“春风送岗”巾帼专场招聘会，在微信公众号上推出“公益助农”活动，邵阳市妇联干部为农产品代言。

【健康扶贫】 2020年，邵阳市各级妇女联合会推动健康扶贫行动，完成城镇低保与农村适龄妇女“两癌”免费检查10.12万人，完成任务的101.21%，争取全国、省妇联“两癌”救助资金499万元，救助499名贫困“两癌”妇女。开展以“防疫有我、爱卫同行”为主题的巾帼健康行动和关爱女性生殖健康知识进校园、进企业、进社区“三进”公益活动，发放宣传资料3000余份，受益人数1500余人。开展“湘女关爱保”工作，发动6万余名妇女参保。

【乡村振兴巾帼行动】 2020年，邵阳市各级妇女联合会推进“争当美家美妇、开展巾帼靓家”行动，引导妇女参与垃圾分类、农村人居环境整治等工作。开展美丽家园建设工作，征集“美丽家园”建设典型案例，启动美丽庭院创建评比活动，全市评选表彰“最美庭院”60户。

【疫情暖心行动】 2020年，邵阳市妇联组织干部缴纳特殊党费5500元，动员市女企业家协会爱心捐款12万余元，争取到中国妇女发展基金会一次性医用口罩10万个、医用手套5万双、免冲洗手啫喱1.4万瓶、84消毒液880瓶等用于疫情防控。为市87名援鄂医护人员家庭送去慰问金1万元，送去价值9万余元的生活物资。通过12338妇女维权热线、开通心理咨询热线等，筑牢群众防疫“心”防线。

【维护妇女儿童合法权益】 2020年，邵阳市妇联组织实施妇女儿童发展规划。组织实施妇女儿童发展规划2个规划终期评估工作，全市妇女儿童发展规划指标已达标160个，达标率93.57%。完成市妇儿活动中心主体工程装修。健全维权工作机制，成立平安建设工作领导小组，定期召开妇女儿童维权联席会议，将妇女儿童侵权案件的维权处置纳入平安建设工作考评，联合市检察院出台《关于建立共同推动保护妇女儿童权益工作合作机制》。建立完善婚姻家庭纠纷多元化解机制，各级婚调委接待妇女来电来信来访550件，为10897户家庭提供咨询服务，调处家庭纠纷6080件。强化基层维权服务，利用“3・8”维权周等重要时间节点，多渠道开展普法宣传教育活动，为市民提供法律咨询3万余人次；启动女童权益保护“百场宣讲三年行动”，联合社会力量，进乡村、进社区、进学校开展女童权益保护宣讲；建成邵阳市首个未成年被害人“一站式”询问救助中心。开展妇女法律援助和个案跟踪服务，对侵害妇女儿童重点案件进行督导，督促新宁县一雇主领回遗弃给保姆的孩子并签下欠保姆工资的欠条，会同浙江省萧山区妇联跨省域合作办理隆回县女童阳某受虐一案。

【家庭教育】 2020年，邵阳市妇联常态化开展寻找“最美家庭”活动，评选出市级最美文明家庭10户、最美抗疫家庭10户、最美巾帼标兵10人。何锡华等8户家庭被评为全省“抗疫最美家庭”，陈宁等2户家庭评为全国“抗疫最美家庭”。大祥区妇联、新邵县妇联获评“湖南省家庭工作先进集体”。实施家教支持行动，开展《湖南省指导推进家庭教育的五年规划（2016—2020年）》终期评估，各项指标达标。召开家庭教育成员单位联席会议。推进社区示范家长学校“家庭教育580”公益项目建设，创建市级示范家长学校13个，拨付工作经费6.5万元。实施家风宣传行动，举办形式多样的家风家教主题宣传月活动，联合市文明办开展“书香飘万家——阅出梦想读出幸福”家庭亲子诵读总决赛，16.7万余名观众线上线下同时观看决赛微信直播。实施儿童关爱项目，向省儿基会争取留守儿童助学项目2个、“心系洪灾・守护三湘”抗洪救灾资金20余万元、关爱母亲邮包200个。承办“科学育儿孕育新生”公益项目活动16场，“关爱雏鹰・呵护健康”预防儿童意外伤害知识讲座6场。深入村

2020年8月18日上午，2020年度邵阳市“最美抗疫家庭”“最美文明家庭”“最美巾帼标兵”“最美妇联人”表彰会暨“书香飘万家 阅出梦想 读出幸福”亲子诵读活动在宝庆山庄举行
（市妇联 供图）

（社区）开展绿植补造、卫生清扫、禁毒宣传等巾帼志愿服务活动，参与新时代文明实践中心试点工作。

【基层基础建设】 2020年，邵阳市妇联按照“选优配强村（社区）妇联组织带头人”原则，及时介入、督促指导全市村（社区）“两委”换届工作，推进村（社区）妇联换届工作。实施妇联改革，推动妇联组织建设纳入县市区党组织建设总体布局；举办妇联执委培训班，评选表彰10名市级“最美妇联人”。巩固基层妇联组织改革成果，双清区邵水桥社区“1+N”改革创新案例被市深改办纳入“邵阳基层改革探索10例”。

配合市委统战部、市民族宗教事务局开展基层宗教治理工作，确定隆回县山界回族乡架枧村为“春风化雨”行动妇女之家示范点，引导信教妇女参加健康向上的文化娱乐活动。（杨　超）

邵阳市科学技术协会

【概况】 2020年，邵阳市科学技术协会（以下简称邵阳市科协）有委员73人、常委33人、正副主席8人（含兼挂职副主席），下设1个正科级事业单位市科技馆，有市级学会（协会、研究会）23个、高校科协4个、企业科协14个、县（市、区）科协12个。

是年，邵阳市“科普中国”App科普员注册人数在全省市州排名第二；组织参加第四届湖南省科学素质网络大赛，参赛人数在全省市州排名第一，参赛人次位居全省第二，市科协获优秀组织单位；组织开展全国科普日活动，市科协被中国科协评为优秀组织单位；“科创中国”资源共享平台湖南分中心注册企业数排名全省第一，任务完成率100%全省第一，完成时间全省第一；推行宣传省科协编制的《防疫抗疫知识手册》，推行册数排名全省第一。

【服务科技工作者】 2020年，邵阳市科协落实人才待遇。加强“四联”及调研工作绩效评估，帮助企业柔性引进的院士、副高以上专家和博士申报人才引进待遇，其中为湖南宝东农牧公司和湖南军杰食品科技公司的专家申请到人才补贴70余万元。推介、表彰、宣传优秀科技工作者。其中，推荐何煜博士获湖南省科技创新“湖湘人才聚集工程”项目；推荐邵阳学院第二附属医院何烈人获评省“最美防疫战士”，新宁县中草药研究会李中平获评省“最美科技志愿者”，武冈市弯头桥镇戴修军获评省“最美基层科协工作者”；组织企业科技工作者参加湖南省企业“创新达人”评选，彩虹玻璃薛新建、天香生物黄名勇、科瑞生物甘红星3人获湖南省企业“创新达人”称号。开展“五美”评选表彰活动，评选出全市“最美科技工作者”、全市“最美学会工作者”、全市“最美科技志愿者”、全市“最美基层科协工作者”各10名，并进行表彰。维护科技工作者合法权益。建立维护科技工作者合法权益的专门工作机构和保障机制，成立邵阳市科协维护科技工作者权益工作委员会，印发《邵阳市科协维护科技工作者权益工作委员会办公室处理科技工作者来访工作暂行办法》《邵阳市科协维护科技工作者权益工作委员会来访接待处理工作细则》，全年未发生一起损害科技工作者合法权益的事件。

【科学道德与学风建设】 2020年9月25日，邵阳市科协联合邵阳职业技术学院，邀请湖南锐科机器人科技有限公司总经理周胜强博士，开展“诚信为本、扎根基层、围绕邵阳支柱产业开展科研攻关”的专题讲座，全市60余名科技工作者代表和邵阳职业技术学院300余名师生参加听课。11月20日，组织全市科技工作者集中收看“全国科学道德和学风建设宣讲教育报告会”；在湘中幼儿师范高等专科学校设立市区分会场，组织全市60多名科技工作者和2所高校的300多名师生集中收看；7个县2个市设立分会场，2000余名科技工作者集中收看视频报告会。

【服务创新驱动发展】 2020年，邵阳市科协加强院士专家工作站的规范化管理，对不符合中央要求的院士专家工作站予以摘牌，符合条件的予以保留并给予支持，发挥院士专家工作站引才、聚才、用才和提升企业自主创新能力方面的积极作用。为湖南宝东农牧公司院士专家工作站、湖南军杰食品科技公司院士专家工作站申请建站政府补助各10万元。鼓励支持企业科技工作者提升创新能力，会同市科技局、市工信局、邵阳经开区开展邵阳市第三届创新创业大赛，全市60多家企业参赛。组织指导湖南天香生物科技有限公司参加湖南省第四届创新方法大赛，获大赛二等奖。联合市先进制造技术研究院，聘请省内外工业设计界专家，为邵阳经开区的企业开展工业设计咨询服务活动，帮助邵阳阳光发制品有限公司解决工业生产流程的困境。筹建邵阳籍科技创新专家库和邵阳市科技创新人才库，已搜集、整理、建立起有本地科技人才1000余名、邵阳籍专家200余名的专家人才信息库。9月17日举办邵阳市首届工程师沙龙，邀请人工智能领域的优秀青年专家杨林作题为“智能工业机器人赋能产业升级”专题讲座，45个高新技术企业的72名工程师参加此次活动。

【科技下乡】 2020年1月14日，邵阳市科协参加市委宣传部在武冈市大甸镇开展的“三下乡”活动。开展科技咨询、科普展板展示、科普大篷车宣传、医疗义诊等科普活动，发放科普资料如现代养猪技术、应急科普、健康保健、儿童保健等科普读本5000多册，志愿者为村民测量血脂血压，开展医疗义诊、健康咨询服务。组织专家志愿者到武冈、隆回开展乡村振兴志愿服务活动，在武冈双牌镇大坝村、隆回县山界乡大坪村，组织科技志愿者20人，帮助村民进行产业规划、农村专业技术培训、健康讲座等；活动现场，专家们帮村民答疑解惑、为村民提供专业的技术服务，向村民进行心脑血管保健、西瓜嫁接简约化栽培培训。共500多人受益。

【科普教育基地认定】 2020年，邵阳市科协向省科协推荐10个科普教育基地参与省科普教育基地认定。其中，邵阳市北塔区青少年活动中心、湖南绥宁花园阁国家湿地公园、邵阳市气象科普基地、隆回县鸿鑫金银花星创天地农民田间学校、湖南黄桑国家级自然保护区科普教育基地5个基地被认定为湖南省科普教育基地（2020—2025年度）。

【第四十一届青少年科技创新大赛】 2020年3月，邵阳市科协围绕“创新、体验、成长”主题，在大祥一中举办邵阳市第四十一届青少年科技创新大赛，经各级赛事的逐层选拔推荐，收到科技创新项目92项、科技创意作品32项、科技实践活动作品32项、科学DV作品25项、少年儿童科学幻想绘画225幅、科技辅导教师作品6项。大赛评审委员会评审出科技创新项目一等奖12个、二等奖23个、三等奖24个，科技创意项目一等奖4个、二等奖7个、三等奖7个，科技实践活动一等奖3个、二等奖6个、三等奖10个，科学DV作品一等奖3个、二等奖5个、三等奖9个，少年儿童科学幻想绘画一等奖26个、二等奖56个、三等奖66个，科技辅导教师作品一等奖2个、二等奖6个、三等奖9个。

【全国科普日活动】 2020年9月10、16日，邵阳市科协联合市农业农村局、市扶贫办、市老科协、市烟草学会在邵阳县黄荆乡青山村、武冈市湾头桥镇山清村开展农村科普行动。9月22日，市科协、市委宣传部、市科技局、市教育局、市卫健委、市应急管理局、市水利局、市农业农村局，共同在邵阳职业技术学院开展以“决胜全面小康·践行科技为民”为主题的2020年邵阳市全国科普日集中宣传活动暨主场活动。活动现场，100多名志愿者向8000多名学生开展应急科普知识宣传、防疫及健康科普宣传、心理咨询，节水节能知识宣传等，通过展板、横幅、机器人展示等进行互动，向学生普及最前卫的科普信息和科技知识，并通过电梯科普、汽车科普、摄影科普、5G知识等，让学生感受科技魅力。9月28日，市科协与双清区科协联合举办电梯科普进社区、进小区活动。

【科技馆工作】 2020年，邵阳市实施科技馆免费开放，全年免费开放260天。策划扩建邵阳籍院士展览馆、科普思维互动体验厅、多功能厅。市科协接管市科技馆大楼，规范物业、监控、独立院落、展厅讲解、停靠车辆等，承担起创全国文明城市测评点位建设工作。开展科普进校园、科学思维大讲堂工作，在各中小学校内完成科普进校园12场，面向各中小学校每期邀请100名青少年主动参与科技馆主办的科学思维大讲堂学习活动，每期更换不同的科普内容，全年完成50场次讲座。

【基层组织建设】 2020年，邵阳市12个县市区科协全部实现独立建立科协，10个县市区进行换届，并成立党组，完成换届的科协基层党组织100%覆盖到位，组织班子建设“专兼挂”100%配备到位，“三长”100%选配到位。全市206个乡镇街道建立201个乡镇街道科协，3187个行政村（社区）建立3143个村（社区）科协，建立各类农业农村专业技术协会112个。在23个市直学会中，成立基层党支部21个、联合基层党支部1个，实现市直学会党组织全覆盖。成立邵阳市企业科协联合会，新成立高校科协1家，全市4所高校全部建立高校科协，建立园区科协11家，10个省级工业园区全部建立园区科协，159个高新技术企业全部建立企业科协，另有60家非高新技术企业建立企业科协。市科协对全市23个自然科学类社团组织进行一次全方位调研；对全市11个院士专家工作站进行规范整顿，对其中不符合上级规定要求的8个院士专家工作站予以撤销，仅保留建立湖南军杰食品科技有限公司院士专家工作站、邵阳学院院士专家工作站、邵阳学院专家站3家院士专家工作站。

【重要会议】 2020年5月18日，全市县（市、区）科协主席、党组书记、负责人会议在宝庆山庄召开。会议传达学习中央、省委对科协工作的指示精神和省科协党组书记会议精神；通报2019年度县（市、区）科协绩效考核评估结果并表彰先进单位；各县市区科协交流发言。

5月19日，召开市科协十届四次全委（扩大）会议。会议传达学习中央、省委关于群团工作的指示精神和省科协十届六次全委会会议精神，听取并审议通过市科协十届委员会第四次全体会议工作报告，审议并通过市科协2020年工作要点及有关人事事项。

11月20日，市科协组织科协机关、科技馆全体，市直20个学会及2个高校科协300多名师生集中收看“全国科学道德和学风建设宣讲教育报告会”。

12月2日，市科协宣讲中共十九届五中全会精神暨《全国国民经济和社会发展第十四个五年规划和2035年远景目标的建议》征求意见座谈会召开，科协机关、科技馆全体人员及市直学会相关科技人员参加。会议深入学习中共十九届五中全会精神，专家们围绕邵阳“十四五”规划和2035年远景目标发表意见和建议。（邓小勇）

邵阳市归国华侨联合会

【概况】 2020年4—7月，邵阳市归国华侨联合会（以下简称邵阳市侨联）接受市委第八轮巡察，全面完成整改任务。9月，市委批准同意市侨联设立党组，明确3名党组班子成员，设党组书记1名，有党组成员2名。11月，市侨联邀请25个国家的45名海内外侨领举办“中国侨联2020‘海外侨领中国国情研修班’邵阳现场教学活动”，中国侨联党组成员、副主席隋军，中国侨联办公厅副主任刘红，湖南省侨联党组书记、副主席黄芳，省侨联党组成员、副主席李祖元，市委书记龚文密，市委副书记、市长刘事青等领导出席活动。

【组织建设】 2020年4月2日，邵阳市委办下发《关于印发〈邵阳市归国华侨联合会职能配置、内设机构和人员编制规定〉的通知》，明确市侨联增加海外华人华侨社团管理服务、对外联络等工作职能，增加1个正科级领导职数和3个事业编制；5月6日，市委办公室首次将市侨联纳入“党建带群建工作”绩效管理考核指标的数据采集单位，进一步增强侨联基层组织建设；7月21日，市委下发邵市办发《中共邵阳市委办公室关于印发〈邵阳市侨联改革方案〉的通知》，为做好新时期新形势下侨联工作指明方向。12月，市编办批复同意北塔区、双清区成立归国华侨联合会，为区委领导和群众性团体组织，实现市辖区设立侨联组织的目标。

【第八次归侨侨眷代表大会】 2019年12月31日，邵阳市第八次归侨侨眷代表大会召开，市委书记龚文密，市委副书记、市长刘事青，市委副书记、统战部部长曹普华，市人大常委会党组书记、常务副主任王昌义，省侨联副主席孙民生，市领导蔡典维、李万千、张皓、周迎春、赵为济、李华和、郭好出席会议。会议审议并通过邵阳市侨联第七届委员会工作报告，选举产生邵阳市侨联第八届委员会。

【抗击新冠肺炎疫情】 2020年，邵阳市侨联系统动员归侨侨眷和海外侨胞捐款捐物，协调采购疫情防控紧缺物资，帮助邵阳抗击新冠肺炎疫情，收到捐款174.03万元，捐赠的医疗物资价值719.74万元。

为支援海外侨胞和留学生抗疫，市侨联受市委、市政府委托，寄出114份价值3万余元的“侨爱心”防疫包，给在境外的邵阳籍海外侨胞、留学生；为12个国家和地区的19家海外侨社团、商会，捐赠13.8万双一次性手套和18.8万个一次性医用口罩。市侨联专职副主席刘军被抽调至市疫情防控指挥部境外联络工作组，带队驻云南边境开展防控工作。市侨联被评为“全国侨联组织抗击新冠肺炎疫情先进集体”，兼职副主席刘纯鹰被授予“湖南省抗击新冠肺炎疫情先进个人”称号。

【助力脱贫攻坚】 2020年，邵阳市侨联专门派驻干部参加扶贫督战驻村帮扶隆回县三阁司镇长铺居委会，为居委会硬化道路1.65公里，筹措资金23万元安装路灯100盏，亮化村镇街道，美化贸易市场，并通过产业扶贫、就业扶贫、教育扶贫等方式，从根本上带领群众脱贫；完成新宁县清江桥乡清江村的驻村帮扶工作。同时，发挥侨界优势，引导和动员侨界人士参与脱贫攻坚。截至12月，以邵阳籍侨眷、湖南省华侨公益基金会理事长向长江为首，为向家村无偿投入资江1.5亿元，使该村由贫困村变为全省的同心乡村、美丽乡村和国家AAA级旅游景区。侨资企业湖南省华兴实业有限公司、邵东隆源集团被评为“全国侨联组织助力脱贫攻坚先进集体”。

【为侨服务】 2020年，邵阳市侨联安排干部进驻重点侨企，推动东盟科技产业园等侨企项目进度，为侨企提供精准服务；提供一次性医用口罩2万个，缓解侨企应对新冠肺炎疫情防控物资短缺问题；响应省侨联号召，与建设银行邵阳分行组成专门的侨企帮扶工作组，到各县市区侨企走访调研，帮助有资金需求的16家侨企争取市建行贷款授信3.1577亿元，发放到位1.1052亿元，有效解决侨企资金需求。

【权益保障】 2020年，邵阳市侨联开展“三深”活动和春节前慰问，坚持以侨为本，进一步服务侨界群众。结合工作实际，在侨联系统开展“深化走访、深入宣讲、深度谈心”活动，分别由主席、副主席率队赴各县市区，开展侨情和基层侨联组织建设情况调研；走访慰问侨界代表人士和困难归侨侨眷200余户，送去慰问金25万余元；推进《中华人民共和国归侨侨眷权益保护法》颁布实施30周年普法“下基层、进社区”宣讲活动，宣传侨务“一法两办法”相关法律法规，引导侨界群众依法维护权益。

【对外经济文化交流】 2020年，邵阳市争取蔡锷故居和纪念馆、新宁崀山、城步南山申报为“湖南省华侨文化交流基地”。11月，邀请来自25个国家的45名海内外侨领举办“中国侨联2020‘海外侨领中国国情研修班’邵阳现场教学活动”，中国侨联党组成员、副主席隋军，中国侨联办公厅副主任刘红，省侨联党组书记、副主席黄芳，省侨联党组成员、副主席李祖元，市委书记龚文密，市长刘事青等领导出席活动。（陈　屹）

邵阳市社会科学界联合会

【概况】2020年，邵阳市社会科学界联合会（以下简称邵阳市社科联）与市委宣传部联合，组织召开全市社科理论界学习贯彻中共十九届五中全会精神座谈会，并结合社科工作实际对全会精神进行阐释，在《邵阳日报》上刊登相关理论文章。年内，新成立社科学会3家，总数达26家，市社科联组织市信用协会、市金融学会创建标杆党组织。组织各学会开展抗击新冠肺炎疫情，市群文学会、市图书馆学会等为武汉送去抗疫物资，市旅游学会为市一线抗疫民警送去矿泉水、方便面等，市知青文化研究会举行抗疫情元宵网络节目特别晚会，市社科联主席张千山创作抗疫歌词《永远在一起》，全市社科类学会在抗疫中捐款（含捐物折合）57.53万元。

【课题立项】2020年，邵阳市社科联组织市级社科类课题立项。发动市社科界进行课题申报，尤其鼓励服务邵阳市经济社会文化发展的课题申报，评审设立课题101项。组织邵阳学院、市委党校等单位社科专家对全国示范性普惠养老项目——隆回魏源医院进行实地调研，对口研究用一年时间建立社科专家工作站，形成系列课题，推出系列成果，为扩大魏源医院在业界和全国的影响提供思想理论支持和专业学术服务。开展“巩固脱贫攻坚成果，致力乡村振兴”大调研，由各单位完成前期调研和调查问卷填写，并撰写调研报告。与邵阳学院联合开展智库课题立项，确立邵阳市2035年现代化远景目标及“十四五”经济社会高质量发展战略和思路研究、邵阳市“十四五”乡村振兴战略实施路径研究、邵阳市“十四五”文化强市升级版打造的价值目标、实践逻辑与路径选择、邵阳市社会治理体系构建与路径选择研究四项课题。

【社科普及和社科成果】2020年，邵阳市社科联围绕湖南省“决战脱贫攻坚·决胜全面小康”主题开展社科普及工作。组织“市社科普及·消费扶贫主题活动周暨全市第二届邵阳红文化节”，活动为期两天。活动现场设置展位60个、展板36块，举行文艺表演，并设置“邵阳红”茶文化推介专场、电影晚会、扶贫签约仪式、网红为企业代言、社科专家科普演讲等系列活动，吸引上万市民朋友参加。各县市区社科联、各社科类学会、科普基地随后相继启动社科普及活动，开放各科普基地，开展科普知识宣传、科普微宣讲、成立科普志愿者小分队等。组织市金融学会、税务学会、图书馆学会、旅游学会、信用学会、电影放映学会、演讲与口才学会等社科学会在市区城南公园广场开展社科普及活动，现场发放科普资料，宣传科普知识。组织省级社科普及基地申报，隆回魏源故居被评为第八批省级社科普及基地。

完成第十五届社科成果评奖活动，评选出一等奖8项、二等奖14项、三等奖24项，其中本土文化研究、干部党性教育研究和应用型成果比例较上年大幅上升。

（肖艳丹）

邵阳市残疾人联合会

【残疾人脱贫攻坚】2020年，邵阳市在全省率先出台《决战残疾人脱贫攻坚 巩固残疾人脱贫成果政策措施十六条》《关于开展贫困疑似残疾人便民评残与办证专项行动的通知》等文件，全面落实惠残扶贫政策。市残联推行全员蹲点督战，会领导带队蹲点帮扶覆盖全市所有县市区，坚持每月一督导，每月一交办、每月一整改、每月一清零。协调市卫健、扶贫等部门，到乡村开展贫困残疾人评残办证专项行动，以上门服务形式为5963名符合条件的建档立卡贫困户评残办证。全市6.79万名贫困残疾人全部如期脱贫。工作经验2次被《中国残疾人》杂志推介，2次在全省残疾人脱贫攻坚推进会上做交流发言。中残联组织新华社、《人民日报》、中央广播电视总台等12家央媒赴邵阳集中报道市残疾人脱贫攻坚工作，省残工委专门发文推介邵阳市残疾人脱贫攻坚工作。

【残疾人教育就业】2020年，邵阳市残疾人联合会与市财政局共同下发《关于做好疫情防控期间残疾人稳岗就业工作有关事项的通知》，帮助邵阳口味王、连泰鞋业等企业的603名残疾职工及时返岗就业。动员19家用工单位开发350多个残疾人就业岗位，进行残疾人专场线上招聘，为103名残疾人落实就业岗位。组织残疾人免费职业技术培训和实用技术培训3500人次。为残疾人就业扶贫基地、残疾人等落实创业就业扶持资金800万元、创业小额贷款贴息70余万元，为受疫情影响的残疾人企业、就业扶贫基地分别按照4万元、3万元、2万元标准给予补偿，有效降低疫情影响。举办市残联2020年度残疾人职业技能提升培训班，培训残疾人2073人。对240名在机构接受教育、家庭经济困难的3~6周岁学龄前残疾儿童按3000元/人的标准进行资助。与各县市区教育部门对接开展7153名残疾儿童少年入学数据核查，对处于休学状态和就学状况不明的残疾学生，配合教育部门开展控辍保学和教育帮扶工作。全市适龄残疾儿童少年7841人，已入学7731人，入学率达98.6%，建档立卡适龄残疾儿童少年全部入学。

【残疾人维权】2020年，邵阳市政府残工委印发《关于加强全市残疾人信访维稳工作的通知》，按照“属地属事管理”和“谁分管谁负责”原则，协调督促各地、各部门，把残疾人信访工作与党委政府经济工作同部署、同调度，建立完善整合资源、夯实责任、访调联动、就地解难、定时办结等机制。有效处置疫情期间盲人按摩人员失业、市区残疾人聚集非法营运等群体性问题。

【残疾人精准康复服务】2020年，邵阳市出台《邵阳市残疾儿童康复救助制度实施细则》，实现全市0~6岁有康复需求的残疾儿童免费康复训练全覆盖，累计完成1408名儿童的康复服务，为任务数的173%。在全省率先实施疫情期间的线上康复训练，免费提供康复救助服务2136人次、各类辅助器具适配服务2.77万人。落实代缴社保医保、“两项补贴”、最低生活保障等残疾人生活保障长效机制，落实各项生活保障55.78万人次。为残疾学生和残疾学生家庭发放助学金1581笔544.1万元，为2290名残疾人提供托养服务。从4月1日起，落实市区残疾人凭残疾人证免费乘坐公交车。推进市残疾人康复托养中心项目6月正式开工建设。

【残疾人宣传文化体育活动】 2020年，邵阳市培育和宣传残疾人典型，扶持并推广一批在全省、全国有影响力、感召力的脱贫典型。城步杨淑亭第三次被习近平总书记接见，事迹被中央电视台《新闻联播》专题报道。隆回罗龙桂被评为全国“2020年度残疾人事业十大新闻人物”。11月，推介刘嵩琛作为书法代表在北京参加全国“集善仁美 助推圆梦”优秀残疾人艺术家百人作品推介展。向湖南省选送书法、绘画、手工艺品及征文作品85件，获一等奖2个、二等奖2个、三等奖2个、优秀奖5个，市残联获组织奖。组织8名残疾少年儿童参加第三届全省残疾少年儿童基本功比赛，获三等奖2个、优秀奖5个。

【残联组织建设】 2020年，邵阳市出台《关于进一步加强残联基层组织规范化建设的通知》，构建以党建为引领、以县区残联为骨干、以乡镇（街道）残联为中心、以村（社区）残协为基础的基层组织建设格局。落实“支部+协会”工作要求，实现全市3640个村（社区）残协组织全覆盖。完成北塔区残联单设。推进村级残协制度化、规范化建设，印发残疾人工作一本通,统一村（社区）残协的职责和服务标准,提升基层残疾人组织能力水平。　　（市残联办公室）

邵阳市文学艺术界联合会

【抗击新冠肺炎疫情主题文艺创作】 2020年，邵阳市文艺工作者发挥文艺优势，将疫情防控期间的政策文件解读、防控科普知识、复工复产、感人事迹等凝聚于文艺作品中，创作各类主题文艺作品4066件。其中，文学作品1869件，原创歌曲174首，书法（篆刻）555件、美术作品369幅、摄影945帧，戏剧18台，曲艺作品37件，影视、视听作品53件，民间艺术作品45件、舞蹈1个。市委宣传部、市文联和市文旅广体局组织相关专家组成评审委员会，评选出全市抗击疫情“优秀文艺作品奖”103名、“优秀作品入围奖”199名，并进行通报表彰。市文联择优选择部分优秀作品和入围作品，出版1期《新花》文艺战“疫”作品专刊。抗疫文学作品中，周毓滔的《父亲的最后时光》获省文联抗疫优秀作品奖，雷晓宇的诗歌《祈愿文》入选《2020年中国抗疫阻击战诗选》，周伟的散文《心若弃疾，或能去病》和杨进汉的诗歌《立春》分别在《四川文学》《湖南文学》上发表，颜绥绥的散文《逆行者》在《湖南日报》上发表，汤岚的评论《武汉伢，平民视角下的悲悯与担当》在中国文艺评论网和中国文艺评论微信公众号同时推出，刘诚龙的杂文《判断者与决断者请一起判决》点击量达百万次，另有近100篇抗疫文学作品在“学习强国”平台和《湖南日报》、《邵阳日报》等媒体上发表。

【“梦圆2020”脱贫攻坚主题文艺创作活动】 2020年，邵阳市文联为进一步总结文艺扶贫工作经验，完善工作机制，建立健全长效机制，实现文艺扶贫与文艺创作双向受益，于5月8日向全市文艺界发出《关于举办全市文艺界“梦圆2020”脱贫攻坚主题文艺创作活动的通知》，并组织各县市区文联及部分文艺家协会负责人参加座谈会，号召全市文艺界开展“梦圆2020”脱贫攻坚主题文艺创作活动。组织各县市区文联、市文艺家协会负责人及市县文艺家代表共50余人，先后到新邵县白水村、清水村、庙山村等贫困村进行脱贫攻坚工作调研和文艺采风活动，深入挖掘宣传该县脱贫攻坚成果，将扶贫工作的先进做法、扶贫点的面貌变化、群众的口碑和反响，通过艺术家的记录、感受和创作，变成一个个鲜活生动的文艺作品，呈现给全市人民。组织文艺家到北塔区贫困村李子塘村进行文艺创作采风活动，先后参观村里的杨梅基地、黄桃基地和村容村貌建设，感受脱贫攻坚战中李子塘村的巨变。市书协和市美协的艺术家们现场为该村创作反映脱贫攻坚变化的书画作品，市舞蹈家协会和市群艺馆的艺术家们为该村的老百姓奉献文艺表演，红网、《邵阳日报》、“云邵阳”等媒体相继进行报道。各县市区文联和市各文艺家协会以此次活动为契机，开展相应的主题创作活动。

【“美丽邵阳我的家”主题系列文艺活动和志愿服务活动】 2020年，邵阳市文联开展以“美丽邵阳我的家”为主题的系列文艺活动和文艺志愿者服务活动。1月5日，指导市音乐家协会举办“邵阳市新年音乐会”；1月14日，组织10多名书法、摄影等文艺家在邵阳市2020年文化科技卫生“三下乡”集中示范活动现场开展迎新春、献温暖、送春联、拍合影等公益活动；1月17—19日，组织书法家到邵阳经开区、洛阳洞社区、资枣社区等基层单位和社区为群众开展迎新春送春联系列公益活动；3月5日，组织摄影文艺志愿者小分队走进北塔区6个社区，对基层一线疫情防控的党员干部、社区志愿者、复工的企业工人进行现场拍摄和文艺宣传；5月14日，组织文艺家到新邵县坪上镇西冲学校开展情系贫困生·文艺进校园——邵阳文艺家扶贫扶智活动；6月5日，组织市、区文艺采风团到北塔区贫困村李子塘村开展以“梦圆2020·脱贫攻坚”为主题采风创作活动；8月11—12日，组织20余名文艺家到新邵县龙溪铺镇龙源村开展“美丽邵阳我的家”主题采风活动，并为龙源村“天龙山创研基地”授牌；9月30日，联合北塔区创文办、区文联，在江北西湖广场举办以“美丽邵阳我的家”为主题的中秋诗会活动；9月28日至10月15日，举办“美丽邵阳我的家”邵阳市第三届美术节，参展作品按美术、书法、摄影3个门类，分别在邵阳学院艺术设计学院、市宝庆艺术馆、市美术馆设3个展厅展出18天，参观展览的群众达3万余人，出版印刷《“美丽邵阳我的家”邵阳市第三届美术节作品集》；11月9日—17日，组织30余名画家在绥宁县关峡苗族乡插柳村开展“美丽邵阳我的家·名家画邵阳”活动，创作160余幅以绥宁人文、山水、民俗等为题材的画作。（艾永权）

邵阳市红十字会

【概况】2020年，邵阳市红十字会进行机构改革，市委编办12月24日核定市红十字会编制10名，设置办公室、组织宣传部、赈济救护部（捐献服务部）、筹资财务部4个内设机构。主要开展应急救护培训、应急救援、人道救助、造血干细胞捐献等法定职责。有工作人员4名。

在应急救护培训方面，市本级培训救护员306名，急救知识普及活动受益群众2.9万余人。为新宁莨山风景区争取到红十字救护站项目，为该县万塘乡茶田村争取到一所博爱卫生站项目。在造血干细胞捐献方面，采集血样353份，进入高分辨检测7例，成功捐献2例。在志愿服务工作方面，服从新冠肺炎疫情防控大局，在邵阳友阿商场、大汉悦中心等室外广场开展“摆地摊”式救护知识培训志愿服务活动12场。年内开展“白金十分钟，邻里守望”“红十字爱心相髓”“红十字救在身边”等特色志愿服务活动40余场。

在市疫情联防联控机制下，发挥红十字会优势，及时向社会发布募捐公告，累计接收社会捐款6685460.87元；接收物资捐赠25批次，价值7358722.85元，其中包括当时十分紧缺的价值69万元的防护服、3台救护车、26台无创正压呼吸机、1000台红外线体温计等。

（罗志魁）

法治·军事

政法委与综治

【概况】 2020年，邵阳市委政法委员会出台全体会议制度、重大事项请示报告、派员列席民主生活会、政治轮训、政治督察、纪律作风督查巡查等制度，提高党管政法工作的制度化水平。对市司法局进行政治督察，加强政法系统政治建设；配齐配强乡镇政法委员，推动“党管政法”向基层延伸。加强政法队伍建设，组织开展政法业务、新型专业领域培训和“岗位练兵”活动，培训503期32203人次，送训参训690期7972人次；加强对政法干警的考核管理。开展“廉洁单位”创建活动，惩治执法司法腐败，查处违纪违法政法干警143人。

是年，全市政法系统平安建设（综治工作）继续保持全省先进。政法队伍11个集体、10名个人获国家级表彰或立功，34个集体、78名个人获省级表彰或立功。

【维护社会稳定】 2020年，邵阳市委政法委员会强化隐蔽战线现实斗争，组织实施筑墙、净土等“三大工程”，维护国家政治安全。全年处理信息416条，在侦专案108起，新立专案21起，破专案9起。依法打击各种邪教组织，开展教育转化攻坚行动。健全维稳等领导协调机制，完善矛盾纠纷、不稳定因素的预测预警、风险评估、排查调处、应急处置等工作机制，防范化解和妥善处置群体性事件，做到“五个不发生”。摸排掌握涉稳涉访矛盾问题4128个，成功化解4063个；开展重大事项风险评估195件，暂缓实施5件，不得实施1件。密集调度疫情期间社会稳定工作，加强依法防控、联防联控、群防群控，确保疫情期间社会安全稳定。

【维护经济社会发展】 2020年，邵阳市委政法委员会组织动员全市政法干警参与新冠肺炎疫情防控，服务保障复工复产。疫情期间，公安机关办理涉疫情违法犯罪案件111起，检察机关批准逮捕34人，提起公诉72人，法院审理妨害疫情防控犯罪案件57件。全市政法机关助推脱贫攻坚，查处贪污挪用扶贫资金等问题，依法追讨农民工工资1231万元。法院审结环境资源保护案件294件，检察机关起诉破坏生态环境资源犯罪247人。营造法治化营商环境，法院系统开展“保护民营企业”专项执法活动；检察机关起诉侵害企业合法权益犯罪66人；公安机关出台《服务经济建设30条措施》实施办法；国家安全机关发挥职能作用，维护经济安全和促进经济发展；司法行政机关建立服务民营企业工作联系制度，为企业提供优质高效的公益法律服务。

【扫黑除恶专项斗争】 2020年，邵阳市政法系统开展重点行业领域突出问题集中整治和“百日追逃”攻坚、“严打暴恐”、“平安一号”、“云剑—2020”等专项行动，打击震慑各类违法犯罪。梳理总结扫黑除恶专项斗争成熟经验和做法，研究制定线索处置、核查反馈等20余项机制和办法，推动专项斗争常态化。专项斗争开展以来，全市打掉涉黑组织13个、涉恶集团50个、涉恶团伙120个；破获各类刑事案件1133起，刑拘犯罪嫌疑人1446人；起诉涉黑涉恶案件304件1270人；一审判决涉黑涉恶案件270件976人，二审判决涉黑涉恶案件130件601人；投案自首182人，查封冻结涉案资产12亿余元；查办了一大批为黑恶势力充当“保护伞”的典型案例，扫黑除恶战果在全省排名靠前。

【平安邵阳建设】 2020年，邵阳市推进市域社会治理现代化试点，成立高规格领导小组，研究制定试点工作实施方案，细化任务分工，建立“五项考核”制度，加强联系督导，完成60%以上的试点任务。坚持以基层治理为基础，在基层党组织带领下，全面深化群众自治，营造规范有序又充满活力的城乡社区社会秩序。加快推进城乡末端感知系统建设，全面推广“三治融合”、线上线下群众自治等做法，探索完善“一村一辅警”、“城市快警”、“宝庆大叔”、内保保安联防联控等治理方式，不断深化平安创建活动，群众获得感、幸福感、安全感稳步提升。全年全市法院受理各类案件72977件，结案70732件；检察机关办理各类案件17499件，同比上升8.65%；公安机关刑事立案17365件，刑事破案率同比上升10.52%，命案发案同比下降22.64%，连续第四年实现命案全破。

【法治邵阳建设】 2020年，邵阳市坚持以习近平法治思想引领法治邵阳建设，“七五”普法通过验收，开展法治创建活动，推进《中华人民共和国民法典》学习宣传。7月7日，市委全面依法治市委员会第二次会议审议通过《中共邵阳市委全面依法治市委员会2020年工作要点》，明确党政主要负责人履行推进法治建设第一责任人职责，促进全面依法治市各项工作落实落细。全面深化政法领域改革，持续推进以审判为中心的刑事诉讼制度改革，开展公益诉讼，健全完善公共法律服务体系，优化司法机关便民利民措施，让群众得到更优质更便捷的法律服务。（周光平）

公　安

【概况】 2020年，邵阳市公安机关聚焦政治安全、打击犯罪、维护稳定、公共安全、基层基础，深化政治建警，开展新时代县域警务工作，实现“五个不发生”目标。“一村一辅警”被评为全国法治政府建设示范项目，“邵阳快警”被列为全省重点工作，平安建设（综治）工作中公安类项目未扣一分；市公安局连续五年被评全省市州公安局绩效评估先进单位，获评市州公安局新时代县域警务工作成绩突出单位、全省公安机关侦破命案工作成绩突出单位、全省公安机关命案积案攻坚成绩特别突出单位、全省公安机关扫黑除恶专项斗争成绩突出单位、全省公安机关“法制公安建设”成绩突出单位。“一村一辅警”“邵阳快警”“宝庆大叔”三大板块形成独具创新特色的基层“平安”治理“邵阳模式”，省政府办公厅《政务要情与交流》（特刊）第八期以《邵阳市治安蝶变之道：守好“三大阵地”筑牢平安建设的“铜墙铁壁”单位》为题，推介邵阳经验。

是年，设立邵阳市女子看守所，为正科级单位，由市公安局监所管理支队管理。依据国家法律规定，对全市的女性犯罪嫌疑人实行羁押、警戒、看守、管理教育、保障安全，保障刑事诉讼活动进行。

【扫黑除恶专项斗争】 2020年，邵阳市按照“有黑扫黑、有恶除恶、有乱治乱”要求，推动扫黑除恶专项斗争向纵深发展。通过有奖举报、案件溯源、分析研判、重点管控、督办督查、警情检索等有效方式全方位摸排黑恶线索。创新异地核查机制，对当地办理存在压力或困难的线索、案件，创新机制，由副市长、公安局局长审批后，一律实行异地核查，交叉办案。持续深化专案侦办。树立“黑恶必除、黄赌毒必扫、保护伞必打”的工作原则，坚持重大涉黑案件上管一级，由市公安局刑侦支队直接牵头，推进案件办理。全市打掉涉黑组织4个、恶势力犯罪集团团伙9个、普通恶势力团伙16个，刑拘涉黑涉恶犯罪嫌疑人212人，破获刑事案件186起。

【新时代禁毒人民战争】 2020年，邵阳市加强对外流贩毒整治。开展“两打两控”“净边2020”“拔钉追逃”“拉网剿毒”等专项行动，加大涉毒犯罪打击力度。各级禁毒部门在坚持对毒品犯罪源头打击的同时，健全涉毒人员双向管控机制，分级分类落实中高风险涉毒人员管控，打击整治外流贩毒违法犯罪活动。全市破部督案件5起，破省督案件8起，缉毒执法打击各项数据位列全省前列，全市外流贩毒同比下降72.18%。全面收戒收治吸毒人员。部署开展全市公安机关“清零清隐清库”专项行动，对已有收戒收治吸毒人员和社会面吸毒人员“清仓见底”。根据新冠肺炎疫情形势，在新邵县建立专门的吸毒人员收戒前期隔离中心，加强社区戒毒、社区康复工作，完成全市强制隔离戒毒执行率95%、社区戒毒社区康复执行率99%以上工作目标。开展禁毒宣传“六进”工作。部署开展毒品预防教育专项行动、禁毒成果展、法治禁毒心理健康知识讲课、禁毒教育基地参观等系列工作，建立“邵阳禁毒”微信公众号、组织参观禁毒宣传教育基地、开展法治禁毒心理健康知识进校园、“开学第一课”禁毒预防教育知识讲座、“我是答题王”禁毒知识竞赛等活动，同时在全市开展公职人员禁毒教育专题培训、禁毒知识应知应会测试。

【打击治理电信网络诈骗犯罪】 2020年，邵阳市采取“九个最”的超常规举措，用好“部推线索快速落查”和“跨区域协作核破案件”两个机制，铲窝点、毁团伙、打灰产、断链条、防外流、止蔓延，逐步掌握破案打击主动权，斩断犯罪链条。全年破电信网络诈骗案件311起。推进“断卡”行动。“断卡”行动是经习近平总书记批准开展的重要行动，对打击治理电信网络诈骗犯罪具有重要作用。全市公安机关严厉打击行业“内鬼”，坚决整治处罚违规营业网点，对抓获的“两卡”（银行卡、电话卡）违法犯罪人员一律依法严惩。加强预警拦截工作，开通“96110”反电信诈骗专线，建立统一的反诈骗信息平台，加强预警劝阻工作。对每条预警信息第一时间落实劝阻措施，最大限度减少群众被骗概率。进一步优化完善被骗资金止付冻结工作机制，提高资金拦截效果。对因工作失职失误造成群众损失的，采取倒查追究责任制，严肃追责。

【全市交通顽瘴痼疾集中整治】 2020年，邵阳市公安局围绕公安机关牵头或参与的13个大项（26个小项机关）整治任务，先后组织开展“电动自行车综合治理工作”“平安一号专项行动”“一盔一带”安全守护行动、道路交通事故预防“减量控大”工作、国省道交通安全文明示范路创建活动、全市校车及校园周边道路交通安全专项行动等整治行动，重点查处超速、酒驾、毒驾、超员、货车超载、疲劳驾驶、涉牌涉证等违法行为，打击力度大、覆盖范围广，对野蛮驾驶、不文明等交通违法行为形成严管态势。全市查获各类交通违法行为140万余起，交通事故四项指数环比全面下降，较大事故同比下降50%，重大事故“零发生”。

【打造城市乡村治理“平安网”】 2020年，邵阳市加大“智慧化农村警务站”建设力度，完善、升级“一村一辅警”管理平台，优化管理效率，实现全市驻村辅警行动轨迹、工作考勤、指令落实的视频化调度，全面提升实战效能。全市刑事、治安警情同比分别下降35.83%、19.59%，矛盾纠纷化解率达91.8%，群众安全感和满意度提升。“一村一辅警”被评为“全国法治政府建设单项示范创建项目”项目。推进“邵阳快警”助力平安城市建设。在城区推行公安武警联勤武装巡逻，实行智能巡控打卡，常态化开展高峰时段武装巡逻，创造出“1、3、5分钟见警”的快警速度，增强对主城区的社会治安防控力度，城区处警量同比下降35.8%，市、县两级城区“两抢”案件接近零发案。“邵阳快警”被列为全省重点工作，两次被写入省委文件，快警平台被写入湖南省实施《中华人民共和国反恐怖主义法》办法。创新推出“宝庆大叔”“红袖章”护平安工作，在社区（村组）按照“党政牵头，公安政法为骨干，动员全社会力量”原

“宝庆大叔”护平安队伍

（市公安局 供图）

则，全面发动社区（村）干部、退役军人、青年志愿者、治安积极分子等社会力量，逐村（社区）、逐小区组建“宝庆大叔”“红袖章”护平安队伍，由派出所、“一村一辅警”“邵阳快警”、社区民警牵头组织，参加群防群治工作。全市“宝庆大叔”护平安队伍已达3560支,拥有成员近4万名。

【创新内保保安联防联控工作机制】 2020年，为规范动员内保保安队伍融入立体化社会治安防控体系和平安建设，推动市域社会治理和县域警务工作现代化，构筑齐抓共管的联防联控工作格局。邵阳市公安局创新内保保安改革，全面建立公安主导，部门联动，保安履责的内保工作新模式，形成派出所副所长主管、社区民警全面负责的工作机制，加强对保安人员的指导和培训工作，提高保安员发现问题、处置问题能力，提升公安机关重大风险预警防控能力。截至年底，全市有25家保安服务公司，在职保安人员8000余人；有市级和县级内部治安保卫重点单位1233家，在职保安人员2700余人，物业公司700余家，派驻小区开展保安业务的有200余家。全市保安提供线索破获案件或协助抓捕违法犯罪嫌疑人18起，抓获违法人员37名。

【政治建警从严治警教育整顿活动】 2020年，邵阳市在全市公安机关开展政治建警从严治警教育整顿活动，市县两级公安机关成立从严管党治警领导小组，统筹推进从严管党治警工作。制定“学查改”3个方面50项学习清单、6个方面“双50条”查改清单，出台教育整顿、“学查改”2个总方案，梳理细化58项具体任务，下发5份阶段性任务清单，做到纲举目张,点、线、面齐动。通过此次教育整顿活动，实现筑牢忠诚警魂、整治顽瘴痼疾、纯洁干部队伍、激励担当作为目标。

【新时代县域警务工作】 2020年，邵阳市全面开展新时代县域警务工作。争取党委、政府重视支持和相关职能部门配合，按照大抓基层、大抓基础要求，推动重心下移、资源下沉、保障下倾，通过对上“抓县域带市域”，对下“抓基层强基础”，对内“抓队伍优保障”，对外“抓联动明责任”，构建“四新”县域警务体系。在对乡镇街道、社区村组存在的风险隐患进行大起底、大梳理、大排队基础上，实行挂图作战、对账销号，提升风险防范的精准性和实效性。社区警务工作与网格化管理相结合，发挥各级综治中心、基层网格化、社区以及学区警务、园区警务、景区警务、城郊警务、农村警务作用，通过联防联控、群防群治，将各种风险隐患察之于未萌、处之于未然。加强领导班子和公安队伍建设。坚持政治建警、全面从严治警，提升公安素质能力，严格监督执纪，打造“四个铁一般”过硬公

2020年，邵阳市治安防控人员进行路面巡逻

（市公安局 供图）

安队伍,为履行各项安保维稳任务提供保障。

【全面防控新冠肺炎疫情】2020年，面对突如其来的新冠肺炎疫情，邵阳市公安机关迅速启动战时勤务等级，统筹抓好战疫情、防风险、保安全、护稳定、促发展各项工作。成立市公安机关新型冠状病毒感染的肺炎疫情防控专班和新型冠状病毒感染的肺炎疫情防控督察工作领导小组，推动各项防治措施落实到位。疫情期间，全市公安机关累计投入警力62.06万人次，排查涉疫重点人员4.32万人，查控车辆20.25万台。组建15个党员突击队、980名党员下沉一线值守，3680名党员民警职工进社区，公安内部民警职工辅警及公安监管场所未发现一起疫情。累计立涉疫治安案件73起，治安处罚120人，立刑事案件26起，采取刑事强制措施27人。在11月30日举行的湖南省抗击新冠肺炎疫情表彰大会上，全市公安机关1个集体获评“湖南省抗击新冠肺炎疫情先进集体”，2名个人获评“湖南省抗击新冠肺炎先进个人”。

【猎豹突击队拉动演练活动】2020年9月2日上午，为推进全警实战大练兵，深入开展新时代县域警务工作，全面提升全市公安猎豹突击队组织指挥、长途机动、综合保障、协同作战及应急处置能力。邵阳公安2020猎豹突击队在邵阳县金江湖畔开展拉动演练，全市300余名猎豹突击队员在拉练场上展示实战应用射击演练科目、双人战术射击演练、捕俘刀、擒拿格斗演练科目、捕俘刀、擒拿格斗演练科目、综合体技能对抗科目、枪支分解组合、应急棍术表演、武装泅渡训练科目、水上救援科目等警务技能，展现全警实战大练兵成效。演习开始前进行装备展示。防暴装甲车、作战指挥车、运兵车、后勤保障车、防暴枪、高精度狙击步枪等一大批高精尖特警武器装备亮相演练现场。（刘海燕）

检　察

【概况】 2020年，邵阳市检察机关组织各类培训48期，培训5226人次，送训参训1期，参训6人次，开展岗位练兵、技能比武，组织参加各类业务竞赛20余人次，全市公诉部门开展抽查听庭、现场议庭、公开评庭25次。通过专题讲座、红色体验、典型引领、心得交流等方式，加强检察人员职业伦理、职业操守教育。查处“四风”问题和违纪违法案件，立案查处违纪人员2人，组织诫勉谈话2人，建议组织处理基层院检察长2人，立案查处违纪检察人员5人。市检察院对所辖11个基层院党组开展巡察，督促整改问题29个。10—12月，配合省检察院第二巡视组对市检察院党组及武冈市检察院党组开展为期两个月的巡视。落实上级院联系指导基层院工作制度，帮助基层院解决一批办案及工作上的困难问题。推荐优秀干警任基层院检察长、检察系统外副处级干部各1名，提拔6名青年干警任基层检察院党外副检察长，为基层检察院招录全日制研究生、本科生23人。引导基层检察院创建省级文明单位、文化建设示范院和书香单位。

是年，邵阳检察工作整体跨入全省先进行列。在全省检察业务考评中排名第四，有21个集体、51名干警获市级以上表彰，3名检察人员入选全省检察业务专家人才库，5名检察人员被省检察院评为业务能手；保障民营经济发展、扫黑除恶等7项工作经验在全省检察机关推介，5个案件被最高人民检察院、省检察院评为优秀案件或典型案例；市检察院被评为全市社会治安综合治理先进单位、全市平安建设先进单位，党建、扶贫、信访等居于全市先进行列。

【司法改革】 一是落实内设机构改革。按照精简、规范、效能原则，围绕“四大检察”全面充分协调发展，坚持从实际出发定人定岗定责，市检察院于2020年6月底完成人员调配，2020年8月完成内设机构改革，共设置办公室、第一至第八检察部、法律政策研究室、案件管理办公室、检务督查部、计划财务装备部、检察技术部、政治部、机关党委16个内设机构和3个派出机构，共配置科室正职24名（含法警支队支队长、政委），科室副职26名（含3名法警支队副支队长）。二是稳步推进公务员职务职级并行制度改革。全年共对15名司法行政人员、31名检察官助理（书记员）、13名司法警察进行了

2020年11月30日，邵阳市公安局警令部（指挥中心）在湖南省抗击新冠肺炎疫情表彰大会上获评“湖南省抗击新冠肺炎疫情先进集体”（市公安局 供图）

职级套改（转）。组织7批次职务职级晋升工作，共晋升职级50人次，其中三级调研员2名，四级调研员、四级高级检察官助理5名，二级高级警长1名。三是逐步完善人员分类管理机制。年内组织开展了第三次检察官入额遴选工作，全市共择优入额11名，其中市检察院2名。加强对员额确认和退出的审核把关，全市共退出员额14名，确认员额10名。落实检察官单独职务序列，全市按期晋升检察官38名，择优选升51名。建立聘用制书记员建档立卡、统一备案制度，初步建立了书记员绩效考评方案。

【刑事检察】 2020年，邵阳市检察机关受理刑事案件3463件5095人，同比分别下降6.1%和15.8%，审结案件3788件5778人（含上期积存），同比分别上升14.9%和21.3%。其中，决定起诉2846件4457人，同比分别上升4.6%和12.9%；决定不起诉（含附条件不起诉）914件1275人，同比分别上升60.6%和58.8%。其中，受理职务犯罪案件26件33人，同比分别下降21.2%和25%，当年起诉25件30人，不诉1件4人，其中适用认罪认罚从宽制度20件25人。对监察机关采取留置措施的犯罪嫌疑人均予以逮捕，全市两级院职务犯罪案件提前介入率为88.5%。

受理审查逮捕危害国家安全、危害公共安全（不包括危险驾驶、交通肇事）、故意杀人、抢劫、毒品、邪教犯罪案件（以下简称重罪案件）516件712人，同比分别下降31.75%和26.37%，审结526件727人，其中批准逮捕669人，批捕率为92.02%。受理审查起诉重罪案件564件913人，同比分别下降23.99%和23.85%，审结634件898人，提起公诉600件855人，起诉率为95.21%。

纠正移送起诉漏罪106人，纠正遗漏同案犯55人，同比分别上升3.9%和12.2%；书面纠正侦查活动违法10件次，同比下降37.5%；书面提出纠正审判活动违法11件次，同比下降38.9%；受理二审抗诉61件，同比上升17.6%，收到裁判结果7件15人，改判2件4人；受理再审抗诉2件。

推进扫黑除恶专项斗争。全年受理涉黑恶线索10条，保护伞线索32条；受理审查起诉涉黑恶案件51件186人，受理的涉黑涉恶案件已全部诉结；受理“保护伞”案件1件1人，起诉“保护伞”案件4件6人；起诉移送法院追缴涉案财物合计10.34亿元；追捕漏犯12人，追诉漏犯29人。

妥善办理涉疫案件。全市检察机关提前介入侦查涉疫案件44件，审查逮捕阶段共受理妨害疫情防控刑事案件20件40人，批准逮捕21件32人，审查起诉阶段共受理46件74人，起诉41件64人，法院当年判决26件32人。

依法办理经济领域犯罪。全年起诉串通投标、敲诈勒索、强迫交易、侵犯知识产权等经济犯罪50件157人；起诉集资诈骗、非法吸收公众存款、传销等涉众型经济犯罪96人。同时审慎办理民营企业家涉罪案件，坚持慎用强制措施以维护当地经济的平稳运行。对涉案民营企业经营者依法不批准逮捕35人、不起诉123人；对19名主动将所拖欠的劳动报酬支付到位，且犯罪情节轻微的企业相关人员作相对不诉处理。

推进认罪认罚从宽制度。协调推动认罪认罚从宽制度在邵阳地区落地生根。召开认罪认罚从宽制度推进暨业务培训会，解决适用中遇到的困难；加强与公安、法院、司法的沟通协作，牵头起草公安、检察、法院、司法部门联合参与的《邵阳市刑事案件认罪认罚从宽制度实施办法》，明确适用认罪认罚从宽制度的基本原则、适用范围及各环节的操作规程；加强协调，完善驻看守所、驻法院、驻检察院值班律师制度；加强对认罪认罚案件的法律监督，针对认罪认罚从宽案件中被告人无故提出上诉和法院无正当理由不采纳检察机关量刑建议的情况，检察机关均以抗诉方式进行监督。

【刑事执行检察】 2020年，邵阳市检察机关围绕以司法办案为中心，通过强化监管场所安全监督、规范社区矫正检察工作、“减假暂”案件和重大案件讯问合法性核查等案件的规范化办理，以及开展对判处实刑罪犯未执行刑罚、病犯应收押未收押专项清理整治行动等，规范有序开展刑事执行检察业务，履行刑事执行监督职能。全年办理减刑、假释提请中审查、暂予监外执行提请审查案件945件，减刑、假释案件提请后审查793件，减刑、假释案件出席庭审787人次，审查减刑、假释、暂予监外执行裁（决）定案件709件，对减刑、假释、暂予监外执行不当情形，书面提出纠正361件，当年纠正341件。在刑事执行检察中提出检察建议（含监外执行）18件，采纳建议16件；发现监外执行(社区矫正)人员脱管2人，漏管21人，重新犯罪3人，对监外执行不当情形书面提出纠正23件，监督收监执行6人；全市刑事执行检察部门依法全面履行临场监督执行死刑职责；对财产刑执行书面提出纠正意见2件，采纳2件，监督428人已执行财产刑1008.45万元；对强制医疗执行不当情形书面提出纠正3件，纠正3件；对罪犯重新犯罪提起公诉3件3人。受理刑事被执行人及其近亲属控告举报12人，办理9人，受理申诉6人，办理6人。

【职务犯罪检察】 2020年，邵阳市人民检察院发挥一体化侦查职能，受理职务犯罪线索42件，其中检察院自行发现14件、纪委监委移送3件、接受报案控告举报25件。办结线索11件，其中调查核实立案侦查3件4人（法院当年判决1件1人），调查核实查否5件，无可查性予以了结2件,移送纪律监委1件。

【民事行政检察】 2020年，邵阳市检察机关受理民事结果类监督案件108件，结案90件。其中，提出再审检察建议8件（双清区检察院5件、洞口县检察院2件、武冈市检察院1件），提请抗诉11件（市检察院7件、新宁县检察院2件、邵阳县检察院和隆回县检察院各1件），市检察院提出抗诉2件。受理行政结果类监督案件16件，结案23件（含旧存）。受理审判程序违法监督类案件13件，均为民事审判程序违法监督案件，结案12件，发出检察建议11件，法院采纳8件。受理执行监督案件34件（行政24件、民事10件），结案19件，发出检察建议18件（行政14件、民事4件），法院采纳13件（行政10件、民事3件）。发出综合治理类检察建议27件，采纳12件（其中涉及民事1件、采纳1件，涉及行政26件、采纳11件）。发出纠正违法类检察建议3件，采纳3件。受理支持起诉案件90件，支持起诉73件（支持农民工起诉64件，其中涉及精准脱贫领域28件），法院采纳57件。受理复查纠正案件6件，维持原不支持决定4件。

【公益诉讼】 2020年，邵阳市检察机关摸排行政公益诉讼案件线索421件，立案375件，其中行政公益案件304件、刑事附带民事公益案件71件，发出行政公益诉讼诉前检察建议253件，行政机关纠正违法或履行职责163件。通过办理公益诉讼案件，挽回各级集体林地中生态公益林79.08亩，督促治理恢复被污染水源地1处，清理被污染水域面积700亩，保护被污染土壤17.5亩，保护被污染耕地7.5亩，保护被污染林地20亩，督促清除处理违法堆放的各类生活垃圾600.5吨，关停未依法办理环评的企业5家，督促关停和整治其他造成环境污染的企业（不含大气污染企业）1家，督促关停和整治违法养殖场1家，向污染企业和个人索赔环境损害赔偿金1152元，督促收回被欠缴的城镇国有土地使用权出让金5345万元，没收地上建筑物面积152.18平方米。疫情期间，摸排非法收购、出售重点保护野生动物及制品、非法经营野味等涉疫案件线索11件，立案刑事附带民事公益诉讼案件5件。北塔区院对辖区内4家社区卫生院医疗废物处置不当、医疗污水处置不规范等问题向区卫健局发出建议，督促其加强对医院医疗废物和医疗污水处理的监督和管理，并对辖区内的医院和诊所开展医疗废物处置和医疗污水处置专项行动，保护生态环境和人民健康。

【控告申诉检察】 2020年，邵阳市检察机关推进司法救助，办理司法救助案件28件，救助总金额83.2万元。加强信访办理，进行公开听证3次，受理民事监督案件151件、行政监督案件32件、刑事申诉案件97件。妥善处置信访事项，开展信访积案清零活动，所有信访做到7天内程序性回复，3个月内办结。全年处理信访822件，其中来信224件、来访518件、电话网络80件。推进律师日常值班、定点接访和预约接谈工作机制，对于受理来信来访案件，按照首办责任制要求，规范初信初访流程，准确分流，依法、及时处理，把矛盾化解在首次办理环节。

【案件管理】 2020年，邵阳市两级检察院案管部门受理案件8448件11967人，其中受理审查逮捕案件3203件4397人、受理移送审查起诉案件5245件7570人。接受律师网上预约606次，市检察院接待律师270人次。

强化案件管理制度。市检察院制发《关于加强案件日常监督管理工作的通知》，加强对检察办案的程序监管、实体监管和数据监管，推动两级院关注点从数量规模向工作质效转变。

理顺工作机制。市检察院发布9次检察业务通报、9次员额检察官办案情况通报，开展2次督察，召开3次调度会；每季度编写“检察业务情况分析报告”，量化办案数据，统筹协调各业务部门制订各类检察业务指标任务，负责对相关检察业务工作运行进行督促指导、协调反馈，分条线对全市检察业务工作进行每季度分析讲评。

强化案件质量评查。市检察院成立评查工作领导机构，并建立相应的评查机制，依规定开展常规抽查、重点评查和专项评查。两级院案管部门评查案件1200余件，发现各类执法问题1600余个。市检察院案管部门开展《全国检察机关检察业务数据质量专项督查情况通报》整改情况“回头看”工作，并不定期组织市区两级检察院统计员进行业务数据日常审核、检查、监管共20余次，发现和解决办案瑕疵和司法不规范问题5000多处。

落实奖惩和追责。市检察院以检察长专题办公会议、每季度“监督质效年”工作调度会为载体，定期分析研判考核指标落实情况；明确业务部门负责人主抓责任，深入对口部门督促指导；对员额检察官采取定岗、定任务、定质效、定奖罚的“四定”模式，奖优罚劣，对检察官的办案数量、质量、效率、效果进行量化考评，将考评结果作为检察官绩效奖金分配、评先评优、等级降升、交流任职、退出员额的重要依据。

【检务督察】 2020年，邵阳市检察院开展系统内巡察工作，实现届内巡察全覆盖，并配合省院开展巡视工作。年内组织巡察邵东、洞口、绥宁、城步、新宁5个县（市）院。10月10日至12月10日，省院对邵阳市院及武冈市院开展为期两个月的巡视；对北塔区院开展巡察“回头看”。巡察中发现问题248个，反馈问题174个，整改问题174个，移交群众反映问题线索11件。开展执法办案工作专项检查，并协助案管部门开展检察业务运行考核等工作。全年受理省院交办的有关督察案件线索和市委政法委交办案件线索8件，当年办结6件。落实“三个规定”的执行，全市检察机关人手一册《“三个规定”和过问或干预、插手检察办案等重大事项记录报告工作宣传手册》，将资料放置于检务公开大厅，并送呈有关主要领导和部门。年内全市检察机关填报“三个规定”及重大事项85件。

【检察技术】 2020年，邵阳市检察技术部门以检察业务需求为导向，推动员额制办案新模式下检察技术办案的新方式。完成远程提讯系统建设，实现集高清音视频提讯、同步录音录像、光盘刻录等远程提讯；建立以统一业务软件应用为平台建立全市文证审查工作一体化机制，所有案件全部委托市院司法鉴定中心受理与办理。全市受理和办结技术性证据审查案件122件，会诊案件20余件。

（唐 靖 龙雷燕）

法 院

【概况】 2020年，邵阳市法院受理各类案件72977件，结案70732件。其中，市中级人民法院受理案件6492件，结案6371件。全市法院扫黑除恶专项斗争做法获省高级人民法院院长田立文批示肯定；禁毒工作获市委书记龚文密批示肯定；在年度平安建设考评中排名市直机关第一。

全市法院自觉接受人大法律监督以及政协民主监督，接受检察机关及社会各界监督，邀请各级代表参加法院重要会议、重大活动、旁听庭审、见证执行等200余人次，办理政协委员提案2件，审结抗诉案件61件。

【刑事审判】 2020年，邵阳市法院审理各类涉疫情犯罪57件。扫黑除恶专项斗争，一审认定涉黑恶案件270件976人，清缴“黑财”约6.59亿元。超常规打击毒品犯罪，审结毒品犯罪案件1001件。开展反腐败斗争，审结贪污、贿赂、渎职等职务犯罪案件102件。依法严惩严重暴力犯罪，严惩电信网络诈骗，审结电信网络诈骗案件33件，为群众挽回经济损失近1亿元。打击危害食品药品安全犯罪，审结生产、销售有毒、有害食品案件3件。

【民事及行政审判】 2020年，邵阳市法院围绕贯彻落实“三高四新”战略，服务重点项目建设、“一群一圈”规划，制定16条司法措施，妥善审理买卖、运输等各类合同纠纷20470件。加强知识产权司法保护，促进创新驱动，审结知识产权案件316件。监督支持行政机关依法行政，审结行政诉讼案件1696件，支持政府开展环保、土地督查等工作，妥善解决涉重点工程征地拆迁纠纷145起，发送司法建议15条，推进基层法院一审行政案件集中管辖改革。

【保障民生】 2020年，邵阳市法院推进执行工作综合治理，加大执行力度，共执行案件2.2万余件，到位金额45亿余元。落实立案登记制，强化便民利民惠民举措。主动融入党政主导的诉源治理格局，设立53个诉源治理工作站，将群众矛盾纠纷解决在家门口。强化民生司法保障，做好“六稳”“六保”工作，开展“为农民工讨薪活动”，追回农民工工资1301万元。

【司法改革】 2020年，邵阳市法院落实司法责任制，强化院庭长监督管理职责，加大个案监督和案件评查力度，完善考核奖惩制度，做到放权不放任。全面实施类案强制检索，强化法官专业会议咨询和审委会把关作用，统一裁判标准。推进刑事诉讼制度改革，以庭前会议、非法证据排除、法庭调查“三项规程”为重点，坚持疑罪从无原则，宣告5名公诉案件被告人无罪。

（张锡杲）

司法行政

【概况】 2020年，邵阳市扫黑除恶专项斗争收官，全面建立长效机制，持续巩固成果。发展“枫桥经验”，实现矛盾不上交三年行动专项调解活动，调处各类纠纷23259件，化解疑难复杂案件1779件。加强人民调解组织规范化建设，邵东市两市塘街道文化社区调委会被评为“全国模范人民调解委员会”。开展村规民约（居民公约）法制审核，提升乡村(居)治理水平。成立邵阳市社区矫正委员会，开展《中华人民共和国社区矫正法》学习宣传贯彻活动。全面开展社区矫正和安置帮教安全隐患排查整治，最大限度消除不稳定因素。

是年，全市司法行政系统52个集体和37名个人获市级以上表彰奖励，人民调解、社区矫正、公共法律服务、法律职业资格考试组织实施工作获司法部、省司法厅表彰。市司法局党建工作成功创建“省级文明标兵单位”。

【依法治市】 2020年，邵阳市召开依法治市、协调小组各类会议5次，健全依法治市工作联络机制，统筹推进依法防疫、依法治理等工作。开展党政主要负责人履行推进法治建设第一责任人职责及法治政府建设督察，推进法治政府建设，邵阳“一村一辅警”机制被评为第一批“全国法治政府建设示范项目”，武冈市入围全省法治政府建设示范地区。加强行政执法协调监督，评查规范行政执法案卷，反馈评查意见500多条。科学编制实施2020年度立法计划，出台《邵阳市大气颗粒物污染防治条例》等地方性法规4部和政府规章1部，审查市政府及部门各类规范性文件、重大合同和涉法事务50件。依法依规办理行政复议案件249件，一审应诉案件472件，行政纠错55件，纠错率22%。线上线下开展民法典系列学习宣传活动1.3万余场次。“七五”普法通过省检查组总结验收。

【法律服务】 2020年，邵阳市组建新一届市政府法律顾问团，为市政府重大决策、重大项目建设提供法律服务。组织律师与重点民营企业和中小微企业“面对面”开展“法治体检”，该做法被《湖南日报》报道推介。村（社区）法律顾问开展结对帮扶和网上服务，增强基层群众法治获得感。建立公共法律服务联席会议制度，推进法律援助民生工程，实现简单公证事项办理“最多跑一次”。规范仲裁、司法鉴定服务。全市办理法律援助5757件，公证2.9万件，司法鉴定9928件，仲裁202件。（蒋 凯）

仲 裁

【概况】 2020年，邵阳仲裁委员会受理各类仲裁案件200余件，案件标的总额超过7.9亿元，调解结案100件，案件平均审结时间为100天，没有仲裁案件被人民法院不予执行。为保证案件公平、公正审理，仲裁委在处理各类仲裁案件时，严把程序，严审实体。实行仲裁案件审限提示函、先调后裁原则，提高仲裁案件快速结案率，调解和解率和自动履行率。主动接受人民法院对仲裁案件的监督，争取人民法院对仲裁案件执行，申请撤销、财产保全、证据保全的依法支持。建立仲裁互联网系统，先后与武汉仲裁委、广州仲裁委就远程受案、网上受案审案建立战略合作并形成战备合作备忘录。推进仲裁工作融入基层社会治理，安排专人参与医疗纠纷、道路交通事故赔偿纠纷的处理，发挥仲裁调解作用，制定有利于仲裁调解工作开展的指导方案，通过多种方式，普及仲裁制度，扩大仲裁影响力。

（市仲裁委办公室）

邵阳军分区

【军分区党委十四届三次全体（扩大）会议】 2020年1月20日，邵阳军分区党委召开第十四届第四次全体（扩大）会议，传达贯彻军委国防动员部和省军区党委扩大会议精神，回顾总结2019年工作，研究部署2020年任务。会议对军分区部队2019年工作给予7个方面的肯定，深刻剖析5个方面的问题，对2020年7项主要工作作出全面具体的部署。

【思想建设】 2020年，邵阳军分区以学习习近平新时代中国特色社会主义思想和习近平强军思想为主线，深入贯彻军委主席负责制，统筹推进两项主题教育，组织4期首长机关带人武部专题理论学习，邀请市委党校教授辅导授课，持续开展“五看五增强”教育研讨活动，官兵理论素养和政治自觉持续巩固。广泛开展民兵宣讲活动，全面普及党的创新理论，推进学习贯彻走深走实。开展纪念中国人民志愿军抗美援朝出国作战70周年系列活动，协调拍摄入朝作战老兵纪录片，组织“民兵活动日”“国防教育日”系列活动，5000余人次参加“军事日”、烈士公祭活动，增强民兵身份认同感，提升全民国防意识。

【战备训练】 2020年，邵阳军分区贯彻中央军委主席习近平训令，紧贴职能使命，紧扣胜战导向，紧盯实战标准，务实练兵备战。紧前推进国防动员专项准备，增强打仗意识、坚强打仗意志、建强打仗队伍、练强打仗力量；对接任务需求，组织要点勘察，开展作战重难点问题研究，重点编实任务分队，配齐装备器材,组织拉动点验,遂行任务能力明显增强。着眼解决“五个不会”问题,组织4期首长机关在职训练。突出对口保障军兵种民兵分队，年度训练任务完成率100%。

【国防动员】 2020年，邵阳军分区着眼实现由“实起来”向“好起来”“强起来”全面跃升的总体目标，编组普通民兵和基干民兵，使其成为一支“建在身边、抓在手中、用在关键”的国防后备力量。健全军地协作机制，开展国防动员潜力调查，动态更新全市动员潜力数据库，为支援保障打仗提供可靠支撑。军地联合下发《关于加强和改进大学生征兵工作的通知》，明确发放奖励金、定向招录招聘等多条硬核措施，督导各级下沉一线宣传、走村入户发动，完成义务兵、直招士官征集任务，征兵工作全省排名第四，跨入先进单位行列。

【基层建设】 2020年，邵阳军分区对照“四个秩序”建设规范，区分机关和基层两个层面、新营院和老旧营区两种类型统筹推进正规化建设。通过召开工作推进会、现场会、调度会，定期组织检查讲评，强力推进，强势督导，以抓正规化建设引领抓建标准，初步形成“事按规定办、人按制度管”局面。贯彻《军队安全管理条例》，统筹开展疫情防控和“军车交通活动月”“百日安全活动”，围绕9个方面46项内容，开展安全隐患整治，采取“分级负责、上下联动”方式，常态落实月检查督导、季讲评通报和风险评估、形势分析等制度，全年保持安全稳定。

【党管组织】 2020年，邵阳军分区协调邵阳市委先后2次召开市委常委会议军会议，专题研究民兵调整改革和军分区部队正规化建设等重点工作。解决“三后”问题，形成《邵阳市关于加强武装工作基层建设的意见》，联合出台军人子女教育优待和随军家属就业安置两个实施办法，构建制度化、规范化、系统化的双拥共建体系，邵阳市蝉联“全国双拥模范城”称号。参建参治，组织市县两级抢险救灾军地联演联训，完成抢险救灾、执勤巡逻、疫情防控等急难险重任务。持续开展驻村扶贫工作，军分区各级定点帮扶的7个贫困村2000余人全部脱贫出列，城步大同村、大寨村通过国家全面脱贫验收检查。

【综合保障】 2020年，邵阳军分区协调市政府建成设施齐全、功能齐备的市民兵训练基地，同时推进各县市区民兵训练基地建设，民兵训练基地体系进一步完善，完成“十三五”建设任务，为全面落实民兵集中轮训提供保障。突出重点领域、关键环节开展服务，做好防疫保障、被装发放、人员体检、配发军车接收、家底经费上交等工作，报废武器集中调运销毁筹划周全、组织严密、安全顺利。开展军用土地调查、公务卡清查和经济适用住房清理等后勤重点领域清理整顿，完成机关营院设施维修整治、干休点综合整治施工。（贺 军）

综合监督管理

宏观经济管理

【概况】 2020年，邵阳市发改委注重谋划研判，编制完成全市“十四五”规划纲要，经市十六届人大七次会议审议通过并发布实施。完成36个专项规划、28个重大课题研究；牵头编制全市综合交通、西部生态圈等9个专项规划。编制和组织实施年度计划，坚持月分析、季研判，加强对宏观经济运行情况的跟踪、监测和预警，特别是新冠肺炎疫情期间，牵头建立服务高质量发展经济运行联席会议制度，科学精准分析疫情对经济运行的影响，为市委、市政府科学决策提供参考。完善高质量发展顶层设计，制定评价办法和指标体系。出台湘南湘西承接产业转移示范区建设、促进消费升级等专项政策。聚焦科技创新、产业发展、基础设施、生态环保和社会民生五大领域，谋划“十四五”重大工程项目955个，总投资将近1.3万亿元。邵永高铁、新新高速等一批重大基础设施项目入选国家、省“十四五”开工项目。

是年，全市产业发展工作获全省“真抓实干”激励表彰，全市“粮食安全工作”获全省优秀等次，省重点项目建设工作获全省优秀等次，市发改委获国家发改委“易地扶贫搬迁担当作为先进集体”表彰。张顺华被国家粮食和物资储备局评为全国粮食和物资储备系统抗击新冠肺炎疫情先进个人，曹权文被评为全国脱贫攻坚先进个人。

【固定资产投资】 2020年，邵阳市固定资产投资同比增长8.6%，其中国有投资增长15.8%，非国有投资增长5.9%，民间投资增长5.3%。第一产业完成投资额同比下降8.2%，第二产业完成投资额增长15.6%，第三产业完成投资额增长7.8%。工业投资同比增长16.3%，其中，工业技改投资下降15.8%。高新技术产业投资增长59.2%，其中，信息传输、软件和信息技术服务业投资同比增长184.3%，科学研究和技术服务业投资同比增长157.7%，计算机、通信和其他电子设备制造业投资同比增长91.3%。基础设施投资同比增长6.9%，民生工程投资增长8.3%，生态环境投资增长53.3%，房地产开发投资增长10.2%。5000万元及以上重大项目完成投资920.7亿元，同比增长30.6%；重大项目投资占全市固定资产投资的比重达58.2%。新开工5000万元及以上重大项目433个，同比增长44.3%。

【重点工程建设】 2020年，邵阳市实施市重点建设项目285个，年度计划投资455.04亿元,实际完成投资478.38亿元，为年度计划的105.13%；实施省重点建设项目24个，年度计划投资86.94亿元，累计完成投资157.65亿元，为年度计划的181.33%，同比增长近50个百分点。全市把握“稳中求进”工作总基调，推进重点项目抗击疫情、复工复产，下发应对疫情有序推进重大工程项目复工开工的相关文件，并对全市重点项目开复工情况及存在问题，实行“一日一调度、一日一协调、一日一反馈、一日一上报”，及时梳理协调解决影响复工开工的用地、用工、用能、融资、物流和项目审查等方面的问题。在有效防控前提下支持和组织推动重点项目复工复产。落实项目建设“五制”管理要求及重点项目质量安全“谁主管、谁负责，谁许可、谁负责，谁监管、谁负责”的全方位管理，全年未发生重大安全事故和恶性阻工问题。市级重点项目中38%的项目超额完成年度投资目标，85个项目实现全部投产或单项投产。实施市重点产业项目208个，年度计划投资320.96亿元，累计完成投资341.29亿元，完成年度计划的106.33%。新增的94个重点产业项目全部开工建设，40%的产业项目超额完成年度投资目标，50个项目实现全部投产或单项投产。省重点项目均全面超额完成。其中，三一产业园项目累计完成投资9.93亿元，已全面建成并投入使用；犬木塘水库工程累计完成投资6.59亿元，枢纽工程开工建设。

【产业和园区经济】 2020年，邵阳市实施制造强市“一二三工程”，规模工业增加值增长4%，工业投资同比增长20.4%，居全省第五位；新增规模工业企业235家，居全省第一位。七大工业新兴优势产业链实现总产值1205.9亿元，占全市规模工业总产值的66.4%。三一专汽、邵阳纺织机械、宝庆煤电、邵阳口味王等重点企业实现两位数增长。

全市入园企业达2966家，规模企业1520家，完成技工贸总收入2918.95亿元，增速13.36%；新开工标准厂房246.62万平方米，竣工228.22万平方米，投产120.97万平方米；新增签约企业268家，入驻228家、投产217家，实现产值124.52亿元，新增就业1.2万人。园区新开工重点产业项目80个，其中50个实现投产或单项投产。省“五个100”6个重大产业完成投资，为年计划的136%，投资200亿元的“601工程”落户邵阳，改变了邵阳无工业项目投资上百亿的历史。园区战略性新兴产业崛起，引进高新企业数64家，培育高新企业数31家，彩虹特种玻璃第二条生产线完成安装调试，三一专汽灯塔工厂建成,产值突破140亿元。沪昆百里工业走廊6个重点园区技工贸总收入、规模工业总产值、规模企业数、税收和用工均超过全市总量的80%。在2020年省公布的2019年度省级及以上产业园区综合排名中，邵阳市总体排名位居十四个市州第六名，其中邵阳经开区、邵东、隆回园区分别居全省第四位、十五位、三十六位，在大湘西板块中居前三名，获全省先进园区表彰。

【工业经济与高新技术产业】 2020年，邵阳市实施高新技术企业倍增计划，新增高新技术企业

253家，高新技术产业投资增长79.1%，居全省第三位，高于全省44.3个百分点。推进一批重大产业项目开工建设，其中三一生态智能产业园及试验场、邵阳智能终端产业园和新经济产业园等一批重大产业项目开工建设，彩虹特种玻璃总部正式进驻邵阳，中国（邵阳）特种玻璃谷建设加快推进。全省特色工业小镇现场会在邵东市召开，仙槎桥五金小镇在会上做经验发言。

【农业经济】 2020年，邵阳市争取中央及省预算内投资44937万元，其中大中型水库除险加固工程5439万元、主要支流治理工程28083万元、畜禽粪污资源化利用整县推进项目中央预算内投资3360万元、生猪规模化养殖场建设补助项目1300万元、岩溶地区石漠化综合治理工程4500万元、防护林工程1375万元。获批发行专项债券5.72亿元，分别为邵东、城步、邵阳人居环境治理项目，邵东、绥宁城乡供水一体化项目，绥宁秀水水库项目，邵阳鸡公岩国家石漠公园建设项目。协调推进重大项目建设进度，犬木塘水库工程于5月获省发改委批复可研，可研批复总投资102.5亿元，总库容1.4亿立方米，年发电量1.13亿千瓦时，设计灌溉121.7万亩。7月18日上午在邵阳县郦家坪镇开工。督促农业、林业、水利部门开展部门专项规划，组织收集、筛选、上报省市“十四五”规划农林水重大项目。

【服务业经济】 2020年，邵阳市第三产业完成增加值同比增长4.3%。三次产业结构由上年的16.3：27.7：56.0调整为17.8：31.0：51.0，第三产业比重下降5个百分点。房地产市场运行稳健。完成社会消费品零售总额1208亿元，增长2.5%，其中限额以上单位零售额528.6亿元，增长3.9%。旅游市场受创严重，实现旅游总收入421.4亿元，增长19.2%。接待国内旅游者4300.5万人次，下降23.3%；实现国内旅游收入421.3亿元，下降19.1%。完成邮电业务总量493.3亿元，增长46.4%。年末金融机构本外币各项存款余额3298.2亿元，比年初增加286.9亿元，增长9.5%。年内设在邵阳的证券营业部新开户数5.91万个，股民保证金20.16亿元，增长18.48%；年内A股交易量3349.25亿元，增长41.7%。普通高等教育招生1.17万人，增长0.7%，在校生4.06万人，毕业生0.88万人。年末拥有高新技术产品生产企业1080家，比上年增加223家，其中省科技厅认定的高新企业223家。建成乡镇（街道）综合文化站202个，基层综合性文化服务中心3586个，建立24小时自助图书屋15个。有卫生机构5827个，拥有床位总数3.4万张，增长3.3%，卫生技术人员4.2万人，下降0.2%，执业医师和执业助理医师2.8万人，增长2.3%，注册护士2.0万人，下降0.2%，疾病预防控制中心13个。累计投入体育彩票公益金2024万元，建设“国学武术进校园示范单位”68所。举办“崀山杯”2020年全国女子举重锦标赛暨东京奥运会模拟赛、湖南省“公仆杯”羽毛球赛、“宝古佬”羽毛球邀请赛等。

【铁路、机场、高速公路建设】 2020年，邵阳市协调推进邵永高铁前期工作。国铁集团将邵永高铁纳入勘察计划，于4月28日完成勘察设计招标。邵阳市跟进各项任务节点，争取更利于邵阳发展的设计方案，协调完成预可研编制、预可研审查、初测勘察设计、可研报告编制等工作。邵阳站改扩建工程正式实施。总投资8.05亿元，6月1日正式开工建设，年内完成原火车站内等8家单位的搬迁，增加临时候车室内广播系统、引导系统、通信设备等硬软件设施，并通过铁路方验收于11月12日正式启用；完成站场内接触网的过渡改造、既有站房和天桥的拆除、邵阳大道旁临时停车港湾、出租车候车雨棚建设等第一阶段施工任务。年内正式开工建设白新高速、永新高速、城龙高速3条高速公路。同时，提出全市“三横七纵”铁路网、“四横四纵二连”高速公路网和“一东一西”2个民用机场及“1+N”多个通用机场的布局规划。

【能源建设】 2020年，邵阳市发电总装机容量366.37万千瓦，其中水电总装机容量87.32万千瓦、风电119.52万千瓦、火电140.66万千瓦、光伏发电18.87万千瓦。总发电量108.82亿千瓦时，全社会用电量102.58亿千瓦时。邵阳电网有500千伏变电站1座、变电容量1750兆伏安，220千伏变电站11座、变电容量3420兆伏安、线长956公里，110千伏变电站60座、变电容量3629兆伏安、线长1802公里，形成一个以500千伏电网为依托，除绥宁县外各县均建有220千伏变电站的电网，成为湖南西电东送的输变电枢纽城市。优化城乡供电网络。雅中—江西±800千伏特高压直流输电项目邵阳段工程基本完成；新开工绥宁220千伏输变电工程，续建罗市220千伏输变电工程、扶夷—罗市220千伏线路工程，共投产220千伏线路15.9公里，净增变电容量24万千伏安；新开工35~110千伏电网工程21项，其中变电站新建5座、扩建11座、改造1座，共投产35~110千伏线路266.17公里，净增变电容量74.5万千伏安，解决重过载变电站19座，全面补强邵阳电网短板；新建改造10千伏线路908公里，净增配变容量13万千伏安，解决“低电压”台区367个、重过载台区265个，保障邵阳地区电力供应。推进“气化邵阳”建设，“邵阳—隆回—洞口—武冈—新宁”、邵阳县—隆回段和“永州—邵阳”长输管线开工建设；天然气长输管线列入规划并开展前期工作；衔接市县燃气公司一起推动储气调峰设施建设，缓解全市用气紧张问题。推进清洁能源项目。其中，武冈市大甸镇尖山村50兆瓦农光互补光伏发电项目建成投产；吉林电力有限公司长乐100兆瓦平价光伏发电项目获省能源局指标批复；宝鼎山二期及三期、宝莲、宝隆扩容、维山等项目建成投产；新邵、邵东、洞口、武冈4个生活垃圾焚烧发电项目获省发改委核准批复，其中新邵、邵东、洞口垃圾发电项目分别于9月、11月、12月开工建设。

【招投标、公共资源管理及代建制】 2020年，邵阳市制定《关于落实市委公共资源交易领域专项巡察反馈意见的整改方案》，对照方案内容逐项开展问题整改，完成整改任务各项工作。召开全市工程建设项目招投标突出问题专项整治工作会议，印发《工程建设项目招投标突出问题专项整治工作方案》等6个文件，完善公共资源交易相关制度；同时配合市专治办开展招标文件合法性审查和大数据分析问题线索交办等其他后续专项整治各项工作。加快信息化建设，推进工程建设项目全流程电子化和远程异地评标常态化。协调各相关部门按照全省统一开发的监管平台和交易系统在7月完成与省平台的对接，实现互联互通；全市范围内依法必须招标的房屋建筑和市政基础设施的施工、监理项目以及交通、水利项目实现全流程电子化交易，其中有9个项目完成远程异地评标。协助完成评标专家库征集续聘以及定向征集工作，公开征集、续聘和定向征集一批熟悉招投标工作的各类专业人士,年内147名专家通过资格预审,使进入湖南省综合评标专家库中专家达1168人。印发《邵阳市公共资源交易管理委员会议事规则》等文件,完善相关制度,促进公共资源交易活动规范、便捷、高效运行。推进代建项目建设,加强对邵阳市妇幼保健院整体改扩建项目、邵阳市第一人民医院医疗综合楼（含儿童医疗服务体系）等代建项目的监管,协调处理各方面矛盾。

【优化经济发展环境】 2020年，邵阳市发改委加强制度机制创新，建立起“1+7+10”优化营商环境工作体系，出台营商环境“邵十条”。加强信用体系建设，健全完善诚信典型“红名单”制度和严重失信主体“黑名单”制度，构建“一处失信、处处受限”的失信联合惩戒机制。市社会信用信息交换平台归集“双公示”数据310万条、基础信用信息数据660万条。联合市纪委、监委对重大项目实施挂牌监督，推进重大项目建设；开展集中整治招投标领域形式主义官僚主义专项行动，通报5起工程建设项目招投标突出问题典型案例；配合开展清理政府部门和国有企业拖欠民营企业中小企业账款工作专项行动；规范执法监管，推行全市市场监管领域部门联合“双随机、一公开”监管，组织监管工作平台操作培训；城管执法体制改革经验在全国城管执法体制改革座谈会上获推介；核实和查处各类举报案件，及时曝光损害经济发展环境的典型案例，市县两级优化部门通报打击损害环境事件典型案件30起，交办和督办投诉事件20多起。强化测评监管，筛选一批影响带动力强的企业设立优化营商环境监督测评点、聘请100名优秀企业家为优化经济发展环境监督测评员；制定出台《邵阳市营商环境考核评价办法》，建立营商环境建设考评体系，调动和激发各级政府和相关单位营商环境建设的积极性；建立“12345”投诉举报热线平台，受理群众有关行政效能行风等营商环境投诉举报534件，全部及时转给相关职能单位办理并回复，满意率99.69%。

【社会事业】 2020年，邵阳市编制教育、卫生、社会兜底、文化旅游等专项投资计划，下达全市社会口中央预算内投资3.19亿元，省预算内投资647万元。其中，包括教育现代化专项和社会服务兜底工程中央预算内投资项目16个，下达资金9425万元；农村中小学改厕资金1491万元；卫生专项项目11个，下达资金1.99亿元；中央预算内社会足球场项目13个，下达资金1110万元。下达省预算内社会足球场项目6个，获奖补资金220万元；省预算内基层远程医疗建设项目2个，获补助资金127万元；公共实训基地1个，或补助资金300万元。省转发下达全市中央、省预算内投资项目51个，经国家重大建设项目库调度，已全部开工，开工率100%。全市社会领域推动一批重点民生项目建设。其中，市第十三中学教学楼、北塔区芙蓉学校、新邵县巨口铺镇芙蓉学校、城步苗族自治县芙蓉学校、新宁县芙蓉学校、隆回魏源老年公寓、湖南师大武冈附中建设等项目竣工投产；市第一人民医院医疗综合楼、市残疾人康复托养中心、新宁县第一中学整体搬迁项目开工建设；湘中职业技术学院、市十七中、市中医院等重点项目前期工作进展顺利。落实国家社会领域重要行动。为按期完成“十三五”全省社会足球场地设施建设任务，建成社会足球场52块，完成拟定任务的130%，列全省第四位；贯彻国家城企联动普惠养老实施意见，上报城企联动普惠养老储备项目9个，同时申报应对人口老龄化重点联系城市，推动城企联动养老事业建设。

【湘西地区开发及易地扶贫搬迁】 2020年，邵阳市争取湘西地区开发项目资金13601万元，其中大湘西地区文化生态旅游精品线路建设专项资金1664万元、湘西地区重大产业项目专项资金1360万元、以工代赈示范项目资金及财政预算内资金3095万元、大湘西地区茶叶及天然饮用水公共品牌建设项目专项资金622万元、易地扶贫搬迁后续产业扶持及就业扶持项目资金2219万元、易地扶贫搬迁中央预算内补短板项目建设资金4641万元。重点支持重大产业项目等特色优势产业培育和发展、精品旅游项目建设、茶产业和天然饮用水公共品牌建设、非物质文化遗产保护传承、旅游产品开发、易地扶贫搬迁后续扶持项目奖补，促进全市产业优化升级，拉动社会投资，促进财政增税、带动群众就业和农民增收，尤其是带动易地扶贫搬迁群众稳定增收。“十三五”时期全市完成易地扶贫搬迁任务8.95万人，建成安置住房2.37万套，房屋建筑面积224万平方米，累计完成投资54亿元。截至2020年年底，全市易地扶贫搬迁工作全面完成任务，搬迁入住率、拆旧复垦率、产业及就业帮扶覆盖率、脱贫率均达100%，市发改委被国家发改委评为“十三五”搬迁工作担当有为集体，各县市区在易地扶贫搬迁工作成效考核中均获满分成绩。

【以工代赈】 2020年，邵阳市以工代赈项目资金通过支持农村贫困地区基础设施补短板建设，拓宽群众就业增收渠道，发挥“赈”的作用，通过组织群众务工、发放劳务报酬，让更多贫困群众参与农村中小型基础设施工程建设，激发其脱贫致富的内生动力。争取以工代赈示范项目资金及财政预算内资金3095万元。

【物流业管理】 2020年，邵阳市物流专业化、组织化程度有所提高，多种组织形式、多层次的物流企业群体、多样化服务模式的服务主体不断成长，服务水平提高，配套能力增强，大型超市商品统一配送率提高，城乡共同配送和物流服务体系逐步完善。商品市场体系建设加快，一批商品批发市场经过建设改造，仓储、集散、配送能力增强。物流项目建设加快。市城区的烟草物流、湘中医药物流、恒安物流、友阿国际广场、红星美凯龙商场、金罗湾国际商贸城、湘西南农产品物流中心、中南五金机电汽配城、步步高新天地等大型商贸物流项目建成并开业，香港铜锣湾广场、千禧天地、湘西南粮食仓储中心、邵阳进口商品保税展示中心、华湘物流配送中心等项目开工建设。邵东市的星沙物流园、廉桥中药材现代物流、湖南邦太物流集团、邵东湘运物流等一批县市物流企业发展壮大。邵阳商品交易市场稳步发展，有邵阳湘运市场、邵阳日恒电器城、邵阳湘桂黔建材城、邵阳市饲料兽药市场、邵阳市农资市场、邵阳市江北农产品批发市场、邵阳市中南家禽批发市场、武冈市农产品批发市场等一批亿元以上商品交易市场，有全国排名第三的邵东五金大市场、全国排名第四的邵东廉桥药都市场、中南地区最大的邵东木材市场，邵东工业品市场年成交额接近50亿元。新投资兴建豫湘工贸的湘西南农产品物流中心、邵东星沙物流的星沙物流园、湘中医药物流的湘中医药物流配送中心、浩天米业的粮食现代物流园、李文食品冷链物流园等一批现代物流、冷链物流、粮食仓储与粮食物流园区项目，建成投产后，将实现全市物流园区从无到有，新增物流仓储面积30万平方米左右、粮食仓容20万吨、冷库4万立方米。

【社会信用体系建设】 2020年，邵阳市公共信用信息共享交换平台归集信用数据1364万条，县级信用信息共享交换平台全面建成。建立完善重点行业领域“红黑名单”制度，累计发布红黑名单企业和个人16780条，依法依规对失信主体进行联合惩戒。

【价格管理】 2020年，邵阳市贯彻落实国家、省、市对新冠肺炎疫情防控期间的部署，全市肉、蛋、粮油、果蔬等生活必需品供应充足，价格无异常波动，“米袋子”“菜篮子”整体平稳，保供稳价工作有序进行。下发哄抬价格违法行为认定文件，及时启动价格应急响应机制。受各种因素影响，全市居民消费价格指数（CPI）连续上涨，尤其是食品价格指数持续飙升，达到启动价格联动机制条件。市发改委密切关注影响CPI指数的因素变化，发现苗头性问题迅速向市政府和相关部门预警，累计向273万人次困难群众发放价格临时补贴1.22亿元，缓解物价上涨对困难群众基本生活的影响。落实阶段性降低企业用电成本政策，为企业节省用电成本1.06亿元。落实阶段性降低企业用气成本政策，引导燃气企业理顺内部工作流程，做到减环节、优服务、压时限、提效率，全市燃气企业为实体经济企业减负降费1638万元。督促自来水公司保障疫情防控期间的正常供水、承诺欠费不停供，全市自来水公司为实体经济企业减负降费1083万元。

【粮食产业调控及发展】 2020年，邵阳市保障新冠肺炎疫情期间的粮食供应。从1月27日（正月初三）开始对全市各大超市、粮油重点加工企业和应急企业进行全面摸排，了解市场动态，组织复工复产。元月27日开始，市发改委组织48家粮油加工企业和应急加工企业在落实安全防护措施的情况下复工复产，其中省市级加工龙头企业8家，日加工能力达到1600吨，确保全市粮油市场货源充足，价格平稳，供应有序。开展粮食收购工作。全市投入近1000万元，对申报粮食收购点进行维修改造，改善仓库储粮条件；研究并通过《邵阳市2020年粮食收购工作实施方案》《邵阳市超标粮食收购处置办法》。完善应急保障体系，全市2个国家价格直报点、3个省价格直报点，每周向国家局和省局上报市场价格情况和粮食行情变化情况。开展粮食安全省长责任制工作。在全省粮安考核中获优秀等次，邵东、新邵、隆回、洞口、武冈5个县市全面建成粮食产后服务中心，粮食烘干能力全面提升，为农民减损近1亿元。提高粮食质检能力，新增10台全面快检设备，建成洞口县粮油监测站，主办质检培训班5期，培训人员100多人，完成粮食检测1543批次，超过省定任务63批次。

【长江经济带发展】 2020年，邵阳市推动长江经济带突出问题整改。市发改委联合市自然资源和规划局、市生态环境局多次到隆回县小沙江现场督促石材开采加工企业退出后开采加工区综合治理和生态修复工程的推进，12月30日项目销号，获国家长江办肯定；推动长江经济带2020年生态环境警示片披露问题整改，各县市区开展举一反三自查行动；组建邵阳市推动长江经济带发展重大项目建设和稳投资工作专班，推进长江经济带项目和环资项目的实施推进。全面完成能源消耗总量和强度双控工作任务。全市GDP能耗下降4.3%，全社会能耗总量控制在同比下降；2016—2020年5年GDP能耗下降22.3%，全社会能耗增量控制在74.6万吨标煤，完成省委、省政府下达的“十三五”节能降耗任务。11月，省政府办公厅对2019年能耗总量和强度双控目标责任评价考核情况进行通报，邵阳市获省政府通报表扬。（彭怀志）

国有资产监督管理

【资本合作】 2020年，邵阳市人民政府国有资产监督管理委员会（以下简称邵阳市国资委）助推“产业兴邵”，成功引进中国建材、华润双鹤药业、湖南新天地集团等一大批央企省企到邵阳投资兴业。利用自身职能和邵阳产业优势，与4家央企省企开展资本合作项目。其中，中国建筑第五工程局有限公司参与邵阳路桥公司股份制改革进行股权合作，已开展清产核资、财务审计、资产评估等工作；中国电子信息产业集团有限公司与市国投公司合资成立数字邵阳建设发展公司，已成立合资公司；湖南湘诚物业集团公司与市国投公司合资成立邵阳市湘诚国丰城市服务有限公司，已开展业务；湖南财信金融控股集团与市国投公司开展全面战略合作，为市重点项目建设、产业发展、园区经济和不良资产处置等提供全方位的金融服务。邵阳市国资委被省国资委评为“2019—2020年度国资监管工作优胜单位”。

【推进市属经营性国有资产集中统一监管】 2020年，邵阳市国资委出台统一监管实施意见，建立市属国有企业资产台账和财务基本情况数据库，市本级拥有企业33个，其中归集于市国资委监管的企业7个、其他各主管部门管理的企业26个。加强对国有改制企业资产的归集监管，市国投公司作为归集接收主体，对32家改制企业剩余国有资产进行移交归集监管，归集资产总价值达45.72亿元。加强对行政事业单位经营性资产归集监管，市城投公司作为移交接收监管主体，对市委、市人大、市政府、市政协“四大家”不动产进行归集，除个别资产因历史原因（抵押、权证缺失）无法处理，其他资产已过户至市城投公司名下；对艺校、群艺馆、黄家山体育馆、大祥坪运动场4处土地资产和8处房产进行归集。

【规范国有产权和处置管理】 2020年，邵阳市国资委完善产权登记和管理。审核把关占有、变更和注销产权事项，进一步厘清企业产权关系，完成产权登记信息系统占有、变更、注销审核9户。依法依规处置国有资产。把关监管企业的国有资本投向与布局，资本主要投向城市基础设施、市政道路、供水管网、园林绿化、金融项目、土地开发等领域，共投入12.03亿元，其中市城投公司1.88亿元，市宝投公司6.6亿元，市国投公司3.55亿元。同时，依法依规按程序开展国有资产（产权）处置工作，坚持“应进必进”原则，各类国有资产（产权）一律进入市公共资源交易中心公开挂牌、竞价转让，实现国有资产保值增值。年内成功处置邵阳市大为建筑公司五一南路地块房地资产等6处资产，合计评估价9.82亿元,成交价12.28 亿元，增值2.46亿元，增值率25.07%。

【完善业绩考核和薪酬管理】 2020年，邵阳市国资委按照省委、省政府及市委、市政府的政策规定，出台一系列薪酬管理政策，严格业绩考核和薪酬管理制度。结合市国企国资改革，按照突出考核导向，强化绩效机制，组织实施监管企业主要经济指标、重点工作、承担政治责任、社会责任等综合考核评价工作，根据考核结果兑现企业负责人薪酬。同时，进一步完善企业财务监管制度，坚持监管企业财务一月一快报、一年一决算报告等工作机制，对企业财务和企业经营及时监管到位，促进监管企业健康发展。截至12月底，2家直接监管企业收入完成14.9亿元，实现利润总额5.1亿元；国有资产总额784亿元以上。

【服务发展】 2020年，邵阳市国资委督促各监管企业有序推进重点项目建设。其中，市国投公司投资约12.69亿元建设湘中职业技术学院，用地面积487.5亩，已正式开工并开始科学设置开办专业；投资约3.39亿元重建市十七中，用地面积41.2亩，已完成用地预审手续、初步地勘、入户调查和清租退租工作。市城投公司推进市汽车文化三所一中心、桃花桥、北塔路、城市微循环路网、资江南岸防洪堤、邵西大道、大祥坪停车场、超期安置8个工程项目，累计产值约5.57亿元。完成市政府下达企业职工住房棚改2052户工作任务，对所属企管公房全部进行危房鉴定，委托专家论证编制可研报告，委托3家设计公司对工程项目按改扩翻建施工要求进行设计，协调解决项目实施中的各种关系和矛盾，完成项目的财政审核和工程概算编制及招投标程序。原玻璃厂、原水轮机厂、原面粉厂、原宝庆化工厂4个项目已完成施工，原湘印机、原棉纺厂2个项目开始建设。推进清理拖欠民营企业中小企业账款工作，在市减负办领导下，督导相关监管企业按要求开展工作，至11月30日，市城投公司拖欠民营企业中小企业账款2272.62万元全部清偿。开展新冠肺炎疫情防控。购买口罩4万多个、中药预防方剂和其他预防性药物以及其他消毒物资，聘请第三方机构为企业员工进行核酸检测；落实国有企业房租减免政策，减免3个月租金176.57万元；国资系统累计向市红十字会捐款100多万元，向市疫情防控指挥部捐赠防护服1000套、口罩（N94）1500个。

【推进三大攻坚战】 2020年，邵阳市国资委推进防范化解重大风险攻坚战。指导平台公司化解政府隐性债务，通过采取借新还旧、增加现金流、降低融资成本等方式，市本级融资到账285.66亿元。市国投公司成功化解政府隐性债务5.86亿元，其中将5.26亿元政府隐性债务转化为公司经营性债务，现金支付化解0.6亿元政府隐性债务，成为全省首例隐性债务全部清零的企业。推进精准脱贫攻坚战。完成中源村贫困人口全部脱贫任务，引导村民回乡创业，成立“十重大界”旅游综合开发有限公司，投资300万元对中源村千年鸟道进行旅游开发，推动脱贫攻坚与乡村振兴有效衔接；邵阳市国资委主要领导多次带领扶贫督战工作队到龙溪铺镇龙源村、下源村调研，督促协助镇村两级和帮扶责任人对标对表，逐项抓好落实。推进污染防治攻坚战。完成大祥区雨溪乡河洲村12号地块30.9亩自然防护林任务。督促监管企业推进污染防治项目落地。其中，市城投公司红旗河南北两侧污水管项目通过中央环保督察检查；“两沟两路”污染防治项目的古塘污水管网项目完成1.52公里的污水管网开挖及顶管作业，龙须塘老工业区土壤修复治理项目、两沟项目通过整体验收。（范嵘）

国企改革

【驻邵阳央企省企社会职能分离移交】 2020年，邵阳市推进驻邵阳央企省企社会职能分离移交。全面完成驻邵阳央企省企“三供一业”分离移交工作，15家驻邵阳央企省企供水15699家、供电10499家和物业管理192526家分离移交，均完成100%，为全省央企省企“三供一业”分离移交提供“邵阳模式”。推进驻邵阳央企省企退休人员社会化管理，国有企业退休人员社会化管理工作移交邵阳市央企、省企国有企业27家，涉及退休人员17109人，退休人员全部移交当地社区，档案全部移交当地政府相关部门，完成100%。邵阳市国资委被省国资委评为“2019—2020年度国有企业退休人员社会化管理工作优胜单位”。

【市属企业改革扫尾】 2020年，邵阳市加快推进市属企业改革扫尾工作。市政府筹资3.41亿元用于企业改制，其中用于改制扫尾0.7亿万元，新启动的大为建筑公司、外贸3家企业1.41亿元，邵阳神风动力制造有限责任公司1.3亿元。同时，按市属破产（改制）企业验收合格“八条”标准，先后完成市商业物资公司等22家企业验收，累计完成42家企业扫尾验收，扫尾验收合格率50%。

【新启动的市属企业改制】 2020年，邵阳市国资委推进新启动的市属企业改制。按照市政府统一安排部署，先后启动市大为建筑公司、市对外经济贸易畜产品公司、轻工业品公司、土特产品公司、神风动力公司、啤酒厂6家企业的改制工作。同时，推动邵阳市路桥公司股份制改革，已与战略投资方中建五局签署意向协议。

【推动企业做大做强做优】 2020年，邵阳市国资委开展省重点上市后备企业上市工作，支持国资控股的邵阳魏源投资发展有限公司认购湖南魏源康复医院有限公司股份，帮助湖南魏源康复医院有限公司筹备上市。指导市宝城投公司资产投资实现多元化，重点突出产业项目与基础设施投资，集中在邵阳先进制造技术研究院合作建设项目、三一专汽实验场土方项目、锂离子动力电池项目，并分别与湖南高新创业投资集团有限公司、湖南财信金融控股集团有限公司合作设立产业基金，总投资金额约达28.88亿元。（范嵘）

自然资源和规划管理

【概况】 2020年，邵阳市自然资源和规划局被评为“省级文明单位”、全省自然资源部门重点业务工作考核先进单位。平安建设、安全生产、信访、产业发展等多项工作在全市获表彰，月清“三地”、农村乱占耕地建房问题整治、督察反馈问题整改等多项工作走在全省前列，并被自然资源部、省自然资源厅在全国、全省推介。

【用地保障】 2020年，邵阳市坚持“要素跟着项目走”，全面落实“可报尽报、应审尽审、限期供地、净地出让”用地审批供应模式，对重大项目采取“一个项目、一名领导、一个专班、一直督办”的“四个一”方式精准服务，全市批回项目用地92宗，面积1.22万亩。市本级完成集体土地征收1875亩，拆迁集体土地上房屋2.41万平方米。保障易地扶贫搬迁集中安置点用地312亩，三一重工、彩虹特种玻璃等一批重点项目用地得到保障。

【土地供应】 2020年，邵阳市实现土地出让价款113亿元，其中市本级74.59亿元，创历史新高，确保财政基本盘。落实园区“周转用地”“弹性出让”政策，降低企业用地成本，加快项目落地，邵阳经开区落实周转用地指标1500亩，弹性出让工业用地7宗821.5亩，为企业减负6439万元。

【耕地保护】 2020年，邵阳市开展史上最大规模的耕地保护主题宣传活动，市委理论学习中心组召开扩大会议采取电视直播方式，组织214个收看会场，市县乡村四级共

2020年，邵阳市开展全市"节约集约用地 严守耕地红线"四级干部集中大宣讲（市自然资源和规划局 供图）

10545名干部集中收看。通过"村村响平台"在全市3600余个村持续播放耕地保护政策知识，提升社会各界耕地保护意识。土地开发新增耕地8952.5亩，旱改水5477.5亩。建设用地占用耕地7220.9亩，其中水田4424.67亩，产能指标446万公斤，均按要求完成占补平衡。补划永久基本农田54.7907万亩。

【自然资源开发利用】 2020年，邵阳市落实三级自然资源主管部门主要负责人土地管理月调度机制，编制月清"三地"工作操作手册，建立周会商、分线调度、月调度、工作交办四个机制，实行"四统一分、五项约束"，统一部署、统一调度、统一标准、统一评价和分类处置，月清"三地"工作经验在全省自然资源工作会议作典型介绍，隆回县、邵阳县月清"三地"工作在全省通报表扬。全年处置闲置土地251宗，消化批而未供土地253宗，查处违法用地2422宗，新邵县做法获省自然资源厅肯定。

【国土空间规划】 2020年，邵阳市完成资源环境承载能力和国土空间开发适宜性评价、城市总体规划和土地利用总体规划系统评估，以及生态保护红线、永久基本农田、城镇开发边界"三条控制线"划定和7个规划专题研究，邀请专家学者召开国土空间发展战略及发展格局专家咨询会，形成并向省自然资源厅报备规划大纲。配合市人大制定《邵阳市村庄规划和村民建房管理条例》，60个"多规合一"试点村庄规划编制任务全面完成，隆回县滩头镇石托村村庄规划获全省国土空间规划优秀案例一等奖。实施国土空间用途管制，保障重点项目规划用地需求，按照过渡时期的规划修改政策，修改县乡土地利用总体规划228次，涉及各类建设项目589个,调整建设用地规划空间布局0.72万亩。完成万桥街区、北塔二期、洋溪片区3个街区控规工作。

【国土空间生态修复】 2020年，邵阳市推进矿山综合整治，砂石土矿专项规划全部上报省自然资源厅，规划区块进行环境影响评估。第四轮矿规编制全面启动，市委改革办出台全面推动矿业绿色发展实施方案，关闭注销砂石土矿239个，新增省级绿色矿山4家。开展自然资源领域安全监管"强执法防事故"行动，全市自然资源领域安全生产"零事故"。开展国土空间生态修复，保护地内2个采矿权关闭退出。全年申报生态修复项目3个，审批临时用地土地复垦方案15个，验收矿山地质环境保护与恢复治理项目14个，长江经济带隆回县小沙江石材开采加工生态环境突出问题整改销号，邵东、洞口等举一反三问题全部整改销号。全市新增损毁面积116公顷，新增治理面积164公顷，净增恢复面积48公顷。新邵县雀塘镇全域土地综合整治项目被列为全省试点项目。

【服务民生】 2020年，邵阳市在抗疫攻坚期间，成立企业复工复产难点问题处置小组和工作专班，按照"一家企业、一名服务专员"的工作机制，全过程跟踪服务，解决难点堵点问题11个。行政审批进一步提速。工程验收阶段"多测合一"改革完成，为用户节省时间40%，节约费用26%；合并办理用地预审与选址意见书，合并办理建设用地规划许可证和国有土地使用权审批，办理时限分别缩短10个工作日以上。2020年，市本级办理规划用地许可240个，用地面积14490亩；办理工程规划许可证394个，建筑面积2146万平方米。

【自然资源确权登记】 2020年，邵阳市推进"互联网+不动产登记",登记业务5个工作日办结率100%，市本级一般登记办结时限压缩至3个工作日，95%以上业务实现"最多跑一次"，50%以上业务实现"不须跑"。全市农村宅基地和集体建设用地房地一体180万宗调查任务完成率100%，武冈市、隆回县、邵东市总体进度快。按照"三先三后""两分离一并行"原则化解房地产办证问题，宝庆皇府、尚书名苑、锦程家园等137个项目（小区）6.21万户购房办证难题有效化解,化解率82.5%，高于全省平均化解率10%，武冈市、绥宁县、邵阳县、城步苗族自治县等县市化解率100%。

【地质灾害防治】 2020年，邵阳市加强地质灾害防治，市委常委会会议审议出台95所中小学校地质灾害防治方案，市政府编制年度地质灾害防治方案。全年发生地质灾害13起，应急处置隐患点险情35起，避险转移3560余人，消除地质灾害点104处，市自然资源和局进入市政府向省人民政府防汛抗旱先进单位建议名单。

【执法监督】 2020年，邵阳市开展土地问题整治攻坚战，实行“十个一批”清销批而未供土地，采取“2+8”方式处置闲置土地，区分“九类情形”查处违法用地，武汉督察局限期6月30日整改到位的491个问题在全省率先整改到位。邵阳市对7月3日后违法占用耕地实行“零容忍”，完成114.97万个监测图斑摸排工作，摸排数居全省首位，获武汉督察局及省督导工作组赞扬，市本级、隆回县、城步苗族自治县摸排工作获省自然资源厅通报表扬。（彭骥超）

财 政

【概况】 2020年，邵阳市完成地区生产总值2250.81亿元，同比增长3.9%。其中，第一产业增长4.1%，第二产业增长3.2%，第三产业增长4.3%。规模以上工业增加值增长4.1%。固定资产投资增长8.6%。实现社会消费品零售总额1208.8亿元，增长-2.5%。进出口总额(海关口径)262.8亿元，增长1.1%。其中，出口总额257.7亿元，增长1.6%；进口总额5.1亿元，增长-17.0%。居民人均可支配收入21067元，增长6.3%。其中，城镇居民人均可支配收入30845元，增长0.9%；农村居民人均可支配收入14119元，增长8.1%。

全市完成一般公共预算收入169.32亿元，增长0.25%。其中，地方收入105.34亿元，增长2.33%；上划中央收入52.28亿元，降低3.99%；上划省收入11.70亿元，增长1.60%。完成一般公共预算支出584.93亿元，同口径增长0.56%。市本级完成一般公共预算收入53.56亿元，增长5.59%。其中，地方收入32.60亿元，增长9.20%；上划中央收入18.19亿元，降低0.47%；上划省收入2.77亿元，增长6.63%。完成市本级一般公共预算支出74.11亿元，同口径下降8.02%。地方财政收入占地区生产总值的比重为4.68%,税收收入占地方财政收入的比重为62.67%。

存在的主要问题：经济增速趋缓导致财政收入增长后劲不足；政策性刚性支出较快增长，中央财政转移支付政策收紧，部分县(区)财政库款保障压力巨大；防范和化解财政风险的任务依然艰巨；财政经济发展不平衡，不均衡问题显现等。

是年，邵阳市财政局成功创建“省级文明标兵单位”，获“全省财政工作先进集体”“全省脱贫攻坚先进集体”称号。

【财政运行总体平稳】 2020年，邵阳市财政实现地方财政收入和税收收入增长由负转正、增幅超全省平均、非税占比下降的工作目标。全市地方财政收入完成105.34亿元，增长2.33%，增幅排全省第七位；地方税收完成66.02亿元，增长4.12%，增幅排全省第三位；非税占比37.33%，下降1.08%，排全省第四位。出台《政府过“紧日子”九条措施》，全市压减一般性支出6.48亿元，其中市本级压减2.89亿元，收回结余结转资金1.79亿元。同时，开展直达资金拨付管理工作。全市收到中央直达资金预算指标70.26亿元，分配率、下达率达100%，支付率为95.8%，超全国平均支付率3.8个百分点，有效缓解全市“三保”压力。全年县级“三保”支出完成384.82亿元，其中保基本民生191.81亿元、保工资159.41亿元、保运转33.6亿元，“三保”没有出现风险问题。加快对外借款清理，确保库款安全。全市完成清收任务17.8亿元，下降幅度达41.62%，其中市本级（含经开区）清收11.87亿元，下降幅度达52.59%。全市暂付款占一般公共预算支出与基金支出之和的比例下降到3.03%，提前实现省定控制目标。同时，加强库款调度和县市区督导，防范财政支付风险，确保库款保障系数不低于0.3。

【支持疫情防控和复工复产】 2020年，邵阳市财政强化疫情防控资金调度保障，第一时间做好资金划拨，拨付资金9.01亿元。落实中央减税降费政策，减税降费8.43亿元，减免企业养老、失业、工伤保险缴费6.69亿元，有效减轻企业负担。坚持就业优先战略，筹措资金7133万元支持就业工作，为365家企业发放稳岗返还补贴1730万元；清理拖欠民营中小企业账款2273万元；新增发放创业贷款2299笔，扶持金额3.51亿元，带动1.37万人就业；贷款余额7.95亿元，发放贴息资金5427万元；帮助企业特别是中小微企业和个体工商户渡过难关。

【支持园区产业发展】 2020年，邵阳市财政统筹园区建设资金达49亿元，推进湘南湘西承接产业转移示范区建设，支持邵阳经开区、湘商产业园建设，重点扶持彩虹特种玻璃、拓浦精工、亚洲富士电梯等一批新兴财源企业发展。落实科技兴工强市战略，安排高新技术企业信贷风险补偿基金和贷款贴息专项资金1.2亿元。统筹协调，推动园区被抵押土地集中释放22宗4823亩，核减相关公司土地资产近47亿元；利用财政资金存款杠杆，撬动银行资本向园区实体企业新增贷款32.2亿元。是年，邵阳经开区地方财政收入完成2.24亿元，同比增长34.59%，促进全市经济高质量发展。

【稳投资、稳外贸、促消费】 2020年，邵阳市财政争取上级专项资金，获新增政府债券额度107.15亿元，同比增长125.77%。筹集上级预算内基建专项资金9.29亿元，推动一批交通、水利、老旧小区改造、保障性安居工程、应急救灾、公共卫生等重点项目建设。规范PPP项目管理，助力邵阳火车站客运交通枢纽站房扩建及附属设施PPP项目开工建设。保障邵阳海关如期开关，助力建成进出口通关平台；争取并落实“破零倍增”奖励资金，安排市级开放型专项资金2500万元，助力进出口企业渡过难关。调拨资金2100万元打通农商互联产业链，助力“菜篮子”工程；投入740万元通过发放消费券等方式支持餐饮影院住宿等行业，提振和刺激消费复苏。此外，邵阳“农担”在保余额达7.8亿元，全省排名第一。生猪贷“政担”合作获财政部认可。

【支持“三大攻坚战”】 2020年，邵阳市财政强化债务风险防控。在湖南省年度市州党政重点工作绩效考核中，邵阳市防范化解政府债务风险工作继续保持全省第一名。隐性债务化解任务超额完成，市辖三区均实现隐性债务“清零”。隐债转化取得突破，市国投公司5.26亿元隐性债务成功转化为企业经营性债务，为全省同类情况首例。全市“六个一批”落地近200亿元，其中市本级落地约190亿元。全市债务还本付息均按期履约，没有发生债务违约和资金断链。市本级稳住二类地区未反弹，全市及武冈、隆回、绥宁、新邵4个县市债务风险等级降低。支持如期打赢脱贫攻坚战，全年投入专项扶贫资金、统筹整合涉农资金30.33亿元，市本级通过调整预算安排专项扶贫资金8420万元，同比增长136%，为121个非贫困村每个村安排40万元，同时强化扶贫资金监管。支持污染防治，全年筹措污染防治资金8.76亿元，同口径增长17.48%，全面治理水污染、大气污染、土壤污染，助力打好蓝天碧水净土保卫战。

【改善民生福祉】 2020年，邵阳市民生支出437.6亿元，占一般公共预算支出的74.81%。集中财力保民生，省定12件、市定10件重点民生实事全面完成。支持科教文体事业发展，全市财政科技支出7.19亿元，同比增长50.54%。教育支出达108.8亿元，同比增长11.85%，持续巩固落实义务教育经费保障机制，改善全市中等职业教育、普通高中办学条件，落实中小学教师工资待遇。投入资金9.33亿元，推进创建全国文明城市，支持公共文化设施免费开放。提高社会保障水平。城市低保保障标准和救助水平分别提高到570元/人·月、374元/人·月；农村低保保障标准和救助水平提高到230元/人·月。城乡居民医保政府补助水平达到550元/人，个人缴费达到280元/人。全市医保基金规模超过53亿元，其中各级财政补助达到36亿元，有效缓解群众“看病贵，看不起病”的问题。支持平安邵阳建设。投入7.63亿元支持“公安消防三年大行动建设”，助力“一村一辅警”“一村一消防站”“城市快警”邵阳社会治理模式。统筹资金5.32亿元用于市政基础设施建设和维护。

【财政管理】 2020年，邵阳市财政强化预算约束和绩效管理。推进“四本”预算编制，以预算公开促预算透明，严格预算执行，做到无预算不支出；实施预算绩效管理，探索建立财审联动机制。深化放管服改革，优化营商环境。巩固和完善收费目录清单制度，减少行政事业性收费9项，政府性基金5项；开展邵阳市城区税收保障工作，推进综合治税信息平台建设。创新非税收入电子化收缴改革，湖南省第一张财政电子票据在邵阳诞生，市本级非税收入收缴电子化改革在全省领先。推进资产管理和政府采购制度改革。盘活存量国有资产，市本级实现资产处置收入2亿元；建立“公物仓”保障新模式，实现旧物利用；市本级和各县市区政府采购电子卖场全面开通，上线率100%，交易笔数、成交金额连续排名全省市州第三位。加强投资评审和监督检查工作。市本级财政投资评审金额85亿元，同比增长102%,审减资金17亿元，审减率达20%，有效节约大量财政资金；重点开展政府过“紧日子”九条措施执行情况的专项检查；推进“互联网+监督”模式，强化脱贫攻坚资金监督，确保民生资金用在实处。

（唐　鑫）

税　务

【概况】 2020年，邵阳市税务系统下辖12个县（市）区税务局、26个税务分局、31个税务所，有在职人员2743人。共管辖纳税人80981户，其中增值税一般纳税人10370户、小规模纳税人70611户，企业所得税纳税人36471户、个体经营户纳税人42142户。各项税收工作获市委、市政府主要领导表扬性批示8次。市税务局在市政府绩效考评中被评为优秀单位，获评全市“工会经费征收先进单位”“残保金征收先进单位”“市直非税收入征管工作先进单位”，进出口税收岗获全省比武团体第三名，信息调研和税收科研工作名列全省前茅。

全市系统353名党员志愿者入社区（村）、企业支持疫情防控，党群合计捐款27.03万元，党员蒋耿望家庭获“湖南省抗疫最美家庭”称号；脱贫攻坚定点帮扶的53个贫困村、3421户贫困户全部脱贫；扫黑除恶工作成效位于全省系统前列。

【减税降费和组织收入】 2020年，邵阳市税务系统落实落细“广宣传、精辅导、严督查”等措施，各项减税降费政策直通市场主体，全年新增减税降费8.43亿元。坚持依法征收、应收尽收，组织各项收入216.41亿元，完成各口径预算目标。其中，完成国家税务总局口径税收收入138.6亿元，同比增长0.8%；征收社会保险费72.54亿元、非税收入5.27亿元。推进税费改革，如期完成首次个人所得税综合年度汇算，21.28万人完成个税申报，汇算工作进度和质量均在全省名列前茅，获市长刘事青肯定性批示。有序推进社保非税划转，全市城乡居民养老保险完成全年预算进度的106.1%，城乡居民医保征收人数、入库金额均排名全省第一，医保市级统筹排名全省第二，社保费征收规模、增幅均排名全省第三。

【税收征管】 2020年，邵阳市税务系统推进发票电子化改革，稳步推进增值税专用发票电子化试点工作。加强貂皮制品、毛发等农产品增值税和出口退税日常管理。探索构建建筑和房地产行业“大数据+智能化+标准化+专业化”税收征管新格局，获省税务局肯定。开发全市“互联网+不动产交易纳税评估申报系统”，邵阳市不动产管理进入信息化时代。开展成品油消费税风险排查和白酒消费税最低计税价格核定，强化消费税管理。全面实施企业所得税分类动态分行业税负预警管理，入库企业所得税21.3亿元，增长27.1%。税警协同强化车辆购置税管理，进一步落实新车购税法。强化土地增值税清算审核，从严规范耕地占用税、资源税、环保税等地方税种管理，房产税、城镇土地使用税税源摸底工作获省税务局肯定。

【税收服务】 2020年，邵阳市税务系统推行“非接触式”办税缴费服务，网上纳税申报率达94.56%，电子税务局代开发票率同比增长4.58倍。推行“延期办”，为1135户纳税人办理延期缴纳税款7195万元。加快出口退税进度，为778户企业办理出口退税31.57亿元，出口退（免）税总额排名全省第二。拓宽“银税互动”受惠范围，为1843户纳税人发放贷款11.36亿元。深化税收经济分析，向各级党委政府报送报告23篇，获批示11篇。推进依法治税持续，全面推行行政执法“三项制度”，落实税收执法责任制和“双随机一公开”监管机制。加强税收风险管理，完成风险应对任务7127笔（次），查补入库税费收入1.94亿元、滞纳金1031万元，稽查查补入库税款2.22亿元，向公安移送虚开案件21起、骗税案件10起。

（唐 铠）

审 计

【概况】 2020年，邵阳市完成审计项目335个，查出主要问题金额246.98亿元，发现非金额计量问题727个，审计处理处罚金额69.3亿元，审计促进整改落实金额21.22亿元，移送案件线索7起，审计提出建议757条，提交审计信息440条，向社会公告审计结果27篇。其中市本级审计单位66个，查出违规金额3.08亿元，避免损失浪费1258万元，管理不规范117.8亿元，移送案件线索1起。

市审计局推进审计管理创新，统一组织实施的审计项目，大部分采取嵌入式、“1+N”等组织模式。推进“金审工程”三期建设，建立健全数据采集和标准化机制，采集市级一级预算单位及其所属单位100多家单位的相关电子数据。会同市财政局建立财审联动工作机制，推进督促审计整改和审计情况分析，市委、市政府主要领导对审计结果批示指示11件（次）。年内全市组织开展业务专题培训17期，培训人员430多人次。开展“互联网+监督”平台公务用餐监督子系统试点，全系统创建“廉洁单位”。

是年，市审计局保持省级文明单位称号，获全省审计通联工作先进单位等荣誉7项；绥宁县审计局本级预算执行审计、武冈市审计局本级预算执行审计获湖南省审计厅优秀项目一等奖表彰。

【政策跟踪审计】 2020年，邵阳市审计局创新组织方式，持续关注减税降费、就业优先、复工复产、清理根治拖欠民营企业中小企业账款、农民工工资等政策措施的落实情况，促进清退税费、偿还欠款和追回资金2000多万元,有4个问题被省厅审计报告采用。开展防疫专项审计,边审边督促整改,促进中央疫情防控相关政策和部署的落实。

【财政审计】 2020年，邵阳市审计局运用大数据开展市本级预算执行审计，查出主要问题金额45.14亿元，实现对市本级一级预算单位审计全覆盖。组织对6个县、市、区新增财政资金直达基层、直接惠企利民情况专项审计，发现问题金额11.12亿元，促进拨付资金3.94亿元，收回违规资金0.63亿元。

【经责审计】 2020年，邵阳市审计局开展经责审8个、经责与资源“同步审”1个，查出问题金额1.2亿元，移送处理事项1件。选派人员参与纪委监委办案、巡视巡察和专项督查等工作。

【固定资产投资审计】 2020年，邵阳市审计局制定印发《邵阳市重大政府投资建设项目审计监督细则》。节约政府建设资金7400万元。重大项目审计稽查抽查全市重大项目、2018—2019年中央和省预算内投资项目62个，查出问题35项，通过督促，整改到位28项，对进度滞后的13个中央投资项目督促尽快开工。

【专项资金审计】 2020年，邵阳市审计局组织开展保障性安居工程、医保资金、就业资金、失业保险基金等专项审计。对市本级和5个县市区开展政府性债务审计，组织对市文化旅游广电体育局及其二级机构和市自来水公司的国有资产进行审计调查；组织全员对6个县市的扶贫资金进行持续跟踪审计，抽查资金7.62亿元，占总量的16.44%。

（曾敏剑）

统计工作

【概况】 2020年，邵阳市委、市政府和全市各级统计机构传达学习习近平总书记关于统计工作的重要讲话指示批示精神以及党中央、国务院和省委、省政府关于统计改革发展的系列决策部署，审议通过并印发邵阳市《关于认真贯彻落实湘办发电〔2020〕30号文件的通知》，促进防范和惩治统计造假弄虚作假责任制在全市的进一步贯彻落实。加强统计队伍建设，截至年底，全市共22人获国家统计执法证，排全省第四位，2020年11月全市有12人通过国家统计执法资格证考试，将成为新一批取得国家统计执法资格证的统计工作人员。

【统计法治工作】 2020年，邵阳市统计局为持续推进统计执法监督规范化建设，围绕湖南省统计局年初下发的《湖南省统计局关于印发〈湖南统计工作“五查五看”专项行动方案〉的通知》，重点狠抓统计执法监督方面相关工作的落实。制定和完善《邵阳市统计行政处罚裁量权基准》《邵阳市统计局统计违法举报线索管理办法》《邵阳市统计局双随机抽查办法》《统计资料保管保密及公布制度》等制度文件；为进一步完善统计数据质量控制，制定和完善《邵阳市统计局关于统计机构负责人和统计人员防范和惩治统计造假、弄虚作假责任制实施办法》《邵阳市统计局统计数据管理和评估办法》等。通过一系列文件的制定和出台，确保全市统计法治工作的制度性、完整性和时效性。

【统计法治宣传】 2020年，邵阳市统计局为以第七次全国人口普查宣传、“中国统计开放日”、“12·4”宪法宣传日和“12·8”《中华人民共和国统计法》颁布纪念日为契机，开展多种形式的户外宣传活动，让广大群众知晓统计法、了解统计工作；利用第七次全国人口普查宣传月、人口普查入户登记、统计执法检查、实地核查数据、调研等机会，发放统计宣传资料、讲解统计法，让被检查单位、统计调查对象、广大市民了解统计法律法规知识，知晓其法定权利和义务；借助市委理论中心组集中学习，有针对性地开展普法教育，强化全市各级领导干部统计法治思维，让领导干部们深入知悉《中华人民共和国统计法》；组织统计系统干部职工参与全国统计法律法规知识竞赛线上答题活动，制作统计工作人员十条禁令宣传册，使统计人员全面知悉自身担负的统计职权职责。

【统计监督】 2020年，邵阳市本级对邵阳金湘房地产开发有限公司等10家基层单位开展统计执法检查，对部分县（区）进行统计巡查和“双随机”抽查。对统计工作不够规范、违法行为轻微的单位进行通报批评，并责令限期整改；对违法行为较严重的市顺风房地产开发有限公司等4家单位统计违法行为予以立案查处。

【邵阳市第七次全国人口普查】 2020年3月，邵阳市人民政府下发《关于认真做好邵阳市第七次全国人口普查工作的通知》，全市所辖县、乡两级均成立人口普查机构。市调整成立由市长刘事青为组长、常务副市长彭华松为常务副组长的第七次全国人口普查（以下简称七人普）领导小组，领导小组办公室设在市统计局。全市各县市区、各乡镇对标对表成立七人普工作领导小组，组建普查“两员”队伍，保障普查工作经费，开展普查宣传。6月，市人普办组织13个县市区统计局局长和人普办主任召开专题座谈会议，对当前工作的重点难点问题进行研讨，进一步理顺和统一工作思路，对全市人普工作做出全局性谋划和安排；6—10月，先后举办全市人口普查综合试点和普查区域划分、绘图业务培训班，指导12个县市区完成专项试点工作，同时完成在武冈市开展的市级综合试点工作，摸底调查前期各项准备工作。10月31日，按期完成全市清查摸底工作；11月1日，人口普查登记工作启动誓师大会在城南公园广场举行，普查宣传月工作启动；11月15日，短表登记工作结束；12月3日，长表登记工作正式完成；12月底，完成复查比对工作。

【常规及其他统计调查】 2020年，邵阳市统计局根据国家统计局部署安排和统计制度方法的规定，组织实施固定资产投资、规模工业、农林牧渔业、批发零售住宿餐饮业、房地产与建筑业、服务业等30多项常规调查统计，坚持“实事求是，不出假数，真实可信，准确完整”原则，规范统计数据填报，强化数据质量监督，有效提升统计数据质量。同时，完成其他各项调查任务。协同有关部门开展小康监测统计考核、重点民生实事考核、节能减排考核、绩效考核等统计考核工作；围绕市委、市政府部署，开展社情民意调查工作，完成全市乡镇公众安全感民意调查、市直单位公众安全感民意调查、市直单位联户走访活动调查、“应对新冠肺炎疫情企业扶持政策落实情况调查”、“湖南省城乡居民幸福感面访调查”等调查，累计完成有效电访样本2万多个。

【核算改革】 2020年,邵阳市政府常务会议多次听取市统计局工作汇报，部署安排核算改革推进工作。市统计局进行内部目标任务责任分工，把核算改革涉及的基础工作任务分解到各科室、各责任人，进行任务和责任清单管理；明确重点工作任务，健全责任机制。把劳动工资改革作为核算改革重点进行部署，把相关职能部门纳入责任范围，建立起全市做好劳动工资统计工作的涉及牵头单位、具体落实单位、主体责任单位和数据监测单位等多层次责任体系，尤其重点开展四下单位抽样调查工作，分部门分行业进行业务培训，把统计方法制度要求和业务知识传达到基层第一线。执行地区生产总值统一核算方法制度，实现数据上下无缝对接，减轻县市区核算工作负担，同时避免上下工作的重叠和资源的浪费，促使上下两级地区生产总值数据的协调性增强。在原有部门统计联席会议机制基础上，拓展部门统计数据季度联席会议，由市政府牵头，市统计局汇报全市统计指标总体运行情况，各部门就相关指标的完成情况作出分析和说明，并就下阶段如何围绕市政府工作目标做好计划和安排，形成政府综合统计为主体，部门统计相结合的大统计格局。

【企业退、入库工作】 2020年，邵阳市“四上”单位全年累计新增967家，居全省第三位；累计退出362家，居全省第四位；累计总在库4942家，居全省第二位。市统计局严格审批企业入规入园入统。把好名录库审批关，按照企业入库审批要求，加强对申报企业资料的审核，加强对入统申报工作的技术和业务指导，确保企业信息真实准确，杜绝统计弄虚作假行为；全年规模工业企业新增354家，限额以上批发和零售企业新增219家，限额以上住宿和餐饮业企业新增47家，规模以上服务企业新增93家，房地产企业入库54家，建筑业企业32家，5000万元以上投资项目新增168个。申报净增入园企业158家，申报成功171家战略新兴产业企业。严格“退规”企业核查。梳理在库单位，及时清理注（吊）销单位。每月对月度数据生产过程中收集的或通过部门信息共享获取的注吊销单位进行核实确认，发现企业已处于注销或吊销状态，及时在名录库申报退出，全年名录库清退企业362家。全市分6个核查调研小组,分别到12个县市区对2019年以来新增规模以上企业进行逐一清理、审查核实；特别是对已“退规”企业进行核查调研，逐个精准识别“退规”企业的原因、是否符合“退规”标准，使仍然达标的“退规”企业“回规”，确保统计数据更加真实、准确、全面、及时地反映经济运行的现状和趋势，更具针对性地做好规模企业的培育、帮扶工作，提升规模企业的质量和稳定性。

【统计服务】 2020年，邵阳市统计局围绕市委、市政府重大决策部署，跟踪监测宏观经济形势，突出问题导向，强化监测预警功能。每月定期召开局专业科室负责人经济形势分析座谈会、编发月报表、发布统计简讯，并于中旬对全市经济运行情况进行预警预测；按季度召开市直部门、重点企业、县市区三个层面的经济形势分析座谈会，及时将全市主要经济指标完成情况反馈给市领导和相关部门，对发展滞后、未达预期的指标进行预警，对全市经济发展的重点地区、重点行业、重点企业进行动态监测分析。发挥统计专业优势和职能作用，加强统计调查和统计分析，细化、量化、深化分析新冠肺炎疫情对全市经济运行的冲击和影响，及时、专业、精准地提出针对性强的意见、对策和建议，并指导县市区统计局开展相关工作，为党委、政府在抓好疫情防控的同时统筹经济社会发展提供优质统计服务。《邵阳日报》3月2日、《中国信息报》3月9日刊载《NCP给GDP按下慢进键——新冠肺炎疫情对邵阳市60户规模工业能源生产消费的影响分析》。利用传统媒体和新媒体及时向社会公众提供统计信息。在《邵阳日报》上发布统计公报；编制统计月报卡、统计年鉴等统计产品并及时通过市政府网公布；规范政务服务事项受理流程，累计为社会公众电话咨询或上门提供数据咨询服务200余次。

【统计基层基础工作】 2020年，邵阳市统计局加强基层统计的培训指导，累计开展业务培训会30余次，培训对象超3万人。工业、贸易、投资等专业科室到乡镇统计站和企业一线，以座谈会、现场答疑等形式进行现场业务指导，并在隆回召开工业、贸易、投资现场会。第七次全国人口普查将培训会开到基层普查员，29803名普查“两员”参加培训。加快基层基础规范化建设，制定下发《邵阳市统计局关于进一步加强统计基层基础工作的实施方案》，把省统计局对加强基层基础工作的要求进一步细化、延伸、拓展，从制度建设、机构设置、人员配备管理、办公设备及经费保障等方面统一标准，规范各项规章制度，使基层基础建设工作有章可循。加强基础设施建设，稳步推进信息化进程。强化基层统计信息化软件、硬件建设，提高统计数据监测分析能力。完成统计信息系统二级等保验收工作。12个县市区均有2条专线与市统计局统计专网节点连接，其中电信运营商的专线用于视频会议，联通运营商的专线用于日常业务办公。各专线带宽均从10兆或20兆免费升级到50兆。邵阳经开区有1条移动运营商的专线与市统计局统计专网节点连接，带宽50兆，用于日常业务办公。市计算中心和各运营商沟通渠道畅通，出现故障第一时间反馈并及时解决到位，确保市到县的统计专线线路畅通运行。13个县市区（含邵阳经开区）中，11个县市区人均计算机拥有率超过100%、2个县市区人均计算机拥有率达100%。

（何波建）

统计调查

【概况】 2020年，国家统计局邵阳调查队完成住户调查、价格调查、劳动力调查、农业农村调查、采购经理调查等常规调查十大类。截至年末，全市共有住户调查网点134个、调查样本1340户；农民工调查网点36个、调查样本360户；劳动力国家调查网点66个、调查样本每月1056户，地方调查网点86个，调查样本每月1376户；农民工市民化进程动态监测调查样本每年45户；采购经理调查样本35个，其中制造业企业采购经理14家、非制造业企业采购经理21家；小微企业与个体户跟踪调查样本142个；居民消费价格指数（CPI）调查网点147个、规格品1046个；商品零售价格调查网点60个、规格品736个；工业生产者价格调查中联网直报企业共82家；粮食产量调查样本村105个、调查样方315个。

邵阳居民人均可支配收入比上年增长6.3%，较全省平均增速6.1%高出0.2个百分点。其中城镇居民收入同比增长4.5%，较全省平均水平低0.2个百分点；农村居民收入同比增长8.1%，较全省平均水平高0.4个百分点。邵阳居民人均生活消费支出16468元，同比增长1.8%，总体上居民消费支出小幅增长。

全市粮食播种总面积完成率在全省14个市州排名第一，粮食播种总面积和总产量均全省排名第二。邵阳市在2020年省委农村工作领导小组落实真抓实干督查激励单位评选工作中获市州先进单位，武冈市在县级考核中获评标兵单位，邵东市在县级考核中获评先进单位。隆回县粮食总产量50.51万吨，成为全市第一个年产突破50万吨的粮食大县。在落实粮食安全省长责任制真抓实干督查激励单位考核中，隆回县获先进单位，排名第一。全市生猪存栏420.57万头，总量排名全省第二，超额完成省下达的350万头任务，完成率达120.2%；生猪出栏523.73万头，总量排名全省第三，超额完成省下达的480万头任务，完成率达109.1%。

邵阳市城镇调查失业率数据为6.0%。在新冠肺炎疫情影响下，邵阳市居民消费价格(以下简称CPI)上涨2.2%。其中，食品价格上涨9.9%，非食品价格上涨0.1%；消费品价格上涨3.2%，服务价格上涨0.3%。前期物价上涨波动幅度较大，年初突发新冠肺炎疫情后，市委、市政府全面落实重点民生商品保供稳价工作，大力恢复生产和供应。二季度开始，CPI呈现平稳回落态势,总体上延续温和上涨态势。当年湖南省CPI同比上涨2.3%；全国CPI同比上涨2.5%，邵阳市CPI涨幅低于全省0.1个百分点，低于全国0.3个百分点。

开展全市脱贫攻坚普查；参与全国文明城市测评；经湖南调查总队批复同意，接受地方党委政府的委托，开展城管环卫工作市民满意度调查和城市文明程度指数模拟测评2项特色调查任务。全年上报重要信息83篇、季度分析材料14篇，其中打印刊物《邵阳调查》61篇、《邵阳调查信息快报》8篇，均寄送至市级主要领导，其中2篇获市长批示，被国家统计局内网采用2篇、国家统计局调查总队内网单篇采用20篇、《中国信息报》刊登4篇。党务信息、政务信息、综合信息被国家统计局内网、《中国信息报》等平台全文刊登116篇次。

是年，国家统计局邵阳调查队被评为全市社会管理综合治理先进单位、市绩效考核优秀单位、全市党委信息工作先进单位。

【脱贫攻坚普查】 2020年，国家统计局邵阳调查队全面完成脱贫攻坚普查任务。在全省14个市州中，邵阳市脱贫攻坚普查任务最重，全市有贫困户234317户，贫困人口最多，有858217人，战线最广，覆盖8个县市、160个乡镇（街道办事处）、2713个村（社区），普查人员最多，共抽调普查人员3513名，其中正副组长28名、数据审核验收人员112名、普查指导员224名、普查员3149名。全部按照当地回避，互不交叉的原则开展普查工作。8月5日，全市8个县普查表、2713个村普查表和234317个建档立卡户贫困户普查表全部登记上报；8月10日，全市脱贫攻坚普查数据通过省级验收；8月31日通过国家验收，普查工作零失误。普查登记结果显示，全市“两不愁、三保障”等颠覆性问题为零；建档立卡贫困户总体生活状况“明显改善”率为99.99%。（贺旅东）

市场监督管理

【商事制度改革】 2020年，邵阳市商事制度改革在全面落实上级改革共性要求基础上，创新推出切合邵阳实际的特色举措，“证照分离”“一件事一次办”“全程电子化”等改革举措落地生根。年内新增市场主体6.5万户，排名全省第三，市场主体总量达35.3万户，位居全省第四。登记注册提速，企业平均开办时间压缩至3天以内，其中企业设立登记时间压缩至1天以内,其他各部门同步办理的时间压缩到1天以内。督导年报公示，企业年报公示率达94.52%，位居全省第二。职能服务精准，为企业办理动产抵押160件、股权出质98件、专利权质押5件，新增质押融资33.25亿元；开展供电、供水、供气等公用事业涉企收费专项清理行动，减轻企业税费负担，全年累计减少企业用电成本7459.5万元，督促优惠市区非居民天然气费用53.3万元。转变监管方式，在全省率先将“双随机、一公开”监管纳入市政府对市直部门绩效考核范畴。除涉及食品、药品、特种设备以及重点工业产品质量安全的事项外，对一般市场主体实现“双随机、一公开”监管常态化、全覆盖，减少检查频次，做到无事不扰。推进新型业态发展，全年发展新经济新业态市场主体568户、同比增长48.69%，对新经济、新业态、新模式实行“包容审慎”监管，留足发展空间，发挥行政指导、行政告诫作用，未对新经济业态进行过行政处罚。

【食品安全监管】 2020年，邵阳市市场监管局加强食品安全风险管控。重点开展校园食品安全、保健品市场、大米生产经营、酒类产品、固体饮料、桶装饮用水、放心早餐、进口水产品8个方面的专项整治，监督检查生产经营企业3025家次；对进口肉品和高中风险领域的肉品、场所及直接接触人员开展核酸检测，配合完成冷链食品、从业人员和环境核酸样本检测4959份，其中城区完成核酸检测1679份，检测结果均为阴性；市本级抽检食品394批次，其中合格

379批次、合格率96.2%，不合格15批次、不合格率为3.8%。邵阳市在2020年食品安全工作省级考核中被评为先进单位。

【药品安全监管】 2020年，邵阳市市场监管系统组织开展中药饮片、防疫用品、化妆品等专项行动，检查药品生产经营企业6289家次，依法查处药品违法违规案件84起，罚没金额89.29万元。安排抽样经费111万元，完成药品、化妆品抽样297批次。全市配合完成国家级和省级药品抽样128批次、化妆品抽样51批次、医疗器械抽样12批次。采取日常检查、专项检查等方式，对疾病预防控制机构、接种单位进行检查，检查覆盖率达100%。

【特种设备安全监管】 2020年，邵阳市市场监管局相继开展年关守护、春雷行动、电梯安全、城镇燃气管道、气瓶充装等专项整治，累计检查单位2830家，发现安全隐患895处，整改隐患882处，下达监察指令729份，查封扣押145台，处理投诉84起，立案查处183起，罚款322万元。对电梯维保单位质量评价为C类的7家单位、电梯定检率小于90%、一次性合格率小于70%的3家单位开展集体约谈。

【重点工业产品监管】 2020年，邵阳市加强工业产品和日用消费品质量监督抽查，截至年底，国家及省级监督抽查398批次，市级监督抽查210余批次，不合格产品涉及学生用品、纤维制品、取暖器、车用汽油、复混肥、安全帽、细木工板、冷轧带肋钢筋、镀锌电缆桥架等类别共34批次。依法及时进行后处理。全年立案查处产品质量违法案件70余起,罚没金额120万余元。

【市场秩序维护】 2020年，邵阳市市场监管局整合执法力量，突出监管重点，开展各类专项整治和专项执法行动，惩处一大批制假售假、虚假宣传、价格欺诈、商标侵权以及不正当竞争等违法违规行为，市场环境有效改善。先后组织开展打击假冒伪劣、无照经营、虚假广告、网络欺诈、侵犯知识产权、合同霸王条款、计量作弊和传销等专项整治行动，查处相关违法案件2658件。在12315系统“五线合一”基础上，提升消费处诉能力，受理消费投诉举报39324件。同时，加大查处典型案例查处力度。围绕重点领域、重点行业，集中优势力量查处一批在全省全市有重要影响的案件，有效打击违法犯罪行为。典型案例国家市场监督管理总局公布1例、省市场监督管理局公布10例，其中湖南某电子商务有限公司经营未标识生产日期和保质期的一次性使用口罩案，涉案金额100余万元，罚没金额21万元。

【质量强市】 2020年，邵阳市市场监管局以质量宣传、质量服务和质量监管为抓手，实施质量强市战略。牵头组织“质量开放日”等各类质量提升行动，推动生产经营者落实产品质量三包和补偿责任。组织开展“聚焦质量提升、建设质量强市”系列活动，全市20多个政府部门和企业参与，收到征文建议33篇。引导企业开展质量体系认证活动，37家企业进行质量、环境、职业健康、食品安全等体系认证。

【知识产权保护】 2020年，邵阳市市场监管局强化知识产权相关政策引导和服务指导，支持企业开展品牌创建，推动有研发投入、无专利申请的企业实现“零”的突破，推动高新技术企业成为专利大户。全市有效注册商标总量达42788件，年内新增6077件，总量和增量均排名全省第二；新增专利申请5753件，专利授权3719件，其中发明专利申请1740件，同比增长238.52%，排名全省第三。截至年底，全市已注册“武冈卤菜”等地理标志商标13件、地理标志保护产品11件，“城步虫茶”“绥宁青钱柳”等19件地标报国家知识产权局审查。质押融资由上年的3000万元增加到4000万元，增长33.33%。指导企业（个人）向当地财政申报《湖南省支持贫困地区推进品牌建设财政奖补办法》资金520万元，其中马德里商标50件、10万元/件，地标1件、20万元/件。在2020年省委、省政府对市州的综合绩效考核中，邵阳市知识产权考核得分排同类七个市州第一名。

【防疫用品监管】 2020年，面对新冠肺炎疫情，邵阳市市场监管系统坚持关口前移，实施精细监管，严厉打击假冒伪劣和哄抬物价等违法犯罪行为，立案查处涉及药品、口罩等防疫用品违法案件187件。开辟特事特办绿色通道，组织推动相关企业开展抗疫物资转产扩能，全市一次性隔离衣从0到日产5000套、一次性医用口罩从日产7万个到日产500万个以上。对商场、超市、餐厅、市场、药店等重点场所实行常态化防控巡查监测，督促各类市场主体执行防控要求，巩固防控成果。特别是根据防控形势，及时调整工作着力点和应对举措，集中开展进口水产品、冷链冷冻食品等专项整治，切断由物及人的疫情传播和扩散途径。

（刘娟娟）

应急管理

【概况】 2020年，邵阳市先后开展安全生产“春雷2020”、防范非生产经营性事故、安全生产三年行动、“全面排查从严整治”等专项整治。以市安委办名义指导、协调、督促交通、交警、住建、消防等开展交通顽瘴痼疾整治、建筑施工“百日行动”、消防“小火亡人”治理等专项整治。排查整治安全隐患4866条，其中重大安全隐患137条，市级挂牌督办重大隐患72条。年内全市发生各类生产安全事故49起，死亡42人，未发生较大及以上生产安全事故。市矿山救护支队参加全省应急救援比武获团体第一名，实现“四连冠”目标。

【马路市场整治】 2020年，邵阳市应急管理局组建整治专班，开展联合检查，对全市398家马路市场进行全面排查，摸清情况、精准识别、分类施策。截至6月底，全市398家马路市场全部取缔关闭，实现“摊清、人清、路畅”。

【安全生产三年行动】 2020年，邵阳市应急管理局结合邵阳实际，按照“1个总体计划、3个专题活动、14个重点行业领域专项整治”模式，全面开展重点行业领域安全生产专项整治三年行动。全年各级各部门检查发现问题5632个，责令停产整顿企业203家，暂扣吊销证照企业45家，关闭取缔161家，罚款3639.18万元，移送司法机关37人。

【直管行业隐患排查】 2020年，邵阳市应急管理局着重开展市直管行业隐患排查。加强烟花爆竹生产销售监管，开展批发企业“六严禁”，零售点“两关闭、三严禁”执法工作。对危险化学品，加强“三重一高”企业监管力度，全面开展危化行业领域安全隐患排查治理工作。对煤矿企业，结合专项整治三年行动及“学法规，抓落实、强管理”活动，开展隐患排查和整改。对非煤矿山，以“一库一策”方式对32座尾矿库进行汛期安全体检；对生产的露天矿山进行全面检查，不符合要求的予以关闭，年内关闭10家。对工贸行业，开展有限空间和涉粉作业安全整治，组织对造纸、食品加工、酱腌制菜加工等小微企业为重点的工贸企业有限空间作业安全生产专项整治工作。

【汛期风险防范】 2020年，邵阳市应对20轮强降雨过程，完成“不死一人、不垮一库一坝”的工作目标。市防汛指挥部组织防汛会商110多次，发布会商通报19期，全市启动防汛Ⅳ级应急响应2次，下达江河调度命令7个，下达水库调度命令6个，对降雨100毫米以上的乡镇做到提前3小时点对点发布风险预警，确保了人员安全。

【森林防火】 2020年，邵阳市发生森林火灾4起，其中一般森林火灾2起、较大森林火灾2起，火灾数量同比下降83.3%，无人员伤亡和重特大森林火灾。按照“五包责任制”要求，紧盯重点区域、关键部位、重要时段和特殊人群开展野外火源专项治理行动。全年开展森林防灭火野外火源专项治理行动专项督查8次。

【减灾救灾】 2020年，邵阳市应急管理局开展汛期救灾工作。重建户开工154户，开工率100%，竣工154户，竣工率100%；一般维修户修复576户，修复率100%。绥宁县应对山洪地质灾害经验在省委7月10日的《工作情况交流》刊物上推介。同时，开展防震减灾工作，有效应对6月3日邵东市牛马司镇里氏3.4级地震。

【应急救援】 2020年，邵阳市应急管理局先后开展“4·29”防汛救灾专题演习、“5·12”资江小学地震应急疏散综合演练、“5·25”防汛抢险军地联合演练和“10·22”雪峰使命2020榔概山隧道应急救援等演练行动。参与洞口县“4·10”较大落水事件、“10·25”沪昆高速怀化段雪峰山隧道车辆燃烧事故、“12·2”耒阳市源江山煤矿事故的救援处置。逐步规范应急预案管理，启动11项应急预案的修订工作，印发《邵阳市防汛应急预案》《邵阳市自然灾害和安全生产类突发事件应急处置暂行办法》，9类属于应急管理部门编制的应急预案按照相关程序，经专家评审，行文印发。

【基层基础建设】 2020年，邵阳市应急管理局组织开展“5·12”国家防灾减灾日、“安全生产月”、“10·13”国际减灾日等形式多样的防灾减灾、安全生产宣传。加强救援队伍建设，投入资金，筹建多支民间志愿者救援队伍，向社会招募救援志愿者300余人。截至年底，全市有各类应急抢险救灾队伍26支，火灾防治救援队伍13支。开展安全生产示范乡镇创建，新宁县黄龙镇成功创建省级安全生产示范乡镇；推进防震减灾科普教育基地建设，通过评标及定标，市防震减灾科普教育基地建设完成；筹备第二批城市应急避难场所建设，完成建设33个，其中二类应急难场所4个、三类应急避难场所29个。 （陈明鑫）

消防救援

【概况】 2020年，邵阳市火灾形势稳中向好，全市发生火灾1207起，死亡3人。市消防救援支队举办党建工作现场会，投入150万元建成14个党团活动室，激发支部战斗堡垒作用。开展“学法纪、守法纪、用法纪”、“警示教育周”、红门廉政大讲堂、观摩庭审等活动，完成对3个基层大队的政治巡察工作。支队1名消防员家属获评应急管理部消防救援局“优秀女家属”，特勤站唐和获评全省“新冠肺炎疫情防控最美志愿者”“湖南省抗击新冠肺炎疫情先进个人”。

【执勤备战工作】 2020年，邵阳市消防救援支队坚持党委议训研训，主管抓训督训，全面实施全员岗位大练兵活动。全年组织开展实战演练931次，在全省消防救援队伍冬训考核中成绩“优秀”，在6公里超远距离供水操考核中夺得冠军，在通信比武中获第四名。成功召开三级联动试点现场会，进一步完善等级调派、编程出动、分级指挥等制度；与高速交警进行战略合作，建立高速公路救援“119指挥中心—高速交警指挥中心—高速公路民警”三级联动响应。全市消防救援队伍接警出动3742次，抢救被困人员508人，疏散群众1512人，成功处置“10·25”雪峰山隧道车辆事故等急难险重任务，获常务副省长谢建辉肯定。

【消防监督】 2020年，邵阳市消防救援支队推动出台《打通“生命通道”集中攻坚行动工作方案》，全面铺开六项“攻坚治理”和两项

2020年，邵阳市消防救援支队开展消防宣传活动 （市消防救援支队 供图）

“提升工程”。联合公安、住建、城管、交通、自然资源与规划、公路等部门，集中攻坚打通“生命通道”，对1455个单位和住宅小区完成消防车通道标线施划，查处占用消防车通道的个人319人次。针对危险化学品重大危险源企业、高层建筑、大型商业综合体等重点场所，分行业、分系统开展隐患排查，推动火灾隐患整改，新立案重大火灾隐患49家，整改销案66家，完成春节、两会、国庆等重大安保任务，保障涉疫场所消防安全,护航复工复产，全市消防安全环境有效改善。围绕推动农村和社区消防安全管理规范、消防基础设施完善的总体目标，持续推进“基层消防上台阶”三年行动，市政府投入3700万元购置6.6万件套装备，夯实“一村一消防站”建设成效。

【消防宣传】 2020年，邵阳市消防救援支队推进“中央厨房”全媒体工作站建设，全市12支大队宣传服务队实体化运行，开展“五进”消防宣传活动1100余次，宣传培训28万余人次。依托电视广播、报纸杂志、网站等传统媒体平台和“双微一抖”新媒体平台，开展“11·9”消防宣传月活动，广泛宣传消防安全知识，推广工作经验。在中央、省市级媒体发稿200余篇，其中“基层消防上台阶”三年行动农村消防工作和打通“生命通道”工作经验在《应急管理报》《中国消防》上刊发。组织驻村辅警、消防安全责任人、社区网格员等6类人群开展消防安全宣传培训，提升消防管理水平和自防自救能力，组织消控室值班人员培训353人次，提升全民消防安全意识。

【后勤保障】 2020年，邵阳市消防救援支队投入4626万元用于12个重点项目建设，经开区消防站、新宁山岳救援站全面建成并投入使用。进一步优化装备配备，投入1727.246万元上报总队购置消防车辆4台、灭火救援装备11302件（套）、灭火药剂154吨。对14台消防车、皮卡车等进行报废肢解，完成车辆行驶安全配置安装工作，进一步规范车辆运行秩序。与各大型超市建立健全战勤保障应急响应、保障物资“模块化”储运机制，满足跨区域增援遂行保障需要。高标准、严要求开展常态化疫情防控工作。 （林 杰）

邵阳海关

【概况】 2020年，邵阳海关持续做细做实新冠肺炎疫防控措施，确保零感染；参与联防联控，协调进口捐赠医疗物资通关，确保出口防控物资质量，严防冷链物流输入风险。

全年受理报关单394张，货值2437.8万美元；检验检疫3064批、货值25.7亿元，检出不合格20批；入库税收796.6万元，减免税收18.3万元；备案加工贸易手册19本，涉及金额1.6亿美元；完成对2家企业的稽查，核查20家企业；办理“两简”案件2起；加强进出口危险化学品监管，全年抽取样品70份；开展动植物疫情监测，监测样品13批，检出问题2批；妥善控

2020年4月23日，中华人民共和国邵阳海关开关揭牌仪式在邵阳经开区邵阳海关院内举行 （邵阳海关 供图）

制H5N1禽流感对邵阳养殖业的影响；推进安全生产专项整治，外贸行业安全生产“零事故”。

全市新注册外贸企业491家，至年底，共有注册外贸企业1413家，居全省第二位，仅次于长沙市。培育高级认证企业1家，“两步申报”率69.2%，“单一窗口”运用率100%。签发原产地证2134份，金额7370.6万美元；推动出口产品转内销592.9万美元，支持保税改革试点，指导1家“两仓”企业通过验收。全市进出口值262.9亿元，排名全省第五位，其中出口257.8亿元，排名全省第二位，仅次于长沙。

【邵阳海关举行开关揭牌仪式】 2020年4月23日，中华人民共和国邵阳海关开关揭牌仪式在邵阳经开区邵阳海关院内举行，标志着邵阳市从此有了专门服务于对外经济贸易的海关机构，邵阳的外贸企业在本地就可以办理海关业务，结束超1000家外贸企业需要跑湘潭、株洲等地办理海关业务的历史。长沙海关党委书记、关长唐赟峰与市委书记龚文密共同为邵阳海关揭牌，市长刘事青出席揭牌仪式并致辞。根据2018年中央编办批复的海关总署机构改革方案，长沙海关设立正处级的邵阳海关，依法承担进出境运输工具、货物、物品的通关监管、征税、卫生检疫、动植物检疫、食品检验、商品检验、查缉走私、编制海关统计等职责。开关当天，邵阳海关完成第一单报关单通关手续，为邵阳阳光发品有限公司申报出口尼日利亚的一批发制品，货值59.7万美元。（李志琳）

城乡建设
与生态环境

城乡建设

·综　述·

【概况】 2020年，邵阳市住房和城乡建设系统全力抗击新冠肺炎疫情，累计捐款捐物800余万元，住建行业3万多名一线从业人员未发生一例感染。在480个物业小区和280个建筑工地全面落实疫情防控措施。对全市防疫集中隔离点房屋质量安全隐患进行全面排查和督促整改。采取开通项目审批“直通车”、建立招投标“绿色通道”、顺延工期及资质资格有效期等措施，推动673家建筑企业和房地产开发企业复工复产，市建筑业在全省率先实现正增长。市住房保障中心、市建筑工程安全质量监督站、市人防保障中心、市消防技术保障中心挂牌成立，各县市区机构改革全面完成。

全年完成房地产开发投资241亿元，同比增长10.2%；商品房销售面积500万平方米，同比增长14%，排名全省第二；建筑业完成总产值575亿元，同比增长10.3%，排名全省第三。

是年，邵阳市农村危房改造、城镇老旧小区改造、棚户区改造和城乡环境基础设施建设工作获省真抓实干绩效激励奖，建筑业管理、勘察设计、人防指挥通信、安全生产、信访、平安建设等多项工作获评省、市先进。

【新型城镇化建设】 “十三五”期间，邵阳中心城区扩容提质，“东部城镇群”“西部生态圈”逐渐成形，城镇空间体系不断优化。全市城镇化率达52.16%，中心城区由65平方公里增加到93平方公里，人口由70万人增加到88万人，位居湘中湘西南城市首位。邵阳高铁南站扩改工程开工，推进资江南岸防洪堤、桃花桥建设。建成新邵资江风光带。推进“气化邵阳”二期，全面启动三期前期工作。开展交通问题顽瘴痼疾集中整治，推进城区停车难、行车难问题专项治理。推进国家森林城市创建，完成学院路、世纪大道、邵水西路、体育新城、雪峰桥等绿化“补天窗”工程。启动传统村落保护立法工作，43个中国传统村落全部实现挂牌保护，建成传统村落博物馆16个。全市常住人口城镇化率达50%。

【住建领域三大攻坚战】 2020年，邵阳市住建系统推进脱贫攻坚，全面完成“因疫因灾”动态新增3035户危房改造，26.06万户建档立卡贫困户住房安全保障核验“不漏一户、户户可查”；市农村危房改造连续五年被评为全省先进；新邵、城步、洞口、绥宁、邵阳县通过国考、省考、交叉检查、第三方评估和住建部抽查；系统对口帮扶的54个贫困村全部脱贫出列，邵阳县住房和城乡建设局邓胜利获评全国脱贫攻坚先进个人。推进污染防治，落实城乡环境基础设施四年行动计划，建设乡镇污水处理厂39个、建成25个，超额完成省定任务；完成160个农村非正规垃圾堆放点整治工作，建成乡镇垃圾中转站82个，隆回县实现乡镇垃圾中转全覆盖；新邵、邵东垃圾焚烧发电项目正式开建；规范建筑工地扬尘防治，督促259个在建工地落实“六个百分之百”，市区规模以上建筑工地全部建成“智慧工地”检测系统。防范化解重大风险。提请市委、市政府出台《关于加强房地产管理促进房地产市场平稳健康发展的措施》，全面推行房地产预售资金监管；妥善处理房地产办证遗留问题117个，化解率69%，居全省前列；持续开展城市基础设施项目“停缓调撤”的后续工作。

【保障性安居工程建设】 2020年，邵阳市推进“三房”项目，12007套棚改欠账、7799套公租房欠账全部整改到位；9441套新建棚改任务全部开工，开工率100%；城区C、D级危房改造完成12385户，为年计划的230%；发放公租房租赁补贴17316户，为年计划的101%。出台《邵阳市市本级保障性安居工程建设项目遗留问题处理实施办法》及补充规定、《2020年超期安置房交付以奖代补办法》等具体操作规程，有效破解超期安置、“三房”遗留问题手续办理和交付入住难题，相继办理西苑公园一期等24个项目12592户消防整改和竣工验收，累计交付入住“三房”项目31个、1.32万套。全面推进老旧小区改造，2次召开现场推进会，出台相关配套文件，简化手续办理，开工改造老旧小区381个、41764户，完工234个、25018户，完成投资8.5亿元，项目开工率、完工率、投资完成率均排名全省前列；出台实施细则，下放审批权限，给予资金扶持，支持老旧小区改造加装电梯2400户。逐步规范物业管理，健全完善住宅专项维修资金管理制度，建立物业服务质量监督管理公示制度和物业服务企业诚信管理体系，组织第二届“十大最美文明和谐小区”和“十大最美小区工作者”评选活动。

【建筑产业监管】 2020年，邵阳市新增建筑业一级资质企业3家、二级资质企业18家，建筑企业资质增项197家次。市纪委办案中心工程项目获鲁班奖，实现邵阳市鲁班奖零的突破。全年创建芙蓉奖3项、省优质工程奖6项、市优质工程奖38项。推进国家装配式钢结构住宅建设试点工作，年内新增装配式建筑生产企业2家，新开工装配式建筑67.2万平方米。新增绿色建筑182万平方米，占新建民用建筑面积的56%。创建绿色建材星级标识企业8家。邵阳君悦山水城小区、武冈育新嘉园率先使用浅层地热系统。推进建设工程招投标突出问题专项整治，重点查处省住建厅交办的8件住建领域招投标刑事案件，调查处理3个重点民生项目的招投标投诉。全市施工和监理招投标全面实现电子化，监管平台和交易系统形成“全市一张网”。建成“邵阳市招标投标监管公共服务平台”，出台红名单制度，完善黑名单制度，增强联合惩戒效果。在全省率先组建市消防技术保障中心，规范全市消防设计审查验收工作，消防施工纳入质量标准化考评。推进城市建设安全专项整治行动，开展质量管理和安全生产标准化考评，开展建筑起重机械设备、商品混凝土和建筑工程质量检测行业专项整治。全市住建行业建筑施工连续三年未发生一般及以上质量安全生产责任事故。建设无欠薪工地，建筑工地实名制覆盖率达97%，排名全省第三。

【工程建设项目审批制度改革】 2020年，邵阳市住建局优化再造工程建设项目审批流程，建成全市统一的制度体系及管理系统1.0版。审批事项由71项精简到47项，审批时间压缩至40~100个工作日。推进“互联网+政务服务”，升级建筑企业资质、人员资格、施工许可等电子化证照管理。实施政府购买施工图审查服务全覆盖，实现住建、人防、消防“多审合一”“多图联审”，全流程平均用时11天，比全省平均用时少4天。

【人民防空事业】 2020年，邵阳市推进人防工程建设。贯彻实施省政府297号令，制定完善联合把关、综合验收、行政执法等系列制度，严格易地建设审批。启动人防工程平战转换试点工作。修订完善人民防空方案，强化人防专业队组训，全市专业队实编实组实训。巩固人防训练演练常态化制度化，重要经济目标防护建设取得新进展。开展行业治理。组建专班，对2013年以来易地建设项目的规划手续办理、人防手续办理、易地建设费用缴纳、政策性减免等情况进行系统清理，全面核查。（曾拓锦）

·城市管理·

【环境卫生】 2020年，邵阳市构建“考评指导以市为主、组织实施以区为主、日常检查以行业为主、市民自治以街道社区为主”的“两级政府、三级管理、四级网络”环境卫生管理体系，实现常态化管理。全面实行市场化，将主次干道、小街小巷的清扫保洁、资江、邵水河道城区段的保洁以及部分公厕的保洁、病媒生物防制等实行市场化运作。市区生活垃圾日产日清，无害化处理率99.5%。市城区环卫专业市场化公司达11家，市场化保洁面积达1100多万平方米，实现主街干道、背街小巷、社区院落清扫保洁市场化无缝覆盖，主要街道保洁时长达16小时以上，道路清扫保洁率100%，机械化清扫率82.17%。落实考核评比，对城区市容环境卫生情况，市、区两级严格考核，实行“日检查，周反馈、月评比、季讲评、年总结”，并按照考核结果，市财政按清扫保洁合同面积给予1.5元/平方米的提质提标相应奖惩。规范渣土管理，严控行政许可，许可90家工地，合计处置土石方总量124万余立方米，上缴市财政渣土运输处置行政许可非税收入373万余元。其中土方总量大于5000立方米（含）的建筑（渣土）工地52家。规范开展行政处罚，自3月17日起由市本级履行城区渣土行政处罚职能，处罚金额约30万元。

【市容秩序】 2020年，邵阳市城市管理和综合执法局组织各区城管执法部门以占道经营为重点开展集中整治，出动7200余人次对占道经营进行整治和劝导，劝导占道出店经营门店和流动摊贩1万余次，暂扣不听劝阻与屡教不改的门店物品、流动摊担92起，并加大巡查执法力度。联合市场监督、教育、卫健、公安等部门开展学校校园及周边食品安全整治行动，整治食品流动摊贩3600余个、违章搭建100余起，清理乱堆乱放2400多起，对不听劝阻的无照游商予以打击，依法暂扣违章经营工具、物品60余车。4月中旬至5月中旬，市、区、街道城管上下联动，开展放心早餐“百店千户”大调研，对市城区流动早餐摊贩基本情况、存在问题及原因进行调查分析，提出建议并督促整改落实。开展噪声污染专项整治，在市城区处理噪声扰民投诉223起，下发整改通知书321份。开展市城区户外广告专项整治，依法拆除、取缔、清理各类违章、违规设置、乱悬挂、破损、有安全隐患的户外广告3万余个（块），追呼违规发布小广告的电话号码130余个，清理楼顶、墙体广告字体20余处；出台文件，明确划分市区两级城管执法部门之间12个类型户外广告设施设置的行政审批权限，理顺户外广告设施管理的纵向管理体系。

【市政设施】 2020年，邵阳市筹资超1000万元，开展城市道路维护改造。完成戴家坪路、敏州东路、双拥路、红旗路提质改造，面积超3万平方米；投入5000多人次开展道路日常巡查，置换维修人行道井座井盖、雨水口、人行道板、障碍球（柱）等设施；修补沥青混凝土路面10.17万平方米。开展城市内涝治理，制定应急预案，储备应急物资，组建排涝抢险队伍并开展防汛培训和演练，组织对排水设施及管网进行全面检修和清淤。加强日常巡查和应对，全年上路巡查1460余人次，接获险情报警595次，突击排涝抢险32次，清理下水道2560米，改造污水管564米。逢暴雨天气在重点部位安放警示标志牌、疏导人员、清理积水，及时解决隐患。对申请占破道单位实行“一签一定”，全面提升围挡标准。同时，通过部门联动，强化道路维护，对易损坏的人行道区域设置隔离杆，避免车辆碾压损坏道路。累计投资400万元开展路灯、景观灯大修技改工作，保障城市主要道路装灯率100%，主要道路全年每月亮灯率98%以上，在市区范围内消灭“无灯巷”。

【公用事业】 2020年，邵阳市城市供水总计销售水量6292万立方米，其中市区5700万立方米、邵东592万立方米；水质综合合格率98%，管网压力合格率98.8%；漏损率大幅下降，为19.3%，比国标指标低10%；累计改造DN100及以上的供水主管200余公里。城镇燃气完成居民开户2.4万户、非居民用户135户，销售气量5700万立方米，输供天然气6100万立方米;建设学院路等道路燃气主干管3.3公里、恒大未来城等小区管网约41公里。

【园林绿化】 2020年，邵阳市提质改造城市公园。其中，城南公园新建800平方米小游园，完成小游园“枯山水”景观建设工程；草坪覆绿播撒花草种子500平方米，种植苗木约10万株；广场牌楼完成隐患整改工程及亮化工程。西苑公园营造花海景观7000平方米、珑湖边界350平方米绿化带改造、义务植树550株；与珑湖小区交界处建设100余米围墙；银杏林设计安装排水工程。城南、时代、西苑、蔡锷公园季节性更换草花约7万盆。东塔公园提质改造项目完成拆迁摸底、道路及北入口概念设计、南入口景观改造设计。龙山公园完成景观方案设计。6月中旬完成佘湖山至紫薇公园游步道建设，打造市民身边的“健身圈”。推进城区小游园、城市主次干道的绿化，市辖3个区新建小游园16个，完成桃源路、玉清宫路等9条城区干道绿化工作。

加强古树名木保护。完成市区所有古树名木建档立卡保护，对所有建档的古树进行挂牌，建立巡查机制，开展树木复壮、支撑、修剪、除虫、土壤改良、树池围挡等保护工作。凡涉及工程建设项目申请移植古树名木的，遵循不到现场勘查不审、不找当地群众了解情况不批原则，严把审批关。同时做到宁协调多方修订规划，也不毁掉一棵古树。

【综合执法】 2020年，邵阳市城市管理和综合执法局起草《邵阳市城区户外广告设置管理办法》，并交市司法局专家评审，力争作为邵阳市首部地方政府规章出台实施。开展系统综合执法专项培训，126人参训。组织开展年度全市优秀城管行政执法案卷评选工作，提高城管执法机关及执法人员的办案质量和执法水平。监督县市区规范城管执法，确保严格规范公正文明执法。全年市辖3个区城管执法局和经开分局共办理行政处罚案件149件，罚款1095.92万元。市城市管理和综合执法局连续三年被评为全省“城市管理综合执法表现突出单位”、全市安全生产“先进单位”、全市信访维稳“先进单位”。

（陈　凯）

·城市建设投资经营·

【概况】 2020年，邵阳市城市建设投资经营集团有限公司（以下简称邵阳城投公司）优化组织结构，结合公司实际情况与工作特点，试行“管运分离”模式，重新梳理公司组织架构，对原内设机构和子分公司进行重新设定，合并重组各部室，合理撤并子公司。部室由原来的24个调整为11个，子公司由原来的36家调整为9家，同时新增加1家房地产开发公司、1家建筑公司、1家交通枢纽公司共3家子公司。同时精简中层管理人员职数。促进内部管理和控制，提高经济效益和防风险反腐败，突出重点领域内部审计及工程造价管理控制工作，并对所有的建设项目实行初审、复审两轮审计。

是年，邵阳城投公司被评为2020年度全市平安建设（综治工作）先进单位、2020年度全市湘南湘西承接产业转移示范区建设暨产业发展先进单位。安全生产零事故，邵阳城投被评为2020年度全市安全生产和消防工作良好单位。

【项目建设】 2020年，邵阳城投公司按照制订的进度计划，筹措资金，多措并举，有序推进重点工程项目建设。其中，资江南岸防洪堤项目，完成产值约4300万元，累计完成产值9300万元，主体工作基本完成。桃花桥工程项目，完成产值约6000万元，累计完成产值约1.1亿元，主体工作基本完成。微循环路网的建设，车家路长847米、宽12米，6月建成通车；百合路长269米、宽24米，实行倒排工期挂图作战，实现建设南路路口至福利院门口段建成通车。超期安置项目建设，启动匡家二期、高撑三期、枣园三区、张家排二期安置地的复工建设，10月15日启动福源安置小区建设。同时推进安置项目的分配

2020年，新建的资江南岸防洪堤西湖桥至雪峰桥段　（邵阳城投公司 供图）

邵阳市龙须塘工业区重金属污染综合治理工程改造后的两沟入河口（2020年）
（邵阳城投公司 供图）

2020年，邵阳市龙须塘工业区重金属污染综合治理工程灰坝填埋场施工中
（邵阳城投公司 供图）

交付和已交付建房的水、电户表安装，完成425户超期安置户交付入住。“两沟两路”污染综合治理项目，通过采取底泥清理、河岸护砌、配套建设截排洪设施、恢复植被等措施对洋溪沟、龙须沟两沟实施污染综合治理；11月20日，龙须塘路—古塘路土壤污染治理项目完成总体验收工作；11月24日，龙须塘工业区重金属污染综合治理项目完成总体验收工作。项目完成后，消除了两沟约10公里河道的6万立方米重金属污染底泥，降低重金属污染对资江水质的影响。

【产业转型】 2020年，邵阳城投公司获大公国际资信评估有限公司AA+级主体信用评级，评级展望为“稳定”，公司主体信用等级成功由AA级提升至AA+级。公司针对行业特性，提出房地产开发的发展目标，8月4日成立邵阳市城发房地产开发有限公司，下半年正式启动邵阳城投·紫云望瑶台、邵阳城投·紫云钓鱼台等房地产开发小区项目。筹划江北等片区开发项目。9月9日与湖南建工物发集团共同出资成立邵阳美好城市运营管理有限公司，共同打造城市服务运营新模式。成功竞得城市户外广告特许经营权及桃花加油站、宝庆加油站经营管理权，同时参与城区停车、河道采砂、砂石土矿等特许经营权的摘牌与运营。（王 哲）

生态环境

·环境状况·

【环境质量】 2020年，邵阳市市区空气质量优良天数为342天，较上年增加30天，优良率上升7.9个百分点，主要污染指标是PM2.5、PM10、二氧化硫、二氧化氮、臭氧年均浓度分别为38微克/立方米、52微克/立方米、12微克/立方米、20微克/立方米、126微克/立方米，六项主要污染物浓度较上年均下降10%以上；全市水环境质量综合指数排全省第二位、全国337个地级市第二十六位，首次进入全国地级市前三十位，国控断面水质改善幅度排名全省第一，辖区内资江、沅江、湘江、珠江水系国控、省控地表水断面和省、市级交界断面水质达标率100%，水质均为Ⅱ类或以上；17个县级及以上城市集中式饮用水水源达标率100%，全部达到Ⅱ类或以上，实现全域地表水和饮用水水源地Ⅱ类水质全覆盖。

【大气环境质量】 2020年，邵阳市根据《2020年湖南省环境监测方案》，市区环境空气监测设5个监测点位，其中1个为对照点。全市环境空气质量综合指数（实况）3.60，较上年下降13.7个百分点。环境空气中二氧化硫年均浓度为12微克/立方米，较上年下降20个百分点；二氧化氮年均浓度为20微克/立方米，较上年下降13.0个百分点；可吸入颗粒物年均浓度为52微克/立方米，较上年下降11.9个百分点；一氧化碳年度日均值第95百分位浓度为1.1微克/立方米，较上年下降21.4个百分点；臭氧年度日最大8小时平均第90百分位浓度为126微克/立方米，下降14.3个百分点；细颗粒物年均浓度为38微克/立方米，较上年下降11.6个百分点。空气质量优良天数为342天，优良率93.4%；轻度污染18天，占比4.9%；中度污染3天，占比0.8%；重度污染3天，占比0.8%；未出现严重污染天气。

城市降水设2个监测点位,其中1个为国控点。全年采集降水样品197个，其中酸雨样品163个，酸雨频率82.7%，酸雨量占总雨量的73.1%。

降水pH年均值为5.49，酸雨等级为Ⅰ级，年降雨量为1676毫米，酸雨频率为89.6%。泉塘冲测点，降水pH年均值为5.49，年降雨量为1466毫米，酸雨频率为76.0%。

【声环境质量】 2020年，邵阳市市区区域环境噪声，城区按照800米×800米的网格尺寸布点，设置100个监测点。城市区域环境噪声昼间平均等效声级为53.8分贝，平均等效声级超过55分贝的测点38个，占38.0%。城市区域环境噪声总体水平等级为二级，声环境质量较好。环境噪声主要来源于社会生活噪声，其次是道路交通噪声。

城市功能区噪声测点，按各功能区划布设10个监测点，（昼、夜间）功能区噪声分别符合各类别功能区的国家标准，功能区达标率为100%。

城市道路交通噪声，市区监测总路长为123.6公里，共42个有效路段，设置50个监测点，道路交通噪声昼间平均等效声级为65.8分贝，全市平均车流量1485辆/小时，交通噪声超过70分贝的路长2.0公里，占全长的1.6%。城市道路交通噪声环境质量好，强度等级为一级。

【水环境质量】 2020年，邵阳市地表水水质、水环境质量监测设53个监测断面，地表水质监测断面46个，市级饮用水水源地4个（含1个备用饮用水水源地），县级饮用水水源地13个(含2个备用饮用水水源地），湖库型水质设1个监测断面。15个国控断面中辖区内13个，辖区外考核邵阳市2个，“水十条”考核断面7个。全市地表水水质总体为优，达到或优于Ⅲ类水质的断面达100%。46个断面均达到Ⅱ类水质。湖库型地表水，城南公园人工湖断面年均值达到Ⅲ类水质标准，断面营养指数年均值为63.16，为中度富营养状态。“水十条”考核断面，国家“水十条”考核7个断面年均值均达到2020年水质考核目标，达标率100%。

饮用水水源地水质，全市饮用水水源地17个，水质达标率为100%。7月，对全市4个市级地表水饮用水水源地和13个县级饮用水水源地开展水质全分析，全分析指标全部达标（达到或优于Ⅲ类标准），水质达标率100%。

（王典红）

·污染防治·

【大气污染防治】 2020年，邵阳市继续开展蓝天保卫战。全面完成高污染燃料禁燃区优化调整和燃煤锅炉淘汰工作；先后完成宝庆煤电2台机组以及5家水泥熟料生产企业超低排放改造和烟气治理升级改造；61辆高排放柴油车辆淘汰任务、3家重点企业挥发性有机物综合治理任务、3个油库及在营的352个加油站油气回收治理任务全部超额完成。推进“邵阳智慧工地”建设，在市本级所有建筑工地安装视频监控系统和环境检测系统，安装降尘雾炮机165台、洒水降尘设备180处，设置车辆出入冲洗槽80多个、封闭式围挡3万余米；扩大道路机械化清扫和洒水范围，市城区机扫率达91.6%，县级城市建成区道路机械化清扫率达80%以上。进一步健全监测网络，投资1300万元，完成市城区及11个省级工业园区空气质量小微站及监测管理平台建设。

【水污染防治】 2020年，邵阳市继续开展碧水保卫战。完成11个省级工业园区污水集中处理设施、茶园头片区生活污水截污管网、红旗渠污水处理配套管网、资江南岸防洪堤等涉水环境保护基础设施建设和管网改造工程；投资7.5亿元，完成25个乡镇污水处理厂建设；督促邵东、新邵等地推进桐江流域、槎江流域治理和孙水河锑污染专项治理项目；完成122个“千吨万人”、266个“百吨千人”饮用水水源地保护区划分工作，“千吨万人”饮用水水源地52个突出环境问题全部整治到位；完成邵水、枫江溪、红旗河、洋溪沟、龙须沟黑臭水体治理和346家加油站地下油罐改造。推动落实河（库）长制，构建省市县乡村五级组织体系，全市1041条河流全覆盖建立“一河一档”，125条河流完成“一河一策”编制。

【土壤污染防治】 2020年，邵阳市继续开展净土保卫战。原市双清区化工总厂污染场地治理项目、龙须塘老工业区重金属综合治理工程等8个项目通过总体验收，2018年以前省下达邵阳市的所有土壤治理项目均按要求在年底前完成。全市12个县市区农村环境综合整治整县（区）项目均通过省生态环境厅专家组集中现场验收。全市100个行村生活污水治理任务、2个农村生活污水治理示范县工程全部完成。持续推进农村面源污染治理，化肥使用量和农药使用量分别同比减少3000吨和61.3吨。强化农用地污染风险管控，完成受污染耕地面积23.25万亩，严格管控面积7768.1亩，超额完成省里下达的目标任务。贯彻落实“土十条”要求，12个县市区均完成各自行政区域内土壤污染治理与修复评估工作。

【污染防治“夏季攻势”】 2020年3月初，邵阳市制定出台污染防治攻坚战2020年度工作方案、“夏季攻势”任务清单和考核细则，进一步明确任务，量化指标，限定整改期限，压实整改责任。10月，市委、市政府启动污染防治集中整改“攻坚月”行动，落实“一个问题、一套方案、一名领导、一名责任人、一抓到底”工作机制，对标对表，倒排工期，集中资源、力量组织攻坚。市生态环境委员会办公室每3天对工作推进、整改落实、验收销号等情况进行调度督办，及时向市委、市政府领导反馈，同时组织现场督查督办、帮扶销号，推动各项任务整改落实。到年底，全市“夏季攻势”101个任务全面完成。邵阳市在全省污染防治攻坚战考核中排名第三。

（王典红）

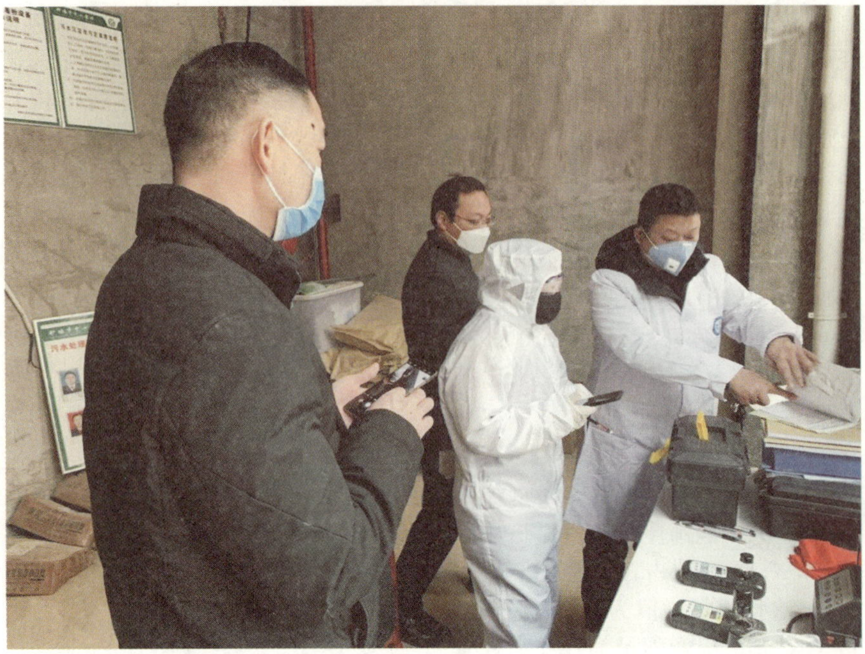

2020年2月，邵阳市生态环境局执法人员在疫情定点医院市中心医院检查医疗废物处置情况（市生态环境局 供图）

·环境监管·

【建设项目环评审批】 2020年，邵阳市生态环境系统严把环评审批关，发挥环评源头管控作用，依法依规依程序开展环评审批工作。市本级审批各类建设项目38个，其中报告书32个、报告表6个，完善小水电项目环评手续284个。推进放管服改革，按要求完成公共服务事项梳理工作，并全部纳入政务服务一体化平台。提高审批时效，将环境影响报告表审批时间由20个工作日缩短至15个工作日，环评报告书和报告表审批时间均比法定时间缩短一半。规范排污许可证管理，核发的33个行业完成清理整顿工作，完成91个行业的发证和登记工作，全面完成省定任务目标。

【环境监管执法】 2020年，邵阳市环境监管执法机构以强化环境日常监管为重点，结合中央、省级环保督察，多管齐下开展环境监管，维护群众环境权益。全面落实污染源随机抽查制度，随机抽查企业2599家次，发现并查处违法问题228个。主动接受社会监督，及时在官网上向社会公开随机抽查结果。立案查处各类环境行政处罚案件395件，罚款1561.58万元，行政拘留28件，拘留28人。引导群众依法有效维护自身权益。

【环境信访调处】 2020年，邵阳市生态环境系统按照分类处理环境信访投诉法定途径清单，明确各类问题的处理途径、受理部门、法律法规依据，引导群众依法有效维护自身权益。全市收到群众来信、来访、12345信访平台和12369环保举报投诉平台信访投诉共1235件，及时办结率和群众满意率均达90%以上。

（王典红）

·区域环境综合治理·

【自然生态监管与保护】 2020年，邵阳市持续开展自然保护地环境问题整改，全市纳入“绿盾”问题台账的54个问题（线索），按程序销号44个，其余10个为自然保护区内核心区和缓冲区小水电站，按要求在2022年年底前退出。对遥感监测报告涉及邵阳市的舜皇山、金童山、云山保护区的问题线索进行核查。对全市列入整改类的319家电站开展“一对一”服务工作，除18家属于豁免范围的以外，全部按要求完善环评手续。开展生态文明示范创建工作，新宁县获“国家级生态文明建设示范县”称号。强化全市辐射安全监管和辐射安全与防护，制定下发《2020年度辐射安全监管工作要点》《关于做好2020年度辐射安全与防护工作的通知》，督促全市23家单位依法办理延续许可手续，对163家持证单位进行安全检查和辐射环境监测；加大对相关工作人员的培训力度，有730名辐射工作人员获辐射安全与防护培训合格证。

【固体废物规范化管理】 2020年，邵阳市制定印发《邵阳市2020年度危险废物规范化管理督查考核工作实施方案》，成立危险废物管理督查考核工作领导小组，对全市5家危险废物收集单位、1家医疗废物集中处置中心、27家重点产废单位逐个进行督查考核。开展全市危险废物及时转移与处置工作，办理危废转移审批215次，转移危险废物2578.88吨，收集处置医疗废物4856吨。开展危险废物专项大调查大排查工作，全市自查企业3744家，帮扶企业1681家次，排查经营单位6家，系统录入企业基本信息1077家。构建尾矿库污染防治体系建设机制，按照相关管理和技术规范，对全市32家尾矿库进行环境风险评估，并提前1个月完成22家尾矿库污染治理工作任务。

（王典红）

·环境基础能力建设·

【垂直管理制度改革】 2020年，邵阳市生态环境系统垂直管理制度改革全面完成。对生态环境机构改革、市级层面人员划转、县市环境保护分局人员上收等老大难工作，多次召开党组会进行研究，加快改革工作进程。4月，市深化改革委员会办公室印发市环境保护局机关、市执法支队和市区4个环境保护分局人员转隶通知书，一揽子解决市生态环境保护局长期以来混编混岗造成的历史问题。到年底，县市环境保护分局460多人的转隶工作取得进展，正式下发人员转隶通知书，推进人员转隶等相关工作。

【环境监测】 2020年，邵阳市进一步加强环境监测能力。下发全市年度重点排污单位名单，对全部51家年度重点排污单位实施在线监控，联网率、传输率均达到100%，对其中20家重点排污单位开展执法监测。加强污染源在线监控体系建设，对21家废水重点排污单位、8家废气排污单位、5家重金属排污单位等国家重点污染源单位联网在线监控。推进长江经济带水站建设，完成14个水质自动监测站建设任务。强化机动车尾气排放检测，联合交警、交通部门在市区重点路段开展路检路查行动，对超标排放上路的车辆依法进行处罚，全市39个机动车尾气检测站完成检测机动车29.38万台次,尾气排放合格率92%。

【环境宣传教育】 2020年，邵阳市坚持常态化开展环境宣传教育，依托华声在线、《邵阳日报》、邵阳电视台、邵阳新闻网等主流媒体，开设“呵护碧水蓝天 绘就大美邵阳”等专栏，开展生态文明保护宣传教育，提高全社会生态环境保护意识。利用邵阳市生态环境局官方微博、微信公众号进行生态文明宣传，发布微博421条、微信公众号文章567篇，及时向公众推送环境信息。6月5日，围绕“美丽中国 我是行动者”主题，联合市直属机关工作委员会、市文明办、市中级人民法院、市人民检察院等15个单位在市城区城南公园开展六五环境日宣传主场活动。全市设立宣传点20余个，制作宣传展板、横幅、手册等7.91万件，制作网络传播产品 7件，点击量达7.18万人次。

（王典红）

交通·邮政·通信

交 通

·公 路·

【概况】 2020年，邵阳市公路总里程22600公里，占全省总里程的9.4%，全省排名第三，其中高速公路582公里，占全省的8.4%，全省排名第四；国道709公里，占全省的8%，全省排名第四；省道2235公里，占全省的10%，全省排名第二；农村公路及专用公路19074公里。全市有货运经营户10224家（含9758家个体户）、货运车辆16528台，其中危货企业13家、危货车辆390台；客运经营户1395家（含客运企业73家），客运车辆3863台、线路1445条。全市有公交企业11家、公交车1572台，其中新能源公交车1562台、线路145条，其中市区的2家公交企业36条线路的803台车辆均为新能源公交车。全市24家巡游出租车经营企业共2489台巡游出租车，其中市区6家1100台。全市网约车平台公司7家650台双证齐全的网约车，其中市区6家600台。

是年，邵阳市在全省交通运输真抓实干督查激励中排名第二，连续三年获评省重点民生实事农村公路建设优胜单位。市交通运输局机关成功创建省级文明单位和市级花园式单位，蝉联全市安全生产和综治维稳先进单位；市公路建设养护中心成功创建全国文明单位；市交通建设质量安全监督站成功复创全国文明单位。新宁县交通运输局局长郭华满获评全国脱贫攻坚先进个人。

2020年，邵阳市国省干线完成公路大中修工程总里程85.436公里，总投资24914万元；大中修工程路面平整度合格率95%，路面厚度合格率、工程合格率、优良率均达100%。

干线公路管养坚持日常养护、小修工程、预防性养护相结合，加大机械化、专业化养护力度。全市在养普通国省干线公路路况优良率94.45%，路面使用性能指数PQI值90.08。路况优良率超过省中心下达的88%目标任务6.45个百分点，路面使用性能指数PQI值超过省交通局下达的PQI值88的目标任务2.08。

重点民生实事新改建农村公路完成1051.712公里，农村公路生命安全防护工程完成2038.32公里，危桥改造完成36座。农村公路养护工作取得历史性突破，首次跻身全省第一方阵。

路政工作及治超工作于7月份移交市交通局，市公路建设养护中心不再负责治超工作，只协助市交通局做好移交阶段的治超工作。

是年，市公路建设养护中心成功创建第六届“全国文明单位”。

【交通疫情防控】 2020年，邵阳市交通运输局履行市新冠肺炎疫情防控交通监管组牵头单位职责，以战时状态投入交通疫情防控一线，印发《邵阳市公共交通工具和公共交通场所消毒操作技术指南》等6个规范文件，采取外防输入、内防扩散的一系列措施、办法，累计排查“由鄂入湘”车辆2.84万台次，核查随车人员4.09万人次，隔离942人。协调下达国省补助资金9.48亿元，交通项目安全有序复工。落实“一断三不断”“三不一优先”政策，迅速恢复基本运输秩序，落实217台次保障车无障碍通行，累计安排农民工返岗包车322台次、运送返岗农民工2万余人次。同时，开展常态化疫情防控工作，强化冷链物流和秋冬季节客货运行业防控措施，阻断疫情通过运输环节传播。

【重点项目建设】 2020年，邵阳市交通运输系统开展“项目建设年”活动，实行“一县一策、一项目一策、一月一策”，推进重大项目建设，全市交通运输固定资产（高速公路除外）完成投资38.67亿元，为省年度目标的187.9%，同期增长63.1%，投资完成率为历年之最。白新、永新、城龙高速相继于3月26日、9月29日、12月26日开工。其中，白新高速是全省2020年第一个开工高速项目，完成投资13.3亿元，为省定目标的156%。仅用不到100天时间即完成征拆任务，征地4357亩，拆迁房屋292栋，迁坟3098座。新新高速12月4日挂网招商确定项目投资人，12月28日G59呼北高速新化至新宁段挂网招标候选人公示，12月29日自然资源部出具用地预审复函。武冈邓家铺至新宁狮子寨公路等3个

2020年9月，邵阳市召开“五网”项目建设推进现场观摩会

（市交通运输局 供图）

新邵县白水洞村新建的自然村水泥路
（市交通运输局 供图）

项目79.875公里建成通车。4个普通公路网有效衔接项目白仓、坪上互通连接线完工，黄桥、邵阳县互通连接线完成或进行路基施工。围绕全面脱贫和“六个全覆盖”补齐民生短板，全面加快自然村通水泥路、农村公路窄加宽等建设，如期实现市委自然村通水泥路100%全覆盖目标，省重点民生实事农村公路建设完成1051.7公里，超额完成省定目标，农村公路完成安保工程隐患处治2038公里，危桥改造36座，有效夯实全面脱贫攻坚的农村公路基础。高速公路边建边办手续、“四级书记”抓征拆等“邵阳经验”获全省推介。

【交通运输服务】 2020年，邵阳市继续实施公交优先战略，市城区新增新能源公交车100台，新开通线路2条，优化调整线路10条。武冈市成功申报第二批城乡客运一体化省级示范县。建成洞口县黄桥、竹市2个乡镇运输服务站和150个农村客运招呼站。统筹疫情防控与运输服务保障，完成春运、五一等重要时间段运输任务。1月3日上午，湖南省中西部地区规模最大、配套最全的现代物流园区邵东市星沙物流园正式开园，一期占地228亩，总投资7.8亿元，总建筑面积27万平方米，规划设置了零担配送区、物流仓储区、农村电子商务大楼、物流信息交易大楼、综合服务大楼及大型停车坪等。推进客运转型升级，分别于4月20日、8月18日开通隆回至桂林、市区至塘渡口的定制客运线路，指导市城区湘运旅游、祥和旅游、富凯公司于8月19日正式组建旅游运输联盟。建于20世纪90年代的邵阳宝庆车站因达不到经营条件，于11月30日下午6点终止经营，原有核准客运班线于12月1日起分流至邵阳汽车东站。强化服务质量监督，全面完成道路运输、城市公共交通企业和驾驶员服务质量信誉考核，开展“群众满意客运站”达标考核。注重消除出行堵点，推进普铁安全环境整治，全市二级段长蹲点到镇、三级段长负责到村、所有干部包干到点，全市3批共264处隐患提前销号，进度居全省第一位。推进“一湖四水”资水干流非法砂石码头渡口整治，提前两个月完成资水41处取缔类整治任务，其中34处渡口撤并完成量居全省首位。

【综合治理】 2020年，邵阳市交通运输系统深化综合执法改革，原市运管处成建制划转至市交通运输综合行政执法支队，组建高速路政大队，承接高速路政执法工作，9个县市交通综合执法机构全部挂牌。完成局直属单位职能整合，市交通运输局直属单位形成市公路建设养护中心、市水运事务中心、市交通建设规划中心、市铁路专用线事务中心、市交通运输信息中心、市交通建设质量安全监督站、市交通运输综合行政执法支队“五中心一站一支队”新格局。加快邵阳路桥重组，4月21日市政府与中国建筑第五工程局有限公司就邵阳公路桥梁建设有限责任公司股权合作事宜，签署《股权合作框架协议》，开展清产核资工作。强化“三集中三到位”改革，108项审批、26项公共服务事项进驻市政务服务中心。实行问题清单、销号管理、挂点督战，实现迎国检路段路况优良率、路容路貌、路域环境3个100%目标。干线公路路况优良率94.45%，农村公路养护首次跻身全省第一方阵。超限超载治理完成63家20万吨重点货物装载源头企业监管设备安装并网，新建成5套不停车检测系统，超限超载率稳控在1%以下。建成网约车巡游车监管平台，推进ETC发行和交通一卡通工作，发挥12328热线服务群众、服务交通作用。打造“品质工程”，项目质量安全名列全省前茅。优化营商环境，推进信用体系建设，全面应用电子化招投标，完善合法性和公平竞争审查机制，全面推行行政执法“三项制度”，常态化开展“双随机、一公开”监管。推进汽车维修电子健康档案系统建设，全面推行道路危货运输电子运单，驾培管理连续四年获全省第一名。

【平安交通建设】 2020年，邵阳市交通运输系统加快“平安交通”体系建设，完善安全履职考评机制，持续推动落实行业监管责任、属地管理责任和企业主体责任。市交通运输局50余次专题部署研究重大安全问题，班子成员分片带队常态督查4次、专项督查2次。通过购买服务，借助省安全生产协会的第三方专业力量，落实季度抽查评价工作，风险辨识管控更加精准。累计投入1200万元，完成全市1216台“两客一危”车辆智能防范系统和1447台公交车驾驶区防护隔离设施安装任务。实施国省干线大中修85.436公里、灾害防治30.129公里、危桥改造11座。围绕交通顽瘴痼疾整治和全行业“隐患清零”，全系统开展专项检查612次，约谈企业6次46家次，责令停产整顿企业14家，暂扣（注销）从业人员资格证127本，吊销道路运输证52本，立案查处市区违法违规行为993次，交办问题3186项，整治率100%，顽瘴痼疾整治和“隐患清零”年度考核均排名全省前列。推进信访流程再造，严格包案负责，妥善处置来信46件。强化综治维稳、禁毒反恐等工作部署，推动扫黑除恶专项斗争，完成市城区残疾人非法营运“行业清源”工作。完善应急预案，发布各类预警200余次，全年未发生较大以上交通运输事故。

【干线公路建设】 2020年，邵阳市国省干线完成公路大中修工程总里程85.436公里，其中国道40.670公里、省道44.766公里。国省补助资金12537万元。其中，大修工程75.736公里、国省补助资金11813万元，中修工程9.7公里、国省补助资金724万元。地方自筹资金12404万元。总投资24941万元，分布于邵东市、隆回县、洞口县、新宁县、邵阳县、新邵县6个县（市、区）。

大中修工程实现工程质量和进度双赢。经省中心验收，路面平整度合格率95%，路面厚度合格率100%，工程合格率100%，优良率100%，各项指标均全面超额完成省里下达的目标任务。

【干线公路管养】 2020年,邵阳市争取到系列项目计划和相应的国省补助资金。其中，国省干线安全生命防护工程18.77公里，国省补助167.36万元；国省干线危桥改造10座，部省补助633万元；续建2019年隆回县S242线石背山服务区，部省补助125万元；完成隆回县灾害防治工程30.129公里，部省补助518万元。

邵东省道336线蒸水一桥危桥改造工程施工现场　（市公路建养中心 供图）

日常养护小修工程计划任务为水泥路面764.4公里、沥青路面587.4公里，通过县、市验收实际完成水泥路面790.8公里、沥青路面587.8公里；预防性养护编制上报计划任务269.807公里，通过县、市验收实际完成269.807公里；路基养护清挖水沟2256.74公里、路肩65.8万平方米，水毁修复清运路基塌方15.48万立方米，完成路面抢修2.18万平方米；公路绿化修剪绿篱2489.2公里，新栽行道树12846株；委托专业检测机构对管养桥梁进行专项检查，定期对所管养的公路桥梁进行检测，修复涵洞182道、桥梁21座618延米。完成国省道安防工程18.77公里，批复总投资244万元，所有工程进度均按照省交通运输厅要求任务，质量优良。完成危桥改造普通国省干线公路计划任务10座，其中邵东3座、隆回5座、邵阳县1座、大祥区1座。

完成S242线隆回石背山服务区设施建设，为2019年续建项目，投资额889万元。完成位于隆回县S242线的国省道灾害防治工程30.129公里，总投资610万元。

【农村公路管养】 2020年，邵阳市重点民生实事新改建农村公路年度考核里程915公里，完成

被游客和群众称赞为“云上花道”的隆回县Y047线（市公路建养中心 供图）

1051.712公里，完成率114.94%，完成投资6.5亿元。其中，自然村通水泥路完成483.511公里，为考核里程348公里的138.9%，名列全省前列；提质改造完成568.201公里，为考核里程567公里的100.21%。农村公路生命安全防护工程计划里程2038.303公里，完成2038.32公里，完成率100%,完成投资3.5616亿元。危桥改造完成36座，完成投资2536万元。邵阳市连续三年被评为全省重点民生实事农村公路建设优胜单位。

农村公路养护12个县市区排名全部进入全省前100名，其中6个县市区进入1~50名,该项工作取得历史性突破,首次跻身全省第一方阵。

【行业安全生产监管】 2020年,邵阳市公路建设养护中心以“顽瘴痼疾”整治工作为主线，建立健全全市公路系统交通问题“顽瘴痼疾”集中整治行动实施方案、考核细则等制度，全面组织开展隐患排查、整治。部署“春运”“两会”“清明”“五一”“端午”“中秋”“十一”“安全生产月”“汛期”“抗冰抢险”，以及疫情防控工作，确保全市公路系统安全生产工作的持续稳定。全市全年未发生安全责任事故。邵阳市公路养护中心获全国总工会、应急管理部、国家卫生健康委联合表彰的全国“安康杯”竞赛优胜集体称号，获评全市交通运输安全生产目标管理考核先进单位、全市春运工作先进单位；3人被评为全市春运工作先进个人，1人获市级“五一劳动奖章”。

（石文斌 蒋久念）

·铁 路·

【邵永高铁前期工作】 2020年，邵阳市继续推动邵永高铁前期工作，经多年争取，中国国家铁路集团公司正式启动该项目的前期工作。3月11日国铁集团发布勘察设计招标公告，中铁四院中标，市发改委协调国铁集团、广铁集团、省发改委等上级单位加快推进，完成预可研编制、预可研审查、初测勘察设计、可研报告编制等。邵永高铁按350公里/小时标准设计建设，达到邵阳市预期；呼南高铁确定接入邵阳站，符合邵阳市愿望；确定离邵阳县城3公里近城设站方案，实现邵阳县利益最大化。国铁集团和省政府基本达成共识，该项目有望成为湖南省“十四五”开工建设的第一个铁路项目。

【邵阳站改扩建工程】 2020年6月1日，邵阳站改扩建工程正式开工，市委书记龚文密、市长刘事青，省发改委、广铁集团、中铁二十五局、武汉电气化局、湖南华达等单位领导在邵阳火车站北广场出席开工仪式。邵阳火车站客运综合交通枢纽工程项目包括5.2万平方米的现代化高铁站站房、长途客运站、火车站南北广场、公交和出租车系统、路网配套工程、商业配套设施建设、停车场系统建设、站前南广场景观系统建设等子项目。年内完成原火车站内8家单位的搬迁和安置工作，临时候车室通过铁路方验收并正式启用。11月12日，站房扩改工程第一阶段施工启动，年底已完成第一阶段站场内过渡工程施工和接触网改造，以及站前临时停车港湾、出租车候车点及进站通道雨棚等配套建设。

【高铁项目前期工作】 2020年，邵阳市委托中铁四院对新建邵娄高铁进行预可研，项目全长83公里，估算投资118亿元。向国家发改委、国铁集团、省发改委汇报衔接，争取将该项目纳入国省规划。同时，争取到兴永郴赣铁路、邵永高铁南延的永清广高铁、怀桂高铁纳入湖南省“十四五”规划。另外，争取渝湘粤高铁、张家界至邵阳高铁前期工作，争取纳入上级规划，过境邵阳，并尽早开工建设。

（石文斌）

·水 路·

【概况】 2020年，邵阳市有通航河流16条，航道总里程837公里，通航总里程510公里。其中，有现状七级及以上航道167公里，包括资水干流110公里（规划四级）、邵水57公里（规划六级）；有规划六级航道289公里，包括赧水138公里、夫夷水151公里；有规划七级航道平溪水42公里；有区域重要航道巫水122公里；通航水库6座。有渡口186道，其中视频监控渡口63道。有在检船舶404艘，其中货船78艘、客船21艘、客渡船204艘、工程船63艘、旅游排筏38艘，主机总功率10928.9千瓦，总位合计13454吨。

2020年，由于资水航道事实断航，全市水路货物运输只有部分区段砂石运输，客运为农村短途水路客运和水路旅游客运。年内客运量27.3万人，旅客周转量91.96万人公里；货运量121.58万吨，货物周转量4224.5万吨公里。

2020年，全市原有港口邵阳港、新邵港、隆回港、邵阳县港、新宁港、洞口港、武冈港等港口7个，分布在资水、赧水、夫夷水两岸市县、城镇，其中邵阳港为全省15个地区重要港口之一。

（石文斌）

·民用航空·

【概况】 2020年7月11日，邵阳市武冈机场新开通“杭州—邵阳—南宁”航线。克服新冠肺炎疫情影响，开行“北京—郑州—邵阳”“重庆—邵阳—长沙”“海口—邵阳—西安”“上海—邵阳—昆明”等6条航线，与深圳、昆明、兰州等12个城市实现通航，实现旅客吞吐量29万人次。同时，邵阳市申报武冈机场改扩建项目、邵东机场建设项目纳入国家、省“十四五”规划。发挥低空空域资源，推进邵阳市中心通用机场（新邵县）、新宁崀山通用机场、武冈通用航空基地等项目前期工作，在各个县（市）规划布局通用机场及多个临时起降点。省发改委委托设计院到邵阳现场踏勘中心通用机场选址情况，争取在“十四五”期内率先启动建设。

（石文斌）

邮　政

【行业疫情防控】 2020年，邵阳市邮政系统发挥全行业力量投入新冠肺炎疫情防控战役。全市寄递企业主动承担起防疫、民生保障物资的运输责任。春节期间邮政、顺丰、京东3家企业正常运营，保障防疫物资和群众生活必需品寄递需求。2月15日顺丰公司义务协助市疫情防控指挥部赴长沙运回抗疫医疗物资；2月26日市邮政分公司义务出动运输车辆将防疫物资免费运输至湖北黄冈。同时，坚持服务与管理并重开展行业疫情防控。市邮政管理局筹集1.5万个一次性医用防护口罩、2.1吨消毒液、30箱酒精和一批体温枪等防疫物资，免费发放给各寄递企业，助力全市快递公司有序复工复产。向市总工会争取2万元专项慰问资金，慰问奋战在抗疫一线的邮政快递从业人员。落实复工复产规定，向全市寄递企业发布倡议书，对企业复工复产进行详细指导。分别与市公安局、市住建局联合，保障疫情期间邮政、快递服务。进驻市政府疫情防控指挥部交通运输监管保障组，专责协调保障全市邮政、快递车辆畅行，重点保障了800余车次、120余万件邮件、快件的运送。落实常态化疫情防控，开展接种新冠疫苗重点人群摸底和冷链疫情防控工作，督促企业做好疫情防控物资储备，组织开展业人员防疫宣传教育，落实禁限寄管理规定。

【邮政扶贫】 2020年，邵阳市邮政管理局实施邮政电商脱贫工程，全市累计建成邮乐购站点近3000个，服务“一县一品”项目7个，带动468户贫困户增收202.2万元，寄递量近129万件，带动农业总产值1.38亿元。打造邮政快递服务制造业项目2个，寄递量430万件，带动产业总产值1.67亿元。

【风险防范】 2020年，邵阳市邮政管理局印发《邵阳市邮政快递业安全生产专项整治三年行动实施方案》，压实企业主体责任，严格执行“三项制度”。通过视频监控系统，规范从业人员操作流程，面向一线业务员开展落地培训，提升对禁寄物品特别是枪支配件、毒品及易爆品的辨别，严把验视关口。以周通报、月通报督导寄递企业，全市整体实名率达99.84%。开展过机安检专项检查，发现一批安检安全隐患，下发整改通知书5份，督促企业消除隐患，落实邮件快件过机安检要求。联合市反恐办、市公安局、市应急管理局、市消防救援支队、市商务局等单位，先后对12个县市区寄递企业开展安全专项督导检查，涉枪涉爆涉毒隐患、危险化学品违规寄递整治。全年开展联合检查行动8次，检查企业和快递网点89个，发现各类问题20起，下达责令改正通知书7份，立案4起。完成全国“两会”期间等重大活动期间寄递安保任务。联合公安、劳动监察等部门，妥善处置市区圆通、中通、天天快递经营异常情况，确保辖区快递服务未发生重大阻断和群体性事件。

【行业绿色发展】 2020年，邵阳市邮政管理局开展快递包装绿色治理。推动《快递业绿色包装指南（试行）》落地实施，落实行业生态环保信息报告制度，督促辖区企业使用环保胶带、包装袋和填充物，逐步实现对传统胶带、塑料包装袋和填充物的替代，淘汰重金属和特定物质超标的包装物料。电子面单使用率超过95%，新增50个快递网点设立包装物废弃物回收装置，全市邮政企业均使用电动车投递。

【行业服务】 2020年，邵阳市邮政管理局推动邮政综合服务平台建设，全市警邮、税邮、政邮区县覆盖率达100%，合作数量网点、业务量持续上升。与政务服务中心合作的政邮合作点共13个，县（市、区）覆盖率达100%。税邮合作网点全面对接省级线上平台，县（市、区）覆盖率达100%。巩固建制村直接通邮成果，疫情期间指导邮政企业创新建制村投递“封村不封邮的邵阳模式”，成为全省通邮典型经验。持续推进“一门式”村级平台进驻项目，市邮政管理局已和市政府相关部门对接，各县邮政企业与县委组织部商讨进驻细节，共同推进邮政服务纳入村级平台进驻项目。落实“两进一出”工程，规范推进邵阳邮快合作下乡进村服务体系建设工作。推进邮快合作，有4个县签订《湖南邮快合作下乡进村协议》，参与合作快递品牌数6个，邮快合作覆盖6个乡镇、11个建制村。强化行业服务管理，设立专项邮政普遍服务相关绩效资金和标准分数，将邮政管理部门的检查结果直接纳入考核指标，优化普遍服务质量。推动乡镇快递违规收费整治，全年共办结乡镇快递违规收费案件4起，罚款金额12万元。同武冈、隆回、洞口等市县地方政府协调联动，打击快递价格违法行为，有效遏制农村快递乱收费现象。

【邮政市场管理】 2020年，邵阳市邮政管理局完善邮政安全监管体系，邵东市邮政管理局、邵东市邮政快递业发展中心获批成立。推进“绿盾”工程建设，装修视频监控中心，完成网络安全、应急指挥、视频联网等项目的安装调试。强化邮政普遍服务监督，开展携带、寄递有害出版物出入境专项整治工作，检查140人次，检查及企业自查88处。开展《人民日报》寄递服务质量监测，全市党政机关党报均实现当日见报。开展邮政普遍服务提质月活动，开展乡镇邮局所专项检查。开展机要通信保密安全及邮路两轮全覆盖检查，出动执法人员80人次，下发责令整改通知书8份。开展邮票销售、仿印邮票图案及其制品执法专项检查、高考录取通知书寄递、信报箱设置安装等各类专项检查。检查场所226处，下发检查通报8份、责令改正通知书48份。开展社会监督，社会监督员查访网点246个次（家），走访用户965人。加强邮政市场监管，打击超范围经营等违法行为，联合公安部门完成对长沙市邮政公司的行政处罚。联合消防、公安、烟草等部门，对寄递企业负责人和管理人员开展各类安全培训6次，培训人数420人，从源头上消除寄递渠道的隐患。推动快递从业人员职业技能培训“246”工程，完成100人次培训。开展快递工程技术人员职称评审，获评1人。关心关爱快递小哥，联合团市委开展第二届“最美快递员”评选活动。向一线快递员发放爱心水壶，开展“炎夏送清凉”活动，“双十一”期间联合市快递行业协会开展旺季慰问活动。

（石文斌）

通　信

·中国电信邵阳分公司·

【概况】 2020年，中国电信邵阳分公司业务收入大幅增长，量收份额稳步提升，完成主营收入10.53亿元，为年度目标的103.23%，居全省第五位，业务收入同比提升9.29%。全年开展19项岗位练兵和劳动竞赛，评选芙蓉标兵岗1个、芙蓉百岗明星4人、和谐家庭2户、先进基层工会2个、先进工会小组及小组长2名、先进工会工作者（兼职）6名。市本级为员工发放各类礼金慰问金36万元、节日福利物资393万元。制定邵阳电信2019—2021年“青春行动”和“四小建设”三年规划，截至年底，19个“青春行动”和“四小建设”建设项目全部完成。

是年，中国电信邵阳分公司任务基础管理综合评估排全省第五位；网络运营获省公司年度运行维护考核三等奖；服务水平综合满意度同业排第一位，获评“邵阳市消费者满意单位”；获评邵阳市安全生产先进单位和平安建设（综治）先进单位；采购专业连续三年获评“年度采购供应链精确管理先进单位”。

【市场经营】 2020年，中国电信邵阳分公司发展重点产品，扩大融合规模，调优发展模式。全年净增移动用户31.93万户，为年度预算的201.3%，排名全省第三；净增宽带用户6.56万户，为年度预算的115.9%，排名全省第二；净增ITV用户5.96万户。融合宽带用户规模达52.3万户，融合手机用户规模达120万户，宽带融合用户占比达80.5%。行业ITV上线185个，入群用户34.2万户，其中建设“智慧社区”示范点26个，成功摘帽“低渗小区”38个。推动渠道建设和门店达标示范，全市新建实体渠道门店89家，截至年末，“19351”有效门店达598家；达标示范店完成445家，完成目标任务的120%；高效门店完成337家，完成目标任务的157%。

【机制创新】 2020年，中国电信邵阳分公司进一步调优化小承包机制，扩大责任田，承包模式因地制宜，激励模型加乘认购完成系数或规模系数，突出业绩贡献，引导正确业绩观。加速推动政企改革，围绕商机与资金两条主线，对全市政企体系相关机构职责、人员编制、激励考核、业务流程等实施优化。市场销售部增设专职副主任、政企业务管理岗，政企客户部增设解决方案中心，增配解决方案经理、产品支撑经理10人，调优、增大相关激励机制，实施一点响应的政企业务支撑全流程管控，促进政企体系优化转型。

【基础管理】 2020年，中国电信邵阳分公司基础管理工作提升评估排名全省第五，全面完成效能提升的9项年度目标。收入净利润率16.97%，总资产报酬率11.91%，同比提升2.84%；盘活资源8261.33万元；争取国家阶段性优惠政策减免企业社保1246.06万元；ABD类用工总量减少13人，员工结构优化有突破性进展，全口径人均劳产率由2019年的46.86万元提升到52.35万元，提升5.49万元，增幅10.5%，增幅全省排名第六；采购项目节约资金934.25万元，审减施工方工程送审金额589万元。建立健全人才管理体系，优化首席专家考核评价体系，兑现首席专家奖励13.8万元；重构专业人才体系，健全专业人才考核评价、动态管理与退出机制；组织开展专业人才评选，新聘一级专家3人、二级专家14人；搭建青年人才成长平台，组建百人“5G青年讲师团”，开展各类送培20余场；培养年轻人才，1人通过省公司组织的县分公司年轻助理选拔，3人入选省公司“飞鹰计划”，4人入选省公司“雏鹰计划”，4人入选省公司“优培生计划”。

【客户服务】 2020年，中国电信邵阳分公司打造以客户为中心的服务体系，全面提升服务质量和口碑形象。推动整改，严禁严防侵害客户权益行为。工信部投申诉率达标，较目标值压降50.8%；“五严禁、五严防”相关指标达标，携号转网工信部申诉率压降76%，全年未发生重大舆情负面服务事件。推进“两深入，两服务”。开展10000号专席服务经理试点工作，投诉处理满意率90.85%，高于全省2.74PP，较试点前提升0.7PP；开展“管理层倾听客户之声为客户解难题”活动70场次，重点解决渠道服务客户满意度不高，投诉处理满意度较低问题；开展“全屋Wi-Fi”、网掌厅服务等客户感知体验活动，发现业务流程、服务提醒、服务流程等方面存在的问题56项，提出改进建议50项，被省公司采纳建议30项，获全省“客户体验优秀单位二等奖”；组织开展“互联网专线自动开通提质”工程，互联网专线自动开通成功率从14.58%提升至66.7%，在省公司组织的2020年互联网服务能力提升劳动竞赛活动中获全员加速转型竞赛团队二等奖。全方位建立以客户为中心、客户说了算的管控、责任和评价体系，对装维服务、渠道服务和政企交付服务开展即时满意度测评，按单督办，落实整改，责任到人，实体渠道服务满意率97.65%，智家交付满意率95.83%，政企交付满意率100%。

【运维建设】 2020年，中国电信邵阳分公司投资2.39亿元，有线网新建端口11.9万个，支持发展宽带用户6.5万余户。无线网新建4G 800兆基站302个、610个载扇，1.8G基站64个、139个载扇，2.1G基站77个、176个载扇，大功率P站260个、264个载扇，5G室外宏站716个、1935个载扇。核心网完成2台老旧MCE替换工作，由老旧设备诺基亚7750替换成中兴M6000-8S，并将2台设备由原放置于江北数据机房改成江北综合机房和五一南路数据机房各放置1台，提升结构安全性。加强无资源待装管控，按单做好小微超时、建设7天预警/12天超时管控，待装工单建设及时率从1月份的82%提升至94%，预约合格率从1月份的74%（新标准）提升至94%，履约合格率从1月份的75%提升至94%；加强移动前置工单的处置力度，全年累计创建前置工单1334个，解决率达86.73%。持续开展光网、无线网双提升工作，自然村组光网覆盖率96.33%、无线网覆盖率95.9%，无线与光网协同率93%，较2019年提升2.73个百分点；打造5G精品示范区，组织开展5G精品簇优化，年末5G网络合格率达100%，精品簇完成95%；制定机房、电源、杆线整治三年规划并提前启动，年内完成市本级火车南站、三分局、新邵县中心局、隆回县中心局、城步苗族自治县中心局、洞口县中心局6个机房的整治改造。

【巡察整改】 2020年，推动“3+3”专项监督和再监督，高质量将省公司“3+3”专项监督拓展为政治、作风、工程建设、政企经营、引商入店规范管理监督“五项监督”，分4个监督小组，由纪委委员负责牵头实施，纪委办公室负责推进、通报和评估考核，向相关责任部门下发督办单51个，修订制度3个。启动巡视巡察问题整改、主题教育问题整改自查自纠机制，进行问题整改“回头看”，防范企业风险漏洞。根据重点监督情况，将扶贫监督、工程建设监督、维护计件工资列入再监督范围。加强纪检队伍建设，接受省公司和集团纪检工作提能教育5次，派出1人参加集团专业培训；派出2人参加省公司特派员巡察、1人参加专项监督交流检查，1人交流办案；组织纪检人员和作风监督员专业培训1次。

【电信扶贫】 2020年，邵阳电信市县两级选派驻村干部18人；投入扶贫工作经费98.51万元，向对口帮扶的15个贫困村直接捐赠80.84万元，累计达242.64万元；开展普遍服务，实施网络扶贫，截至年底，邵阳分公司累计在农村地区投资移动网络建设1.5亿元，累计办理扶贫优惠套餐1.79万户，优惠（补贴）通信费用448.67万元，为贫困村的活动室办理天翼高清业务962户，免费提供光猫、机顶盒等终端价值38.48万元。推行消费扶贫，采购中国电信四川盐源县等4个定点扶贫县的农副产品、市分公司对口扶贫村（新邵县大新乡上南府村）的走地鸡、新宁县贫困村（崀山村）的脐橙共356.96万元。引入特色产业发展帮扶资金268万元。截至年底，全市电信对口帮扶的贫困户926户3435人全部脱贫。

（肖小芳）

·中国移动邵阳分公司·

【概况】 2020年，中国移动邵阳分公司通信服务收入完成16.54亿元，增幅排名全省第三，净增客户规模排名全省第一；宽带规模位居邵阳地区第一；5G期末客户达到42.89万户，客户满意度保持领先，手机客户、家宽客户满意度保持行业领先地位，窗口满意度排名全省第一。

公司推行网格改革，通过合理划分网格、强化支撑服务和优化考核激励，激发队伍活力，全市55个网格实现客户和收入双转正；推进政企改革，重组客户经理团队，重塑政企单位看管体系，初步构建政企业务三级支撑体系。强化创新工作，入孵集团公司“双创”项目1个，输出自研成果6个，在岗革新成果获奖22个。

是年，公司7人次获省部级奖励，2人分别获湖南省劳动模范称号和湖南省五一劳动奖章。

【网络建设和维护】 2020年，中国移动邵阳分公司坚持“以客户体验为中心”的目标，加快网络基础设施建设，开通5G基站663个，实现市城区连续覆盖、县城区重点覆盖，市区网格通过SA商用测试；开通4G基站372个，4G网络覆盖率达98.9%；城区家庭宽带覆盖率达99.9%，行政村通达率超过90%，千兆光纤覆盖超2万户；IDC数据机房装机能力72架，CDN节点区县覆盖率达80%；统筹集客接入预覆盖和项目式建设，城区的重点场景覆盖率达到99.9%以上。

【社会服务】 2020年，中国移动邵阳分公司推进电信普遍服务，新增完成266个行政村无线网络覆盖和47个行政村宽带覆盖。完成邵商大会等重大活动网络信息保障活动17次，出动应急通信保障车21台次、保障人员103人次、车辆39台次。与政府单位合作推出“小积分、大扶贫”社会扶贫方式，打造消费扶贫馆，以信息化助力脱贫攻坚。免费发送新冠肺炎疫情防控公益短信7200万条，累计出动通信保障人员0.8万人次，开通应急生命线11条；为全市103家单位提供云视讯视频会议系统，服务1.6万人次，“网络大课堂”助力各区县教育局和67所学校停课不停学。

（刘婧文）

·中国联通邵阳分公司·

【概况】 2020年，中国联通邵阳分公司围绕落实“新基因、新治理、新运营、新动能、新生态”五新联通理念，在网用户超140万户。开放共建共享，通过5G共建、4G共享、2G精简，以低成本快速精准建网，打造感知领先、覆盖完善的匠心网络，共建5G基站479个，新建4G基站617个，共享4G基站387个，新增光网覆盖行政村640个。推进2G减频退网、IDC机房建设、高铁覆盖、两区三点、市县波分等重点建设项目。解决联通“从无到有”网络场景121个；改善联通网络覆盖从“差到好”场景70个。助力市政府做好邵阳市疫情防控通信保障，对全市15个防疫医院、11个定点医院、疾控中心、防疫指挥部等卫健部门主覆盖68个基站完成重点区域通信保障；完成城步山歌节、绥宁姑娘节、隆回县花瑶旅游直播、第五届全球邵商大会等15场重要活动通信保障任务。

公司以“强支撑，快响应”为目标，精准规划指导网络建设，优化扩容已有网络，提升网络质量和容量，加强故障、投诉、用户感知指标问题处理，移网网络满意度得分8.75分，定比提升1.86分，NPS同比提升19.54分。助力“智慧邵阳”建设，推进云计算、大数据、物联网、人工智能安防、新兴ICT等行业信息化服务，助力教育、医疗、旅游、公安、交通、水利、环保等行业实现智能化、信息化。

（范晓玲）

农业

综　述

【概况】 2020年，邵阳市实现农林牧渔业总产值677.6亿元，增长4.2%；第一产业增加值399.8亿元，增长4.1%；全市农村居民人均可支配收入14119元，增长8.1%，高于全省平均水平0.4个百分点，增速排名全省第二。

农业综合生产 全市粮食生产面积744万亩，总产量324万吨，跃居全省第二位，邵阳市被评为全省粮食生产先进市州。生猪存栏420.57万头，出栏523.73万头，分别排名全省第二、第三。增强非洲猪瘟等动物疫病防控能力，动物疫情基本稳定。实施农机补贴资金8066万元，较上年提高57%，创历史最高水平。水稻耕、种、收综合机械化水平达75.32%。新增高标准农田35.7万亩，其中高效节水灌溉面积2.57万亩。完成农作物品种试验督导289个，邵阳水稻制种企业发展到30家、制种面积达10.4万亩。培训高素质农民1500人。

"六大强农"行动 茶叶、油茶、油菜、水果、中药材、楠竹、草食畜牧、蔬菜、家禽、水产十大农业优势特色产业不断发展，中药材面积、产值和楠竹、油茶面积均位居全省第一，奶牛养殖（存栏1.1万头）接近全省的1/2。新晋省级龙头企业26家。市级以上农产品加工龙头企业达311家，其中国家级4家、省级78家。崀山脐橙被列入全省片区公用品牌，洞口雪峰蜜橘、崀山脐橙、邵阳油茶被评为2020首届"湖南气候好产品"品牌。"邵阳红"品牌建设取得实质突破，90个产品入选"邵阳红"优质农产品目录。132家企业、342个产品入驻农产品身份证管理平台，已认证"两品一标"有效产品251个，全市农产品质量安全总体合格率达99.06%。成功举办第二届"邵阳红"文化节和第五届全球邵商大会农业产业对接会。新宁黄龙镇认定为国家农业产业强镇，隆回小沙江、洞口高沙、邵东流泽认定为省级农业产业强镇。市级、省级现代农业特色产业园分别新增31个、5个，全市市级现代农业特色产业园达100个、现代农业特色产业园省级示范园达59个。市农业科学研究院依托5个国家级科研综合平台及3个省级农业产业技术体系，开展科研课题研究及试验69项，申报专利1项。

农业绿色发展 开展长江流域重点水域禁捕退捕工作，资水干流邵阳段提前3个月实现"四清""四无"目标，在全省"一江一湖、四水干流"水域率先完成禁捕退捕任务。落实受污染耕地安全利用面积23.85万亩。开展春季禁渔、水生野生动物保护等农业专项执法行动，查获、立案20余起。开展农药化肥减量行动，农药使用量4006.8吨，比上年减少4.1%；化肥使用量（纯量）21.4万吨，比上年减少1.4%。种植绿肥154万亩。完成畜禽粪污资源化利用整县推进项目7个。秸秆综合利用率达87.09%，畜禽粪污综合利用率达95.88%。

农村人居环境 全面完成农村人居环境整治三年行动任务，农村生活垃圾得到有效治理的行政村比例达98.6%。完成户厕改新建3.57万户，建成公厕32座。一、二、三类县市区卫生厕所普及率分别达100%、90.2%、72.65%。出台全省第一部规范乡村清洁工作的地方性法规《邵阳市乡村清洁条例》，"邵阳开启乡村清洁法治模式"作为全省典型经验被推荐到农业农村部。"一村一站一员"垃圾分类经验在全省、全国推介。新邵县、邵东市生活垃圾焚烧发电项目先后于9月、12月开工。新邵县被评为2020年全国村庄清洁行动先进县。

各项农业改革 完成农村集体产权制度改革试点主体工作，核实资产总额108.9亿元，确认村集体经济组织成员695.33万人。启动农村宅基地管理与改革工作，进一步厘清宅基地行业监管职责、执法责任主体，规范宅基地审批管理，出台《邵阳市村庄规划和村民建房管理条例》。推进市农业农村局直属单位机构改革，将原畜牧技术推广中心、水产技术推广中心、育种站、原种猪扩繁场4个单位合并组建成市畜牧水产事务中心，明确内设机关、人员编制，完成人员转隶。

【种植业】 2020年，邵阳市粮食播种面积744万亩，其中早稻面积165.4万亩，粮食总产量324万吨，粮食产量面积居全省第二位。油料收获面积173.18万亩，比上年增加17.18万亩，总产油料20.08万吨，比上年增加1.79万吨。其中实收油菜籽面积145.51万亩，比上年实收面积增加14.1万亩，总产15.95万吨，比上年增加1.7万吨。花生收获面积25.67万亩，比上年增加0.5万亩，总产花生果4.93万吨，比上年增加0.01万吨。蔬菜种植面积218.38万亩，增加1.32万亩，总产289.33万吨，比上年增加1.41万吨；中药材种植面积46.3万亩，比上年增加1.3万亩，总产20.25万吨，比上年增加0.13万吨；西甜瓜种植面积25.3万亩，比上年减少0.81万亩，总产33.01万吨，比上年减少0.43万吨；烟叶种植面积5.0万亩，比上年减少0.47万亩，总产0.73万吨，比上年减少0.02万吨；水果新扩橘园1.3万亩，其中脐橙新扩1万亩、宽皮橘新扩0.2万亩、蜜柚新扩0.1万亩，柑橘栽培面积达115万亩，水果种植面积达163.86万亩，总产164.8万吨，比上年增加13.78万吨；茶叶面积16.07万亩，比上年增加1.57万亩，绿色防控面积9.43万亩，干毛茶产量9556.8吨，其中绿茶4678.2吨、红茶3504.6吨，全年干毛茶总产值17.5亿元，茶旅产值10950万元，全产业链综合产值47亿元。茶叶合作社数量61家，茶叶加工企业数量47个，规模企业数量16个。

【畜牧水产业】 2020年，邵阳市出台《关于促进生猪生产保障市场供应的通知》《邵阳市缓解生猪市场价格周期性波动调控预案》《邵阳市应对非洲猪瘟疫情影响做好生猪市场保供稳价工作实施方案》等生猪发展政策文件，先后引进新五丰、温氏、江西正邦、新希望、湘村黑猪、大北农、浙江华统、中粮集团8家养殖龙头企业在邵投资建设生猪养殖基地，发展生猪全产业链项目。全市新建、改扩建规模场400个，完成投资32.76亿元，其中大型规模生猪养殖场39个，已投产17家、在建22家，规模合计190万头，完成投资13.44亿元。年底全市出栏生猪523.73万头，完成出栏任务数的109.11%（省定任务为480万头）；年末存栏生猪420.57万头，完成存栏任务的120.16%（省定任务为350万头），其中能繁母猪41.54万头，大幅超额完成省定存出栏任务。全市出栏牛21.9万头，比上年增长3.6%，出栏羊69.4万只，比上年增长5.8%。水产养殖面积43万亩，水产品总量达9.7万吨，比上年下降1.4%，实现渔业产值16.5亿元，比上年下降0.5%。全市稻田综合种养面积29.5万亩，鱼类产品产量1.01万吨。泥鳅养殖面积0.5万亩，产量0.18万吨；龙虾养殖面积4.7万亩，产量0.4万吨；湘莲种植面积1.88万亩，产量550吨。

【休闲农业】 2020年，邵阳市休闲农业经营主体发展到1855家，其中休闲农庄239家、农家乐1616家，各休闲农业经营主体接待游客1304万人次，同比增长9.56%，经营收入达18.3亿元，同比增长11.58%。新邵县严塘镇白水洞村、隆回县岩口镇向家村成功创建2020年度省级休闲农业集聚发展示范村；邵东市魏家桥镇邵东市翰林农庄（邵阳市翰林农业科技发展有限公司）等4个单位成功创建湖南省休闲农业示范农庄；新邵县辉耀生态园（湖南省辉耀农业科技开发有限公司）成功创建成为国家五星级农庄；城步苗族自治县丹口镇桃林村成功申报为2020年度中国美丽休闲乡村。成功创建省星级休闲农庄26家（其中五星级5家、四星级15家、三星级6家）。开发休闲农业和乡村旅游精品景点线路7条（观莨溪山川之色、感瑶乡民族风情线路，康养农庄线路，乡野健身线路，怡情休闲线路，新宁县崀山镇戴先生酒庄，探寻神韵隆回线路，新邵县乡情之旅精品线路）。

【农产品质量监管】 2020年，邵阳市逐步构建农产品质量安全监管长效机制，农产品质量安全水平明显提升。201家企业在国家农产品质量安全追溯平台上注册并审核通过，132家企业、342个产品入驻湖南省身份证管理平台。制订出台《2020年邵阳市农产品质量安全监测计划》，配合省农业农村厅开展例行监测、监督、抽查。共抽样849批次，蔬菜监测合格率98.3%，水果监测合格率100%，茶叶监测合格率100%，畜禽产品监测合格率99%，水产品监测合格率98%。市本级开展例行监测、监督抽查、风险监测共2100批次，合格率99%。全市所有无公害农产品、绿色食品、有机食品均制定生产技术规程，实行标准化生产。著名品牌、特色农产品、农产品生产基地、农产品规模生产经营企业全部实行农产品“身份证”赋码溯源管理。截至年底，全市拥有“两品一标”有效产品251个,其中绿色食品产品237个、有机食品5个、农产品地理标志9个。

【农机管理】 2020年，邵阳市围绕机耕、机插、机收、机械植保、机械烘干和秸秆综合利用等环节，突破各种瓶颈，提高农机社会化服务水平。截至年底，全市插秧机保有量2765台套，其中高速插秧机502台套、手扶插秧机2263台套，粮食烘干机989台套，植保飞机228架，大中型拖拉机2923台，谷物联合收割机5108台。全年完成机耕整地589.47万亩，机插秧面积224.93万亩，机械收割532.08万亩，水稻耕种收综合机械化水平75.32%，比上年度提升2个百分点。实施农机购置补贴8066.85万元，其中国补7732.99万元，省补333.86万元。继续推进农机合作社建设工作，新增9家现代农机专业合作社示范社、4家全程机械化综合农事服务中心，全市现代农机专业合作社增加到224个。开展农机安全生产大检查、隐患排查整治、“打非治违”和专项整治行动，全年没有发生农机亡人事故，农机事故四项指数均同比下降。开展拖拉机安全顽瘴痼疾集中整治行动，全市3109台逾期未检验、逾期未报废的变型拖拉机全部完成整改，杜绝无牌无证、非法改装、报废机车运行、超载超速、非法载人等违法现象，完成变型拖拉机存量减少25%的任务。

【农业科研推广】 2020年，邵阳市农业科学研究院依托5个国家级科研综合平台及蔬菜、水果、旱作3个省级农业产业技术体系湘中综合试验站，开展各项科研课题及试验69个，比上年增加22个，增长46.8 %。参与制定《红阳猕猴桃采收技术规程》《红阳猕猴桃贮运操作规程》等5项规程和标准。组织申报科技计划、专项及外专、科技创新联盟、省农业专项等项目17个，申报项目经费1500万元。科研人员获省科技进步二等奖1项、省农业丰收计划二等奖1项、三等奖1项，在省级以上刊物发表论文9篇，申报专利1项。建立西瓜、柑橘、蔬菜、水稻、茶叶等高标准科技示范推广基地20个，示范面积1.77万亩，推广面积70万亩以上，带动农户36万户以上。选派科技特派员16名、“三区人才”科技专家18名，联点18家农业企业，指导企业开展标准化生产、加工工艺改进及品牌创建。转化科技成果18项。举办各种形式的培训班109期，培训农民能手6900多人次。

【农业综合执法】 2020年，邵阳

市开展春耕、备耕农资打假春雷专项行动、农资打假“湘剑护农”专项行动、春季禁渔专项执法行动、农产品质量安全执法“利剑”行动、开展打击违法违规调运（屠宰）生猪行为专项整治行动、渔政执法“亮剑”专项行动、水生野生动物保护专项执法行动、长江流域禁捕退捕专项行动等八大专项整治行动，打击农资和农产品质量安全领域、非洲猪瘟防控及资江邵水流域禁捕退捕方面的违法行为。市农业综合行政执法支队全年出动执法车920台次、执法船舶286次、执法人员3553人次，立案64件，结案53件，罚没款21.74万元。在“春雷”“湘剑护农”农资打假专项治理行动中，对市辖三区农资生产经营单位、种植基地、农业生产合作专业合作社开展拉网式排查，立案10起（种植业9起，农产品1起）；在春季禁渔专项执法行动中，查获开船放网捕捞案4起、放网捕鱼案1起、销售非法捕捞渔获物案1起；在农产品质量安全专项整治“利剑”行动中，检查发现问题8起，下达责令整改3份，移交辖区执法部门处理8起；在“渔政亮剑2020”系列专项执法行动中，检查水生野生动物交易市场、餐饮门店600余家次，没收涉渔“三无船舶”26艘，收缴各类违法网具8507副、无厂名厂址的不同规格逆变器102台。是年，市农业综合行政执法支队被农业农村部命名为“全国农业综合行政执法示范窗口”单位、农业农村部“中国渔政亮剑2020”系列专项执法行动工作成绩突出的集体、农业农村部系统抗击新冠肺炎先进集体。

【美丽乡村建设】 2020年，邵阳市在大祥区、邵东市廉桥镇、新宁县黄龙镇、北塔区陈家桥乡开展全域推进美丽乡村建设试点工作，完成第五轮（2018—2020年）市级美丽乡村建设办点示范工作，打造出168个市、县美丽乡村示范村。第五轮市级美丽乡村建设办点示范工作开展三年以来，市财政累计投入5000余万元，带动各级投资18.9亿元，累计完成建设项目2033个，打造了一批美丽乡村建设示范样板。其中，大祥区召伯村等5个村被评为“湖南省精品乡村”，邵阳县五峰铺镇新田村、北塔区陈家桥乡李子塘村、新邵县寸石镇武桥村、城步苗族自治县丹口镇桃林村、大祥区台上村等18个村被评为“湖南省美丽乡村示范村”。各示范村累计发展产业达10.4万亩，集体收入年均增长幅度超过7%，农民纯收入年均增长幅度超过20%，并推进文明创建，评选出“邵阳市最美乡风文明村”20个、“邵阳市最美乡贤”20名、“邵阳市最美庭院”60户。

（颜文彬　罗卫华）

林　业

【概况】 2020年，邵阳市林地面积1982万亩，森林覆盖率61.02%，全省排名第六；林木蓄积量8403万立方米，全省排名第二。有国有林场36个，以及新邵、隆回、洞口、绥宁、城步、新宁6个省林业重点县，新宁、隆回、新邵、城步、洞口5个全国绿化模范县。拥有崀山世界自然遗产地、南山国家公园体制试点等33个自然保护地，是全国获“国字号”生态名片最齐全的市州之一。有油茶、竹木、生态康养、林下经济、花卉苗木五大林业产业，林业产业总产值达430亿元。

【南山国家公园体制试点】 南山国家公园体制试点是湖南省唯一、全国首批10个国家公园体制试点区之一。2020年，邵阳市林业局指导出台《南山国家公园管理办法》，并配套出台各项制度、规程65个；编制出台控制性详规、12个专项规划和《南山国家公园建设标准体系》，形成一体多翼式规划体系。完成自然资源统一确权登记，实现集体土地、集体林地两个100%统一管理；强化保护优先，严格生态保护、项目管控，退出小水电1座、风电1座、家庭养殖场2个、旅游景点开发项目3个、矿权12座；实施生态搬迁207户940人，超额完成搬迁任务；自然恢复林地0.9万亩，修复草地0.5万亩，自然植被覆盖率由91%提高至92.7%。9月，南山国家公园接受国家实地评估验收，并根据验收报告意见，将新宁舜皇山、绥宁黄桑调整到试点区范围。

【创建国家森林城市】 2020年，邵阳市财政克服疫情影响，预算4000万元用于创建国家森林城市攻坚，126个市直单位筹集资金2600万元对“生态廊道”建设实行联点建绿，引导吸引社会资本26亿元参与森林城市创建。全市联动共

白云湖　　（张健　摄）

建，全面开展全域创建，9个县市全部创建省级森林城市，其中新邵、武冈、邵东省级森林城市通过验收，构建市本级（含大祥区、双清区、北塔区）创建国家森林城市、县市创建省级森林城市的上下联动机制，是全省唯一一个所有县（市）都申请创建森林城市的市州。市城区完成26个重点项目绿化、17个“补天窗”绿化工程项目、21个小游园建设、106个机关单位绿化提质、55个单位市级“园林式单位”建设；对规划区实施划绿行动，市城区21处、500多公顷生态良好的森林得到保护，并冠名公园名称，纳入城市生态空间一张图；在城区建成8条特色绿化大道，建设80公里环城林带、郊野公园、生态休闲氧吧；高标准推进市区生态廊道建设，实施单位联点建绿，完成廊道绿化6500亩。开展森林城市主题植树活动，规定每年春节上班第一天和3月12日植树节为全民义务植树固定时间，市委常委会成员带头植树，全市各级各部门响应，完成义务植树2056万株，尽责率达到85%。

【自然保护地整合优化】 2020年，邵阳市林业局通过摸底调查、空缺分析、评估论证、编制优化预案四个环节，完成整合优化工作。全市自然保护地由整合优化前的54个整合为32个，其中国家公园（试点）1个、自然保护区3个、各类自然公园28个，保护地面积达232.12千公顷，占总面积的11.11%，达到保护面积不减少、保护强度不降低、保护性质不改变的政策要求。同时，通过整合优化，为一些重大基础设施、民生项目长期规划留足建设空间，较好地处理了发展和保护的关系。邵阳市自然保护地优化整合工作被评为省先进。

【植树造林】 2020年，邵阳市及时调整乡村绿化思路，将工作重心从山上转移到山下的生态廊道和农户的房前屋后及村庄公共绿地绿化上，完成造林20.4万亩。全面推进生态廊道工程，以县市区为主体，将高速公路、国省道干线、铁路、河流两岸沿线第一层可视范围的裸露山地落实到乡镇、村组，用3~4厘米的全冠苗建设生态廊道，争取娄怀S70邵阳段、G60大祥区段为省级生态廊道示范项目，打造生态廊道景观，启动武靖高速武冈段、二广高速新邵、北塔段等生态廊道建设。推进生态宜居工程，落实乡村振兴战略，全面开展村民房前屋后、空坪隙地、村庄公共绿地绿化工作，完成168个秀美村庄、160个扶贫村村部驻地绿化、百姓房前屋后绿化工作。同时，开展乡镇机关院落绿化和公共绿地绿化工作，已启动24个森林小镇示范建设，力争3年内在全市打造50个森林示范小镇。创新送苗下乡活动，倡导各级各部门免费为百姓提供花卉苗木，全年发放免费苗木1900万株，为减轻单位送苗资金压力，在县市区选择一批国有林场，整合造林项目资金，专门培育老百姓容易接受的乡土树种和珍稀树种，为群众绿化房前屋后免费提供苗木，建设美丽乡村。

【人工繁殖野生动物处置】 2020年新冠肺炎疫情期间，邵阳市林业局落实全国人大决定和国务院要求，出台“一封控四严禁”八条规定，出动执法巡查车辆2831次、人员9394人次，对全市317家人工繁育的养殖场全部封控到位。稳妥开展退出补偿处置，组织工作专班对符合补偿范围的野生动物存栏种类、数量或重量、用途以及养殖许可证等情况进行现场核查、登记造册，对符合禁食人工繁育的5家养殖单位按政策转为观赏和药用机构，253家实施退出补助，按照省市县3：3：4的分摊补偿比例，落实市级分担的补偿金额726.56万元。加强退出处置的后续管理，成立野生动物后续管理工作专班，明确各职能部门的任务和责任，特别是对野生动物退出的贫困户实行一户一册，支持产业转型发展，建立台账，加大维稳力度，将矛盾化解在萌芽状态。

【森林资源保护】 2020年，邵阳市林业局开展森林火灾隐患排查整治活动，防火集中宣传和常态化宣传到位，高火险期做到手机、广播、铜锣、防火宣传车、护林员全方位、全天候宣传；全面推广使用“防火码”微信小程序，在林区卡口启用，实现“人为火”火源可溯；加强野外火种管理，在国有林场和自然保护地等重点林区坚持轮流值班，严防死守，确保火源不进山，实行野外违法用火“零容忍”；督促县市区、乡镇、村组在重点部位、重点地段开设防火隔离带，消除火灾隐患；健全防火机制，实行“市—县—乡—村—组”五级包干的网格化管理，构建横向到边、纵向到底的森林防火责任体系，做到事有人管、火有人防。强化征占用林地的监管和林业执法力度，完成征占用林地行政许可的审核审批21项，直接收取植被恢复费283.78万元，办理林业行政案件12起。科学防治林业有害生物。全市主要林业有害生物发生面积89.36万亩，危害程度以轻度为主，主要发生区域在绥宁县、洞口县、邵阳县、新邵县，成灾面积2.64万亩，占林地面积1983万亩的1.3‰，低于4‰目标，防治面积34.46万亩（飞防面积21.29万亩），其中无公害防治面积34.39万亩，无公害防治率99.8%；开展松材线虫病除治，组织84个专业队523人，筹措资金1215万元，清理枯死（濒死、衰弱）松木39657株，为计划量的175%。

【特色林业产业】 2020年，邵阳市林业局落实“油茶、竹木、生态旅游、林下经济”等百大千亿产业要求，发展绿色惠民产业。油茶产业方面，完成油茶新造低改10万亩，总面积达201万亩，打造“邵阳油茶”公共品牌，引导林农开展标准化种植，提高亩产效益，开展油茶土壤检测，科学搞好油茶配方施肥。楠竹产业方面，以竹林道建设和楠竹深加工为切入点，完成竹林道建设100公里，新增竹笋深加工企业2家，全市楠竹基地发展到252万亩，立竹5.03亿根。森林旅游方面，年接待游客46万人次，实现综合收入30亿元，绥宁黄桑、洞口萉溪、新邵岳坪峰等森林康养试点示范基地建设稳步推进。林下经济发展方面，推进林业供给侧改革，培育林业新业态经济，新宁、隆回、新邵县成为国家级、省级林下经济示范县，15家林下经济示范基地（合作社）成为国家或省级合作社，新宁的铁皮石斛、邵东的玉竹、新邵的药用玫瑰、隆回的金银花、绥宁的青钱柳、洞口的肉牛等林下产业发展壮大。生态脱贫方面，落实中央"生态保护脱贫一批"的目标，推进生态护林员转岗脱贫，开发公益岗位6552个，人均增收10000元/年，实现一人护林全家脱贫。（市林业局办公室）

水利

【概况】 2020年，邵阳市首部河流保护地方法规《邵阳市邵水河保护条例》正式施行。国家重点水利工程犬木塘水库开工建设，入选2020年全国十大水利工程。邵阳市在全省率先完成2019—2020年度冬春水利建设任务。10月底提前完成农村饮水省定重点民生实事任务，11月底提前完成691座小水电清理整改任务。在全省率先出台河长制"两长两员"管理办法，市河长制工作委员会办公室获评长江经济带全面推行河长制先进单位。市水土保持科技示范园区成功创建"全国水土保持学会科普教育基地"。河长制、农村饮水安全、中央计划投资执行等工作在全省会议做经验介绍。市水利局被评为邵阳市"十大最美"新时代文明实践站。

【河长制基层建设】 2020年，邵阳市在上年出台乡镇河长制"23条清单"基础上，市政府出台《关于加强乡（镇）、村河长制"两长两员"管理办法》，为基层解决人员、经费、河道保洁等提供政策保障，各县市区均研究具体实施细则。市委、市政府组织召开落实"两长两员"现场推进会，各县市区委副书记、副县市区长、河长办主任、203名乡镇党委书记参加。河长制的推行，使全市大江大河基本实现"河畅、水清、岸绿、景美"目标。市委、市政府将重点由大江大河向中小河流转变，启动中小河流电子眼监测全覆盖两年行动计划，已实现市、县城区智慧河道建设全覆盖，其中邵东市、新宁县将辖区内河流、水库、电站全部纳入智慧河道管理。市水利局启动"智慧水利"平台建设，拟投资3000万元，将省水利厅提出的水安全战略"四大体系"全部纳入信息化管理，用信息化推动工作落地落实。是年，邵阳市对省定18项重点任务纳入"一单四制"管理，责任、任务细化到部门、到乡镇、到责任人，实行"一月一调度""一月一通报"；对部、省交办的重点问题实行"市级领导挂帅、责任部门负责、限时交账销号"。省总河长会议交办的3个问题，2个问题在一周内完成整改，洋溪沟、龙须沟黑臭水体治理工作基本完成，9月26日水质检测显示已合格。市河长制工作委员会办公室下发交办函42份，交办问题83个，完成整改62个；市级河长交办问题31个，完成整改23个。

【小水电清理整改】 2020年，邵阳市实施针对小水电清理整改的"5条"超常规措施，即下发市长督办令、副市长集中约谈落后县市区、市水利局班子包干到县督办、市联席办"一天一调度""一周一通报""一月一督办""责任连坐，追责连坐"。截至11月底，全市691座小水电清理整改任务全部完成，完成县级验收销号和市级复核工作，提前实现在省定11月底前完成目标任务要求。

【衡邵干旱走廊治理】 犬木塘水库工程是国家"十三五"规划中的172项节水供水重大水利工程之一，是缓解湖南省"衡邵干旱走廊"水资源短缺问题的骨干水利工程。2020年，邵阳市全力支持犬木塘水库项目建设，市委、市政府主要领导多次实地调研、现场办公，在最短时间完成城市总体规划修编、征地移民实物调查等工作。7月18日，犬木塘水库工程开工，完成投资6.5亿元，占年度计划的100%。同时，开展大圳灌区续建配套与现代化改造各项前期工作。

【农村饮水安全保障】 2020年，邵阳市强化脱贫保障，3月初，开展全市安全饮水突出问题摸排行动，排查的饮水不安全问题全部整改到位。5月，全市脱贫质量"回头看"发现的农村饮水安全保障方面存在的问题，全部整改到位。6月，市水利局安排7个组对全市13个县市区共26个乡镇520户贫困户饮水安全进行核查，全市贫困县安全饮水工作通过国普。11月，派6个组对13个县市区共2500多户贫困户饮水安全进行核查，通过脱贫攻坚省级考核。加快工程建设，将巩固提升任务指标量化到县市区，落实到具体项目，截至年底，120处工程全部完工，完成投资约2.27亿元，完成巩固和新增自来水人口约13.93万人，省定任务在10月底全面完成。加强运行监管，6月，市政府印发《关于进一步明确全市农村供水工程安全管理有关事项的通知》，为全面落实农村饮水安全管理的地方政府主体责任、水行政主管部门的行业监管责任、供水单位的运行管理责任"三个责任"，保障水质和水源地安全提供政策依据。

【水旱灾害防御】 2020年，邵阳市水利局成立市水旱灾害防御工作领导小组，组建市直水利系统水旱灾害防御技术支撑专家库，开展3轮备汛检查并下发通报，全面落实、公示水库"三个责任人"，开展4轮防汛业务培训，市本级完成赧水、夫夷水、邵水超标准洪水防御方案编制，精准调度大中型水库9座次，成功应对6次局地暴雨洪水，水利工程平安度汛。主汛期后，下发《关于做好当前抗旱工作的通知》，牵头组织4次抗旱会商，全市旱情稳定。

【水利系统安全】 2020年，邵阳市水利局强化廉政教育，组织系统干部开展《全省水利系统查处工程建设领域部分违法违纪党员干部案件警示录》等警示教育学习。强化联合执法，聚焦农村饮水、防洪堤建设、水库除险加固等重点水利工程建设，年内开展4次“双随机、一公开”部门联合执法；要求市本级办理不低于3起案件，县市区要办理1~2起案件。强化项目监管，联合3部门及时修订《关于进一步规范水利工程建设项目招标投标活动及标后管理的实施意见》，对参建单位合同履约、人员到岗、工程实体质量等进行重点检查。强化安全生产，落实“谁主管、谁负责，谁联系、谁负责，谁检查、谁负责”，开展水库安全运行等安全生产检查5次，对存在安全隐患或整改不到位的进行通报、约谈，局长约谈张家冲水库除险加固项目，对97座水库的相关县市区水利局分管领导、水库管理单位及其大坝安全管理和防汛责任人进行集中“警示约谈”。（市水利局办公室）

湖南南山国家公园体制试点区

【概况】 2020年，湖南南山国家公园体制试点区(简称南山国家公园)围绕试点实施方案，对标对表,完成各项试点任务，并通过国家林草局组织的第三方实地评估验收。

12月30日，公园管理局工作人员在两江峡谷区域日常巡查中，发现数只中华秋沙鸭的踪迹，并用手中相机记录下它们水中嬉戏的身影，这是中华秋沙鸭连续三年现身南山国家公园。

是年，试点区无刑事治安案件、无吸毒、无非法宗教活动及重大安全事故发生，连续三年获评邵阳市先进综治单位。

【南山国家公园通过第三方评估验收】 2020年9月12日，国家公园体制试点评估验收专家组到邵开展南山国家公园体制试点评估验收实地核查，副省长陈文浩出席工作汇报会。国家林草局《国家公园体制试点评估验收综合报告》指出，试点产生了良好的生态效益和社会效益，民生改善初步显现，特色亮点工作突出，为国家公园全面深化建设积累了宝贵经验，整体上符合设立国家公园的条件。

3月25日，省委常委、常务副省长谢建辉主持召开省建立国家公园体制试点领导小组会议，专题审议《南山国家公园体制试点评估整改方案》；31日，省政府办公厅召开会议，专题研究南山国家公园试点工作责任清单和项目清单。4月13日，市委书记龚文密召开会议，调度南山国家公园体制试点工作；14日，副省长陈文浩主持召开省试点领导小组第6次会议，专题研究

南山牧区 （张健 摄）

湿地之“肺”——腊屋 （严钦龙 摄）

南山国家公园体制试点责任清单和项目清单；28日，《南山国家公园总体规划（2018—2025年）》获市政府批复实施；30日，市政府正式发布实施《南山国家公园管理办法》。5月12—13日，副省长陈文浩参加南山国家公园体制试点工作推进会，并实地调研考察十万古田高山沼泽湿地。6月3日，市政府常务会议专题审议并原则通过南山国家公园控制性详规、生态保护与修复等13个专项规划。8月25日，南山国家公园生态保护基金会授牌仪式暨专家学者座谈会在省林业厅举行；26日，市长刘事青主持召开南山国家公园重点项目调度会；同日邵阳学院南山国家公园研究院正式揭牌成立。

【生态保护】 2020年，南山国家公园加强科研监测，8月相继与中南林业科技大学、邵阳学院共建国家公园研究院。推进产业退出，三一集团十里平坦风电项目退出并完成复绿，完成道路补偿3000万元，其违建升压站以代建方式由公园管理局收回作为生物监测站、候鸟观测站、森林防火瞭望哨所使用，以代建方式纳入风电退出整体补偿范围，补偿金额475.2万元；十万古田旅游项目退出根据省试点统筹资金安排支付补偿资金2600万元，其他有关退出补偿问题待城步苗族自治县政府牵头负责协商处理。联合相关部门开展野生动植物保护、秋冬季候鸟保护专项行动6次，出动执法人员540余人次，办理刑事案件17起（其中野生动物案件12起），抓获犯罪嫌疑人32人，刑事拘留7人。10月挂牌成立生态保护基金会并募集社会资金430万元，持续开展义工培训班和生态环境保护宣传教育活动。

【社区发展】 2020年，南山国家公园建立野生动物肇事损害赔偿机制。7月出台《重点保护陆生野生动物致害补偿办法》，并与中国人保签订《重点保护区陆生野生动物致害责任保险项目服务协议》，年内向269户农户支付野猪等野生动物致害赔款14.5万元。加强集体林地租赁流转，完成兑付流转补偿提标3058户22.84万亩1077.2万元。开展社区林下经济培训，以下属4个片区为单位开展社区居民培训，培训人数达500余人次，推进林下绿色经济产业发展。推进特色小镇建设，引进湖南海辰文化旅游投资有限公司参与特色小镇规划建设，编制《旅游开发策划暨概念性规划》等，计划投资22.24亿元。

【生态扶贫】 2020年，南山国家公园坚持生态建设与脱贫攻坚相结合，强化扶贫村基础设施建设，安排1000万元生态扶贫专项资金用于村组道路、安全饮水、农田水利等基础设施项目建设。构建生态经济体系与产业扶贫相结合，在一般控制区适宜发展生态型产业的区域通过发展林下经济等方式形成一村一品或几村一品产业发展格局，22个贫困村全部脱贫摘帽，1315户5893人建档立卡贫困人口实现全部脱贫。公园管理局获全市事业单位脱贫攻坚先进集体称号。

【要素保障】 2020年，南山国家公园落实中央预算资金1.26亿元，省、市统筹资金4.46亿元（其中，省财政2.02亿元、省部门切块2.24亿元、市财政0.2亿元），并健全多元化资金保障等制度。加强项目建设。重点实施智慧公园管理、十万古田生态公路维修改造、野生动物生态廊道、南山牧业挤奶厅粪污资源化利用、南山乳品厂污水处理、标识系统第二期等基础设施项目建设。强化人才保障。择优选调3人，人才引进1人；开展森林调查规划、森林防火、森林资源管理、消防培训、行政权力清单等相关业务技术培训。强化宣传推广，制作完成《试点工作纪录片》《核心资源宣传片》2个资料片、1本综合宣传画册、1本宣传集锦；出版《南山国家公园脊椎动物资源及多样性现状》《南山国家公园鸟类迁徙通道研究》《南山国家公园野生脊椎动物图鉴》《南山国家公园植物多样性研究》系列书籍及图册；编发工作动态4期，在中央、省、市等媒体推送稿件140余篇。 （张春龙）

大圳灌区管理

【灌区防汛抗灾】 2020年，邵阳市大圳灌区管理局通过调整完善各

2020年11月6日，邵阳市大圳灌区管理局在武冈市调研100万名城乡居民饮水安全情况 （市大圳灌区管理局 供图）

级防汛抗旱工作领导班子、修订完善水库与渠道的防洪预案、强化科学调度、严格落实24小时防汛值班工作制、开展隐患排查整治和防汛抢险救灾实战演练、加强防汛抗灾物资储备等一系列基础工作，提高应对汛情处置能力，确保标准洪水内大圳灌区直管的5座水库不垮一库一坝。争取市防汛抗旱指挥部单独行文再次明确管理局为全市防汛抗旱工作成员单位；争取省、市水利主管部门年度工程维护经费30万元、水库养护经费30余万元、抗旱工作经费30万元。

【灌区水资源管理与“三农”服务工作】 据统计，大圳灌区2020年平均降水量1251毫米，为上年1534.4毫米的81.5%，灌区直管的3座中型水库总产水量2.59亿立方米，出库总水量2.46亿立方米，为灌区50多万亩农田抗旱保丰收以及灌区30多万名群众的人畜饮水安全提供水利支撑。自7月下旬开始，灌区持续干旱，抗旱形势日逐严峻，管理局采取多种措施为灌区群众特别是洞口县、邵阳县等边远灌区群众输送及时水。为确保武冈市城乡供水一体化工程4个新建自来水厂的水源供应，局党委拓展灌区工程的新功能，主动与武冈市人民政府及有关部门对接、调研，在满足灌区53.6万亩农田灌溉用水的前提下，12月与武冈市人民政府签订供水协议，确保武冈市100万名城乡居民饮水安全全覆盖。大圳水利水电有限公司加强水利调度，在保证灌溉用水的前提下提高水力发电效益。全年发电6052.45万千瓦时，完成年计划7000万千瓦时的86.46%。

【灌区“十四五”续建配套与现代化改造方案的编制与申报】 大圳灌区管理局按照水利部的部署安排，自2019年9月启动“十四五”续建配套与现代化改造实施方案的编制与申报工作。2020年，局党委一面向上级领导汇报争取支持，一面组织力量修订完善好灌区标准化规范化管理相关资料，并完成2012—2016年度灌区续建配套与节水改造项目的竣工验收与后评价工作；5月底完成方案的编制与申报工作，6月经专家综合评审，方案评审得分列全省第二，在省水利厅向水利部上报的8个灌区中排列第四。12月开展规划实施方案的可研、初设等前期工作。

【灌区工程建设与管理】 2020年4月，大圳灌区总投资6799万元的东风水库除险加固项目获实施计划的批文，11月12日签订设计施工总承包合同，11月18日施工单位进场开工项目建设；10月11日，2018年度和2019年度共635万元的灌区续建配套项目与节水改造省配套追补资金项目开始施工，历时37天全面完成施工任务。灌区管理局筹措资金280多万元资金实施冬修工作，对61.79公里的大圳总干渠以及大水江干渠、东风干渠、红旗支渠、红星支渠、万塘支渠、勒石支渠6条分干（支）渠道的险工险段进行安全隐患整改处理，并对整个灌区信息化设施进行全面修复；开展水库大坝安全鉴定工作，为确保灌区工程安全运行、增加项目储备资源提供基础条件。（覃显国）

气象

【概况】 2020年，邵阳市气象台发布各类灾害天气预警信号407条，成功接收138.7万人次。市县两级突发事件预警信息发布平台投入使用并与74家单位完成对接；完成系列标准化建设和技术升级，开展探测环境保护和台站搬迁工作；及时推送雷电预警信息。市气象局召开全市气象局长会议，局长袁智生做题为《坚持服务国家服务人民为邵阳高质量发展提供高水平气象保障》的工作报告。开展学雷锋、扶贫走访、气象防灾减灾宣传、文明城市创建宣传、社区卫生大扫除和法治宣传等11个志愿服务活动；完成全国文明单位复审工作。全年发稿661篇，其中中国气象报6篇、中国气象局微博127篇，武冈局积雨云视频被《人民日报（海外版）》推特、脸书转载。

是年，市气象局“基层气象防灾减灾‘六个一’标准化建设”项目获全省气象部门创新工作奖。市气象局获“2019年中国气象局重大气象服务先进集体”称号，获评2019年度全市安全生产和消防工作优秀单位，被市政府授予“园林式单位”称号。绥宁县气象局谢忠福获评全国气象部门优秀共产党员、湖南省“劳模、先进工作者”，并获全省气象部门“坚定理想信念，践行初心使命”先进模范人物称号。谭德权获评湖南省防汛抗旱先进个人。

【气象服务保障】 2020年，邵阳市汛期出现10次强降雨过程，暴雨次数多，雨季结束晚。全市气象部门严密监测、准确预报、及时预警、主动服务，市气象台制作各类专题服务材料71期，发布各类灾害天气预警信号407条，成功接收138.7万人次。从“部门联动，重点合作”“监测预警，持久作战”“人影到位，升级作战”多方面部署，助力保护蓝天行动。全市突发事件预警信息发布平台市县两级全部完成并投入使用，与74家单位完成对接；完成邵阳多普勒天气雷达技术升级、技术标准统一和双偏振升级；全面完成防灾减灾六个一标准化建设；开展质量体系认证工作；全市10个台站完成多温雨设备的安装和IOS软件的升级。新邵台站完成搬迁，邵东气象局台站完成规划、通过公开招投标并开工建设，绥宁县政府召开常务会议批复400万元用于征地和观测场建设。

【气象创新】 2020年，洞口县实施“洞口雪峰蜜橘”精准扶贫气象保障项目，成功向农业农村部申报中国特色农产品优势区，洞口雪峰蜜橘品质认证监测基地建设完成，并获评“湖南气候好产品”。武冈云山获评湖南省夏季避暑胜地。市经济开发区气候可行性论证及新宁工业集中区气候可行性论证率先完成；全省首个水旱灾害防御气象服务平台10月底在城步白云电站正式投入使用。

【防雷监管】 2020年，邵阳市气象局联合住建、国安、自然资源、行政审批等部门，印发《关于印发〈邵阳市房屋建筑和市基础设施工程竣工验收实施方案（试行）〉通知》，将雷电防护装置竣工验收纳入联合验收事项。下发《关于定期开展防雷装置安全性能检测工作的通知》及《生产经营单位防雷安全主体责任告知书》，组织全市统一承诺告知行动，并与486家危险危化企业签订承诺书。及时推送雷电预警信息为中石化减少因雷致损36次，减少损失600多万元。加强邵阳地方标准建设，《城市公园防雷规范》通过专家组初评。

（王旭菲）

水　文

【概况】 2020年，邵阳市水文局辖市城区、邵阳县、隆回县、新宁县、洞口县、绥宁县、邵东市、武冈市8个水文水资源局，30处水文（位）站，124处雨量站，13处自动墒情站，52处水质监测断面。

年内对洞口县14个雨量站通信设备、隆回等5个基本站高洪雷达波设施进行升级，重建水东、龙溪2个中小河流站高洪测验设施，对党坪站观测台进行改造方案设计报批并着力实施。争取地方经费，对部分雨量站点进行2G升4G改造。实施三年人才培训考核、人才轮岗等行动方案，开展各类培训和基层职工业务技能考试。组织职工参加省中心和各类机构组织的财务知识、水质分析、设施设备维护、人事教育等技能培训及专项技能竞赛。组织开展以学习《习近平谈治国理政》（第三卷）为引领，倡导“大学习，走在前”主题活动。

2020年，邵阳市水文局工作人员进行汛前准备　　（市水文局 供图）

是年，邵阳市水文局成功创建“市级园林式单位”，通过省级文明单位复审，在全省水文系统平安建设考核中获优秀，在全省水文系统绩效考核中获评先进单位，1人被评为省防汛救灾先进个人。

【汛前准备】 2020年年初，邵阳市水文局下发《关于认真做好2020年安全生产和汛前准备工作的通知》，从思想、制度、物质、技术、安全等方面对汛前准备工作作出具体要求和安排，重新修订考评细则，作为重要指标纳入年度绩效考核指标体系中。由局领导带队组织技术骨干下站指导开展岗位练兵和培训学习，让一线职工熟悉各项业务，熟练掌握各种技能，提高业务素质，模拟测洪实战演习，增强可操作性。3月中下旬对所辖各县（区）局进行全面检查，列出问题清单，对检查中发现的薄弱环节和存在问题，采取措施予以解决，保证汛前准备工作部署到位、落到实处。

【水情服务】 2020年，邵阳市水文局汛前发布《邵阳市2020年汛期雨水情趋势预测报告》，报送市、县防汛主管部门和相关领导。汛期全市发生5次暴雨洪水过程（6月3日、6月11日、6月24日、7月10日、7月20日），出现超警戒洪水2站次，分别为7月9日赧水支流平溪洞口（二）站、7月10日夫夷水新宁站。全年启动应急响应3次；发布洪水预报2站次，预报结果评定为优秀；发布洪水预警12次（黄色2次，蓝色10次）；发布水情分析材料169期，旱情分析材料4期，会商纪要39次，水情快报18次；发送水情服务信息6000余次。汛期每日7时向防汛主管部门及相关领导报告当日水情，暴雨洪水期间每两小时一次主动报汛，在各个节点及时开展好水情服务。每天8时向柘溪电站传真全市日降雨量和水位信息，暴雨洪水期间提前开展电站上游洪水预测分析，为电站调蓄提供技术支撑。

【水资源管理】 2020年，邵阳市水文局承担全市24个水资源保护监测站点的检测工作，其中包括12个国家重点水质站、10个重要饮用水源地、10个水文站、2个省界和1个市界河段，实现邵阳市境内省级水资源保护监测站点全覆盖。承担邵阳市30个行政区界断面和饮用水源地的日常监测分析工作，每月检测结果以水质通报形式发布。每月定期对邵阳市重要饮用水源地进行监督巡查，定期发布《邵阳市重要饮用水源地监督、邵阳市水资源质量状况通报》。完成2019年度邵阳市水资源简报和公报分析汇编，完成邵阳市水量分配方案和主要河流控制断面最小流量方案编制。配合国家水资源监控能力运维工作，国家水资源监控能力建设项目通过水利部技术验收。编制完成6个县（市、区）2019年水资源公报。

【农村安全饮水】 2020年5月和11月，邵阳市水文局对市境内各县千吨万人农村供水工程开展监督性检测，抽取51处农村安全饮水工程的水源水、出厂水及末梢水水样150个进行检测。全年开展6次农村安全饮水工程检测，其中4月和10月对大祥区29处农饮工程的水源水、出厂水和末梢水开展检测，检测水样106个；6月和10月对北塔区6处农饮工程采样检测，检测水样28个。

【水文监测】 2020年，邵阳市水文局推进在站整编系统应用，完成年度水文资料收集整编；对市境内的31座大中型水库的水面线进行复核并编制报告；对未接管的县山洪站点进行补录，及时更新维护水文监测综合管理系统站网信息。修订完善基本水文站超标准洪水测报预案，编制基本水文站和中小河流水文站可操作性的高洪测验方案。与省水建投公司联系，将犬木塘工程建设对邵阳水文站的影响及补救措施列入工程可研报告及项目预算，并通过省水利厅评审。组织召开应急监测培训会，开展应急监测演练，在6月份发生较大降雨及洪水时，到三阁司、横板桥、水东进行应急监测，全年出动应急监测4次、开展应急测流25次。6月开展安全生产月系列活动，不定期进行安全生产专项检查，建立健全台账。根据《水文业务经费定额标准》，完成全局水文测验经费测算。推进高新仪器设备在水文中应用，其中手持式电波流速仪在水文工作中的应用经验获全省水文系统推广。

（周　燃）

工 业

综 述

【概况】 2020年，面对突如其来的新冠肺炎疫情，邵阳市坚持疫情防控和工业发展“两手抓、两不误”，推进制造强市“一二三工程”建设，推动全市工业高质量发展。

工业指标平稳　采取调度手段，克服疫情冲击，全市工业各项指标平稳向好。规模工业增加值同比增长4.1%，排全省第十一位；新增规模工业企业359家，居全省第一位，全市规模工业企业总数达1817家，居全省第二位；工业投资增速16.3%，全省排第八位；累计实缴工业税收28.43亿元，同比增长8.7%，其中工业增值税18.6亿元，同比增长4.7%，居全省第三位；实现工业用电量40.51亿千瓦时，同比增长0.6%,增长率排全省第十二位。

防疫物资保障　市工信局开展防疫物资调配工作，累计向基层一线分发口罩930万个、防护服8.77万套、医用消毒液6.54万瓶、热成像仪2台、呼吸机26台、救护车4辆。全市工业战线支持医疗物资生产企业增产扩产转产。医用防护服等防疫产品从无到有，满足全市防疫需求。邵阳市获省应急物资保障体系建设补助资金14247.53万元，占全省的9.8%。9家企业纳入全省防疫物资能力建设企业名单，占全省的9.6%。

一企一策助企复产　2月8日出台《关于支持和推动企业复工复产的具体措施》，在全省较早开始复工复产。按照“一企一策，一乡镇一分队，走村入户”方式，采取包车、培训补贴、援企稳岗等复工举措,保障企业用工需求。组织服务机构向全市中小企业推荐和输送员工3000多人，组织技能培训2000多人。

产业链建设　制造强市“一二三工程”行动方案正式出台。先进装备制造等七大产业链均由1名市委常委和1名副市长担任链长，1个市直部门牵头负责。7个产业链专项规划完成制定。产业链全年签约项目237个，为年度计划的232%，完成工业投资340亿元，为年度计划的126%。实现产业链总产值1818亿元，超过全市规模工业总产值的70%。

重大项目建设　全市完成重点工业项目115个，邵阳经开区、邵东、新邵三地项目数，分别为26、24、14个，居全市前列。装备制造产业链方面，三一配套产业园建成投产，先进制造技术研究院建设进程顺利；邵东仙槎桥五金工业园已入驻10家企业并投产；武冈帝立德工业园智能制造项目一期建成投产。显示功能材料产业链方面，彩虹盖板玻璃第二条生产线8月建成点火，特种玻璃研究院建成运行，中电基板玻璃项目加速推进。时尚用品产业链方面，邵阳发制品产业集群获省工信厅先进制造业产业集群奖励，邵东成功申报全国“消费品工业‘三品’战略示范城市”。中医药产业链方面，邵东廉桥医药工业科技园建成投产，产业链条向精深化高端化延伸。

重大产品创新项目　亚洲富士“电梯及智能立体车库的技术创新”项目、凯通电子“热敏打印片”项目、天香生物“紫薯花青素”项目成功纳入全省“100个重大产品创新项目”。3个项目完成投资1.232亿元，为年度计划的162.1%；实现销售收入4.14亿元，上缴税收1550万元；获批专利13项。

通信基础设施建设　全年新增光缆13105皮长公里,新建4G基站1246个。全市自然村光纤通达率达97%以上，4G网络覆盖率达96%以上。

企业“上云上平台”　支持中小企业开展网络化改造和工业互联网应用，天香生物、五阳塑胶被评为省“上云上平台”标杆企业，9家企业入选省级两化融合管理体系贯标试点企业名单。全市完成上云企业4117家，上平台企业674家，超额完成省定任务。邵东分挖掘中小企业“上云上平台”潜力,洞口安排工作经费专题部署推进“上云上平台”工作;邵阳经开区将“上云上平台”工作与资金项目扶持推荐、企业培育等工作有机结合。

绿色转型　出台沿江化工污染整治工作方案，排查上报化工企业26家，其中沿江1公里内的13家化工企业均已完成第三方风险评估。全年完成新能源汽车推广任务15664标台，是省下达计划的5.6倍。全市规模工业企业单位增加值能耗同比下降16.78%。

企业帮扶　推进企业帮扶专项行动，全年发动1200余人次进企业走访调研，市领导召开专题会议20余次，解决企业各类困难140余条。帮助企业争取制造强省项目资金7000余万元，同比增长14%。年均争取项目资金比“十三五”初增长2.2倍。

清欠及行政审批清理　清理民营企业、中小企业账款5305.05万元，台账账款100%清偿到位，完成省定目标任务。邵东6月底率先完成“清零”，城步11月底提前清偿法院协议账款，市城建投全面清偿有分歧账款。开展“放管服”、权力事项清理、互联网+政务服务平台相关工作，清理政务服务事项16项。　（陈旻阳）

冶金·有色金属工业

【概况】 2020年，邵阳市有冶金、有色金属工业企业30家，完成工业总产值52.43亿元，同比增长16%，完成销售收入52.1亿元。

【重点项目建设】 2020年，湖南新龙矿业有限公司科研投入1026万元，主要完成1.V7号脉中深部空间展布规律研究、龙山矿区1－5支中深部控矿规律研究、PVC-尼龙6树脂分离富集TMK光度法测定金、630－190－108顶柱回收方法优化、空压机余热回收研究与应用5个项目；新邵辰州锑业有限责任公司完成替代原火法冶炼矿浆电解新工艺制备精锑项目；邵阳雀塘循环经济产业园投资有限公司投资邵阳雀塘再生资源综合利用生产线项目10万吨再生铜、10万吨再生铝、20万吨废钢铁等项目建设。

（莫自省）

机械工业

【概况】 2020年，邵阳市机械工业拥有规模企业367家，规模工业总产值621亿元，同比增长35.3%，成为全部工业门类中增速最快的行业，形成涵盖金属制品、通用设备制造、专用设备制造、汽车制造、电器机械和器材制造、计算机设备制造、通信和电子设备制造、仪器仪表制造、其他设备制造等门类齐全的产业体系。其中，三一专用汽车制造有限公司生产的混凝土搅拌车产量突破4万台，占全国50%以上的市场份额，全国销量第一；智能环保渣土车产量超过3000台，全省销量第一；全部产品产值102亿元，成为邵阳工业史上第一家产值过百亿元的大型重点骨干企业。邵阳维克液压股份有限公司高压柱塞泵产量突破10万台，成为全国最大的高压柱塞泵生产基地和专、精、特、新的行业小巨人。邵阳纺织机械有限公司在新冠肺炎疫情期间，不分白天黑夜赶工赶产熔喷布生产线，为国内国外市场生产超过100条成套设备，并成为国家战略物资。

（曹立国）

电子信息产业、软件和信息服务业

【概况】 2020年，邵阳市新增电子信息制造规模企业16家，总数达65家，实现产值58亿元，同比增长29%。其中，电路类元器件企业13家，产值11.8亿元，占比33%；连接类元器件企业16家，产值13.5亿元，占比37.8%。“十三五”期间，产值年均递增率18.7%，电子信息制造规模企业数量实现翻番。组织云创数字科技有限公司、湖南省茨特斯网络科技有限公司、邵东网视文化传媒有限公司、湖南凌界信息科技有限公司等6家企业成功申报规模信息服务企业，全市软件和信息服务企业达23家，营业收入　亿元。随着邵阳新经济产业园（孵化园）的落成开园，陆续签约入园的信息服务企业达20余家，信息服务企业数量大幅提升。

【重大产业项目投产】 2020年8月，中电彩虹(邵阳)特种玻璃公司一期工程第二条G7.5盖板玻璃生产线建成完工，该公司可年产盖板玻璃400多万平方米，年产值5亿余元；9月，总投资200亿元、占地1000亩的湖南邵虹特种玻璃股份有限公司G8.5+玻璃基板项目在邵阳开工建设。近年来，邵阳市加大电子信息产业招商力度，主动承接大湾区、长三角等地产业转移，围绕电子信息龙头企业及其相关配套产业招商，先后引进彩虹盖板玻璃、邵虹基板玻璃、智能终端产业园等重大电子信息产业项目，投资总额达300亿元以上。其中，投资10亿元的中电彩虹(邵阳)特种玻璃公司通过溢流法成型生产G7.5盖板玻璃项目于2018年10月在邵阳经开区点火生产，2019年4月达产。这些项目的建设，为解决中国核心技术受制于人的问题贡献了邵阳力量。

【建设显示功能材料产业链】 2020年，邵阳市为推进承接产业转移示范区建设和邵阳工业高质量发展，成立由市委常委、常务副市长彭华松担任链长，市政府金融办、市工信局、市发改委、市商务局等为成员单位的显示功能材料产业链建设工作机制，扶持龙头企业，推进项目建设，开展招商引资、促进产业集聚等工作。科学规划显示功能材料产业发展，力争到2025年，实现显示功能材料产业产值500亿元以上，初步建成国内一流新型显示功能材料产业基地。

【建设新经济产业园】 邵阳经开区规划建设邵阳新经济产业园，园区选址邵阳经开区南面，规划用地260亩，投资10亿元，将建设云计算大数据中心、智慧城市运营中心、企业总部经济中心及大数据产业示范基地、智能制造示范基地等。项目于2020年下半年启动建设，一期项目——邵阳数字经济孵化园（位于邵阳市大祥区百春园1号）于9月27日开园，已引进湖南凌界信息、网易湖南邵易科技、云开智联、中科恒运等18家互联网科技企业，预计三年内产值可达20亿元、贡献税收1亿元以上。

（杨焕平）

人工智能和数字产业

【概况】 2020年，随着通信基础设施的发展及5G应用，工业互联网的推广及产业融合，邵阳市数字经济实力增强，数字产业化和产业数字化水平稳步提高，数字经济基础设施能力全面提升。全市数字经济总量达400亿元以上，数字经济占总地区生产总值的比重达到20%。

【数字产业化】 2020年9月27日，邵阳新经济产业园一期项目——邵阳数字经济孵化园建成并启用，引进华为、阿里、58信息等一批龙头企业，发展面向云计算、大数据、工业互联网软件等新兴领域的信息服务产业，发展网络新媒体、网络动漫及游戏、数字文旅等细分领域的互联网内容产品，促进互联网与工业、农业、服务业等领域深度融合。2019—2025年规划建设韦全智能终端产业园、邵阳经开区电能过滤器产业化、东盟产业园、电子信息产业园（软件产业园）、“SIM+创新产业中心”等电子信息重点产业项目27个，概算投资约

145亿元。

【产业数字化】 2020年，邵阳市发动并组织中小企业参与“上云上平台”。全市中小企业上云企业新增超过4000余家，上平台企业700余家，完成省定任务的320%。推进两化融合贯标工作，近100家企业参与贯标测评。其中，邵阳纺织机械、湖南彩虹玻璃、德沃普电气、拓浦精工等9家企业进入省两化融合管理体系贯标试点示范，并开展贯标认证工作；湘窖酒业、湖南天香生物、洞口万美新型建材3家企业获工信部颁发的两化融合贯标管理体系认证证书。推进以湖南彩虹玻璃、讯源电子、富士电梯、三一专汽、兴达精密等企业为代表的40多家“新基建”重点项目建设，其中彩虹玻璃的特种玻璃制造项目进入全省“新基建”100个重点标志性项目。三一专汽、富士电梯、湘窖酒业等行业龙头企业均已搭建企业级工业互联网平台，并带动其产业链上下游企业转型升级。成立以龙霸五金、中国电信、邵东智能制造研究院等企业为龙头的邵东轻工联盟，促进打火机、五金、模具制造等产业链协同发展。邵东智能制造技术研究院进入工信部制造业“双创”平台试点示范项目，其“基于大数据的制造业精益管控平台”入选湖南省省级工业互联网平台建设计划,累计接入豪牌电器、五阳塑胶等45家制造业企业,为企业解决产品质量把控、数据采集分析、设备能耗实时监控、生产安全预警等一系列问题。

（王桃容）

建材工业

【概况】 2020年，邵阳市296家建材工业企业完成工业总产值383.67亿元，同比增长6.3%，生产水泥800万吨，完成销售收入350.58亿元。湖南省云峰水泥有限公司扩改建年产200万吨新型干法旋窑生产线。墙体材料改革进入正规化、法治化轨道，全市新增认定省新型墙材企业6家，总数达到24家。

【散装水泥推广】 2020年，为加强预拌砂浆行业管理，确保建设工程质量，市工业和信息化局和市住房和城乡建设局共同制定《邵阳市预拌砂浆管理办法》。市散装水泥管理办公室通过媒体传播、悬挂横幅、印发宣传资料等宣传国家推广散装水泥的政策法规及利国利民的好处,提高社会各界对使用散装水泥的认识，同时加大执法力度。全年完成散装水泥供应任务488万吨，比上年增长8.5%，推散率达65%。

（莫自省）

消费品工业

·综　述·

【概况】 2020年，邵阳市消费品规模工业企业达1158家，其中医药行业新增6家，食品行业新增16家，轻工行业新增458家，纺织行业新增46家。实现总产值1365.29亿元，比上年增长2.32%，实现主营业务收入1231.55亿元，比上年增长4.1%；实现税收13.77亿元，比上年增长4.91%；实现利润51.26亿元，比上年增长1.23%。

·医药工业·

【概况】 2020年，邵阳市51家医药规模工业企业累计完成工业总产值115.74亿元，占全市规模工业总产值的8.48%，比上年增长25.91%。实现主营业务收入111.37亿元，比上年增长14.51%；实现税收2.03亿元，比上年增长35.76%；实现利润4.67亿元，比上年增长12.93%。邵东、隆回2016年即成功申报全省中药材种植基地示范县。湖南中南制药有限责任公司独家生产的丙戊酰胺片进入部分省份的增补医保范围，奥拉米特片纳入湖南省医保目录。

【中医药企业发展】 2020年，邵阳市形成中药材加工产业集群，涉中药材医药加工企业288家，总产值达100.6亿元。市级以上龙头企业39家，其中省级8家、市级31家。支持湘中制药、玉新药业、南国药都、松龄堂等规模以上中药材加工企业申报市级和省级产业发展项目，引导企业采用“公司+基地连农户”“公司+专业合作社”的发展模式，以企业为龙头，带动产业发展。年内4家企业新申报省级龙头企业。全市产值1亿元以上的企业达13家，其中湖南省天宏药业有限公司产值过10亿元。邵东廉桥医药工业科技园拟引进100家以上中药材加工企业入园，已集聚自然堂、弘华药业、天宏药业、润天集团、智康医疗、春可回、新启作（香港）等中医药加工龙头企业，逐步形成比较完整的加工和销售产业链，廉桥医药制造基地项目被列入省“100个重大产业项目”。隆回县建成全国最大的金银花初加工产业集群，初加工工厂达96家，推广无公害机械初加工设备1000余台套，实现金银花无公害加工。

（孙　勇）

·食品工业·

【概况】 2020年，邵阳市180家食品业规模工业企业累计完成工业总产值286.94亿元，占全市规模工业总产值的21.02%，比上年增长-5.32%。实现主营业务收入209.72亿元，比上年增长-0.02%；实现税收3.22亿元，比上年增长-9.79%，实现利润7.71亿元，比上年增长4.6%。

市委、市政府落实消费品“三品”战略，促进食品工业转型升级，推进“六大强农行动”。打造贵太太、军杰食品、天宏药业、崀山果业、南山牧业、浩天米业、雪峰种业、华立竹木、一代伟仁等优质农业品牌。加快农村一、二、三产业融合，支持创建国家级、省级龙头企业和星级农庄，争创成功1个省级一二三产融合试点县、2个省级农业特色小镇。坚持以市场为导向，实施“增品种、提品质、创品牌”战略，推进食品工业结构调整和转型升级，出台《关于开展消费品工业“三品”专项行动营造良好市场环境的实施意见》。指导邵东市创全国消费品工业战略示范城市，倡导全市规模以上食品企业加入“邵阳红”优质农产品公共品牌，提升品牌效应。

【诚信体系建设】 截至2020年年底，邵阳市有湖南李文食品有限公司、湖南浩天米业有限公司、湖南南山牧业有限公司、湖南三可食品有限公司、宝庆肉联有限公司、军杰食品有限公司、彝牧营养品公司7家企业通过诚信体系建设评价。其中，湖南彝牧营养品科技有限公司参加食品工业诚信管理体系建设，于11月底通过国家标准评价获得证书。10月，组织贵太太、湘窖酒业等8家企业参加省工信厅举办的2020年全省食品工业企业诚信管理体系国家标准宣贯培训班。

【发展白酒产业】 2020年6月30日，邵阳市政府出台《关于加快白酒产业高质量发展的意见》，提出邵酒产业发展目标和政策措施，推进邵酒产业供给侧改革和高质量发展。在双清区、邵阳县和新邵县推广北塔邵酒网格化销售模式，鼓励乡镇、村（社区）成立邵酒销售推广合作社，由乡镇、村（社区）书记担任第一责任人，采取集体经济入股，村（居）支委干部、党员、群众自愿出资参股的方式，建立合作社管理制度、分红制度。明确各店网格员，负责入户宣传、推广、销售邵酒，并与湘窖酒业对接，商量解决购货、销售过程中遇到的问题，在全市营造“喝家乡酒，显家乡情”氛围。湖南湘窖酒业有限公司打造集浓香型、浓酱兼香型、酱香型白酒酿造于一体的生产基地，继续进军酱香型白酒酿造领域。年内投资6000多万元，在全省范围新制单立柱广告牌，4800吨酱酒项目（一期）建成投产，启动建设酱酒二期，该公司累计完成工业总产值近22亿元，实现主营业务收入近2亿元。（孙 勇）

·轻工业·

【概况】 2020年，邵阳市854家轻工规模工业企业累计完成工业总产值901.76亿元，占全市规模工业总产值的66.04%，实现主营业务收入842.84亿元，比上年增长4.19%；实现税收8.01亿元，比上年增长8.42%；实现利润37.39亿元，比上年增长15.27%。2020年新冠肺炎疫情期间，邵阳连泰鞋业有限公司新增就业人员700多人，1—11月实现工业总产值15.72亿元，同比增长10%；拓浦精工完成办公楼及其办公楼前坪广场周边道路的装修建设，成立研发小组，研发清洁消毒家用电器，2条冲压生产线、2条注塑生产线、4条总装生产线投产，1—11月实现工业总产值5.65亿元，同比增长49%；邵东永吉红包烫金材料生产线建设项目、洞口皓正制帽公司高档礼帽新建项目等3个项目进入试生产阶段。

【产业园区】 2020年，邵阳发制品产业集群列入湖南省14个特色产业集群。该集群作为国家外贸转型升级基地，已成为全国乃至全世界最大的发制品集散地和出口基地之一。邵阳经开区发制品园区18家规模企业完成工业总产值44.25亿元，实现销售收入42.97亿元，出口创汇5.72亿美元。集群主导产品发条、发套和发饰配件三大系列产品和毛发原料的国内外市场占有率均居第三位，产品出口100多个国家和地区。发制品产业园人发原材料成交额达20亿元，出口额达4亿美元，解决就业人员4000人以上，产品远销美国、非洲、欧洲等全球20多个国家和地区。

邵东小五金产业园区规上企业21家，累计完成工业总产值29.13亿元，完成主营业务收入28.30亿元。五金工具形成锻压、铸造、机加、电镀、电泳等完整产业链,拥有加工生产线300多条，主要生产各种规格的扳手、钳子、锤子三大系列130余种，年生产能力达3亿套件，年耗钢材5万余吨，其中扳手产量约占全国50%的份额。园区开工扩建300余亩，10家五金企业进行升级改造，购置自动化设备已签合同8000余万元，已付款3700万元，完成污水管网建设，并对新园区企业实行规范化管理。

仙槎桥五金科技创新产业园项目被列入全省“5个100”重大产业项目，并获全省“特色轻工产业园”称号，已建成标准化厂房25万平方米，39家企业签约入驻，36家企业开工建设，已投产17家。

【邵东五金小镇迈向生产智能化】 2019年，邵东仙槎桥五金小镇被评为湖南省首批特色工业小镇。小镇以邵东市五金科技创新产业园为平台，围绕“产业特而精、功能聚而合、形态小而美”，加快五金企业转型升级步伐。2020年，小镇成为湖南省特色轻工产业园，是省级五金企业技术中心和工程研究中心、邵阳市五金电镀中心、邵东五金产业集群促进中心和五金产业技术研发中心所在地。镇内从事五金特色产业企业149家，各类五金加工生产线300多条，年产能3亿套件，其中扳手产量约占全国的70%，全年特色产业产值达77.6亿元。地处仙槎桥的邵东五金科技创新产业园已聚集36家以五金加工生产为主的全产业链企业。镇内传统企业加快转型升级步伐，向生产智能化、自动化、管理现代化迈进，形成锻压、铸造、机械加工、热处理、电镀、电泳等比较完善的产业链。截至2020年年底，小镇拥有五金注册商标1557件，获各项专利

216件，有中国驰名商标2件、省级著名商标5件。（孙 勇）

·纺织工业·

【概况】 2020年，邵阳市73家纺织规模工业企业累计完成工业总产值60.85亿元，占全市规模工业总产值的4.46%，实现主营业务收入48.55亿元，比上年增长3.22%；实现税收0.50亿元，比上年减少23.33%，实现利润1.71亿元，比上年增长1.95%。

【东信棉业技改扩建】 2020年，东信棉业总投资5200万元，实施细纱车间智能升级改造项目。拟建6000多平方米的新车间，将细纱车间10台细纱机搬迁至新车间，并进行集落改造；新购24台细络联长车（1080锭/台），将原筒子车间10台自动络筒搬迁至新车间安装，并进行理管机改造；进行粗细联2个系统的改造，自络工序成包进行自动打包改造，并安装智能空调2套。

（孙 勇）

国网供电

【电网发展】 2020年，邵阳市落实“城网建设三年”行动计划，政企联动推进110千伏六岭、泉塘等一批重点工程落实落地。落实市委、市政府与省电力公司会谈成果，全年完成电网投资24.81亿元，排名全省第二位。220千伏云水、绥宁等一批重点项目开工建设，雅中—江西特高压邵阳段在全省率先完成架线工作，220千伏罗市等一批重要输变电工程竣工投产，110千伏司门前、横板桥等春节保电重点项目基本建成，改善了邵阳电网网架、提升了供电能力。新冠肺炎疫情期间，国网邵阳供电公司全体干部员工奋战一线，保障80个防疫重点用户的可靠供电，公司员工袁国平牺牲在抗疫保电一线，被市委追授为优秀共产党员，被省委和国家电网公司追授为“劳动模范”。

【电力服务】 2020年，国网邵阳供电公司持续优化电力营商环境，第一时间制定出台助推企业复工复产12项举措，电网基建项目率先实现开复工，带动相关产业复产。执行阶段性降价减费政策，减少客户用电成本1.29亿元。推出“扩需增发”“减弃扩需”专场交易等措施，引导符合条件的客户参与市场化交易，以低价电促经济回暖复苏。全面落实应对低温雨雪天气“保民生、保安全、保重点”工作要求，做好“保限压错”各项措施，保障电力可靠供应。完成脱贫攻坚各项任务，1074个贫困村的农网改造任务全部完成，光伏扶贫为贫困户创造收入3334万元，20个定点帮扶的贫困村全部脱贫出列，2382户、9267人如期脱贫，定向招录建档立卡贫困家庭高考生51人，安排劳务用工227人，采购扶贫农产品422万元，行业扶贫指标在全国脱贫攻坚普查中100%达标，通过“国检”，获国家级荣誉1项、省级荣誉3项、市级荣誉22项。

【能源清洁转型】 2020年，国网邵阳供电公司持续深挖能源大数据价值，市县两级定期向各级党委政府及职能部门报送“电力经济运行专报”，服务科学决策。引入清洁能源，完成广西龙胜小水电并网，预计每年上网清洁能源2亿千瓦时。推进重点领域电能替代，聚焦农业生产、公共建筑等领域，打造“电烤百合”“电气化大棚”等典型特色项目，全年完成替代电量1.02亿千瓦时。与所有区县政府签订合作协议，充电桩建设完成率排名全省第五位。

【服务民生福祉】 2020年，国网邵阳供电公司弘扬“人民电业为人民”的企业宗旨，深化完善现代服务体系，畅通供电服务“最后一公里”。贯彻市委、市政府关于优化营商环境工作部署以及国家电网公司全面提升“获得电力”服务水平九项举措，推进客户办电减环节、压时间、降成本，推行“阳光业扩”，加快实现“零证办电”，减少用户办电成本5087万元，高、低压办电时长分别下降10%、16%。全面开展“面对面·心连心”客户大走访，对全市295万户用电客户开展2次上门走访。实施“春节保电百日大会战”，针对重要及返乡客户推送属地短信服务342.5万条，治理长期低电压台区1480个。10千伏线路故障率、配变停运率、投诉次数、抢修时长分别下降93.9%、82.4%、98.44%、71.97%，输变电设备实现零跳闸、零过载。推广“互联网+服务”，“网上国网”绑定客户数突破61.38万户，进一步实现让“数据跑路”代替“群众跑腿”，公司客户满意率保持在99%以上，公司获评“邵阳市消费者权益保护先进单位”。

（马 丽）

邵阳经济开发区

【概况】 邵阳经济开发区是2016年11月经湖南省人民政府批准，整合原邵阳经济开发区（北塔园区）与宝庆工业集中区（双清园区）而成的省级开发区，核准面积16.11平方公里，实际控规面积29.18平方公里，远期规划面积60平方公里。集聚各类企业近600家，重点发展显示功能材料、先进装备制造、智能家居家电、新能源新材料、新经济等优势产业。先后获“国家小型微型企业创业创新示范基地”“国家外贸转型升级专业型示范基地”“湖南省信息化和工业化融合试验区”“湖南省新型工业化产业示范基地”“湖南省‘两型’示范创建单位”等称号。

2020年，全区完成技工贸总收入802.62亿元，同比增长15.65%；实现规模工业总产值410.89亿元，同比增长24.54%；实现规模工业增加值83.83亿元，同比增长12.1%，

2020年12月27日，省长毛伟民在邵阳经济开发区企业拓浦精工调研
（邵阳经开区 供图）

高出全市8个百分点，排名全市第一，高出全省7.3个百分点；完成固定资产投资125.14亿元，同比增长26.9%，高出全市18.3个百分点，高出全省19.3个百分点，排名全市第一；实现外贸进出口总额6.64亿美元，同比增长10.97%。新增规模工业企业63家，完成年度目标的126%。新增高新技术企业65家，完成年度目标的162.5%。实现税收19.63亿元，同比增加18.11%，税收上亿企业3家、5000万元以上企业5家、1000万元以上企业10家、500万元以上企业15家。在全省143家省级以上园区综合评价排名第四，大湘西地区排名第一，全省高质量发展园区排名第一，获评"全省真抓实干先进园区""制造强省高质量发展园区""省级特种玻璃特色产业园区""省级绿色生态示范园区"，成为湘中湘西南面积最大和覆盖人口最多的工业中心、邵阳沪昆百里工业走廊核心引领区、湘南湘西承接产业转移先行区。

【项目建设】 2020年，投资200亿元的显示玻璃项目落户邵阳，实现邵阳工业项目投资上百亿的历史性突破。推进三一"123"工程，在三一邵阳产业园成功打造邵阳首个年产值过百亿级项目和投资20亿元建成智能化生产南北厂区的基础上，争取投资50亿元、占地2000亩的三一生态智能汽车城建设，建成后三一邵阳项目年产值将达300亿元。全年园区共建设三一智能化改造项目、特种玻璃第二条生产线、东盟科技产业园、邵阳智能终端产业园等省市重点项目27个，完成年度投资计划的106.8%，排名全市第一。年内新启动建设邵虹特种玻璃、三一生态智能汽车城及试验场、新经济产业园、翌凌磷酸铁锂、高端工艺品、特种泵、东昇超硬材料、鑫雨新材料等24个重大产业项目，建设任务为历年之最、成效为历年最佳。其中，三一南北厂区智能化改造完成，年产值达140亿元；彩虹特种玻璃第二条生产线完成安装调试，新增玻璃年产能210万平方米；邵阳智能终端产业园和新经济产业园开园投产，引进企业20家，新增年产值60亿元以上；兴悦科技、特种玻璃研究院、亚太宝隆、元通发制品、时代联合(标准化厂房)等11个项目建成或投产。东盟科技产业园、兴达精密、北创光电、分享通信、金属门窗、拓浦精工二期等10个项目完成厂房主体。

【产业高质量发展】 2020年，湖南邵阳经济开发区推进实施制造强市"一二三工程"和高新技术企业倍增计划，全年实现高新技术产业产值278.49亿元，同比增长29.18%，高新技术企业、规模工业企业同比增长81.82%、64.71%。通达汽零获评2020年国家级专精特新"小巨人"企业；讯源电子、高华新材料、兴达精密、阳光发品4家企业获评湖南省"小巨人"企业。三一湖汽、湘窖酒业获首届市长质量奖。国机集团邵纺机产值增长近5成，九兴鞋业、拓浦精工订单同比增长3成以上。湘中制药2个药品进入防疫物资序列，丙戊酸系列产品占全国80%以上市场份额。

【招商引资】 2020年，湖南邵阳经济开发区围绕产业基础高级化、产业链现代化新要求，不断推进精准招商组链、特色平台聚链和科技创新融链。坚持主要领导上门招商、专班常态化招商、以商招商、异地商会招商、经贸合作洽谈"云签约"和邵商大会等品牌活动招商，全年举行集中签约5次，引进各类产业项目91个，完成合同引资额385.97亿元，其中"500强"企业1家、投资200亿元项目1个、投资50亿元项目1个、投资10亿元项目3个、投资8亿元项目3个、投资2亿元及以上项目9个。显示功能材料、先进装备制造、新能源新材料等产业链项目70个。引进4G/5G显示模组、电容触摸屏盖板及智能终端、铭阳光显等18个以中国特种玻璃谷为主导的显示功能材料产业链上项目，三一生态智能产业园及试验场、富力自动化锻造、恒大汽车零部件等17个以汽车制造为主导的先进机械装备制造产业链上项目，口味王三期、皮草、发制等20个传统加工产业链上项目，锂离子动力电池、动力与储能用新型磷酸铁锂材料、国碳纳米锂离子导电材料等5个以磷酸铁锂为核心技术的锂电池及锂电池新材料产业链上项目，以及维宏科技、百竞科技、华为技术等14个以人工智能、5G产业为核心的新经济产业项目。

【征地拆迁“百日大会战”和“秋季攻坚”行动】 2020年，湖南邵阳经济开发区推进征地拆迁“百日大会战”和“秋季攻坚”行动，全年完成征地2089.6亩、倒房391栋，支付补偿款6.1亿元，34个项目全部扫尾清零、44个项目大力推进，征拆完成量超过前两年的总和。全年实现融资到位资金71.63亿元，挂牌出让商业用地440余亩，为历史最好成绩。与省财信金控、省高创投合作各成立一支规模为10亿元产业发展基金，为破解融资难题提供新路径。文德路、2号道路、爱莲池路（进站路至大兴路）、大兴路延伸段等路网建成通车，进站路（邵阳大道至白马大道）、28号道路、广信路、荷龙路、爱莲池一桥、二桥等加速建设或竣工。

【优化营商环境】 2020年，湖南邵阳经济开发区深化放管服改革。通过承诺制审批、并联审批、联合验收等方式，优化再造审批流程，企业设立登记缩减至半个工作日，一般工业项目从备案到核发施工许可证，最短时间压缩至30个工作日，实现“拿地即开工”。投资3000万元建设园区大数据中心和网上政务服务大厅，90%以上的审批事项可实现网上一站式办理。大数据园区建设进入第二期，OA系统全面投入使用。创新实施“三员”跟踪服务机制，招商联络员、全程代办员、驻企服务员全程跟踪服务，负责协调解决企业的各类问题和困难。出台“十个严禁”规定，严肃干部作风。建立政策兑现会、企业服务联席会议暨重点项目调度会制度。设立政策兑现窗口，兑现资金5亿余元，统筹处理企业难题、痛点堵点问题200余个。

【社会事业】 2020年，湖南邵阳经济开发区高质量打好脱贫攻坚战，实现建档立卡贫困人口1029户3274人全部稳定脱贫，2020年脱贫攻坚实地考核实现“零扣分”。平安建设工作获评全市先进。高崇山污水管网和进站路污水处理厂尾水排资江专管建成并投入运营。打好蓝天保卫战，落实建筑工地“6个100%”，全区空气质量优良率90.4%，同比提升6.8个百分点，PM2.5、PM10同比下降5.2%、10.7%。完成省环保督察“回头看”工作。严控债务风险，全年无新增隐性债务，有效化解政府隐性债务21.45亿元。完成农村改厕858户，达到全省农村人居环境整治二类县标准。完成“两癌”免费筛查182人，发放低保、残疾补贴等各类补助金、临时救助金621万元。有效治理耕地抛荒和耕地污染，发放种子补助费14.31万元、稻谷补贴28.92万元，治理污染耕地5100亩。统筹推进创建国家森林城市、全国文明城市和巩固国家卫生城市。获评市园林式单位，全面开展环境卫生大整治，通过国卫复审。实行常态化疫情防控，建立完善“一个企业、一名领导、一名联络员”的网格化精准防控机制，300名干部职工下沉168家规模工业企业、55个重点产业项目上门蹲点服务，开展驻企联络员蹲点、医疗小分队驻企、上门赠送预防中药、安装自动测温门等特色防控。

（邵阳经济开发区办公室）

WE ♥ SHAOYANG
0739-5167228
苏宁易购
suning.com
ZWF张万福
中華黄金
大汉·悦中心
JOY CENTRE
IMAX
金百汇商业街

商贸流通

商 务

【概况】 2020年，邵阳市完成进出口总额262.87亿元，增长1.1%，总量和增幅分别居全省第五位和第十位。其中出口完成257.74亿元，增长1.6%，总量居全省第二位，仅次于长沙。从产业来看，打火机行业进出口略有下降，皮草服装类出口下降明显，皮草服装行业预计全年出口与上年同期比减少8亿美元，下降50%左右。实际使用外资3.97亿美元，增长16.4%，高出全省0.4个百分点，总量和增幅分别居全省第十一位和第九位。实际到位内资573.8亿元，增长23.1%，高出全省0.6个百分点，总量和增幅分别居全省第八位和第七位。实现社会消费品零售总额1208.82亿元，下降2.5%，降幅小于全省0.1个百分点，居全省第六位。

在新冠肺炎疫情形势下，邵阳市及时采取政策引导、产品转型、出口转内销等措施，加快培育新主体、开发新产品、拓展新市场，立足国内国际双循环的新发展格局，克服疫情影响。全市签约项目和签约金额均有所提升，前期萎靡的一些消费行为得到一定程度的回补。但仍存在一些亟待解决的问题：开放平台建设滞后，开放型经济总量偏少且县域发展不平衡；农村消费短板明显，商贸物流发展相对滞后；发展环境需进一步优化，与人民群众和广大投资者的期盼还有差距；商务系统的人员结构和队伍尚需更新，业务素质和综合能力亟须提高。

【招商引资】 2020年，邵阳市坚持高水平引进来，采取云招商、委托招商、小分队招商、以商招商、中介招商、活动招商等多种模式，持续开展优化环境提升年活动，推动招商引资工作质效提升。全年引进重大项目301个，总投资额1077.63亿元，其中“三类500强”项目11个，投资总额93.4亿元。12月成功举办第五届全球邵商大会，组织参加“沪洽周”、湖南口岸博览会、中国东盟博览会、进博会、食餐会等线上线下经贸活动50余场，市县两级领导带队外出招商133批次，对接客商2000余人。突出产业链招商，加快推进装备制造、显示功能材料、智能家居、循环经济、中医药、时尚用品、互联网等七大工业新兴优势产业链，吸引上下游产业配套企业，利用在邵阳投资成功的“榜样企业”以商招商。其中仅通过彩虹玻璃这一龙头，即签约香港泰胜国际等一大批与特种玻璃相关联的电子信息企业入驻邵阳经开区。重点打造国际先进水平的“特种玻璃谷”和专用汽车城，总投资65亿元的三一生态智能产业园及试验场项目开工建设，邵阳智能终端产业园和新经济产业园正式开园，中电彩虹邵阳特种玻璃第二条G7.5盖板玻璃生产线成功点火，引进“601”重大产业项目，为国家突破国外关键核心技术“卡脖子”做出重要贡献。

【对外贸易】 2020年，邵阳市针对疫情对全球供应链的影响，开展对各外贸企业和行业协会的调研，及时采取政策引导、产品转型、出口转内销等措施，加快培育新主体、开发新产品、拓展新市场，克服国际物流不畅、皮草行业出口严重下滑等不利因素，发展跨境电商、综合服务等业务模式，推动线上线下融合发展，有效稳住了外贸基本盘。市县商务部门用好用活用足国、省、市出台的各项稳外贸政策措施，加强督导服务，帮助企业解决贷款、订单、招工、市场等难题。东亿电气出口有望再次突破1亿美元。畅通域内循环，推动出口转内销。为当地骨干企业引进上下游产业链企业，引导企业产销对接，鼓励互产互销，让产业链形成闭环；鼓励当地企业互相采购产品，政府予以补贴。其中慕容时尚家居公司产品受疫情影响出口欧美受阻由出口转内销，针对三一专汽原来使用的皮革坐垫设计新型坐垫，市财政按采购额对三一专汽给予10%的补贴。同时鼓励使用当地产品，其中市内相关企业采购亚洲富士电梯用于“三房”建设和老旧小区改造，亚洲富士电梯产能同期增长2倍。发展新兴业态，推动线上线下融合。引导生产企业与阿里巴巴、拼多多、天猫、京东、苏宁、快手、速卖通等国内大型电商平台建立产业协作联盟，线上线下同步展示销售优质出口产品，并组织200多家企业参加“万企融网闯国际”跨境电商培训会议。其中湖南丰源体育公司与深圳墨子科技公司合作在亚马逊平台出口滑板，企业生产订单饱和，“Mkskateboard”品牌长板在天猫销量第一。第127届广交会上43家箱包、打火机、发制品、五金工具等参展，拓展了线上交易订单，稳定了国际市场份额。到年底，全市有进出口实绩企业总数达到903家，比上年同期增加278家，居全省第二位。

【消费促进】 2020年，邵阳市以模式融合创新为抓手，市场消费持续回暖。全市新增限额以上企业255家，总数达2022家；新增电商企业11家，总数达111家，电商交易额达453亿元，同比增长43.8%，其中农产品网络零售额29.7亿元，同比增长22%。出台促消费政策，推动发展冷链物流、快递物流，研究制定促进消费具体措施，支持餐饮、电商、汽车等行业扩大消费，为住宿餐饮企业争取各类财政补贴资金，培育和壮大商贸流通市场主体。创新促消费模式，开展团购式、体验式、上门式、配送式等线上到线下融合发展模式，组织大型商超和农产品加工企业对接，通过阿里巴巴、天猫、京东、苏宁等大型电商平台开展线上销售，借助电商平台、通过直播带货、网络红人“引流”等新模式开拓国内市场。9月12日晚，淘宝主播到城步金童山村直播带货，仅86分钟直播总引导成交金额1063万元，直播间观看人数1423万人；商务部派驻城步的挂职干部刘书军创办“乡村芝麻官”直播间，销售农产品超过500万元，带动600多户贫困户增收，受益超过2000人。发展会展经济，举办购物周、狂欢节、旅游节等各类促销活动，先后举办两届湘西南汽车文化节，总销量达3000台，销售金额约5亿元，创近10年新高；组织企业参加第五届食餐会、口岸博览会、进博会等各类产销对接活动35场，形成长期稳定对接关系51对。开展促消费活动，借邵阳步步高新天地开业之机，举办“硕果金秋宝庆有礼”购物节；中秋国庆期间，举办“邵阳市汉文化节”“全球名酒美食购物节”等活动，销售额达5000万元，客流量86万人次；举办邵阳市“迎春送福、宝庆有礼”消费促进活动，通过电子消费券形式向市场发放355.7万元，全年举办系列促消费活动20多场。打造“放心早餐”示范店，组织开展放心早餐“百店千户”大调研活动，规范早餐行业标准、从业人员素质、门店卫生环境、米粉产品质量等，重点培养“宝隆和”“五股卤粉”“回民粉”等一批放心早餐示范店。

【平台建设】 2020年，邵阳海关正式开关运行，结束了邵阳有外贸无海关的历史。截至年底，全市已建成6个公用型进口保税仓或出口监管仓、14家企业自用型保税仓。加快粤港澳大湾区、东盟、非洲对接平台建设，研究制定对接粤港澳大湾区行动方案，与湖南—粤港澳产业转移服务中心签署合作协议；占地472亩、总投资50亿元的邵阳东盟科技产业园一期建成，引进入园企业50家；探索推进对非经贸合作，成功举办湖南中非经贸产业园对接会，组织编制邵阳对非经贸合作规划,启动湖南中非经贸产业园规划建设,着手设立邵阳中非经贸合作事务中心和中非经贸合作研究会。

【电商扶贫】 2020年，邵阳市挖掘培育新的网销“一县一品”品牌，鼓励各县市区根据实际加强合作，联合打造区域性公共农特产品品牌“邵阳红”，提升品牌规模和影响力。协调对接阿里巴巴、京东、苏宁等电商大平台资源，助力农产品标准化建设和品牌打造，扩大乡村地区农特产品的网销规模。通过与京东特色馆、阿里巴巴的淘乡购、网络直播及抖音短视频等大平台合作的方式，将乡村地区产品推广至全国各地。推广“湖南电商扶贫小店”，截至12月25日，全市共开设扶贫小店10294个，上传商品数4230种，通过扶贫小店，销售当地农产品超过2782万元。通过邮政、供销、农村淘宝等电商平台建立县级电商公共服务中心9个、发展村级电子商务网点1831个，在全市1074个贫困村中建立电商服务站970个，覆盖率达90%。

【第五届全球邵商大会召开】 2020年12月23日，第五届全球邵商大会在邵阳市区开幕，全球350多名邵商代表和各界嘉宾到会。市委书记龚文密致辞，市长刘事青主持大会，市领导鞠晓阳、王昌义、李万千、侯文、彭华松、王永红等出席。大会分开幕式、产业对接会、县市区分场活动三个阶段，会期9天。先后举行中非经贸产业园、农业产业、先进装备制造产业、东盟产业园、新能源新材料产业、新经济产业、智能家居产业、显示功能材料产业8场对接会，各县市区分别举行招商推介会、项目集中开工仪式、产业座谈会、企业点火仪式等20场分会场活动。30余个专业团组、1500余名客商参加各类招商、考察活动。期间共签约项目130个，总投资550.94亿元。其中，合同项目103个、投资金额386.24亿元，协议27个、投资金额164.7亿元；500强企业投资项目3个，总投资23.54亿元，分别是北京东方雨虹防水技术股份有限公司投资7亿元在邵阳经开区建设东方雨虹新材料生产线，中国光大环境（集团）有限公司投资6.54亿元在邵东市建设生活垃圾焚烧发电工程，江西省双胞胎集团投资10亿元在绥宁县建设年出栏60万头生猪养殖产业链；邵阳县、隆回县、邵东市、洞口县、武冈市分别签约项目27个、15个、13个、12个、12个，分别引进资金57.13亿元、43.96亿元、48.88亿元、42亿元、70.75亿元；邵阳经开区签约项目24个，签约金额99.9亿元。

（范　准）

贸易促进

【贸易投资促进】 2020年5月26—27日，邵阳市贸促会组织湖南天香生物科技有限公司、湖南山界红糖有限公司等6家农产品企业参加2020年邵阳市社科普及消费扶贫主题活动周暨“邵阳红”文化节活动，湖南天香生物科技有限公司作为企业代表与帮扶对象代表现场签约，6家企业共捐赠数万元产品。组织湖南天香生物科技有限公司、湖南山界红糖有限公司，湖南崀峰茶叶有限公司等8家农产品企业参加2020年长沙食品餐饮博览会。期间仅湖南山界红糖有限公司即现场销售过万元，达成合作销售代理商4个、大渠道商2个、直播网红2个，签约订单100万元。9月24日，重点组织湖南晨升环保有限公司、邵阳金拓科技开发有限公司等9家企业参加2020年长沙“一带一路”绿色博览会，全程服务，达成意向合作6个，提供贸促展览补贴12.6万元。组织参加第二十二届中国中部（湖南）农业博览会。投入经费23万元，设特装“邵阳贸促”馆1个、展位8个、LED高清滚动播放屏1个，以“邵阳红”公共品牌和农副特色产品贸易促进为重点，优选参展企业8家，全面展示邵阳特色涉农产品。组织参加中国中部农业品牌推介会、粮油果蔬专场采购订货会等行业对口贸促活动5场，促成合作意向9项，金额800余万元。

【国际联络交流】 2020年,邵阳市贸促会发挥国际商会驻越联络处作用，组织在越投资企业参加市政协在清明节期间举办的迎老乡建家乡境外客商座谈会。协助湖南省异地商会联合会考察越南湖南企业联合会南部区（有会员企业200余家）。协助湖南省农业、汽车机械行业商务代表团在越南河内成功举办中国湖南——越南机械推介会，签订合作协议20余份，金额近3000万美元。协助湖南东盟投资发展有限公司与越南升龙股份公司合资建设越南（东盟）湖南商贸物流加工集中区，并就集中区建立保税仓事项与越南相关部门对接。

【抗击新冠肺炎疫情】 2020年，邵阳市贸促会协同商务、侨联、统战、工商联、台办等部门，通过多种方式联系境外邵阳商协会（含同乡会、促进会、联谊会）50多家，收集整理境外邵阳商协会相关信息。通过新闻媒体“邵阳发布”向全球邵阳籍海外侨胞和港澳台同胞发出《致邵阳籍海外侨胞和港澳台同胞的一封信》，劝留劝稳和关心关爱海外邵阳籍人员，阅读量超过2万人次。邵阳国际商会联同市海外联谊会、侨联等对旅美科协总会犹他分会、澳大利亚昆士兰湖南同乡会、老挝湖南商会、南非湖南商会等19家商协会捐赠5000份“侨爱心防疫包”，内含医用口罩、手套、连花清瘟胶囊等抗疫医疗物资。帮助企业复工复产，办理原产地证书65份，金额近200万美元，引导帮助10家企业注册原产地证书账号。向企业发送《关于申请办理新冠肺炎疫情不可抗力事实性证明书的工作提示》，及时了解全市企业申请办理新冠肺炎疫情不可抗力事实性证明书情况，做好跟踪、协调与服务工作。答复咨询企业12家，办理商事证明书2份。帮助天香生物公司开发“大蒜素小分子膜层液体口罩”产品，获省卫健委“消毒产品生产企业卫生许可证”并投产，帮助天香生物公司引入湖南中医药大学开展校企合作，提升企业研发能力。 （马代安）

供销合作

【概况】 2020年，邵阳市供销合作总社市本级有社团组织1个，全资直属公司7家，干部职工2000多人；有县级社12个，基层社176个，经营服务网点3264个，从业人员5134人。全市系统完成销售总额215亿元，同比增长12.5%。

稳步推进供销改革，在经营服务领域拓展、基层组织建设及社有资产管理运营等方面取得阶段性进展，全面完成供销改革阶段性目标任务。全市系统没有发生安全事故，实现零伤亡工作目标。

【农业生产服务】 2020年，邵阳市供销合作总社坚持开放办社理念，通过土地托管、代耕代种、土地入股、合办供销超市、联办供销物流等方式，为农民和各类新型农业经营主体提供系列化服务，全市供销系统领办创办为农服务企业87家、农民专业合作社139家，土地托管面积达42.03万亩，土地流转面积达32.44万亩，农业生产服务收入额8424万元。其中，邵东市黄花科研所利用其技术优势，引进、培育及收集野生黄花品种27个，完成100亩全国首例黄花基因库种苗栽种，投资608万元建立日加工10吨鲜黄花生产线，开展黄花土地全程托管服务，为农户从种苗、技术、销售等方面提供优质服务。组织各农资经营企业和各网点，以市供销储运总公司为核心，备足春耕生产所需的各种优质化肥、农药、种子等，支持春耕生产，春耕备耕期间系统各大农资企业、经营网点农资供应量达12.3万吨，约占全市供应总量的45%。

【农产品流通服务】 2020年，邵阳市供销合作总社加强农产品流通体系建设，以县级惠农服务公司为龙头、乡镇惠农服务中心为中枢、村级惠农综合服务社为终端，上下贯通、层层联动，提升冷链物流、信息服务等功能，促进全系统农产品市场资源共享、互联互通，提高市场的集散吞吐和辐射带动能力。截至10月，全市系统农产品市场交易额达38.17亿元。加快发展农村电子商务，将农村电子商务网点与村级综合服务社建设统一规划，实现资源整合，全市系统建设电子商务网点1360个，实现电商销售额4.77亿元。其中，邵阳县各乡镇改造建设223个电商服务站点，实现产品运营、农产品质量监管、售后综合服务等功能。

【打造城乡社区综合服务平台】 2020年，邵阳市集中资金和项目资源做强做大县级为农服务实体，12个县市区通过综合改革试点县、示范县、规范县等项目建设，均成立惠农服务公司、供销环境分公司。依托县级为农服务实体，联合各类新型经营主体，整合农业体系内外资源，强化县级运营中心服务功能，加快推进农村人居环境整治工作，使其具备较强的辐射县域、带动乡村的能力。全市发展乡镇惠农综合服务中心168家、乡镇再生资源回收中心112家、村级惠农综合服务社3264个、村级再生资源回收站1656个，提升农业生产、农产品流通、城乡社区再生资源回收等服务能力。

【农村合作金融服务】 2020年，邵阳市供销合作总社率先在武冈市开展合作金融服务试点，与全国供销合作总社中合联投资有限公司业务合作，恢复重建乡镇基层社，开展生产、供销、信用“三位一体”综合合作，让农民自愿加入，抱团从事农业生产或经营服务，采取盈利共享、风险共担机制，实现资源变资产、资金变股金、农民变股东。截至年底，公司已在7个乡镇基层供销社建立生产生活超市，入社会农户达1500多户，会员互助资金达1200多万元，发放会员助农资金3500万元，通过入社等方式带动1416户贫困户脱贫致富。

【基层社改造升级】 2020年，邵阳市供销合作系统通过社有企业带动、引进农村能人领办、多元主体合作筹建等方式新建或改造乡镇基层社176家、村级基层社2945家，完成省社下达的目标任务，其中创建全国总社基层社标杆社11家、省社基层社标杆社6家。构建产权明晰、股份合作、基础扎实、体系完善、机制灵活、带动性强的基层组织和社会化服务体系，进一步强化基层社合作经济属性，全市累计健全"三会"制度的乡镇、村基层社达129家，累计建立按股分红和按交易量返利相结合分配机制的乡镇、村基层社达115个，全市系统吸收98万余名社员入社。其中，洞口县高沙镇石榴村供销社，16个村民小组1793名村民，入社成员1481人，入社率达80%以上，与村集体经济相结合，村两委在全村流转土地3000多亩，进一步加快脱贫攻坚步伐壮大村集体经济。

【领办、创办农民专业合作社】 2020年，邵阳市供销合作系统采取股份合作制、提供技术服务、业务指导等形式，领办、创办农民专业合作社及其联合社139家，构建与农民的利益联结机制，按照强化合作、农民参与、为农服务要求，创新经营方式，发展农民合作社，成功创建全国总社示范性专业合作社17家、省社示范性专业合作社20家。其中，全国总社示范性专业合作社——邵东市铁塘冲生态农业合作社，投资586.8万元开展水稻大田托管服务项目，建成8000亩土地托管服务示范基地，提供育秧、机耕、机插、机收和稻谷烘干等土地托管服务，在仙槎桥、魏家桥、杨桥等地完成机插、机抛6750亩，开展绿色统防统治6750亩。

【创新联合社治理机制】 2020年，邵阳市供销合作系统加快联合社机关自身改革。健全社员代表大会、理事会、监事会制度；完善市社对各县级社的工作考核制度，构建起自上而下、高效顺畅的监督执行体系。二是构建以联合会为主导的行业指导体系。成立市农村合作经济组织联合会，组织12名个人会员及73名单位会员加入联合会。12个县市区及126个乡镇均成立农村合作经济组织联合会（乡镇分会），发动和支持县乡龙头农业企业组织同区域、同行业的专业合作社成立联合社，吸收74家行业协会和485家专业合作社加入联合会，促进全市农村合作经济组织健康发展。理顺联合社与社有企业关系，推进社有资产监管体制改革，成立社有资产管理委员会、建立社有资本经营预算制度，专门组织相关科室开展调研，摸清社有企业资产情况，收集整理7家直属企业资产情况相关资料，并以公司为单位进行登记造册，下发《关于明确市直企业对其所属集体单位管理职责的通知》，制定《邵阳市供销合作总社直属企业经营管理规定》，建立和完善规章制度，做到依法规范管理，形成社企分开、上下贯通、整体协调运转的双线运行机制，实现社有资产保值增值。

【防疫保供】 2020年新冠肺炎疫情以来，邵阳市供销系统做好疫情期间物资供应与保障。生鲜农产品方面，全市各大商品流通企业累计供应生鲜蔬菜1037.2吨、水果421.8吨、肉禽蛋类203.6吨；生活必需品方面，累计供应米面粮油类1392.1吨、乳制品71.9吨、干果类88.6吨、日用消费品30.6吨；防疫物资方面，筹集一次性口罩22万个、额温枪560支、84消毒液3.8吨、乙醇消毒剂1.6吨、大功率喷雾器220台、一次性橡胶手套2.2万双、护目镜500个、护脸罩200个；春耕农资方面，系统农资经营企业和经营网点总销量达7.4万吨，总储量达4.5吨，总供应量近12万吨。累计为一线防疫工作者捐赠新鲜蔬菜5吨。

【市直公司经营管理】 2020年，邵阳市供销合作总社督促各公司开展防疫工作并逐步开展复工复产，3月24日实现全面复工复产。4月初对各市直公司进行实地调研，督促各公司与市社保处对接，7家公司完成社保减免工作。下发《关于邵阳市食杂果品总公司招商改造开发东风仓库请示的批复》，成立五一南路东风仓库招商改造筹备小组，开展招商开发具体工作。指导储运公司与相关部门衔接，争取修缮、改造农资市场马路等设施，该项目已报送省住建厅；协助储运公司向双清区政府申请将公司家属区的老旧危房纳入城改项目，并开始修缮工作。（刘激扬文）

烟草专卖

【概况】 2020年，邵阳市烟草专卖局（公司）销售卷烟22.55万箱，同比增长1.03%，总量排全省第四位；单箱均价3.27万元，同比增长5.63%。收购烟叶10.99万担，担均价1383元；实现销售收入63.16亿元，同比增长8.29%，高于全省1.12个百分点；实现税利19.4亿元，增幅7.25%，确保2.9万户零售户和1534户烟农稳就业、稳收入。上缴税金13.66亿元，同比增长5.4%。

全年投入扶贫资金258.9万元；宣传助力脱贫攻坚、全国劳动模范陈方清先进事迹，扶贫做法成效被新华网、人民网、《湖南日报》等多家主流媒体报道。减免中小企业门面租金173.36万元，向政府、帮扶村、烟农和商户累计捐赠口罩6330个、体温枪30把、消毒液250公斤、防护雨衣161套，向扶贫村捐款4万元。全市系统个人捐款捐物21.6万元，新增解决贫困及返乡人员就业2389人。

【烟叶生产】 2020年，邵阳市烟草专卖局（公司）落实种植面积

3.98万亩，收购烟叶10.99万担，同比增加4.22万担。担均价1521.15元，亩产值4195元，烟农总收入1.67亿元，质量和单产稳中有升。推进美丽烟区建设，投入产投资金3300万元、烟基资金3600万元。完善“烟稻轮作、烟田流转、合作社用工”三项机制，初步普查规划烟田10万余亩，纳入政府高标准农田建设“大盘子”，涉及24个乡镇308个村。坚持烟叶生产绿色发展，服务大农业发展，推广蚜茧蜂等绿色防控技术，病害损失控制在5%以内。推进烟农增收工程，推广“采编烤分收包”一体化作业，试点推广电烤房，烟农亩均节约成本300余元，每烤烟节约成本500余元，烟农户均产值11.18万元，同比增加3.98万元。

【市场监管】 2020年，邵阳市烟草专卖局（公司）依托全市烟草市场综合治理联席会议制度，升级综合治理措施，召开全市烟草市场治理表彰大会，联动开展“春雷10号”“利剑2号”“电子烟专项检查”“全市烟、酒、油打假百日会战”专项行动。查办案件1577起，其中5万元以上案件180起、国标网络案6起、真烟涉刑案件6起，查获卷烟5776.332万支，拘留43人，逮捕35人，判刑49人。排查电子烟配件生产企业5家，劝停4家，劝导39名零售户下架电子烟。全市制假贩假、摆卖假私烟现象明显减少，违法违规大户活跃度大幅降低，卷烟市场净化率水平总体较高。

【卷烟营销】 2020年，邵阳市烟草专卖局（公司）全力保市场供应、保市场主体，全面开展“我与客户共成长”活动，深化零售终端体系建设，引导零售户稳步提升经营能力，新建“湘汇636”71家、“金昭现代”一般终端2952家，推广“云POS”3026户，整条零售价格到位率和零售综合毛利率始终排名全省前列，零售户获得感增强。

【企业治理】 2020年，邵阳市烟草专卖局（公司）制定风控合规管理办法，在审计委员会下设立“风控合规办”，整合各部门监督职能和力量，理顺整顿规范、投资管理、物资采购机制，堵塞漏洞；推进“大法规”管理，逐县开展合同案件集中诊断评查，构建起协同配合的“大规范”“系统防控”机制，有效管控违规违约风险。全面启动“十四五”规划编制工作，坚持一月一调度，分条线、分片区开展调研，制定“1+6”高质量发展实施方案，形成“十四五”规划纲要。全市系统安全生产、员工思想等方面情况稳定，没有发生安全责任事故。

【全市烟草市场综合治理工作会议】 2020年7月2日，邵阳市人民政府组织召开全市烟草市场综合治理工作会议，总结回顾2019年以来烟草市场综合治理工作，分析当前工作形势，明确下阶段工作任务。会议对全市公安、法院、检察、交通、邮政、烟草等战线28个“全市烟草市场综合治理先进单位（集体）”及207名“先进个人”进行表彰。市公安局、市市场监督管理局、新宁县公安局治安大队、新宁县道路运输服务中心作书面交流发言。市县两级法院、检察、公安、交通、市场监督管理、邮政、商务、税务、烟草及邵阳海关等部门相关负责人及获奖代表共90余人参会。

【全市烟田翻耕专题调度会议】 2020年12月3日，邵阳市人民政府组织召开全市烟田翻耕专题调度会议，调度全市当前烟田翻耕工作，对下步工作进行安排部署。市委副书记、市长刘事青参加会议并讲话。新宁、隆回、邵阳县县长，分管烟叶工作常务副县长以及两烟办主任、重点产烟乡镇政府负责人，烟草有关人员共50余人参加会议。

（唐　涛）

石油经营

·中国石化·

【概况】 2020年，中国石化销售股份有限公司湖南邵阳石油分公司（以下简称中国石化邵阳石油分公司）面对新冠肺炎疫情防控及疫情过后的经济复苏、复工复产、企业深化改革、转型发展、安全环保等复杂情况，履行国有成品油销售企业的政治、经济和社会责任，筹措疫情防控物资,统筹和调度成品油资源，助力农业、交通运输、建筑等多行业复工复产，做好扶贫攻坚工作。实现全年安全环保无事故、疫情防控无感染无传染目标，保障邵阳地区成品油市场安全平稳供应，实现经营总量同比增长10.4%，上缴税收近1400万元。

公司号召基层库站利用库站空地开辟“小菜园”“责任田”，全年有31座库站开辟小菜园，菜地面积4887.5平方米。启动配餐制，服务基层送餐到站，解决城区加油站“吃饭难”问题。开展“服务直达一线，助力持续攻坚”行动，现场帮基层解决实际困难。派驻专职扶贫干部20人，定点扶贫13个乡村，投入扶贫资金300多万元，帮助扶贫村居民改善生产生活条件。公司具备职业技能等级员工比例达76.74%，排名全省第三，具备高级工及以上等级员工比例达10.65%。

是年，公司在全省《中华人民共和国民法典》知识抢答赛决赛中获第一名，蒋雄飞获销售公司优秀营销管理人员称号，陈文胜被评为邵阳市劳动模范，刘伟获邵阳市五一劳动奖章，苏本朝、刘飞宇、刘霞、阳福梅被评为“最美湖南石油奋斗者”。

【经营】 2020年，中国石化邵阳石油分公司在油品资源保供上加强资源调度，克服邵阳火车站改造、运输不稳定等困难，通过精心统筹和精细调度，确保疫情防控、春运后置、火车南站扩改、重大节假日等时间节点资源保供平稳有序。面对受疫情影响的市场经济复苏缓慢，为拉动经济增长，公司开展百日攻坚创效和持续攻坚创效2次专项行动，实现疫情防控无感染无传染和销量逆势上扬，各项经营指标完成均居全省前列，获评省公司“百日攻坚创效”优秀组织单位，获全国地市公司发展进步能力奖前50名（第39名）。公司响应市委、市政府支持企业和厂矿复工复产号召，与市农业农村局、市交通运输局联合开展“加好油、加实惠油”疫期油料零利润支农活动和助力交通运输行业复工复产活动。3—12月疫期油料支农活动为邵阳地区218户农业合作社、农业种植户、农机示范基地提供农机用油2730余吨，为农业合作社节省163万元，为邵阳地区132家客运、物流企业的1600多台客运及物流车辆提供优质服务。举办中国石化邵阳石油分公司慰问援鄂医疗队爱心捐赠仪式，给全市87名支援湖北武汉的医护人员每人献上1000元抗疫英雄卡，为11家医院的医护人员办理私家车客户优惠卡3500多张。为全市厂矿、道路运输、农业生产、制造业、建筑业等550多家单位复工复产提供油料保障，其中为60多家重点项目开工建设提供用油3.5万余吨。

【管理】 2020年，中国石化邵阳石油分公司坚守发展绝不以牺牲生命为代价的红线和底线，压实企业主体责任，强化领导引领力，以安全三年整治行动为抓手，强势管控安全环保风险，全年投入安全环保隐患治理资金8000余万元,按时全面完成库站环保升级改造计划。在疫情背景下实现全年“零伤害零污染零事故零疫情”目标，公司获全市安全生产和消防工作优秀单位、全市平安建设（综治工作）先进单位、全市反恐怖工作先进单位称号。

【网建】 2020年,中国石化邵阳石油分公司加大企地合作共赢力度,开展“2+2”县域合资合作工作。完成与新邵、隆回、武冈、邵阳、绥宁、邵东6个县（市）合资合作合同的签订。年内,首个合资经营加油站——武冈机场加油站试营业,同时取得桃花加油站建设用地,为合资公司的后续发展打开局面。

【改革】 2020年，中国石化邵阳石油分公司树立“全员全过程、经营考核全覆盖”理念，重新梳理并制定油库、加油站、客户经理、县公司、机关人员五大考核办法，把资金管理、内控管理、审计整改、HSSE工作、省公司垂直考核均纳入考核体系中，并赋予分值。推进大部制改革，将原9个部门重新设置为5个部门，开展大部制改革机关部门负责人竞争上岗，设置36个机关专业技术人员岗位进行双向选择，使机关人员从62人减少到54人；将邵阳油库的运行班组兼并、优化，设置主任室、综合班、生产运行班、质检室、EAP室5个班组。推进加油站用工优化工作，县公司机关管理团队全面推行“2+3”模式，探索县公司机关管理人员共享。实行客户经理跨区域开展业务，将绥宁、城步县公司作为县公司机关管理人员共享试点单位，成立绥城片区。实施退休人员社会化移交工作，从人员核定、政策宣贯、协议签署、党组织关系移交、人员档案移交、社保移交等进行详细规定并明确各阶段工作时间节点，通过单独谈心、政策面对面宣贯，全面完成离退休人员社会化移交工作。（谢 银）

·中国石油·

【概况】 2020年，中国石油天然气股份有限公司湖南邵阳销售分公司（以下简称中石油邵阳分公司）组织复工复产，开展控费增效专项行动，实现营业收入8.18亿元，上缴税费0.13亿元。履行社会责任，解决劳动就业300余人。点派5名干部，投入扶贫资金近100万元，助力隆回县南岳庙镇茅坪村、乔罗村脱贫攻坚，帮助邵阳县五峰铺新田村建设美丽乡村。

【经营管理】 2020年，中石油邵阳分公司在新冠肺炎疫情、国际原油暴跌、消费持续低迷、地炼资源冲击邵阳市场等复杂的市场形势下，全年销售成品油近15万吨。疫情期间紧急增调8台运输车辆，确保油品不断档。配合春耕农机用油，送油上门、油站打桶销售507吨。为复工复产352家客户提供充分的油料保障5748吨。协助政府打击“黑自流”，维护市场平稳有序。

【安全管理】 2020年，中石油邵阳分公司投入安改资金490万元，对加油站进行安全改造、提质改造；投入安全环保资金89.6万元，确保加油站安全环保手续齐全。专项部署防火防爆等12个主题月教育活动，推进培训演练实战化，组织开展2次450人次参加“人人会使用消防器材”实战演练，查改隐患及问题1949项。接受各级油品质量抽检8批次，85份样品全部合格。连续获“邵阳市安全生产优秀单位”称号。在疫情防控中，未发生一起员工及家属感染事件;为援鄂87名医护人员定制专属“天使卡”、捐赠油卡8.7万元,市政府、《汽车生活》报对捐赠和保供情况进行报道宣传。

【网络开发】 2020年，中石油邵阳分公司投运邵州东加油站，永兴与邵水西项目按期动工。投资5000万元将南门口加油站建设成为规范化、标准化、特性化、自动化、信息化、智慧化3.0智慧加油站。油罐防渗采用“SF双层罐+防渗池”先进技术，监测系统采用工艺管线与油罐防渗漏高科技在线监测报警设备，输油管线采用全进口材料，是当前邵阳地区首座安装三次油气回收设备的加油站。

【管理改革】 2020年，中石油邵阳分公司坚持职业经理人队伍培养方向。建立加油站管理人员储备资格季考制度，完善储备加油站经理培养流程。探索手机App培训模式，鼓励员工利用碎片时间学习。自主开发制作6项实操视频课件、13项理论培训课件，通过线上培训、线下考试实现新员工线上培训率100%、岗位技能考核率100%、加油员岗位轮训率100%。在省公司技能大赛中团队综合成绩排名第二，一举获7个奖项。优化用工模式，坚持用工和薪酬月度分析。开展自主经营、委托管理、业务外包三种经营模式，实施吨油费用包干、阿米巴利润分红和升油绩效工资三种激励措施，提升员工收入，促进员工与企业互赢共谋发展。

（中国石油邵阳分公司办公室）

盐业经营

【概况】 2020年，雪天盐业集团股份有限公司邵阳市分公司（以下简称邵阳盐业公司）调入各类盐22363吨、各类小包盐14519吨、原包盐784吨。销售各类盐22793吨,其中原包盐7259吨、小包盐销售15534吨,实现利润总额341.49万元。

年内十井铺土地开发业项目正式运作，与中标人邵阳市汇福房地产开发公司签订开发项目合同，注册成立邵阳市盐兴项目管理有限公司，开始地基的工程施工。健全财务管理制度，开展财务大检查，加强对系统各基层单位资金的监控力度，实现风险可控在控；针对公司应收账款居高不下情况，开展风险自查、全面排查和专项检查，制定措施进行整顿，防范和化解货款、资金风险。配合政府职能部门开展食盐市场专项整治活动,协助查处涉盐违法违规案件13起,异地封存违法盐约15 吨;征收罚没盐约60吨。

【经营管理】 2020年，邵阳盐业公司实施三项制度改革。缩减编制、职数，充实一线营销，中层干部及机关23人，全市系统县级公司的副经理全部转为片区经理；通过员工竞争上岗，优化组合。调整薪酬，收入向一线倾斜。管理岗薪酬以2019年为基准下降1.2万元/人/年，一线人员薪酬提升0.3万元/人/年。制定完善以毛利润考核与数字化营销相结合的考核机制，对没有完成任务的单位班子成员及未完成销售进度的营销人员执行处罚，对经营单位的绩效工资以销售毛利占比86%作为核心考核指标，实行凭业绩得工资的模式。开展“普送”，提升终端控制力。增设网点，扩大配送范围，加大配送频率，对非网点经营户、用盐户（即餐饮、食堂、夜宵店和烧烤摊点、小微熟食加工）实行“扫街式”零间隙访销、配送。全年新增食盐销售网点4500个，新设特通渠道网点1000余个。全市食盐销售网点15600个。同时，采取鼓励片区经理承包配送车的方式，增加“普送”的灵活性和及时性。加强品牌宣传，组织各经营单位与当地疾控中心、食药局开展“3·15”“5·15”主题宣传日宣传活动；开展“包专店、包专场”活动，开展地推活动320场次，在餐饮食堂开展公勺公筷活动20场次。加强未加碘食盐网点的建设，共计有网点952家。6月开展市场保卫战，当月实现各类小包盐2320吨；8—10月开展为期三个月的以中高端小包盐促销为主的产品结构调整大行动，实现中高端小包盐销售390吨。

（邵阳盐业公司办公室）

金融

综　述

【概况】 邵阳市金融业管理监督部门由邵阳市人民政府金融工作办公室、中央驻邵阳金融管理监督部门中国人民银行邵阳市中心支行和中国银行保险监督管理委员会邵阳监管分局组成。2020年，全市有31家银行机构，其中政策性银行1家、国有商业银行6家、股份制商业银行4家、城市商业银行2家、地方农村商业银行10家、村镇银行8家，银行业金融机构网点数819个；市级保险公司31家，保险机构网点272个；驻邵证券营业部24家；融资担保机构5家，小额贷款公司5家，典当行6家；新三板挂牌企业5家，四板挂牌企业41家。全市金融业实现增加值106.53亿元，占地区生产总值的4.42%，较上年增加8.15亿元，增幅8.28%；金融业上缴税收13.94亿元，占全市税收的10.1%。

银行业 2020年年末，全市金融机构本外币各项存款余额3298.2亿元，比年初增加286.9亿元，增长9.5%。其中，非金融企业存款391.6亿元，增长1.5%，住户存款2484.1亿元，增长10.8%，广义政府存款419.5亿元，增长9.9%。年末金融机构本外币各项贷款余额1961.5亿元，比年初增加327.7亿元，增长20.1%。其中，住户贷款950.2亿元，增长19.7%，非金融企业及机关团体贷款1011.3亿元、增长20.4%。人民币消费贷款581.4亿元，增长28.8%；个人住房消费贷款413.1亿元，增长32.5%；房地产开发贷款56.2亿元，下降5.7%；中小微企业贷款733.2亿元，增长25.2%。

保险业 2020年，全市保险机构保费收入89.4亿元，增长12.0%。其中，财产险28.0亿元，增长11.2%，人身险61.4亿元，增长12.3%。保险深度3.97%，比上年上升0.01个百分点。完成各项保险赔付金额27.3亿元，增长11.7%。其中财产险16.5亿元，增长17.3%，人身险10.8亿元，增长4.1%。

证券业 2020年，在邵证券营业部新开户数5.91万个，股民保证金20.16亿元，增长18.48%，年内股票基金交易量（含融资融券）3593.83亿元，增长1.1%，年内A股交易量3349.25亿元，增长41.7%。

地方准金融机构 2020年，全市5家融资性担保公司注册资本16.03亿元，年末总资产18.30亿元，年末业务余额21.09亿元，全年新增业务额20.34亿元；全市5家小额贷款公司注册资本3.1亿元，年末总资产3.08亿元，年末业务余额3.1亿元,全年新增业务额0.86亿元。

是年，全市防范和处置非法集资平安建设工作在全省考核中排第一档次；人民银行邵阳市中心支行全辖获总行级荣誉4项，获武汉分行和长沙中支荣誉41项，9项工作在上级行专业会议推介。

【金融支持新冠肺炎疫情防控】 2020年，邵阳市推动金融支持疫情防控和复工复产，加大信贷投放支持六稳六保。全市新增各项贷款327亿元，同比增速达20.05%，贷款增速在全省排名上升7个位次，位居全省第四，新增存贷比达120%。推动金融惠企政策落实落地，组织全市金融系统开辟金融服务“绿色通道”，强化疫情防控和受困中小微企业特别是防疫物资生产企业金融服务。发布公开信，建立重点企业融资联络制度，先后实行数据日报制和周报制，定期督查企业获贷情况，促推金融支持疫情防控和企业复工复产。推动银企有效对接，编印金融支持疫情防控政策汇编发放企业，组织搜集、发布企业融资需求清单，开展金融助力复工复产“暖春行动”，采取“一对一”确立主办银行、设立金融服务联络专员、“百名行长千企行”等方式推动银企对接。自疫情发生至2020年年末，银行业金融机构为8499户企业发放贷款17640笔，金额383.05亿元，对存量贷款展期、续贷74.54亿元。发放首贷3485户、77.69亿元，首贷率提高至41.06%。发放信用贷款106.68亿元，占比提高至27.85%。新发放疫情防控和复工复产贷款加权平均利率为4.88%，较年初下降115个基点，发放重点项目贷款106.28亿元。发挥保险保障作用，全市各类保险机构累计为一线医务人员、疫情防控人员捐赠保险保障10.3万余份，累计最高保额420余亿元。为500多家复工复产企业、近8万名员工提供免费保险保障。

【资本市场建设】 2020年，邵阳市全面实施资本市场县域工程，建立专家服务团队，聚焦各级园区和“专精特新”企业开展上市后备资源培育，联合相关部门建立后备企业资源库，推动优质企业走向资本市场，引导企业“小升规，规改股，股上市”。推动20家企业四板挂牌。对已启动上市、辅导备案、申报材料的重点上市企业提供“个性化”服务，帮助协调解决历史遗留问题，争取证监部门及上市审核机构支持，加快企业上市进程。全年新增申报上市企业邵阳维克液压股份有限公司，新增上市辅导备案企业湖南广信科技股份有限公司，23家优质企业纳入湖南省上市后备企业资源库。同时，通过对接粤港澳大湾区等先发地区投资机构，广信科技获国家大基金1亿元投资，邵阳经开区与财信产业基金、湖南高新创投分别成立2支产业基金。

【地方金融监管】 2020年，邵阳市金融办履行融资担保公司、小额贷款公司、典当公司等机构的监管职责，通过现场、非现场检查和分类评级等手段加强风险防范，及时引导行业规范发展。全市在营的2家小额贷款公司分类监管评级中被评为A类，2家融资担保公司纳入全省政府性融资担保公司目录。融资担保公司、典当公司、融资租赁公司总体运行平稳，未发生风险事件。年内新增隆回县中小企业融资担保有限公司。截至年末，全市有持牌融资担保机构5家，注册总资本金16.03亿元，在保余额21.09亿元，较上年增加8.5亿元，同比增长67.60%；新增担保金额20.34亿元，较上年增加5.35亿元，同比增长35.69%，平均担保费率1.04%。

【地方金融稳定】 2020年，邵阳市金融办推动建立党政双牵头的防范化解涉众型非法经营活动稳定风险工作机制，成立工作领导小组，制定议事规则，工作机制运行有序。以宣传月集中宣传为重点，推动宣传常态化，开展宣传视频评比，实现防范非法集资宣传教育全覆盖，同时举行非工作人员培训。强化风险排查，建立起多条渠道并行的线索摸排常态化机制，先后组织开展金融领域涉疫社会稳定风险隐患集中排查、金融放贷（非法放贷）行业领域突出问题专项整治行动、涉非涉稳风险专项排查工作；持续推进举报奖励、风险排查和基层网格化治理，深化群防群治成效。精准打击处置并做好信访维稳，非法集资领域立案打击14起，司法审结非法集资案件21起，化解非法集资陈案积案13起，陈案化解率100%。实行开门接访，有访必应、有访必复，接待上访群众32批次，现场核实和核查处置7件信访事项；开展互联网金融风险专项整治，协助外地办理互联网金融领域类案件29起，落实属地维稳职责，配合做好邵阳籍受损群众维稳工作；开展以“一非三贷”为重点的金融领域扫黑除恶集中整治，实施专项斗争向网络领域推进，开展“一非三贷”领域利用信息网络实施涉黑涉恶等有组织违法犯罪专项整治，按照“行业清源”要求，开展金融放贷行业领域专项整治。同时，开展中央扫黑除恶督导反馈问题整改，建立常态化工作机制。

（李清雄）

银行业

·人行邵阳市中支·

【概况】 截至2020年12月末，邵阳市金融机构各项贷款余额1961.51亿元，比年初增加327.65亿元，同比增加121.25亿元。全年参评法人金融机构4次MPA评估全部达标，下半年法人机构月度贷款计划偏离度均控制在5%以内，高效完成“三农”、小微、扶贫等信贷政策导向效果评估。全市再贷款再贴现限额64.24亿元，较年初新增限额27.3亿元，再贷款再贴现余额51.99亿元，较年初新增余额18.14亿元，全年累计投放再贷款再贴现65.72亿元，撬动地方法人金融机构新增信贷资金132.2亿元。

中国人民银行邵阳市中心支行（以下简称人行邵阳市中支）落实重大决策部署，对标中央部署抓好疫情防控，对照上级要求创建模范机关，对表脱贫目标做好扶贫工作。同时，落实货币政策，支持地方经济发展；防范金融风险，优化金融生态环境；提升履职能力，加强金融监管与服务；加强自身建设，提升内部管理水平。全辖获总行级荣誉4项，获武汉分行和长沙中支级荣誉41项，9项工作在上级行专业会议上推介，54篇工作材料被《金融时报》推介。市中支政务信息工作在全省排名第三，在全省信息工作会上做交流发言，政务公开信息在市政府网站成功上线。获评全省金融宣传工作先进单位，获《金融时报》宣传一等奖，2人获评个人先进。

【支持复工复产】 2020年，人行邵阳市中支在全省率先启动金融“暖春行动”，推动市疫情防控领导小组印发《邵阳市金融助力疫情防控和经济社会发展“暖春行动”工作实施方案》，为21家防疫重点企业发放专项再贷款1.81亿元，运用再贷款再贴现专用额度发放贷款8.4亿元，支持疫情防控和企业复工复产。组织召开高规格的全市金融助力“六稳”“六保”工作推进会暨银企合作签约仪式。开展金融支持稳企业保就业进园区活动，开展金融助力“六稳”“六保”政策落实情况督导。指导各金融机构重点聚焦名单企业，快速对接。引导全市金融机构累计为6497家企业提供“一对一”主办行服务，发放“稳企业保就业”贷款327亿元，贷款加权平均利率同比下降115个BP。发挥两项直达实体新工具的精准滴灌作用，大幅提高小微企业的首贷、信用贷款和无还本续贷比例，助力金融支持稳企业保就业。截至12月末，引导全市银行机构发放信用贷款3523笔、106.68亿元，占比达27.85%，落实法人机构信用支持计划1.88亿元；引导全市银行机构为企业办理展期、续贷74.54亿元,落实法人机构延期支付工具17.35亿元,17家法人机构延期覆盖面达100%。

【金融精准扶贫】 2020年，人行邵阳市中支以金融支持产业扶贫为重点，加大扶贫再贷款资金投入。截至12月末，全市扶贫再贷款余额23.65亿元；已累计投放金融扶贫贷款79.73亿元，累计投放产业扶贫贷款25.2亿元。开展金融支持“一县一特”特色产业试点。选择在隆回县开展金融支持金银花产业试点，推动整合货币政策、财政支持政策、融资担保以及农业保险等政策，累计发放金银花产业贷款2.8亿元。配合农村土地制度改革和农村集体产权制度改革进程，推广农村承包土地的经营权抵押贷款业务，指导洞口支行开展“空档期”试点衔接工作。推动新增金融资源向深度地区倾斜。加大对城步苗族自治县的扶贫再贷款资金投入，截至12月末，城步保有再贷款限额4.7亿元，同比增加1.7亿元。中支金融精准扶贫工作做法被《金融时报》和中国人民银行总行官网宣传推介，辖内4家单位和3名个人被评为2019—2020年度湖南省金融扶贫专项竞赛先进单位和先进个人。

【利率改革】 2020年，人行邵阳市中支持续推进利率改革，加强市场业务管理。发挥利率自律机制作用，落实存量贷款定价基准转换、活期存款创新产品、定期存款提前支取靠档计息等业务的自律要求，开展存量浮动利率贷款定价基准转换工作，全市金融机构存量贷款定价基准转换完成100%。同业拆借市场成员大幅增长，全市10家农商行全部取得同业拆借和债券交易成员资质，新增同业拆借市场成员7家，并办理同业拆借业务。

【防范金融风险】 2020年，人行邵阳市中支协调金融机构与平台公司按照市场化方式化债，及时向地方政府、行业监管部门提示风险，推动地方政府落实属地风险处置责任。截至四季度末，全市各类金融机构通过“六个一批”措施涉及政府性债务余额202.64亿元，减轻年度到期政府性债务偿付压力62.19亿元。

强化武冈发展村镇银行的风险防控，通过定期监测、现场核查、约谈、风险提示等多种方法防范化解风险，推进该行股权转让、更名工作，落实武冈市委、市政府金融风险防控主体责任；开展辖内农商行涉徐某及其关联方违规贷款风险、中信民惠54号信托项目违约风险化解工作。

参加存款保险业务竞赛，获湖南省存款保险业务竞赛宣传组织推动工作三等奖和多个单项奖；开展“存保宣传红5月”“存保知识进万家”活动，一幅新媒体宣传作品被长沙中支重点推介;督导全辖银行机构完成存款保险标识启用工作。

开展央行金融机构评级工作、年度综合评价、压力测试、风险计量评价、资产质量真实性核查等工作。重点盯防央行评级等级为6~7级的法人银行机构不良贷款反弹、流动性、资产质量、债务违约等风险。

履行反洗钱义务，深化案件会商、案件共享、案件倒查、柜面拦截可疑开户和电信诈骗联动机制，推动邵阳市第一起洗钱罪成功宣判，向公安机关移送各类线索13份，协助公安机关破获特大电信诈骗案件1起，协助市公安局破获骗取出口退税案，2人被评为湖南省四部委联合打击虚开骗税成绩突出个人；推进金融系统扫黑除恶专项斗争，协助破获“2·25”涉黑涉恶专案。

【金融消保工作】 2020年，人行邵阳市中支完善金融消保工作机制。组织各银行机构建立投诉纠纷处理协同机制，开展网点标准化创建工作，8家金融机构网点被评为全省金融消费权益保护标准化网点。与市中级人民法院联合建立金融消费纠纷调对接工作机制。在湖南省普惠金融（2016—2020年）工作总结表彰会议做交流发言，获“推进湖南省普惠金融发展（2016—2020年）组织推动奖”，隆回县支行被评为“2019年度湖南省普惠金融工作成绩突出单位”。

【法治央行建设】 2020年，人行邵阳市中支有序推动法治央行建设。开展2019年度行政执法案卷评查和综合执法检查案卷整理，加强执法信息系统的运用和执法证管理，安排部署2020年综合、专项执法检查相关工作。组织开展“金融法治学习月”活动，深入扶贫村开展民法典知识讲座，开展金融消费者权益保护办法的宣传教育活动。

【金融统计研究】 2020年，人行邵阳市中支创新开展金融统计研究，构建金融统计数据质量源头控制体系，做法被《湖南金融简讯》推介，金融基础数据统计报文制作系统在全省推广。实施国家金融基础数据统计制度、湖南省产业园区统计制度，制作完成2019年金融统计年鉴。加强经济景气监测，1篇调研报告被总行采用。加强调研分析，完成“LPR机制下信贷资源配置问题研究”重点课题，9篇调研材料被上级行内刊采用，6篇月度分析被市政府采用，其中8月份金融分析获市长刘事青签批。

【支付结算服务】 2020年，人行邵阳市中支推进移动支付便民示范工程建设，云闪付App推广量名列全省第二，全省引领县之一的新宁县在考核中排名前列，该项工作在市中支承办的全省移动支付便民工程推进会上做经验交流。开展手机号码支付宣传、支付结算宣传，创作的2个短视频分别被总行“央行清算”、长沙中支官微推介。加强营业室ACS、账户行政许可等基础工作建设，开展反电信诈骗、账户清理整顿、保障农民工工资支付等服务民生工作，支付结算整体工作水平明显提升。

【科技工作成果转化】 2020年，人行邵阳市中支提高科技工作成果转化，协调推动武冈包商村镇银行制定全国首个贷款利率企业标准,被总行科技司推介。在全省率先试点开展涉汇企业LEI赋码,工作经验在全省推介。作为被总行选中的5个单位之一参加全国第3期LEI动态交流会并作交流发言。在全省率先开展金信港上收试点,牵头组织全省市州门户系统上收工作。完成湖南省人行系统县支行“财务合规性审核系统”开发工作,推进金融业IPv6规模部署,参与人民银行总行、长沙中支的多项重点工作获肯定。

【货币金银管理】 2020年，人行邵阳市中支健全货币金银管理机制。组织发行库安全风险大排查，强化发行库管理，确保库款安全。全面统筹发行基金调拨，科学开展现金统计分析，完成年贺岁币和新版5元纸币发行，保障现金安全供应。深化现金服务示范区创建，持续整治拒收现金行为，狠抓疫情期间现金管理，开展“人民币知识宣传进社区、提升人民币整洁度”主题活动，优化货币流通环境。凝聚反假联席会议成员单位合力，打击假币犯罪，协助市公安局破获一起电脑打印假币案，加大反假宣传培训力度，推进农村现金服务点和反假工作站建设，维护金融管理秩序和人民群众切身利益。

【经理国库】 2020年，人行邵阳市中支履行经理国库职能。推动个税汇算清缴政策落地，建立税库联合工作机制，优化个税退税流程。开展经理国库35周年系列宣传活动，相关经验做法获《湖南国库信息》推介。持续推进非税收入缴库电子化改革工作。开展储蓄国债催兑工作，在隆回县创建“国债服务进乡村”金融服务示范点。

【信用体系建设】 2020年，人行邵阳市中支持续推动邵东、隆回、新宁的中小企业与农村信用体系建设工作，实现建档立卡贫困户信用建设全覆盖。加强应收账款融资服务平台应用，推动开展因疫情影响调整信用记录相关工作。开展二代征信系统升级上线工作。推动全市征信窗口服务标准化建设，参与全省人行系统窗口服务标准化竞赛。完成对全辖征信信息安全巡查、征信合规与信息安全考核评级、征信管理工作的综合评价。推进征信宣传教育工作。

【外汇管理】 2020年，人行邵阳市中支重点开展打击虚假、欺骗性外汇交易工作，成功查处一起逃汇案件，协助公安查处多个发制品企业出口骗税案。协同公安建立同步联动查处机制。两次承办省分局资本项目理论研讨会，参加全省外汇非现场检查系统应用分析竞赛获第一名。深化外汇“放管服”改革，率先在全省实现外汇行政许可业务100%网上办理。推广运用跨境金融区块链平台。选派骨干协助国家外汇管理局湖南省分局参加全国外汇非现场检查分析系统应用竞赛，协助省分局查处郴州地下钱庄非法经营案，接受国家外汇管理局湖南省分局外汇依法行政专项审计和内控监督检查。（罗　宏）

·邵阳银保监分局·

【概况】 2020年，邵阳银保监分局支持复工复产。为应对新冠肺炎疫情对社会经济发展带来的冲击，分局主动作为，通过实地指导、监管会谈、下发监管意见书等形式督促机构落实政策要求，促进企业复工复产，经济复苏向好。全年为防疫和复工复产提供信贷支持202亿元，为受疫情影响的企业办理本金展期43亿元、利息展期1.12亿元、续贷30.4亿元，向实体经济让利4.2亿元。发挥保险“稳定器”作用，全年为疫情防控和复工复产提供风险保障307亿元。

【推进“引金入邵”】 通过专题报告、发函督办等方式多方联动，倒排工期，推进村行组建工作，年内绥宁湘农村镇银行开业运营，城步湘农村镇银行完成申筹，实现“一县两行”全覆盖；兴业银行邵阳分行开业运营；银保机构县域增加分支机构7家，全市银行保险服务体系更加完善。

【支持重点产业和重点项目】 全年新增制造业贷款7.68亿元，增速8.35%；新增交通运输、仓储和邮政业贷款16.02亿元，增速13.04%；新增水利、环境及公共设施管理业贷款52.64亿元，增速52.5%。新增卫生、社会保障和社会福利业贷款20亿元，增速60.43%。

【提升小微企业金融服务水平】 通过“监管会谈、考核监测、监管评价”等方式多管齐下推动小微企业金融服务提质增效，至年末，全市新增普惠型小微企业贷款11561户、49.1亿元，贷款平均利率较年初下降0.67个百分点，呈现“量增、面扩、价降、质提”局面。

【支持脱贫攻坚】 推动信贷资源向深度贫困地区倾斜，全年新增精准扶贫贷款32.54亿元。邵阳县、洞口县存贷比分别较年初提升4.04个百分点、6.52个百分点。加强对脱贫攻坚和“三农”的保险服务，“扶贫特惠保”向4.42万人次支付赔款5087万元，农业保险赔付支出2.77亿元，同比增长9.74%。

【有效防控重点领域风险】 至年末，全市不良贷款余额35.52亿元，不良率1.81%，分别较年初下降7.35亿元、0.81个百分点。徐某顺及其关联方违规入股、贷款事项处置取得突破性进展，违规入股的股权已完成处置77.43%，收回违规贷款47.15%。（陈　蛟）

·中国工商银行邵阳分行·

【概况】 2020年，中国工商银行邵阳分行（以下简称工行邵阳分行）各项贷款大幅增长，累计投放贷款73.65亿元，年末各项贷款较年初增加18.98亿元。不良资产额、率大幅下降，不良贷款余额较年初减少5.67亿元，不良率较年初减少4个百分点。存款竞争力有效提升，年末全部存款余额256.38亿元，较年初增长22.07亿元。金融精准扶贫贷款余额11.77亿元，较年初增加2.87亿元，超额完成省分行下达的任务。内部管理加强，内控评价等级较上年度提升一档，实现安全年。

分行组织参加抗疫捐款活动，网上募集党员捐款707人次金额74320元。参加全市首届“银保杯”气排球比赛并夺冠军，参加市银行业第五届徒步挑战赛并获团体优胜奖。弘扬工匠精神，创建全省首个“大行工匠创新工作室”。举行一年一度的员工趣味运动会，举办员工业务知识和技能竞赛，举行“青春在旺季，建功正当时”团代会第二次会议。分行办公室被授予“湖南分行工银成就集体奖（信访工作）”称号，获邵阳市金融学会微信公众号作品竞赛二等奖，获人民银行“全市金融宣传工作先进集体”二等奖。

【资产业务】 2020年，工行邵阳分行累计投放贷款73.65亿元，其中公司客户贷款投放60.73亿元、个人贷款投放12.92亿元。年末各项贷款较年初增加18.98亿元（剔除核销6.95亿元，实际增加25.93亿元）。为42户法人客户办理无还本续贷、展期、再融资金额6.08亿元，为中型客户调整计息周期3户、4.4亿元，完成政府隐性债务化解28.95亿元。发放稳企业保就业贷款和支持化解政府性债务工作均名列全市银行机构第一。年末不良贷款余额较年初减少5.67亿元，超额完成省分行下达的任务，不良率较年初减少4个百分点。其中公司客户不良贷款额减少4.98亿元，不良率减少6.23个百分点，银行卡不良贷款额减少0.83亿元，不良率减少10.46个百分点。

【负债业务】 2020年年末，工行邵阳分行全部存款余额256.38亿元，较年初增长22.07亿元，较上年多增12.56亿元。各项存款同业排名第二，市场占比42%，同比提升11.1个百分点。对公存款8个月市场占比第一，其中公司日均存款比年初增加6.6亿元，超额完成年度考核任务，全省排名第二；机构存款9个月同业占比第一，获2020年度湖南分行工银成就集体奖（机构金融业务）；储蓄存款较年初新增14.17亿元，创历史同期最高水平。

【转型业务】 2020年，工行邵阳分行组织以“工迎新春”为主题的零售业务旺季营销竞赛活动。3月末在全省大零售旺季竞赛中获“2019—2020年度零售业务旺季营销竞争同业竞争力提升奖”和“2019—2020年度零售业务旺季营销竞赛网络金融业务先进集体三等奖”。全年新增融e行13.76万户，任务完成率全省排名第七。融e购消费扶贫金融交易额970万元，任务完成率2470.2%，全省排名第二。全辖私人银行客户数较年初增长14户，资产余额比年初增长2.58亿元，均全省排名第四。信用卡活跃客户数较年初净增1684户，净增额和增幅均列全省第一；信用卡客户数较年初净增6940户，净增额全省第一，增幅全省第二；新增发卡22613张，新增发卡量全省第三，增幅全省第六；实现信用卡消费额46.3亿元，绝对额全省排名第四；分期付款交易额4.79亿元，绝对额全省第三；个人信用消费贷款较年初增加7286万元,增幅全省第四。新开结算账户拓户2704户，任务完成率全省第一。工行邵阳分行连续两年在国家外汇管理局邵阳市中心支局年度考评中获评A级，获评2020年度湖南分行“惠民购机营销活动突出贡献单位”和“网点日清日结突出贡献单位”。

【内部管理】 2020年，工行邵阳分行加强安全生产管理，强化日常履职，推进平安建设，确保安全和稳定；严防外部欺诈风险防控，成功堵截诈骗和电信诈骗风险事件11起，涉案金额6.21万元。加强运营管理，四季度远程授权拒绝作废率、经现场审核拒绝作废率均排名全省第一；清算业务考核排名全省第二。金库评级由C级提升到B级。加强数据统计，完善统计制度流程建设，提升监管统计数据质量，工行邵阳分行2020年度监管统计工作在中国银保监会邵阳监管分局考核评比中排名第一，获评分支机构先进单位。

【内控案防】 2020年，工行邵阳分行推动《内部控制手册》应用落地，签订案防工作责任书，落实主体责任。明确岗位职责，加大考核力度和日常管理，完成“制度治理年”主题活动任务；自觉接受监管，配合开展涉非涉稳风险专项排查和反电信诈骗工作。2020年度内控控制评价等级由上年度的三级2档提升为三级1档。内部没有发生案件。

【渠道建设】 2020年，工行邵阳分行加快网点装修优化进程，新宁支行完成迁址，邵东、武冈、城步等支行的6个网点完成装修改造,南门口支行实现撤并。智能设备效能持续提升，业务迁移率快速增长，客户服务管理体验良好，客户平均等候时间缩短,服务抱怨率降低，服务事件零发生，客户线上线下满意度全省排名第二。湖南分行“一步之城，魅力苗乡”云游工行系列活动在城步支行开播，累计58.2万人次观看活动；获新型渠道推广竞赛三等奖。 （李志成）

·中国农业银行邵阳分行·

【概况】 2020年，中国农业银行邵阳分行（以下简称农行邵阳分行）各项存款余额406.62亿元，年净增7.09亿元，其中个人存款余额346.14亿元，年净增23.73亿元，增量排名全省第四，余额和增量市场份额分别为37.12%、32.92%，同比提升2.54、4.64个百分点。各项贷款余额179.8亿元，净增38.33亿元，增量接近翻番，“四大行”份额36.96%，增速27.09%，排名第一。实现中收1.72亿元，同比增加0.17亿元，“四大行”份额提升3.2个百分点；营业收入10.61亿元、净利润4.49亿元，分别为省分行计划的104.07%、101.92%。

是年，农行邵阳分行获全省综合考核进步奖，支持防疫抗疫和园区企业复工复产等工作获市委市政府领导签批肯定，被省人民银行和省总工会评为金融扶贫竞赛先进单位，成功创建湖南省2020届文明单位。

【服务实体经济】 2020年，农行邵阳分行通过建立防疫抗疫“绿色通道”，营销和拓展医院16家，13家医院客户增加贷款4.78亿元，投放复工复产复耕贷款10.85亿元，“四大行”排名第一。全面启动“进百园万企、助力中小微”三年攻坚和“百日会战”，新增园区小微企业118户，对公贷款年净增22.97亿元，“四大行”排名第一，落地全省首笔“惠园贷”。全年对公实体贷款年净增23.26亿元，同比增长16.11亿元，任务完成率248%；普惠客户净增1355户，普惠小微贷款净增6.52亿元，增速52%，超过监管要求。

【“三农”业务】 2020年，农行邵阳分行强化县域资产项目营销，贷款净增24亿元，计划完成率122.45%；精准扶贫贷款年净增10.77亿元，计划完成率165.64%；深度贫困县支行增速高于全行贷款3.57个百分点，脱贫攻坚考核居全省第四位；“三农”事业部9个支行全部达标，新增贷存比达标支行2个；“惠农e贷”净增4.25亿元，规模居全省第二位，计划完成率102.41%；建成“家门口银行”123个，计划完成率123%。

【创新转型】 2020年，农行邵阳分行持续深化创新转型，强化传导执行，首创并落实推进个人存款“八大行动”“建群营销”“商圈扫码”等模式，扩宽存款源头；深推“三转合一”，做实“三个弹性”，岗位人员较核定人数上多压降53人；推行城区支行改革，实现市分行营业部并入大祥区支行，迁址北塔区支行，优化人力资源配置。强化“以客户为中心”理念，转观念、改作风、强督导，实现客户基础短板加长，高层营销、上下联动，促成烟草、市本级物业维修资金、商品房预售监管资金和市医保统筹支出账户开户；实施个人贵宾客户和对公客户分层管户、责任经营，全行日均存款5万元以上对公客户增加179户，个人贵宾客户增加13534户，裸贷客户贷存比提升0.7个百分点。营销邵阳创业商会典型做法入选全国十大营销案例，获评全省年度十大营销项目；落地市中心医院东院他行项目贷款置换在湖南省分行工作会议推介。

【风险控防】 2020年，农行邵阳分行开展“控新、降旧”，抓实疫情影响下不良贷款管控，全行不良贷款余额1.04亿元，比年初下降0.45亿元，不良率0.57%，比年初下降0.47个百分点，实现“双降”目标。全年清收处置不良贷款1.39亿元，其中自营不良贷款清收0.43亿元，超额完成计划；拨备覆盖率314.12%，提升132.1个百分点，操作风险经济资本占用系数0.69%，居全省第四位，风险抵补能力进一步增强。对1162名员工开展行为管理“六查”，拦截“断卡”类案件73起，全年没有发生案件和重点风险事件，风险案防实现“两个可控”。

（黎小军）

·交通银行邵阳分行·

【概况】 2020年，交通银行邵阳分行统筹新冠肺炎疫情防控和服务邵阳经济发展，主动对接“产业兴邵”发展规划，加强对园区及入园企业的金融服务，加大对园区基础设施建设、存量债务风险化解、入园企业的融资支持。截至年底，各项存款时点余额32.27亿元，其中对公存款时点余额19.49亿元、储蓄存款时点余额12.78亿元。各项贷款余额40.21亿元，其中公司贷款32.06亿元、零售贷款余额8.15亿元。是年，被中国人民银行长沙中心支行评为“2020—2021年湖南省金融消费权益保护标准化网点”，被中国人民银行邵阳市中心支行评为“2020年度全市国债发行工作先进单位”。

【支持政府债务化解】 2020年，交通银行邵阳分行开展债务化解相关融资41.25亿元，审批待发行相关债券10亿元。落实市委、市政府“用长期置换短期，用低息置换高息”要求，在同业中率先开展对政府关注类债务的无还本续贷，为邵阳城投11.28亿元关注类债务、邵阳龙昇2.5亿元关注类债务进行无还本续贷，2笔均延长8年，并实现总体利率稳中有降。发挥综合化经营优势，多方协调，通过子公司和合作机构，为邵阳城投新增融资7.47亿元。为邵阳城投新发行20亿元PPN，用于偿还年内到期债券；为邵阳经开区宝城公司注册通过10亿元短期融资券，用于偿还到期债务和支持园区疫情防控及复工复产。

【保障园区建设资金】 2020年，交通银行邵阳分行加大贷款投放力度，支持经开区筑巢引凤。为宝城公司标准化厂房建设授信3.5亿元，已投放3.4亿元；新增投放流动资金贷款1亿元。创新金融工具，配合平滑存量债务风险。引入财政厅下属的湖南信托为宝城公司发放信托贷款4.2亿元，湖南资管放款2亿元，合计6.2亿元，有效缓解宝城公司到期偿付风险。为宝城公司申报表外融资合计40亿元，其中短期融资券10亿元，已报交易商协成功注册，推进双创专项融资根据15亿元、双创孵化专项企业债券15亿元。

【支持园区实体企业】 2020年，交通银行邵阳分行围绕“产业兴邵”，持续加大园区企业支持力度。累计给予经开区园区内企业授信总额度10.8亿元，贷款余额合计5.5亿元。支持疫情防控和企业复工复产，对疫情防控相关企业的授信支持，按“急事急办、特事特办”原则，高效放款，保障防控所需资金早到位、早见效。为邵阳纺织机械有限公司投放防疫重点企业专项贷款5000万元，贷款利率3.05%。截至年末，在疫情期间已累计为企业投放各项贷款842笔，合计金额8.63亿元；为223户复工复产小微企业发放贷款，累计发放金额2.16亿元。主动对接园区重点项目，服务园区制造业产业转型高质量发展。及时跟进和服务疫情后园区企业资金需求，有彩虹玻璃等5家企业近12.2亿元授信。运用金融科技，推广“线上抵押贷”“线上税融通”等创新产品。企业只需在手机上进行线上申请，5分钟完成审批，最高可贷1000万元，最快一周放款，贷款年利率低至3.85%，极大地降低了小微企业的融资成本。全年新增小微企业贷款140户，普惠贷款净增6980万元。

（交通银行邵阳分行办公室）

·建行邵阳市分行·

【概况】 2020年，中国建设银行邵阳市分行（以下简称建行邵阳市分行）下辖11个部门、23个支行、38个网点，遍布邵阳市9个县（市）3个区，有员工632人。截至年底，一般性存款余额431.32亿元，排名“四大行”第一，占比35.54%；新增23.53亿元，新增占比高达42.88%，比上年同期提升16.97%。其中，个人存款新增31.55亿元，排名“四大行”第一，占比42.41%，比上年同期提升11.65个百分点。各项贷款余额241.42亿元，“四大行”总额占比38.07%，排名“四大行”第一；比年初新增39.50亿元，新增占比达到38.07%，排名“四大行”第一，同比多增24.45亿元。其中，对公贷款新增20.46亿元，超额完成省行计划，完成率达129.53%；个人贷款新增19.04亿元。实现账面利润7.82亿元，实现中间业务毛收入3.41亿元。不良贷款余额1.09亿元，控制在省行计划之内；不良贷款率0.45%。逾期贷款余额2.09亿元，逾期贷款率0.86%。全年未发生案件和重大风险事件，无重大责任事故，未出现重大违规违纪事件。

是年，建行邵阳市分行继续保留“全国文明单位”称号；获评2019—2020年度湖南省金融扶贫专项竞赛先进单位；在人民银行邵阳市中心支行2020年度现金流通服务管理综合考评中获评A类行；在总行星级网点评比活动中，1个网点获总行“五星”称号，3个网点获总行“四星”称号，5个网点获总行“三星”称号。

【助力疫情防控】 2020年，建行邵阳市分行实现同业最早全员复工，所有网点和自助设备坚持营业，确保社会金融需求第一时间得到满足，免费向群众提供便捷高效的防疫服务。为医护人员赠送2.16亿元保额的抗疫保险，为全市抗疫一线人员赠送3.138亿元保额战疫爱心保险，为201家小微企业赠送5533.6万元的“新冠病毒感染”意外险等保险保障，并捐赠6000个医用防护口罩。开辟绿色通道，优先为防疫重点保障企业发放贷款8.89亿元；落实应延尽延政策，主动延转展各类贷款4.4亿元；最大限度让利实体经济，累计为企业和居民减费让利6000多万元，推动全市经济强劲复苏。

【支持重点项目和重点领域】 2020年，建行邵阳市分行加大先进装备、智能制造、信息技术等先进制造业投入力度，制造业贷款余额18.53亿元；服务创新型建设，为69家高新技术企业提供贷款7.91亿元。全面对接社会融资需求，“千名行长万户行”活动采集近1000家企业67亿元需求，累计向47个省市级重点建设项目投放贷款32.7亿元，战略新兴产业投放8.76亿元，有力支持产业项目建设，获评2020年度全市湘南湘西承接产业转移示范区建设暨产业发展先进单位。优先支持“五网建设”，“五网”项目建设贷款余额48.42亿元，较年初新增6.71亿元。支持政府债务化解及平台公司建设，累计置换政府债务9.79亿元，为市宝城公司、国投等合计补充流动资金贷款3.5亿元。加大对市城投、宝城、国投公司的授信支持，总计授信53.3亿元，新增平台公司贷款10.4亿元。

【服务社会民生】 2020年，建行邵阳市分行扶持民营和小微企业发展。服务普惠贷款企业2062户，投放普惠贷款34.6亿元，余额、新增占比均超53%，超额完成普惠小微企业贷款新增不低于40%的任务。保护和激发市场主体活力，民营企业贷款余额达41.8亿元。持续深化民生改善服务。助力农民工工资发放，成功搭建“湘匠通”农民工工资实名制系统，代发农民工工资12.61万笔，金额6.5亿元，惠及9.95万人。响应国家拥军爱军政策，为退役军人发放专属优抚服务卡，为退役军人提供上门发卡激活服务，同时依托金湘通服务点等渠道为乡镇退役军人提供一站式服务。

【助力脱贫攻坚】 2020年，建行邵阳市分行派出扶贫干部11人，帮助11个贫困村实现脱贫，捐赠扶贫专项资金10万元；创新开展扶贫直播活动。成功举办善融扶贫直播销售活动，观看直播人数达3.6万人次，点赞量达3.4万次，累计下单2100余笔。涉农贷款余额55.13亿元，建立对公对私两大服务体系构成的乡村金融新生态。实现两个100%全覆盖，加大业主培训和宣传力度，全行裕农通服务点突破5761户，服务点数量居全省第一位，实现裕农通村部100%全覆盖、裕农通活跃率100%。

【个人消费信贷】 2020年，建行邵阳市分行个人消费信贷规模不断提升，贷款新增2.10亿元，其中个人快贷新增2.07亿元；信用卡消费交易额96.3亿元，完成率排名全省第二位；完成分期交易额16.13亿元，创历史性新高，同比增长19%，完成省行计划的104%。助力人民安居乐业，住房类贷款新增11.92亿元，其中一手房按揭9.89亿元、二手房按揭2.03亿元；装修分期贷7.76亿元。

【数字化经营】 2020年，建行邵阳市分行强化机制建设，制定《数字化经营常态推进机制》，建立数字化经营团队，创新开展“守正创新赢占未来”数字力大赛，评选“建模先锋行”“金牌客户经理”“优秀客群奖”“数字力大赛优胜团队奖”等，战绩指标在全省排名靠前。大数据助力商机精准触达，全年发出商机31.82万笔,成功商机20.65万笔,成功率65%,发出商机笔数和成功商机笔数均居全省第一位。

【渠道建设】 2020年，建行邵阳市分行持续优化布局，撤销低效网点。建立分类管理机制。将全辖物理网点划分为旗舰网点、综合网点、轻型网点三大类，实行分类管理。完成邵阳蔡锷广场支行、市分行营业部、洞口支行营业部的装修开业工作。现金流通服务水平明显提升，在人民银行邵阳市中心支行2020年度现金流通服务管理综合考评中获评A类行。

【重点产品与业务营销】 2020年，建行邵阳市分行强化客户拓展，单位人民币结算账户净增5281户，全省排名第一位；公司机构有效客户折算前6660户，比年初新增1480户，系统排名第三位，增速58.57%；CTS客户新增2.3万户，全省排名第二位，同业新增排名第一位。国际业务发展优势稳固，国际收支客户数总量及新增数等主要指标均排名系统第一位，当地“四大行”第一位；贸易融资增长额系统内排名第二位；外汇业务获得A类行称号。综合化服务效益明显，网络供应链贷款余额2.2亿元，新增1.87亿元投放，地市行排名第二位，获省行网络供应链竞赛活动二等奖；“云税贷”客户新增213户，全省排名第二位，地市行第一位；全市国库电子化达100%，排全省第一位。发展零售业务。个人商户实现量质齐升，商户总量达3.76万户，全省排名第二位，收单交易额118.63亿元,年累计日均存款21.07亿元,居全省第二位。手机银行用户新增14.1万户，地市排名第二位，净增地市行排名第一位，完成率地市排名第三位，获省行手机银行竞赛活动二等奖。运用互联网思维做大客户基数，重点推进商户引流、125户中石化商户批量签约、邵阳燃气缴费等项目，信用卡客户净增全省排名第二位，信用卡中间收入排名全省第二位，在省行信用卡综合考评中地市行排名第三位。

【全面风险管控】 2020年，建行邵阳市分行坚持信贷项目预审会制度，把好客户的审核准入关，提前提示风险因素，将风险控制在萌芽状态。流程管控到位，按月对风险预警进行工作提醒，按季对未按期分类、评级失效的进行工作提示，加强对预警跟踪不及时、贷款逾期欠息等现象的非现场监测。及时督促落实，因评级不及时等违规情况，对7个支行客户经理进行积分，7人次累计18分。加强员工行为管理。落实员工“行为管理年”活动工作要求，压实员工行为管理责任；开展员工异常行为排查活动，采用员工自查互查、网格管理员专项排查的方式，筛查本网格内存在异常行为的员工。加强合规文化建设，开设“固本强基，强化内控”专栏，刊稿200余篇；组织合规文化宣传活动累计达50余场次，参加活动人员1200余人次。强化账户管理。开展集中对账工作，累计回收对公客户对账单28084份，对公客户对账单重点账户回收率达100%，一般账户回收率达99.8%，对账签证单发送及时率达100%，与人行、省行的对账及时率达100%。做好账户管控和处置工作。组织全行清理已注销、吊销营业执照且需销户的单位人民币结算账户，向人行提交1180销户资料，11月底全面完成销户。

【推进“断卡”行动】 2020年，建行邵阳市分行排查个人银行账户8678户，对1271户账户进行账户管控处理，对风险账户高发支行管理人员和责任人进行处罚，内部通报131人次，扣减绩效数量46人次，轻微违规行为积分50分。全年处理7起疑似涉案账户、6起涉案账户客户办理的业务，报警6起，协助公安机关带走嫌疑人6人。

【消费者权益保护】 2020年，建行邵阳市分行维护消费者权益。完善考核机制，全面梳理消保投诉流程，形成投诉积分管理办法，按月对支行进行考核,提升支行应对投诉水平及服务客户能力。开展消保宣传，完成“3·15宣传”“存款保险标识启用”等系列活动,并在市人行举办的“存款保险5周年宣传”视频宣传评比活动中获第三名。

（刘金柱）

·农发行邵阳市分行·

【概况】 2020年，中国农业发展银行邵阳市分行（以下简称农发行邵阳市分行）累计投放贷款36.76亿元，同比多放2.26亿元；各项贷款余额156.79亿元，较年初增长12.83亿元，增幅8.91%。创新转型实现突破，在全市推广土地整治、园区建设及旅游扶贫三类融资模式，全年累计投放三类模式贷款26.78亿元。强化风险防控，全年现金收回不良贷款6607.71万元，年末不良贷款余额2.6亿元，不良贷款率1.65%，较年初下降0.77个百分点。

支持新冠肺炎疫情防控及复工复产。全行未发生人员感染情况，为湖北同胞捐款7.51万元。与市金融办联合下发《关于做好疫情防控有关企业信贷需求摸底的通知》，专项摸排防疫资金需求；开辟绿色办贷通道，最高级优先办理疫情应急及复工复产信贷业务，累计投放7.2亿元支持疫情应急及复工复产；对疫情及复工复产贷款给予利率优惠；为企业减免人民币结算、国际结算等服务收费，全年减费让利超500万元。

是年，市分行实现安全生产无事故，连续五年被评为邵阳市综合治理先进单位。

【信贷支农】 2020年，农发行邵阳市分行保障粮食安全。开展最低价收购，足额供应粮油收储资金，全年累放累收粮棉油贷款15.68亿元；新冠肺炎疫情期间，投放1000万元贷款支持企业执行粮食供应任务，保障邵阳市区粮食市场稳定；落实“藏粮于地”战略，投放5.1亿元贷款支持土地综合整治及高标准农田建设。服务脱贫攻坚。聚焦邵阳整市摘帽后稳定脱贫问题，实行挂牌督战工作机制，创新旅游扶贫模式，投放旅游扶贫贷款3.6亿元；投放产业扶贫贷款16.17亿元；开展驻村帮扶及消费扶贫，集中采购及员工个人购买、帮助销售扶贫产品金额达42.12万元。全年累计投放扶贫贷款30.25亿元，年末扶贫贷款余额102.49亿元，占各项贷款余额的65.37%。落实重大战略。全年新投放长江大保护贷款4.98亿元，12月末长江大保护贷款余额35.47亿元；支持邵阳湘南湘西承接产业转移示范区建设及“135”工程升级版，投放园区贷款8.98亿元，支持多个类型的产业园区建设；推动城乡融合，投放2亿元贷款支持隆回县高铁站交通枢纽建设。支持实体经济。解决企业周转难、融资难、融资贵问题，投放小微企业贷款9027.67万元，支持生猪养殖企业1家，实现贷款投放1000万元；给予新审批小微贷款在LPR基准上调减100个BP的最大利率优惠，按计划开展存量浮动利率贷款定价基准转换。利用援企通道，缓解4家企业现金流周转困难，帮助企业降本减负、纾难解困。

【风险防控】 2020年，农发行邵阳市分行精准推进不良清降。围绕防新降存主线，加强市县两级行协同及银政企法联动，按照一企一策既定方案，按旬督进清收工作，解决历史包袱。全年现金收回不良贷款6206.5万元，年末不良贷款余额2.87亿元，不良贷款率1.65%，较年初下降0.77个百分点。开展疫情期间风险监测。对全行贷款企业受疫情影响程度进行摸底清查，及时掌握实体客户生产经营和按时还本付息情况、中长期贷款约期还款情况、工程建设情况。全年未因疫情出现贷款逾期欠息。序时抓好约期还款。根据约期还款情况制定计划表，形成监测清单，提前1个月发出工作提示函，实行销号制管理，全行约期还款均按期到账。做好案件风险防控。开展贷款企业高管涉嫌犯罪情况、案件（风险）信息及员工异常行为三项排查，杜绝潜在风险隐患。落实全面风险管理，强化风险管理分析报告和风险监测预警，按照上级行和外部监管机构要求，发生风险事项立即上报，未发生风险事项在规定时间内执行零风险报告。全年未发生风险事项。

【基础管理】 2020年，农发行邵阳市分行加强信贷管理。有序推进客户维护，及时做好客户续贷工作。明确扶贫贷款管理职责，严格扶贫贷款管理。以押品核实为重点，对贷前调查和贷后管理的各个关键点和风险点进行核查，强化押品管理。开展反洗钱工作，组织35名员工参加中国金融培训中心举办的反洗钱网络知识培训并获合格证书。结合“三贷三霸”“一非三贷”等专项整治，加强日常监测和现场排查，对黑恶犯罪零容忍。开展年度市场乱象整治“回头看”及综合检查，推进合规经营。优化财务资源配置，严格财务费用支出。持续优化线上金融服务，提升客户网银体验，扩大网银业务替代面。配合总行开展分账核算改造项目上线相关工作。组织辖内机构对存量档案进行全面清理，并对超范围、超期档案进行销毁；明确“一中心多库房”布局方案，加快档案集约化建设。配合开展文档管控系统配置、安装及上线，实现全辖文控系统投产使用。（潘　菁）

·中国银行邵阳分行·

【概况】 2020年年末，中国银行邵阳分行本外币各项存款时点余额123.7亿元，时点新增1.94亿元，日均较年初下降4.4亿元；本外币各项贷款时点余额66亿元，较年初增加6.9亿元；不良授信余额为9710万元，不良率为1.47%，较年初下降0.74个百分点，不良余额、不良率创下近年新低，连续实现“双降”；实现业务净收入3.32亿元，同比增加2151万元，增幅6.94%；拨备前利润2.02亿元，同比增加3214万元，增幅18.97%；净利润9688万元。全年无重大违规案件、无重大差错风险事件、无安全事故发生，实现平安健康运营。

【授信业务】 2020年，中国银行邵阳分行贯彻市委、市政府战略部署，支持实体经济发展，多次召开项目调度会议，加快授信项目推动与落地。辖内各机构紧跟政府化债、财政社保、棚户区改造、公共资源交易中心、园区平台公司、医院、学校等重点项目开展工作，加快项目的推动与落地。大公司自营贷款取得历史性突破，发放自营公司贷款超10亿元，公司贷款余额连续第三年实现增长。普惠金融贷款余额6.03亿元，较年初新增1.34亿元，任务完成率达124%，排名全省第一。政府化债项目——邵阳宝城投1.56亿元，民营企业——湘丰特纸1亿元、邵东市人民医院、武冈华运达、邵阳路桥、邵阳县石齐学校、武冈洞虞中学等重点项目落实投放。同时，资产业务较快发展带动其他业务实现突破，新增银承开票6300万元，带动专项债、保证金等存款业务超过4亿元。个人贷款方面，加大楼盘按揭项目的推动力度，加强碧桂园、恒大等重点开发商及县域优质开发商的统筹营销，加强对各机构的指导与服务，推动基层网点“转型发展”。截至年底，全行合计储备楼盘54个，其中已获批复19个，批复额度24.1亿元，17个项目实现接单，碧桂园·宝庆府、南城首府、乾道南院、恒大·未来城、恒大·华府、大汉天玺等一大批存量项目持续投放；坚持个人投资经营类贷款“整体把握，稳中求进”，加大普惠金融贷款投放，人民币零售类贷款时点余额27.45亿元，较年初增加7.94亿元，“四大行”市场份额占比10.25%，较年初提升0.78个百分点。

【负债业务】 2020年，中国银行邵阳分行存款注重抓重点、拓渠道。研究市场和政策，紧跟政府化债、财政社保、棚户区改造、公共资源交易中心、园区平台公司、医院、学校等重点项目，上下联动，重点领域营销取得较大突破。资产业务发展带动专项债、保证金等存款业务超过4亿元。个人业务加强跨行抢滩与存量挖潜。围绕战略，抓住重点，抓实代发薪业务拓展，新增代发单位102户，新增代发有效客户1891户。以中高端客户为重点，通过多元化产品做好客户的资金承接、资产配置，做实个贷、银行卡客群挖潜，深度挖掘客户需求。

【内控管理】 2020年，中国银行邵阳分行修订完善制度和考核办法，加强内控合规建设。围绕目标导向、结果导向、问题导向，推进内控合规建设，明确内控合规工作目标与中心任务，强化对基层支行的指引。落实监管数据专项治理，提升数据质量。制定《中国银行邵阳分行数据治理实施细则》,出台《数据治理考核方案》，上下联动、纵横联动，针对存量客户不规范数据加快整改进度，针对新开户客户强化数据源头管理。全面部署辖内统计检查工作，自查覆盖面100%，配合省行统计及征信现场检查；突出重点和痛点，开展对公贷款监管关键数据的“排雷”专项检查，分析内外部检查中发现的问题并落实整改。强化日常化的业务培训，加强合规履职。精选多名骨干参加省行相关部门的培训与指导，并加强转培训，促进基层网点的合规履职；出台专项方案，加强会计后备人才队伍培养；采取现场帮扶、送教上门，集中培训考试、“一对一”指导、自主学习等方式，开展常态化的学习教育与培训，加强服务指导。抓实劳动组合优化,释放网点活力。把握网点优化方案制定、员工培训赋能、考核机制出台三项重点，自4月28日正式投产后，辖内网点转岗综服经理132人，其中厅堂服务97人、开放区10人、封闭区25人；封闭区/开放区综服经理较投产前经办柜员数量减少52人，降幅达59.8%；撤销专职核准19人；新增专职营销人员4人。辖内机构共组织3名（含）以上员工参与的外拓营销共132次，其中营销业绩达标的有效外拓共60次。

【资产质量管控】 2020年，中国银行邵阳分行多策并举狠抓不良管控和不良清收化解。年初修订出台《中国银行邵阳分行2020年信用风险管理考核办法》《邵阳分行2020年度不良清收化解和不良余额管控考核办法》，按月考核，按季兑现，奖罚分明。风险管理部牵头个金部、公司部制定不良催收“四定方案”，定目标、定措施、定责任、定时效，辖属机构对照“一行一策”名单式梳理、“一户一策”清单制管理落实催收规定动作。条线部门与基层机构联动，开展名单式梳理，按序推进。运用现金清收、法律诉讼、呆账核销等清收手段，多措并举，抓实成效。12月末，不良授信余额为9710万元，不良率为1.47%,较年初下降0.74个百分点，不良余额、不良率创近年新低，连续实现“双降”。

（王思琪）

·邮储银行邵阳市分行·

【概况】 2020年，中国邮政储蓄银行股份有限公司邵阳市分行（以下简称邮储银行邵阳市分行）资产规模614亿元，同比增长8.8%。各项存款余额583亿元，总量和净增均排全市国有银行第一位，各项贷款余额116亿元，当年新增22.2亿元，排全市国有银行第三位。全行实现收入5.82亿元，完成利润总额3亿元。截至年末，全分行个人储蓄存款余额110.22亿元，排名全省第一，当年新增7.26亿元，排名全省第二。“三农”贷款总量达29.75亿元，排名全省第三，年净增2.49亿元，完成省定净增计划任务的107.01%。小企业贷款余额8.02亿元，年净增1.3亿元，完成省定净增计划的129.7%，排名全省第四。消费信贷余额72.85亿元，年净增15.13亿元，排名全省第三。邮储食堂新增户达181634户，完成省行计划的162.17%，完成总量排名全省第一。

是年，市分行获评2020年度“邮政储蓄银行湖南省优胜二级分行”，获“业务发展综合奖二等奖”、全省“个人业务发展奖一等奖”“消费信贷业务发展奖二等奖”“网络金融发展奖一等奖”。

【风险管理】 2020年，邮储银行邵阳市分行以全面风险管理体系建设为主线，以风险意识树立和合规文化塑造为重点，以防范化解重大风险为底线，强化风险排查，落实问责机制，提升内控水平。突出资产质量管控和重点领域风险防范化解，在全辖开展诉讼清收攻坚活动和信贷资产质量提升活动，守住重大风险底线。全年未发生重大金融风险和重大安全事故，信贷资产不良率1.02%，资产质量优于同业。加强营业场所安全管理标准化达标创建和消防安全专项治理，安全保卫各项指标良好，全年未发生资金案件、安全事故。

【渠道建设】 2020年，邮储银行邵阳市分行突出效益指标，围绕加大发展两项存款、中间业务、加快发展非房消费贷款、稳固两小普惠金融等，出台2020年财务激励政策，支持重点业务发展。稳妥推进LPR存量换轨落地，围绕“三大建设”，编制三年规划计划目标，出台全市中间业务三年规划及中间业务倍增行动方案。进一步规范公务用车、办公用房、公务接待管理，全年“三公”经费控制在合理范围内。重点建设项目有序推进，购置生产车3辆，完成装修改造立项5个，上报洞口县市营运用房迁址项目，市分行营运大楼进入施工阶段。

【服务地方经济发展】 2020年，邮储银行邵阳市分行加大“两新一重”等新重点领域支持，全分行绿色信贷余额4.32亿元，完成三年规划计划任务的312.74%。决战决胜脱贫攻坚，金融精准扶贫贷款结余金额9.42亿元,完成全年计划的1933.6%，结对帮扶脱贫率达100%。市分行下辖机构、项目、个人均获省分行脱贫攻坚表彰，邵阳市分行获湖南省总工会颁发的“2019—2020年度金融扶贫先进单位”称号，隆回县支行获总行颁发的“脱贫攻坚先进单位”称号。绥宁东山花猪项目、南山牧业产业扶贫项目获“湖南省脱贫攻坚优秀项目”称号，周全安被评为“湖南省脱贫攻坚先进个人”。助力乡村振兴，涉农贷款余额61.4亿元，净增6.5亿元，完成全年计划的250.24%。普惠小微企业贷款结余28.3亿元，年净增6.9亿元,高于各项贷款增速8.63个百分点，户数8576户，余额净增完成全年计划的140.18%。落实中央减费让利政策，累计减免各类费用682.6万元。支持民营经济，累计向各类民生项目发放贷款61.54亿元。（马炜萍）

·邵阳市农信系统·

【概况】 2020年，邵阳市农村信用合作联社（以下简称邵阳市农信系统）辖1个办事处，10家农村商业银行，其中市级1家、县级9家，共有营业网点360个，从业人员3661人，是全市业务规模最大、网点覆盖最广、从业人员最多、农村金融服务最实的银行业金融机构。

【存贷业务】 2020年年末，全市农信系统存款余额1009.2亿元，较年初净增102.06亿元，增幅11.25%；贷款余额582.38亿元，较年初净增91.25亿元，增幅18.57%。支农支小作用突出，全年累放各项贷款800亿元，其中涉农与小微企业贷款累放620.83亿元，占比77.6%。

2020年7月，邵阳市人民政府与湖南省农村信用社联合社签订合作协议
（市农信合作联社办公室 供图）

【支持复工复产】 2020年，邵阳市农信系统组织全系统单位和员工为地方抗疫捐款捐物563万元；为922家实体企业发放复工复产贷款18亿元，为3047家小微企业贷款办理延期还本13亿元。

【扶贫信贷】 2020年，全市辖内10家农商银行纳税6.22亿元，其中邵东行和隆回行纳税超过1亿元，各行都是当地的纳税大户。以产业扶贫、扶贫小额信贷为重点，加大信贷投放力度，扶贫贷款余额10.32亿元，承担全市金融精准扶贫工作任务的92.55%。

【政银合作】 2020年7月2日，《邵阳市人民政府省农信联社深化金融服务推动经济社会高质量发展合作协议》签订，这是全省第一份市政府与省农信联社的高质量发展合作协议。（办公室）

·邵阳农商银行·

【概况】 邵阳农村商业银行股份有限公司（以下简称邵阳农商银行）是2015年12月挂牌开业的唯一一家将总部设在邵阳本地的股份制农村商业银行，由原邵阳市城郊农村信用合作联社和原宝庆农村商业银行重组改制而成。2020年，该行有在职员工531人（含业务岗派遣28人、退休返聘5人），设15个职能部门,下辖1个营业部、42个支行、9个分理处（其中2个歇业），共52个网点，网点遍布全市三区各街道与乡镇，网点数量居全市金融机构第一位。

【存贷业务】 截至2020年12月末，邵阳农商银行存款余额150.44亿元，较年初增加26.33亿元，增幅21.22%；贷款余额111.37亿元，较年初增加15.47亿元，增幅16.13%，存款增量、总量在市区金融机构中均排名靠前，贷款总额居全市前列，税收贡献在北塔区排名靠前。该行通过开展“党建共创、金融普惠”行动，与全市32个乡镇（街道）党委签订“党建共创”和战略合作协议；与220个村支两委（社区）签订“党建共创”协议；明确30名乡镇（街道）班子成员担任该行金融组织员、211名村支两委（社区）担任金融协理员。

【服务农业】 2020年，邵阳农商银行服务“三农”和小微企业、民营企业，服务区域实体经济，进一步加大对邵阳市重点行业、重点项目、“三农”、小微的信贷支持力度，对接全市银企洽谈业务，开展“两进两促”和“访客户、问需求、优服务”及信贷支持农业优势特色千亿产业发展等活动，促进市区农民增收、农业增长、农村稳定、小微民营企业发展和邵阳经济建设，是邵阳市新农村建设的金融主力军、邵阳人民自己的银行、地地道道的当地银行。全年累计发放各类贷款114.52亿元，其中小微企业贷款金额66.41亿元、涉农贷款金额24.9亿元。创建金融扶贫服务站30个，贫困农户评级面达100%，累计发放扶贫小额贷款6944.8万元，扶贫贷款余额1067.72万元，扶贫贷款不良率为零。（曾　锋）

·华融湘江银行邵阳分行·

【概况】 2020年，华融湘江银行邵阳分行年末各项存款余额168.35亿元，信用总量198.99亿元，信存比达118.2%，其中各项贷款余额153.19亿元，存贷比90.99%，较年初增加5.22亿元，在计提拨备1.27亿元基础上实现净利润2.1亿元。不良贷款率1.23%，低于全市平均水平0.58个百分点，其中新宁县支行实现零逾期。

开展新冠肺炎疫情防控工作，支持企业复工复产，累计为受疫情影响的企业和个人办理本金延期、利息延期贷款近14亿元，分行“六稳六保”纪实视频先后被邵阳市、湖南省、中国人民银行总行及省银保监局和总公司采用，获邵阳市政府支持疫情防控及复工复产通报表扬。加大对违规违纪行为的处理，全年党内处分3人次，对员工违规行为处理80人次。

分行获总行第九届运营条线业务技能大赛团体三等奖、新人全能第一名；辖内宝庆东路支行被评为省金融消费者权益保护标准化示范网点、所有网点均通过人行标准化网点评定，在2020年人行全市消保评价工作中被评为A，在2020年人行综合评价中被评为A；全年缴纳各类税费1.1亿元，连续十年获“湖南省纳税信用A级纳税人”称号。获总行第二届球类运动会团体一等奖、市银行业第五届“银协杯”徒步挑战赛团体第三名、市“银保杯”气排球第四名。一名驻村扶贫干部获湖南省金融五一劳动奖章和总公司专项表彰。

【业务发展】 2020年，华融湘江银行邵阳分行推进全行向大零售转型、公司业务内涵式发展，狠抓转型发展和客群建设。加快产业金融、民生领域转型，全年累计投放产业金融贷款47.83亿元，同比增加18.73亿元，成功营销“601”邵虹特种玻璃银团授信、宝科园双创债、市城投公司债等重大项目；强化与政府合作，获市级工伤统筹、武冈社保、隆回房维等专户以及各类监管资金支持；投放民生行业贷款10.76亿元，同比增加3.56亿元，成功营销综合收益高的新邵医共体重大项目以及市中心医院东院、市湘郡铭志学校、新宁“云河水务”等重点项目；持续加强智慧医院、学校营销，上线4个，推进4个，主要为当地知名单位。增强小微业务品牌影响力。截至12月末，分行小微贷款总余额、户数均排名全行第一，“银担贷”“创业贷”“风补贷”等业务排名全市第一；小微贷款余额26.3亿元，增加（与年初比，下同）3.07亿元，完成全年任务（下同）的118%；小微贷款户数1731户，增加446户，完成198%；普惠贷款余额30.62亿元，增加1.74亿元，完成133.58%。管理资产103.38亿元，增加12.39亿元；零售存款71.29亿元，增加9.29亿元；个人消费贷款13837户、36.46亿元，户数、余额均排名A类行第一；“华融闪贷”余额5.11亿元，增加2.6亿元，完成任务计划的252.4%，完成率排名A类行第一；信用卡发卡2197张、有效卡1177张，均排名A类行第二；工资代发人数新增10554人，完成129.48%。

【风险管理】 2020年年末，华融湘江银行邵阳分行不良贷款和全口径逾期实现双降，全口径逾期贷款余额3.08亿元，不良贷款余额1.88亿元，分别较年初下降0.27亿元、0.84亿元，控制在总行核定范围内；不良率1.23%，较年初下降0.61个百分点，低于全市平均水平0.58个百分点。非生息资产管理实现重大突破，7月31日完成拖延长达13年的市公安局原办公楼实际使用权交接，维护了该行股东权益；重点信用风险项目得到化解，12月30日完成正红盛源大厦一期和二期在建工程相关过户手续，推动全行第一件刑事裁判涉黑涉恶以及涉财产案件的执行，维护了该行贷款资金安全。不良贷款获批量处置，通过公开转让方式处置钟某莲集团、崀山宏基、弘毅商贸等不良贷款债权6笔、2.51亿元；借助司法力量，全年审结案件52件、3.21亿元，执结案件49件、6.26亿元，以物抵债、以物退赔5.3亿元，现金清收1.52亿元，结案或终本裁定金额占全行的一半以上；全年核销27笔、2.36亿元。加强授信后管理，对处在下行趋势的行业客户，办理无还本续贷、展期、借新换旧和调整还款计划等存在风险隐患的客户采取不定期检查；对自查发现的问题进行整改并分析原因，制定长效整改机制。防控其他经营风险，定期对差错多的网点和员工送教上门，组织新业务、新制度学习，对易出现操作风险的业务进行突击检查，远程授权、集中作业等差错率远低于全行平均水平；开展重要场所专项检查和不定期检查，整改安全隐患16处。

【金融服务】 2020年，华融湘江银行邵阳分行推进“轻型化”“智慧化”网点建设，先后落地76台轻型高、低柜，网点分流率保持在93%以上；对分行机房进行整体搬迁，增强系统运营稳定性；疫情期间，在控制风险前提下创新线上线下受理授信资料模式，及时回复客户诉求；开展送教上门活动，实施柜面服务远程视频督导。开展金融服务宣传，新增邵东市、西湖南路大祥立交桥、新宁县高炮广告，公交车、员工车车身广告，社区LED电子屏广告，地下车库灯箱广告及交通频道整点报时品牌宣传广告；续签隆回、洞口高铁候车室广告，邵阳南高铁出站口灯箱广告；组织员工在内外媒投稿，宣传分行支持复工复产、扶贫攻坚、公益献血等各类活动。（钟　军）

·中信银行邵阳分行·

【概况】 中信银行股份有限公司邵阳分行（以下简称中信银行邵阳分行）成立于2016年9月。截至2020年12月末，有网点1个、员工34人。存款时点余额34.11亿元，较上年增长11.65亿元，增幅51.86%，时点增量在邵阳全市12家商业银行中排名第三。存款日均余额31.68亿元，较上年增长13.03亿元，增幅69.87%，日均增量在长沙分行排名第一；表内贷款余额36.44亿元，较上年增长22.84亿元，增幅167.94%。

2020年，中信银行邵阳分行综合考评获A类行第一名，被评为“2020年度长沙分行先进集体”；被人行邵阳中支行评选为“2020—2021年湖南省金融消费者权益保护标准化网点”。公司条线、零售条线分别以优异成绩获“优秀经营机构”“最佳综合零售银行”等称号。

【经营管理】 2020年，中信银行邵阳分行业务实现跨越发展。存款规模达到新高，截至年末，对公存款日均余额26.34亿元，较上年增长11.6亿元，增量排名长沙分行第二。12月，存款总规模突破50亿元，达到历史新高点。投行业务实现破零，分行创新银政合作模式，全力营销隐债置换业务机会，累计为邵阳城投发放隐债置换贷款24.5亿元。其中投行业务历史首度破零，9月落地长沙分行首笔“双牵头、双代理”模式银团贷款，是邵阳当地单笔金额最大的政府隐债置换贷款，仅用20个工作日落地，获邵阳政府高度认可。国际业务实现破零，8月落地长沙分行首笔平台客户国内证业务，11月落地长沙分行首笔医院、医药行业国内证业务。机构业务取得进展，12月成功落地土拍保证金13亿元，同时全年落地市本级专项债资金5.1亿元，份额在全市12家商业银行中位列第一。链式营销及交易银行业务取得突破，落地长沙分行首笔信e融业务，落地长沙分行首笔医院类网银版信e链业务。再贴业务创新高，票据再贴现发生额突破15亿元，蝉联长沙分行辖内第一。

【零售业务】 2020年，中信银行邵阳分行营业部网点产能评级为A类，全国排名第四，长沙分行排名第一。零售管理资产首次站上12亿元新台阶，达到12.29亿元，较上年年末新增3.63亿元，零售存款规模达到6.75亿元，较上年年末新增2.13亿元，位居邵阳市股份制商业银行首位。

【风险管控】 截至2020年年末，中信银行邵阳分行总资产余额59.5亿元，其中不良资产为197万元，不良率0.033%，无一笔对公不良，不良率和不良额远低于当地同业平均水平，资产质量良好。分行围绕风险合规文化季，营造风险合规文化氛围，恪守合规制度，全面打造“平安中信”，确保全年平安运营，无重大风险事件发生。

（中信银行邵阳分行办公室）

保险业

·综　述·

【概况】 截至2020年年末，邵阳市共有保险公司30家。其中，人身险中心支公司（分公司）18家，地市级营销服务部1家，从业人员27168人，实现原保费收入64.85亿元，居全省第四位，同比增长13.26%，赔（给）付支出12.5亿元；财产险中心支公司（分公司）11家，从业人员5808人，实现保费收入30.32亿元，全省排名第四，同比增长8.07%，理赔支出18.68亿元。有保险专业中介机构22家，其中保险代理机构19家、经纪公司3家，中介从业人员7422人。全市保险业在做好疫情防控的同时，支持企业复工复产和服务实体经济，辖内保险业整体发展平稳，风险可控。

2020年，邵阳市保险协会制定《邵阳市人身保险业防范治理销售误导自律公约》《邵阳市人身险营销员流动自律公约》，多次组织财险公司学习车险自律有关文件，维护市场秩序。截至12月31日，在市区累计调解案件691件，调解成功570件，成功率82.5%，调解金额2443.83万元。受理各类投诉118件，其中32件直接进入人民调解程序，成功调解30件，调解金额423.8万元。9月对60余名人民调解员分别进行为期3天的培训。评选出邵阳市人身险业10名“十佳诚信柜面服务明星”、10名“十佳最美维护保险消费者权益人物”。

【支持疫情防控】 2020年，邵阳银保监分局督促各保险机构落实新冠肺炎疫情防控要求，加强对从业人员的排查及隔离，全市保险从业人员中有2人确诊并及时治疗出院。全市保险业累计向抗疫一线人员和医护人员捐款13.36万元、口罩3.38万个、防护服80套及酒精、消毒液等300余公斤。中国人寿、吉祥人寿、人保财险等公司无偿为全市53915名一线抗疫及医护人员捐赠保额137亿元的保险保障。邵阳保险业支持复工复产，各财险公司创新保险产品，并为企业复工复产捐赠保险保障和免费扩展保险责任。其中，平安财险为辖内156家小微企业提供专项保险保障“平安乐业福”，太保财险为市公共汽车扬子巴士司乘人员及其家属提供1亿元的新冠肺炎保险保障。

【服务民生】 2020年，邵阳市保险业累计实现保费收入95.17亿元，全省排名第四，增速11.55%，居全省首位。服务“三农”发展，辖内保险业累计承保生猪336.81万头、水稻等农作物2209.33万亩，为参保农户提供134.72亿元的农业保险保障，向8.11万户农户支付赔款2.77亿元。助力脱贫攻坚，累计为辖内91.45万建档立卡贫困户提供“扶贫特惠保”保险保障，先后向44256人次贫困户支付赔款5087.2万元，“防贫保”为辖内12.25万户脱贫户提供29.87亿元返贫风险保障。服务“健康中国”战略，拓展大病保险、健康保险、意外保险等保险业务，为全市280万人提供城乡居民大病医保；为377万人提供意外医疗保障，累计为4.46万人次落实医疗补偿，补偿金额1.96亿元。服务养老保障体系建设，丰富老年人保险产品供给，推动商业养老年金保险业务健康发展，为4.59万名参保人群积累8.81亿元的养老保险责任准备金，较年初增长38.96%，向33.22万人次支付养老金1.5亿元。

【保险市场监管】 2020年，邵阳银保监分局召开消费者权益保护专题会议，全年开展信访核查，组织辖内保险机构开展消费者权益保护宣传。推进保险业市场乱象整治，强化非现场监管，开展现场检查，落实处罚措施，开展保险业市场乱象整治“回头看”；开展反洗钱和反恐怖融资、履职回避排查、案件（风险）信息全面排查；打击保险欺诈、代理退保、虚列费用、违规销售等市场乱象。邵阳银保监分局稳妥处置天安财险邵阳中支接（托）管工作，开展“10·25”沪昆高速雪峰山隧道半挂车车辆燃烧事故保险理赔工作，及时处置保险从业人员参与“数字货币”传销事件，有效应对“寒露风”灾情，保险市场运行平稳。（陈 蛟）

·邵阳平安人寿·

【概况】 中国平安人寿保险股份有限公司邵阳中心支公司（以下简称邵阳平安人寿）成立于2003年。2020年，拥有邵东、武冈、邵阳县支公司3个支公司、新邵、隆回、洞口3个营销服务部，共有内勤员工81人、寿险代理人2334人。服务网络遍布全市，向客户提供全周期人身保险产品和服务。

2020年，在财务新口径下，邵阳平安人寿累计实现个银电互联网总保费7.15亿元，创经营收入7.43亿元，期缴新单保费收入1.32亿元。各项赔款和给付金额共8115.8万元，同比增加1165万元，赔（给）付率11.35%。资产总额约33亿元，同比增加5.4亿元，增长19.72%。

【业务发展】 2020年，邵阳平安人寿业务发展稳中求进。险种保费收入注重保障型产品销售，人寿保险实现保费收入4.21亿万元，同比增长-5.96%；意外险实现保费收入2609.3万元，同比增长-3.94%；健康险实现保费收入1.78亿元，同比增长11.5%。渠道保费收入主要以个险为主，截至12月末个险渠道实现总保费6.25亿元，同比增长-1.46%，渠道占比87.41%；中介业务渠道实现总保费87.4万元，较上年同期保费收入同比增长-5.72%，渠道占比0.12%；直销（电销及互联网销售）渠道实现总保费8913.7万元，较上年同期保费收入同比增长1.18%,渠道占比12.47%。

全年个银电互联网总赔付、给付支出8115.8万元，同比增长16.76%。其中，人寿保险累计赔付、给付支出4276.5万元，较上年同比增长0.55%；意外伤害保险累计赔付、给付支出240万元，同比增长66.67%；健康险累计赔付、给付3599.3万元，同比增长40.94%。各项变化均属于正常风险控制范围之内。

全年缴纳税款763.9万元，同比增加58.2万元，增长8.24%，其中代扣个人所得税等税金197万元。总保险金额约2140亿元，同比增加约692亿元，增长47.79%。

【战略转型】 2020年，邵阳平安人寿持续推进全面改革转型，通过“渠道+产品”双轮驱动及科技赋能，打造数字寿险新模式。

依托“产品+”策略，构建多层次产品体系，拓展服务边界，满足客户风险保障及相关服务需求。在保障型产品方面，分客群打造保障范围更全的保障系列产品，升级现有旗舰保障产品，上市新的重疾产品，开发意外保障类新产品，客群覆盖范围更加广泛；针对细分市场，采用“专属产品+服务”模式，推出针对特定人群如糖尿病人群的专属产品来匹配客户健康周期，并提供不同的健康管理服务来满足各类客群全方位的健康风险管理需求。在长期储蓄型产品方面，加大产品开发和长缴业务推动力度，满足不同客户的长期储蓄型保险需求。

依托“科技+”策略，推动营销、客服、经营等流程智能化升级。在数据化营销方面，实现代理人队伍管理从新人招聘、队伍培养、销售支持等环节的全流程智能化。在数据化客服方面，实现保全业务办理、核保等流程智能化升级。在数据化经营方面，打造数据经营管理平台，支持“数据秒查”“问题定位”“异常洞察”三大核心功能，全面覆盖业绩、队伍、产能、产品、客户、服务等经营指标数据，实现经营管理的“先知、先觉、先行”。

【合规经营】 2020年，邵阳平安人寿主动加强合规管理，提升风险防范水平。完善内部管控流程和覆盖面，推动业务管理、风险合规、审计稽核三道防线形成合力；加强内控制度建设，补齐制度机制短板，守住风险底线，培育合规文化，将风控工作常态化、制度化，确保不发生系统性风险。开展非法集资宣传活动、反洗钱宣传月、“3·15”消费者权益保护日、“7·8”保险宣传日、金融知识普及月等各类专题宣传活动，以及户外社区宣传、线上宣传员工转发等，普及社会公众的保险常识。开展扫黑除恶、乱象整治回头看、促进合规建设、反保险欺诈、案件防控落实、涉非涉稳风险排查等专项工作。全公司形成从上至下的合规督查模式，通过自查、互查、统查，进一步强化员工的自主合规意识，紧跟监管形势，对违法违规行为坚决“零容忍”。

全年未发生重大风险事件、重大违规事件及重大案件，未受到监管处罚。

【公益事业】 2020年，邵阳平安人寿在新冠肺炎疫情期间发挥保险保障功能，履行保险义务，为全体市民提供各类保障服务工作。向全市所有疾控和医护人员无偿提供专属风险保障，人均保额50万元。

面向全市赠送10949个“E路平安保险计划”免费保险，被保人因新冠肺炎导致身故或伤残的，最高可获赔10万元,总保额接近10亿元。

针对400万元的重疾险“E生保”扩充责任范围，对涉及新冠肺炎疫情的无等待期，0免赔额，2214名客户受益，累计保额88亿元；为2200余名平安代理人免费提供新冠专属保险，保额90万元，为85名平安员工免费提供新冠专属保险，保额40万元；实时关注疫情变化，开通绿色通道，为客户提供“简单便捷、友善安心”的理赔服务（包括7×24小时线上服务，线上完成理赔报案与申请；对疑似或确诊客户，一经获取信息后安排专人对客户理赔予以全程指导；开通理赔绿色通道，快速处理,第一时间完成赔付；对急需资金的客户，通过特案预赔通道预付赔款，缓解客户就诊资金压力）；所有购买费用补偿型医疗保险产品的客户，如感染新冠肺炎，针对相关治疗推出取消药品限制、取消诊疗项目限制、取消定点医院限制、取消等待期限制、取消免赔额五大人文关怀举措。（唐红妹）

·邵阳国寿·

【概况】 中国人寿保险股份有限公司邵阳分公司（以下简称邵阳国寿），是中国人寿在邵阳从事寿险业务的市级机构。2020年，本部设11个部室，下辖9家综合性支公司、1家城区支公司和71个营销服务部，有劳动合同制员工371人，销售队伍10438人。

全年实现总保费收入27.16亿元，同比增长8.2%，绝对值居全省第二位，以38.74%的市场份额稳居行业第一。缴纳增值税等各类税款1339.6万元。公司经营考核为AA类公司，考核排名位居全省第六。实现系统员工、销售队伍新冠肺炎零感染，未发生员工和销售人员案件及行政处罚案件，省对市风险监测指标评级结果由B级上升为A级。

年内向全市医护人员捐赠70万元/人的风险保障，向群众赠送保险4万余份；2月8日和10日率先为邵东和隆回2名确诊感染新冠肺炎的“湘女关爱保”客户1个工作日内完成保险捐赠；为抗疫救灾、脱贫攻坚、捐资助学等捐赠支出40余万元，投入5.13万元开展“创建国家森林城市”生态廊道建设。

是年，公司获评邵阳市“消费者权益保护先进单位”，6个市、县的客户服务中心被湖南省保险行业协会评为“湖南省人身险业星级柜面”。邵阳分公司、新邵客户服务中心及多名驻村扶贫队员获评市政府攻坚先进集体和先进个人。

【保险服务】 2020年，邵阳国寿落实健康中国战略，承办邵东、隆回、武冈3个县市大病保险服务，累计为3.13万人次提供城乡居民大病保险补偿，补偿金额达1.4亿元，次均补偿金额为4488.44元，其中困难人员共补偿16928人次，补偿金额4062.15万元；在北塔、新邵、邵阳、洞口、武冈、绥宁、新宁、城步8个县市区开展城乡居民意外伤害委托经办业务，累计为4.56万人落实医疗补偿，补偿金额1.86亿元；发展商业健康保险，截至年底，个人长险有效投保人数达41.73万人，提供风险保障近1300亿元，累计支付各项满期及赔付5.22亿元，给付件数超10万件，理赔件均时效1.07天，其中小额医疗理赔件均时效仅0.06天，当年全市单笔最大疾病赔付金额140万元。完善养老保障体系，开展银龄安康行动，全年承保老年人超过20万人，为参保老人提供近20亿元的风险保障；拓展企业年金，在全市23家企业建立企业年金制度，管理总资产规模达到2029万元，养老保障产品规模达到7873万元，为企业提供补充养老保障。服务教育优先发展，为全市45万多名在校学生提供180亿元的风险保障，有效解决学生在校期间各种人身意外伤害和住院医疗费用问题；在1317所学校推广教师保险，惠及2万余人，累计风险保额达560万元。（刘　军）

·邵阳平安财产·

【概况】 2020年，中国平安财产保险股份有限公司邵阳中心支公司（以下简称邵阳平安财产）有内外勤员工121人，在全市9个县市均设立分支机构。经营的主险超过1000种，经营业务范围涵盖车险、企财险、工程险、责任险、货运险、农业保险、短期健康险与意外险等法定产险业务及国际再保险业务，为个人、家庭、企业提供全方位的保险保障服务。

公司推进“科技+金融”，人工智能、区块链、云计算、大数据等技术应用在公司多个业务节点。其中，车险AI持续优化业务流程，实现96.4%现场案件5~10分钟极速处理；智能闪赔实现秒级定损定价，极简流程理赔服务“信任赔”，最快一单理赔仅耗时30秒，平均耗时不到3分钟；车险理赔触点客户净推荐率高达80%以上。“平安好车主”App通过聚合优质的车生态服务资源，为用户提供车保险、车服务、车生活一站式服务。同时，通过大数据、物联网等创新应用，聚合多项服务能力打造大数据风控开放平台，以“保险+风控”“线上+线下”的创新模式，持续提升风险管控能力，向客户提供专业化、科技化的风控服务。将牲畜识别、人脸识别、声纹识别、OCR票证通、卫星遥感、无人机等科技创新引入农险，为农险承保、查勘、风控、理赔等环节的难题提供相应解决方案，并大幅提升业务效率。

（邵阳平安财产办公室）

证 券 业

·国泰君安证券·

【概况】国泰君安证券股份有限公司邵阳宝庆西路证券营业部（以下简称国泰君安证券）是国泰君安证券股份有限公司在邵阳地区设立的唯一分支机构，归属国泰君安证券股份有限公司湖南分公司管理,前身是国泰君安证券股份有限公司长沙五一东路证券营业部邵阳服务部,2014年更名为邵阳宝庆西路证券营业部。经营范围包括证券经纪、证券投资咨询、融资融券、证券投资基金代销、为期货公司提供中间介绍业务、代销金融产品。

2020年，国泰君安证券租地面积340平方米，年末资产总计1.92亿元，其中固定资产总值33.84万元，正式员工10人，均为本科或以上学历，具有投资顾问资格5人，具有基金从业资格6人，期货从业资格4人。设合规风控部、营运管理部、客户服务部、零售与财富管理部。国泰君安证券设有业务办理大厅，下设客户咨询区、业务办理区、智能服务区、客户休息区。

全年实现营业收入1303.51万元，同比增长43.50%。其中手续费及佣金净收入1066.25万元，同比增长51.34%；利息净收入237.26万元，同比增长16.36%。营业支出568.48万元，同比减少0.09%，与上年基本持平。其中，营业税金及附加12.45万元，业务及管理费556.03万元，同比减少0.9%。营业利润735.03万元，同比增长116.57%。年末客户保证金余额1.76亿元，指定与托管证券市值15.02亿元，累计资金客户数（不含辅资金账户数）75818户，同比增长10.12%，其中机构客户数44户，同比增长18.92%；期末沪深证券账户数（含B股）147333户，同比增长10.59%；融资融券客户数872户，同比增长7.26%，其中机构客户数8户；IB业务客户数266户，同比增长26.07%，其中机构客户数2户。累计A股交易金额408.54亿元，同比增长52.20%。

2020年，国泰君安证券邵阳营业部开展“打击股市黑嘴 打击场外配资”宣传活动

（国泰君安证券 供图）

年内营业部成功引入限售股减持业务，合计资产约13亿元，其中机构8.5亿元。实现首例减持业务，为营业部带来近15万元的创收。因长沙减税财政优惠政策，该项目落地国泰君安证券股份有限公司长沙五一大道证券营业部。举办“3·15”投资者保护主题教育、防范非法集资宣传、《中华人民共和国证券法》宣传、打击“股市黑嘴”“非法荐股”“场外配资”及相关“黑群”“黑App”专项整治户外宣传，“反洗钱、反恐怖融资、反逃税”活动等投资者教育活动。为应对新冠肺炎疫情，为客户提供40余项业务在线办理，召开29场线上交流会，确保专业服务不掉线。

（刘 响）

·湘财证券·

【概况】2008年，湘财证券股份有限公司邵阳建设南路营业部（以下简称湘财证券）以证券服务部形式入驻邵阳市区，初期员工3人，客户数不足100人，托管资产不足1万元。2009年成立证券营业部，人员扩充，经历两次营业地址搬迁。到2020年，湘财证券已发展为客户数量超3万人，托管资产规模超10亿元的综合化证券营业部。办公面积329平方米，有员工编制总经理1人、合规岗1人、柜台1人、投资顾问3人、客户经理4人、经纪人20人，业务范围涵盖证券经纪；证券投资咨询；融资融券；证券投资基金代销；代销金融产品，从开户到融资、风险对冲，跨市场配置，双向交易品种，让客户体验一站式多金融服务，根据投资者适当性风险评估，为投资者量身打造合适的投资组合，合理控制风险，从而实现投资者资产保值增值的目标。

【经纪业务】2020年，湘财证券经纪业务工作安排被突如其来的新冠肺炎疫情打乱，为保证公司的正常工作和经营秩序，营业部按照既定工作预案，科学部署，多方协调，2月17日在取得地方部门同意下安排部分员工率先复工，保证营业部平稳正常运营。整个疫情期间，营业部无涉疫事件发生。为化解因创业板注册制改革带来的经纪业务推广难度的提升，营业部从中小散户客户数量众多的实际出发，了解客户风险承受能力和投资需求，提示客户理性参与创业板投资，引导客户以场内交易型指数基金和开放式基金做长线配置，公募基金销售4579.04万元，私募基金销售251.25万元，均创出营业部创建以来的新高。截至年底，营业部开立资金账户2634个，其中全年佣金收入在200元以上的有效户达95个，有佣金收入的新开户达到265个，新版交易软件百宝湘注册数达到4143个。

【投资者教育】 2020年，随着证券市场投资活跃，非法证券活动也逐步增加，场外非法期权、期货市场、非法虚拟货币市场、非法荐股杀猪盘等欺诈手法层出不穷，湘财证券收到投资者反馈的关于假借公司名义的非法证券活动超过15起。为此，湘财证券展开全年的投资者教育工作。及时提示投资者规则的变化，可能出现个股的投资风险，如ST以及退市个股的风险提示、注册制规则下的新股上市的前五个交易日无涨跌限制、注册制的创业板和科创板涨跌幅变为20%；完成全年小型投资者教育活动7场，举行“3·15”创业板注册制投资者教育专项活动，推出打击防范非法证券专项活动，惠及投资者超1000人；从3月开始，每日整理晨会资讯及时送到客户手中，让客户足不出户即能了解市场动向。

【反洗钱工作】 2020年，湘财证券落实合规风控及反洗钱工作。重新修订并完善营业部内控制度，将各部门纳入合规与反洗钱的考核管理，每月进行合规及反洗钱考核打分，并与全体员工月度绩效考核挂钩，安排专人定期自查，发现问题及时汇报整改；及时开展湘财证券风险监控管理平台、反洗钱预警系统以及实名制预警系统的预警信息处理，加强合规风控及反洗钱宣传培训工作，对湘财证券所有的规章制度、业务流程、合同协议、营销方案以及向监管部门和自律组织报送的材料等进行合规监督与审核，将各项合规要求落到实处；加强与当地人民银行等监管机构沟通，及时准确完成监管机构下达的各项工作，反洗钱分类评级由B类上升为A类。（黄曾宇　万雯静）

·财信证券·

【概况】 财信证券有限责任公司邵阳城北路证券营业部（以下简称财信证券）成立于1998年1月，历经财信证券、大鹏证券、财富证券的变更。2001年，财信证券由邵阳市大祥区红旗路金信大厦整体搬迁至红旗路老百文纺织品大楼，营业面积扩大到3000多平方米，拥有大户室42间，6个大的中户区，交易平台和投资环境逐年改善和提升；2015年，财信证券再次整体搬迁至邵阳市大祥区城北路西湖桥旁彩虹大厦，营业面积1236平方米，拥有集中型客户区及10个客户室。2020年，由财富证券邵阳城北路证券营业部更名为财信证券邵阳城北路证券营业部，隶属于湖南财信金控集团下的子公司——财信证券。2020年年初新设托管营业部——邵阳县白虎街证券营业部。

2020年，财信证券收入3116万元，利润2148万元，股票基金交易量为628亿元，市场份额0.143‰，新开客户数2584个，有效户数567户，两融日均余额17472万元。截至年底，财信证券有客户87483个，客户资产34亿元。

随着市场发展需求，财信证券逐步由传统的通道经纪业务向财富管理转型，根据客户的适当性管理及风险承受能力，为客户搭配适当的理财产品，如权益产品、固收产品及投顾产品等。2020年权益产品销售6871万元，固定收益类产品日均保有15238万元，投顾服务产品签约客户120人，收入21.25万元。

财信证券推进客服服务工作，搭建完善的客户服务体系，基础服务、股市沙龙、投资报告会三管齐下，打造“睿智投资、财富相伴”客户服务品牌。根据客户需求，进行电话、短信服务，提醒客户新股中签缴款等；定期邀请不同客户参加股市沙龙、投资报告会等活动，对投顾产品签约客户进行实时跟踪指导服务。

是年，财信证券获评“2020年邵阳市反洗钱工作先进单位”，被湖南证券业协会评为“精准扶贫最佳支持单位”。（覃　祎）

教育·科技

教 育

·综 述·

【概况】 2020年，邵阳市有各级各类学校、幼儿园3085所，其中幼儿园1608所、中小学校1394所、普通高校3所、成人高校1所、中等职业技术学校69所、特殊学校10所；在校学生、幼儿138.45万人，其中幼儿园20.01万人、小学58.78万人、初中31.40万人、高中14.37万人、普通高校4.61万人、成人高校1.13万人、中等职业技术学校7.92万人，特殊学校0.23万人。其中民办学校、幼儿园1069所，在校学生、幼儿21.81万人。在编教职工6.44万人，其中幼儿园0.24万人、小学2.64万人、中学3.06万人、普通高校2834人、成人高校61人、中等职业技术学校1871人、特殊学校274人。

是年，市直教育系统创建五化合格支部70个，达标率100%，创建湘郡铭志学校党支部为市直民办教育系统“标杆党组织”。对71名优秀共产党员、20名优秀党务工作者进行表彰。开展党员志愿服务1523次，1548名党员（含退休）自愿筹捐款27.76万元支持新冠肺炎疫情防控。开展“党课开讲啦”活动，获省级一等奖1个、二等奖2个、三等奖3个，获奖数量居市州前列。整治教育扶贫、违规办学、中职学校违规招生、中小学食堂、民办教育中存在的突出问题，发现问题线索129个，受理信访举报77件，立案查处问题95个172人,追缴资金1600.44万元,上交财政资金41.75万元,退还群众1558.69万元。

【教育改革】 2020年，邵阳市坚持建设教育强市战略，落实中央关于《深化新时代教育评价改革总体方案》意见，制定邵阳市的落实方案，破除“唯分数、唯升学、唯文凭、唯论文”问题，推动教育教学回归育人本源。加大教育投入，改善基础条件,确保2021年“3+1+2”新高考模式在邵阳平稳落地。教学工作主动对接新高考，加大教师培训力度，确保师生适应新高考要求。完善义务教育新生入学办法，义务教育公办学校坚持免试划片就近入学；实行民办学校招生网上报名、公民同招、超员摇号；随迁人员子女入学以居住证为主要依据。完善高中阶段招生制度，严查普通高中、中职学校违规招生行为。推进职业教育改革，加快职教新城规划、选地、建设步伐。推进小区配套小学、幼儿园，进一步解决“入公办园难、入民办园贵”问题。深化育人方式、办学模式、管理体制和保障机制改革。摒弃“唯分数论”，优化教育评价导向。全面规范校外培训机构办学，解决校内减负、校外增负难题。市委、市人大、市政府、市政协坚持教育优先发展战略，多次调研教育工作，召开会议研究部署教育改革的发展方向和措施，优先保障教师待遇，设立综合考核奖励的办法提高全市中小学教师工资待遇，依法确保义务教育教师平均工资收入水平不低于公务员平均工资收入水平，并建立动态调整机制和长效对比机制。

全省中小学思政课教师“立德树人”教学风采竞赛邵阳选拔赛赛场（2020年11月）
（市教育局 供图）

【民族教育】 2020年，邵阳市优先安排民族教育经费、改善教师待遇，促进民族地区教育发展。截至年底，每个民族乡建设1所公办幼儿园，因地制宜办好村级幼儿园，鼓励适龄幼儿人数较少的村由当地小学附设幼儿园，逐步完善县、乡、村三级学前教育网络。增加民族乡中小学配套设施建设资金，改善办学条件，保障学位供给，实现100%入学；根据国家政策，提高民族乡中小学教师待遇，保障师资配备；加大民族乡中小学教师培训力度，鼓励城市学校教师开展结对帮扶的支教政策，提高民族乡中小学教学质量。继续推行高中招生中少数民族学生优惠政策，提高少数民族学生录取比例。

【品德教育】 2020年，邵阳市教育系统推进思政课程建设，学校组织书记、校长带头加强教学研究，鼓励思政课教师在课堂上采用案例式、探究式、体验式、互动式等教学方法，引导和帮助学生树立正确的理想信念，把人生抱负落实到脚踏实地的实际行动中。启动大中小学思政课“手拉手”一体化集体备课试点，探索建立大中小学思政课教学集体备课的协调机制。其中邵阳市三中党总支书记、校长全程指导学校思政课教学方法创新研讨会暨首届“思政论坛”。运用当地红色文化资源，围绕重要时间节点，组织开展传承红色基因主题教育活动，引导学生厚植爱国主义情怀。弘扬中华优秀传统文化，各学校开展经典诵读和戏曲、书法、国画、传统体育进校园等中华优秀传统文化传承活动近1800场；利用清明、端午等民族传统节日，突出“孝敬、友善、节俭、诚信”主题，在全市中小学生中开展“我们的节日”经典诵读主题活动。

【教师队伍建设】 2020年，邵阳市教育系统加大教师队伍补充力度。市直学校公开招聘103人、公开选调43人、人才引进6人。提高教师地位待遇，确定市直义务教育教师综合考评标准人均1.7万元，市财政投入3700余万元，将市直中小学校的综治奖、文明奖全部纳入财政预算，确保义务教育教师平均工资收入水平不低于市直机关公务员平均工资收入水平。创新机制加强队伍管理。开展基层中小学职称评定，吸引和鼓励优秀的乡村教师扎根基层；建立健全教师编制动态调整机制，出台市直教育系统人员招录及流动有关规定，确保优秀人才“留得住”；通过讲廉政党课、优秀教师巡演、红色教育基地观摩、思政课教学风采竞赛、“廉洁学校”创建等方式引导教师争做“四有”好老师；出台《邵阳市教育系统管理人员九条禁令》，在学校首次开启“交叉监督”，全面规范师德师风。推进国培计划和省培计划，组织市培计划和县培计划，培训教师1.18万人次；对全市所有贫困县教学点的2390名教师进行专项培训,促进城乡区域教育均衡发展。

【教育督导】 2020年年初，邵阳市组织各县市区教育督导部门对所辖区域内所有学校的开学情况进行全面督查，对控辍保学和校园新冠肺炎疫情防控工作综合督查，对存在的问题下发整改通知，督促及时整改到位，确保春季开学工作稳定有序开展。4月，组织武冈市、洞口县、新宁县成立义务教育监测工作领导小组。9月，对武冈市、洞口县、新宁县抽取2020年秋季学期义务教育阶段五年级和九年级学生，以及相关学校校长、参测学生在四年级和八年级时相应的科学教师、道德与法治教师，班主任教师以及具备条件的学校配备的心理健康教育教师，接受国家基础教育质量监测。同时对义务教育教师工资待遇落实情况、幼儿园办园行为、义务教育基本均衡发展国家评估验收攻坚、市示范性幼儿园和市示范性高中等工作，进行专项督导评估，推进全市教育系统进一步端正办学思想、规范办学行为、提高管理水平和教学质量。11月，新邵县作为抽检县代表湖南迎接国家义务教育均衡发展验收并顺利通过，至此全市12个县市区全部通过国家义务教育均衡发展评估验收。贯彻《教育督导条例》，开展第十四届教育督导与评价优秀论文评选活动，从申报的论文中评选出一等奖28篇、二等奖47篇、三等奖52篇。各县市区教育督导部门定期上报督导通讯报道，经市级审核通过后将优秀通讯稿上传省教育督导网，向全省宣传市教育督导工作开展情况，年内投稿170篇。

【改善办学条件】 2020年，邵阳市改造乡村小规模学校169所、乡镇寄宿制学校163所，投入资金10.77亿元，基本实现小规模学校、乡镇寄宿制学校办学条件标准化。加大对城区义务教育学校办学条件的投入，利用各级建设资金近40亿元，完成改扩建项目近180个，增加学位近20万个，基本消除义务教育56人以上大班额，全面消除义务教育66人以上超大班额，城乡学校基础设施差距缩小。规划建设芙蓉学校16所，其中第一批9所、第二批7所，规划新增教学班级457个、学位2.14万个，新增校舍建筑面积32万平方米，计划总投资13.5亿元；年内完成投资12.5亿元，完成计划数的93%，新增校舍建筑面积16.64万平方米，8所投入办学，8所完成主体施工。推行区域集团化办学，城镇优质中小学对口帮扶薄弱学校。发展教育信息城乡一体化，全市义务教育学校宽带接入率达100%，多媒体教室普及率达100%，教师教学空间开通率达80.01%；年内新建30所网络联校主校，带动68所乡村薄弱学校发展，受益教师4100人、学生78756人；大祥区创建为湖南省教育信息化实验区，武冈市创建为湖南省“基于教学改革、融合信息技术的新型教育学模式”实验区。

【学校安全】 2020年，邵阳市教育系统成立学生安全专业委员会，行使维护校园及周边安全的职责，市委政法委、市公安局、市教育局、市城市管理综合执法局等18个单位为成员单位。4月，统一部署对城区校园周边乱象进行一次大范围的集中整治并采取多种措施巩固整治成果。依托学校安全委员会及校车办工作平台，对全市校园、校车安全管理作出部署，制定校园安全工作指导性、规范性文件50余份，对教育系统不同阶段安全工作进行谋划。推进“三项设施”“护学岗”建设，全市中小学、幼儿园新增配专职保安2026人，占总数的56%，中小学封闭化管理完成率达95.2%，城市中小学（园）护学岗达100%。健全隐患排查机制，常态性组织风险隐患排查，有针对性开展安全教育和演练。加强学生防溺水宣传教育，4—10月学生溺亡人数较上年大幅下降。将防治学生欺凌和暴力工作制度纳入学校安全工作统筹，健全应急处置预案，建立早期预警、事中处理及事后干预等机制。各校每学期均邀请法治副校长到学校作法治讲座，定期检查学生携带管制刀具等危险物品进入学校的行为，针对重点学生、重点区域、重点时段开展防治工作。全市各级各类学校未发生重大安全事件或恶性事件。市直学校重点部位监控接入社会视频综治系统，三年安全行动计划稳步推进。

【考试工作】 2020年，邵阳市有

63612人报名参加普通高校招生考试，其中文科类22713人、理科类30584人、职高对口类10315人，单招录取13595人，实际参考50017人。高考设10个考区32个考点1670个考室，考风考纪良好，各类信息采集无差错，录取工作无障碍，实现组考工作零差错。中小学教师资格考试报名人数30969人，设6个考区19个考点。普通高校招生美术专业考试报名人数1901人。全国英语等级（简称PETS）考试16329人报名，设6个考点。报名参加全国各类成人高校招生统一考试24769人，比上年增加4000多人，其中高中起点升专科12263人、高中起点升本科1278人、专科起点升本科11228人，设17个考点。下半年学士学位外语考试3684人。2021年下半年学士学位外语考试3684人。2021年硕士研究生报名6987人。自学考试组织8月和10月两次笔试，报考总人数16145人次47134科次。组织完成7次共28万人参加的各类国考、社考，考生人数居全省第二位。

【就业工作】 2020年，邵阳市教育局配合相关部门，开展“特岗计划”“大学生村官”“选调生”“三支一扶计划”“政法干警定向招录”等基层项目和毕业生入伍预征工作。配合人社局、总工会、高校组织民营企业招聘周、情暖三湘招聘月、春秋季大型校园招聘会等活动，为高校毕业生求职搭建平台。完善信息平台，创新服务方式，在市教育局官网上发布《关于邵阳市毕业生档案接收办法的通告》，开通扫描二维码、输入姓名即可查询档案去处的管理程序,方便应届毕业生了解毕业后档案回原籍的操作流程。配合市内4所高校组织应届毕业生参加教育部、教育厅举办的网上招聘活动；协同市人社局、市财政局联合高校2020年毕业生申请创业生活补贴进行专项审核，让真正家庭经济困难的毕业生享受每人1200元的创业生活补贴。8月底开始指导各县市区教育局配合当地人事局跟踪贫困生就业情况,开展就业帮扶工作，到10月下旬全市建档立卡贫困户家庭高校毕业生就业全部清零。

【学校体育卫生】 2020年，邵阳市教育系统广泛开展全市中小学生田径运动会、中小学生羽毛球比赛、中小学生足球联赛等体育比赛，开展阳光体育活动，确保学生每天锻炼1小时，增强学生的体质。进一步加强近视防控，依托市近视防控基地医院开展中小学生防近视宣传教育，在中小学校开展视力健康专题讲座42场，参与人数约2.5万人。

【学生资助】 2020年，邵阳市资助学生70.87万人次约6.05亿元。其中，中职免学费资助学生12.79万人次15564万元；中职助学金资助学生7.97万人次7975万元；高中建档立卡等家庭经济困难学生免学费资助学生3.19万人次2779万元；高中助学金资助学生4.80万人次6109万元；高中建档立卡等家庭经济困难学生免教科书资助学生2.30万人次606万元；高中建档立卡等家庭经济困难学生免教辅材料资助学生0.45万人次142万元；义务教育阶段贫困寄宿生生活补助资助学生8.53万人次4877万元，非寄宿建档立卡生活补助资助学生20.86万人次8482万元。义务阶段建档立卡等家庭经济困难学生免教辅材料资助学生2.68万人次283万元；家庭经济困难幼儿入园补贴资助学生4.10万人次2050万元。联络爱心企业、爱心人士进行社会资助，募集发放资助金额754万元；落实高等教育阶段学生资助项目，生源地信用助学贷款1.20万人9966万元；落实大学新生入学路费补偿项目，资助0.30万人181万元；大学生就业补偿0.13万人593万元。实现从学前至大学各学段全覆盖，建档立卡无遗漏。

（陈　馨）

·基础教育·

【学前教育】 2020年，邵阳市有幼儿园1608所，其中教育部门办646所、其他部门办2所、民办960所；在园幼儿20.01万人（含学前班）；教职工19863人，其中专任教师9617人。实施学前教育三年行动计划，扩充城乡优质学前教育资源，全年新增公办园学位4.56万个，完成省下达任务的135%，学前教育三年毛入园率85.3%，普惠性幼儿园覆盖率84.8%，公办园在园幼儿占比为47.93%。全面开展城镇小区配套幼儿园和无证园治理工作。截至12月，完成37所小区配套园治理，其中8所办成公办园、29所委托办成普惠性民办园；完成42所无证园治理，其中整合3所、准入18所、取缔21所。完成20所农村公办幼儿园年度建设任务，另有7所在建。

【义务教育】 2020年，邵阳市有小学927所，其中教育部门办908所、民办19所。在校学生58.78万人，比上年减少0.52万人，当年招生8.78万人，毕业9.49万人。进城务工人员随迁子女3.21万人，农村留守儿童20.33万人，进城务工人员随迁子女和农村留守儿童占小学在校生的40.04%。有教职工2.74万人，其中专任教师2.70万人（不含一贯制学校）。学校占地面积1151万平方米，校舍建筑面积438.8万平方米。有初中学校391所，其中初级中学248所、九年一贯制学校143所。在校学生31.40万人，当年招生9.63万人，毕业10.22万人，城务工人员随迁子女1.72万人，农村留守儿童10.86万人，农民工随迁子女和农村留守儿童占初中在校生的40%。制定《2020年邵阳市区小学升初中入学工作实施方案》，开展“阳光”招生工作。是年秋开始，招生入学使用统一的平台进行报名、审核、录取。优先保障教师待遇，设立综合考核奖励的办法提高全市中小学教师工资待遇，依法确保义务教育教师平均工资收入水平不低于公务员平均工资收入水平，并建立动态调整机制和长效对比机制。完善教师培训机制，通过国培、省培、市培计划培训中小学校长、教师1.18万人次；对全市贫困县教学点的0.24万名教师进行专项培训。

【普通高中教育】 2020年，邵阳市有高中学校76所，其中高级中学33所、完全中学26所、十二年一贯制学校17所。在校学生14.37万人，当年招生4.99万人，毕业4.32万人。普通高中招生实施改革，市城区普通高中招生实行"知分、知线"分三批次填报志愿，进一步规范普通高中招生行为。高中阶段招生继续实行考生网上自主填报志愿、网上录取。坚持公开公平，阳光招生，普职协调，按招生计划录取原则，综合素质评价等级入围、文化成绩总分排序，择优录取。设立省示范性普通高中择优生、指标生、特长生、直升生类别。取消一二中划块招生，把招生政策编印成招生指南，免费发给每位学生《致家长一封信》，招生全过程接受社会监督。

【民办教育】 2020年，邵阳市有民办学校、幼儿园1069所，在校学生、幼儿21.81万人。强化党建引领，符合条件的市管民办学校均成立党组织，实现应建尽建，并把党建工作作为年检评估、管理监督的必查内容，引领民办学校把握正确的办学方向和育人方向。完善扶持政策，转变服务职能，帮助民办学校解决师资力量弱、人才引进困难、学校建设矛盾多等实际问题。创新体制机制，加强规范管理，起草制定《邵阳市民办教育行政事项办理指南》，对民办学校日常业务的服务和管理进一步细化，推动民办学校提高办学质量，同时围绕调动社会力量兴办教育的积极性，促进民办教育持续健康发展。邀请省里教育专家开展年度办学情况评估，引导民办学校规范发展。

【特殊教育】 2020年，邵阳市有特殊学校10所，在校学生2326人，教职工275人，其中专任教师255人。学校占地面积10.23万平方米，校舍建筑面积3.79万平方米。印发《邵阳市关于进一步做好义务教育阶段适龄残疾儿童少年送教上门服务工作的实施方案》（邵教发〔2020〕6号），进一步规范送教上门服务工作。完成适龄残疾儿童少年入学情况检测系统的核查。组织召开邵阳市特殊教育改革发展30年交流座谈会，表彰一批特教先进典型人物。（陈　馨）

·中等职业教育·

【概况】 2020年，邵阳市有中等职业技术学校69所，其中教育部门办24所、其他部门办6所、民办39所，在校学生7.93万人，其中全日制学生7.78万人，非全日制学生0.15万人。有教职工4428人，其中专任教师3444人。以规范民办中职招生、办学行为为重点，以加快发展现代职业教育为目标，办好职业学校，坚持面向市场、服务发展、促进就业的办学方向，推进产教融合、校企合作，培养更多高技能人才。结合当地经济社会发展需要，多次组织全市中职学校就如何推进产教融合召开推进会议，促成产教深度融合；鼓励督促各中职学校推行"校企合作""订单式"培养的人才培养模式，推进产教深度融合，服务当地经济发展。对市直5所公办中职学校、23所民办中职学校和6所技工学校进行资源整合，规划建设一座职业教育新城，创建湘中职业技术学院（暂名），并于11月22日动工建设。全面推进中职学校"阳光招生"，研究制定《关于做好2020年邵阳市高中阶段学校招生工作的通知》。组织开展中职学生"文明风采"大赛系列活动,遴选作品参加全省中职学校"我在抗疫中成长"文明风采德育实践系列活动竞赛，获优秀组织奖10个、一等奖7个、二等奖25个、三等奖36个。落实立德树人根本任务，评选112名市级"三好学生"、42名市级"优秀学生干部"、25名市级"优秀实习生"和邵东市职业中专学校18机电1班等45个市级"先进班集体"予以表彰。遴选推荐省三好学生36人、省优秀学生干部14人、省实习生10人、省优秀班集体15个获省教育厅表彰通报。（陈　馨）

【邵阳市高级技工学校】 2020年，邵阳市高级技工学校有教职工236人，其中中级、高级职称教师130人，研究生以上学历15人，湖南省技术能手2人，"双师型"教师占比86%。注册学生5280余人。是国家级重点技工学校、国家级中等职业教育改革发展示范性学校、国家级和省级高技能人才培训基地、电气专业国家实训基地、国家职业技能鉴定中心、湖南省职业教育先进单位，社会公众信得过单位。设机械工程、电气工程、经营3个教学管理中心，开设专业12个，其中数控、电气、模具、计算机平面设计为国家重点专业和湖南省"精品专业"。有数控加工、数控仿真、智能楼宇、单片机、模具CAD/CAM、平面设计、汽车检测与维修等实验实训场所及技能工作室50多个。

教育教学　学校坚持"以赛促教、以赛促管、以赛促学"的教育教学方针，以提高教学质量、培养大国工匠精神为目标，按照企业岗位用人和市场的需求，编制人才培养方案，加强教学常规管理，创新教研活动方式，开展"一帮一带"互助互学活动。推进"校企合作，工学结合"培养模式，教师参加国培、省培、交流学习50余人。专业教学采用理实一体化教学模式和现代信息化教学手段，提高学生动手操作能力和学习兴趣。培养"双师型"教师，占比达85%，组建专业教师和学生竞赛队伍，把集训常态化，全面提高教师教学能力和师生参赛能力。

招生与就业　年内招生1798人，注册学生人数达5280人，招生生源按中考、高考成绩择优录取，并向高中生倾斜；开展新型学徒制培训和创业培训等形式，加强校企合作。通过开展就业指导服务及企业调研，拓展就业渠道，促进学校招生就业工作。完善顶岗实习的规章制度，拓宽校企合作模式，毕业生到企业顶岗实习对口率达83%，稳定率达96%。

校园文化与项目建设 相继开展学校班级黑板报评比、硬笔书法比赛、广播体操比赛，素描作品展览等校园文化活动，同时启动校园文化墙建设，推动校园宣传工作。争取项目资金1108万元，实训楼全面竣工并进行附属基础设施建设，同时开展技师学院筹建工作。

（朱海玲）

·高等教育·

【概况】 2020年，邵阳市有普通高校3所，在校学生4.36万人（不含成人本专科学生），当年招生1.17万人，毕业0.88万人。有教职工2834人，其中专任教师2237人，学校占地面积246.67万平方米，校舍建筑面积121.82万平方米。有电视大学邵阳分校1所，在校学生11286人，教职工61人，其中专任教师34人，学校占地面积4.1万平方米，校舍建筑面积0.955万平方米；3所高校有成人本科、专科学生5228人，当年招生3202人，毕业1235人。

【邵阳学院】 2020年，学校有李子园、七里坪、西湖、江北4个校区，校园占地面积158.20万平方米，校舍面积82.31万平方米，固定资产12.40亿元，教学科研仪器设备原值2.27亿元，馆藏图书234.34万余册。设23个教学学院，有“服务国家特殊需求人才培养项目”机械、生物与医药2个专业硕士学位类别；56个本科专业，面向30个省（市、自治区）招生，全日制在校学生27294人。拥有湖南省“双一流”应用特色学科6个、教育部国家特色专业建设点4个、教育部地方高校综合改革试点专业1个、国家级一流专业建设点2个、省级一流专业建设点29个、省级特色专业8个、省级综合改革试点专业6个（含专科专业2个）、全国职业院校健康服务类示范专业点1个；有直属附属医院2所，协作型附属医院1所，教学医院3所；有省级教学团队7个；有湖南省重点实验室4个，湖南省社会科学研究基地3个等。

有教职工3841人，其中正高职称（含教授、主任医师等）198人、副高职称（含副教授、副主任医师等）770人；研究生导师105人（不含校外）；博士406人（含在读）。有享受国务院政府特殊津贴专家、全国优秀教师、全国高校思想政治理论课教学能手、省级教学名师、省“121人才工程”等54人。聘请中国工程院院士李国杰教授为名誉校长、兼职教授，常年聘请多名外籍教师。

推进“双一流”高水平应用特色学院建设，加强重点学科、学科科研平台和基础设施建设，完成“双一流”建设的中期检查。录取2020级硕士研究生80名。

根据疫情形势，调整教学方案，线上教学与线下教学相结合，组织全面复学复课，完成2016门课程、6634个课堂的教学运行任务，完成884门在线课程教学与在线测评工作。

专业建设 年内新增16个省级一流本科建设专业（立项数量居全省同类院校第一），8个专业被推选参评国家一流专业。省级一流本科专业总数达29个，数量居省属高校排名第11位，一流专业占比52.73%，占比居全省高校排名第7位，学院类高校总体排名第1位。计算机与科学技术、会计学入选国家一流本科专业。

课程建设 建立超星教师教学发展平台，购买351门教师教学发展优质课程。“机械产品技术创新”课程入选首批国家级一流本科课程。获省级精品在线开放认定课程3门、精品在线开放建设课程3门、线下一流课程7门、线上线下混合课程3门。参加省普通高校课堂教学竞赛和信息化教学竞赛，获二等奖2项、三等奖3项。大学英语四级通过率达44.18%，较往年增加近10个百分点。本科毕业生5030人，毕业率99.18%，学位授予率98.60%；专科毕业生1597人，毕业率99.87%。

教学改革 新招医学康复治疗学专业，启动新一轮医学教育综合改革。获教育部第二批“新工科”综合改革类项目、教育部首批“新农科”研究与实践项目、省首批新农科研究与实践项目各1项，获教育部产学合作协同育人项目51项、省级教研教改项目35个。学生参加学科竞赛，获奖190余项，其中国家级15项、省级一等奖11项；在全国和湖南省师范生教学技能竞赛中获国家级三等奖1项、优胜奖3项，省级一等奖2项、二等奖2项、三等奖3项，综合成绩居全省第三位，学校获省“优秀组织奖”。完成3个“国培”项目、SYB大学生创业培训任务，线下培训学员300余人。

科学研究 获国家自科基金项目2项、国家社科基金项目1项。获中国食品行业科学技术一等奖1项，获英国皇家昆虫学会最佳论文奖1篇，获2020中国工艺美术“金凤凰”创新大赛金奖1项。发表学术论文1200余篇，其中SCI、EI、CPCI收录80余篇，CSSCI核心22篇，CSCD核心23篇，人大复印资料5篇。出版学术专著近40部。获国家授权发明专利19项，实用新型专利140余项。

师资建设 1人获评享受国务院政府特殊津贴人员，1人入选第十二批湖南省“百人计划”，1人被评为湖南省“芙蓉学者奖励计划”讲座教授。5人成为湖南省121创新人才培养工程第一批第二、第三层次人选；4人晋升为二级教授,10人晋升为教授。新签约博士55人。招聘硕士、博士学位专任教师79人。30人被评为校级优秀教师、优秀教育工作者、“思考乐”优秀教师。

开放办学　因受新冠肺炎疫情影响，学院与美国罗文大学、英国安格利亚鲁斯金大学的合作项目部分课程开展线上教学；国际学生录取招收13名学历生；组织申报教育部首批“智能制造领域中外人文交流人才培养基地”项目，入选筹建合作院校。推进与长沙理工大学等兄弟院校的战略合作；推进“双百工程”，服务地方企业、行业和组织；成立“邵阳红”公共品牌研究院、南山国家公园研究院2个产业学院，参加市第二届产学研对接会，签订校企科技项目合作协议36个，签约金额2600余万元；与地方政府、企事业单位签订技术开发等项目100余项，合同经费4000余万元；与邵阳市、县教育局签订相关协议，首次安排632名师范生顶岗实习；开展公费师范生培养项目，招生规模再次突破1000人。

思政教育　落实辅导员职务职级双线晋升制度，新进专职辅导员10名，1人获湖南省2019年度辅导员提名奖。组织“光盘行动”专项活动，倡导“勤俭节约，反对浪费”生活观念。开通心理微课堂和线上心理咨询服务，举办第十四届“5·25”心理健康教育周专项活动。举办首届贺绿汀艺术周活动。依托“和园工程”校园文化品牌项目，打造“青春为祖国歌唱”第五届校园好声音、“绽放社团精彩、传承文化力量”社团游园会等25项品牌文化活动。学校被评为省高等学校学生军训工作先进单位。马克思主义学院与蔡锷故里文博园共建实践教学基地。学校获教育部思政专项1项，省社科基金一般项目、高校思想政治教育项目、辅导员骨干专项项目各1项，省高校思想政治工作精品项目2项,获省级课程思政研究项目12项。获评“2020年度湖南省高校易班建设工作先进单位”。

实践育人　按照“互联网+社会实践”的模式，组织21支校级实践团队、2000余名大学生开展大学生志愿者暑期社会实践。学校“三下乡”活动获国家级奖项31项，创历史新高，学校第6次获评全国大中专学生志愿者暑期“三下乡”优秀单位，10个团队获评优秀团队。在全国大学生“千校千项”网络展示活动中，3个团队获评最美团队。获省2020年“雷锋杯”青年志愿服务项目品牌赛“4A项目”1项。校共青团组织学生获国家级奖35项、省级奖128项，获评中国青年网优秀校园通讯站。

招生就业　面向全国30个省(市、自治区)招生，100%完成本科招生计划，实际录取6817人，新生报到6671人，新生报到率97.85%。毕业生6666人，就业率89.77%，获评2020年就业创业工作“一把手工程”优秀单位。获省创新创业教育基地和创新创业教育中心各3项，获第六届省“互联网+”大学生创新创业大赛二等奖2个、三等奖1个，获大学生科技创新创业项目省级立项1个、大学生创新创业训练计划项目省级以上立项71个，其中国家级24个。

附属医院学院　附属第一医院业务收入5.79亿元，门急诊52.8万人次，出院3.81万人次，病床使用率77.55%，成功创建国家级胸痛中心和湖南省住院医师规范化培训基地；附属第二医院总收入3.15亿元，医疗业务同比增加670万元，医疗服务收入占比达35.79%，成为全市第一家超过国家要求（35%以上）的三级医院。新冠肺炎疫情防控期间，学校附属第一、第二医院派出24名医务工作者驰援黄冈55天，完成各项医疗救治任务。附属第一医院作为邵阳市新冠肺炎患者救治定点医院，承担新冠肺炎患者救治任务，6人获“湖南省抗击新冠肺炎疫情先进个人”称号，附属第一医院被评为“湖南省抗击新冠肺炎疫情先进集体”。（刘运喜）

【邵阳职业技术学院】　2020年，学院占地面积42.69平方米，总建筑面积20.36平方米。有在职教职工420人，在籍在校学生10748人。设电梯工程学院、汽车与智能制造学院、信息技术与创意系、财会工商系、生物工程系、建筑工程系、五年制大专部、公共课部、思想政治教育部、继续教育与培训学院4个系3个院3个部。

思想政治教育　集中开展学习贯彻落实中共十九届五中全会和习近平总书记湖南考察的重要讲话宣读和微宣讲60余场，覆盖7000余人次。开展廉洁校园创建、网络安全宣传周、职业教育宣传周、文明校园创建等重大主题宣传和校园动态报道。思政类项目获省二等奖1项、三等奖6项。利用“光盘行动”、中华经典诵读比赛、潇湘红色故事讲述比赛、志愿服务活动等开展爱国主义教育。

教学　教学领域实现首次承担湖南省职业院校技能竞赛智能电梯装调与维护赛项赛点、首次承办为期1周的2020年湖南省职业院校教师素质提高计划暨高职高专院校教学副校长研修班、首次获人社部门组织的竞赛国家一等奖3个首次。参加教育部门组织的学生技能竞赛获国家级三等奖 1 项，省级一等奖 1项、二等奖 9 项、三等奖 1 1项；获省级黄炎培创业规划大赛二等奖 1 项，省级大学生数学建模竞赛二等奖 1 项，省级广告设计大赛奖 1 项，省级服装设计项目三等奖 1 项，省级信息素养比赛获一等奖2项、二等奖4项、三等奖2项，思政课程省级比赛二等奖 2 项、三等奖 3 项。参加人社部门组织的比赛首次获国家级一等奖1项、二等奖1项，学院获最佳组织奖1项。

重点专业建设　新认定国家高职骨干专业2个、立项双一流专业群1个、国家高职技术协同创新技术中心1个，立项及认定省级精品课程12门（认定5门，立项7门）、国家高职生产性实习实训基地1个、“1+X”证书试点项目1个。启动云教材编写，建设线上线下混合式“金课”，出版云教材9部，在建云教材15部，《成本会计》教材获评省级优质校本教材。推行“云教学”改革试点，5门在线精品课程通过省教育厅认定，7门课程立项省级在线开放精品课程，5门课程立项省级教学改革研究项目。

科研 教师立项省级课题10项，结题9项；立项为省级创新教学团队1个；省级教师教学能力比赛获二等奖6项、三等奖7项。教师在各级各类学术性期刊上公开发表论文80余篇，获邵阳市第十五届社会科学优秀成果奖3项，国家专利授权6项，软件著作权6个，立项邵阳市电梯工程技术科普示范基地。发起成立邵阳市企业科协联合会，会员单位34个。

招生与就业 举办“用教学现代化提高百万扩招人才培养质量和效率”，聚焦邵阳职院退役军人既扩招又提质的成功经验，被《中国教育报》、新华网、湖南日报客户端新湖南、红网、湖南民生网等媒体报道。招生录取率达100%，文科投档线超过省标107分，理科投档线超过省标70分，新生报到3033人，在校生规模首次破万达10748人。举办30余家邵阳企业参与的校园招聘会，1000余名毕业生与邵阳企业达成签约意向。

社会服务 建成电梯安全知识科普基地、邵阳市旅游展示中心2个教学基地并开展社区服务；服装专业与金砖谷合作，到邵阳贫困点开展送技术扶贫培训4期，765人次参训，受培训人员全部上岗；对邵阳口味王、亚洲富士电梯、三一湖汽、通达汽零、邵纺机、拓浦精工等企业开展技术培训及工艺交流，继续教育学院开展16次4046人次的培训。

对外交流 履行与邵东市和经开区合作协议，加强校企合作育人机制建设，协议深度合作企业增加5家。依托学院“机电工程技术协同创展”横向技术服务、培训、评审项目增加。开展校校合作，推促邵阳职教集团成立，专题组织邵阳职教集团筹建研讨会。开展对2所中职学校的师资培训。（刘运喜）

【湘中幼儿师范高等专科学校】 2020年，学校有教职员工493人，副高以上专业技术职务教师136人，具有硕士学位教师107人，双师型教师89人，省市级学科带头人10余人。有三年制高招大专、五年制初招公费大专两种学制，开设学前教育、小学教育、语文教育、数学教育等16个专业，面向湖南、湖北、广东、广西、重庆等省（市）招生，在籍学生9126人。

全年招生2301人，其中五年制公费定向师范生788人、三年制高招大专1513人。文科录取投档线481分，理科录取投档线413分。应届毕业生初次就业率78.02%，对口就业率64.56%，就业创业工作在省教育厅就业创业“一把手工程”实地督查时，获专家组一致好评。

学校“小学教师培养与发展专业群”获批湖南省高职教育一流特色专业群培育项目，被授予“全国职业院校传统技艺传承与示范基地”。所有专业全部通过湖南省高职高专院校人才培养方案合格性评审。7个案例获评省优秀教学案例，3个项目获省级教学改革研究新项目，“幼儿文学”课程立项省级精品课程培育项目。获全省思政教育类能力大赛二等奖1个、三等奖2个，学校党委书记谢景峰主持的课题“构建‘三全育人’体系，培养现代君子淑女”立项湖南省高校思想政治工作精品项目，主讲的“粮食安全与我们的责任”课程被评为全省优秀展播党课。

成立学报编辑部，出版湘中幼专学报（创刊号）第1期。成立晏阳初思想研究所等4个研究所，成功立项54个科研课题，湖南创新型省份建设专项“湘中幼专科普视频竞赛系列科普活动”获立项组织课题结题11项。

完成“国培计划”“省培计划”。开设51个班级，培训中小学校长、教师近4000人次，配合市教育局完成学分登记、中小学教师资格首次注册、教师资格认定、中小学教师职称评审、公费师范生培养、中小学教师师德师风建设等相关工作。承办各种国家级考试10余次。

（高荣博）

【邵阳广播电视大学】 2020年，邵阳广播电视大学完成开放教育招生3991人，超出招生指标791人，超额25%。配合市委组织部开展村（社区）基层人才定向培训招生，完成预招324人。开展治理乱招生、乱办班、乱发文凭等“三乱”行为。

是年，学校评为全市综治先进单位、年度绩效考核优秀单位、先进基层党组织、扶贫工作先进单位，“廉洁学校”创建工作被《邵阳日报》宣传报道。

教育教学 召开党委会专题研究教学管理工作、毕业论文工作及师德师风建设工作、教学风险防范工作，对教学管理提出新的要求，疫情期间，教师利用慕课、虚拟仿真等多种形式在线教学；先后组织40多堂教师的听课评课工作，校领导参加听课评课。组织学生参加省电大的各种活动，促进自主学习。组织全校师生收看“讲抗疫故事，做奋进青年”在线视频，该校学员作为抗疫志愿者故事在《邵阳日报》、红网邵阳站等媒体报道；组织学生观看国家安全知识讲座，并参加国家安全教育知识线上有奖竞答，全校参与率达90%以上，其中朱艳琳获国家开放大学二等奖；组织2020届毕业生参加国家开放大学毕业生满意度调查活动；组织学员参加湖南省第六届大学生“互联网+”创新创业大赛，参赛项目《稻香蛙鸣人欢笑》获二等奖，《古代服饰复原》获三等奖；组织学员参加省电大的网页设计大赛，2人分别获一等奖、二等奖，4人获三等奖，学校获组织奖。全市农民大学生开设面授教学和实践教学，组织学员参加国家开放大学“我的扶（脱）贫故事”微视频作品评选，获三等奖；组织和指导学员参加国家开放大学、教育部“一村一名大学生计划”学生优秀创新创业案例评选活动。各辅导员建立班级学习QQ群和微信群，学生学习平均上网率达95%，论文抽检合格率达96.5%。

教育科研 结合学校教育科研工作实际，完善、健全教育科研工作各项规章制度，重视课题研究的资料积累、过程管理。召开课题研究工作交流会，邀请市教科院专家举办讲座。成立科研领导小组，组织申报科研课题。结合“社区教育背景下的诗词文化建设研究”课题，编写《邵阳诗词研究文论选》，5月26日在城南公园举行的市社科普及主题活动周暨全市第二届“邵阳红”文化节上现场发放，并先后向10余家事业单位进行捐赠，获《邵阳晚报》、红网等多家媒体报道。年内教师参与市级以上课题15人次，在省级以上中文期刊发表论文12篇。

非学历教育协调发展 加强干部在线培训，全市干部在线学习参学单位102个，学员2.21万名，其中中共十九届五中全会在线学习参学率和合格率达100%，列全省第一名，干部在线学习年度学时考核列全省第一名。在《邵阳日报》、《邵阳晚报》、邵阳新闻网等媒体发布全民终身学习活动消息，在市区主要街道、商业中心进行大电子屏广告滚动宣传，促进全民终身教育。召开邵阳市第一次社区教育工作促进会暨社区教育工作培训会，打造全省有影响的社区基地。开展“铸师魂、立师德、守师道”等师德师风系列活动，打造德高业精的教师队伍，同时谋划构建“年龄结构呈梯度、学历层次呈上升、专业技术职称结构呈合理”的教师队伍。

（邵阳市广播电视大学办公室）

科学技术

【概况】 2020年，邵阳市培育和引进高新技术企业221家，增速居全省第一位。高新技术产品绝对增加值446.95亿元，增长11.3%，高出全省平均增速1.2个百分点。R&D经费投入为34.5亿元（快报数），投入强度为1.5%，市委提出的高新技术企业倍增计划全面完成。

推进省市级工程技术研究中心建设，年底有省级工程技术研究中心（重点实验室、基地）16家、市级工程技术研究中心15家。有国家级星创天地7家、省星创天地18家、市级星创天地39家，其中省级以上星创天地总数持续居全省前列。创建省级临床医疗技术示范基地5家，推进申报的湖南省临床医疗技术创新引导项目，9个获立项支持。

全市科技部门落实研发奖补政策，78家企业通过省级审核，累计获奖补资金2960.94万元，获奖补企业数和资金额较上年分别增长146.9%、144.8%，居湘西片区第二位。入库340家科技型中小企业，同比增长415.15%，增速居全省第一位。技术合同成交额达9.6亿元，同比增长49.98%。研发投入、高新技术企业、科技型中小企业、技术合同均呈现发展势头。

举办邵阳市第二届产学研合作对接会，48家企业分别与邵阳学院、邵阳职业技术学校、邵阳先进制造技术研究院等签订产学研合作协议；举办邵阳市第三届创新创业大赛，103家参赛企业创三年新高，36个参赛项目参加市级决赛并获奖，8个项目获省级优胜奖；8月23—29日，围绕科技战疫成效、科技助力脱贫攻坚等热点问题，以“科技战疫，创新强市”为主题组织开展第四十届青少年科技创新大赛、首届人工智能编程大赛、中小学机器人竞赛、5G专题宣传、昭阳智能制造大讲堂、送科技进苗乡等一系列科普行动和群众性互动科技活动。

【培育高新企业】 2020年，为抓住湘南湘西承接产业转移示范区这个邵阳市国家级层面的最大平台、史上最大的发展机遇，扩大高新技术企业的规模、提高高新技术企业的质量、增加高新技术企业的投入，市委办公室、市政府办公室出台《关于实施高新技术企业倍增计划的激励措施》，开始实施高新技术企业倍增计划。全市培育和引进高新技术企业共221家，增速居全省第一位。高新技术产品绝对增加值446.95亿元，增长11.3%，高出全省平均增速1.2个百分点。同时，开展高企认定业务培训并做好认定服务。4月28日在邵阳经开区组织召开年度“高新技术企业培育服务季”活动启动仪式暨培训会，并在各县（市）设立分会场。活动至6月初结束，其间共开展3次培训，225家企业350余人参加。

【科技助农】 2020年，邵阳市科技局组建519人的科技专家服务团，实现12个县市区科技专家服务团全覆盖，科技人员联村帮扶全覆盖。组织协调各科技专家服务团立足于“一县一品”，围绕本地农业主导产业和特色产业发挥专家优势，深入企业生产车间和农村田间地头，指导帮助解决生产过程中遇到的各类困难和问题。其中，邵阳县科技专家服务团围绕油茶产业，从油茶瓣品种选育、油茶高效栽培技术研究与示范、油茶精深加工等全产业链开展技术服务，促进该县油茶产业的发展；洞口县科技专家服务团围绕柑橘、生猪等特色产业，通过搭建合作平台开展协同攻关、培养本土人才组织示范培训、抓好技术指导做好团队服务等多措并举，在全县遴选“洞口县科技扶贫专家服务团服务基地10个”、“洞口县科技扶贫示范企业”6家，直接参与深度贫困村产业发展项目1个；新宁县围绕脐橙与中药

2020年7月，市科技局在邵阳市智丰职业技术学校举办“乡村振兴——农产品抖音带货专题培训班”（市科技局 供图）

材产业、城步围绕奶牛、奶山羊产业、绥宁围绕楠竹产业、隆回围绕金银花等中药材产业、新邵围绕玉竹及富硒产业、武冈围绕卤菜及豆制品产业等开展服务和指导，均成效明显。此外，每个专家服务团根据自身特色，举办“村播带货”科技服务工作，发展农业新业态新模式，助力脱贫攻坚、乡村振兴。

【争取项目】 2020年，邵阳市“五个100”重大科技创新项目超倍完成年度投资，形象进度和实施成效良好。其中，湖南科瑞生物制药股份有限公司的“植物胆固醇系列产品专利成果产业化”、湖南神怡医疗器械有限公司的“臭氧发生器医疗消毒设备的研发与推广应用”两个项目获科技部科技助力经济2020重点专项立项；维克液压、邵纺机、高华工贸、小快智造、邵阳学院等单位获省创新引领项目，将获经费2000万元；湖南特种玻璃研究院有限公司实施的“G8.5超薄玻璃基板和超薄柔性玻璃研发”、湖南省丰源体育科技有限公司实施的“竹基增强材料制备运动滑板技术研究与示范”两个项目纳入省“100个”重大科技创新项目，完成研发投入0.177亿元，占2020年度计划投资的136%，项目实施综合排名居湘西片区第一位。据统计，2020年邵阳市争取上级科技专项经费近6000万元，为历年之最。

市科技局利用互联网手段和省项目信息系统服务平台，组织开展企业研发准备金制度备案和财政奖补资金申报网上审核推荐等业务，先后完成217家企业的研发准备金制度备案、83家企业的2020年度研发奖补资金申报资料的审核推荐工作，获研发奖补企业和奖补资金额与上年比实现翻番。全市获奖补企业由上年的32家增加到78家，享受奖补资金总额从上年的1243.84万元增加到2960.94万元，增速分别为146.9%、144.8%，其中三一专汽获最高奖补1000万元。

【科技成果转移转化】 2020年，邵阳市完成科技型中小企业评价入库企业340家，实现技术合同交易登记额9.2亿元，完成入库计划的113.33%，完成省科技厅分配给邵阳市300家科技型中小企业入库的工作任务，比上年的61家增加279家，同比增长457.37%，进一步促进科技成果转移转化。5月13日在邵阳学院举行“2020年度省科学技术奖励工作政策宣讲培训会”，科研院所、高等院校和医院的专家教授以及高新技术企业的负责人参加培训，提高申报湖南省科学技术奖的积极性，全市共推荐10个项目申报省科学技术奖，其中4个项目通过网络评审和公示。举办第二届邵阳市产学研合作对接会，进一步促进高等院校、科研院所、科技中介服务机构的科研项目在全市转移转化。

【实施守信激励和失信惩戒活动】 2020年，邵阳市科技部门联合发改、财政、环保等部门实施守信联合激励和失信联合惩戒。修订《邵阳市科技计划项目管理办法》推进科研诚信建设，在项目评审、人才评价中将科研诚信状况作为各类评价的重要指标；坚持零容忍，依法依规对严重违背科研诚信行为实行终身追究，推进科研诚信与其他社会领域诚信信息共享，实施联合惩戒。将科研诚信管理融入科技工作全过程，加强对相关责任主体科研诚信履责情况的检查，全面实施科研诚信承诺制，安排市级科技项目经费1130万元，根据项目属性，推荐64个守信良好单位项目，征询环保、税务、财政、纪检部门意见8次。在市级项目评审、国内外人才到邵阳工作、部省科技项目争取中，对被环保、税务、财政、公安、法院、纪检部门纳入“黑名单”的企业单位和个人实行“一票否决”，3家企业的项目申报因环保原因被“一票否决”，不予初审通过；联合税务、财政部门推荐邵阳市达力电源实业有限公司等74家企业申报高新技术企业，联合财政和县市区相关部门推荐89家守信良好单位争取部省级科技项目90个。

（唐 津）

文化·旅游·体育

文 化

·公共文化·

【公共文化服务体系建设】 2020年，邵阳市文旅广体局推动“两个三年行动计划”落地生根。其中，公共文化服务体系建设“三年行动”计划收官，12个县市区全部达标；旅游厕所建设“新三年行动”计划任务超额完成，建成246座旅游厕所，完成率142.2%，百度电子地图标注率100%；城步苗族自治县“以民族节庆助推公共文化服务体系建设”项目创成全国第四批公共文化服务体系示范项目，隆回县创建为省级现代公共文化服务体系示范区。公共文化设施提质增效。新建县级美术馆1个，提质改造县级文化馆4个、图书馆2个，建成24小时自助图书屋15个，全市建成基层综合性文化服务中心3586个，完成率达100%；完成172个县级文化馆、193个县级图书馆总分馆制建设任务，完成14个公共图书馆和13个文化馆法人治理结构改革任务，完成31个乡镇综合文化站专项治理；市县两级公共图书馆、文化馆公共数字文化服务平台与湖南公共文旅云平台全部实现数据接口打通。增强公共文化服务造血功能。2020年度获湖南省文化综合发展专项资金185万元，获全省真抓实干公共文化服务体系建设奖补资金300万元；承办2020年全省文化馆长培训班暨全省文化馆长工作会议、湖南省2020年公共数字文化资源建设培训班。

（市文旅广体局办公室）

【邵阳市新华书店】 2020年，湖南省新华书店有限责任公司分公司（以下简称邵阳市新华书店）经营项目主要涵括中外文图书、教材、文化用品、电子数码、电教产品、海外产品、文化服务、教育培训及辅助服务等；旗下有87个网点，其中特色共享书店6家、校园书店60家，经营面积约1.8万平方米，综合实力居全省新华书店前列，在全国“献礼新时代·发行四十年”系列推选中，获评“社会责任企业标杆”。宣传发行重点时政读物，其中发行《习近平谈治国理政》（第三卷）19.66万册、发行抗疫图书《你信大爱我信你——潇湘家书》2.04万册。

新冠肺炎疫情期间，书店及时送书到乡、到校、到学生家中。同时发挥线上优势，以免费平台、免费网课、数字教材教辅满足全市学生在家“停课不停学”的实际需求。参与政府主导的公益惠民活动，开展“书香与扶贫同行”“高考志愿休息站”“爱心送考”等志愿者文明实践活动；开展精准扶贫、助学助困等捐赠活动。

策划“文艺家沙龙”“品读间”等高品质的公益性文化活动，承办“阅读圆梦决胜小康”全民阅读活动、“第三届魏源杯演讲比赛”等大型文化活动，开展“绿书签”“名家进校园”等播文启智的校园文化活动。2020年全市新增校园书店1家、社区书店2家、红色书店2家，完成3177个农家书屋网点的图书补充，增设7家爱国主义教育基地红色微书店，形成覆盖城乡的全民阅读服务体系。

（市新华书店办公室）

【邵阳市文化馆】 2020年，邵阳市文化馆举办“全省文化（群艺）馆馆长培训班暨全省馆长会议”，完成《中国戏曲剧种全集——邵阳花鼓戏》的编辑工作并通过省级审稿。开展“守望相助湘鄂情深援黄冈”活动，筹款6万多元，并组织创作关于抗疫的各种形式作品200多个，其中歌曲《抗病毒歌》获“守护春天，疫战而胜”抗疫文艺创作作品征集活动优秀奖，舞蹈《我在开满鲜花的路口等你》获评“艺抗疫情·云游湖南”主题活动优秀文艺作品，获全市第二届志愿服务项目大赛金奖。

围绕“中国共产党成立99周年”“精准扶贫”“文旅融合”“创廉洁单位”“创建全国文明城市”“扫黑除恶”等主题，相继开展。其中，开展献礼七一市文化馆主题党日特别策划《唱支山歌给党听》、“唱支山歌给党听”庆祝中国共产党成立99周年线上合唱音乐会、《邵阳市文化馆扫黑除恶专项斗争文艺》宣传活动、“魅力大园醉美姑娘”——2020年邵阳苗族四月八姑娘节、“文旅乡村好韵味·网红带你逛潇湘”湖南省首届乡村文旅网红大赛、“文艺助脱贫邵阳市文化馆文艺志愿者到李子塘村文艺演出”党员志愿者活动、梦圆2020年“脱贫攻坚”端午节主题文艺沙龙、16场邵阳市重点优抚对象短期疗养慰问演出等系列活动。开展2020年邵阳市春节戏曲晚会、“宝庆群艺汇”系列活动演出、邵阳市公安机关2020年警民春节联欢晚会、文化惠民系列活动2020消费扶贫月专场文艺演出暨迎中秋庆国庆“邵阳红”产品展示活动等其他主题群众文化活动。

全年开展大、小型活动50余场，其中“孤贫儿童触摸艺术系列活动”被评为年度“最佳文明实践志愿服务项目”。播放公益电影40余场，观影8000余人次。年内接待人员培训及参观人数10万人次，其中免费开放开设舞蹈、美术、播音、书法、英语、二胡、电子琴、古筝等培训门类，培训总人数5400人，免费为社会团体提供排练场地全年72次。依托“湖南公共文旅云”平台，推进文化馆服务的数字化、融合管理和服务功能，形成线上线下互动结合的文化馆数字文化服务新模式。在第五次全国文化馆定级工作中被评为国家一级文化馆，被省文旅厅评为“全省文化旅游系统标兵集体”。

（市文化馆办公室）

·文学艺术·

【概况】 2020年，邵阳市开展文艺精品创作。围绕“艺抗疫情云游湖南”主题开展群文创作，创作报送各类抗疫主题作品308个（件、幅），湖南公共文旅云平台采用近300个（件、幅），编辑邵阳市作品特集2期，60个（件、幅）作品被省公共文旅云平台微信精品推送。市文化馆原创歌曲《我的好兄弟》、邵东市花鼓小戏《黄花黄黄花香》和隆回县歌曲《请到梦里花瑶来》分别入选全省“欢乐潇湘”精准扶贫优秀文艺作品展演和巡演，入选节目量居全省第二位。完成送戏下乡演出850场、周末剧场演出48场。利用戏曲进乡村、进校园、进景区活动，推动演艺和旅游融合。推进专业艺术创作，组织花鼓戏《山乡工匠》完成国家艺术基金2020年度大型舞台剧和滚动作品资助项目申报，组织祁剧《目连救母》参加“百戏昆山”展演，组织祁剧折子戏《昭君出塞》《奈何桥》参加中国戏曲学院建院70周年展演，创排大型花鼓戏剧《豆腐西施》和大型现代祁剧《种子方舟》。

（谭 锦）

【文学作品】 2020年，舒中民的长篇小说《网疫》、李业康的长篇小说《深圳三部曲》在第五届海峡两岸新媒体原创文学大赛中获银奖（金奖空缺），舒中民的长篇小说《网谍》在《啄木鸟》上连载，长篇小说《网探》在花山文艺出版社出版。肖仁福的长篇小说《苏东坡传》由团结出版社出版，多次召开新书分享会和读书会。陶永喜的短篇小说《半边街》在《民族文学》上发表，散文《父亲的号令》在《湖南文学》上发表并入选《中国好家风·五十六个民族儿女共话好家风》。范朝阳的短篇小说《家厨》《河面上》相继在《北京文学》《山西文学》上发表，曾五定的短篇小说《小牢，你好》在《作品》上发表，龙会吟的小小说《心境》入选中国小小说年度作品选。周伟的散文《光》《乡村词典》《奶奶的春天》在《人民日报》《光明日报》《湖南文学》《散文百家》等报刊上发表，其中《驻村扶贫手记》被《散文选刊》转载，《村色》入选《2020民生散文选》，《苦柚》《夫妻》《师生》等多篇作品被《小小说选刊》《微型小说选刊》等转载。刘诚龙的散文《一碗汤的距离》《乡村四则》《刘诚龙，你娘喊你回家种辣椒》在《散文》《湖南文学》《四川文学》等上发表。肖克寒的中篇小说《谁在呼喊》在《湖南文学》上发表，散文《〈诗经〉补：梯田》在《特区文学》上发表。邓跃东、曾野、谢永华、粟碧婷、廖军、李明聪等的散文在《散文海外版》《散文百家》《湘江文艺》《星火》《湖南文学》等上发表。

【书法作品】 2020年，为号召全民团结一心防疫抗疫，邵阳市文联率先推出邵阳市书法家协会主席团“防控疫情主题书法作品网络展”，并面向全市发出“防控疫情主题书法作品征集启事”，收到稿件近1000幅，择优在《邵阳书法》连续推出18期，共展出363幅防控疫情主题书法作品。市文联主席、市书法家协会主席曾伟子写给女儿曾雨辰的信《宅一宅，有意义》《宅居再致女儿》在《湖南日报》和网上发表。发起“决胜全面小康决战脱贫攻坚”株洲·邵阳书法联展，11月底至12月在株洲、邵阳两地巡回展出，展出两地书法家精心创作的主题书法作品160幅。协办“美丽邵阳我的家”邵阳市第三届美术节书法展等系列活动，组织力量进行“生命重于泰山”的全市抗疫书画摄影展作品创作。开展“六免六进”书法公益活动12场，助力隆回县七江镇十里山家训楹联文化第一村，组织200余名书法家无偿为该村书写家训楹联285副。开展春节写春联、送福字活动158场次，出动书法家1500余人次，为群众书写春联、福字14万余副，市书法家协会被中国书法家协会评为“2020年书法家送万福进万家活动先进集体”。

【美术作品】 2020年，邵阳画家邓新影的水彩作品《抢建火神山医院》、羊辉武的插图《众志成城·必胜》、李月秋的速写《抗疫勇士》等作品被中国美协和省美协选用，在中国美术网和湖南文艺网刊发；彭明生的防疫作品《一抹绿色》刊登在《光明日报》上；杨文武的焦墨画《切断传播途径保护净土家园·记城步基层抗战疫情场景》入选中国文联主办的“笔墨传情·全民战‘疫’”微展；杨达的油画《防控·2020最美夫妻》入选“写生中国”主办的“防控抗击新型冠状病毒肺炎疫情微展”。

【音乐作品】 2020年，邵阳刘淮保作曲的歌曲《你把名字写在后背》及MV在《人民日报》、湖南省音协公众号等媒体平台报道展播；肖舞、邓永旺作词的歌曲《逆风而行》及MV在《人民日报》、《中国艺术报》、《中国商报》、湖南省人民政府网、《湖南日报》、红网、学习强国湖南平台等媒体平台报道展播；戴月作词、刘楚雄作曲的歌曲《希望》在北京自媒体组织的“一城一歌”活动中获好评；申桂荣作词的歌曲《我在开满鲜花的路口等你》在全国25个大中城市电子屏上滚动播出。

【戏剧作品】 2020年，邵阳市创作出祁剧《种子方舟》、花鼓剧《豆腐西施》、小型花鼓戏《蜜橘红了》等新剧目。大型古装剧《豆腐西施》，邀各界领导专家进行审查，一致认为该剧有深度，有情怀，有特色，可成为跨时代的经典剧目；《蜜橘红了》获2020年文化和旅游部100部“百年百部”小型作品创作计划重点扶持作品。恢复《换狱》《摸泥鳅》《对脚迹》《边桃边李》《装灶王》《磨豆腐》6台花鼓小戏；复排大型传统古装花鼓戏《卷席筒》，并在周末剧场进行演出；创作排练“邵阳红”农产品推广演出的花鼓小戏《我等你回来》，并进行推广演出；筹排小型花鼓戏《母亲》。

【摄影作品】 2020年，邵阳市文联分别举行“邵阳第二届摄影艺术展览”“第三届美术节摄影展”“镜头下的邵阳红”全国摄影作品展览。主办或协办“白水蓝天·康寿新邵”中国摄影报“走进大美湖南之心——新邵”公益大讲堂、“新邵影友擂台”、湖南新宁“浪漫崀山丹霞之魂”全国摄影作品展等。参加文艺战疫活动，摄影会员深入街道办事处、社区、工厂等，对抗疫基层一线的党员干部、志愿者、复工的企业工人等进行实地拍摄，用精美、生动的摄影作品再现党员干部、志愿者朴实平凡而又勇挑重担的形象，创作抗疫主题摄影图片940余幅，出版抗疫专刊，承办抗疫摄影大展。

【舞蹈作品】 2020年，邵阳舞蹈作品《我在开满鲜花的路口等你》参加全省“艺抗疫情云游湖南”优秀文艺作品惠民展演演出，《新时代的声音》在全省财政系统的文艺会演中获二等奖，《采茶姑娘》参加湖南省茶博会“邵阳红”专场演出，少儿舞蹈《红孩子》参加湖南省第三届“花儿朵朵开”艺术考级成果展演。

【诗词】 2020年，马方旭的《扶贫》获湖南省文联脱贫攻坚主题文艺创作优秀作品奖；钟九胜的《西江月·村民脱贫过新年》获湖南省文联脱贫攻坚主题文艺创作优秀作品提名奖。马方旭的《大禹治水》，获第十二届中国楹联彭玉麟奖第六期二等奖（一等奖空缺）。在《中华诗词》《诗刊》《湖南诗词》《诗词报》《诗词百家》《心潮诗词》《诗词月刊》等全国有影响的刊物发表大量作品，其中张先军的《张先军诗选》10首在《诗刊》专版上发表。

【楹联作品】 2020年，邵阳市向省楹联家协会推介抗疫楹联作品和名胜楹联作品，其中在《对联学刊》刊发楹联150余副，在中国楹联报等国家级刊发楹联作品60余副、新闻报道10余篇。其中《邵阳万人活跃城乡作楹联》在《湖南日报》《邵阳日报》头版头条刊载，《邵阳联家撰联点赞援鄂医护人员》《邵阳楹联登上党报头版头条》等在《中国楹联报》头版刊载。

（艾永权）

·文化遗产保护·

【概况】 2020年，邵阳市委、市政府明确将文物工作纳入各级党政领导班子和领导干部政绩考核综合评价体系；市财政调拨573万元用于车万育故居、东塔等文物保护修缮，文物保护工作取得重大进展。文物保护利用方面，市文旅广体局开展全市不可移动文物普查，全面摸清文物家底；争取2020年省级文物保护专项资金792万元、全国重点文物保护单位专项资金443万元；编制洞口宗祠建筑群修缮工程等8个2021年全国重点文物保护单位保护项目计划书、15个省保项目计划书，编制上报省保单位修缮设计方案12个；完成蔡锷公馆等3个文物保护单位的三防工程和邵阳东塔等5个文物保护单位的修缮工程；完成蔡锷生平业绩陈列馆装修布展工作，蔡锷故里文化博览园于9月29日开园，累计接待团队210个、游客13万余人，获评邵阳市第一批党员教育培训示范基地；实施文物安全检查次数1137次，检查文物保护单位1194处；率先在全省成立文物保护协会，培育社会力量加强文物保护工作；市博物馆获评国家三级博物馆。（谭锦）

【非物质文化遗产保护传承】 2020年，邵阳市争取2021年度国家级非遗项目保护经费151万元。完善非遗项目名录体系，“龙山药王医药文化”“岩鹰拳”2项目进入第五批国家级非遗代表性项目名录的公示名单。举办全市非遗传承人培训班，开展全市国家级、省级传承人的年度考核评估工作。开展非遗数字化记录工作，完成《湖湘百工》微视频“花瑶挑花”“蓝印花布印染技艺”“洞口木雕”的拍

2020年“金凤凰”创新产品设计大赛金奖作品宝庆竹刻作品《文竹文玩——万事如意》
（市非遗研究所 供图）

摄、“宝庆竹刻技艺传承人口述史”的拍摄及文字整理编撰，组织编辑出版《邵阳市非物质文化遗产集》。举办2020年“文化和自然遗产日”宣传展示活动，持续开展非遗进校园活动500余场次，惠及中小学生3万余人。免费开放市非遗展览馆，全年接待观众达5万人次。组织蓝印花布、滩头木版年画、花瑶挑花、宝庆竹刻、宝庆瓷刻等项目分别参加2020年中国旅游日湖南宣传活动·湖南非遗购物节暨2020桃源文化旅游节、2020年湖南夏季乡村文化旅游节、第三届中国国际进口博览会、2020中国红色旅游博览会等国家、区域性活动。宝庆竹刻作品《文竹文玩——万事如意》、邵阳根雕作品《溪山春晓》分别获2020年“金凤凰”创新产品设计大赛金奖、银奖，竹刻文创作品《茶器〈三驼相遇〉系列》获“常青荟翠——全国竹刻邀请展（常州）暨竹刻文创作品大赛”铜奖，滩头年画传承人尹冬香获全省巾帼创业创新大赛一等奖。举办城步六月六山歌节、绥宁苗族四月八姑娘节、洞口四月八乌饭节、崀山脐橙文化旅游节等民俗节庆活动。全市有43家企业被纳入省级非遗扶贫就业工坊建设体系；同时发挥互联网电商平台优势，促进非遗产品销售，让非遗融入百姓生活。

（谭高荣）

·新闻出版·

【邵阳日报社】 2020年，邵阳日报社新媒体作品短视频新闻《一通来自“孤岛”的求援电话，牵动着邵阳民兵的心》获湖南新闻奖三等奖，《我守在大山，是为了让你走出大山》获中国晚报协会赵超构新闻奖一等奖，NS+MV作品《我在开满鲜花的路口等你》入选“湖南报业采编创新奖”十佳案例。策划组织承办2020年全国节能宣传周活动。全年《邵阳日报》投递数5.2万余份，《邵阳晚报》投递数1.3万份。邵阳日报社获“邵阳市文明单位”称号。

疫情防控宣传 邵阳日报社将新冠肺炎疫情防控宣传贯穿全年。记者编辑取消休假、全员上岗、全时调配，坚持移动优先、一体化作战，强化正面宣传、凝聚防控力量。在疫情防控最艰难的时刻，组织记者进社区、访医院、下基层、看民生，写出一批具有分量和导向性的政务新闻报道，并配发坚决打赢疫情防控阻击战系列评论，刊发大量防疫公益广告。

脱贫攻坚宣传 邵阳日报社从不同侧面推出“决战决胜脱贫攻坚”“扶贫印记”“我的扶贫故事”“记者在扶贫一线”“户帮户亲帮亲互助脱贫奔小康”“最美扶贫人物”6个扶贫栏目，在4月份推出深度系列报道——“解读我市脱贫攻坚获得全省先进的密码”。在10月17日“扶贫日”当天，推出共64个版面的大型扶贫特刊《决战决胜》。

经济社会发展宣传 邵阳日报社宣传邵阳市加大“六稳”工作力度、有效应对经济下行压力的措施成效。5月承办2020年全国节能宣传周活动，以“绿水青山、节能增效”“绿色低碳、全面小康”为主题，开展建筑节能与科技展示会活动。聚焦6月初的全市项目集中开工，推出《聚焦六稳六保抢开发展新局——邵阳交上第一份两会测试答卷》消息，被邵阳市作为全面贯彻落实全国两会精神的新闻底稿推向新华社，并被采纳成稿发表。7月联合市科技局、市工信局和邵阳经开区等单位策划创新创业大赛。

创建全国文明城市宣传 邵阳日报社在各媒体各平台开设“社会主义核心价值观主题教育”“社会主义核心价值观主题教育·双十最美评选活动”“创建全国文明城市·邵阳好人”“创建全国文明城市·道德礼赞”“创建全国文明城市·身边的感动”“创建全国文明城市·学习进行时”等专栏。自主设计社会主义核心价值观主题教育公益广告内容，确保每天日报、晚报分别有相应比例的公益广告刊发。《邵阳晚报》创办“创文”周刊，每个月推2~3期，每期8个版，集中报道全市全国文明城市创建工作中涌现出来的先进典型、先进经验，营造全市创建全国文明城市工作舆论氛围。

媒体融合 年初，云邵阳客户端等新媒体平台第一时间发布上级各项抗疫部署和举措，报道邵阳疫情信息、防疫举措、科学防控知识等。云邵阳客户端推出《防控疫情邵阳在行动》《邵阳疫情防控权威发布》《党旗在抗疫一线高高飘扬》等10余个专题。2月，由报社新媒体中心制作、“云邵阳”客户端首推的原创短视频《我在开满鲜花的路口等你》被新华社客户端和新华屏媒选用，在北京、上海、南京、沈阳等8个城市同步展播，这是邵阳首次在北京、上海等一线城市及多个省会城市核心区大屏同步展示邵阳人美好形象。参与邵阳市医疗改革，探索“政务+媒体”合作形式，创新开展3期“健康邵阳直播V计划”直播活动，邀请15名医疗专家线上直播医疗科普知识。

新媒体特色报道邵阳日报社开展复工复产报道。开设《统筹推进疫情防控和经济社会发展》等专题，通过视频、VLOG等方式展现全市上下复工复产的决心、措施和典型故事。3月上旬出品展现邵阳复工复产勃勃生机的短视频《一年之计在于春》，该作品在云邵阳客户端首发后，被新华社新华屏媒选用，在北京和长沙展播。

围绕产业发展中心工作开展产业发展政策解读和产业兴邵亮点宣传。相继推出“直击邵阳海关开关”“聚焦邵阳市61个重大项目集中开工”“邵阳高铁南站扩改工程开工，你关心的都在这！”“邵阳市重点产业项目集中签约暨招商推介会”等产业发展现场直播；推出“骄傲！中国建成全球最大熔喷布生产基地背后离不开邵阳这家企业”等产业发展典型报道。同时加强网上传播能力建设。优质稿件优先发布云邵阳客户端，并加强向人民号、新华社、学习强国等央媒供稿，提升报社品牌影响力。

（曾世国）

【《邵阳城市报》】 2020年,《邵阳城市报》全年发行1.5万多份，比2019年增加2000多份。发行数额位居全省行业报第一、全国广播电视行业报前列。创收265万元，财政拨款55万元。在2019年度全国城市广播电视报优秀新闻作品评选中，获一等奖2件、二等奖4件。

面对疫情，《邵阳城市报》用心用脑用情，讲述邵阳战“疫”好故事，传播邵阳战“疫”好声音,在新闻报道、信息发布、科学普及、舆论引导等方面集中发力，2月2日在全市率先推出全彩《众志成城战疫情特刊》。

注重全媒体出击，通过报纸、人民号、凤凰网大风号、H5、邵阳城市报公众号、民情通道公众号等融媒体矩阵，以文字、图片、音频、视频等方式，全方位进行宣传报道。“人民号”影响力指数一度冲进全国前120强。

同时，发挥特刊专刊的特色优势，围绕市委、市政府中心工作进行主题策划，先后推出80个彩版的《追梦新征程——邵阳市人大政协“两会”前瞻特刊》《决胜——邵阳市委经济工作会议特刊》《快乐过大年》专刊及《承接产业转移示范区进行时》《我的抗疫故事》《双赢——邵阳复工复产纪实》《创文进行时》《扶贫印记》《决战决胜脱贫攻坚》等系列追踪报道。

（王周钦）

·广播电视电影·

【概况】 2020年，邵阳市建设12个农村广播村村响县级播控中心、192个乡镇（社区）广播站、3836个村级广播室，农村广播“村村响”在扫黑除恶、脱贫攻坚、环保整治、防电信网络诈骗、自然灾害预警、疫情防控等重点工作中发挥了重大作用。完成直播卫星“户户通”工程建设任务33033户。在全市各播出机构开展“微信荐股”及违规广告、非法安装、使用卫星地面接收设施、非法接收境外卫星电视频道等违法违规行为督查整治。24小时对广播电视播出节目进行监测，确保安全播出工作“零”事故。邵阳广播电视台投入250多万元，完成交通频道、经济广播两个广播频道的技术设备升级改造，节目采编播传输和发射全部实现数字化，经济广播完成从92.8到99.6的转频，各媒体、网络公司安全播出实现零事故。分4批次多渠道引进留用36名专业技术人员，建立由34名35岁以下青年专业技术人员组成的人才储备库。全年创收3366万元，比2019年减少523万元，降幅13%，财政拨款2556万元。

（谭 锦 王周钦）

【抗疫宣传】 从2020年1月28日起，邵阳广播电视台采编播人员全力投入新冠肺炎疫情防控宣传报道，开设《众志成城战疫情》《复工复产》《抗疫群英谱》等10多个专栏，每天发稿70条左右，总计发稿3000多条。《邵阳新闻联播》每天播出40~60分钟，在中央电视台上稿7条、播放14次，在学习强国上稿20多条，央视频上稿9条，在湖南卫视、湖南经视上稿100多条,《众志成城抗疫情》等短视频播放量达7044.8万次,《被省长记住名字的陈琳琳原来这么优秀》抖音播放量2000多万次，点赞量108.3万个。新闻综合频道游冰获评湖南省抗击新冠肺炎疫情先进个人。

【主题报道】 2020年，邵阳广播电视台围绕建设沪昆高速百里工业走廊、决战决胜脱贫攻坚、创建全国文明城市、交通问题顽瘴痼疾集中整治、廉洁单位创建等重点工作，开设《奋力在承接产业转移示范区建设中干在实处走在前列》《交通顽瘴痼疾集中整治》《决战决胜脱贫攻坚》《产业兴邵开放发展》《创建全国文明城市》《廉洁单位创建书记谈》等30多个专栏，发稿1.3万余篇。

【外宣上稿】 2020年，邵阳广播电视台在央视上稿36条（其中重播14条），比上年增加21条；在央视《新闻联播》上稿2条，实现近3年在央视联播上稿零的突破。《扶贫路上的“轮椅女孩”》在央视《新闻联播》播出时长达4分42秒，创造邵阳在央视《新闻联播》单条稿件长度新纪录。新闻综合频道采写的犬木塘水库工程开工新闻在央视一套《新闻联播》播出并登陆央视所有主新闻栏目。在湖南卫视上稿259条，长期稳居全省市州台第一位，邵阳广播电视台获评湖南广播电视台2019年度优秀通联集体，台党委书记、台长胡光华获2019年度通联工作特殊贡献奖，新闻综合频道谢国雄获评“十佳通联记者”。在学习强国上稿278条，在央视频上稿35条，在新华社上稿3条。

【创优评奖】 邵阳广播电视台在2019年度湖南广播电视奖评选中，有14件作品获奖，其中一等奖1个、二等奖5个、三等奖8个，获湖南省广播电视宣传创优组织奖。在2019年度湖南新闻奖评选中，有7件作品获奖，其中一等奖1个、二等奖3个、三等奖3个。

【媒体融合】 2020年，邵阳广播电视台全面实施“移动优先、内容为王”战略，建成以“爱上邵阳”客户端为龙头，以邵阳传媒网为基础，以学习强国、央视频等央媒账号为延伸，以官方微信微博、今日头条、抖音、快手等商业平台账号为补充的新媒体矩阵，全网粉丝达200万人，构建声屏报网全媒体传播体系。“爱上邵阳”新闻客户端设置《首屏人物》《决战决胜脱贫攻坚》等专栏，制作《这里是邵阳》《文明邵阳24小时》等爆款融媒体作品。《我们的战疫》《我是一名护士》等多个短视频被央视频、“学习强国”等多家媒体转发，短视频《妈妈去打仗》获评2020传媒中国年度城市广播电视融媒栏目（产品）10佳，台党委书记、台长胡光华获评2020传媒中国年度融合创新人物。推动直播常态化，完成直播40多场，对重大事件进行跨地域、多角度、全景式直播，《英雄凯旋——直击邵阳支援湖北医疗队返程之旅》通过现场云连续12小时图文直播。发挥武陵山片区广电新媒体直播联盟、湖南省市州新媒体直播联合体等聚合优势，扩大直播影响力，第五届全球邵商大会开幕直播全网关注量达600多万人次。推进阵地建设，在综合广播频道建立邵阳市应急广播，成为市委、市政府开展应急管理工作的重要平台，在疫情防控工作中全天开通抗击疫情直播特别节目。

【主题活动】 2020年，邵阳广播电视台发挥声、屏、报、网、端全媒体优势，承办大型主题活动20多次。其中，公共频道举办邵阳市“最美抗疫人”暨2020年一季度“邵阳好人”发布仪式、“春暖潇湘、奇美邵阳”网络直播活动；交通频道举办“文明实践志愿先行”邵阳市第二届志愿服务项目大赛、“爱心送考”、第三届“邵阳好司机”；经济广播举办2020年第二季度“邵阳好人”暨“新时代好少年”颁奖典礼、“万人调频”活动；新媒体中心举办邵阳市交通问题顽瘴痼疾集中整治知识抢答赛；广电传媒公司举办第四届少儿文化艺术节。（王周钦）

【公益电影放映】 2020年，邵阳市电影公司专门引进激光机等先进设备，利用全市20多个城市广场（社区）公益电影放映固定点和“周末影院”室内固定放映点，创新放映模式，开展“光影铸魂”、建军93周年、“文明实践、四季同行”等特色主题活动，走进广场、乡镇、社区、机关、学校、军营、敬老院等，放映1026场。受新冠肺炎疫情影响，农村公益电影于8月1日开始有序放映，精选300多部优秀影片走进基层农村，全年放映51212场，超额完成计划放映任务。

（市电影公司办公室）

·党史研究·

【党史基础研究】 2020年，邵阳市委党史研究室推进《湖湘红色基因文库》编纂工作，根据省院反馈意见进一步修改完善，党史正本一卷《中国共产党邵阳历史（1921—1949）》修订本已送湖南人民出版社付印出版。推动党史正本三卷《中国共产党邵阳历史（1978—2012）》的编纂工作，已征集整理初稿20余万字。《2018：邵阳党委工作纪事》按既定目标出版发行。会同市委办制定下发《〈中共邵阳市委工作纪事〉编纂规范》，成立中共邵阳市委工作纪事编纂委员会，要求相关部门支持配合编辑部开展《中共邵阳市委工作纪事》2019卷编纂工作，年底已定稿。

【党史学习和宣传教育】 2020年，邵阳市委党史研究室继续推动《邵阳，这片红色热土》红色教育专题片发行，并与省市媒体合作，借助《湘潮》杂志、“邵阳机关党建”“清廉邵阳”等网络平台，对邵阳红色故事、红色人物、红色遗址等进行持续宣传报道，撰写并发表文章10余篇。向市委建言献策，协助配合宣传、文化等部门开展红色阵地建设，协助建设市党史陈列馆、八路军驻湘通讯处、塘田战时讲学院、邓小平指挥所旧址、城步老山界等红色教育基地，推进遗址遗迹保护、开发和利用，打造优质邵阳红色文化旅游品牌。参与《湘潮》投稿、组稿，推动《湘潮》发行，是年《湘潮》在邵发行量创新高，被评为全省“发扬红色传统传承红色基因”学刊用刊先进单位。

【党史联络工作】 2020年，邵阳市委党史研究室注重发挥联络组老领导争取党委重视、参与党史研究、评审党史稿件、协调有关部门的优势和作用。会同市党史联络组编纂的《邵阳剿匪新编》印刷发行；《邵阳战“疫”纪事》完成初稿。在联络组支持下启动《邵阳党建100年图志》编纂工作，展示邵阳在共产党领导下取得的伟大成就和发生的巨大变化，为庆祝建党100周年献礼。（李海园）

·地方志·

【概况】 2020年，邵阳市地方志系统贯彻落实《地方志工作条例》《全国地方志事业发展规划纲要（2015—2020年）》《湖南省实施〈地方志工作条例〉办法》《湖南省人民政府办公厅关于进一步加强地方志工作的意见》，将质量意识贯穿于修志编鉴工作全过程，以地方志“两全目标”工作为重点，推进志鉴编纂。市政府加强对地方志工作的领导，于第10次、第13次常务会议专门研究地方志工作，会议决定第二轮志书总纂工作采取政府购买服务的方式进行，同时决定第二轮修志及年鉴经费由市财政据实保障，在市档案馆场地中统筹安排方志馆场地。

至12月底，《邵阳市志（1978—2004）》完成总纂并进行部门评审，《邵东县志（1978—2007）》《绥宁县志（1978—2005）》通过市级评审。《湖南乡镇简志·邵阳市卷》稿经省志院审查验收后，进入出版程序。市本级及12个县市区综合年鉴2020年卷公开出版，实现市县两级综合年鉴全覆盖。

【机构改革】 2020年4月17日，依据《关于印发〈邵阳市地方志编纂室职能配置、内设机构和人员编制规定〉的通知》规定，市本级地方志工作机构由原来的市人民政府地方志办公室更名为市地方志编纂室，为市政府直属正处级公益一类事业单位，内设综合部、方志部、年鉴部3个正科级机构。定事业编9人，其中处级领导职数一正二副，科级领导职数三正一副。市政府办设立地方志科，设科长1名。市辖7个县2个市3个区均设立党史和地方志研究室，为县（市、区）委直属正科级公益一类事业单位，领导职数一正一副，定编3~6人。

【《邵阳市志（1978—2004）》完成总纂和部门评审】 《邵阳市志（1978—2004）》于2002年启动。2020年4月，市政府常务会议通过市志总纂方案，决定编纂工作采取政府购买服务。6月，市委、市政府对市志编委会进行第四次调整。7月，市地方志编纂室通过市公共资源交易中心就市志编纂工作面向全国进行公开招标，四川天隆文化传播有限公司中标，与市地方志编纂室签订《邵阳市志（1978—2004）》编纂合同协议书，双方共同组建市志总编室。8月4日，市政府召开有89个单位120余人参加的编纂工作推进会，会后，总编室执行主编对31个缺资单位的办公室主任进行业务培训。至11月底，市志总编室共补充文字资料130余万字，收集图片600余幅，完成300余万字的总纂稿。12月25日，市政府召开部门评审部署大会，部署全体承编单位对志书主体即28篇专志进行评审，市志总编室共收到111个单位的反馈意见，共29万余字。

【实现市县综合年鉴公开出版全覆盖】 2020年，邵阳市地方志编纂室为实现《国务院办公厅关于印发全国地方志事业发展规划纲要（2015—2020年）的通知》有关“到2020年，地方综合年鉴一年一鉴，公开出版，实现省、市、县三级综合年鉴全覆盖”的任务要求，1月11日，即以市人民政府办公室名义印发《关于认真做好市县两级综合年鉴2020年卷编纂出版工作的通知》至各县市区政府，邵阳经开区，市直及部、省属驻邵阳各单位，推进全市年鉴工作开展。随后，各县市区政府相继下发本级年鉴工作通知，全市综合年鉴编纂工作全面启动。截至年底，市本级及12个县市区综合年鉴2020年卷均公开出版，实现市县两级综合年鉴全覆盖。其中，新邵、隆回、洞口、绥宁、城步、武冈、新宁、邵阳县8个县市获省志编纂院4万至5万元不等的少数民族和贫困地区县级综合年鉴公开出版资助经费。

【市辖3个区首次公开出版综合年鉴】 2020年，邵阳市辖大祥区、双清区、北塔区先后成立党史和地方志研究室，改变1997年3个区区划调整以来没有地方志专门工作机构的历史。年内，3个区均召开区委常委会会议专题研究，决定自2020年度始，编纂出版区本级综合年鉴，此后一年一鉴，连续出版。3个区先后举办年鉴编纂业务培训会，邀请省、市方志专家系统讲授年鉴编纂知识，提高年鉴组稿人理论水平和编纂能力，并采取政府购买服务的方式，聘请省级专家编纂年鉴。至12月底，3个区分别首次公开出版综合年鉴《大祥年鉴（2020）》《双清年鉴（2020）》《北塔年鉴（2020）》。（郭勇华）

2020年8月19日，《邵阳市志（1978—2004）》编纂工作推进会在宝庆山庄召开，第二轮市志总纂工作正式启动（市地方志编纂室 供图）

·档案·

【概况】 2020年，邵阳市档案馆完成新馆搬迁，于10月18日正式对外开放。11月6日，召开全市档案馆馆长工作座谈会，要求与会的各县市区档案馆学好用好《中华人民共和国档案法》，做好档案特色工作，推动档案文化建设，打造邵阳档案文化品牌，加强业务学习，谋划档案馆工作“十四五”规划。12月16日，馆长龙毅鹏在市委党校向全市各单位学员作主题为“学习贯彻新档案法、增强档案法治意识”的专题授课，这是新修订的《中华人民共和国档案法》首次列入党校常规课程，促进新《中华人民共和国档案法》在全市的宣传和贯彻落实。市档案馆继续保持全市文明单位称号。

【档案接收征集】 2020年，邵阳市档案馆自8月开始开展市直单位移交档案情况摸底，11月完成市委办公室266盒5847件档案的接收。同时扩充档案接收征集渠道。11月12日，接收“李书文八极拳”第三代掌门人、邵阳市武术大师李志成捐赠的包括5块金牌、拳谱、医书、器械、证书等珍贵档案共94件，这些档案资料集“李书文八极拳”三代传人的珍藏精粹，形成时间从清代、民国一直到现代，填补了市档案馆武术类档案馆藏空白；接收《民国奇人——徐君虎》、绥宁县有关苗族侗族乡方志等共26册珍贵档案资料，年内向各界人士发放捐赠证书18本。

【档案保管和查阅】 2020年，邵阳市档案馆在新馆搬迁和整理上架时，与提供服务的供应商及其有关员工签订安全保密协议。全馆干部职工分工协作，对搬迁和上架全过程进行指导监控，确保档案实体和信息安全。采购配置电梯楼层控制系统，并在公共区域与档案库房安装安防监控系统，制定并实施档案出入库登记管理制度，确保馆藏档案的安全保管。新馆搬迁后，及时修订并在查阅室上墙公示馆藏档案查阅利用有关制度和工作流程，继续向群众提供预约查档、电话查档、延时查档等便民服务，不到2个月时间即接待查阅600余人次，调档1700余卷，取证900余份。

【档案编研】 2020年，邵阳市档案馆为庆祝中国共产党成立100周年，于5月20日启动编纂档案编研文献作品《邵阳解放》，该书系全国城市解放系列丛书，以馆藏珍贵档案图片，反映解放初期邵阳人民在党的领导下，推翻国民党反动统治，建立和建设人民政权的过程和成就。年底已完成初稿，并经岳麓书社校核后，上报省党史研究室、中南传媒集团、省新闻出版局等省直有关部门审核。申报的国家重点档案编研项目“抗日战争档案汇编”之《邵阳抗战损失调查档案汇编》初步定稿。

【邵阳市档案馆新馆对外开放】 2020年，邵阳市档案馆按照市委领导要求，3月28日启动新馆搬迁工作。5月18日将原市政府档案馆和市委档案馆共30余万卷档案安全转移到邵阳大道市行政中心新档案馆库房。随后完成馆藏档案除尘清理上架、制作柜架标签、除菌消毒杀虫以及必需的设施设备采购等工作。对新馆建筑整体运行安全风险进行全面排查，发现安全隐患30余处并进行整改。10月18日，市档案馆新馆正式对外开放，向社会各界提供档案咨询、查阅利用等服务。

（胡正加）

旅　游

【旅游产业发展】 2020年，市文旅广体局加强全域旅游示范区建设，新邵县创成全省全域旅游示范区。培育旅游品牌。其中，新邵白云岩、岳坪峰、隆回向家牛天岭景区获评为国家AAA级旅游景区；大花瑶景区成功创建成全市第5个AAAA级旅游景区；3家旅行社获评“湖南省五星级旅行社”，实现邵阳市五星级旅行社零的突破。发展乡村旅游。新宁县崀山镇获评2020年湖南省文旅特色小镇，隆回县虎形山瑶族乡白水洞村、洞口县溪瑶族乡宝瑶村入选全省文化和旅游扶贫示范村，新宁县崀山镇石田村获评第二批全国乡村旅游重点村，隆回向家村、新邵白水洞村、邵阳县新田村、洞口县毓兰镇山阳村进入第二批全省乡村旅游重点村名录，全市150个全国旅游扶贫重点村9642户32811人通过乡村旅游实现脱贫。推进红色旅游。组织文旅企业参加2020年中国红色旅游博览会；包装28个项目推荐进入长征国家文化公园（湖南段）建设规划；推荐邵阳县塘田战时讲学院等6个红色旅游发展典型案例。优化宣传营销。开展长株潭城际高铁“奇美邵阳浪漫崀山”旅游专列宣传和怀邵衡高铁站沿线站点灯箱广告宣传；举办邵阳人游邵阳活动、“生态丹霞神韵雪峰”串线营销高峰论坛、全市景区座谈会等线下推广活动；与湖南网易开展“网上易起畅游邵阳”合作，“光影新邵阳”邵阳文化旅游短视频和摄影大赛抖音话题播放量达8653.4万次，粉丝互动量超过3000万次，全网阅读总量突破1.73亿次，被评为湖南省文旅媒体传播力指数第二的新媒体活动；举办“春暖潇湘奇美邵阳”湖南文化旅游网络消费季邵阳市直播专场活动，吸引120多万人观看和互动。全年全市累计接待国内外游客总人数4300万人次，恢复到上年的76.57%，旅游总收入421亿元，恢复到上年的80.76%。

【文旅广体融合发展】 2020年，邵阳市文化旅游广播体育局（以下简称邵阳市文旅广体局）完成《邵阳市“十四五”文旅广体融合发展

2020年8月26—28日“锦绣潇湘 云上花瑶”2020年湖南（夏季）乡村文化旅游节，在隆回县大花瑶景区举行

（市文旅广体局 供图）

2020年5月30日，“神奇绿洲　醉美绥宁”苗族四月八姑娘节在绥宁民族体育馆举行
（市文旅广体局　供图）

规划》《邵阳市“十四五”旅游业发展规划》编制；策划包装雪峰山花瑶山地文化旅游度假区、南山文旅特色小镇、邵阳市长征国家文化公园等“十四五”期间重大文旅项目；编印《邵阳市文化旅游资源调查报告》，查清文旅资源2711处，其中四、五级文旅资源74处。举办2020年湖南夏季乡村文化旅游节、“崀山杯”2020年全国女子举重锦标赛暨东京奥运会模拟赛、六月六山歌节、四月八姑娘节、乌饭节、崀山脐橙文化旅游节等节庆赛事活动。其中，在隆回县虎形山大花瑶景区举办的“2020年湖南夏季乡村文化旅游节”创造湖南省乡村文化旅游节的三个“首次”，即首次在高海拔地区举办、首次实现5G云直播、首次在节会上集中展示全省非物质文化遗产保护成果；在全省首次以旗袍文化为主题举办湖南首届“湘妹子”旗袍文化旅游活动周暨第二届“康寿新邵”文化旅游节，获千万级曝光量。推动18个市级重点文旅体育项目建设。其中，争取2020年大湘西地区文化生态旅游精品线路建设项目投资补助1664万元；推荐洞口县古楼茶文化旅游特色小镇、北塔区文化健康中心项目等108个项目为2020年湖南省文化旅游产业项目库入库项目。推动“非遗+旅游”融合发展。组织蓝印花布、滩头木版年画、花瑶挑花、宝庆竹刻、宝庆瓷刻等分别参加“2020年中国旅游日湖南宣传活动·湖南非遗购物节暨2020桃源文化旅游节”现场展演活动、第三届中国国际进口博览会“锦绣潇湘魅力非遗湘遇世界”湖南非遗专场展示活动和2020中国红色旅游博览会；举办邵阳市2020年“文化和自然遗产日”非遗宣传展示活动。推动文旅行业复工复产。与市财政局联合出台《应对新冠肺炎疫情影响支持文化旅游产业发展奖励扶持办法》，细化为企业减负举措；组织全市52家文旅企业申报文旅战疫情促发展省级专项资金；兑付2019年文旅产业奖励资金456万元；组织开展在疫情防控常态化背景下如何促进邵阳文化旅游健康发展的专题调研；举办“邵阳人游邵阳”系列营销活动，推出“奇美邵阳惠游卡”；联合市农业银行、市邮政公司为旅游企业融资牵线搭桥。

（谭　锦）

体　育

【概况】 2020年，邵阳市各类体育场地总面积1187.91万平方米，人均体育场地1.61平方米。举办2020年全国女子举重锦标赛暨东京奥运会模拟赛，为近年举办的最高规格的全国性单项体育赛事，国家体育总局党组书记、局长苟仲文到邵阳观赛、颁奖。举办湖南省“公仆杯”羽毛球赛、“宝古佬”羽毛球邀请赛。累计投入体育彩票公益金2024万元，用于举办体育活动、开展体育培训及健身器材采购；援建城市社区、农村乡村100余套健身路径和农民健身工程，支持农村20多个文体广场建设。12月19日，邵阳体育运动学校

2020年10月16—19日，“崀山杯”2020全国女子举重锦标赛暨东京奥运会模拟赛在邵阳市体育中心举办
（市文旅广体局　供图）

整体搬迁，训练条件改善。举办武术、曳步舞和邵阳市健身气功工间操暨二级社会体育指导员培训班，开展全市太极拳、广场舞、长跑、工间操比赛等大型群体活动。组织近400名运动员参加全省田径、射击、游泳、摔跤、柔道、皮划赛艇、跆拳道、羽毛球、乒乓球等20多个项目的青少年锦标赛，获金牌28枚。邵阳市获评全省青少年体育锦标赛优秀赛区，邵阳羽毛球学校被评为全省高水平后备人才基地先进单位。推进武术进校园活动，有“国学武术进校园示范单位”68所，30个学校成立校园武术队，拥有专业教练员40名，武术体育老师52名。（谭　锦）

综合治理

【概况】 2020年，邵阳市文旅广体局加强市场综合监管，推进文旅广体行业治理现代化。在新冠肺炎疫情防控中，及时启动应急预案，加大市场监管和督导力度，确保文旅广体行业无疫情感染病例。疫情期间，督导关停全市所有文化娱乐场所、旅行社、旅游景点和文体场馆。疫情防控常态化期间，景区景点和文体、文博场馆做到限流、预约、错峰开放。开展文旅市场安全生产、扫黑除恶、校园周边专项整治、上网服务场所专项整治等各类专项整治行动。推进“放管服”改革，优化行政审批。全市出动执法人员7.94万人次，检查文化和旅游经营场所4.26万家次。（谭　锦）

卫生健康与医疗

卫生健康

·医疗体制改革·

【公共卫生体系建设】 2020年，邵阳市坚持保基本、强基层、建机制，加快推进公共卫生体系改革，完善疾病预防控制体系、重大疫情防控救治体系、公共卫生应急管理体系。市县两级强化公共卫生应急队伍建设，做到有机构、有编制、有人员、有经费，有效提升基层防疫和应急处置能力。全市各级财政投入2.5亿元卫生应急专项经费，确保新冠肺炎疫情防控救治所需。同时，市政府出台卫生应急经费预算方案，确保卫生应急工作经费制度化、保障化。9月，12个县市区开展新冠肺炎疫情防控应急演练。坚持以深化基层医改、提高公共卫生服务能力为重点，聚集老百姓就近“看病难、看病远”等“关键小事”，推进村卫生室规范化建设，提高疾病防治能力。全市3110个行政村均有自己的“小医院”，640多万名农村老百姓“有地方看病、有合格医生看病、小病在村能诊断诊疗”的问题得到落实。村级首诊率接近50%，村级门诊费用直接支出同比下降15%以上。加大公共卫生防治资金投入，167所建制乡镇卫生院实现2名全科医生全覆盖。全年落实村卫生室运行经费1807.37万元，有3051名乡村医师参加养老保险。人民网、湖南卫视、红网、华声在线、新湖南等主流媒体相继进行31次专题报道，推介邵阳市经验做法。

【公立医院综合改革】 2020年，邵阳市各市县均成立由政府主要负责人担任组长的医改领导小组，明确由一名政府领导分管医疗、医保、医药工作，统筹推动“三医联动”改革。推进现代医院管理制度，探索以公立医院管理委员会为主要形式的政府办医体制，统筹履行政府办医职能，对公立医院资产、财务、人事、薪酬、绩效考核、政府投入等实行统一决策，将内部人事管理、绩效分配等经营管理自主权下放给医院。全市三级公立医院全面开展公立医疗机构绩效考核，对医疗质量、运营效率、持续发展、满意度评价建立科学的考核评价指标体系。推行公立医院薪酬制度改革试点，市中心医院、新邵人民医院、城步人民医院、洞口县中医院、隆回人民医院5家为薪酬分配改革试点医院并出台改革方案。全面实行党委领导下的院长负责制。实施改善医疗卫生健康服务行动计划，推出优化诊疗流程等便民惠民措施。各级各类医院均开展“互联网+医疗健康”便民活动，为患者提供智能导医分诊、候诊提醒、检验检查结果查询、诊间结算、移动支付等线上服务。减轻百姓就医负担，全面实行药品零差率、耗材零差率销售，完善药品购销“两票制”，规范合理用药，对单价和资源消耗占比相对较高的高值医用耗材开展重点诊治。打击欺诈骗取医保基金行为，继续开展按病种付费和临床路径管理。公立医院门诊费用增长率4.94%，住院费用增长率7.41%，平均住院日8.49天。加强服务体系建设。大祥区、双清区、北塔区、邵东市、邵阳县、隆回县均实现乡村一体化管理，新邵县、绥宁县、城步苗族自治县、新宁县、洞口县、武冈市推进乡村一体化管理，其中新邵县定为县乡一体化管理试点。启动终末期肾病“腹透治疗可及性及基层管理项目”，实现“县治、乡管、村访”的分级诊疗模式，肾病腹透患者上转率、医疗费用显著下降。推进紧密型县域医共体建设，要求每个公立医院每年至少达到医院10%主治医生、15%副主任及以上医师到基层医疗机构从事多点执业，推动优质资源下沉。完成医联体备案数量118家，869名医师多点执业。新邵县以新邵人民医院和正大邵阳骨伤科医院为龙头，与乡镇卫生院成立紧密型医共体。

（市卫健委办公室）

·基层卫生·

【概况】 2020年，邵阳市3471个村（社区）卫生室、6000余名乡村医生配合村（居）委会开展基层新冠肺炎疫情防控工作，及早发现和报告病例，协助管理密切接触者和来自疫情发生地区人员，为疫情防控“早发现、早报告、早隔离、早治疗”筑起第一道屏障。

5月，启动全市2020年“优质服务基层行”活动，到11月，10个基层医疗卫生机构达到推荐标准，123个基层医疗卫生机构达到基本标准。全市乡镇卫生院修缮任务3.6万平方米，覆盖11个县市区（含8个贫困县）35所卫生院，到年底，除大祥区的1所在建外，其余34所均完成修缮任务。

是年，邵阳市全面落实健康扶贫政策，落实“三个一批”行动计划、“先诊疗后付费”和“一站式”结算服务。全市贫困人口医疗救治费用实际报销比例提高到87.07%。建档立卡贫困人口中因病致贫返贫人口县域内救治率达94.7%。市卫生健康委员会履行健康扶贫职责，按照重点帮扶和“回头看”实施方案，通过走访农户、查阅资料、实地察看等方式进行督导考核。4月中旬开始，对县市区进行实地督查，查找当前健康扶贫工作存在的突出问题,形成以督查补短板、以督查促落实的工作格局。

【基层卫生人才能力建设】 2020年，邵阳市卫生健康委员会下发《邵阳市2020年基层卫生人才能力提升培训项目实施方案》，安排部署全市2020年基层卫生人才能力提升培训项目工作。投入181.3万元，培训基层医务人员177名，其中乡镇卫生院和社区卫生服务中心骨干全科医生14名、乡镇卫生院和社区卫生服务中心骨干人员68名、骨干乡村医生95名。先后组织1118名基层医务人员参加全省医岗卫技、管理人员能力等各类培训。全市培训1800多名全科医生，167所建制卫生院均配备2名以上全科医生。

【家庭医师签约服务】 2020年，邵阳市组建家庭医生团队1647个，常住人口签约271.4万人，签约率36.8%。重点突出建档立卡贫困人口的签约服务，全市建档立卡贫困人口签约服务覆盖人数935542人，已签约932870人，签约率99.7%。在8个县（市区）推广应用信息化系统签约服务，同时通过信息化手段筛选出重点人群并完成随访服务、开展线上转诊工作及开放居民查阅档案功能，提高居民获得感。

【健康扶贫政策宣传】 2020年，邵阳市各级卫生健康行政部门和医疗机构利用电视、电台、报纸、微信、网络、自媒体等传统媒体和新媒体，及时将政策宣传到位、宣传品发放到位、工作动态报道到位。同时，组织村卫生室、社区卫生服务站医务人员到贫困户中面对面进行交流宣传，开展“认门入户”健康教育咨询活动，让贫困人员了解国家健康扶贫政策，引导群众改善生产生活方式。在村政务公开栏和村卫生室宣传栏中张贴健康扶贫知识，让贫困群众了解应享受的健康扶贫政策。据统计，全市印制多种宣传品70余万份，电视电台网络报道60余次，微信转发阅读量100万余条。

【落实健康扶贫政策】 2020年，邵阳市协调市卫健委、人社、民政、财政、扶贫、医保等部门，落实健康扶贫“六重保障”政策，实施“三提高，两补贴，一减免，一兜底”的贫困人口看病就医综合保障机制，建立和健全让贫困人口看病有地方、有医生、有制度保障的政策体系；将健康扶贫工作纳入全市脱贫攻坚重点工作考核内容；医疗救治费用实际报销比例提高到87.07%。落实“先诊疗后付费”和“一站式”结算服务措施。自2017年7月在全省率先推动县域内各定点医院建立健康扶贫“一站式”结算服务窗口，到2018年7月全市12个县市区和县域内各定点医院均建立“一站式”结算服务平台，各级公立医疗机构优化“先诊疗后付费”程序，设置建档立卡贫困人口服务通道，实现建档立卡贫困户县域内住院“一站式”结算服务，有效解决贫困人口住院医疗补偿与救助报销周期长、手续复杂、领取补偿款往返跑路现象。落实“三个一批”工作机制。在前期精准识别农村因病致贫返贫贫困人口的基础上，按照“大病集中救治一批、慢病签约服务管理一批、重病兜底保障一批”的要求，及时组织对患有大病和长期慢性病的贫困人口实施分类救治，将健康扶贫“三个一批”行动计划落到实处。截至年底，全市建档立卡贫困人口中因病致贫返贫人口县域内救治率达94.7%。其中，“大病集中救治一批”累计救治85555人次，救治进展99.65%，救治病种由2017年的四类9种扩大至33种，确诊患者39723人，救治39675人，救治比例99.88%；“慢病签约服务一批”累计救治538714人次，签约率100%；“重病兜底保障一批”累计救治6260人次，救治进展99.71%,各项指标均超过省定指标。

【农村贫困家庭签约服务】 2020年，邵阳市各乡镇、村均组织家庭医生团队，为农村贫困家庭签约服务实现全覆盖。特别是针对核准的慢病患者，签约医生负责制定个性化健康管理方案，需要住院的联系定点医院治疗。截至12月31日，已签约服务管理或者入院治疗的重点慢病贫困患者278974人，签约服务管理（含入院治疗）率100%。

【医疗救治和公共卫生】 2020年，邵阳市按照确定定点医院、确定诊疗方案、确定单病种付费标准，加强医疗质量管理、加强责任落实的“三确定两加强”原则，分病种、分批次完成集中救治任务。同时落实好定点医院大病救治费用减免政策。贯彻预防为主、防治结合的卫生与健康工作方针，把落实贫困人口的基本公共卫生服务作为优先保障方向，聚焦建档立卡贫困户，寻求扶贫攻坚与基本公卫结合点，让建档立卡贫困人口“尽量少生病”，四种慢病患者规范管理率大幅提升。

【基层医疗机构规范化建设】 截至2020年年底，邵阳市近年累计投入资金近10亿元，除乡镇卫生院所在村居外的3110个村卫生室规范化建设实现建成率100%全覆盖，并多措并举为村医“空白村”配齐乡村医生，全市村卫生室“空白村”全部清零。设置村卫生室3244个、社区卫生室227个，标准化村卫生室建设率达95.9%。有46家乡镇卫生院获全国“群众满意乡镇卫生院”称号。299个标准化村卫生室建成投入使用，实现“群众小痛不出村”预期目标。据20个村卫生室的动态监测显示，村级门诊人次平均上升1.35倍，村级首诊率近60%，县域就诊率达94.28%，门诊费用直接支出同比下降23%。

【医联体建设】 2020年，邵阳市加快推进医联体建设，提高基层医疗服务能力。加大县级医院重点专科、乡镇卫生院特色科室建设力度。实施公立医院对口支医工作，指导基层医院疾病救治、签约服务等扶贫工作。建立医联体、专科联盟和医共体，推行县乡远程医疗诊断等便民利民服务。市贫困县级医院与省市三级医院建立紧凑型医联体3个、专科联盟15个，与乡镇医院建立医共体70个。实现贫困县胸痛、卒中、高危孕产妇与儿童急救四大中心建设全覆盖。

【专业人才培养】 2020年，邵阳市制定下发《邵阳市基层卫生人才能力提升项目培训工作方案》《关于认真做好骨干全科医师培训项目工作的通知》，加大全科医生培养、注册、保障和配备统筹力度。分别明确17名全科骨干医师和68名临床骨干医师进修培训、303名护士集中理论培训、31名骨干乡村医生及1767名村医集中理论培训项目的实施单位和任务时间要求，同时协调中心医院20名专家下基层对1762名乡村医生进行同质化培训。年内组织参加全省基层医疗卫生机构医岗卫技人员培训660人、北京大学公共卫生学院举办的基层卫生健康管理人员能力提升公益培训234人、湖南省基层卫生健康管理人员能力培训224人。落实国家基层卫生能力培养项目，培训基层医务人员177名。在全科医师培养、注册、待遇保障上及区域内统筹配备上，全市已注册全科医生个数（含助理）954人，其中乡镇卫生院774人、社区服务中心180人；邵东、新邵、武冈全部落实全科医生津贴政策500元/月；实现167个建制乡镇卫生院全科医生全覆盖，其中117所乡镇卫生院有2名以上全科医师，全面完成年度内科医师全覆盖工作，基本形成农村居民"半小时就医圈"。（市卫健委办公室）

·疾病预防控制·

【概况】 2020年，邵阳市重点传染病监测与疫情处置规范有序，新冠肺炎、手足口病、狂犬病等重大传染病疫情得到有效遏制，艾滋病防治工作通过国家"十三五"评估。免疫规划工作进一步规范，精神卫生等各项疾控工作稳步推进。开展饮用水卫生监测工作，市、县两级每季度均在政府网站对水质信息进行公示；脑卒中项目完成6000人的筛查干预任务；儿童口腔综合干预项目完成3031颗牙齿的窝沟封闭任务；开展国家免疫规划日、疟疾日、结核病防治日、碘缺乏病防治日等卫生宣传纪念日主题活动。市疾病预防控制中心成立新冠肺炎疫情防控工作领导小组，下设应急、流病、微检、消毒、健教、后勤保障、督导检查7个组，实行24小时应急值守、常态化疫情监测。5月与市市场监管局协作，加强对农贸市场、酒店、超市、加工企业等重点单位、场所冷冻冷藏食品、环境、从业人员及学校食堂等风险摸排。同时加强实验室能力建设，精准开展核酸检测。

【急性及重点传染病防治】 2020年，邵阳市全年累计报告法定传染病2.74万例，法定传染病发病率371.44/10万，较上年565.685/10万减少33.91%，总发病率全省最低。无甲类传染病及较大级别以上突发公共卫生事件发生。手足口病、流感、流行性出血热等比上年度环比下降，狂犬病、布病发病率均处于较低水平。年内无新复发麻风病例。推进结核病、艾滋病防治，艾滋病防治工作通过国家"十三五"评估，市疾控中心获评全省"十三五"期间艾滋病性病综合防治工作先进单位。

新冠肺炎疫情期间，面对"两史"人员、发热人员、确诊病例、聚集性病例、老年人病例、境外入邵人员"六多"形势，按照"四早""四集中"原则，迅速行动、主动作为，在较短时间内遏制疫情蔓延势头，快速推进企业复工复产。全市推进重大传染病防治改革试点工作，截至11月底，接诊可疑肺结核患者1.99万人，发现活动性肺结核患者4863人，患者治疗成功率达95.9%；完成艾滋病抗体检测109.72万人次，累计报告艾滋病感染者和病人5875人,为3484名艾滋病人提供免费病毒治疗，符合抗病毒治疗条件的病人治疗比例达90%。

【慢性病、地方病、寄生虫病防治】 近年来，随着人口老龄化、不健康生活方式、不健康饮食等因素影响，以高血压、糖尿病、肿瘤等为主的慢性非传染病逐渐成为危害人类健康的头号杀手（据国家卫健委数据，慢性病占死亡人数的86%）。2020年，为有效预防慢性病发生，邵阳市疾控系统开展推进全民健康生活方式行动，创建慢性病防治示范区，利用各种机会到学校、社区、机关等开展健康素养、烟草控制、健康生活方式、慢病管理等知识讲座。完成《地方病防治"十三五"规划终期》《地方病防治三年攻坚行动终期》自评。重点寄生虫病防治规划的终期评估监测指标均达到国家要求。

【卫生应急体系和能力建设】 2020年，邵阳市疾控中心实行24小时疫情值班，建立疫情风险评估工作制度，及时组织专家定期开展疫情形势分析研判。新冠肺炎疫情期间，全市疾控系统组织编写疫情日报、工作动态及形势分析等，为各级政府疫情防控决策提供科学依据。各县市区均组织开展新冠肺炎疫情防控应急演练，参加省组织的全员核酸检测应急演练，锻炼应急队伍，提高全市突发公共卫生事件应急处置能力。

【公共卫生监测】 2020年，邵阳市疾控系统提升食品安全风险监测和预警能力，食品安全风险监测覆盖12个县市区229个哨点监测医院。提升水质和食品安全风险监测和预警能力，每年采集1000余个食品、水质样品进行检测，一旦发现有食品、水质安全风险立即通报相关部门，确保全市群众食品、饮用水安全。

【检测质量管理】 2020年，邵阳市疾控中心加强内部质量管理，修改质量管理体系文件，质量管理体系运转有序。为提升新冠肺炎核酸检测能力，改造微生物实验室500余平方米，增加PCR等检测设备。完成全年传染病、食品安全风险、水质监测等检测任务。开展食品安全风险监测微生物致病因子检测工作，完成省食源性致病菌检测项目盲样考核。完成"国家碘缺乏病"实验室下发的盐碘、尿碘、水碘外质考核盲样的检测，完成省中心下发的农残定性定量、铅、镉、汞盲样检测。完成省技术监督局组织下发的3个盲样水中硝酸盐、食品中汞、食品中总酸的检测和结果上报。完成中国疾控中心组织的水中铅盲样检测和结果上报。

【免疫规划】 2020年，邵阳市进一步规范预防接种工作，完善预防接种责任事故补偿机制，继续实行预防接种责任保险，有效减轻政府、接种单位预防接种事故的调处、赔偿压力。加强免疫规划信息化建设，建成数字化接种门诊7家。落实基础免疫工作，1—11月全市为适龄儿童免费接种一类疫苗144.55万剂次，一类疫苗以乡镇为单位分苗分剂次报告接种率均达到95%以上。受新冠肺炎疫情影响，接种门诊暂停开放20天，全市于4—6月开展疫苗查漏补种，补种各类疫苗10万剂，补种率达到省级要求。举办2期免疫规划专干和乡镇接种医生培训，完成市、县、乡三级NRA评估工作督导，免疫规划工作规范化逐步提高。

【精神卫生】 2020年，邵阳市加强与公安、综治等有关部门的信息共享与沟通配合，对全市精神卫生工作建立月分析排名通报和约谈机制。持续加强对严重精神障碍患者的管理，进一步强化基层帮扶工作机制，提高社区患者的管理治疗质量。截至11月30日,全市建档立卡随访管理严重精神障碍患者3.57万人（在册患者人数3.22万人），患者报告患病率4.37‰，规范管理率92.52%，服药率96.09%，患者规律服药率79.23%。

【学校卫生】 2020年，邵阳市与教育部门建立学校卫生联动机制，进一步加大对学校卫生工作督导检查和技术指导力度。组织对市直各中小学校、在邵高职校相关负责人、校医、教职员工进行学校新冠肺炎等传染病疫情防控工作培训；对市直31所中小学及民办学校，开展为期两周的新冠肺炎疫情防控、生活饮用水食品安全工作业务指导；对15所学校开展学校教学和生活环境卫生、教室采光和照明双随机监测抽样检测；落实并规范全市各级各类学校晨午检、因病缺勤登记与追踪、消毒、预防接种证查验、新生入校体检等工作。

【职业健康】 2020年，邵阳市开展尘肺病防治攻坚行动，成立由市长刘事青任组长，分管副市长李华和任副组长，市发改、民政、司法、财政等10个部门为成员单位的邵阳市尘肺病防治攻坚行动领导小组，制定行动方案，明确总体目标和重点任务，层层压实各部门和各县市区人民政府的责任。全市定点医院救治救助尘肺病患者3436人次，超额完成省定任务数，省财政救助下拨634.54万元。对符合救治救助条件的农民工尘肺病患者，通过系统规范诊治和精准扶助，改善患者临床症状，提高其生活质量，减少因病致贫、因病返贫。

2020年，邵阳市制定下发《2020年邵阳市职业性尘肺病随访调查技术方案》《2020年邵阳市职业病危害现状调查工作方案》《2020年邵阳市职业病防治项目相关工作方案》，明确工作任务和职责，成立调查领导小组和技术指导组，召开邵阳市职业性尘肺病随访调查培训会议和职业病防治项目工作培训会议。开展职业病危害现状调查，完成调查2014家，完成任务数的102%，并完成数据信息系统录入。落实工作场所职业病危害因素监测项目工作，全市监测任务152家，完成项目调查企业164家，完成任务数的107.9%，并完成全部监测数据录入。开展重点职业病监测，8月完成2020年以前诊断的职业性尘肺病病例的随访调查，随访12163例，确认死亡4918例、存活6384例、失访861例，确认率92.9%。截至11月，市级诊断机构诊断职业性尘肺病261例，其中新发14例、晋期247例；临床诊断农民工尘肺病546例，其中初诊526例、晋期20例。完成采集和录入职业健康核心指标信息个案2280例，完成接尘劳动者尘肺病筛查218人,发现尘肺样改变6人。开展医疗卫生机构医用辐射防护监测工作，对215家放射诊疗机构进行基本情况调查和放射诊疗频度调查，对4家项目单位进行设备防护性能和场所放射防护监测。开展非医疗机构放射性危害因素监测工作，完成26家非医疗卫生机构用人单位的基本情况调查，完成3家项目单位的职业健康管理情况调查和工作场所放射性危害的现场检测。（市卫健委办公室 市疾病预防控制中心办公室）

·妇幼健康服务·

【概况】 2020年，邵阳市妇幼保健院占地面积1.2万平方米，业务用房面积8395平方米，固定资产3368万元，职工总人数194人，其中卫生技术人员166人（正高6人、副高18人、中级64人)，总编制人员157人，在编在岗人员115人，编制病床110张。总投资1.56亿元的整体改扩建项目开工建设。市、县两级妇幼保健机构规范实行四部制管理，设置孕产保健部、妇女保健和计划生育技术服务部、儿童保健部，并设立保健部及妇女保健科、儿童保健科、医学遗传科、信息管理科、健康教育科，配备足够的保健管理人员，规范保健管理工作。各妇幼保健院机构和大部分综合医院，每周规范开展内容全面的孕妇学校授课。开展妇幼健康教育技能培训，参加人员123人，相关工作开展健康教育质量评估并进行持续改进。妇幼健康教育覆盖率45.9 %；孕妇学校培训覆盖率49.8%；母婴保健核心知识知晓率71.24%；母婴健康行为形成率90%。

【母婴安全】 2020年，邵阳市建立母婴安全管理领导小组和专家技术小组，健全危重孕产妇和新生儿救治与转诊网络，按规范建立2家孕产妇急救中心和2家新生儿救治中心（市中心医院、邵阳学院附属第一医院）。全面落实孕产妇妊娠风险筛查与评估、高危专案管理、危急重症救治、死亡个案报告和约谈通报5项制度，维护每一名孕产妇和新生儿生命健康。健全规范孕产妇与高危孕产妇管理工作流程（包括流动孕产妇）、高危妊娠转诊抢救制度和危重孕产妇评审制度，强化控制孕产妇死亡干预措施。规范开展孕产妇死亡和危重孕产妇评审工作2次，评审孕产妇死亡3例、危重孕产妇 6 例。督促县乡村三级妇幼保健人员落实孕产妇系统管理，开展早孕建册、产前检查、高危筛查、风险评估、高危管理及分级转诊管理、产后访视等重点环节工作。严格产科质量控制、母婴技术准入、母婴安全管理，规范风险评估、分级管理，对高危孕产妇实行专案管理，规范危重孕产妇转诊救治，要求助产机构每季度开展急救演练和新生儿窒息复苏培训，落实产科、新生儿科（儿科）医师、麻醉师协作工作制度，提高新生儿复苏成功率，降低新生儿死亡率。年内孕产妇死亡率、5 岁以下儿童死亡率和婴儿死亡率分别控制在 7.25/10 万、5.65‰和2.94‰。孕产妇死亡率和新生儿死亡率创历史新低，其中大祥、双清、北塔、邵东、隆回、武冈、绥宁、城步、邵阳县无孕产妇死亡。全市转诊与救治高危孕产妇936例，成功救治934例，成功率 99.79%。

【儿童健康服务】 2020年，邵阳市通过规范化儿童保健门诊创建，加强0~6岁儿童健康管理。落实儿童保健服务管理，健康管理率92.32%，新生儿访视率95.69%。对高危儿、营养性疾病患儿等进行专案管理并逐级转诊。出台《邵阳市托儿所幼儿园卫生保健管理实施细则》，756人参加卫生保健员培训。完成对托幼机构卫生评价工作，对工作人员和入托儿童进行体检。推进儿童眼保健工作，0~6岁儿童眼保健和视力检查覆盖率91%。完善规范新生儿窒息复苏项目，规范产儿科医师合作（儿科医师进产房、手术室）工作制度，定期组织新生儿窒息复苏技术操作培训和新生儿急救演练，提高抢救成功率，全市新生儿窒息发生率逐年降低。实施儿童营养改善项目，市县两级均有专人负责该项目并定期开展项目督导，针对问题进行持续改进。8个营养改善项目县发放营养包26.14万个，儿童营养包发放率32.9%，未发生群体性不良反应。

【出生缺陷防治】 2020年，邵阳市依托婚前医学检查、孕前优生健康检查、增补叶酸、产前筛查、地中海贫血防控、高危人群出生缺陷干预、新生儿疾病筛查、新生儿遗传代谢性疾病检测、先天性遗传代谢性疾病救助、先天性结构畸形救助“八免两救助” 公共卫生项目，统筹实施出生缺陷防治工作，各项目服务指标基本达标。婚前医学检查率95.33%，叶酸服用率98.33%，新生儿听力筛查率98.14%。新筛四病筛查4.93万人，筛查率97%，确诊轻度HPA 1例、苯丙酮尿症2例、先天性甲状腺功能减退症 21例、先天性肾上腺皮质增生症1例、葡萄糖6磷酸脱氢酶缺乏症126例；串联质谱多种遗传代谢病筛查3.62万人，筛查率72%；产前筛查4.70万人，产前筛查风险人群干预率60.38%。无创检查4175人，其中阳性63人（21三体14人、13三体4人、18三体6人，其他异常39人）。羊水穿刺103人，羊穿诊断阳性10人（21三体2人、18三体1人，其他染色体异常7人），终止妊娠26人。地贫筛查1.17万人次，阳性率20.40%；免费产前筛查3.45万人，完成任务100%，干预率75.50%；孕前优生检查目标人群覆盖率 80.82 %。

【预防艾滋病、梅毒和乙肝母婴传播】 2020年，邵阳市全面实施预防艾滋病、梅毒和乙肝母婴传播项目，市县两级专人负责艾滋病、梅毒、乙肝母婴传播阻断项目，建立责任追究制，落实项目经费专款专用。加强培训督导，规范项目管理。市级开展全市艾梅乙项目专题网络培训1次，开展项目质控2次，针对问题进行持续改进。加强宣传教育，利用网络、报刊、宣传栏等宣传普及预防艾梅乙母婴传播项目相关知识，提高群众参与率。全市孕产妇艾滋病、梅毒和乙肝孕早期检测率分别为64.51%、64.28%、64.35%。艾滋病感染孕产妇抗艾滋病毒用药率100%，艾滋病感染孕产妇所生婴儿预防抗艾滋病毒用药率100%；梅毒感染孕产妇梅毒治疗率 98.63%，梅毒感染孕产妇规范治疗率71.23 %，梅毒感染孕产妇所生儿童预防性治疗率97.87%；乙肝感染孕产妇所生新生儿乙肝免疫球蛋白注射率100%；艾滋病感染孕产妇所生儿童早期诊断率100%，艾滋病感染孕产妇所生儿童随访率100%，梅毒感染孕产妇所生儿童随访率96.1%。

【公共服务】 2020年，邵阳市推进农村和城镇低保适龄妇女“两癌”免费检查、孕产妇免费筛查两项省重点民生实事。成立项目专家技术指导组，指导完成全市“两癌”免费检查项目工作。明确项目负责人，落实责任追究制，执行项目专项资金管理方案，专款专用。开展全市“两癌”项目专题培训1次并进行考核。全面推行质量控制，市级第三方检测机构HPV、TCT、病理检查进行质控。全市农村和城镇低保适龄妇女“两癌”免费检查10.12万人次,目标任务完成率达 101.21%。宫颈癌早诊率97.85%，检出宫颈癌前病变及宫颈癌428人(其中宫颈癌25人)，治疗随访率100%,治疗率97.73%；乳腺癌早诊率73.33%，检出乳腺癌前病变及乳腺癌35人（其中乳腺导管原位癌5人、浸润性导管癌18人），治疗随访率95.65%，治疗率100%。孕产妇免费产前筛查检查35621人，目标任务完成率达103.39%。

【计划生育技术服务】 2020年，邵阳市开展计划生育技术服务项目，明确项目负责人，建立责任追究制，制定落实项目专项资金管理方案，专款专用。全年上级拨付及上年结余爱心助孕项目经费52.6万元,爱心助孕技术服务实际人数为5对夫妇，支付19.08万元。组织开展网络培训并考核，开展多形式项目宣传教育活动，开展项目质控并针对问题进行持续改进。计划生育技术指导咨询实际人数7.46万人，目标人群7.72万人，目标人群覆盖率96.7%，完成计划生育手术2.37万例。

（市卫健委办公室　市妇幼保健院办公室）

·老龄健康·

【老龄基层组织建设】 2020年，邵阳市结合实际，组建新一届老龄委，并明确成员单位工作职责和老龄委工作规则。10月，组织召开老龄委工作全会，推动老龄工作从“单兵作战”向“协同作战”模式转变，从“层叠式”向“扁平式”管理模式转变，构建老龄工作大格局。加强老年协会规范化和示范化建设，按照“巩固、提高、发展”原则，进一步完善老年协会组织机构，健全规章制度，加强监督管理，确保城乡社区老龄工作有人抓、老年人事情有人管、老年人困难有人帮。配强基层老年协会班子，注重挖掘“乡绅乡贤”资源，鼓励退下的村党支部书记、村委会主任或退休回乡居住的老干部担任会长；规范基层协会管理，支持和引导老年协会完善制度，建立老年协会例会制度、学习制度、活动制度、财务制度和走访慰问制度等，打造老年人自我管理和自我服务的平台，开展适合老年人特点的多样化、多层次服务，吸引更多的老年人参与日常活动和服务管理；规范基层老年协会建设标准，实行有组织、有制度、有经费、有场所、有活动和班子建设好、作用发挥好、制度落实好的“五有、三好”标准；注重典型引导，组织开展“十佳”基层老年协会评选表彰活动，通过示范带动，全市200多个基层老年协会建设达到“五有、三好”标准。截至年底，全市435个社区、3187个建制村，共成立城乡基层老年协会3525个，城乡建会覆盖率分别达到98.6%和97.1%，老年人参会率达到50%。

【银龄安康工程】 2020年，邵阳市各级党委政府把实施“银龄安康”工程作为关注民生、服务百姓的重要内容纳入议事日程，“四类”（托底保障、困境保障、重点保障、一般保障群体）特困老年人的意外保险全部实现由政府出资购买，其中8个县市区将特困老年人的意外伤害保险纳入政府财政预算。各级老龄部门克服疫情和机构改革带来的困难，推动老年人意外伤害保险工作迈上新台阶。各地通过入村宣讲、村村通广播、发放宣传单、走访入户等形式，宣传意外伤害保险政策和赔付额度等村民关心关注的问题，提高村民参保积极性。各承保公司践行国企社会责任，服务社会老人，把“银龄安康”工程打造成为“政府支持、社会赞扬、群众满意、老人安康”的民心工程。截至年底，全市有23.93万名老年人参加投保，覆盖率为18.69%；收取保费708.96万元，其中政府出资505.38万元，为19.75万名特困老年人购买老年人意外伤害保险；理赔案件数1514件，理赔金额256.19万元。

【老龄法治环境建设】 2020年，邵阳市推进老龄法治环境建设，营造养老、孝老、敬老社会氛围。开展普及“一法一办法”活动，学习《中华人民共和国老年人权益保障法》《湖南省实施〈中华人民共和国老年人权益保障法〉办法》，让老年法律法规宣讲教育活动进机关、进乡村、进学校、进社区、进企业、进单位。开展老年维权工作，各涉老部门协调司法、公安等有关部门，依托基层组织，及时解决涉老纠纷，对家庭暴力、侵权行为、虐待不赡养老人等案件及时受理，运用法律武器维护老年人合法权益。弘扬中华民族敬老、爱老、助老的传统美德，各地在“敬老月”期间开展“金秋惠老”“乐享银龄”走访慰问活动，举办大型文艺会演、文体等一系列活动。期间慰问老年人1.2万余人，发放慰问资金和物资总值442.08万元；组织志愿者走进2100个留守老人家庭，为留守老年人提供上门巡诊、健康体检等医疗服务1.85万人次；引导爱心企业、爱人人士为5400名留守老人捐赠投保。

【医养结合项目建设】 2020年，邵阳市开展医养结合项目建设，14家二级及以上综合医院增设老年医学科，占比达46.67%；隆回魏源医院开展安宁疗护服务并获湖南省首批“安宁疗护标准病房”创建机构；年内增加2家医养结合机构，有医养结合机构总数达16家。

（市卫健委办公室）

·健康促进·

【国卫复审通过省级验收】 2020年，是邵阳市国家卫生城市首次复评年。为巩固国家卫生城市成果，确保通过国家卫生城市复审，市委、市政府成立以市政府分管城建的副市长任组长，市政府分管副秘书长和市城管综合执法局局长任副组长，市卫生健康委、市城管局等30个相关职能部门为成员的国家卫生城市管理工作领导小组，保障国卫复审迎检监督工作的有序开展。市爱卫办作为国家卫生管理工作的主要业务指导部门，积极为市委、市政府科学巩固国卫创建成果当参谋、出主意，联通上下、开展培训，对标对点、严格督查，并开展各项业务指导和培训工作。2020年10月，邵阳市顺利通过国家卫生城市省级复审。

【卫生城镇创建】 2020年，邵阳市爱卫办推进和指导各县市区开展卫生城镇创建工作，完成对隆回县、武冈市省级卫生县城（城市）复审的市级调研指导和推荐；完成对绥宁县省级卫生县城创建工作的调研指导和推荐；完成对邵阳县市级卫生县城的复审；完成对隆回县金石桥镇、小沙江镇创建省（市）级卫生乡镇的调研指导和推荐。至年底，全市成功创建国家卫生县城1个（新邵县）、省级卫生城市（县城）3个（武冈市、隆回县、洞口县）、市级卫生县城4个（邵阳县、绥宁县、城步苗族自治县、新宁县），邵东市因撤县设市，卫生城镇创建的标准改变，着手创建省级卫生城市；成功创建省级卫生乡镇3个（新宁县崀山镇、邵阳县金江乡、新邵县寸石镇）、市级卫生乡镇8个，省级卫生村142个、市级卫生村589个，省级文明卫生单位377个、市级文明卫生单位265个，邵阳市无吸烟单位362个。

【病媒生物防制工作】 2020年，邵阳市城区病媒生物防制以“国卫”复审和灭鼠达标复查为中心，公共区域继续实行政府公开招标、市场化运作，市、区、各行业监管部门联合定期不定期开展业务培训和暗访督查，实现市、区、行业监管部门的无缝对接，进一步完善病媒生物防制长效管理机制，巩固提高病媒生物防控成果，顺利通过国家卫生城市病媒生物防制项目省级复查和病媒生物防制（鼠类）国家C级水平达标复查评估。根据绥宁县、洞口县和隆回县人民政府的申请，受省爱卫办委托，组织省、市病媒生物防制专家完成对隆回县病媒生物防制（蚊虫、蝇类）、绥宁县病媒生物防制（蚊虫、蝇类、蜚蠊）国家C级标准达标指导和验收评审，完成对洞口县病媒生物防制（蜚蠊）国家C级标准达标复查验收工作。

【预防性消毒工作】 新冠肺炎疫情期间，邵阳市爱卫办结合新冠肺炎疫情实际，同心抗疫，全面开展预防性消毒工作。成立消毒专业队，每日对城区内重点部位、公共区域、人员流动多的密集场所、公共设施和市委新冠肺炎疫情指挥部及委机关开展2次预防性消毒，并确保预防消毒全覆盖、无死角；复工复产期间，对重点企事业单位的重点区域和重点部位进行预防性消毒，不定期对市委、市人大、市政府、市政协及相关部门等各类人群密集场所进行临时指令性消毒，截至年底，市城区共组织专业消毒施工人员1200余人次、消毒设备800余台次，累计消毒面积达465万多平方米，使用84消毒液4400余瓶、二氧化氯消毒液800余瓶、泡腾片520余瓶。

【爱国卫生活动】 2020年，邵阳市结合“爱国卫生月”“世界防治结核病日”“职业病防治”“世界无烟日”开展形式多样、内容丰富的爱国卫生活动。各单位运用各种载体，重点围绕国家卫生城市、除害防病、新冠肺炎疫情防控，全方位、多角度开展宣传教育，免费发放资料。4月和7月，市爱卫办组织3个区爱卫办、市卫监、疾控、环保等20多个部门及市直有关医疗卫生单位在城南公园开展第32个爱卫月集中宣传活动，现场设置咨询台、发放卫生宣传资料、摆放宣传展板，对新冠肺炎疫情防控知识以及各项卫生知识进行集中宣传，11家医疗卫生单位以及3个区卫健局为市民提供免费义诊及健康咨询4200余人次、多家病媒生物防制专业公司现场提供病媒生物防制相关知识宣传咨询2200余人次、发放病媒生物防制宣传资料0.5万余份，发放病媒生物防制药物1万余份。市爱卫会制定并下发《关于在城区开展无烟单位创建活动的通知》，开展“无吸烟单位”创建活动，全市成功创建无吸烟单位362个。建设健康步道、健康主题公园、健康食堂，推广减盐、控油，开展健康生活方式行动主题宣传，在健康教育中突出疾病“防大于治”的观念。全市建城区共建设健康社区、健康步道、健康食堂（餐厅）、健康主题公园、健康小屋等健康支持性环境56个。（市爱卫会办公室）

·卫生监督执法·

【执法队伍建设】 2020年，邵阳市卫生健康委员会强化作风纪律建设，围绕着装风纪、执法文书、执法办案、重点工作推进等内容开展内部稽查，推进服务型执法建设，全面推行廉政风险防控，打造公正廉洁、执法为民、敢于担当的卫生监督执法队伍。强化业务素质培训，全方位、多层次、分期分批，开展卫生监督人员业务知识和执法技能培训，5月、8月、12月举办3期全市职业卫生监督业务培训班，并组成培训指导小组，逐县市区组织开展卫生健康执法业务培训。强化执法行为规范落实，建立健全卫生健康行政执法工作考核长效机制，坚持和完善调度、督导、通报、约谈制度，加大执法稽查工作力度，严查监督机构和执法人员不作为、乱作为、慢作为和有案不立、有案不查等渎职行为，并开展案例评查工作，对存在突出问题或工作长期落后的单位予以约谈问责。强化监督执法信息公示，加大典型案件的曝光力度，通过政务官网、市政府随机抽查监管平台、“互联网+”监管、红网邵阳等多阵地公示或宣传卫生监督执法信息，震慑违法违规行为，发挥教育引导作用。强化监督执法宣传，统筹全市卫生监督宣传合力，提升卫生监督“健康卫士”整体形象。

【卫生健康监督执法行动】 2020年，邵阳市卫生健康委员会集中开展疫情防控综合监督专项执法检查行动、扫黑除恶专项行动、医疗美容专项执法检查行动、学校及校园周边环境整治行动、消毒产品专项执法检查行动、污染防治攻坚专项执法检查行动、尘毒危害专项执法检查行动、预防接种专项执法检查、卫生健康综合监督重点工作“秋冬攻坚行动”9个专项行动，协同推进“医疗执业、医疗废物、放射卫生、职业卫生、公共场所卫生、饮用水卫生、学校卫生、消毒卫生、卫生监督信息平台管理使用”9项工作，守住医疗卫生和公共卫生安全底线，依法依规查处各类卫生健康违法行为。实施行政处罚案件99件，罚款39.95万元；向公安和司法部门移送涉黑涉恶线索3条；查处取缔无证诊所34家，没收医疗器械及药品91件；检查学校1084所，抽检直饮水样品568份，行政处罚学校5所；取缔校园周边无证行医诊所3家，没收药品5件；全覆盖检查全市11家餐饮具集中消毒单位，抽样检测采集样品55个，检测结果全部合格；对6家使用消毒产品“索证”不全的单位，下达监督意见书，全部限期整改到位；市本级受理投诉举报案件12件，对其中5件符合立案条件的依法立案查处，立案率100%，反馈率100%；全年执行任务433单，完结率100%，完成率96.54%。

【卫生健康领域污染治理】 2020年，邵阳市卫生计生综合监督执法机构加强医疗废物废水管理监督、开展饮用水监督监测、加强应用辐射设施设备管理监督、开展爱国卫生运动、做好突发事件应急等工作，及时发现问题，及时整改落实。建立健全医疗废物管理责任制，督促医院落实医疗废物管理规定，规范收集贮存、及时转运医疗废物；规范处置医疗废水，落实医疗废水应急处理要求，确保医院医疗废水达标排放。开展医疗废物废水专项执法检查行动，监督检查医疗机构3257家，发现问题517处，下发整改意见书517份，处罚单位70家，罚款32.33万元，整改问题隐患517处。每月定期对自来水厂30个管网末梢水监测点进行一次水质常规监测，抽样120份，合格率100%。市本级上半年完成样品采集100份，完成监测数据3400项，合格率100%，完成9个县市城区上报的217份饮用水审核、12个县市区农村饮用水样736份的审核上报。健全辐射、放射源管理制度，定期委托相关环境监测机构对辐射设备进行监测，并报市县生态环境管理部门备案。

【食品安全风险监测】 2020年，邵阳市卫生健康委员会加强能力建设，加大对疾病预防控制机构、报告医院开展食源性疾病、食品污染和有害因素监测相关工作的投入，完善全市食品安全风险监测体系。强化宣传教育，全市开展食品安全宣传活动622场次，受众人数达15万人，推广宣传合理膳食和食源性疾病预防知识，增强了公众预防食源性疾病意识和自我保护能力。加强部门联动，联合市发改委、市市场监管局、市工信局、市商务局、邵阳海关联合制定出台邵阳市食品安全风险监测方案，并印发全市食品安全风险监测实施细则，结合全市工作实际，强化工作督导，推动全市卫生健康系统食品安全风险监测工作落实。

（市卫健委办公室）

·医政管理·

【概况】 2020年，邵阳市受理医学鉴定95起，组织完成鉴定53起。完成卫生专业技术资格考试和护士执业资格考试，邵阳考点护士执业资格考试2725人，总科次5450科次，全部采用人机对话考试；中初级专业技术资格考试5548人，其中初级士465人、初级师2400人、中级2683人，采用人机对话考试3692人、13120科次，纸笔考试1856人、6618科次。“两考”人数较上年增加1206人，其中护考增加306人、中初级增加900人。全面落实信息网络安全工作责任制，定期开展信息网络安全防护检查，制定信息网络安全事件应急处置预案，加强对个人隐私和涉密信息的保护。开展公立医院互联互通工作，全市已有35家公立医院实现互联互通数据上传。

【卫生应急管理】 2020年，邵阳市应急管理体系全面构建，累计投入2.5亿元卫生应急专项经费，全面加强基层防疫基础、应急队伍、应急处置能力建设。全市二级以上医院、疾控中心全部完成PCR实验室建设和备案工作，已投入使用55个，培训生物安全从业人员867人。12月28日，全省新冠肺炎病毒核酸检测能力提升应急演练在邵阳市成功举行。

【医疗卫生资源配置】 2020年，邵阳市全面优化医疗卫生资源配置。武冈、隆回、邵东3家人民医院和邵东市中医院成功创建为三级医院,全市三级医院总数达12家。县市二甲公立医院、乡镇卫生院中医馆、村级卫生室规范化建设实现全覆盖,村医“空白村”全部清零。基本形成以市直综合性医院为龙头、县级综合性医院和专科医院为主力、乡镇卫生院为枢纽、村卫生室为基础、以民营医院和社会办医疗机构为补充的四级卫生服务网络。

【医疗服务质量管理】 2020年，邵阳市二级及以上公立医疗机构护理工作全面推行6S管理，进一步改善就医环境、优化诊疗流程、规范科室管理。将医疗核心制度落实与6S管理结合起来，强化医疗行为的规范化与同质化。推进胸痛、卒中、创伤、危重孕产妇和危重新生儿救治“五大中心”建设；推进肿瘤科、心血管内科、呼吸内科、肾病内科、普外科等重点专科建设，市本级和县级人民医院均完成卒中、危重孕产妇和危重新生儿救治“三大中心”建设，并推进胸痛、创伤“两大中心”建设；县级人民医院肿瘤科、心血管内科、呼吸内科、肾病内科等专科建设已独立设科，大部分通过省卫生健康委员会验收。成功争取省区域中医（专科）诊疗中心项目，9家县级定点医院引进传染、院感、重症等学科医务人员138人。推进新冠肺炎病毒核酸检测能力建设，开展实验室改造、设备配置、检测和采样人员培训、检测物资储备等各项工作。对全市所有医疗卫生机构的卫生专业技术人员进行新冠病毒核酸采样全员培训，培训采样人员4.2万余人，医疗机构有能够从事新冠病毒检测工作的检测人员686人，其中获省级培训合格证165人，其余均经过市、县和单位内部培训。全市有18家二级及以上医院通过实验室生物安全验收并开展核酸检测工作，其中二级及以上综合医院14家、中医医院3家、妇幼保健机构1家，所有县市人民医院均能开展新冠病毒核酸检测，实现县市核酸检测全覆盖。全市医疗机构有核酸提取仪26台、PCR仪43台，单日最高检测量（单管）3.1万管。加强专科护士培养，发挥护理学会作用，表彰护理先进，“5·12”国际护士节活动评选出优秀护士194名。

（市卫健委办公室）

·药政管理·

【基药配备和销售管理】2020年，邵阳市所有乡镇卫生院和村卫生室必须网上采购药品，按“药品采购流程”进行药品采购、配送。严格控制基药、非基药的比例。对乡、村两级基层医疗卫生机构临床确需，但因价格、配送原因无法供货的品种，可以以县市区为单位补充议价采购50种常用药品（辅助性用药原则上除外），补充采购金额不得超过本单位网采总金额的8%。严格执行药品零差率销售，组织对各乡镇卫生院药品销售进行动态监管和专项检查，并组织专家对处方进行点评，要求乡镇卫生院对村卫生室的药品销售进行监管和考核，通过实行药品零差率，有效缓解患者“看病贵”问题。坚持药具基本公共卫生服务的公益属性不变，发挥药具的生育调节、妇女保健、疾病预防、生殖健康等职能作用，全市已婚育龄妇女138.99万人，使用药具6.55万人。

【药事管理】 2020年，邵阳市各级医疗机构成立药事委员会或药事管理与药物治疗学组，规范药品的储存管理、处方调剂管理、药品的供应管理等工作，进一步规范乡镇卫生院的合理用药。组织全市各级各类医疗卫生机构培训《湖南省基层医疗卫生机构药事管理规定》48场次，培训人员3200人次，做到严格控制激素使用率，严格控制无指征使用抗菌药物，严格控制抗菌药物联合使用，严格控制抗菌药物和抗病毒药物联合使用5个“严格控制”；严禁使用三联（包括三联）以上抗菌药物，严禁使用第四代头孢菌素类、碳青霉烯类的新型B—内酰胺类抗菌药物，严禁联合使用中成药针剂等药品3个“严禁”。基层医疗卫生机构的临床用药明显规范，激素使用率、抗菌药物使用率等明显下降，杜绝三联以上抗菌药物使用和中成药剂联用现象，杜绝第四代头孢等抗生素的采购使用，基层的临床用药进一步规范，提升基层医疗质量。

【药品临床综合评价及经费保障】 2020年，邵阳市建立以中心医院为基地，开展以基本药物为重点的药品临床综合评价工作，指导临床采购和合理用药，完善药物政策。鼓励公立医疗机构结合基础积累、技术特长和自身需求，重点对基本药物临床使用的安全性、有效性、经济性等开展综合评价。落实各级财政补助。按照上级有关实施国家基本药物制度的政策要求，对各级财政补助资金拨付进度进行督促跟踪，确保按时足额拨付到位。市本级财政安排600万元补助直属公立医院。完善乡村卫生服务一体化管理，进一步规范基层医疗卫生机构的财务管理，保障经费统筹安排，合理使用，为实施基本药物制度提供长效支撑。

【药品监测及保供稳价】 2020年，邵阳市为加强全市医疗机构临床常用药品短缺供应保障，坚持以人民健康为中心，以满足临床合理用药需求为导向，按照“分级应对、分类管理、会商联动、保障供应”的原则，健全符合全市实际的短缺药品供应保障体系，成立短缺药品监测预警中心。在原10个短缺药品监测哨点基础上，新增34个短缺药品监测哨点,进一步明确监测程序、范围、时限等工作要求，及时收集短缺药品信息。建立短缺药品清单管理，及时应对处置。全市各级医疗卫生机构根据临床实际需求，完善短缺药品储备。筛选短缺药品储备品种，合理确定储备数量，安排收储资金，建立县级常用低价药短缺储备，保障药品储备及时到位、高效调剂调用，统筹解决药品短缺问题。

（市卫健委办公室）

·中医药事业·

【概况】 2020年，邵阳市进一步健全中医药服务体系，提升服务能力。发挥市域中医药资源优势，坚持中西医结合，加大科技创新，全面推动中医药事业发展，市中医医院明确为省级区域中医医疗中心。全市累计建有中医类医院21家。市中西医结合医院是全省唯一一家市级三甲中西医结合医院；正大邵阳骨伤科医院的孙氏正骨流派（术）入选国家级非物质文化遗产保护项目和中医骨伤流派传承工作室建设项目。12月30日，市委书记龚文密在全省中医药大会上就邵阳中医药工作做典型发言。

【中医药全程参与疫情防控】 2020年，邵阳市中医药全程介入新冠肺炎确诊及疑似病人的治疗。疫情早期即成立专门中医治疗专家组，选取医院经验丰富的市级名老中医专家，分赴各县市区参与中医药确证和疑似病人的诊治。在全市确诊新冠肺炎病人中，中医药参与救治率95.1%，为定点医院救治提供1151剂中药汤剂，中医药治疗极大地缩短了患者住院日期，提升了治愈率。发挥中医“治未病”优势，免费发放中医药预防汤药，指导各级公立中医医院自费为全市疫情防控一线人员免费提供预防汤药4.18万份，为社区群众免费提供预防汤药8.04万份，总计为10.13万人提供12.22万份免费中药预防汤剂。全面助力复工复产，为1265家复工复产企业免费发放预防汤剂29.68万人份。

【中医药服务】 2020年，邵阳市传承创新，进一步提升中医药服务能力。推进市级重点专科建设进行省级验收，全市25个“十三五”省级重点专科建设项目、22个专科通过省中医药管理局验收，基础设施改善，人才队伍建设增强，医院整体服务能力提高。参与推进中医医院现代医院管理制度实施，市中医医院、市中西医结合医院、正大邵阳骨伤科医院、邵东市中医医院参加全市现代化医院管理制度试点工作。开展医疗机构巡查，提升医疗质量。12月对市直中医医疗机构进行医疗机构巡查，重点就医疗质量、医院药事管理、行风建设、护理及医院感染管理等进行巡查督导，督促医院改进服务质量，提升服务能力。继续开展三级中医医院对口帮扶及医联体建设，明确帮扶责任和任务，市中医医院牵头与洞口县、绥宁县中医医院、坪上镇、陈家桥卫生院等17家医疗机构成立医联体，组建肿瘤专科联盟；市中西医结合医院牵头与新宁县、城步苗族自治县中医院、塘田市镇、严塘镇卫生院等6家组建医联体，与严家塘组建紧密型医联体。9家县级中医医院均牵头成立县域医共体。全市各三级医院共派出66名专业技术人员帮扶受援单位，门急诊15528人次，出院2843人次，培训当地医务人员数463人，新增中医医疗技术32项。

【中医药人才培训】 2020年，邵阳市组织湖南省名中医和湖南省基层名中医评选遴选活动，2名医师被评为湖南省名中医，4名医师被评为湖南省基层名中医。加强基层中医药人员培训，全市有20人参加住院医师规范化培训，市中医医院、市中西医结合医院新进医师参加住院医师规范化培训率100%。组织辖区内符合报名条件的中医执业（助理）医师，按照要求参加年度中医全科医生转岗培训，73名中医执业医师已进岗培训。12人参加农村订单定向培养。各县市区推进基层中医药技术培训和适宜技术推广活动，其中城步等县进行基层中医药适宜技术培训约200人。11月分两批次举行邵阳市护理三基知识竞赛和中医药炮制大赛，分别评选个人和团体奖项，同时遴选3名优秀选手代表到省局参加竞赛，其中护理比赛获团队和个人二等奖。

【继续教育和学术活动】 2020年，邵阳市各质量控制中心和各专业委员会开办各类培训班，活跃中医药学术氛围，提升临床技术水平。11月，分别召开检验科中医控制中心培训会、骨伤委员会学术交流会，12月，分别召开孙氏正骨流派推广培训班、心内科中医质量控制中心培训会、心脑同治专业委员会学术会议。

（市卫健委办公室　市中西医结合医院办公室）

·卫生健康宣传教育·

【卫生健康宣传】 2020年，邵阳市卫生健康委员会在新媒体平台开设涉疫防控的话题12个，阅读和播放量1.25亿次。收集整理并向省卫生健康委推送抗疫新闻线索225条，协调媒体开展采访12次。市级层面刊播抗疫新闻报道1443篇，省级媒体发稿518篇，新华社、《人民日报》、央视新闻等中央媒体刊播新闻报道20余篇。编印疫情防控宣传资料5类385万余份，制作疫情防控原创科普视频132个、科普读物118个、科普手册392个。开设专题专栏73个，其中市县级媒体30个，系统内自媒体43个。官方微信公众号编辑推发信息116次，共420条。联合邵阳新闻网创作的小视频《20岁的陈琳琳，省长记住了你的名字！加油！我们在邵阳等你平安归来》在抖音点击量达1720万多人次。年内开通“邵阳卫健”微信公众号，推送42期，发布各类新闻稿件151篇，市卫健委获省卫健委网络影响力排行榜第四名。利用三下乡活动、12320主题宣传周活动、爱卫月、全民营养周等活动平台，以及组织开展宣传活动等，宣传普及防范重大风险，引导居民健康生活方式，不信谣、不造谣、不传谣。对敏感舆情和苗头性倾向性问题及时发现、精准研判，及时消除社会恐慌。加强对“邵阳卫健”“邵东卫健”“邵阳市中心医院”等微信公众号、委机关内网等阵地管理，关注社会思想方面的动态动向，分析研判形势，及时通报情况，加强预警监测，确保全卫健系统意识形态领域健康平稳向好。发布网评指令172期，组织发动网评引导1.24万人次。

【医生培训和医学科研】 2020年，邵阳市卫生健康委员会督导培训基地培训合格全科转岗医生274名，招录全科转岗培训学员230名。招录定向医学生（临床）57名，清理整顿全市往年定向医学生的履约服务情况。完成对3家助理全科医生培训基地的评估验收，培训合格助理全科医生85名，招录助理全科学员72名。举办2020年湖南省（邵阳站）病原微生物实验室生物安全培训班，培训合格807人，对63家生物实验室（其中56家核酸检测实验室）进行现场验收和备案。强化对医疗机构临床研究项目的监管和指导，指导相关医疗机构开展伦理委员会的线上（国家医学研究登记备案信息系统）备案工作。督促三级以上医院规范临床研究项目的开展和报备制度，督促相关医疗机构对临床研究项目进行备案登记和信息上传。

【健康科普教育】 2020年，邵阳市卫生健康委员会推进全市全面开展健康促进场所创建活动，全市建设健康促进场所347家（个），其中健康促进医院25家、健康促进学校146家、健康促进机关49家、健康促进企业37家、健康促进社区/村90个。督促、指导县市区及委属医疗卫生机构完成健康科普及健康传播活动。组织各级医疗卫生机构参加第二届全省健康科普宣讲及优秀健康科普作品评选大赛。市卫生健康委、邵阳学院附属第二医院获湖南省健康科普宣讲及优秀健康科普作品评选大赛组织奖；选送的《小伤口、大感染》（邵阳市中医医院）获评十佳作品，《预防跌倒你我他》（邵阳市中医医院）、《妊娠期甲状腺疾病科普知识》（邵阳学院附属第二医院）和《职业病防治健康知识科普》（市卫生健康委员会）获评优秀作品；《让孕期营养不再"坑"妈》（市妇幼保健院）获宣讲大赛三等奖。全市各级医疗卫生机构发放健康教育印刷资料3000余种，272.9万余本；播放健康教育音像资料2000余种，11.7万次，60.53万小时；设置健康教育宣传栏5000余个，内容更新3.4万余次；举办健康教育讲座2万余次，参加人数62.8万人次；举办健康教育咨询活动5000余场次，接受咨询达20余万人。

【青春健康教育】 2020年，邵阳市各级计生协会全面推进青春健康教育工作。利用"5·4"青年节、"5·29"会员活动日、"7·11"世界人口日、"12·1"世界艾滋病日等节点，开展青春健康主题宣传、青春健康知识讲座、"珍爱生命·感恩生活"主题班会、"光盘行动·从我做起"签名仪式等青春健康教育活动，并利用新闻媒体宣传加强青少年性与生殖健康工作的重要性和紧迫性，为拓展青春健康教育工作营造氛围。其中，11月6日、13日市计生协联合市教育局等单位在市第二中学、第十中学开展青春健康教育知识讲座暨"光盘行动·从我做起"签名仪式，12月1日联合邵阳学院在明德广场开展2020年青春健康教育活动暨"知艾防艾·共享健康"宣传活动。

【群众性主题宣传活动】 2020年5月13日，武冈市计生协会联合红十字会在百姓广场开展无偿献血应急宣传服务活动，并组织志愿者发放宣传资料、演示心肺复苏等急救方法。5月28日，市计生协会联合新宁县计生协会开展庆祝中国计生协成立40周年系列活动，来自13个单位的100余名计生协会会员、计生协志愿者、最美抗疫人代表参加，并在会员之家为10名计生特殊困难家庭发放慰问金和物资。同日，双清区、大祥区、北塔区、隆回县、洞口县、绥宁县、城步苗族自治县、邵阳县计生协会联合县级各医疗单位在各地广场开展集中宣传服务义诊活动，宣传党的先进思想理论、国家政策法规、优生优育、避孕节育、亲子教育、生殖健康、青春健康、新冠肺炎疫情防护等知识。（市卫健委办公室 计生协办公室）

·计划生育·

【概况】 2020年，邵阳市各级计生协会统筹推进计生协改革工作。市本级增加2个编制，经费增加至60万元，各县市区计生协会在机构改革中保持原有级别不降低。全市省级专项资金各项目运作良好，效益初步显现。其中，邵东市计生协在省下拨的流动人口示范点建设项目补助经费8万元基础上，配套投入20万元，在湖南东亿电气股份有限公司建立流动人口计生协会示范点，设立流动人口服务之家、健康驿站，配备健身体育器械、体检专用床、空调等设备，为外来务工人员开展流动人口关怀服务。

邵阳市各级计生协会联合卫生健康行政部门，组织开展"小善举·大爱心"与困难职工挽手同行爱心募捐活动，发动卫生健康系统干部职工奉献爱心，广开渠道募捐，救助本系统特困职工。全市募集资金44.8万元，救助特困职工112名。2020年5月29日是中国计划生育协会成立40周年纪念日，也是第22个"会员活动日"，全市各级计生协会组织会员、志愿者走访慰问计生特殊家庭、计生困难家庭和农村"三留守"人员等群体，帮助解决实际困难。市计生协会召开庆祝中国计生协成立40周年暨"服务计生家庭、关爱贫困母亲"会议，表彰一批基层计生协先进单位和先进个人，包括计生基层群众自治示范乡镇、基层群众自治先进村、基层群众自治先进个人，40名"最美协会抗疫人"和10户"幸福健康家庭"。

【人口监测】 2020年，邵阳市进一步完善数据共享和比对机制，补充完善全员人口信息，提高全员人口信息质量。加大对数据上报质量的监控力度，提高全市全员人口数据质量。加强对国家人口监测点的业务指导，继续开展国家人口与家庭动态监测调查工作，分别完成国家4个季度人口监测报表的审核、上报工作；修订区划代码。按照国家卫健委统一部署，开展国家人口统筹管理平台区划代码调整工作。指导县级创建和管理用户账号，对辖区内行政村区划代码进行新增、变更、迁移、并入，确保做到与民政区划代码一致。

【构建支持生育环境】 2020年，邵阳市卫生健康委员会贯彻落实"放管服"要求，下放办事权限，提高优质服务水平，开展生育登记、生育审批和统计管理工作。通过对接信息平台、共享信息资源、优化年检方式等措施，创新服务管理，让信息更畅通；现场办理实行首接责任、限时办结、一次性告知等便民措施，简化办事流程，让群众少跑腿。推行网上办证，提高生育服务登记效率，管理更科学、服务更便捷。全市共办理生育服务证43326本，其中一孩生育服务证17486本、二孩生育服务证23495本，办理再生育证2345本。推进母婴设施建设，全市已建设66处母婴室，接待服务对象20万余人次。落实生育保险政策，将生育人员新增的60天产假纳入生育津贴发放范围。

【计划生育家庭奖励扶助】 2020年，邵阳市继续落实农村部分计划生育家庭奖励扶助、计划生育家庭特别扶助和城镇独生子女父母奖励“三项制度”，保障计划生育家庭合法权益。上年度全市实际发放农村奖励扶助对象50553人、特别扶助对象2994人，实际发放“两扶”奖扶资金7449.87万元，全部及时足额发放到位；上年度全市实际发放独生子女保健费对象4215人，实际发放资金107.2万元。全年全市确认农村奖扶对象53145人，新增对象3473人；特扶对象3183人，其中伤残家庭1122人、死亡家庭2061人，新增255人，其中伤残家庭88人、死亡家庭167人；确认手术并发症对象1869人，其中二级7人、三级1862人，新增80人，全部为三级。全年全市应发放农村部分计划生育家庭奖励资金5101.92万元；应发放特别扶助资金2759.47万元，其中伤残家庭780.91万元、死亡家庭1978.56万元；应发放手术并发症资金606.4万元，其中二级3.11万元、三级603.29万元。全年确认符合条件的独生子女保健费对象3436人，因子女年龄超过14周岁等原因退出779人；应发放独生子女保健费82.47万元；全市累计发放城镇独生子女父母奖励资金约5.1亿元。

【精准帮扶计划生育特殊家庭】 2020年，邵阳市开展计生特殊家庭疫情防控。通过线上新媒体联动、线下全覆盖宣传相结合方式，向计划生育特殊家庭宣传最新疫情防控精神、科学防护知识等，提高其防护意识和健康素养，确保防控宣传到位。签约家庭医生做好体温、血压监测和家居环境消毒，为计生特殊家庭成员建立健康台账，科学指导计生特殊家庭成员做好个人防护；双岗联系人加强沟通联系与生活服务，随时关注并尽力解决计生特殊家庭在这一期间面临的困难和问题，解决日常生活所需，确保责任落实到位。对高龄、独居、失能失智、重病经济困难失独家庭给予重点关注，及时上门访视，送生活用品、送药上门，保障其基本生活需求，满足基本治疗要求，实现困有所帮、病有所医，确保重点帮扶到位。推进“三个全覆盖”。结合实际细化扶助关怀政策措施，继续明确已确定的公立医疗机构为计生特殊家庭就医定点医疗单位，并开通“绿色通道”，帮助计生特殊家庭解决就医困难，提供优先便利的医疗服务，并将计生特殊家庭优先纳入家庭医生签约服务，落实计划生育特殊家庭联系人制度。

【生育关怀】 2020年，邵阳市计划生育协会从生育关怀基金中提取部分资金对15户计生贫困家庭、特扶家庭开展“生育关怀”送温暖活动，由市领导带队进行慰问；绥宁县专门拿出10万元对全县计生特困家庭和卫健系统困难职工进行走访慰问；城步苗族自治县对70名计生特扶人员开展“访民情、解民忧、暖民心”走访慰问活动，并针对特扶对象存在的困难开展精准帮扶。全市各级计生协会加强组织领导，严格项目申报程序，做好优生优育进万家保险赠送活动及计划生育家庭创业贷款贴息、计划生育“三结合”、计划生育特殊家庭健康保险、计划生育特殊家庭住院护理补贴、计划生育家庭意外伤害保险、暖心家园等项目工作，帮助计生家庭发展生产、创业致富，解除后顾之忧。全市获省补助计生家庭创业贷款贴息项目经费33.01万元，帮扶创业项目11个；省补助计划生育“三结合”项目经费11万元，帮扶项目发展2个；省补助计生特殊家庭健康保险项目经费82.09万元，经县市区核实购买健康保险人数4999人，购买健康保险金额74.985万元，发生理赔案640例，理赔金额103.7万元，理赔率达138.29%；省补助计生特殊家庭住院护理补贴项目经费99.21万元，已享受住院护理补贴773人次，发放住院护理补贴资金107.35万元。计划生育家庭意外伤害保险全市实现保费162.63万元，理赔金额88.35万元，理赔率达54.32%。（市卫健委办公室　市计生协办公室）

医疗保障

【概况】 2020年，邵阳市医疗保障局落实《中共中央 国务院关于深化医疗保障制度改革的意见》，围绕省医保局“聚焦一条主线，打赢三场硬仗，攻坚三项改革，建设三个医保”工作部署，建制度、抓改革、保安全、惠民生、优服务，推动全市医疗保障水平稳步提高。

是年，市医保局被评为市级文明单位、2020年度综治工作先进单位；市医保事务中心被评为市级文明窗口、第三届邵阳市十大最美窗口，行风建设被省医保局推介。

【医疗保险】 2020年，邵阳市城镇职工参保单位6597家，总参保职工56.52万人；城镇职工基金总收入22.67亿元，支出17.65亿元，当期结余5.02亿元，历年累计结余38.23亿元。全市城乡居民医保参保657.64万人，参保率达97.82%；城乡居民医保基金总收入52.73亿元，总支出52.03亿万元，历年累计结余26.56亿元。

【生育保险】 2020年，邵阳市本级生育住院人数1399人，发生生育医疗费用1050万元，比上年减少11%，生育基金支出250万元，比上年同期减少15%。其中，异地生育人数192人，生育医疗费用119万元，比上年同期增长5%，生育基金支出30万元。全年为产假期满1546人支付生育津贴待遇费用

5131万元，比上年同期增长2%。

【大病保险】 2020年，邵阳市完成第二轮城乡居民大病保险承办服务协议签订工作，2019年筹资标准提高到65元/人，报销比例提高到60%以上；贫困人口起付线降低50%，报销比例较普通人口报销比例提高5个百分点，达到65%以上，年度累计补偿限额统一为30万元，全面取消建档立卡贫困人口大病保险封顶线。

【医保扶贫】 2020年，邵阳市出台《邵阳市医疗保障扶贫问题整改工作实施方案》和《邵阳市医疗保障扶贫突出问题清零行动工作方案》，保障贫困人口就医。全市建档立卡贫困人口93.36万人，参保率达100%。县域内健康扶贫“一站式”结算14.43万人，12.84亿元，报销总金额11.19亿元，报销比例达87.16%，医保扶贫各项指标在省局年度考核中获满分。

【基金监管】 2020年，邵阳市开展“打击欺诈骗保”宣传月活动，组织集中宣传活动189场次，参与经办机构25个，参与医药机构3119家，参与群众2万多人，制作宣传海报、展板、横幅等2万张，倡议书、警示牌等1万多份，发送短信31万条，宣传流动车到乡镇农村宣传活动423次。深化部门联动，构建全覆盖监管格局。建立打击欺诈骗保联席会议制度，健全市医疗保障基金综合监管协调机制，提升综合监管效能；对各县市区医保部门的定点医疗机构、零售药店进行责任划分，确保基金监管全覆盖，同时避免多头执法；全市聘请16名医保基金社会监督员，形成全社会齐抓共管的监管机制。巩固打击欺诈骗保成果，全市自查自纠协议医药机构数1498家，完成自查自纠1498家、违法违规违约人次15897人，自查违法违规违约金287.27万元、退回金额287.23万元；日常稽核处理处罚金额1068.07万元，处理违规医药机构751家，暂停服务协议4家。

【医药价格和招标采购】 2020年，邵阳市对标“四个确保”，坚持“应采尽采、应用尽用、应优尽优、应管尽管”四项原则，全面落实落细集采政策。跟进国家“4+7”带量采购试点扩围。启动抗生素专项集中带量采购，降低药品价格。增加降价药品种类，依据政策，此次纳入国家集中招采的25个品种药品平均降幅达52%，最高降幅达95.35%。实现药品集中带量采购常态化。全市集采医保基金预付100%到位，配送供应正常，群众对药品集中采购反响良好。第一批国家药品集采平均采购执行进度为207.31%，远超1个采购周期的合同采购量；4月29日开始的第二批国家药品集中采购，平均采购执行进度为108.36%，预计采购周期内能完成任务的145%；第三批第四批国家药品集采和省抗菌药物专项集采进展顺利。省组织的抗菌药物专项集采持续推进，完成任务的148.73%。先后开展的三批国家组织药品集中采购涉及112个品种，药价平均降幅53%。前两批国家药品集中采购，患者减少费用支出约3392.2万元，全市医保基金一年可减少支出4000余万元。

【医药服务】 2020年，邵阳市推进医疗服务定价方式改革，完成全市二级以上公立医疗机构新增的54个单病种和既往的106个病种的收付费测算，分批制定和调整病种收费标准。规范医疗服务价格行为，改进医疗服务项目价格管理，解决县市区各自出台价格标准、价格政策碎片化的问题，逐步统一全市医疗服务价格标准，实现同一级别医疗机构全市同价。

【异地就医】 2020年，邵阳市全面实现市内、省内、跨省三级异地联网结算。其中市内联网直接结算9647人次，总费用1.2亿元，基金支付0.78亿元。省内联网直接结算全市14603人次，总费用2.89亿元，基金支付1.61亿元。跨省联网结算全市转出结算9093人，转出总费用2.08亿元，基金支付0.94亿元。全年接听电话政策咨询和异地住院申报共11294人次，其中异地就医申报2902人次，审核异地就医人员申报资料符合政策2822人次，不符合政策的26人次。中心报账3508次，总金额4549.9万元，基金支付2572.4万元。全年共为异地定居人员办理异地安置手续421人次。

【市本级医保稽核管理】 2020年，邵阳市医疗保障事务中心先后到55家定点医院和283家定点零售药店现场监管393次，配合执行打击欺诈骗取医疗保障基金专项行动，对违规医院及药店拒付违规金额150万余元。审批28天重复住院7830余人，核实不符合标准76人；入院登记费用录入延期审核79人次。白蛋白审批338件。大额费用审批47件。完成13起群众举报调查核实工作。

【市本级特殊门诊】 2020年,邵阳市为新特殊门诊申报人员建立个人档案1473份，收集整理特门申报资料7077人次，组织8次特门人员评审，评审7077人。医保系统审批特门14984人次，肾排检查63人次，共批准享受普通特门14984人，大额特门632人，血液透析560人，普通特门共发生49135人次，总费用1730万元，医保支出1439万元。审批大病保险特药使用共1589人次。市本级审批结算大病保险特药共1589人次，费用1330万元，大病保险支付895万元。

【市本级意外伤害工作】 2020年,邵阳市受理意外伤害案例1422件（含后续治疗128件），做到每件案件有疑必查，实地和电话调查1422件，其中60岁以上案例939件，60岁以下及异地案例483件，调查行程2.7万多公里，协调公安部门60多次，开具协查函80多份，调查率达100%。查出不属于医保支付范围87件，防止医保基金流失约110万元。开展意外伤害定点医院住院的检查和医疗费用监督管理工作；对定点医院意外伤害业务联络员进行1次集中业务培训；对意外伤害数据系统进行开发维护。每月与承保公司进行理赔结算，年度意外伤害理赔费用共1652.79万元。

【市本级参保权益工作】 2020年，邵阳市出台医保降费政策，医保费减免企业1470家，减征8431.88万元。完成部分退役军人补缴。市本级完成3550人医保信息核查出具证明，完成率100%。完成退休军人医保年限补缴。从11月起企业医保费的征收职能划转税务。自2021年1月1日起灵活就业人员征收职能划转税务。完成18.37万人划转缴费。

【市本级个人账户工作】 2020年，邵阳市医疗保障局完成公务员医疗补助264家，人数25754人，金额2760.76万元。对1133人的公务员级别、身份进行维护。完成个人医保关系转移接续2868人次，其中统筹区内转移2344人次，统筹区外转移约524人次，开出参保凭证323份、医保接收函201人次。办理个人账户清退人数185人，清退金额112.67万元。查出因单位和个人原因未及时申报异动造成个人账户多划入的人员26人，金额14.46万元。加强个人医保IC卡的管理，申请、制作、补办、发放IC卡18193张。

【市本级结算工作】 2020年，邵阳市医疗保障局按时完成已签协议各医院及药店结算工作，结算门诊业务12.66万人次，费用3574.33万元，均次费用282.28元；住院业务45545人次，住院总费用33590.9万元（均次住院费用7375.32元），住院医保应支付费用27273万元（均次医保应支付费用5988.14元）；购药业务1109403人次，费用14583.79万元，均次费用131.46元；特门业务47572人次，特门费用1971.44万元（统筹1875.64万元），均次费用414.41元（统筹394.27元）；通过智能监管审核系统对全市33家定点医院进行电子病历审核，审核违规疑点22912条，依规对其中7562条进行处罚，共处罚款153.76万元；及时完成2019年度结算费用年末平衡任务，平衡超总额暂扣费用3477.46万元，经平衡后应返还582.01万元，转拒付2895.45万元。

【市本级特殊人员医保服务】 截至2020年12月底，邵阳市医疗保障局坚持即时办件，办结率高，服务对象满意度高。全年受理办结业务612笔，其中1~6级伤残军人门诊费用中心报账160人次，支付门诊医疗费用73.19万元；住院116人次，住院补助费用34.4万元。市直困难企业军转干部住院72人次，计23.59万元。为失独人员修改其权益标志120人次。完成2020年度中华人民共和国成立初期退休老干部医保铺底人数的核实和个人账户铺底工作，共84家单位144人，铺底金额57.6万元。 （李孟夏）

医疗机构

【概况】 至2020年年底，邵阳市有各级各类医疗卫生机构5811家，其中医院139家，基层医疗卫生机构5620家，专业公共卫生机构48

2017—2020年邵阳市疾病诊疗及治愈情况表

表10

	单位	2020年	2019年	2018年	2017年
一、诊疗人次	万人次	2256	2430.4	2286.7	2373.3
医　院	万人次	734.9	809.7	762	711.5
卫生院	万人次	461.5	450.25	461.36	461.8
二、门、急诊人次	万人次	2116.18	2283.02	2138.21	2201.12
医　院	万人次	701.5	782.68	739.17	687.98
卫生院	万人次	440.1	430.93	444.54	446.28
三、入院治疗人数	人	125.84	1310036	1265133	1153794
医　院	人	92.87	960113	916385	804094
卫生院	人	29.5	309527	304073	304660
四、出院人数	人	125.3	1300926	1225394	1145723
医　院	人	92.46	953118	878980	797025
卫生院	人	29.38	307575	301808	303776

续表10

	计量单位	2020年	2019年	2018年	2017年
五、病死人数	人			795	719
病死率%		0.08	0.1	0.06	0.06
六、新法接生人数	人	50738		66089	78690
新法接生率%		100	100	100	100
七、传染病发病人数	人	27302		31425	33262
传染病发病率	1/10万	373.87		426.08	454.3
八、孕产妇死亡人数	人	3		7	7
孕产妇死亡率	1/10万	5.91	8.55	10.59	8.9

家，其他卫生机构4家。医院中有综合医院80家，中医医院17家，中西医结合医院4家，专科医院38家。全市医疗卫生机构实有病床46062张，在岗职工55387人，卫生技术人员42407人。

【邵阳市中心医院】 2020年，邵阳市中心医院利用新媒体加强医院品牌建设，全年在省级媒体发稿60余篇、中央级媒体发稿3篇，启动医院官网重建。举办全市首次医师节大型网络直播，网络点击量达20万次。加强医院文化建设，采取外请专业团队协助和内部管理团队实施相结合的方式，全面塑造医院文化。医院连续第九年挺进全国地市级医院百强行列，被评为“湖南省抗击新冠肺炎疫情先进集体”；院团委被共青团中央评为“全国五四红旗团委”。党委书记张国华被中共中央、国务院授予“全国先进工作者”称号，副院长黄雅莲获“湖南省优秀护理管理者”称号，凌鹏获“湖南省先进工作者”称号，王晓珊、王岐洁、何一满、谢建丰、阳媚获“湖南省抗击新冠肺炎疫情先进个人”称号等。

疫情防控　面对新冠肺炎疫情，迅速成立医院防控工作领导小组，书记、院长24小时值班靠前指挥，医务、护理等部门即时调度，做到“问题不过夜”，对患者精心救治。全院自上而下动员人力资源600余人，组成以感染科、重症医学科室120余名医护人员构成的核心班底，确保救治工作开展；同时依靠专家，实行病患分类分级管理,落实“一人一策，精准施治”策略,收治了全省近1/12的确诊病例和近1/6的重症病例。投入1349万余元购置补充各类救治物资，全程未出现物资短缺、药品设备不足影响救治的情况。自2月13日起，邵阳市治愈率在全国确诊病例超过100例的城市中连续14天排名第一。派出12名医护志愿者驰援黄冈并完成抗疫任务。落实院感防控责任，强化院感防控督导，确保全院医务人员零感染和在院病人零感染。

现代化公立医院建设　完善现代医院内部管理组织架构，完成临床、医技科室的机构调整，建立起“职能结构扁平化、专业设置弹性化、后勤保障社会化”的现代医院管理架构雏形；制定《邵阳市中心医院督查督办工作实施方案》，提升党群及行政部门执行力。健全医疗质量安全管理制度，修订主诊医师制度、总住院医师制度等制度规范，完善现代化医院护理制度体系。推进国家三级公立医院绩效考核，对全院所有业务单元的操作及收费项目进行梳理，实施RBRVS工作量绩效方案。调整医院资源结构，实现资源重构优化。健全成本管控体系。编制医院年度预算报告，执行预算定期对比分析；对财务管理制度、国有资产管理制度、会计监督制度及内部控制制度等进行修订完善；出台《邵阳市中心医院采购项目归口管理规定》，规范采购工作。完善人员层级管理体系。多渠道、全方位引进各类专业技术人员112人；完善主诊医师遴选机制与管理考核制度，完成临床主诊医师遴选；构建护士双层级管理体系；推进人事制度改革，提升员工职称水平。完善医院内部培训机制。全年开展77期培训，参训2235人次，学员满意度达98.44%；完成新进人员培训。实施消耗计量精细化管理，降低医院日常运行成本。全年天然气能耗同比节能29%，机制氧气供给同比降低1%，瓶装氧气耗能同比下降11%，用电量同比降低5%。

学科建设　医院11个科室在湖南省重点专科复评中被评为省重点学科，22个科室在邵阳市重点专科评审中被评为市重点学科；卒中中心建立一体化诊疗链；完成创伤中心建设，推进胸痛中心、房颤中心建设；全科医学科独立成科；肾内科在全省首家获评“湖南省湘西片区县级医院腹膜透析技术培训与指导中心”，乳甲外科获评“国家首批乳腺癌规范诊疗质量控制试点中心”。开展新技术新项目，提高急危重症和疑难复杂疾病的诊疗水平。心血管内科实施全省首例经皮肺动脉交感神经射频消融术、湘西南地区首台无导线起搏器植入术；泌尿外科完成邵阳首例腹腔镜下膀胱癌根治术、儿童体外碎石术（ESWL术）；妇科完成邵阳首例外阴癌手术和单孔腹腔镜下巨大卵巢囊肿剥除手术；重症医学科成功救治“伊氏肺孢子+诺卡菌”重型肺炎感染患者等。

质量与安全体系建设 规范核心制度落实，每月组织一次三基考试，定期进行核心制度、行风建设、质控医疗及护理培训，完成《中华人民共和国民法典》《中华人民共和国保健法》法务培训，开展新冠肺炎知识及院感防控知识培训54次。规范医护人员行为，坚持重大手术审批机制，对手术、高风险操作层级资质进行审核；完成全院精麻药品的培训及授权；明确出具心电图诊断资质的规定；完善医疗纠纷考核方案及纠纷科室自查分析制度；规范护理行为，在全院推广SBAR交接班模式。加强质量与安全管理，全年开展院长大查房、三级查房20余次，院领导带队联合巡查48次，医疗甲级病案率为98.59%，同比上升1.3%；持续强化重大传染病防控，全年网络报告各类传染病4767例，其中自查无漏报传染病病例，迟报率小于2%；排查禽流感疑似病例1例；完成新冠肺炎核酸检测30580人份；成立新冠肺炎疫情院感督查小组，每日进行常态化监测，全年院感发生率为0.5%，院感漏报率为1.53%。

医疗流程体系建设 强化重装医疗资源调配平台建设，建设CRRT调配中心、心电调配中心及超声调配中心。强化MDT团队建设，成立小儿外科—PICU、新生儿—儿康保、普外—肿瘤、肺结节等MDT团队；肺癌MDT团队加入湖南多学科协作肺癌诊治联盟；构建血栓防治基地并建立静脉血栓栓塞症（VTE）多学科协作团队（MDT）。加强日间门诊建设，新生儿科开展日间光疗；妇科开设邵阳地区第一个宫内疾病微创诊治中心，实行“门诊—手术—病房”三位一体式综合管理。

医联体建设 开展医疗集团内医联体建设工作。推进“两院一体化”管理，制定《邵阳嘉康仁颐医院（邵阳市中心医院东院）章程》，出台托管协议，明确东院医疗服务业务由院本部进行全面管理，坚持公益为主体的核心要求，确定“民办公营”和“一体化管理”的运行模式，完善东院院务会决策议事程序。拓展区域医联体建设内涵，医联体单位增加至35个，对口支医工作有序开展，全年派遣191人次，诊疗8462人次，出院患者2233人，开展手术590例，新技术、新项目22例，远程医疗578例，培训医务人员685人次。拓宽横向医联体与城市公立医院医疗集团建设内涵，启动市中心医院医疗集团建设，打造湘中、湘西南区域医疗中心，提升区域公共卫生应急救治能力。

科研教学 2020年，邵阳市中心医院强化科研教学平台建设，提升科教“双翼”带动力。深化住培与全科转岗基地建设工作，开展海外师资培训交流；完善院内自授II类学分的工作流程，推动电子学分普及，举办省级I类学分项目1项；完善院内科研体系建设工作，完成18个纵向课题的申报与立项，发表论文71篇，其中SCI论文5篇；与桂林医学院签署研究生联合培养协议，通过校、医合作共同培养高层次医学人才。

服务体系建设 总结疫情防控经验，强化应急管理体系、应急处置队伍等建设，完成发热门诊和预检分诊点规范化改造，启动公共卫生救治中心建设；高效处理突发卫生应急事件和医疗救治任务；拓展应急基本救治技能培训，“救在身边—急救知识进万家”志愿项目全年累计培训615人次。推进医护一体化建设，提升护理服务水平。构建“护理部—护士长—五大员—责任组长—责任护士”五级质控体系；护理专科通过湖南省临床重点专科护理建设项目评估；护理门诊、护理会诊重新整合开诊，接诊1729人次、护理会诊147人次。加快数字化医院进程，推进“互联网+医疗”发展。通过电子病历等级四级评测，上线门诊电子病历系统；推进网络安全系统建设，通过网信办等四部门组织的网络安全复查；移动护理加快推进。持续推进医院优质服务，提升患者就医体验。借助信息化构建“以患者为中心”的就诊全流程服务体系；加强预检分诊，调整门诊布局，改进门诊检查流程；组建医学影像中心，建立医技片教研室，完成全院心电中心网络铺设；推进医疗扶贫攻坚，对全市所有区县困难群众建立“一站式”即时结报服务体系，全年结算贫困人员658人次；推进健康教育服务。强化DIP支付体系改革探索，保障医保基金合理化使用，实现数据标准化，加强基于病种的量化评估，全年按病种结算职工医保患者1661人、城居医保患者2277人，新增54个病种。

（市中心医院办公室）

【邵阳学院附属第一医院】 2020年，邵阳学院附属第一医院总收入6.05亿元，其中业务收入5.79亿元；门急诊52.8万人次，出院3.81万人次，病床使用率77.55%，手术1.6万人次，平均住院日8天。总体上，医院发展受新冠肺炎疫情影响，各项经济指标略有下降。年内,医院住培基地创建成功，住院综合楼、教学楼拆迁等基础建设工作稳步推进，江北院区筹建获关键性进展。加强品牌宣传，发出推文、新闻报道、软文、短视频、科普等

297篇。强化意识形态管控，对重大事件、突发事件、重要民情进行针对性的引导。开展义诊、心肺复苏急救培训、健康讲座等公益项目18次，派出专家70余人次，发放医院宣传册等资料2000余份，义诊3560余人次。加强医院廉洁风险防控体系建设，对人事、基建、院内修缮、药品设备采购等重点管理部门加强监管。强化对资金及项目的审计，送外审工程项目9个，送审金额为381万元，审定金额为318万元，核减率16.32%。坚持对“三重一大”事项集体讨论制度，对核心制度执行情况进行监督检查。加大医德医风监管力度，查处医药购销、医疗服务中损害群众利益的突出问题，开展“廉洁医院”创建工作。

疫情防控 作为新冠肺炎救治市级定点医院，从整体上推进湖北黄冈前线、院内救治防控和日常诊疗三条线并行。第一时间成立防控领导小组，制定防控方案，全员取消春节休假，投入疫情防控；24小时内，483名医务工作者主动请缨，组建12人的援助湖北医疗队，和湖南医疗二队成员挽救了230多人，在黄冈创造高救治率、低死亡率等6个第一；48小时内，腾空3号住院楼200多名病人，进行病区结构改造，建成91张床的感染病房，285名医护人员组成3个医疗梯队参与救治工作，在邵阳地区率先清零。全国疫情防控取得阶段性成效后，医院建立疫情防控长效机制，工作重心从新冠肺炎患者的医疗救治转移到疫情整体防控，进行常态化管理。建立疫情防控联合督查机制，并对入院病人及陪护全部开展核酸检测。进入秋冬季，医院修订相关制度，实行层层落实，责任到人，对不遵守医院疫情防控要求或消极对待者进行严肃处理，确保患者及医务人员安全。11月30日，在湖南省新冠肺炎疫情表彰大会上，该院获评“先进集体”，唐忠礼、赵锐、陈文峰、蒋玉莲、谢垚鹏5人获评“先进个人”，唐忠礼获评“优秀共产党员”。

质量安全管理 以医疗质量与安全核心制度落实为重点，进行日常质量与安全绩效督查，规范临床医师诊疗行为，保证医疗质量与安全。每月对全院进行以医疗质量安全核心制度为主要内容的绩效考核，并参加临床科室召开的质量与安全会议30余次；组织召开每月一次的全院医疗质量与安全管理委员会会议，发现问题及时反馈给科主任及责任人，并要求及时改正，确保科室质量与安全的持续改进。加强环节质量控制，重点做好高危环节、高危人群、高危时间的质量控制，完善护理质量控制体系，增设护理礼仪及教学科研小组，加入国家护理质量数据平台。

学科建设 11月，胸痛中心正式通过国家胸痛中心验收，标志该院急性胸痛救治能力迈上新台阶。至此，该院危重孕产妇救治中心、危重新生儿救治中心、卒中中心、胸痛中心、创伤中心五大中心建设初步完成。同时，加强重点学科建设，完成妇科省级市州级重点专科的验收，完成妇科、眼科、儿科省级重点专科的申报，完成产科、耳鼻喉科、消化内科、呼吸内科、心内科、神经内科、普外科、泌尿外科、骨科、临床药学、护理等11个专科市级重点专科及省市州级重点专科的申报。

医疗服务 出台《门诊医师管理办法》，提升门诊坐诊服务质量。改造门诊预约、挂号、分诊、就诊等信息化流程，推行电子健康卡，实现聚合支付、诊间支付、当面付等功能，改善门诊服务功能；提供自助售货机、自动售书机、充电宝、Wi-Fi全覆盖等多种便民服务；加强志愿者服务，优化分诊系统，解决挂号、缴费、就诊排队问题。加强药品监管，确保合理用药。对辅助用药重点清理，对不合理用药进行处罚与通报。医院的药占比26.38%，抗菌药物使用率54.34%，控制在国家卫健委要求范围之内。全年开展医疗新技术、新项目35项，开展病例数达12769例（其中手术、治疗新技术788例，检验诊断项目9981例），其中16项评分达到80分以上。

创建住院医师规范化培训基地 为创建住培基地，医院从组织管理、制度建设、培训条件、保障措施、全科医学科设立情况5个方面，不断改进，深化教学内涵建设，2020年5月，通过湖南省卫健委组织的住院医师规范化培训基地初评。12月，通过国家评估，拟通过的专业基地有内科、外科、妇产科、儿科、全科5个专业基地，预计3年容量为165人次。

教学工作 制定《教学津贴实施办法（试行）》《教学奖励实施办法（试行）》《邵阳学院附属第一医院临床实习管理规定》等文件，规范教学管理，加大教学激励措施，提高临床教师教学积极性；改善教学硬件设施，添置教学模型，建成13个实训室，每个示教室均配备一体机、讲台、桌椅、文件柜，全年改善设备实施投入资金200多万元；加强师资队伍建设，选派教学骨干外出参加学习及短期培训；选派教学管理人员赴浙江大学附属邵逸夫医院、北京大学第三医院参观学习，同时选派教学骨干外出参加各类教学相关会议，提升教学管理水平和临床带教水平；全面实施理论教学模式改革，创新教育方法，各教研室逐步开展PBL、CBL教学，进一步提高教学质量；规范临床教学管理，开展远程教育，准备研究生教育。

实施“科技兴院”发展战略 出台一系列科研管理和科研奖励制度，鼓励医务人员参与科研工作。探索院校科研联合新模式，与南华大学达成院校合作协议，建立院级科研申报体系规划，筹备建设科学研究中心，加强与学院的联系，获学院拨付专项资金用于该院科研教学人才培养与引进。推荐申报湖南省自然科学基金类面上项目1项、青年基金项目7项，计划申报湖南省临床医疗技术创新引导项目社会出资项目23项、省教育厅立项2项，申报省卫健委项目6项、省重点实验室1个。

人才队伍建设　年内招聘医学及管理人才66人，其中硕士研究生24人，本科生及专科生42人。开展职称评聘改革，将医疗科研、教学等作为职称申报的重要评价指标，完成8名正高、9名副高、117名中初级专技卫生人员职称聘用工作。加大干部集中培训力度，分层、分批组织中层干部到北大附三医院、浙大邵逸夫医院学习，开展短期管理进修35人次，提高干部的管理能力。

健康扶贫　针对贫困县域常见病转出率前五的病种向两所受援医院进行一对一、科室对科室的专科帮扶，全年派驻对口帮扶人员20人，开展业务理论培训、技能操作培训70余场次，接诊患者4680人次、开展手术650台次、会诊220余次，指导科室开展疑难病例讨论50次、三级查房110次，帮助医院完成1600余份病历环节质控、终末质控，帮助医院开展适宜新技术、新项目12项。加强医联体建设。推行分级诊疗，优质资源下沉基层，与双清区人民医院、大祥区人民医院、火车站乡卫生院签订医联体合作协议，定期派遣优秀的医务人员前往实践基地开展技术指导、技能培训和诊疗活动；扩大医联体合作范围，与城步苗族自治县人民医院儿科、耳鼻喉科、泌尿外科，邵阳县人民医院耳鼻喉科签订专科联盟协议，与邵阳县人民医院普外科、眼科达成联盟意向。开展远程会诊，逐步建设多学科会诊网络。对院办公楼五楼进行改造，添置远程会诊设施，打造成为邵阳地区最大、最先进的远程会诊中心。全年完成远程心电会诊2.2万例，远程影像会诊0.26万余例，总计服务2.46万人次；成立多学科会诊中心，建立肿瘤MDT、消化疾病MDT、感染疾病MDT，逐步打造院内多学科会诊网络。

（邵阳学院附属第一医院办公室）

【邵阳学院附属第二医院】 2020年，邵阳学院附属第二医院占地面积87亩，总建筑面积8.6万平方米，资产总值5.33亿元，编制床位712张，开放床位1200张。有在职职工969人，其中博士、硕士67人，双师型教师355人；设置28个临床科室、12个医技科室、20个职能科室和17个教研室。甲状腺疾病专科、肾内科为省级临床重点专科，骨科、普外科、口腔科、神经内科、内分泌科、呼吸内科、心血管内科、康复科等学科为市级重点学科，甲状腺疾病专科被省科技厅授予“湖南省甲状腺疾病防治临床医疗技术示范基地”。配置有DSA、磁共振、64排CT等高档医疗设备，设备总价值达1.5亿元。全年完成总收入3.2亿元，与上年持平。其中，医疗服务收入占比达到35.20%，药占比下降至26.67%，职工人均增收0.5万元。门急诊较上年同期增加2772人次，手术较上年同期增加340台次，出院患者手术占比、微创手术占比、四级手术占比均有提升。

疫情防控　整合疫情预备救治床位90余张，调配医务人员110余名。完成邵阳市新冠肺炎患者治愈后康复治疗和复工复产复学等政府指令性疫情防控任务，派出12名医疗队员驰援湖北黄冈抗疫。在抗击新冠肺炎疫情工作中，获国家级荣誉1人次、省级荣誉4人次、市级荣誉7人次。

人才培训　全年选送进修人员36名，其中选派3名医师外出进修心胸外科；招聘职工93人，引进学科带头人3名。公开选拔任命17个教研室的教学管理岗位人选，全年完成教学工作量1.9万课时，接收学校140名实习生，招收49名助理全科学员和30名全科医生转岗培训学员，承担邵阳市基层骨干医师培训项目。

学科建设　8个临床科室成功申报市级重点学科，开展脑血管介入治疗等10项新技术项目，完成检验科和口腔科等扩建工程，采购64排CT、椎间孔系统、外科电能量平台等大型设备。

质量和安全管理　修订18项核心制度，开展核心制度联合巡查65次，组织夜查房11次，推动临床晨交班、三级查房、首诊负责制、手术安全核查等核心制度的落实。调整13个院级质量管理委员会和各临床科室质量与安全管理小组。

医联体平台建设　建立远程诊断平台，实现远程心电会诊；打造引智工程平台,外聘专家到院75次，开展听神经瘤切除术等高难度手术30余台；打造宣传平台，发表文章和宣传稿件430余篇，举办抖音视频创作大赛；打造6S精益管理平台，完成23个临床医技科室、19个病区、21个行政科室的管理平台。

（周光生）

市县区情

邵东市

市领导成员名录
（2020年）

市委书记：
沈志定
市委副书记：
周玉凡
黄振国
市委常委：
沈志定
周玉凡
黄振国
黄兆勇（7月任）
刘文龙
刘长峰（4月免）
向章云（4月任）
曾剑萍（女，6月免）
刘永格
邓波涛（7月免）
刘志伟
刘家豪
罗　莉（女，6月任）
欧阳浪（6月任）
市人大常委会主任、党组书记：
王定松
市人大常委会党组副书记：
肖新华（4月免）
曾庆龙（4月任）
罗　飚
市人大常委会副主任：
肖新华（4月免）
曾庆龙
李本功
周军亮
张志红
曾铁钧（12月任）
市人民政府市长：
周玉凡
市人民政府副市长：
刘文龙
贺铁民
陈博文（8月免）
谢伟宏
杨振明
王智刚
郭向荣（女）
彭丁峰（8月任）
市政协主席：
申桂荣
市政协副主席：
申　荣
郭竞成
谢光远（兼）
周益智（兼）
朱石乔
市人民法院院长：
谭莉娜（女，12月免）
杨红晖（12月任）
市人民检察院检察长：
夏业伟

【概述】 2020年，邵东市辖18个镇、4个乡、3个街道办事处、1个林场，有518个村民委员会、61个居民委员会（社区）。土地总面积1778.5平方公里，耕地面积90.37万亩，其中水田61.83万亩、旱田28.54万亩。年末总户数42.97万户，总人口133.06万人。年平均气温17.6℃，最高气温36.9℃，最低气温-2.9℃。年降水总量1328.3毫米，年日照总时数1392.9小时。

实现地区生产总值616.7亿元，增长4.3%；规模工业增加值212.2亿元，增长7%；固定资产投资完成329.7亿元，增长10.6%；社会消费品零售总额完成269.7亿元，增长-2.4%；财政总收入完成28.4亿元，增长3.5%；城镇居民可支配收入3.78万元，增长4.7%；农村居民可支配收入2.52万元，增长9.6%。

新冠肺炎疫情防控实现确诊病例零死亡和医务人员零感染。在邵阳市率先出台支持企业复工复产"十条措施"，全市累计新增减税降费6305.4万元，落实阶段性社保费减免3999万元，全面促进产业提质增效。新增规模工业企业113家、商贸企业84家、服务业企业20家，新增国家高新技术企业30家。东亿电气入选国家级专精特新小巨人企业公示名单，4家企业被评为2020年湖南省小巨人企业，5家企业获制造强省奖励类项目支持。智能制造研究院获批国家级博士后科研工作站。

重点项目和园区建设完成投资91.36亿元。亮国科技、晶博光电、自然堂中药饮片生产线、弘华中药饮片、阳光8点箱包、人民医院东扩等项目加快推进；霞客乐跨界房车、衡科装配式建筑、永吉红包烫金生产线、宁庆航空航天等项目投产或试产。经开区与产业园合并，园区核心竞争力提升。新建成标准化厂房52.8万平方米，新增入园企业50家。全年园区实现技工贸总收入950亿元，增长10%。

推进"放管服"改革。"一件事一次办"平台于8月正式运行。"互联网+政务服务"一体化平台延伸到乡镇，27项高频政务服务事项实现村（社区）"就近办"。规范乡镇权力运行，新增赋予乡镇经济社会管理权限38项。新政务服务中心于12月1日正式挂牌运行。扩大开放步伐。鼓励企业开展"直播带货"，推动出口转内销。承办全省"万企融网闯国际"首场跨境电商产业对接会。全市有外贸业绩的企业329家，实现破零115家。实现进出口总额14.8亿美元，增长7.2%。

创建省级森林城市，获首批"湖南省森林城市"称号。28个老旧小区完成改造，推进棚户区改造、公租房建设。长岭路、站前路、国平路等建成通车，公园路大桥合龙。城区管道天然气用户新增1万余户。城镇生活垃圾无害化处理率达99%。新建压缩式垃圾站5座，新建、改造农贸市场、乡村集市33个。开展市容秩序和城区交通专项整治，取缔马路市场7个，增加人行道停车位400个。开展交通问题顽瘴痼疾集中整治行动。

新建村级综合服务平台52个。完成自然村通水泥路建设97.23公里，提质改造农村公路114.29公里，巩固和新增农村通自来水人口

1.02万人，改（新）建农村户用厕所5686个。完成110千伏灵官殿变电站和35千伏杨桥变电站建设。完成20公里的乡镇天然气中压主管道建设，开通37个行政村400公里庭院管线。完成高标准农田建设5.7万亩。整治农田抛荒，推进粮食扩面增产，粮食总产量43.35万吨，增长1.02%。有序恢复生猪生产，出栏生猪63.01万头。开展闲置土地、批而未供土地、农村违法用地清理专项行动，国家自然资源督察武汉局交办限期整改的75个问题土地全部整改到位。全面完成农村宅基地房地一体确权登记颁证工作。推进美丽乡村建设，堡面前乡大羊村获评全国文明村，水东江镇才子村获评全国关心下一代工作先进集体。

推进重大风险防范，多措并举化解存量债务，还本付息33.11亿元。全面完成融资平台公司清理整合工作。推进脱贫攻坚，投入扶贫资金7120万元，开展产业帮扶，落实落细各项政策，剩余1446户3029人全部脱贫。贫困人口年均纯收入由8908元提高至10556元。推进污染防治，省环保督察"回头看"交办件全部办结销号。空气质量优良率98.2%，饮用水源水质达标率100%。持续推进河长制工作，创建样板河库25个，河道保洁志愿者工作经验获全省推介。廉桥镇、团山镇、佘田桥镇污水处理厂全面建成。启动砂石土矿整治工作，关闭、注销20个砂石土矿。

开展安全生产专项整治三年行动，全市未发生较大以上生产安全事故。开展扫黑除恶专项斗争"六清"行动，所有涉黑涉恶案件全部判决完毕。开展禁毒攻坚和反电诈行动，外流贩毒人数同比下降67%，打掉电信诈骗团伙21个。推进集中治理重复信访、化解信访积案"百日大会战"专项行动，有效化解信访积案100余件。建成城乡末端感知系统，社会治理水平有效提升。

年内新增公办幼儿园学位4625个，消除义务教育大班额466个，消除普通高中大班额279个。邵东三中新校区、昭阳中学、云山小学、第一实验学校相继开工建设。邵东人民医院和中医医院均通过三级医院评审。传染病防治检测能力全面提升，新建核酸检测实验室3个、血清抗体检测实验室1个。乡镇卫生院2名以上全科医生实现全覆盖，村卫生室规范化建设率达100%。花鼓戏《黄花黄黄花香》入选2020全省"欢乐潇湘"精准扶贫优秀文艺作品。

全面完成12项省定重点民生实事。财政民生支出占比达70%以上。新增城镇就业6039人，新增农村劳动力转移就业7600人。推进退役军人就业创业，退役军人创业孵化基地挂牌运行。落实优待抚恤政策，为退役士兵办理社保接续。城乡居民养老保险实现法定人员全覆盖，推进医保、工伤和失业保险扩面。加强社会救助，新增城乡低保对象2.8万人，发放社会救助1.73亿元。落实老年人福利政策，基本养老服务补贴实现全覆盖。

【邵东星沙物流园开园】 2020年1月3日，湘中南地区规模最大、配套最全的现代物流园区——邵东星沙物流园开园，标志着邵东市成功打造现代化智慧物流园区，物流行业实现转型升级。园区一期占地228亩，总投资7.8亿元，总建筑面积27万平方米，规划设置零担配送区、物流仓储区、农村电子商务大楼、物流信息交易大楼、综合服务大楼及大型停车坪等。整合邵东乃至全省的物流信息，建立专业的信息化平台，安装调试高标准的安检设备和系统。同时，建设包含农村物流仓储中心、信息管理平台、冷链物流等在内的县乡村三级物流体系，并整合邮政现有的乡镇物流配送网络、农村公交班线以及本地货运等各种运输资源，增强物流在农村的服务能力。截至年底，邵东拥有近300家物流公司、160条物流线路，覆盖全国80%的县（市、区），公路物流线路通达全国所有地级市和70%以上的县城，物流业务涉及缅甸、老挝2个国际边贸区，货物日吞吐量40余万件，成为中南地区最大的物流集散地。

【王调兵被追授"中国青年五四奖章"】 2020年4月20日，第二十四届"中国青年五四奖章"入围个人（集体）公示在团中央网站发布，湖南两人入选，其中邵东市辅警王调兵榜上有名，被追授"中国青年五四奖章"。王调兵生前是邵东市公安局水东江镇派出所辅警。自2016年担任辅警以来，遍访全村532户，遇见村民有任何困难都第一时间施助，做到警民亲如一家。新冠肺炎疫情期间，他第一时间主动投身疫情防控工作，并始终坚守在疫情防控岗位上。1月30日晚，在疫情防控一线连续工作8天后，突发急性心源性猝死，经抢救无效不幸牺牲，年仅32岁。

【邵东经开区与生态产业园正式合并】 2020年9月4日,邵东市召开邵东经开区与生态产业园合并工作大会,标志着邵东经开区与生态产业园将正式合并办公。根据上级要求及本市工作实际,邵东市决定撤销生态产业园,将其工作职责全部合并到邵东经开区,以更好地发挥园区在城市建设、产业发展、项目建设中的主阵地作用,实现资源配置更加高效、功能定位更加科学、产业布局更加合理。并以园区合并为新起点,探索一条产业优化、品质高端、服务优良的融合发展新路子。

【邵东位列全国县域营商环境百强县第67位】 2020年，赛迪顾问发布2020年赛迪县域营商环境百强县研究成果，湖南省5个县（市）上榜，其中邵东市排名第67位，比上年提升4位。邵东市委、市政府近年把优化营商环境作为承接产业转移的生命线，先后出台《关于实施创新驱动战略加快发展实体经济的意见》《关于促进民营经济高质量发展的实施办法》等支持文件，成立担保公司，设立产业引导基金和创投基金，解决企业融资难问题。邵东推进股东式服务，实行让企业办事不跑路、兑现政策不打折、解决问题不过夜“三不”承诺；深化“放管服”改革，推进“互联网+政务服务”，推动企业和群众办事线上“一网通办”，线下只进“一扇门”，现场“最多跑一次”；推行代办送批、联动办理、容缺审批，为重大项目提供“定制服务”。开展“千人援千企”活动，主动帮助企业排忧解难，打造风清气正、廉洁奉公的政治环境，简政放权、便捷高效的服务环境，公平公正、诚实守信的市场环境。新冠肺炎疫情期间，邵东市安排100余支“编外服务队”，帮助复工复产企业制定防控预案，落实物资保障、厂区消毒、人员筛查和分散就餐等防疫工作，并出台“硬核”措施，利用“金融活水”“贷”动企业复工复产。2020年1—9月，邵东完成地区生产总值430.8亿元，增长3.2%，规模以上工业增加值125.4亿元，增长5.5%，固定资产投资总额219亿元，增长7.45%。

赛迪顾问县域经济研究中心开展营商环境研究领域多年。本次研究设置服务效能、企业活力、要素吸引、设施领先、生态友好等评价指标，把结果导向与过程评价相结合，将全国（不包括港澳台地区）除市辖区和林区以外的1879个县级行政区划进行综合评价排名。

全国文明村邵东市堡面前乡大羊村

（邵东市史志研究室 供图）

【大羊村获评全国文明村】 2020年11月20日，邵东市堡面前乡大羊村入选全国文明村镇名单。大羊村地处邵东市东南边陲，在湖南省省级风景名胜区大云山下。全村有36个村民小组，23个自然村，825户，3560余人。村域面积12.66平方公里，水田、旱田面积4011.7亩，山林面积13700余亩，森林覆盖率83.62%。通过开展文明村活动发展特色产业，形成“乡村生态文化旅游+楠竹深加工+特色农产品深加工”的多元经济发展模式。时令蔬菜、精品水果、油菜、五彩米、药材、生态农家乐等，成为大羊村的主导特色产业。以创建全国“美丽乡村”示范村为引领，全面开展村内环境整治，投入2980万元，建立大羊村活动中心，加强水、电、路、通信、乡村生态旅游等基础设施建设；筹资1.37亿元，完成猴子冲居民小区、羊冲居民小区、中心居民小区建设，相继建成楼房266栋；筹资491万元实施绿化、亮化、美化工程。建立村级综合性文化活动中心，成立腰鼓队、龙灯队、广场舞队等演出团队，经常组织开展文体活动。同时制定村规民约、乡风文明公约等一系列规章制度，成立大羊村教育基金、红白喜事理事会等，全村关心教育、移风易俗蔚然成风。

【邵东获评国家知识产权示范县】 2020年，邵东市人民政府通过国家知识产权示范县复核验收，评定为优秀。12月7日，湖南省知识产权局《关于公布2020年度湖南知识产权建设强县名单的函》发布，邵东市确认为2020年度湖南省知识产权建设强县。自申报省知识产权建设强县、国家知识产权强县工程示范县始，邵东市打通知识产权创造、保护、运用、管理、服务全链条，加大经费投入，加快知识产权政策体系建设，加速知识产权成果转化，提升企业核心竞争力，开展知识产权执法行动，保护合法权益，发挥知识产权对全市创新驱动发展的支撑作用。截至2020年10月，全市专利申请6339件、授权4220件、万人有效发明专利拥有量1.43件，与2018年年底的3626件、2223件、0.68件同比分别增长74.82%、89.83%、110.29%。有国家级知识产权贯标认证企业1家、市级知识产权示范企业60家、有效注册商标12350件、驰名商标3件、国家地理标志保护产品2件、马德里商标70件。

【邵东市被认定为中国特色农产品优势区】 2020年，农业农村部官网发布《关于认定中国特色农产品优势区（第四批）的通知》，邵东市（邵东玉竹）通过中国特色农产品优势区认定（湖南省仅11个）。邵东是传统的玉竹生产大市，素有“玉竹之乡”的美誉，“邵东玉竹”2005年被评为中国国家地理标志产品，纯天然玉竹饮品曾多次获中国国际农交会金奖产品称号。随着全市农业产品结构调整，玉竹产业不断壮大，邵东市委、市政府将玉竹规范化栽培技术推广及产业化建设确定为重点产业项目。截至2020年年底，邵东玉竹种植面积达

9万亩，年产玉竹约5.34万吨，年产值5.4亿元，玉竹加工量占全国的75%，销售量占全国的90%以上，其中70%远销东南亚、韩国、日本等十多个国家和地区，玉竹出口量居全国第一位。

【邵东“两廉线”正式通车】 2020年12月26日，邵东“两廉线”正式通车。“两廉线”为绿汀大道北段延伸工程，南起北岭路，北至320国道，全长约7公里，其中城市道路标准段路面宽42米、公路标准段路面宽24米，总投资4.5亿元。

（全彪南　赵定安）

武冈市

市领导成员名录
（2020年）

市委书记：
侯　文

市委副书记：
唐克俭
曹红旗

市委常委：
侯　文
唐克俭
曹红旗
傅丽华（4月免）
陈学先（4月任）
罗　健
刘旭明
胡志军
李跃平
李永宏
范志锋
赵志军（挂职，10月免）
邓印强（6月免）
殷绪成（8月任）

市人大常委会主任：
李玉贤（6月免）
刘曙光（9月任）

市人大常委会副主任：
殷春华（女，12月免）
邓建雄
夏祥训
王光宇
刘涌涛
杨孟秋（12月任）

市人民政府市长：
唐克俭

市人民政府副市长：
范志锋
梁恩雄
赵志军（挂职,5月任,10月免）
李巧云（女）
殷绪成（8月免）
毛政豪
钟　彪
陵建华（苗族）
尹放平（8月任）
钟　忠（挂职，8月任）

市政协主席：
王小波

市政协副主席：
宋志刚（12月免）
曾姝琼（女）
刘运合（兼）
谢　毅（兼）
黄家胜（兼）
张永华（12月任）

市人民法院院长：
李冰寒

市人民检察院检察长：
范赞科（9月免）
吴学田（9月任）

【概述】 1994年2月，经国务院批准，武冈撤县设市。武冈市为县级市，由湖南省直管，邵阳市代管。武冈市位于湖南省西南部、资水上游，东北与隆回毗邻，东与邵阳县接壤，东南界新宁县，西南与城步苗族自治县为邻，西北与绥宁县交界，北连洞口县，地处北纬26°32'42"~27°02'09"，东经110°25'26"~111°01'58"。2020年，武冈市辖3个乡11个镇4个街道315个村（社区）。全年土地整理复垦开发补充耕地26.748公顷，建设占用耕地31.9221公顷。年末全市常住人口64.02万人，城镇化率47.05%。人口出生率7.6‰，自然增长率2.8‰。

市境内有溪河150条，河川径流总量24.72亿立方米，流域面积1543.07平方公里，占全市总面积的90%以上。其中资水水系干流量23.46亿立方米，流域面积1387.37平方公里。灰岩分布面积广，地下水含量丰富。按照含水岩组分两大类：松散堆积层孔隙水，主要分布于资水水系流域，面积172.85平方公里，占全市总面积的11.51%，涌水量277.26万升/日。该类水埋藏较浅，易于开发。碎屑岩、变质岩裂隙水和碳酸岩溶水，主要分布于中山、中低山和丘陵地带，面积占全市总面积的50%，总含量为4亿立方米，占全市地下水总储量的90%，且开发价值高。

武冈市属中亚热带季风湿润气候。气候温和，四季分明，热量充足，雨量集中，春温多变，夏秋多旱，暑热期长，严寒期短。冬季常处于变性大陆冷气团控制、气温较低、阴雨天气多，造成雨雪冰霜天气，气候较湿冷。夏季和秋初为副热带高压所控制，温高湿小。春季和晚秋是冷暖两种气团相互交替的过渡季节，阴湿多雨，气温升降剧烈，天气多变。年内最高气温37.4℃，最低气温-0.7℃，年降水量1160.1毫米。

武冈陆空立体交通初步形成。邵阳武冈机场开通7条航线，连通国内北京、沈阳、郑州、长沙、海口、昆明、杭州、重庆、深圳、兰州等十大城市。洞新、武靖两条高速公路南北相连，成为出省交通大动脉。国道241南北贯通全境，国道356、省道336、省道219东西横跨全市，机场连接线、竹城公路、武马公路、司双公路、龙大公路、大老线等重要县乡道构成路网主骨架。

境内自然景观有溶洞、河流水库、瀑布、山峦、象形地貌、峡谷、绝壁、原始次生林等类型。通过专家综合评价，一级自然景点有：云山伴山景区的崖前帘水、金龟越岭、关门峡瀑布、仙桥横汉、一瀑飞涛；云山堂景区的榉树王、原始次生林；红庙溪景区的十里画廊、紫烟瀑布、前川瀑布、九天瀑布；法相岩景区的法相洞天；属独立景点的四季岩等。武冈历史悠久，人文景观丰富，其中一级人文景观有云山堂景区的胜力寺、禅林塔林、无涯和尚塔；古州城景区的古城墙、宣风楼、凌云塔、文庙大成殿、古银杏、武陵井、国民党中央陆军军官学校二分校旧址、化龙桥；独立景点渔父亭遗址等。

2020年，实现生产总值172.19亿元，扣除不可比因素，同比增长4.1%。其中一、二、三产业增加值分别为58.08亿元、38.56亿万元、75.55亿元，同比分别增长4.0%、4.5%、4.0%。三次产业结构由上年的30.3∶23.5∶46.2调整为33.7∶22.4∶43.9。

实现农林牧渔增加值58.7亿元，同比增长4.0%。粮食作物播种面积99.48万亩，各类粮食总产量44.8万吨，同比增长0.9%，其中水稻总产量35.89万吨，同比下降2.4%；玉米总产量7.05万吨，同比增长24.1%；油料总产量2.26万吨，同比增长11.12%；水果总产量13.06万吨，同比增长3.32%。畜牧养殖业完成产值40.66亿元，同比下降0.1%。年内出栏肉猪72.5万头，肉类总产量6.57万吨，同比下降4%。林业和渔业分别完成产值1.53亿元和1.78亿元，同比增长4.4%和-2.5%，水产品总产量0.7万吨，同比下降3.08%。完成造林绿化2.67万亩，林木绿化率达44.29%。完成投资0.67亿元，建成高标准农田4.21万亩。新增武冈市医药有限责任公司、武冈市家家康农业综合开发有限公司、湖南博伟食品科技有限公司3家省级龙头企业，新增农民专业合作社89家。实现特色产业总产值42亿元，新增绿色食品认证产品企业6家、产品17个，连续七年被评为“全国豆制品加工50强县（市）”，“武冈铜鹅”地理标志产品申报成功。全年投入扶贫资金5.3亿元，年末贫困人口由上年的91854人动态调整为91463人，全市所有贫困人口均脱贫退出，农村贫困家庭转移劳动力40596人。

工业增加值同比增长4.2%。全市共有规模工业企业97家，规模工业实现营业收入81.59亿元，同比增长15.5%；实现利润3.38亿元、利税4.43亿元，分别同比增长24.2%和24.3%；亏损企业4家，企业亏损面为4.12%。全市年产值超过5000万元的工业企业60家，其中过亿元的33家。工业园区完成工业总产值61.7亿元，同比增长10%。全年实现新招商企业40家，新开工企业21家，新竣工企业11家，新增园区规模企业16家。新建标准厂房40万平方米，投产28万平方米，签约企业17家，建成投产12家。全年实现建筑业增加值6.92亿元，同比增长5.0%，资质等级建筑业企业房屋建筑施工面积191.18万平方米，同比增长10.15%。

固定资产投资同比增长0.5%。全年计划实施重点建设项目82个，概算总投资209.42亿元，续建项目52个（其中有12个主体工程未开工），新建项目30个。共完成投资52.2亿元。主体工程已开工项目61个，开工率74.39%。新建年产3万吨休闲食品生产线项目，武冈市家家康特色农业产业园建设、饮水安全全覆盖暨巩固提升工程、湖南师大武冈附中建设、新型干法水泥生产线、2019年高标准农田建设项目、110千伏变电站新建工程、2020年农配网改造工程、四川雅中—江西南昌±800千伏特高压输电线路、武冈市湘西南电子数码城、科盛实业装备制造项目、武冈市温氏股份现代养殖业精准扶贫示范基地建设、武冈市电子商务进农村、武冈市康养之家建设项目、脱贫攻坚农村公路建设、小江河清洁小流域治理及中小河流治理工程、武冈市芙蓉学校、文坪独立工矿区避险安置区建设工程、晶信建材年产20万吨氧化钙生产线项目、永锐电子产业园项目进展速度快。联网直报房地产企业完成房地产开发投资16.77亿元，同比增长8.46%。

社会消费品零售总额同比增长-2.9%。新增规模商贸住餐企业15家。农村综合示范县（市）项目通过中期评估，“直播带货”武冈模式全网推介，电子商务企业发展到83家、示范网店125家，实现电商销售额24.05亿元。集聚了数码城、居然之家、红星美凯龙、湘桂黔汽贸城等重大项目的中心商圈繁荣发展。

实现外贸进出口总额1.62亿元，同比增长21.7%，实际利用外资0.45亿美元，同比增长45.2%；利用内资39.4亿元，同比增长23.6%。年内发布招商项目16个，概算总投资169.7亿元。成功引进实体产业项目32个。

新建公路69.58公里，提质改造农村公路62.05公里，农村公路安保设施建设62.05公里。年末全市公路通车里程2609.65公里。全年实现公路客运量1988.3万人、旅客周转量170401.98万人公里，分别同比增长-10.5%、6.2%；货运量1846.26万吨、货物周转95264.39万吨公里，分别同比增长23.27%~32.6%。机场全年飞机起降4120次，旅客吞吐量28.98万人次。

全市邮电业务总量3.92亿元，其中邮政0.99亿元、电信0.82亿元、移动1.58亿元、联通0.54亿元。年末拥有移动电话用户48.92万户，同比增长6.5%；固定电话用户3.63万户，同比下降4.72%；互联网宽带用户12.98万户，同比增长76.8%。

全市各景点接待国内外游客433.2万人次，同比增长-17.6%，实现旅游收入42.4亿元，同比增长-13%。云山景区基础设施和配套设施有序推进、嗨花弄建设邵阳唯一玻璃滑道项目、拟投资50亿元都梁文化旅游休闲特色小镇项目正式开工，与已有古城连城打造湘西南特色古城。

城市建成区面积23.4平方公里；人均道路面积12.18平方米；人均公园绿地面积12.93平方米，建成区绿地率39.48%、绿化覆盖率41.33%；供水能力12.6万立方米/日，自来水普及率97.82%；液化气储存能力150吨、天然气供应量1453.41万立方米，燃气普及率97.68%；生活垃圾无害化处理率100%；拥有公共交通车辆106台，出租车129台，网约车65台。

实现财政总收入11.22亿元，同比增长1.82%，其中，公共财政预算收入7.58亿元、上划中央收入2.91亿元、上划省级收入0.73亿元，分别同比增长3.64%、-2.5%、1.21%。公共财政预算支出57.02亿元，同比增长3.44%。

年末全市金融机构各项存款余额274.27亿元，比上年末增长8.49%，其中个人存款227.32亿元，同比增长9.5%。各项贷款余额138.76亿元，同比增长17.98%，其中住户贷款76.77亿元，同比增长14.71%，各银行实现账面损益3.66亿元。

全市有高新技术企业88家，实现总产值89.7亿元，同比增长18.5%，高新技术产品产值69.17亿元，同比增长26.28%。全年投入研究与试验发展（R&D）经费支出4.47亿元，专利申请526件，授权专利237件。

实施“名师”“名校长”和“基础教育质量整体提升”工程，深化教育改革，探索学校发展“共同体”和“一校多区”的办学模式，促进教育公平。全市中等职业学校在校学生10352人；普通中学在校学生47839人；小学在校学生60844人；特殊教育学校在校学生313人；幼儿园在校学生20515人。小学、初中适龄儿童入学率，小学毕业生升学率均达100%。

新建百姓广场24小时自助图书馆，完成图书馆及图书服务点建设，采购纸质图书5463册，新增电子图书12000册；完成全国文物保护单位基础信息填报录入和文物普查。

2020年6月3日，市委副书记、市长唐克俭在武冈市首次举办的“互联网+”农产品出村进城大型直播带货节活动现场直播带货
（武冈市史志研究室 供图）

拥有各类卫生机构420个，其中医院、卫生院25个，社区卫生服务中心（站）7个，村卫生室299个；实有床位4637张，卫生技术人员4698人，其中执业（助理）医师1581人、在职注册护士2513人。新农合参保人数69.8万人，平均参合率达95.42%，统筹地区政策范围内住院补偿率达82.69%。

全体居民人均可支配收入20950元，同比增长6.3%，城乡居民恩格尔系数22.4%；全市城镇居民全年人均可支配收29975元，同比增长4.2%，城镇人均消费性支出15278元，同比下降11.2%，人均住房面积42平方米；农村居民全年人均可支配收入14669元，同比增长9.6%，农村人均消费性支出15363元，同比增长26.2%，人均住房面积46平方米。

年末参加基本养老保险职工人数53.8万人，参加医疗保险职工人数4.74万人，参加失业保险职工人数2.58万人，参加工伤保险职工人数4.48万人，参加生育保险职工人数3.35万人。全市3000名五保户（特困人员）、农村2.54万名低保户、城镇4417名低保对象实现应保尽保；下拨临时救助1262万元、救灾款281.21万元，保障灾民和特困户的基本生活。

全市饮用水源、地表水水质达标率100%，地表水质以Ⅲ类为主；二氧化硫削减率为4.14%，化学需氧量削减率为3.81%；污水处理厂运行正常，城市污水集中处理率为95%。

全市发生各类伤亡事故2起，死亡2人，亿元GDP生产安全事故死亡0.01人；发生道路交通事故4080起，道路交通万车死亡人数为5.53人。

存在的困难和问题主要是：发展不平衡、不充分的问题仍然突出；民生领域仍有不少短板，难以满足人民群众对美好生活的需求；社会和谐稳定面临不少难题，治理能力有待加强；基层党组织建设还存在不少薄弱环节，整体执政能力还有待进一步提升。

【“卤菜市长”直播带货】 2020年6月3日晚，市委副书记、市长唐克俭在该市首次举办的“互联网+”农产品出村进城大型直播带货节活动现场，摇身变成带货主播，介绍武冈土特产品时如数家珍，“业务”熟练惊呆一众网友，被网友誉为“卤菜市长”“中国好市长”。全场直播人气接近2000万次，直播3个小时累计接受武冈土特产、农产品订单3.77万个，总销售额265.23万元，所有上架库存全部卖光。同时，多个企业自身在淘宝、京东、抖音、快手等开通的分会场直播间也同步在“都梁记忆馆”直播。主会场直播结束后，唐克俭还赶场到各个企业直播间探店，分别与线上观众互动，给企业带货拉生意，使各企业分会场直播间人气急剧上升，销量直线上涨。此次直播活动现场，既有“都梁记忆馆”的古色古香，也有国家级非物质文化遗产“武冈丝弦”助兴伴乐，更有武冈美食“铜鹅宴”及丰富的土特产品压轴，给千万网友带来了一场富有武冈千年王城韵味的视听美食盛宴。

【云山国家森林公园被授予“湖南夏季避暑胜地”称号】 2020年8月12日，云山国家森林公园在长沙举行的2020年“湖南夏季避暑胜地”发布会上，被授予“湖南夏季避暑胜地”称号。武冈云山夏季平均气温25℃左右，是省内典型的山岳型避暑旅游胜地，景区中云海、古树、流泉、溪涧、瀑布、幽谷、山峰、怪石、古刹、灵寺、古道、古迹一应俱全，风光秀美，佛教文化源远流长，为中国道教七十二福地之“六九福地”，被誉为“楚南胜地”。

【武冈市跻身“2020中国社会保障百佳县市”】 在《求是》旗下的《小康》杂志社联合多个国家权威部门和专业机构评选出的“2020中国社会保障百佳县市”榜单中，武冈市以91.09分的总评分跻身榜单第三十三位，位列湖南省第五位。截至2020年年末，武冈城乡居民基本养老保险实现全覆盖，失业保险参保率100%，城乡居民医疗保险参保率95%以上。为有效保障农村就业，在全市299个村全覆盖建成扶贫车间324家，提供就业岗位9986余个，吸纳农村贫困劳动力就业2760人，致富带头人工作经验在全国贫困村创业致富带头人培训班、2020年国家扶贫日“乡村发展与脱贫攻坚论坛”上推介。构建全域三级联动医疗体系，全面完成299个标准化村卫生室建设、14个乡镇卫生院标准化改造，市人民医院成功创建省定第一批三级综合医院，全市大病定点医院救治率95.23%，位居全省前列，村级首诊率65%左右，实现“小病不出村、常见病不出乡、大病不出市”，中宣部将武冈标准化村卫生室建设作为群众突出获得感全国十二个改革先进典型之一。全面完成城乡163所薄弱学校改造及湖南师大武冈附中等6所新学校建设，新增学位24950个，义务教育大班额全面消除，先后获国家级职业教育和成人教育示范市、全国义务教育发展基本均衡市、湖南省“教育强市”称号。全市有60岁以上老年人13.9万人，针对老龄化加速现状，建立以居家为基础、以社区为依托、以机构为补充、医养相结合的养老服务体系，提质改造14家敬老院为康养院，养老床位增加到4768张，社区日间照料中心实现全覆盖。弱势群体兜底保障实现应保尽保，残疾“两项补贴”全面落实，先后获评湖南省“五化”民政建设先进市、全国民政工作先进市。

【全省首个鱼类健康养殖院士工作室落户武冈】 2020年12月19日，刘少军院士工作室授牌暨湖南师范大学鱼类健康养殖科研基地、雪峰山鱼种繁殖谷揭牌仪式在武冈举行，全省首个鱼类健康养殖院士工作室正式落户武冈。项目选址武冈市水西门街道玉屏村，占地110多亩，概算总投资6000多万元。采取“政府主导、市场运作、科研支撑”模式，主要繁育翘嘴鲌等优质淡水鱼类。项目于10月2日进场施工，截至年底，基地科研楼主体工程已完工，12个鱼苗培育池试水运行，开始鱼苗孵化车间、鱼苗实验池、观光鱼塘、场内环池道路、主干道水泥硬化及各项配套工程施工。

【共享电单车成武冈市民出行方式新选择】 2020年12月7日，武冈市共享电单车开始试运行，陆续出现在市民交通出行的各个场所。此次试运行为期2个月，共3家公司在武冈城区投放约600辆共享电单车，主要分布在主街道、住宅小区、大型超市等附近，可骑行范围覆盖武冈城区大部分地点，东至实验中学、西至汽车西站、南至武冈市中医院、北至汽车北站，市民可以通过微信或者支付宝扫码进行使用。共享电单车在武冈的投放，有助于优化该市公共交通体系，提倡绿色环保的出行方式，建设绿色、健康、便捷的城市智能交通系统，同时为武冈市民出行方式提供一项新选择。

（杨峰　李建芳）

新 邵 县

县领导成员名录
（2020年）

县委书记：

阳晓华

县委副书记：

陈历贤

杨韶辉

县委常委：

阳晓华

陈历贤

杨韶辉

曾志红（4月免）

杨肇晖

邹功树

陈学先（6月免）

汤先梧

李金军

刘　丹（女）
刘长峰（4月任）
夏宇宏（4月任）
仇湘中（6月任）

县人大常委会主任：
李永平

县人大常委会副主任：
周后鹏
康正刚
乔立新
谢跃东
周晓明

县人民政府县长：
陈历贤

县人民政府副县长：
杨肇晖
戴哲建
金　艳（女，6月免）
李繁荣
雷志刚（挂职，5月免）
韩纪江（挂职，12月免）
刘山鸣
汤先梧
何　枫
岳小波
彭　利（12月任）

县政协主席：
曾志红

县政协副主席：
周晓荣
夏专业
田丰硕
欧阳文杰（兼）
何燕燕（女，兼）

县人民法院院长：
邓星西

县人民检察院检察长：
焦毕华（女）

【概述】 新邵县地处北纬27° 15'～27° 38'，东经111° 8'～111° 50'，位于湖南省雪峰山脉东侧，资江中上游，邵阳盆地和新（化）涟（源）盆地之间，境内寸石镇花桥村是湖南省地理中心。东邻涟源市、邵东市，南接邵阳县、邵阳市双清区和北塔区，西毗隆回县，北连新化县、冷水江市。2020年，辖13个镇2个乡，土地总面积1762.34平方公里。年末常住人口61.29万人，其中城镇人口27.13万人，城镇化率44.26%，人口出生率9.81‰，自然增长率0.19‰。人均水资源1810立方米，年降水量1479毫米。

新邵县地处湖南省第二成矿富集地带，矿藏资源丰富，是湖南省“有色金属之乡”。已发现的矿种34种，已查明资源储量的矿种22种，其中能源矿产2种、金属矿产15种、非金属矿产14种。实施地质勘查项目（含续作项目）16个。

全县发生各类生产安全事故14起，死亡14人。其中，工矿商贸企业从业人员生产事故死亡3人；道路交通事故11起，死亡11人。

全县实现生产总值166.86亿元，比上年增长4.0%。第一、二、三产业增加值分别为39.38亿元、47.89亿元、79.59亿元，分别增长4%、5.5%、3.2%。一、二、三产业比重为23.6∶28.7∶47.7，对地区生产总值增长的贡献率分别为21.6∶29.5∶48.9。

全县实现财政总收入11.59亿元，比上年增长5.2%，占地区生产总值的比重达6.9%。其中，上划中央收入3.38亿元，增长0.3%；上划省级收入1.02亿元，增长20.1%；一般预算收入7.19亿元，增长5.7%。全年一般预算支出49.35亿元，比上年增长6.3%。其中，一般公共服务支出5.45亿元，增长19.1%；农林水事务支出7.28亿元，增长5.5%；社会保障支出7.79亿元，增长5.3%；教育支出9.36亿元，增长11.3%；科学技术支出0.6亿元，增长68.2%；文化体育与传媒支出0.4亿元，下降13.1%；医疗卫生支出6.39亿元，下降1.5%；节能环保支出0.56亿元，增长11.1%；城乡社区事务支出1.62亿元，下降12.9%；住房保障支出1.81亿元，增长40.9%；粮油物资储备管理事务支出0.22亿元，下降14.5%。

全县投入资金1.86亿元完成11项重点民生实事项目，其中开展政府补贴性职业技术培训、方便群众就近就医提升基层卫生服务水平、孕产妇免费筛查和农村及城镇低保适龄妇女“两癌”免费筛查、特困人员护理床位建设、新改建农村公路等项目超额完成目标任务。

全年落实粮食种植面积48.67千公顷，实现粮食总产量30.36万吨，分别比上年（下同）增长3.44%、2.13%。油料种植面积8.78千公顷，油料总产量1.68万吨，分别增长14.09%、15.63%。水果总产量7.96万吨，下降6.4%。蔬菜种植面积12.76千公顷，蔬菜总产量22.41万吨，分别增长1.25%、1.93%。全年出栏肉猪60.47万只，比上年下降2.78%。出栏牛2.53万头，增长0.80%。出栏羊7.82万头，增长5.68%。肉类总产量4.88万吨，其中猪肉产量4.48万吨，分别下降1.24%、1.32%。禽蛋产量0.25万吨，下降16.67%。水产品产量1.07万吨，下降10.68%。

全县农产品加工企业达486家，其中国家级及省级龙头企业6家。实现销售收入96.13亿元，实现利税1.11亿元。

新增农田有效灌溉面积1.33千公顷，新增节水灌溉面积0.13千公顷。全县农作物遭受自然灾害面积15.95千公顷，其中成灾面积12.56千公顷。全年化肥施用量（折纯）1.48万吨。

全年开工各类水利工程629处，水利工程投入资金1.57亿元，水利工程完成土石方59万立方米，治理水土流失面积20.7平方公里。

年末全县拥有农业机械总动力25.6万千瓦，农村用电量35508万千瓦时。

全部工业实现增加值34.69亿元，增长5.4%，其中规模以上工业增加值增长6.4%。规模以上工业企业中，轻工业增长13.4%，重工业增长4.6%。

全县独立核算规模工业企业218家。规模工业全年实现营业收入199.39亿元，增长14.0%。规模工业实现利税12.67亿元，其中实现利润总额10.23亿元。规模工业产品销售率96.0%。

全县建筑业增加值13.21亿元，增长5.3%。资质等级内建筑业企业实现利润总额1.27亿元；房屋建筑施工面积155万平方米，增长16.6%；房屋建筑竣工面积94万平方米，增长5.5%。

全县固定资产投资完成123.42亿元，增长10.6%。其中，工业投资61.5亿元，基础设施投资18.97亿元，民生投资10.52亿元，生态投资1.34亿元，高新技术产业投资6.46亿元。按产业分，第一产业7.92亿元,第二产业61.5亿元,第三产业54亿元。

年末全县公路里程2565公里。全社会货物周转量27.4万吨公里，增长11.7%。旅客周转量9.7亿人公里，增长5.1%。全年邮电业务总量4.8亿元，固定电话用户0.9万户，移动电话年末用户47.04万户。电话普及率为60.5部/百人，计算机互联网络用户54.38万户。

全年接待国内旅游者353万人次，实现旅游收入20.1亿元。

全县实现社会消费品零售总额91.94亿元，下降2.3%，其中限额以上企业（单位）消费品零售额29.24亿元，增长16.1%。按销售单位所在地分，城镇81.6亿元，下降1.6%；乡村10.34亿元，下降7.5%。按行业分，批发、零售贸易业76.64亿元，下降0.8%；住宿餐饮业15.3亿元，下降9.4%。

全年实际利用内资62.69亿元，增长23.4%。实际利用外资0.36亿美元，增长19.5%。实际引进境内省外资金62.69亿元，其中工业实际利用境内省外资金43.96亿元。引进亿元以上项目21个。

全年完成外贸进出口总额19508万美元，其中出口19506万美元，进口2万美元，分别增长30.7%、30.9%、-91.7%。

全县税收入库9.06亿元，比上年增长4.8%。按税收体制分，中央税3.55亿元，省级税0.74亿元，县级税4.77亿元。年末全县金融机构各项存款余额227.04亿元，增长11.2%。其中，单位存款37.45亿元，增长10.0%；住户存款189.59亿元，增长11.4%。年末全县金融机构各项贷款余额143.27亿元，增长22.3%。其中，短期贷款34.06亿元，增长14.9%；中长期贷款102.1亿元，增长23.1%。

全县拥有艺术表演团体15个、文化馆1个、公共图书馆1座，放映农村公益电影6056场。有县级电视台1个、有线电视台1个。

年末全县拥有各类学校300所，其中小学162所、特殊学校1所。年末在校学生116457人，其中在校高中生、初中生、小学生、幼儿园分别为14828人、27820人、50671人、20043人。小学适龄儿童入学率、毕业生升学率分别为100%、100%。各类民办学校72所，民办学校在校学生11325人。

年末全县有卫生机构31个，其中医院28个、妇幼保健计划生育服务中心1个、疾病预防控制中心1个、卫生计生综合执法局1个。卫生机构拥有4942张床位，卫生技术人员3942人,其中执业医师和执业助理医师1365人、注册护士2011人。

全县有运动场39个。开展全面健身项目15项次，全面健身运动参加人数20万人次。新建农民体育健身工程的行政村16个。

全县专利申请22件，签订技术合同3项，技术合同成交金额0.87亿元。全县高新技术产品生产企业60家，高新技术产业实现产值64.33亿元,实现增加值16.76亿元。

全体居民人均可支配收入19095元，增长6.9%。城镇居民人均可支配收入30528元，增长5.5%。其中，工资性收入14073元，下降10.4%；经营净收入4882元，增长251.2%；财产性净收入2041元，增长6.3%；转移净收入9532元，下降3.9%。农村居民人均可支配收入13332元，增长8.1%。其中，工资性收入5529元，增长13.2%；经营净收入1745元，下降29.0%；财产净收入129元，增长15.2%；转移净收入5929元,增长21.7%。

居民人均消费支出14120元，增长3.8%。城镇居民人均消费支出17690元，增长4.6%。其中，食品烟酒支出5678元，增长1.1%；衣着支出1310元，下降7.0%；居住支出4412元，增长20.8%；生活用品及服务支出1043元，增长9.9%；交通通信支出1506元，增长21.3%；教育文化娱乐支出2711元，增长5.3%；医疗保健支出806元，下降35.2%；其他用品和服务支出224元，增长1.4%。城镇居民恩格尔系数为32.1%。城镇居民人均拥有房屋面积48.5平方米。农村居民人均生活消费支出12321元，增长3.1%。其中，食品烟酒支出4301元，增长23.4%；衣着支出571元，增长5.4%；居住支出3104元，增长2.4%；生活用品及服务支出568元，下降12.8%；交通通信支出909元，增长21.5%；教育文化娱乐支出1418元，下降24.5%；医疗保健支出1328元，下降11.1%；其他用品和服务支出122元，增长2.5%。农村居民恩格尔系数为34.9%。农村居民人均拥有房屋面积88.3平方米。

年末全县参加基本医疗保险人数为728189人，其中城乡居民基本医疗保险人数为689228人、职工医疗保险人数为38961人。参加生育保险职工人数为22867人。参加城镇基本养老保险职工人数为66374人，参加新型农村社会养老保险人数为457341人；参加工伤保险职工人数为43870人，参加失业保险职工人数为22005人，领取失业保险金人数为929人。城镇人口登记失业率为4.3%，失业人员再就业人数为2609人。

全县城镇低保对象月人均补助376元，保障对象4376人，城镇低保金发放1859万元；农村低保对象

2020年12月24日，湖南首届“湘妹子”旗袍文化旅游活动周暨第二届“康寿新邵”文化旅游节在白水洞大峡谷景区开幕　（新邵县史志研究室　供图）

月人均补助236元，有18276人享受农村最低生活保障金，低保金发放5093万元。销售社会福利彩票1498万元,募集社会福利资金100万元,直接接收社会捐赠459万元。

【筱溪国家湿地公园通过国家评估验收】 2020年12月25日，新邵筱溪国家湿地公园通过国家林草局专家组验收。该公园位于新邵县中西部，规划总面积2571.6公顷，其中湿地面积1642.2公顷，湿地率63.86%。范围包括晒谷滩大坝至筱溪大坝之间的资江河段、五星河至小河口（石马江与资江交汇处）的石马江河段、龙溪河、下源水库、羊古坳等水域、洲滩及其周边部分土地、稻田，涉及坪上镇、大新镇、严塘镇、酿溪镇、新田铺镇、巨口铺镇、龙溪铺镇等镇。湿地公园划分为“保育区、恢复重建区、宣教展示区、合理利用区、管理服务区”五大功能区。2014年3月23—29日，湖南省农林工业勘察设计研究院专家组到县考察湿地资源；11月3—4日，国家湿地公园考察评估专家组进行考察评估；12月10日，《湖南新邵筱溪国家湿地公园总体规划（2014—2020年）》通过国家级专家评审。2015年1月12日，国家林业局批准新邵筱溪湿地公园纳入国家级湿地公园建设试点。

【新邵县获评“全国村庄清洁行动先进县”】 2020年，新邵县被评为“全国村庄清洁行动先进县”。该县2017年开始实施农村人居环境整治三年行动，2018年、2019年均被评为全省人居环境整治先进县。三年间以道路沿线、河溪、沟塘、农村院落、房前屋后为重点，全面清理农村生活垃圾、生活污水和农业生产废弃物，全县共清理陈年垃圾4.6万吨，清理水塘1017口、沟渠1483公里，完成黑臭水体整治14处。建立全县城乡一体化垃圾转运处理体系，并于2020年全部投入运转，投资1.2亿元建成14个垃圾中转站。全县全面实现户清扫—村收集—乡（镇）中转—县处理的城乡垃圾一体化处理体系，一体化垃圾处理率达100%。建立村级保洁机制，按500人配1名保洁员要求配备农村保洁员，全县413个村（社区）建立常态化日常保洁机制，建立村干部、网格员、保洁员三位一体的农村人居环境网格化管理制度。2019年、2020年完成改（新）建农村厕所17031户，超额完成省定任务。建立工作机构，县成立指挥部，乡镇成立整治办，县乡村安排专人专抓。投入资金4.73亿元（其中财政投入2.67亿元）。落实县、乡（镇）、村（社区）三级书记负责制和乡（镇）、村（社区）两级考核评比机制，实行一季度一检查一考核一讲评一奖罚的考评奖罚机制，奖优罚劣，严格问责。

【新邵县成功创建国家卫生县城】 2020年7月29日，国家爱国卫生运动委员会授予新邵县“国家卫生县城”称号。在2016年新邵县第十二次党代会上，县委提出创建市、省、国家卫生县城。按照卫生县城标准要求，开展城市环境卫生基础设施建设，综合提质改造大新街、新涟街等6条城市主干道，续建云岭路、东西路、文化路二期，改造县城大街小巷，完成各类改造工程项目162个。新建黄家冲道路、和谐路；改造金三角、大坪农贸市场，新建柏树、栗山农贸市场；新增玻璃钢果皮箱900个；新建垃圾中转站14座、公厕14座。开展县城“四边五年”植树行动，完成植树1.2万亩。投资1500万元对赛双清公园进行提质改造，投资200余万元对城区道路和广场进行绿化，新增数万个光源点对主要交通要道和主要建筑实行灯光亮化。加强卫生管理，先后开展“门前三包”、市容秩序、交通秩序、禁炮和殡葬秩序、“八小”行业经营行为规范、违规搭建堆放、城区种菜、饲养家禽、渣土清运、管网铺设、“牛皮癣”小广告、夜宵市场、旱厕改造等专项整治。自2017年始，县财政每年安排创卫资金每个社区100万元、每个村50万元，每个单位支持所联点社区不少于5万元;斥资6.3亿元用于酿溪河改造和资江风光带等基础设施建设。2019年9月12日通过国家卫生县城的考核验收。

【新邵县“康寿新邵”文化旅游节暨2020年夜间经济启动仪式】 2020年12月23—26日，新邵县“康寿新邵”文化旅游节暨2020年夜间经济启动仪式在资江码头、白水洞景区举行。文旅节以“旗美潇湘康寿新邵”为主题，举行湖南省首届“湘妹子”旗袍文化活动，“康寿新邵”美术、书法、摄影、诗联作品大赛展，以反映“脱贫攻坚”“决胜小康”“康寿新邵”等主题，集中宣传推介新邵文旅资源及扶贫产品等系列活动。夜间经济作为促进消费转型升级、提升城市品位、推进文旅融合的重点工作同时启动，推进以资江码头、湾田广场、白水洞景区和长寿清水景区为代表的夜间经济发展示范区建设。制定出台支持夜间经济发展措施，丰富夜间经济消费业态，增加优质文化和旅游消费供给，举办“夜游、夜购、夜品、夜娱、夜习、夜健”等夜间经济特色活动，打造“八洲之城·月夜资江”夜间经济品牌。

（王银娇、李惠莲）

隆回县

县领导成员名录（2020年）

县委书记：

王永红

县委副书记：

刘　军

车　茂

县委常委：

王永红

刘　军

车　茂

贺永亮

邓闽榕

陈立君（10月免）

杨卫东

奉锡样（瑶族）

姚文娟（女，7月免）

曾艳梅（女，7月任）

吴正桂

胡德伟

王　琪（12月任）

县人大常委会主任：

曾梅林

县人大常委会副主任：

黄富华（5月免）

刘海秋

罗海波

刘汉才

彭向文

段小红（12月任）

县人民政府县长：

刘　军

县人民政府副县长：

贺永亮（常务）

申松能

谭　敏（女，7月免）

宁玉光

刘华中（8月免）

罗　意（挂职，5月免）

袁愈绍

张　胤

刘浩波（挂职，5月任）

李翠婷（女，7月任）

黄胜军（12月任）

县政协主席：

彭松青

县政协副主席：

黄红波

刘　芬（女）

胡芒权

范吉权（兼）

阳振华（兼）

县人民法院院长：

周继耐

县人民检察院检察长：

刘建明

【概述】 2020年，隆回县辖18个建制镇，5个乡（其中少数民族乡2个），2个街道，513个行政村，42个居委会，17个社区居委会。土地总面积2867.67平方公里。

耕地面积73.83千公顷，园地面积8.69千公顷，林地面积158.12千公顷，草地面积2.6千公顷，水域面积9.44千公顷，其他土地面积12.79千公顷。已探明境内锰矿46万吨，铅矿7313吨，锌矿1447吨。全年平均气温17.5℃，年降水量1557.7毫米，年极端最高气温37.1℃，年极端最低气温-3℃。空气质量达标率93.7%，地表水质达标率100%。

隆回县地区生产总值233.01亿元，同比增长4.2%，其中第一产业增加值50.1亿元，比上年（下同）增长4.4%，第二产业增加值59.72亿元，增长3.7%，第三产业增加值123.19亿元，增长4.3%，全县的一、二、三产业结构比例数由上年的19.66：21.03：59.31，调整为21.5：25.63：52.87。

农林牧渔及服务业总产值92.76亿元，比上年增长4.4%。其中，农业总产值55.11亿元，增长5.1%；林业总产值2.51亿元，增长11.9%；牧业总产值31.33亿元，增长10%；渔业总产值1.72亿元，增长13.6%；服务业总产值2.08亿元，增长6.9%。农作物播种面积137.02千公顷，增长3.58%，其中粮食播种面积71.72千公顷，增长3.47%。粮食总产量50.51万吨，增长1.73%；全年农作物受灾面积7742.5公顷，成灾面积2322.6公顷，绝收1625.8公顷。规模养殖保持平稳。年出栏50头以上的生猪养殖场765个，比上年增加69个；年出栏50头以上的肉牛养殖场69个；年出栏100头以上的肉羊养殖场31个；年存栏1万羽以上的蛋鸡场6个。推进强农行动，建成金银花、蔬菜、龙牙百合、辣椒、烤烟示范基地20个；加强品牌建设，3个产业园获批为现代农业市级示范园，获绿色食品认证产品27个，金银花、龙牙百合、三辣、山界红糖等6个产品申报湖南省特色农产品名录，隆回金银花获全省首批“一县一特”优秀农产品品牌；培育新型农业经营主体，湖南军杰食品科技有限公司进入湖南省农业企业30强，8家企业完成省级农业龙头申报，6家家庭农场获评省级示范家庭农场。

实现工业总产值213.13亿元，增长9.09%，实现规模工业增加值同比增长6.4%。年内新增规模以上工业企业35家，年末达179家。规模以上工业企业完成总产值179.4亿元，同比（下同）增长9.42%，完成销售产值176.78亿元，增长7.85%。利润总额7.23亿元，增长8.8%；利税总额8.16亿元，增长8.24%。规模工业企业产品产量中，发电量11.64亿千瓦时，增长4.21%；水泥80.05万吨，下降4.3%；机制纸6.53万吨，增长20.9%；包装饮用水6.95万吨，增长8.7%；自来水6829万立方米，增长7.5%。

全社会固定资产投资同比增长11%。其中，第一产业投资占总投资的5%，第二产业投资占总投资的40%，第三产业投资占总投资的55%。完成建筑业总产值30.26亿元，比上年增长4.7%。全县具有资质等级建筑企业18家，实现建筑业增加值10.82亿元，同比下降1.6%。全县开工建设投资项目409个，其中本年新开项目324个，完成投资165.4亿元，同比增长9.5%。开工建设5000万元以上投资项目112个，其中本年新开工项目77个，完成投资95.95亿元，同比增长17.9%。房地产开发投资13.4亿元，比上年增长5.5%。商品房销售面积62.93万平方米。

全县财政总收入达15.07亿元，同比增长4.4%，其中地方一般预算收入9.33亿元，同比增长6.7%，财政总收入占地区生产总值的比重为6.47%。财政总支出88.03亿元，同比增长8.28%，公共财政支出70.23亿元，增长7.7%。其中，农林水事务支出13.03亿元，下降7.67%；教育支出16.05亿元，增长11.05%；医疗卫生支出9.83亿元，增长13.26%；社会保障和就业支出9.3亿元，下降16.66%。年末金融机构本外币存款余额410.51亿元，比年初增加36.95亿元，其中城乡居民储蓄存款338.17亿元，比年初增加36.61亿元。各种本外币贷款余额190.33亿元，比年初增28.41亿元，其中中长期贷款余额133.05亿元，较年初增加16.96亿元。全年保费收入5.06亿元，各项赔款和给付支出1.81亿元。

实现社会消费品零售总额146.02亿元，同比下降2.5%。其中，限额以上实现41.34亿元，同比下降2.8%；限额以下实现104.68亿元，同比下降2.4%。招商引资实际到位省外境内资金46.1亿元，同比增长23.7%，实际利用外资0.55亿美元，同比增长19.9%。引进亿元以上重大投资项目15个，投资总额达87.94亿元，引进“500强”企业2家。进出口总额完成18.4亿元，同比下降5.9%，其中出口17.4亿元，下降8.2%。自营外贸进出口企业达72家，有进出口实绩企业55家。

全县邮政业务总量1.69亿元，同比增长46.24%，函件2.65万件，报刊期发数583.18万份，报刊流转额1292.47万元，集邮22.07万枚。电信业务总量20.26亿元。

全年接待游客220.32万人次，旅游收入达7.5亿。推进文化旅游深度融合，构建全域旅游大格局。投入1.7亿元改善旅游基础设施，虎形山大花瑶景区创国家AAAA级旅游完成初评，向家景区成功创建AAA级旅游景区，向家村列为省级乡村旅游重点村。

全县各类学校单位数703所，在校学生数285866人，其中中等职业教育在校学生9205人、普通高中在校学生80224人、初中及小学在校学生达164415人，幼儿园在园幼儿数32022人。消除义务教育大额班434个，公办幼儿园占比达50%。完成发明专利申请量340件，累计专利申请量达3938件。

年末拥有文化站25个、公共图书馆1个、文化馆1个，公共图书馆藏书13.33万册；有县级广播电台1座，电视台2座，中、短波广播发射台15座，有线电视用户27.7万户，为群众安装“户户通”3300户，“送戏下乡”完成270余场。启动长征、抗战等红色文物普查和史料征集，长征国家文化公园隆回段总投资2.8亿元的25个项目进入省级项目库。体育事业经费投入104.52万元，拥有体育场地1452个，其中体育馆11座、运动场1352个、游泳池8个、各种训练房81个。举办县级以上运动会13次，达到国家体育锻炼标准人数38.57万人。全年获省级比赛奖牌7枚，其中金牌4枚。卫生经费17.63亿元，机构106个，医院、卫生院床位数5972张，其中农村医院床位1359张。卫生技术人员6787人，其中医生2225人，护师、护士数3526人。全县所有行政村都建有标准化卫生室，配备村医和基本医疗设备。

全体居民可支配收入17319元，同比增长7.6%。城镇居民人均可支配收入为28449元，较上年增长4.3%，城镇人均生活消费支出19118元。农村居民人均可支配收入12589元，比上年增长10.6%，农民人均生活消费支出13713元，比上年下降3%。

全县重点民生实事11项全部完成任务。参加基本养老保险人数87.93万人。参加失业保险人数2.93万人，参加工伤保险人数5.34万人，参加生育保险人数2.7万人。参加城乡居民基本医疗保险参保人数107.54万人。全县五项保险累计总参保206.44万人次，征缴社会保险基金15.19亿元，支出19.32亿元。征缴被征地农民社会保障基金3832.7万元，累计发放征地时年满50周岁以上企业参保缴费人员补贴金额4928.61万元。年内新增就业4706人，失业人员再就业2603人，创建就业扶贫车间122家，新开发岗位98个，吸纳农村劳动力就业2865人，其中贫困劳动力475人。享受救济的城乡困难户人次数达30224人次，城镇低保人数达3275人，农村低保人数达26949人，全年销售社会福利彩票2296.2万元。贫困人口脱贫验收核查合格率100%，全县剩余贫困人口全部脱贫，脱贫攻坚全面完成。

全县发生生产安全事故6起，死亡5人；亿元GDP生产安全事故死亡人数0.0215人。

是年，隆回县被评为全国易地

扶贫搬迁成效明显县、全国森林督查优秀县、全省乡镇财政管理工作先进单位、湖南省知识产权建设强县等。

【新冠肺炎疫情防控】 2020年1月21日起，隆回县启动重大突发公共卫生事件一级响应，全面进入新冠肺炎疫情防控状态。截至4月，全县先后召开9次县委常委会会议、7次县政府常务会、27次领导小组会议部署防疫工作，发布系列通知公告和防疫知识宣传资料60余万份。查控各类车辆3.38万台，排查涉鄂车辆2373台。累计居家隔离6150人。关停娱乐场所37家、网吧36家、温泉/室内游泳馆3家、星级宾馆餐饮3家、旅行社10家、景区5个、电影院3家，文化馆、图书馆、展览馆3家，所有文物保护单位关闭到位。全县无营业性演出，无群众性文化体育活动，无其他大型活动。各乡镇（街道）取消赶集，红喜事一律取消，白喜事一律从简（限3天3桌）。实现零死亡，零家庭外传染，零医务人员感染，治愈率100%。县人民医院医疗队12名医护人员驰援武汉。抗击疫情同时调度企业复工开工。2月5日，纳入全省"5个100"项目的和丰信年产200万双运动鞋项目复工，是全省重点项目中最早复工复产的项目。至3月底，全县139家规模企业、135个重点项目全部复工复产。

【禁毒工作】 2018年12月17日，隆回县被国家禁毒委列为"全国毒品问题严重重点关注地区"，2019年5月30日被省禁毒委列为"全省毒品问题严重通报警示地区"。2020年，县委、县政府坚持党委领导、部门协同，社会共治、齐抓共管，形成高效有序的禁毒工作格局，推进禁毒人民战争。出台《禁毒重点整治工作方案》《隆回县整治突出毒品问题三年（2020—2022年）行动方案》等制度性文件，统筹推进"扫毒除害"与扫黑除恶、脱贫攻坚、基层治理融合开展。实行县、乡、村三级联动的责任落实机制，县直机关、省市驻隆单位一对一联点督导禁毒重点村（居、社区），将禁毒工作纳入各乡镇（街道）、各部门绩效考核范围。打击涉毒案件，破获毒品刑事案件81起，刑事拘留涉毒犯罪嫌疑人89人，移送起诉107人，摧毁贩毒团伙6个，抓获涉毒逃犯3人，缴获各类毒品48.3公斤、毒资50万元；查处涉毒行政案件240起，处罚涉毒人员379人，强制戒毒135人，社区戒毒72人。成立毒品情报研判专班，直接破获公安部"2019—191"毒品目标案件1起，拔掉在缅的公安部"钉子对象"1人，破获涉粤涉毒团伙2个。推进分类管控工作常态化、制度化、规范化，常态化组织开展毒驾治理，加强公职人员涉毒整治，实现公职人员尿液检测全覆盖、重点嫌疑公职人员毛发检测全覆盖，处理涉毒吸毒公职人员19名。开展重点行业管理，对易制毒化学品企业、娱乐行业等进行管控，注销易制毒化学品企业10家，查处易制毒化学品管理行政案件2起，停业整顿娱乐场所2家、旅馆4家。开展"全民禁毒宣传月"活动，举办各类讲座30多场，组织各类活动136场次。全县228所学校20余万名学生参与青骄第二课堂禁毒知识竞赛，学校接入率、学生注册率、课时率均达100%；全国青少年禁毒知识竞赛学校、学生参与率均达100%，排名全市第一。县财政将禁毒工作经费增拨至800万元，足额保证各乡镇（街道）、各部门的运行经费；投入6000余万元建设县强制隔离戒毒所和特殊人群涉毒人员收治中心，收治病残涉毒人员51人。2020年10月，国家禁毒委宣布解除隆回县"全国毒品问题重点关注地区"；12月，省禁毒委员会宣布隆回县由"全省毒品问题通报警示地区"降级为"全省毒品问题重点关注地区"。

【招商引资】 2020年，县委书记王永红、县长刘军等县领导带队赴粤港澳大湾区、长三角地区等地开展小分队招商12次，与广州大参林集团、碧桂园集团、湖南建工集团等大企业达成重大投资意向。全年引进亿元以上重大投资项目11个，投资总额达68.94亿元，包括总投资8亿元的隆回金莞智联邵商产业园项目、总投资10亿元的隆回国际箱包产业园项目、总投资20亿元的安全食品冷链物流智慧城项目、总投资1.3亿元的沐仙湖生态旅游文化园项目等重大项目。对接洽谈的重大项目14个，投资总额达250.75亿元，包括总投资24亿元的隆回县文化体育中心等4个重点项目、总投资20亿元的湖南道地药材标准化生态产业园项目、总投资约40亿元的隆回县横江半岛综合开发建设项目、总投资30亿元的碧桂园北城首府项目等。

【重点项目建设】 2020年，隆回县争取上级资金2.1亿元投入重点项目建设。全县污水处理系统工程PPP项目按6.5亿元投资规模于1月19日招标，其中金石桥镇、滩头镇、北山镇、六都寨镇及小沙江镇污水处理厂已通水试运行。"气化邵阳"隆回支线项目完成临时征地21公里，扫线20公里，布管15公里，完成3号阀室征地、清表，启动土建工程。乡镇管道燃气建设项目投资6000万元，完成羊古坳储气站场站建设，配套荷香桥、六都寨、羊古坳、金石桥、鸭田、司门前6个乡镇中低压主管网300公里。投资2亿元的日产10万吨县城新自来水厂于12月28日投入运营。投资6亿元打造的桃洪路平战结合工程于1月15日投入试运营；15054人防工程主体工程全部完工。老旧城区改造项目争取资金2884万元，启动5个老旧小区改造项目。其中，原财政局家属楼和军干所2个改造项目列入为民办实事项目，按省重点民生实事项目要求如期完工；方大桂花城改造项目完成工程量的20%；湘运汽修厂改造项目完成工程量的50%；长岭及紫阳粮站改造项目完成工程量的70%。争取上级资金1373万元，启动城中棚户区、桃洪棚户区和三合街棚户区3个改造项目建设，获省交叉检查组好评。

【邹学校院士专家工作站落户湖南军杰食品科技有限公司】 2020年1月11日，湖南军杰食品科技有限公司邹学校院士专家工作站授（揭）牌仪式举行，标志着隆回县引进高端人才和高层次智力资源进入新起点。湖南军杰食品科技有限公司是2013年正式成立的民营食品企业，注册资金8000万元。截至2020年年底，公司发展成一家集辣椒生产、农产品加工、食品加工技术开发、农产品销售及农产品贸易于一体的农业科技综合型省级农业产业化龙头企业。占地157.5亩，建筑面积8.3万余平方米，有员工556名，全自动生产线10条，年产辣椒系列产品12万余吨。公司产品共42个品类，销售全国22个省、市、区，并远销韩、日、欧美等国外市场。邹学校院士30余年来在辣椒优异种质资源创制、育种技术创新、新品种培育等方面取得了系统性、创造性成绩，带领团队育成我国栽培面积最大的系列辣椒品种。该院士专家工作站的挂牌，是隆回县科技与人才工作的理念创新和实践创新，是隆回县委、县政府引导和支持创新要素向企业集聚、促进企业科技进步的重要举措，对加快全县传统产业转型升级、提高企业自主创新能力、实现高质量发展具有重要意义。

【2020年湖南（夏季）乡村文化旅游节举行】 2020年8月26日，“锦绣潇湘 云上花瑶”2020年湖南（夏季）乡村文化旅游节在隆回县大花瑶景区游客接待中心开幕。本次乡村文化旅游节分设主分会场，主会场大花瑶虎形山景区以“锦绣潇湘 云上花瑶”为主题，分会场向家村景区以“锦绣潇湘美丽向家”为主题。节会安排了开幕式暨文艺演出、崇木凼村花瑶文化体验、文创IP“花瑶喜宴”品鉴、湖南省首届山地度假旅游发展峰会、全市精品线路旅行社踩线体验活动、花瑶“讨僚皈”纪念活动暨“锦绣潇湘 云上花瑶”魅力非遗乡村音乐会、民族电影与旅游产业融合发展研讨会、雪峰山山地旅游商品展销、经典怀旧电影展映、地方戏曲展演、乡村灯光秀、乡村美食节等系列活动，并推出节会活动景区门票优惠政策，集中呈现邵阳隆回丰富的文化旅游资源、独特的花瑶民俗文化。节会创造了“三个第一”，即省级文化旅游节会第一次在高海拔地区举办、第一次采用5G技术实行云直播、第一次在乡村文化旅游节集中展示湖南省非物质文化遗产保护成果。此次节会由湖南省文化和旅游厅、邵阳市人民政府共同主办，邵阳市文化旅游广电体育局、隆回县人民政府承办。

【县委书记王永红赴长沙参加基层代表座谈会】 2020年9月17日上午，中共中央总书记、国家主席、中央军委主席习近平在长沙市主持召开基层代表座谈会并发表重要讲话，听取基层干部群众代表对“十四五”规划编制的意见和建议。隆回县委书记王永红作为基层党政干部代表在座谈会上发言，重点汇报隆回县在脱贫攻坚战中所取得的成绩和近些年该县发生的显著变化。

【隆回举行扶贫脱单集体婚礼】 2020年10月26日，32对新人以花瑶婚俗仪式，在隆回县虎形山瑶族乡崇木凼村花瑶景区举办了一场脱贫脱单集体婚礼，把花瑶婚礼的习俗融入其中，如制作五子飞棋盘阵、拦门酒、婚俗打泥巴、打滔、炒茅壳利等。昔日虎形山瑶族乡因为地势险峻，交通不便，经济发展滞后，当地小伙找对象困难，流传有“有女不嫁瑶山汉”老话。隆回政府引进雪峰山旅游公司，大力发展旅游业，促使村民脱贫、小伙脱单。

【小沙江镇采石场生态环境突出问题整改通过省销号核查】 2020年11月26—27日，由湖南省自然资源厅、省生态环境厅、省发改委、省水利厅等单位相关人员组成的省核查组，对隆回县小沙江镇6家石材开采加工企业关闭退出后的综合治理和生态修复点进行销号验收核查。省核查组实地察看隆回县小沙江镇国隆、海雅达、新康、天华、恒达、鑫闽磊等6家石材开采加工企业关闭退出后矿区和加工区的综合治理、生态修复工程情况，以及金龙河、大洋河、马江河等重点河

2020年10月26日，隆回县虎形山瑶族乡崇木凼村32对新人以花瑶婚俗人仪式举行扶贫脱单集体婚礼
（隆回县史志研究室 供图）

段损毁区域的治理情况，并查验台账资料和问题整改销号相关佐证资料。小沙江镇6家石材开采加工企业关闭退出后的综合治理和生态修复工程，截至9月30日，28个工程建设项目、12个到厂到区的复垦复绿项目全部竣工，复垦矿区和开采区损毁土地1880亩，种植各类树木51.27万株，复绿面积879亩。核查组宣布隆回县小沙江镇采石场致污长江经济带生态环境突出问题整改销号任务基本完成，具备销号条件，建议按程序进行销号。

【隆回县易地搬迁入选国家发改委易地扶贫搬迁典型案例】 2020年10月，隆回县获评全国易地扶贫搬迁工作成效明显县，并入选国家发改委易地扶贫搬迁典型案例。隆回县制定易地扶贫搬迁后续帮扶政策，"挪穷窝"与"换穷业"并举，从根本上解决贫困户生计和发展问题。摸清搬迁户就业意愿和就业情况，分类组织培训，多次举办专场求职招聘大会。开展企业进安置小区、产品进搬迁户家庭，企业选择搬迁劳务人员、搬迁户选择加工产品"双进双选"工作，引进技术要求不高、工作时间灵活、劳动密集型扶贫车间，落实优先供给用地、优先开工建设、优先进行奖补的"三个优先"优惠政策，提出确保搬迁户务工来者不拒、确保及时获得薪酬、确保不随意解雇搬迁户"三个确保"要求，实现搬迁户在家门口就业。乡镇集中安置点建设4个扶贫车间，吸纳就业286人；县城集中安置小区引进4个扶贫车间，吸纳就业252人。实现有劳动能力家庭至少1人稳定就业、无劳动能力家庭落实兜底保障。县城集中安置搬迁户实现在家门口就业、在小区门口入学、在城市生活的梦想。采取搞好菜地流转、对县城集中安置搬迁户暂免水费、免交物业管理费等方式降低集中安置户生活成本，完善安置区配套基础设施和公共服务设施。将县城2个集中安置小区纳入社区统一管理，2名搬迁人员进入社区管委会和社区党支部工作，实行搬迁户自我管理和提升。

【第七次全国人口普查和脱贫攻坚普查】 2020年，隆回县第七次全国人口普查登记工作完成，数据对比有序推进。共登记148.3万人次，户籍人口1307167人，常住人口1009778人，城镇化率大幅提升，三项预期目标全面实现。脱贫攻坚普查按照"本地回避、互不交叉"原则，在县脱贫攻坚普查领导小组的统一领导下，开展普查人员选调、培训、管理及派驻普查工作组的配合工作。共选调489名普查人员普查邵阳县，配合城步等6个县市区893人普查隆回县。多个工作方案成为全市借鉴的模板，清查摸底是全市唯一没有跨界差错的县。全县56165户贫困户"两不愁三保障"全部达标，脱贫攻坚普查工作处于省市先进行列。

【举办第三届"魏源杯"全国演讲大赛】 2020年11月6—8日，"全民阅读·文化中国"第三届"魏源杯"全国演讲大赛半决赛和总决赛在隆回县举行。来自全国24个省（市、自治区、特别行政区）的26支代表队105名选手参加半决赛，13名选手晋级总决赛。此次演讲大赛由湖南省演讲与口才学会携手中文核心期刊《演讲与口才》杂志社，联合全国各省级演讲学会与隆回县委、县政府等共同举办。旨在传承魏源经世致用思想，扩大对外开放，坚定文化自信，推动社会主义新时代文化繁荣昌盛。比赛现场，全国省级演讲学（协）会联席会议、《演讲与口才》杂志社授予隆回县"演讲之城"称号。中央国家机关文明办原主任杨宝琴、中直机关工委群工部原部长崔钦华应邀出席大赛。

【"隆回龙牙百合"被列为农产品地理标志产品】 2020年9月23日，农业农村部第二次农产品地理标志登记专家评审会官方宣布"隆回龙牙百合"通过会议评审，被列入农产品地理标志产品，成为隆回首个国家级农产品单品类区域品牌。隆回以盛产龙牙百合而著称，隆回龙牙百合是百合中的精品，以其干品瓣形肥大微弯，色泽洁白至宝黄，形似龙牙而著称。2001年，隆回龙牙百合获国家"绿色食品"认证；2006年，获国家有机食品认证；在湖南省名优特新农副产品博览会上连续两届获金奖；2005年2月4日，国家质检总局批准对"隆回龙牙百合"实施原产地域产品保护；2009年，"隆回龙牙百合"被国家工商总局认定为地理标志证明商标。2010年，隆回县被中国品牌管理协会认定为"中国金银花、龙牙百合特色产业之都"。

（张柏雄）

洞　口　县

县领导成员名录
（2020年）

县委书记：

艾方毅

县委副书记：

周乐彬

贺朝晖

县委常委：

艾方毅

周乐彬

贺朝晖

欧阳晨光

曾泽群

肖杰华

杨芳德（6月免）

刘　芸（女，6月免）

欧阳佑春（6月任）

邓印强（6月任）

吴方定（8月免）

杨云龙

杨　俐（女，8月任）

陈天文（11月免）

谭小勇（11月任）

县人大常委会主任：

李恒荣

县人大常委会副主任：

吴华玉（女）

张建云（党外）

吴中华

甘建华

谢　雄

县人民政府县长：

周乐彬

县人民政府副县长：

杨云龙（常务）

罗崇雄（党外）

杨　俐（女，8月免）

尹小龙

刘　玮

罗　静（6月免）

柳红平（6月任）

李允尧（挂职）

杨苏平（挂职）

肖　磊（12月免）

县政协主席：

孙立志

县政协副主席：

欧阳远新

王周龙

周国清（党外，兼职）

尹琪峰（党外，兼职）

蒋建德（党外，兼职）

县人民法院院长：

李　林

县人民检察院检察长：

李学礼

【概述】 洞口县地处湖南省西南部，位于北纬26° 51'38"~27° 22'23"，东经110° 8'40"~110° 57'10"，土地总面积2199.38平方公里。2020年，辖6个乡（其中民族乡3个）14个镇3个街道1个管理区，常住人口67.55万人，人口出生率8.9‰，自然增长率7.2‰。

年降水量1429.4毫米，水资源总量20.93亿立方米，主要矿产资源有煤、铁、锰。有国家二级保护动物6种，国家一级保护植物3种、二级保护植物8种。森林覆盖率60.37%，水质综合达标率100%，空气质量优良率96.7%。

地区生产总值189.31亿元，比上年增长3.9%；第一、二、三产业增加值分别为61.96亿元、44.56亿元、82.79亿元，分别增长4.2%、3.4%、3.9%，三次产业结构比为32.7：23.6：43.7。一般公共预算收入9.99亿元，其中地方一般公共预算收入6.61亿元，增长0.29%；一般公共预算支出53.01亿元。

农林牧渔业增加值64.98亿元，增长4.3%。耕地总面积54.11千公顷。农业支柱产业为种植业、畜牧业、农产品加工业。主要产品产量为粮食47.11万吨、蔬菜48.01万吨、茶叶0.43万吨、禽蛋0.11万吨、水产品1.73万吨，出栏生猪70.84万头、羊13.41万只、牛2.36万头。有农民专业合作社1293家，其中省级以上示范社7家。农业机械化水平为74.07%。

工业总产值193亿元，同比增长5.9%，其中规模以上工业增加值增长5%。主要产品为特色食品、新材料、特色轻工；工业支柱产业为特色食品、建材。有工业园区企业136家，其中规模以上企业81家，高新技术认证企业10家，园区技工贸总收入155亿元，增长7.63%；其中园区规模以上工业总产值134.73亿元，增长1.37%。建筑业增加值18.1亿元，增长12.56%。

社会消费品零售总额102.97亿元，同比下降2.2%（剔除物价因素）。进出口总额47347万元，下降58.5%，其中进口2742万元，下降59.3%，出口44605万元，下降58.4%。实际利用境外资金3554万美元，增长13.1%；实际到位省外境内资金50.05亿元，增长23.2%。

全年接待国内外游客136.9万人，增长3%；旅游总收入突破45亿元，入境旅游收入12.3亿元，增长6%；有省级风景名胜区有1个，国家AAA级旅游景区6家、国家AA级旅游景区1家。

固定资产投资比上年增长10.1%。其中高新技术产业投资增长16.7%，基础设施建设投资增长60.1%，房地产开发投资增长111.9%。工业园区固定资产投资27.29亿元，同比增长136.5%。

境内公路通车总里程2126.96公里，年内增加改造公路243.5公里，其中高速铁路增加48.35公里、高速公路增加78公里。电信业务总量3.68亿元（2015年不变价）。邮政业务总量0.84亿元（2010年不变价），增长3.5%。建成5G基站60个，5G网络人口覆盖率20%；5G用户4.25万户，新增5G用户2.06万户。

有高新技术企业18家，新增14家；科学研究开发机构1家，新增1家；有学校408所，其中小学138所、普通初中51所、普通高中7所、中等职业学校4所，公办幼儿园122所;幼儿入园率、小学适龄儿童入学率、小学升初中入学率均达100%,高中阶段毛入学率96.21%。

全国重点文物保护单位、省级文物保护单位分别有4处14个点、9处45个点，全国文物保护单位新增江口七十四军阵亡将士纪念塔，省级文物保护单位新增雪峰山会战—江口阻击战战场遗址群、茶铺五七知青农场纪念园、普照寺、红二六军团长征花园胜利会师遗址群；有省级以上非物质文化遗产保护项目5个，艺术表演团体33个（含民营剧团15个），文化馆1个，公共图书馆1个（3个24小时自助图书馆），博物馆（纪念馆）1个，档案馆1个。有医疗卫生机构459个，其中医院14个、妇幼保健计划生育服务中心1个、疾病预防控制机构1个、皮肤病和性病防治所1个、社区卫生服务中心3个、乡镇卫生院21个，社区卫生服务站14个、村卫生室335个、门诊部7个、诊所62个，执业医师（执业助理医师）共1550人，每千人口医师数1.93名，核定床位2477张，实际开放床位3332张。有公共体育场地257个。

社会福利机构22个。新增城镇就业4564人，城镇失业率为

3.62%。累计脱贫10.2万人，贫困发生率为0。全体居民人均可支配收入20066元。城乡居民参保人数为733928人，参保率为96.25%。

是年，洞口县开展“全国市域治理现代化试点城市”创建试点工作。

雪峰街道双联村被评为“全国先进基层党组织”“全国抗击新冠肺炎疫情先进集体”；县消费扶贫工作获评全国先进、社会扶贫工作获评全省先进；洞口县被评为湖南省“教育强县”、全省双拥模范县、湖南省卫健系统“依法行政模范先进县”、湖南省扶贫领域腐败问题专项整治先进单位。

存在的主要问题和不足：受疫情冲击、经济下行影响，经济运行风险及不确定性因素增多，实现高质量发展的任务十分艰巨；财政收支矛盾依然突出，民生事业发展与人民群众对美好生活的追求还存在一定的差距；因政府融资政策变化，一批民生项目推进不快；少数干部观念、作风、能力、担当与新形势、新要求还不相适应。

【洞口县实现脱贫摘帽】 2020年，洞口县剩余的2546户5413名未脱贫人口实现高质量脱贫，全县实现脱贫摘帽。年内新增水源点19处，安排资金197万元，彻底解决8075人季节性缺水问题，农村饮水问题全面解决；投入1.54亿元，开展农村道路窄加宽、危桥改造、生命防护等工程；全县扶贫公益性岗位安置人数达5243人；开展“金鸡财猪”行动，免费发放“金鸡财猪”资金2000余万元，为参与行动的贫困户每户直接增收1000余元；年内新投放扶贫小额信贷2808笔，金额1.33亿元；投入2000万元，引导群众发展粮油产业，种植粮油10万亩，带动6万名贫困群众人均增收700元；鼓励受新冠肺炎疫情影响的返乡贫困群众继续外出务工补损增收，免费安排专列、专客输送务工人员2333人；建设“三专一平台”，在全省率先建成3座消费扶贫专馆、2处消费扶贫专区，200台消

2020年9月16日上午，位于洞口县城的“橘子红了”洞口消费扶贫专馆开馆

（洞口县史志研究室 供图）

费扶贫专柜，成为全国第一个开通运营并接入中国社会扶贫网的县，带动农产品销售3亿元以上。县优秀女性协会王小丽当选为“湖南省百名最美扶贫人物”。通过全国脱贫攻坚普查，群众对脱贫攻坚的满意度99.99%，接受国家脱贫攻坚成效考核第三方评估问题为零。

【改善城乡面貌】 2020年，洞口县城镇化率达48%。全年实施县城基础设施建设项目23个，完成投资5.9亿元。完成双洲西路配套基础设施建设；开工建设双洲东路（文昌路至八角田段）、太平路（蔡锷路至新平小学段）、雪峰路（橘城西路—城东大道）等提质改造项目。城北洞口大道公厕完成主体工程。完成平溪北路A1标段主路炒砂路面铺设680米；完成社会公共停车场工程量的90%，和平社区改造项目完成工程量的75%。县城供水设施扩容提质工程项目完成管道建设1000米，完成投资900万元。全面清理城区范围内布幔喷绘广告，拆除广告牌1685处；新建绿化42处，补栽城区行道树和绿化带内绿植4万余株，维修城区破损道路400余处，修复下水管道1230米；集中整治临时市场和马路市场，拆除违规搭建的棚架560余个；施划非机动车辆停车位3000余个。24个乡镇（街道、管理区）实现保洁市场化全覆盖，建成乡镇生活污水处理厂2个，开工建设石江、黄桥、竹市污水处理厂，建成村级垃圾分类再生资源回收站107个，生活垃圾无害化处理率达85%。完成农村改厕2200户，卫生厕所普及率达82.29%。新增3个市级美丽乡村示范村，农村人居环境改善工作位居全市前列。

【优化生态环境】 2020年，洞口县办结中央、省环保督察交办件及反馈问题。推进蓝天保卫战。强化“散乱污”企业排查，按照“两断三清”标准取缔处置3家。落实六个100%，加大环卫保洁和渣土处置力度，提高洒水降尘频次。1—11月，全县空气质量优良天数328天，优良率98.2%，较上年同期增长7.7%，PM2.5平均浓度29微克/立方米，同比下降20%，空气综合质量排名全市第三。推进碧水保卫战。完成108处集中式饮用水水源地技术划分方案，划定一二级保护区。强化落实“河长制”工作，县、乡、村三级河长巡河履职常态化，县域内97条河流保洁常态化。开展小水电清理工作，3座退出电站完成拆除退出并销号、97座整改类电站全

部整改到位，排名全市前列。全年考核断面水质均达到Ⅲ类水质标准，饮用水源达到Ⅱ类水质标准，水质达标率100%。继续推进净土保卫战。强化重金属污染治理，有效处置威凌金属遗留问题，整治江口镇大马排村湖南华菱矿业有限公司铁矿尾矿库，实施江口镇区域内锰矿开采遗留污染地块土壤污染风险管控项目。完成全县土壤污染治理与修复成效评估工作，开展危险废物大调查大排查工作，指导全县范围内314家企业进行摸底排查，完成危险废物信息的网上申报工作。加强生态建设，完成造林3.81万亩，为计划任务的152.2%；对国省干线以及部分县道进行绿化提质，完成大苗栽植1.89万株、生态廊道造林0.26万亩，森林资源活立木蓄积量达到1109.15万立方米。

（邓永康）

绥 宁 县

县领导成员名录（2020年）

县委书记：
唐　渊
县委副书记：
罗玉梅（女）
唐宏华
县委常委(书记、副书记不重列)：
唐远伟
张晨阳
游庆康
殷继东（8月免）
唐旭峰
梁乐高
呙志勇
赵　明
谢文远（8月任）
县人大常委会主任：
杨文国
县人大常委会副主任：
黄保昆
张晓霞（女）
苏跃中
黄先伟
袁子玖
县人民政府县长：
罗玉梅（女）
县人民政府副县长：
张晨阳
唐　艳（女）
周红书（5月任）
王世刚
戴蹇吾
刘文兰
周元彪（7月任）
严兴武（6月任）
王远亮（5月免）
易志亮（11月免）
县政协主席：
唐国瑚
县政协副主席：
杨先光
李铁军
李卫东
伍丹丹（女）
雷厚前
县人民法院院长：
李汉斌（7月免）
张　乐（代理，7月任）
县人民检察院检察长：
杨尊永

【概述】 2020年，绥宁县辖9个乡8个镇（其中8个少数民族乡），土地总面积2927平方公里，耕地面积29.06千公顷（其中水田27.16千公顷）。全县常住人口29.07万人，其中，居住在城镇的人口为11.72万人，占常住人口的40.3%；居住在乡村的人口为17.35万人，占常住人口的59.7%。年内最高气温37.5℃，最低气温-1.1℃；年降水量1438.8毫米。

全县完成地区生产总值100.66亿元，同比增长3.1%；财政总收入2.82亿元，同比下降44.77%；一般预算收入1.79亿元，同比下降46.48%；全体居民人均可支配收入16487元，比上年增长6.3%；社会消费品零售总额47.50亿元，同比下降2.9%；固定资产投资比上年增长0.1%；全社会用电量4.11亿千瓦时，同比下降5.3%。

三大攻坚战脱贫攻坚取得决定性成果，全年统筹整合财政涉农资金2.4亿元用于精准扶贫项目，297户635人全部脱贫。污染防治成效明显。县城空气质量优良天数达358天，地表水水质达标率100%，排全省第二名。重大风险有效防控。县本级综合债务率大幅下降，是全市4个绿色安全县之一，被评为全省防范化解政府债务风险工作优秀县。省公众安全感测评稳居全市第一方阵，新晋全省平安县、省级信访工作“三无”县。

【新冠肺炎疫情防控】 1月24日，县委、县政府及时启动联防联控和应急响应机制，是全省最早对武汉返乡发热病人进行集中医学观察、对所有发热病人进行常态化管理、对所有外县入绥务工人员进行全员核酸检测的县之一，没有发生第二代确诊病例，被列为疫情低风险区。在疫情防控应急超常规状态时期，义无反顾冲上防控前线，绥宁县人民医院组建援邵医疗队逆行出征，全力支持全市抗疫工作。国网绥宁供电公司袁国平牺牲在抗疫一线，县人民医院重症医学科主任廖继昌、县人民政府副县长戴蹇吾被授予“省抗击新冠肺炎疫情先进个人”称号，县卫生健康局党委被授予“省抗击新冠肺炎疫情先进集体”“省先进基层党组织”称号。

【农业】 制种面积稳定在7万亩，带动12.4万人增收；养猪产业健康有序发展，产能恢复居省市前列，生猪存栏39.34万头、出栏57.28万头,分别完成市定任务的132%、140%。

【工业】 新增规模以上工业企业4家、总数达到67家，新增高新技术企业3家、总数达到7家；“一区两园”实现税收7800万元，拉动就业9678人；湘商产业园新建标准化厂房4.5万平方米，新增入园企业6

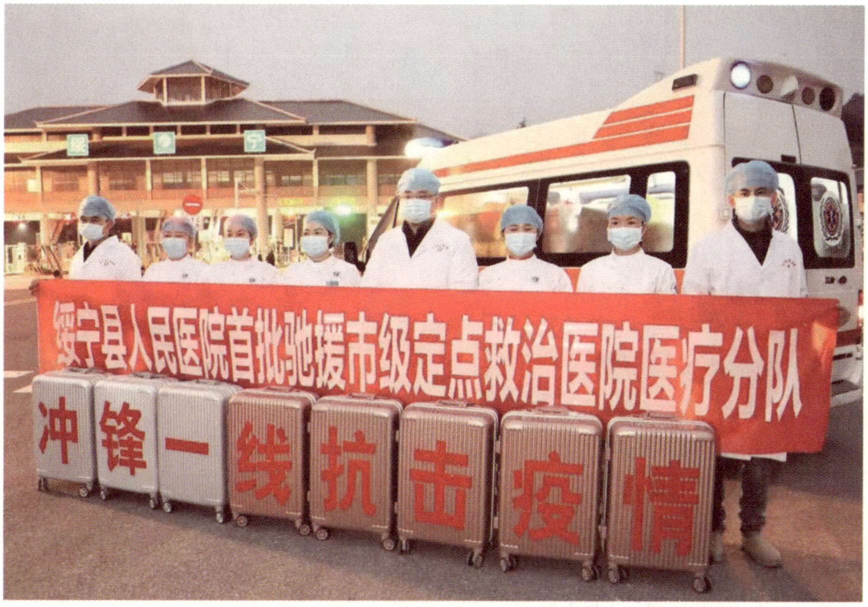

2020年2月，绥宁县人民医院首批医疗分队驰援市级定点救治医院
（绥宁县史志研究室 供图）

标准分别提高至570元、340元。高考本二以上录取人数突破400人，学考一次性合格率98.73%，公办幼儿园和普惠性幼儿园学位满足需求，义务教育大班额全面清零。完成县妇幼保健院整体搬迁一期工程，招聘卫生专技人员56人，实施药品集中带量采购，直接减少群众支出800余万元。

是年，绥宁县成功创建省级文明县城；获“全省双拥模范县（十连冠）”“全省综治工作先进县”“全省民族团结进步模范集体”“全省食品安全工作A级（先进）单位”“湖南省平安校园建设先进县”“全省工业数据云建设先进单位”等称号。（周子尧）

家，大唐华银、特沃斯有机肥、湘南竹业等一批新项目相继投产。

【旅游业】 获省级文旅业“战疫情、促发展”专项资金和大湘西精品线路资金1351万元。上堡侗寨挂牌“省五星级乡村旅游示范区”；举办苗族四月八姑娘节；绥宁与新化、溆浦、通道、新宁等县结成“神韵雪峰·户外休闲游”旅游联盟。年内接待游客数、旅游总收入保持稳定。

【城乡建设】 “四路一桥”改造基本完工，供销社、湘运公司等9个老旧小区改造顺利，新建公共停车场11个、民族特色公交站亭站牌144个，主次街道两侧投放垃圾箱142个、果皮箱1000个，新（改）建农贸市场4个，城区公厕建至25座。完成造林3.2万亩、公路绿化100公里、水道绿化20公里。栽植红豆杉、桂花、紫薇等苗木90余万株。农村人居环境整治整县推进项目通过验收，武阳污水处理厂通水试运行。水联公路竣工，11个自然村通水泥（沥青）路、98公里安全防护工程任务全部完成，通过国省干线公路国家评估考核，绥宁县获评全市农村公路重点民生实事工作优胜单位、全市公路工作目标管理考核先进单位。220千伏变电站破土动工，国家重点项目800千伏特高压工程基本完成架线，关峡110千伏变、瓦屋35千伏变等工程竣工使用，农村电网改造完成投资4200余万元。新建5G基站28座。

【深化改革】 持续推进商事制度改革，全面推行“证照分离”“多证合一”，企业开办时间压缩至3个工作日，全年新登记各类市场主体4443户。生成“一件事一次办”200个事项二维码，推动“一件事一次办”跨域通办，按期办结2877件。“互联网+政务服务”一体化平台实现县乡村全覆盖，网上办件数达40770件。落实减税降费政策，全年减免税费2600万元。实施“暖春行动”，银行为企业授信5.17亿元，发放贷款3.09亿元。出口监管仓建成并通过海关验收，实现出口配送型仓库零的突破，外贸出口达到2200万元，增幅排名全市第三。

【民生保障】 11件重点民生实事全部完成。新增城镇就业3230人，失业人员再就业1556人，新增农村劳动力转移就业2820人。企业职工人均养老金达2266元/月，城乡低保月

城步苗族自治县

县领导成员名录
（2020年）

县委书记：
罗建南

县委副书记：
杨博理（苗族）
张戈锐

县委常委：
罗建南
杨博理（苗族）
张戈锐
黄兆勇（8月免）
谢卫东
罗小林
阳恩平（苗族）
马文高
陈文华
殷继东（8月任）
邵　杰（11月免）
刘书军
李　宪

县人大常委会主任：
钟胤进

县人大常委会副主任：
杨同棠（苗族）

龙帮华（苗族）
刘文革（女，苗族）
唐勤阳
徐建国

县人民政府县长：
杨博理（苗族）

县人民政府副县长：
阳恩平（苗族）
刘书军
熊雪娥
张晓忠
唐承威
刘晨旭
邓安华
李海军（挂职，4月免）
马忠华

县政协主席：
黄进录

县政协党组副书记：
李　宪

县政协党组副书记、副主席：
肖柏青

县政协副主席：
李良凤
李践生
罗景爱
陈立发（12月免）
杨秀英（12月任）

县人民法院院长：
彭志贤（6月任）
蒋辉民（12月任）

县人民检察院检察长：
唐　杰（5月任）

【概述】 2020年，城步苗族自治县辖5个乡7个镇1个场160个村，28个居委会，土地总面积2647.07平方公里，常住人口227911人，年内出生人口2238人，最高气温36.5℃，最低气温-1.4℃，年平均气温17.3℃，年降雨量1312.1毫米，年蒸发量795.56毫米，年无霜日363天，年日照数1297.4小时。

全县实现地区生产总值56.46亿元，按可比价格计算，同比增长3.8%。其中，第一产业增加值12.47亿元，增长4.3%；第二产业增加值13.35亿元，增长3.6%；第三产业增加值30.64亿元，增长3.7%。三次产业结构增加值结构为22.08：23.65：54.27。

全县农林牧渔业总产值23.28亿元，较上年增长4.3%。其中，农业产值9.39亿元，增长7.5%；林业产值2.04亿元，增长18.2%；牧业产值10.95亿元，下降1.6%；渔业产值0.13亿元，增长4.2%，农林牧渔服务业产值0.77亿元，增长6.9%。

全县粮食播种面积14.78千公顷，比上年（下同）增长3.43%；油料种植面积2.9千公顷，下降0.68%；蔬菜种植面积5.85千公顷，增长0.9%。粮食总产量81453吨，油料产量4166吨，水果产量48127吨，蔬菜产量105006吨，肉类总产量14127吨，水产品产量908吨。

全县29家规模工业实现增加值同比增长4.5%。全年生产乳制品1.59万吨，其中液体奶1.24万吨、固体及半固体乳制品0.35万吨；罐头2.04万吨；实木地板6.22万平方米；机制纸及纸板2.57万吨；商品混凝土15.33万立方米。

全县具有资质等级的建筑企业6家,完成建筑业总产值3.83亿元，按现价同比增长9%；完成房屋建筑施；工面积21.48万平方米，同比增长4%；房屋竣工面积7.55万平方米，同比增长1.8%。全县具有资质等级的房地产开发企业8家,完成投资34661万元，同比增长266.94%，房屋施工面积18.6万平方米，同比增长84.58%。

全年完成全社会固定资产投资同比增长8.1%。组织实施5000万元以上的重点投资项目20个，2020年竣工重点项目3个。20个重点项目总投资51.97亿元，2020年完成投资5亿元。白云大道、白水洞保障性住房建设、金子山风电场、龙排山风电场、长安营风电场等重点项目投资占全县固定资产投资的49.3%。

全县实现社会消费品零售总额34.74亿元，比上年下降3%。按经营单位所在地划分：县城28.49亿元，占消费品零售总额的82%；县城以下6.25亿元，占消费品零售总额的18%。按行业分：批发和零售业31.97亿元，占消费品零售总额的92%；住宿和餐饮业2.77亿元，占消费品零售总额的8%。

全年实际到位内资17.3亿元，同比增长22.3%；实现进出口总额0.3亿元，同比增长846.4%。

全县实现财政总收入3.68亿元，同比下降1.09%，其中一般预算收入完成2.59亿元，同比增长7.37%。全县财政支出30.02亿元，下降1.93%，按照量入为出、着力解决群众期盼的要求，做到保重点、保民生、保稳定，其中教育、卫生和社保支出分别为5.64亿元、2.89亿元、3.62亿元。

年末全县金融机构存款余额90.55亿元，比上年增长10.4%。其中，企事业单位存款余额8.26亿元，增长3.25%；城乡居民储蓄存款余额69.38亿元，增长10.88%；机关团体存款11.07亿元，下降4.82%。年末全县金融机构贷款余额54.44亿元，比上年增长11.2%。贷款占存款的比例为60.12%。全年实现保险营业收入1.76亿元，各类赔款与给付0.82亿元。

全年教育经费支出5.63亿元。全县拥有普通中学23所，在校学生13696人；中等职业中学2所，在校学生707人；普通小学137所，在校学生21679人；特教学校1所，在校学生172人；幼儿园58所，在校幼儿7204人。小学专任教师1350人，普通中学教师1062人，职业中学教师71人，特教教师8人。学龄儿童入学率、小学适龄儿童升学率、初中升学率均达100%，高中阶段毛入学率93.55%，九年义务教育巩固率100%。

全县有高新技术企业7家。全年向上申报国家专利技术233项，获专利141件。采取邀请专家授课、指导员讲课、科技特派员定点辅导和送科技下乡等形式开展农村实用技术培训，开展各类技术培训50场次，受训0.25万人次，培养科技示范户21户。

建设生态旅游强县，稳步推进旅游产业。继续以节庆为平台加强对外推介促销，打造“生态城步·魅力苗乡”主题。加大宣传力度，完善旅游策划，突出国家公园建设。全年各景点接待国内外游客318.25万人次，同比增速达14.5%，实现旅游综合收入22.56亿元，同比增速达13.03%。

全年卫生事业经费开支9400万元。年末拥有各类卫生机构20个，其中医院和卫生院17个（含4家私立医院）、疾控中心1个、皮防站1个、妇育保健计划生育服务中心1个。有床位1407张，拥有卫生工作人员1871人、卫生技术人员1379人、执业（助理）医生419人、注册护士749人。城镇基本医疗保险参保单位530个，参保人数2.7万人，基本医疗保险基金总收入9217.5万元，其中进入基本医疗保险统筹收入5896.7万元，统筹支付3809.6万元；全县有22.32万人参加城乡居民基本医疗保险，全年支出新农合医疗费用15322万元，农民受益面100%，人均住院补偿金额3607元。逐步完善卫生预防体系，急性传染病发病率和婴幼儿死亡率均低于5‰，孕产妇死亡率为0，卡介苗、脊髓灰质炎、百白破、麻疹等疫苗接种率均为100%，乙肝疫苗接种率98.67%。建立和健全重大疾病救助体系，全年大病互助基金收入286.7万元，大病医疗支出264.9万元。

全县体育事业经费98万元；“农民健身工程”运动见成效，达到国家体育锻炼标准人员达23.56万，体育场地622个，其中运动场261个、各种训练场24个、体育场馆26个；年内举办县级以上运动会8次，参加人数达2.38万人次。

全体居民人均可支配收入15096元，增长6.9%，其中城镇居民人均可支配收入26818元，较上年同期增长4.1%，农民人均可支配收入10205元，较上年同期增长9.8%。

城乡居民社会养老保险参保人数为198081人，其中机关事业基本养老保险人数11517人、企业基本养老保险人数18950人、新型农村社会养老保险人数167614人。城镇登记失业人口376人，城镇失业率3.86%。实现新增城镇就业人员3397人，实现城镇零就业家庭就业援助率100%。有150922人次享受城乡低保，发放低保金4591.4万元。其中，城镇居民低保59008人次，发放低保金2283.3万元；农村居民低保91914人次，发放低保金2308.1万元。

县委、县政府推进绿色发展，加快推进湖南南山国家公园体制试点步伐，加大重点地区资源环境保护力度，加大破坏生态环境行为惩治力度，建立健全绿色低碳循环发展经济体系。全年财政支出7555万元用于节能与环境保护。已建成污水处理厂3个、村内垃圾及污水处理厂25处，污水集中处理率达91%。工业废水排放达标率96%，废气处理率98%，废物（渣）处理率达100%，工业固体废物综合利用率100%。全年空气质量优良以上天数361天，地表水质达标率100%。森林覆盖率80.3%。

【城步摘掉贫困县帽子】 城步苗族自治县扶贫攻坚工作于2019年11月、12月先后通过市、省评估验收，被湖南省人民政府批准符合贫困县退出条件、脱贫摘帽。城步苗族自治县是全国5个单列苗族自治县之一，是国家扶贫工作重点县、武陵山片区区域发展与扶贫攻坚试点县、湖南省11个深度贫困县之一和商务部对口扶贫县。截至2019年12月，全县有建档立卡贫困人口14987户57683人，贫困村87个。自2014年始，该县围绕贫困人口“一超过、两不愁、三保障”目标要求，举全县之力推进脱贫攻坚、层层压实工作责任，实现驻村帮扶和结对帮扶“四个全覆盖”。2014—2019年，筹集各项资金35.17亿元用于脱贫攻坚。其中，交通扶贫建设累计完成投资10.66亿元，其中贫困村村组公路建设完成投资5.42亿元，完成道路建设总里程3125.173公里；水利扶贫累计投入资金1.05亿元实施农村安全饮水工程237处，解决建档立卡贫困人口饮水安全问题，自来水覆盖率达96%；投入电力建设资金2.30亿元，87个贫困村实现“户户通电”“一户一表”全覆盖；投入通信设施建设资金3.41亿元，网络覆盖188个行政村居（含87个贫困村）620个自然村组，所有义务教育学校都可提供通信能力；投资0.33亿元实施农村人居环境综合整治推进项目，其中贫困村投入0.15亿元。2017年启动95个村级综合服务平台建设，2019年10月全部竣工投入使用。全县建成完备的文化馆、图书馆、电影院、民族文化发展展示馆各1个，完成13个乡镇（场）综合文化站达标建设，建成村级综合文化服务中心168个，农家书屋实现行政村全覆盖，无线广播电视覆盖到每一个村。全县累计脱贫14320户56040人，尚有未脱贫贫困人口667户1643人，贫困发生率由2014年的25.72%下降至0.73%；贫困村全部达到“一个确保、两个完善”出列目标，全县87个贫困村全部退出。群众认可度为96.12%。全县脱贫人口年人均纯收入已稳定超过国家现行扶贫标准，实现不愁吃、不愁穿、基本医疗、义务教育、住房安全和安全饮水有保障。

【城步峒茶“五峒”商标注册马德里国际商标】 2020年4月，城步峒茶“五峒”商标注册马德里国际商标。以城步白云湖生态农业发展有限公司为龙头的城步峒茶加工生产企业，以打造全国“峒茶之都”为宗旨开发有机峒茶品牌，与湖南省茶叶研究所、邵阳市农业科学研究院、湖南农业大学等科研院所合

2020年12月，慰问高速公路建设者暨城龙高速 张官高速开工建设动员大会召开
（城步苗族自治县史志研究室 供图）

作，研发出"五峒""巫源峒红""白云樵隐"等系列茶叶产品，参展中国国际茶叶博览会、湖南省茶叶博览会获国内外茶商的一致好评，2019年获"湖南红茶"生产企业商标授权。

【城龙高速（湖南段）开工建设】 2020年12月26日，湖南省人民政府副省长陈飞在城步苗族自治县宣布城龙高速（湖南段）正式开工建设。省交通运输厅党组书记、厅长赵平，市委书记龚文密出席开工仪式并讲话，市委副书记、市长刘事青主持开工仪式。湖南城步至广西龙胜（湘桂界）高速公路邵阳境内主线长51.82公里，连接线长8.3公里，估算总投资89.78亿元。该项目起于城步苗族自治县儒林镇，顺接已建的武冈至靖州高速公路城步支线，往南经塔溪、泮水、南山国家公园（试点）、初水，止于湘桂两省区交界处的五团镇双田，顺接拟建的城步至龙胜高速公路广西段，全线设置儒林（二期工程）、塔溪、泮水、南山4处互通式立交。主线采用4车道高速公路标准建设，设计速度100公里/小时。南山互通连接线采用二级公路标准建设，设计速度60公里/小时。从邵阳城步至桂林龙胜需从湖南境内248省道转广西301省道，耗时超过2.5小时。城龙高速修通后，仅需不到40分钟即可到达，为沿线群众直通广西、广东提供了一条"快车道"，进一步打通了武陵山片区至沿海发达城市的交通大动脉。

（杨宗兴 刘运田）

新 宁 县

县领导成员名录
（2020年）

县委书记：
秦立军

县委副书记：
谭精益
李荣卫

县委常委：
秦立军
谭精益
李荣卫
刘松荣
匡立群
林清华
潘功宏（11月免）
黄红五（7月免）
彭洪兵
谢小军
李爱铭
刘华中（7月任）
王　超（11月任）

县人大常委会主任：
伍华珍

县人大常委会副主任：
唐吉宏
文维久
王岐全
苏　杰
兰忠明

县人民政府县长：
谭精益

县人民政府副县长：
谢小军（常务）
王瑞虎（6月免）
徐立华
刘颖彬
李爱铭（1月免）
李先锋（挂职，12月免）
肖绍荣
唐　国
阳　敏
姚美春（11月任）

县政协主席：
蒋新雄

县政协副主席：
陈卫东
兰　平
王海昀
王礼平
尹大缓

县人民法院院长：
金治伍（12月免）
吴又如（12月任）

县人民检察院检察长：
龙武陵

【概述】 2020年，新宁县辖8个镇8个乡（2个少数民族乡），总面积2812平方公里。年末全县公安户籍总人口64.54万人，常住人口59.08万人，人口密度为每平方公里237人。常住人口中男性30.71万人，女性28.37万人，性别比108.2。年内最高气温37.4℃，最低温-2.9℃；年降水量1212.6毫米。

全县实现生产总值116.41亿

元，同比增长2.7%。第一产业完成增加值33.17亿元，增长4.1%；第二产业完成增加值27.05亿元，下降2.4%；第三产业完成增加值56.19亿元，增长4.6%。按常住人口计算，人均生产总值1.97万元；同比增加277元，增长1.4%。三次产业结构为28.5：23.2：48.3。

全县实现农林牧渔业总产值46.06亿元，同比增长4.2%。其中农业26.97亿元，增长5.6%；林业1.19亿元，增长4.2%；牧业15.46亿元，增长1.2%；渔业0.93亿元，下降0.8%；农林牧渔服务业1.51亿元，增长7.9%。粮食总产量28.81万吨，同比（下同）增长2.15%；油料总产量1.12万吨，增长2.31%；烤烟总产量0.19万吨，增长49.03%；药材总产量0.65万吨，增长4.95%；蔬菜总产量16.7万吨，增长4.37%；瓜果总产量2.44万吨，增长1.83%；柑橘类水果总产量30.85万吨，增长44.33%；生猪出栏31万头，下降7.95%；肉类总产量3.4万吨，增长0.13%；水产品总产量0.56万吨，下降5%。

全县工业实现增加值22.55亿元，同比下降3.8%。其中规模工业下降15.6%。园区规模工业增加值占规模工业增加值比重为66.29%。全县规模以上工业实现主营业务收入74.85亿元，实现利润总额4.03亿元。工业品产销率达98.6%。建筑业实现增加值4.51亿元，同比增长5%，占第二产业的16.68%。12家资质以内建筑业企业签订合同金额24.12亿元，同比增长11.6%，完成总产值21.02亿元，增长10.5%。

全年接待游客338.04万人次，实现旅游总收入26.62亿元。全社会消费品零售总额同比下降2.1%。批发业销售总额增长5.5%，零售业销售总额增长0.9%，住宿业营业总额下降16.3%，餐饮业营业总额下降6.8%。全年完成货运周转量72346万吨公里，同比下降43.8%，完成客运周转量38099万人公里，下降53.6%。全年邮政业务总量1.11亿元，同比增长20.94%，报纸发行322.95万份，杂志发行29.67万份。电信业务总量23.99亿元，增长45.8%。互联网上网用户12.6万户，网络电视用户5.3万户，移动电话用户43.35万户。

全县固定资产投资同比增长9%，其中5000万元及以上固定资产投资增长69.8%，房地产投资增长10%，新开业工业投资负增长11.1%，占工业投资的83.8%；工业技改投资占产业投资比重为3.8%，高新技术产业投资占产业投资比重为0.7%。实际利用内资23.9亿元，增长23.2%，实际利用外资0.41亿美元，增长19.5%，进出口总额12.56亿元，下降51.3%。商品房施工面积74.7万平方米，增长6.1%，竣工面积12.62万平方米，销售面积19.54万平方米，增长65.3%，商品房每平方米均价4908元，增长11.8%。

全县重点建设项目38个，总投资207.15亿元，年度计划投资33.6亿元，已开工项目32个，完成投资26.38亿元。市重点建设项目21个，年度计划完成投资17.27亿元，实际完成投资20.25亿元。完成农村公路提质改造74.22公里，完成自然村通水泥路114.37公里。白新高速公路（新宁境内）工程有序推进。25户（100人）自然村通水泥（沥青路）建设任务及村组道路“窄改宽”年度任务完成，农村通组道路覆盖率达100%。

全县完成财政总收入7.13亿元，同比下降18.62%，其中税收收入5.2亿元，下降12.56%，占财政总收入的72.93%。全县一般公共预算支出41.56亿元，下降8.04%。年末全县金融机构各项存款余额201.31亿元，同比增长8.2%，其中住户储蓄存款余额168.58亿元，增长10.56%；全县金融机构各项贷款余额为107.55亿元，增长14.52%。金融存贷比为53.42%，同比增长2.71个百分点。全县完成保费收入3.7亿元，同比增长12.4%；保险业全年赔付1.01亿元，下降9.2%，赔付率27.33%。

全年财政农林水事务支出10.27亿元，同比增长2.96%，发放各类惠农补贴4.2亿元。其中耕地地力保护补贴0.49亿元，生态效益林补贴0.12亿元，农机购置补贴0.08亿元。农村安全饮水巩固提升14500人。完成高标准农田建设任务3.6万亩，投资0.61亿元在马头桥镇等4个乡镇建设高标准农田3.82万亩。创建双季稻绿色高产高效万亩示范片1个、千亩示范片5个；创建稻田有机综合种养示范基地2个，创建双季稻、一季稻、一季优质稻和玉米共4个新品种展示示范基地，展示示范水稻新品种69个，玉米新品种22个。

全年财政科学技术支出0.58亿元，同比增长60.02%。高新技术产品生产企业35家，实现总产值42.6亿元，增加值7.26亿元，利润总额1.71亿元，R&D经费支出1.04亿元。完成专利申请524件，专利授权271件，其中发明专利申请140件，有效授权22件，新增授权2件。

全年财政教育支出7.48亿元，同比增长0.19%。全县拥有49所小学，在校学生49049人，小学专任教师2333人；拥有中学34所，在校学生35301人，中学专任教师2480人；拥有幼儿园98所，在园幼儿人数16415人，专任教师766人。完成乡村小规模学校建设6所、乡镇寄宿制学校建设14所，县芙蓉学校完工交付使用。回龙寺镇芙蓉学校、一中整体搬迁项目、二中高中攻坚计划、三中攻坚计划项目有序推进，焦家垅中学及崀山培英学校教学楼全部完工投入使用，35所学校改厕任务全部完成。化解义务教育大班额258个；化解高中大班额60个、超大班额2个。完成公办幼儿园学位建设6010个，其中建设公办幼儿园学位2260个，民转公幼儿园学位3750个。保学控辍劝返67人，送教上门138人，随班就读

467人。精准实施贫困幼儿入园补助、义务教育阶段贫困学生生活补助费，高（职）中免学杂费、教科书和助学金，高校新生交通费和生源地信用助学贷款等资助政策，累计发放学生资助3722.54万元，受益学生75888人次，发放比100%。

全年财政节能环保支出0.85亿元。空气环境质量优良以上天数达到347天，空气质量达标率为94.8%，比上年增加8天。PM2.5平均浓度为33微克/立方米，PM10平均浓度为47微克/立方米。窑市入境水质自动监测站建成投运，出境水质自动监测站和工业集中区空气网格化监测微型站开工建设。夫夷江水质常规监测全面实施，地表水、集中饮用水水源地水质达标率为100%，均在III类水质以上。完成新造林2.3万亩，育苗0.04万亩，义务植树160万株，建成乡镇公园5个，有序关停清退小水电厂6家，全面退养竹鼠、蛇、蓝孔雀等野生动物养殖。全县活立木总蓄积量1027万立方米，增长3.99%。森林覆盖率69.93%，国家级自然保护区面积2.17万公顷。

全年文化体育与传媒支出10003万元，馆藏图书14.5万册。完成41个村的室外文化活动广场硬化工作，为55个村配备文化器材，为112个村配备体育设施，16个乡镇挂牌成立文化馆分馆、图书馆分馆。农村广播“村村响”实现全覆盖，建成县级播控平台（县播控中心）1个、乡镇平台16个，广播点3529处。创作舞蹈、音乐、美术、书法、摄影及文学作品等5141件，获市级奖作品15件。创作抗疫作品7件，诗歌《等着繁花与共》被湖南公共文旅云收录。“岩鹰拳”列入第五批国家级非物质文化遗产代表性项目名录；先后开展“潇湘100”第四届崀山越野赛、全民健身中老年文体交流展演、魅力潇湘浪漫崀山越野行、“不忘初心跟党走、抗疫健身奔小康”文艺交流展演、“弘扬长征精神，呵护青山绿水”第五届重走红军路等群众体育活动，3万多人次参加。代表邵阳市参加湖南省乒乓球锦标赛，聂诗娉获评优秀运动员，肖慧颖、颜明珠参加全国女子举重锦标赛。

全年卫生健康支出5.23亿元，年末全县拥有卫生机构732个，卫生技术人员2801人，床位3200张，总资产12.73亿元，总诊疗216.8万人次，各类医疗卫生机构总收入9.31亿元。县中医院整体搬迁、卫生计生公共服务体系建设项目主体完工、人民医院外科大楼主体封顶。累计建立居民健康电子档案516967份，完成居民健康卡注册579850人。完成重点人员新冠病毒核酸检测筛查22727人次，定点医院应对新冠肺炎疫情的物资储备严格到位。建档立卡贫困人口参保率100%，全面实施预防艾滋病、乙肝、梅毒母婴传播阻断项目，HIV检测人数2667人，乙肝表面抗原检测2667人，孕期检测2509人，阳性病例所生新生儿接种高价乙肝免疫球蛋白196人，接种率100%。落实农村奖扶特扶及城镇独生子女奖励政策，全县农村计划生育家庭奖励扶助对象3868人，城镇独生子女奖励对象3696人。发放65岁以上老年人优待证447本。为特殊困难群众办理意外伤害保险10859人。农村适龄妇女“两癌”免费检查9050人；孕产妇产前免费筛查2985人；对全县299个行政村卫生室实行6000元/年运行经费财政补助；全面完成村卫生室全科医生培训，全县已有注册全科医生58名，实现每个建制乡镇卫生院2名全科医生全覆盖目标；为全县建档立卡贫困户实行家庭医生签约服务，签约率100%。

居民人均可支配收入18129元，同比增长6.5%。城镇居民人均可支配收入29190元，增长4.7%，人均消费支出19087元，其中食品支出6484元；农民人均可支配收入11923元，增长8.1%，人均消费支出12250元，其中食品支出4662元。社会保障和就业财政支出55420万元。城镇4716人享受最低生活保障，月人均救助375元，农村11613人享受农村最低生活保障，月人均救助232元。农村五保集中供养325人，农村五保分散供养3245人，实施临时救助，临时救助16460人，发放临时救助金1397.2万元；完善孤儿信息录入及档案整理，为283名孤儿发放基本生活费308.6万元，为157名实际无人抚养儿童发放基本生活费114.6万元；关心残疾人生活，发放困难残疾人生活补贴6005人、重度残疾人护理补贴7776人，共1018.8万元；有养老机构17个、农村幸福院50个、日间照料之家17个，村老年人活动中心249个，养老服务床位3900张。

存在的困难和问题：一是经济总量规模较小。人均GDP在全省、全市排名靠后，实体经济发展后劲不足，承压能力不强的问题比较突出。二是产业结构有待优化。二次产业比重偏低，三次产业结构仍需优化。三是财政收支矛盾突出。财源建设后劲不足，财政收入增长趋缓，民生保障和“三保”等刚性支出压力较大，财政收支矛盾突出。四是民生领域短板仍存在。城乡环境“脏乱差”现象没有有效解决；教育、医疗等领域存在不平衡问题。

【脱贫攻坚】 2020年，新宁县脱贫1283户3207人，不漏一户一人，群众满意度达99.99%。自此，全县114个贫困村全部出列，32125户121019人贫困人口全部脱贫，实现脱贫摘帽。2016—2020年共发放脐橙、林业、养殖、中药材、烟叶等产业奖补26518.2万元，直接受益贫困人口10.66万人，8.37万名贫困人口通过发展脐橙产业稳定脱贫；开展“千企帮千村”活动，选择21家龙头企业与114个村签订产业帮扶协议，带动4.8万名贫困人口增收。共建设27个村级光伏电站（每个村60千瓦），累计发电331.95万千瓦时，村集体经济收入增加

全国文明村新宁县清江桥乡桃花村
（新宁县史志研究室 供图）

170余万元，直接帮扶235户贫困户，发放奖补资金7.15万元；落实小额信贷8071笔35833.17万元，直接受益人口约3万人，其中2020年发放2340笔11136.37万元。全县29所医疗机构健康扶贫“一站式”结算实现全覆盖，结算38759人次，结算补偿14239.19万元。认定扶贫产品供应商28家、产品113类，超额完成省定扶贫产品销售指导计划数3.16亿元；全县财政预留采购贫困地区农副产品完成采购金额768.15万元。贫困劳动力培训993人，贫困家庭“两后生”培训178人；建成就业扶贫车间91家，吸纳就业2741人，公益性岗位安置就业959人；累计确定就业扶贫基地5个，开发扶贫岗位1620余个，扶贫岗位推荐3124人次。

【全域旅游】 2020年，新宁县完成《崀山风景名胜区“十三五”规划完成情况及“十四五”规划发展思路》，《夫夷江景区详细规划》获国家批准。成功创建省级全域旅游示范区，崀山景区获评“湖南十大文旅地标”“全国厕所革命最佳景区”“中国华侨国际文化交流基地”“世界外交官旅游休闲基地”等，崀山镇被列入“湖南省特色文旅小镇”，崀山镇石田村列入全国乡村旅游重点村，崀山艾系列产品获湖南（国际）文化旅游产业博览会大赛金奖。截至年底，全县共建设70座旅游厕所，并率先进行电子地图标注。崀山景区南大门综合服务体全面完成场地平整、国防光缆保护工程、电力线路入地工程、雨水管网安装工程、地下钻井取水给水工程及主体工程监理公司招投标工作。

【农业现代化】 2020年，新宁县“六大强农”行动工作获评邵阳市先进，列入湖南省果园田土宜机化改造试点作业补贴项目县、畜禽粪污资源化利用整县推进示范县和农产品仓储保鲜冷链设施建设试点县，双季稻恢复工程经验被全省推介。年内新增省级龙头企业2家，新增国家四星级休闲农庄1家、省四星级休闲农庄2家、三星级1家。新发展农民专业合作组织12个，家庭农场22家。创建国家级农民合作社1个、省级农民旗舰社1个、省级农民示范社2个、市级产业扶贫奖补社3个。5个家庭农场被列入2020年省级示范家庭农场，3家农业产业园获评现代农业特色产业园市级示范园，5家农产品加工企业、8个农产品被列入“邵阳红”区域品牌目录产品企业。落实“百里脐橙连崀山”战略，建成万亩标准化生产基地12个，脐橙加工企业达108家，专业合作社达138家，升级改造脐橙初加工生产线3条，10个脐橙果园通过国家出口水果果园认证。崀山脐橙获中国中部知名农产品品牌、湖南省首批“一县一特”农产品优秀品牌、首届湖南气候好产品等称号，列入湖南柑橘优势特色产业集群。惠农茶叶专业合作社、崀峰茶业有限公司的2个茶叶品牌分别获2020第十二届湖南茶业博览会“茶祖神农杯”名优茶评选绿茶金奖、红茶金奖。万塘乡三江村获评邵阳市同心美丽乡村，清江桥乡桃花村获评全国文明村。黄龙镇列入国家农业产业强镇示范建设名单，中药材博落回获国家农产品地理标志登记，麻林乡获评“中国楠竹之乡”。

（姚 娜）

邵 阳 县

县领导名录
（2020年）

县委书记：
蒋 伟

县委副书记：
袁玉华
夏贤钦

县委常委：
蒋 伟
袁玉华
夏贤钦
周玉祥
周可求（11月免）
李江晖（女，7月免）
张世杰
王满元
尹 晖
李 博（10月免）
石奇光（挂职）
文立斌
许小平（11月任）
曾 林（12月任）

县人大常委会党组书记、主任：
刘长明

县人大常委会党组副书记：
钟经球（9月免）
邓星强（9月任，12月免）
张蒲生（12月任）

县人大常委会副主任：
邓星强（12月提名免）

蒋梅娥（女，兼）
张蒲生
杨卫民
吴金华
李红辉（12月提名任）

县人民政府县长：
袁玉华

县人民政府副县长：
周玉祥
石奇光（挂职）
陈道文
王　琪（12月提名免）
唐军良
李树战（挂职）
刘　铭
徐怀友
陆　宁（挂职，11月免）
伍　毅
彭　凯（12月提名任）

县政协党组书记、主席：
李红平

县政协党组副书记：
李　博（11月免）
曾　林（12月任）
吕　平（女，9月免）
伍芬东（9月任）

县政协副主席：
吕　平（女，6月提名免）
罗耀国（10月提名免）
伍芬东
唐志朴（兼）
黄小健（兼）
朱绮华（12月提名任）

县人民法院院长：
蔡明清

县人民检察院检察长：
刘朝洪

【概述】 邵阳县地处湖南省中部偏西南，位于北纬26° 40'~27° 6'，东经110° 59'~110° 40'，土地总面积2001.01平方公里。2020年，辖12个镇8个乡，另设3个农林场，全县户籍人口1058174人，年内出生9361人，自然增长率5.7‰。年内最高气温37.1℃，最低气温-3.8℃，年内年降水量1327.4毫米。境内探明储量原煤7782.7万吨，石膏3.6亿吨，大理石储量3.3亿立方米。新发现大中型矿产地1处，新增查明资源储量1600万吨。水能理论蕴藏量9.24万千瓦，可开发4.4万千瓦。全县空气质量综合指数为3.27，优良达标率为96.3%。

地区生产总值180.61亿元，比上年增长4%；第一、二、三产业增加值分别为46.19亿元、53.34亿元、81.08亿元，分别增长4.3%、4.3%、3.7%，三次产业结构比为25.58∶29.53∶44.89。财政总收入8.876亿元，增长0.38%。其中地方财政收入5.51亿元，增长2.28%。财政总支出63.47亿元，增长10.31%。全县11项18个省定重点民生实事项目全面完成目标任务，其中10项超额完成。落实重点民生实事资金2.91亿元，其中国家投入资金9346.86万元、省级投入4755.19万元、市级投入144.72万元、县乡镇级投入1.29亿元、其他投入1936万元。金融保险业实现增加值7.36亿元，增长8.4%。年末金融机构各项存款余额248.19亿元，增长8.59%，各项贷款余额100.94亿元，增长25.31%。金融机构年末存贷比为100 ：40.67，金融机构不良贷款余额1.85亿元。完成保费收入4.46亿元，同比增长74.76%。赔付额1.68亿元，增长-0.49%。

农林牧渔业增加值77.06亿元，增长4.5%。耕地面积95.8万亩。四大特色农业产业油茶、优质稻、烤烟、生猪。新造油茶林2.02万亩，造林抚育25.4万亩，油茶低改6000亩，完成84家茶油小作坊普查工作，指导5家茶油小作坊升级改造提质，引进一代伟仁、金昇茶油等深加工企业，日恋茶油与瑞柏茶油兼并重组，新增精炼加工产能5000吨。邵阳茶油入选中国农业品牌目录2019农产品区域公用品牌，全县油茶产业国字号品牌增加到13个。优质稻、烤烟生产提质增效，生猪产业走向复苏。主要产品产量：粮食44.84万吨、烟叶0.27万吨、玉米5.16万吨、蔬菜33.84万吨、药材0.94万吨、油菜籽2.69万吨、西瓜6.35万吨、出栏生猪70.85万头、肉牛2.23万头、羊5.65万只、家禽487.4万羽，出产水产品1.28万吨。农产品加工企业338家，其中市级以上龙头企业24家；市级以上农产品龙头企业完成销售收入16亿元，同比增长34.45%；农民专业合作社1517个，2020年新增203个。全县森林覆盖率46.39%，林地面积102.54千公顷；活立木471.34万立方米。完成造林面积1.3千公顷；新造优质油茶林2万亩；全县油茶林总面积55.41千公顷。兴建维修各类水利工程162处，水库除险加固6座，完成安全饮水工程2处，解决不安全饮水人数1.71万人。有效灌溉面积达49.3千公顷，新增农田灌溉面积1.34千公顷。全县有小（一）型水库46座，小（二）型水库191座，山塘4.05万口。水资源总量13.56亿立方米，人均1220立方米；年末全县中小型水库蓄水总量0.58亿立方米，总用水量3.6亿立方米，人均用水量367立方米。农业机械总动力51.17万千瓦。大中型拖拉机647台3.99万千瓦，分别增长-23.79%、-19.88%；新增小型及手扶拖拉机53台852千瓦。排灌机械6400台1.92万千瓦。拥有农用收割机580台。发放农机补贴710.27万元。

工业总产值183.06亿元，增加值41.63亿元，增长3.5%。91家规模工业完成产值156.08亿元，增长6.33%；主要产品产量：服装561万件、机制纸及纸板2.21万吨、水泥159.65万吨、植物油9.69万吨、商品混凝土230.46万立方米。“一区多园”建设开始发力，举办产业集中开工仪式4场，发制品产业园、塑胶科技产业园、五峰铺棉纱产业园启动建设。年内招商入园企业17家，引进资金15.88亿元，增长20%，其中孚瓯科技和红石生态科技园项目实现当年签约、当年开工、当年建成、当年投产，呈兴纸品、华登玩具、宏晶电子等项目建设加快。纳税100万元以上的工业企业8家，纳税500万元以上的3家，纳税1000万元以上的2家。建筑业完成总产值39.19亿元，增长14.2%；实现增加值14.91亿元，同比增长6.1%。房屋建筑施工面积351.2万平方米，增长12%；建筑竣工面积351.2万平方米，增长12%。全社会用电量9.07亿千瓦时，增长8.37%。其中居民生活用电4.11亿千瓦时，增长14.78%；农业用电264.81万千瓦时，增长35.99%；工业用电3.82亿千瓦时，增长4.41%。投入5011.15万元，完成行政村电网改造565个。

社会消费品零售总额114.77亿元，增长-2.3%。实际利用外资3936万美元，增长17.5%；出口总额12.8亿元，增长10.1%。发展搞活楼宇经济、商贸服务、文旅产业等第三产业，东方凤凰城、银河御院、和意学府等一批现代化商居小区动工兴建，中环国际、步步高超市开业运行，第三产业占经济发展的近一半。

国内旅游390.89万人次，增长-32.76%；国内旅游收入38.14亿元，增长-29.3%；过夜旅游92.67万人次；旅游外汇收入0.07万美元。成功创建金江湖（弄子生态旅游景区）、塘田战时讲学院旧址、济公岩等3个国家AAA级旅游景区，建成蓝印花布基地、油茶博览园2个省级旅游特色产品购物中心，实现A级景区零的突破。

完成固定资产投资110亿元，增长10.1%，其中完成产业投资77.1亿元，占固定资产投资的70%，完成高新技术投资16.9亿元，占产业投资的21.9%；完成房地产投资10.2亿元，同比增长112.9%。实施市县重点项目127个，组织集中开工活动5次，完成年度投资64亿元，同比增长42.2%。省重点工程犬木塘水库、白新高速开工兴建。5000万元以上固定资产投资同比增长51.1%。其中重点工程项目完成投资53.7亿元，增长46.9%。其中投资亿元以上重点工程项目24个，完成投资46.3亿元。第一产业、第二产业、第三产业投资同比分别增长319%、-20.7%、21.2%。水利工程投入资金1.96亿元，同比增长-8%。交通建设总投资9.85亿元。县内房地产开发公司26家，全县房地产业实现增加值19.26亿元，增长7.4%。年内商品房竣工面积37.65万平方米，同比增长77%；商品房期房销售面积19.99万平方米，同比增长27.5%；商品房空置9.1万平方米。

城市建成区面积15.2平方公里，人均建成区面积105.8平方米，城镇化率达45.8%；改造老旧小区17个，沿河街、白鹤街道路工程有力推进，东方凤凰城、振羽首府等精品小区建设加快，成功创建省级文明县城。城市公共绿地4.34平方公里，人均公共绿地面积30.01平方米，城市绿化覆盖率43.22%，城市人均住房面积60.4平方米。城市道路71.3公里，道路面积102.5万平方米；城市自来水供应量1100万吨，自来水普及率98.8%；年度城市液化气供应量4600吨，环保工人358人，县城日平均清运垃圾量120吨。全面启动村庄规划工作，完成塘渡口镇良山村等6个试点村规划编制工作，创建省级美丽乡村蔡山团村。引进长沙中联重科环境产业有限公司，实现城乡垃圾收转运和保洁工作市场化、专业化。5个乡镇污水处理厂全部建成运行，改造农村危房1713户，农村“厕所革命”完成改厕1500座。全社会能源消耗总量65.6万吨标准煤，万元地区生产总值单位能耗0.39吨标准煤，同比下降2.96%。

2020年建成的省级旅游特色产品购物中心——邵阳县油茶博览园

（邵阳县史志研究室 供图）

交通运输、仓储和邮政业实现增加值4.3亿元，按可比价计算增长2.3%。公路线路里程4328.62公里，其中高速公路55.16公里、一级公路22.44公里、二级公路148.07公里、三级公路108.44公里、四级公路2973.93公里。货物周转量4.26亿吨公里，客运周转量3.42亿人公里。完成邮政电信业务总量17.77亿元，增长30.63%。邮政业务量0.84亿元，增长2.69%；通信业务总量16.93亿元，增长32.43%。已有乡镇邮政所25个，邮件投递242.3万件；快递企业11家，其中快递225.02万件，增长40.69%；邮政网点28个。年末拥有固定电话用户1.8万3户；新增光缆线路702公里。年末宽带用户13.5万户；年末基站1488座，新增174座。年末拥有移动电话53.69万户。5G用户6.61万户，其中电信公司1.6万户，移动公司3.32万户，联通公司1.69万户。

全县高新技术产品生产企业44家，其中高新技术企业28家。科学研究与试验发展（R&D）经费支出4.21亿元，增长22.53%。申请专利950件，授权专利327件。签订技术合同8项，技术合同成交金额0.8亿元。拥有学校167所，其中普通高中6所、初级中学47所、小学114所。在校学生10.16万人，其中高（职）中生1.7万人，初中生3.04万人，小学生5.42万人。毕业生2.42万人，其中高（职）中毕业生0.49万人，初中毕业生1.01万人，小学毕业生0.92万人；特殊学校在校生331人。公立幼儿园22所，全县幼儿园在园儿童1.68万人，比上年增长-3.08%，适龄人口入学率100%。享受免费教科书学生人数8.49万人。小学招生8193人，初中招生9250人，高中招生4404人。特殊学校招生35人。有专职教师6798人，其中高（职）中专职教师913人、初中专职教师2451人、小学专职教师3434人。县内参加高考人数4879人，本科上线人数1389人，其中一本659人，比上年增长26.49%。

全县文化产业增加值10.48亿元，占地区生产总值的5.8%。年末拥有县级文化馆1个、纪念馆5个，公共图书馆1个，藏书11.48万册；拥有国家级非物质文化保护遗产项目2个、省级非物质文化保护遗产项目2个、市级非物质文化遗产保护项目4个。艺术表演场所1个。民间艺术表演团体38个，电影院3个，县级电影放映队1个，农村电影放映队38个，放映电影6326场次，电影观众64.39万人次。有中、短波广播发射台和转播台1个、电视台1座，广播综合覆盖人口99.7%，电视综合覆盖率100%。有线电视入户数19.55万户。拥有县级档案馆1个，馆藏各类档案37.34万卷（件），2020年利用档案2860人次，利用档案资料5810卷次。创建省级文明单位3个、市级文明单位5个、县级文明单位29个，创建市级文明乡镇3个、县级文明乡镇9个，创建市级文明村4个、县级文明村130个。有卫生机构37个，拥有床位3385张。有卫生技术人员2660人，其中执业医师和助理医师1045人、注册护士1155人。全年诊疗人数22.75万人次，住院11.34万人次，出院11.35万人次，治愈率89.04%。年末拥有运动场105个、体育馆3个、游泳池4个、各种训练房9个。创建村级体育活动场所165个，配置设备65套。开展群众体育项目22场次，参与人数达1.7万人次；全民健身运动15场次，参加人数50万人次；参加运动会获市级以上奖牌4枚、省级以上奖牌3枚。全年体育彩票发行额1086万元。

新增就业人员1.18万人，其中城镇新增0.43万人，年末城镇登记失业率3.61%，下岗职工再就业0.75万人，完成退役军人就业工作。完成失地农民保险登记1.25万人，拨付基本养老金13亿元、医疗保险基金7.8亿元、医疗救助资金1.59亿元，发放各类救助资金7500万元。参加失业保险1.93万人；参加工伤保险4.22万人；领取企业基本养老保险离退休人员2.28万人；领取失业保险0.11万人。参加城乡居民基本医疗保险人数85.95万人，参保率100%；职工参保4.31万人；退休人员参保1.72万人；新型农村养老保险参保人数53.18万人，其中60岁以上农民领取养老保险人数16.72万人，增长2.11%。城镇低保9316人，2020年城镇居民获政府最低生活保障11.21万人次，年末城镇低保累计发放保障金4689.4万元。农村居民获政府最低保障3万人；其中集中供养五保831人，累计发放五保供养金5205.93万元；各类收养性福利单位床位1824张，城镇各种社区服务设施48个。销售社会福利彩票1101万元。农村危房改造1506户，其中新建892户、维修614户；投入农村危房改造资金3014.35万元。投入专项扶贫资金5.68亿元，增长0.05%；帮助困难群众12.82万人，解决扶贫资金26493.5万元，按国家规定，以农民年人均纯收入3400元贫困线（2015年不变价）为标准，年度内扶贫开发建档立卡3.24万户12.82万人，2020年脱贫6813人，年末农村绝对贫困人口全面脱贫。城镇居民人均可支配收入3.02万元，增长4.4%，农村居民人均可支配收入1.32万元，增长10.3%。

全县剩余6813名未脱贫对象全部脱贫，贫困发生率降为0，国家脱贫普查结果显示，邵阳县贫困群众生产生活条件明显改善率为99.98%。突出大气污染防治、夫夷水和赧水综合整治、资江水污染治理，县城环境空气质量优良达标率98.5%,同比提升8.8%，PM2.5同比下降21.1%，PM10同比下降23.6%。2个集中式饮用水断面、1个地表水断面水质连续五年达标率100%。完成受污染耕地安全利用和严格管控面积3.39万亩，污染地块安全利用率达90%以上。规范企业融资行为，完善社会信用体系建设，打击非法集资、金融诈骗等违法犯罪活动，争取债券资金10.44亿元，偿还政府性债务7.81亿元，债务风险安全可控。

是年，邵阳县成功创建省级文明县城，创建省级美丽乡村塘渡口镇蔡山团村，被评为“全省平安建设（综治工作）先进县”“全省生猪稳产保供工作先进县”“全省工业数据云建设先进县”“全省松材线虫病除治优秀单位”。邵阳县融媒体中心在全市率先实现机构人员平台全融合，跻身全省县级融媒体“第一方阵”。

存在的主要问题和不足：一是经济发展亟待转型升级。传统农业比重大，工业多为传统、低端产业，高新技术产业、现代服务业起步迟，市场竞争力不强，实体经济抵御风险能力不强。二是现代化疾病预防控制体系建设、粮食安全保障调控和应急、产教融合、全民健身、养老服务、社会管理和社会服务创新等民生短板项需要实现由广覆盖向高水平转变。三是乡村发展质量不优、集镇发展速度不均、县城发展辐射不强等问题仍比较突出。四是巩固提升脱贫攻坚成果难度大；政府性债务总额较大，资金偿还来源渠道有限；安全生产压力较大。

【犬木塘水库工程开工仪式在邵阳县举行】 2020年7月18日，犬木塘水库工程开工仪式在邵阳县郦家坪镇举行。省委副书记、省长许达哲宣布开工。副省长隋忠诚讲话，省政府秘书长王群主持仪式。市委书记、市人大常委会主任龚文密致辞，县委书记蒋伟做表态发言。犬木塘水库工程是国家规划的172项重大水利工程之一，概算总投资102.5亿元。枢纽工程位于邵阳市境内资水中上游，水库总库容1.4亿立方米。按规划建设总工期为5年。项目建成后将缓解衡邵干旱走廊长期缺水现状，年均引水量3.16亿立方米，可改善和新增灌溉面积121.7万亩，年平均可增产粮食1.4亿公斤；保障邵东市城区和祁东县城90万人供水，有效解决灌区范围内农村70.2万人饮水提质增效问题，兼顾改善灌区内红旗河等河道生态环境。

【邵阳县农村垃圾收转运和集镇清扫保洁项目启动运营】 2020年8月15日，邵阳县农村垃圾收转运和集镇清扫保洁项目正式启动运营，全面实行市场化运作管理，日可转运集镇和农村生活垃圾达248.55吨。由县政府与长沙中联重科环境产业公司签约并启动的该项目，采用政府购买服务模式，合同总金额达3.12亿元。公司与邵阳县21个乡镇场达成合作协议，已配备洒水车、清扫车、中转车、压缩车等车辆91、勾臂箱540个、垃圾桶15440个，第一个周期设施设备总投资4942.59万元。将通过市场化运作，在邵阳县形成“城乡一体统筹推进、清扫保洁全面覆盖、收集转运专业运作、经费保障合理分担”的管理系统，有效提高城乡环境卫生工作管理水平。

【邵阳县塘田战时讲学院旧址被列为省级干部党性教育基地】 2020年12月，湖南省委组织部公布全省第三批市（厅）级党委批准的干部党性教育基地备案目录，塘田战时讲学院党性教育基地成功入选该备案目录。同时，被省直机关工委明确为第二批省直机关党员干部党性教育现场教学点。塘田战时讲学院（时称南方抗大）是抗日战争时期中共湖南省委和中共代表徐特立委派马克思主义历史学家吕振羽负责创办的一所抗日军政大学，学院旧址位于邵阳县塘田市镇对河村，系全国文保单位。邵阳县近年实施“红色基因传承工程”，对照干部党性教育基地硬件、软件标准，依托塘田战时讲学院等红色资源，推进党性教育基地建设。先后投入2000多万元，完成16间史迹陈列布展，新建1400平方米标准化培训中心，研发《南方抗大精神永放光芒教材》《红色教授吕振羽》等精品课程教材，拥有吕振羽故居、芙蓉山古炮塔等五大红色遗迹教学点，形成理论、互动、体验“三位一体”特色培训内容，可同期容纳培训学员180人。

（赵小明　刘凤田）

大　祥　区

区领导成员名录
（2020年）

区委书记：
黄艳娥（女）

区委副书记：
邓　涛
刘志斌（4月任，12月调离）

区委常委：
黄艳娥（女）
邓　涛
刘志斌（4月任，12月调离）
陈小飞（8月免）
吴方定（8月任）
贺光明
王振波
王炉军
袁卫东
王兰鹏
曾艳梅（女，7月免）
黄红五（8月任）
唐　枝

区人大常委会党组书记、主任：
陈小飞（8月任党组书记，12月任主任）

区人大常委会党组副书记：
姚　文（12月免）

区人大常委会副主任：
张雄燕（女）
谢新华
于代会
蒲秀连（女，兼）

区人民政府区长：
邓　涛

区人民政府副区长：
陈小飞（8月免）
吴方定（8月任）
李　平（女）
姚茂春
肖建华
肖小鑫
罗　杰
杨玉华（女）

区政协主席、党组书记：
陆先宏（8月免党组书记，12月免主席）
蔡治军（8月任党组书记，12月任主席）

区政协党组副书记：
李月华（女）

区政协副主席：
李月华（女）
李丽珍（女，兼）
袁文军
刘成生（兼）
龙　达（兼）

区人民法院院长：
张小林

区人民检察院检察长：
唐　贤

【概述】 大祥区地处湖南省邵阳市区的西南部，位于北纬27°04'45"～27°14'46"，东经111°22'26"～111°35'42"，总面积215平方公里。2020年，辖2个乡1个镇11个街道，常住人口36.23万人；人口出生率7.72‰，自然增长率4.08‰。

年降水量1377.9毫米，水资源总量1.55亿立方米。年内启动国务院重大水利工程犬木塘水库建设。主要矿产资源有水泥用灰岩、建筑材料用灰岩、砖瓦用页岩等，其中水泥用灰岩探明资源量2493.6万吨、建筑材料用灰岩探明资源量2399.6万吨、砖瓦用页岩探明资源量25.6万吨。森林覆盖率32.76%，水质综合达标率100%，空气质量优良率97%。

地区生产总值190.3亿元，比上年（下同）增长4%；第一、二、三产业增加值分别为7.1亿元、67.1亿元、116.1亿元，分别增长1.5%、2.9%、4.6%，三次产业结构比为3.9∶29.2∶66.9。一般公共预算收入6.03亿元，增长-0.55%，其中地方一般公共预算收入3.62亿元，增长0.56%；一般公共预算支出14.32亿元，增长8.87%。

农林牧渔业总产值15.33亿元，增长3.2%。耕地总面积17.9千公顷。农业支柱产业：绿色蔬菜、农产品加工、农产品冷链物流。主要产品产量：粮食5.8万吨、蔬菜12万吨、菜籽油1382吨，禽蛋194吨，水产品3200吨，出栏生猪8.7万头、羊1.05万只、牛0.23万头，禽肉1675吨。有市级以上农业产业化龙头企业32家，其中省级以上8家；农民专业合作社165家，其中省级以上示范社7家。农业机械总动力11.3万千瓦，农业机械化水平为58.7%。国家农业科技示范园建成日处理300吨污水处理站，新入驻企业7家。

规模以上工业增加值38.87亿元，增长0.2%。主要产品产量：电力、热力生产和供应业完成64.28亿元；皮革、皮毛羽毛及其制品和制鞋业完成10.48亿元；非金属矿物质品完成30.9亿元。有工业园区1家，园区工业增加值29.62亿元，增长6%；其中园区规模以上工业增加值25.1亿元，增长6.5%。建筑业增加值82.0亿元，增长15.8%。

社会消费品零售总额92.1亿元，下降2.5%。实际利用境外资金4036万美元，增长7.5%；实际到位省外境内资金55.4亿元，增长23.1%。培育限额以上企业15家，“破零倍增”企业18家。有新经济产业园1个，入住互联网科技企业20家。

全年接待国内外游客412万人次，受疫情影响，下降39%，其中接待入境游客100人次，下降99.23%；旅游收入40.3亿元，下降35.73%，其中入境旅游收入1.1万元，下降99.63%；红色旅游景区有1个，国家AAA级旅游景区1家。蔡锷故里文化博览园正式开园，成功申报了第一批“湖南省华侨文化交流基地”和“湖南省生态文明教育基地”。

固定资产投资比上年增长10.5%。其中高新技术产业投资增长72.4%，基础设施建设投资增长27.4%，房地产开发投资增长17.5%。交通基础建设投资24.3亿元，增长-12.6%；农田水利基础建设投资19.2亿元，增长202.7%。实施重点项目68个，完成投资68.4亿元，征地923亩，拆迁房屋6.6万平方米。

境内公路通车总里程485公里，增加22公里，其中高速铁路增加12公里、高速公路增加12公里，与上年持平。

有高新技术企业19家，新增10家；专利申请940件，增长9%；授权专利691件，增长125%；签订技术合同8项，成交金额0.58亿元，分别增长10%、200%；具有核心竞争力科技创新项目0项。有学校89所，其中小学44所（区属42所、市直2所）、普通初中12所（区属6所、市直6所）、普通高中3所（均为市直）、普通高校3所（均为省管）、中等职业学校4所（均为市管），公办幼儿园23所（区属20所、市直3所）；幼儿入园率89%，小学适龄儿童入学率100%，小学升初中入学率100%，高中阶段毛入学率94%。

全国重点文物保护单位、省级文物保护单位分别有2处、4处，省级以上非物质文化遗产保护项目1个，艺术表演团体25个，文化馆1个，公共图书馆1个，纪念馆1个，档案馆1个。有医疗卫生机构208个，其中疾病预防控制机构1个、医院1个、社区服务中心6个、

蔡锷故里文化博览园

（大祥区史志研究室 供图）

乡镇卫生院3个，病床405张，每千人口医生数基本达标。公共体育场地5个。

社会福利机构5个（公办敬老院）。新增城镇就业4450人，城镇失业率为4.5%。9个省级贫困村全部摘帽，7927人实现脱贫%。农村劳动力转移858人。城镇居民人均可支配收入33362元，农村居民人均可支配收入22751元，分别增长5.9%、7.8%。

存在的主要问题和不足：受经济下行压力和新冠肺炎疫情影响，实体经济发展困难；创新能力不够强，支撑产业发展的大项目少；污染防治、信访维稳等任务较为繁重；城乡基础设施、教育、医疗等民生领域存在短板；财政收支平衡难度大；少数干部服务能力、担当精神、创新意识、工作作风有待增强。

【蔡锷故里文化博览园开园】 2020年9月29日，蔡锷故里文化博览园正式开园。该园位于大祥区蔡锷乡蔡锷村，是近代著名民主革命家、政治家、军事家蔡锷将军诞生地，是集文物保护、爱国主义教育、国防教育与中小学生研学于一体的自然人文景观，为国家AAA级旅游景区、省爱国主义教育基地、省全民国防教育基地、省雷锋精神教育核心基地、省红色旅游景区（点）、省中小学生研学实践教育基地、省华侨文化交流基地、省涉侨文化遗产。园区总占地面积381亩，总投资1.5亿元，是邵阳市十大城市建设工程之一。项目于2013年10月份开工建设，2019年年底基本建成，2020年由大祥区政府投资5000万元，完成基础配套设施、沿线交通道路、周边环境治理等一系列扫尾工程。整个景区按照“一心、一带、三个功能区、多个景观节点”的总体构架打造，将纪念展示区、山林景观区、高雅服务区融为一体，让游人领略“护国之要，唯铁与血”的崇高精神，感悟“江山人物，天人合一”的深邃哲理。园内的蔡锷故居，为第六批全国重点文物保护单位，保留着清代同治、光绪时期的建筑特征。园区内的蔡锷纪念馆展陈面积1900平方米，有藏品1300余件，其中珍贵文物276件，分流血救国、辛亥革命、护国运动、万众景仰、崇高情怀5个展厅，运用大量的文物和图片，全程展示蔡锷将军的生平成长轨迹。（贺田香 罗丹苓）

双清区

区领导成员名录（2020年）

区委书记：
吴劲松

区委副书记：
肖　平（11月免）
江　韬（11月任）
刘厚见（4月任）

区委常委：
吴劲松
肖　平（11月免）
江　韬（11月任）
刘厚见（4月任）
曾峤林
张大敏
黄美南
何美艳（女）
于光庭
朱建晖（11月免）
李谟旺
郭　皓
李跃丰（11月任）

区人大常委会主任：
刘文伟

区人大常委会副主任：
林红金
黄小东
高小平
夏红波（女）
张小平（女）

区人民政府区长：
肖　平（12月免）
江　韬（12月任）

区人民政府副区长：
曾峤林（常务）
胡迪芬
李　政
谢　旺
李卫军
周上智
张立名
叶　萍（6月任）

区政协主席：
马新祥

区政协党组副书记：
黄美南
曾更祥

区政协副主席：
刘诚龙（兼，12月免）
肖永丽（兼）
马　林
胡益平
鞠远英（兼）
岳创业（12月任）

区人民法院院长：
刘　瑜（12月免）
金治伍（12月任）

区人民检察院检察长：
伍顺亮

【概述】 双清区地处湖南省中部偏西南，位于北纬27° 13'~27° 16'、东经111° 27'~ 111° 30'，总面积135.22平方公里。2020年，辖1个乡2个镇9个街道，设有59个社区，33个村，921个居民小组，690个村民小组，其中高崇山镇、昭阳片区自2017年9月起由邵阳经济开发区托管。2020年年末常住人口32.03万人，其中城镇人口26.62万人，城镇化率83.11%。人口出生率7.85‰，自然增长率3.90‰。

年降水量1433.2毫米，水资源总量1.96亿立方米，主要矿产资源煤、锰、大理石，森林覆盖率30.09%，水质综合达标率100%，空气质量优良率93.4%。

地区生产总值176.49亿元，同

比增长3.8%。第一、二、三产业增加值分别为5.01亿元、84.99亿元、86.49亿元，分别增长1.8%、5.2%、2.7%。三次产业结构比为2.8：48.2：49。一般公共预算收入4.45亿元，减少26.76%；地方一般公共预算收入2.5亿元，减少30.13%。一般公共预算支出12.28亿元，减少7.72%。

全区规模以上工业企业达202家，完成规模工业总产值344.5亿元，增长13.1%。工业增加值50.24亿元，增长5.2%。工业支柱产业有汽车制造业、医药制造业、专用设备制造业。建筑业增加值34.76亿元，增长4.8%。

农林牧渔业增加值6.99亿元。耕地总面积3.2千公顷。主要产品产量：粮食3.51万吨，蔬菜6.38万吨，禽蛋0.06万吨，水产品0.13万吨，出栏生猪5.34万头、羊1.05万只、牛0.24万头，肉类0.52万吨。农业支柱产业为绿色蔬菜、农产品加工、水果。有市级以上农业产业化龙头企业9家，其中省级以上5家；农民专业合作社33家，其中省级以上示范社5家。农业机械总动力12.52万千瓦，农业机械化水平54.94%。

社会消费品零售总额128.64亿元，下降3.1%（剔除物价因素）。进出口总额46.11亿元，增长12.9%，其中进口2.08亿元，下降36%；出口44.03亿元，增长10%。实际利用境外资金3.3亿美元，增长3%；实际到位省外境内资金60.5亿元，增长22.53%。

接待国内外游客246.93万人，减少40.85%，其中接待入境游客0.02万人，减少98.6%；旅游收入24.19亿元，减少37.57%，红色旅游经典景区有2个，有A级景区1个。

固定资产投资增长6.3%。其中高新技术产业投资增长23.7%，基础设施建设投资减少44.2%，房地产开发投资减少1.3%。

有高新技术企业75家，年内新增36家；科学研究开发机构18家，新增1家。取得省部级以上科技成果1项。专利申请748件，增长36.2%；授权专利468件，增长121.8%。签订技术合同32项，成交金额1.17亿元，分别增长100%、30.11%；高新技术产业增加值增长16.56%。有小学32所、普通初中3所、普通高中1所、九年一贯制学校2所、中等职业学校1所，公办幼儿园28所；幼儿入园率100%，小学适龄儿童入学率100%，小学升初中入学率100%，高中阶段毛入学率96%。

省级文物保护单位有2处，艺术表演团体1个，文化馆2个，公共图书馆2个，博物馆（纪念馆）1个，档案馆1个。有医疗卫生机构187个，卫生技术人员308人，病床424张。公共体育场地157个。

社会福利机构9个。新增城镇就业3996人，城镇失业率4.3%，农村劳动力转移500人。累计脱贫2100人。城镇居民人均可支配收入34178元，农村居民人均可支配收入23115元，分别增长5.9%、7.8%。

全体居民人均可支配收入3.22万元，比上年（下同）增长6.2%。其中，城镇居民人均可支配收入3.42万元，增长5.9%；农村居民人均可支配收入2.31万元，增长7.8%。

年内对44个老旧小区实施改造，19个省定民生实事老旧小区改造项目全面完工13个，进度排名全市第一；成功创建省级美丽乡村示范村1个，市级美丽乡村示范村1个；打造具有双清特色，服务全市、辐射全省的科技资源创新创业集聚中心和省级标杆型示范公共服务平台。

是年，双清区获评“全省安全生产和消防工作优秀单位”“全省工业经济运行监测协调工作先进县市区”，推动高质量发展、落实创新引领战略、根治拖欠农民工工资三项工作获省政府2020年度真抓实干表彰。

存在的主要问题和不足：受新冠肺炎疫情影响，经济运行不确定性因素增加，经济下行压力持续增大，部分经济指标增长没有达到预期目标；财政刚性支出大幅增长，财政收入增长乏力，收支矛盾加剧；城乡建设、社会事业、民生保障等与人民群众的要求和期望存在差距，信访维稳压力逐年增大，部分社会突出矛盾亟待化解；少数干部主动担当、较真碰硬、狠抓落实的精神不够，工作能力有待提升。

【寒梅村入选全国乡村治理示范村】 2020年，双清区滨江街道寒梅村入选全国乡村治理示范村。该村有20个村民小组658户2338人，

2020年6月，双清区滨江街道寒梅村进行抛荒整治工作

（双清区史志研究室 供图）

总面积2773.77亩。截至年底，全面完成“七个一”标准化文体广场建设，建成寒梅村“梅花广场”和“寒梅村文化家园”大舞台；村组道路全部硬化，打通寒梅村环形公路；全村种植梅花树成活220余棵。通过一对一帮扶，全村16户贫困户无返贫现象且收入稳定增加。建设精品水果、和畅农业2个农业产业生产示范基地，分别租用土地380亩、80亩，种植药材和精品水果，推动集体经济。开展村民自治，召集村民代表制定村规民约，推行村务重大事项“党员+群众”双评议机制，村务工作先党员代表大会通过，再提交村民代表大会通过，激发群众参与村级事务热情。加大整治力度，打造宜居环境。累计清除陈年垃圾82车300余吨，清除6口水塘垃圾，实现全村无一处暴露垃圾、无一处卫生死角；内部招聘路面和院落保洁人员13名进行日常保洁；购买使用垃圾清运车1台、大型垃圾桶40多个，入户发放分类垃圾桶400余个。实行院落卫生评比常态化，每个月对各院落进行一次卫生评比并奖励先进。开展改水、改厕、改房、改污物、改路，治脏、治乱、治差、治污、治俗“五改五治”活动，实施村级道路及院落路灯亮化工程。全面启动移风易俗工作，制定出台关于移风易俗的村规民约补充条款，发放移风易俗倡议书和签订移风易俗承诺书800余份。

【双清区根治拖欠农民工工资工作获省政府表彰】 2020年，双清区以工程建设领域和加工制造、餐饮服务等行业为重点，实行分块排查、分级排查相结合的联合排查制度，全面开展农民工工资支付情况“拉网式”检查，做到“不漏一户企业、不漏一个工程项目”，由区劳动监察部门对负责的片区进行不定期排查，对排查中发现的问题，及时下达限期整改指令书，对整改不力或拒绝整改的，及时予以立案依法进行处理。同时，依托区、乡（街道）、村（社区）三级劳动保障平台，对治理农民工工资拖欠问题实行网格化管理，纳入年度绩效考核，专人专管，责任到人，发现问题及时进行查处。区劳动人事争议调解仲裁机构简化办案程序，以农民工群体为重点，开通维权仲裁调解、法律援助以及来信来访“绿色通道”，对涉及拖欠农民工工资的争议案件实行优先受理、优先开庭、快速裁决、快速结案，做到无重大恶意拖欠工资行为、无越级欠薪上访事件，工资清欠覆盖面100%、欠薪案件结案率100%。截至年底，全区劳动争议仲裁受理案件44件，其中调解13件，裁决25件，6件正在处理当中，涉及劳动者44人，涉及金额108.78万元；区劳动监察接待投诉案件108件，立案前调解案件94件，立案7件均移送公安机关，帮助285名劳动者追回工资302.7万元，保障农民工工资全年欠薪投诉较上年减少30%。双清区被评为“全省根治拖欠农民工工资工作成效明显的市州、县市区”，获省政府表扬激励。

【双清区获评全省2020年安全生产和消防工作优秀单位】 2020年，双清区建立区委常委包联系乡镇办、副区长包分管行业领域、“横向到边、纵向到底”的安全生产领导责任体系。在各乡镇办、安委会成员单位推行由担任党委委员的副职分管安全生产工作。同时设立村级安全员，由村（社区）书记、主任兼任，制定村级安全员考核办法。持续开展“春雷2020暨安全生产集中整治行动”“强执法防事故”“安全生产六月宣传月活动”“安全生产专项整治三年行动”等安全生产专项整治行动。防范化解重大安全风险，在全区所有生产经营单位推广安全生产班前会工作制度；针对各重点行业领域的重大安全隐患，落实“一单四制”要求，及时交办、跟踪督办、验收销号确保整改到位；采取聘请专家现场会诊等形式，针对辖区内的重点单位开展全面体检，整治重大隐患。提升防灾减灾救灾能力，完成各类风险隐患排查整治，完成地质灾害、病险水库、屋顶山塘、低标准池塘和小流域山洪易发区等危险区风险，完成预案修编和形势分析，在全区11个乡镇（街道）建立一线指挥部。成功处理梓树社区纸板厂家属楼北侧山体滑坡重大险情。全年全区实现事故起数、死亡人数和一般亡人事故“三个持续下降”，被评为全省2020年安全生产和消防工作优秀单位。（姚 蓓）

北 塔 区

区领导成员名录
（2020年）

区委书记：
仇珂静（女，苗族，11月免）
肖 平（11月任）

区委副书记：
刘贻银
杨映林（苗族，7月免）
邓 政（7月任）

区委常委：
仇珂静（女，苗族，11月免）
肖 平（11月任）
刘贻银
杨映林（苗族，7月免）
邓 政（7月任）
夏 刊（7月免）
刘鹏高（7月免）
罗 颢
陈名洋
戴求兵
康季华
向 兵
袁 玲（女）
唐 凌（7月任）

李仁明（7月任）

区人大常委会主任：

欧阳学

区人大常委会副主任：

朱登国

唐朝宝

孙明理

刘海燕（女）

王春光

区人民政府区长：

刘贻银

区人民政府副区长：

陈名洋

张亚云

张怡平

仇湘中（6月免）

朱祥国

李旭宾（土家族）

刘顺英

王永红（8月任）

区政协主席：

丁祖忠（苗族）

区政协副主席：

林道藩（10月免）

杨　斌（兼）

陈黎明（兼）

叶三红（女）

陈国雄（兼）

彭国湖（12月任）

区人民法院院长：

贺一清

区人民检察院检察长：

田　晶（女，土家族）

2020年12月21日，犬木塘水库枢纽工程动工典礼举行

（北塔区融媒体中心供图）

【概述】 2020年，北塔区辖陈家桥乡、状元洲街道、田江街道、新滩镇街道、茶元头街道，面积84.4平方公里，耕地面积3.53万亩。总人口12.27万人，人口出生率8.73‰，自然增长率5.27‰。

实现地区生产总值54.94亿元，同比增长3.9%；固定资产投资52.66亿元，同比增长7%；社会消费品零售总额22.86亿元，同比增长1%；规模以上工业增加值13.06亿元，同比增长2.1%。完成全口径税收收入11.19亿元，同比增长48.15%，一般预算收入1.10亿元，同比增长5.4%，财政收入质量持续提高，非税占比降至17.72%，同比下降2.32个百分点。城镇居民人均可支配收入达3.07万元，同比增长6.5%；农村居民人均可支配收入达2.08万元，同比增长8.5%。

三次产业比例由上年同期的7.00∶33.72∶59.28，调整为8.57∶28.14∶63.29，第三产业投资占比大幅提高。推进一、二、三产业融合发展，通过参加“春暖潇湘，奇美邵阳”网络消费季直播专场活动和全省旅游博览会，推介湘窖工业旅游、城郊休闲农业等特色旅游资源。培育“互联网+订单农业”，杨梅、蓝莓、稻花鱼、小龙虾、油茶等特色种养产业不断壮大。全区AAA级以上生态农庄、农村合作社分别达到8家、40家，休闲农业克服疫情不利影响，总收入达到上年同期水平。新增规模以上工业企业2家，完成工业总产值66.5亿元，高新技术产业产值14.3亿元，工业技改投资0.74亿元。完成中小企业公共服务平台建设任务，通过省工信厅验收。湖南君志达保温材料有限公司成功申报认定为高新技术企业，湘窖酒业被列为湖南省先进制造业和现代服务业融合发展试点（第一批）企业。

全年培育新增外贸进出口企业15家，限额以上企业11家，引导美丽湘龙等外贸龙头企业入驻国内大型电商平台，在长沙等地设置直销网点和展厅，推动发制品、皮草、羽绒等产品走出国门。特色文化集聚区智慧平台项目启动建设。山水书院、中梁北城首府、湾田望江府等新建住宅业项目进展顺利。23个在售住宅业项目预计全年销售商品房面积66.4万平方米，同比增长38.8%。

农林牧渔业增加值6.94亿元，增长3.4%。耕地总面积28.5千公顷。农业主要产品产量：粮食1.8万吨、蔬菜13万吨、茶叶1.86万吨，禽蛋0.09万吨，水产品0.13万吨，出栏生猪4.67万头、羊0.54万只、牛0.13万头，肉类产品0.38万吨。有市级以上农业产业化龙头企业11家，其中省级以上1家；农民专业合作社67家，其中省级以上示范社5家。农业机械总动力10.55万千瓦，农业机械化水平为69%。

全年安排市区级重点项目50个，年度投资76亿元，其中13个市级重点项目完成投资28.13亿元，完成年度任务的115%。广厦文化教育创意园招商引资进展顺利，已签约芒果破冰、芒果影视、酷贝拉等品牌入驻；湘窖二期项目完成洞藏封坛基地改造；恒大影城即将营业；大应公路提质改造加快推进；原华天城项目二期和原青城恒深项目全面完成征拆工作；犬木塘水库枢纽工程正式动工；城区排水防涝建设和李山峰溪、枫江溪水环境综合治理项目稳步推进。全年争取中央预算内到位资金9194万元，申报专项债券项目4个，完成项目储备32个。开展重点项目突出问题专项整治并出台相关管理办法和考核细则，规范政府投资项目建设行为。

全年发放城乡低保资金1600余万元、特困资金150余万元、临时补助资金450余万元，惠及困难群众2.6万余人。城乡低保标准分别提高至530元/月、340元/月，人均救助水平达到246元/月。建成“农村留守儿童之家”16处，累计投入2600余万元建成养老服务机构5家、社区日间照料中心25个，建成“北塔区养老服务监管指导中心”。城镇登记失业率3.16%。发布企业招聘岗位2600余个，新增就业1576人，实施就业“311”服务6000余人次，建成高校毕业生见习基地4家。超额完成公办幼儿园学位建设任务，学位数达2249个，公办幼儿园在园幼儿占比达42.68%以上。65岁以上老年人健康管理建档9546人。开展免费产前筛查和“两癌”筛查，孕产妇死亡率保持为零，5岁以下儿童死亡率控制在0.6%以下。城乡医保参保人数10.26万人，参保率95.14%。全面完成C、D级危房改造任务，加固C级危房1543户，处置D级危房325户。全年化解信访积案28件，预防和化解社会矛盾211起。完成剩余78户164人的脱贫任务，全区3630名贫困人口全部脱贫退出。

存在的主要困难和问题：经济发展内生动力不够强劲，产业基础较差，产业发展能力和产业链水平不够高；财力平衡任务艰巨，收支矛盾比较突出；民生服务保障水平仍需提升，医疗、教育、购物等公共资源仍严重欠缺；政府服务水平还有不小差距；作风建设存在短板，个别单位形式主义、官僚主义严重，推诿扯皮、敷衍塞责，执行力不强。

【乡村振兴全面实施】 2020年，北塔区壮大乡村产业，建成精品水果、药材、水产养殖等特色产业项目26个，形成“一村一品”格局，其中李子塘杨梅、田江桑葚、茶元头蘑菇品牌效应逐渐显现。持续改善农村基础设施，提质改造农村公路20公里，硬化农村公路45.5公里，新修改造灌溉水渠9.3公里，新修机耕道12.5公里。开展农村人居环境综合整治，整改户厕203座，新建农村公厕10座。推行庭院绿化行动，打造马家村、李子塘村、田江村、茶元头村“美丽屋场”样板点。巩固提升农村饮水安全，改造白田社区供水工程，实施兴隆社区市政管网延伸工程。陈家桥乡全域推进美丽乡村建设通过省级检查，李子塘村获评“全省美丽乡村示范村”“全省休闲农业示范村”。

【防范重大风险】 2020年，北塔区健全地方债务风险防控制度，落实“三个确保”管控目标，偿还到期隐性债务本金2145万元，被评为全省“化债工作优秀县市区”。继续实行安全生产区长值周巡查制度，重点针对交通顽瘴痼疾、消防、危险化学品、建筑施工等重点行业领域开展“春雷2020”集中整治行动，针对“三合一”场所、租赁民房等重点部位实行专项整治，整改率达96.8%。推进消防正规化建设，“基层消防上台阶”三年行动提前完成目标任务。全区安全生产形势总体平稳，未发生较大及以上生产安全事故。全面完成粮食和生猪生产任务，有效防治非洲猪瘟、禽流感等动物疫病，全年未出现重大动物疫情。

（孙 剑　范时钢）

人物

【全国劳动模范刘令安】 1960年10月出生，无党派人士，大学本科学历，拓浦精工智能制造（邵阳）有限公司董事长，2020年全国劳动模范获得者。2018年，为让小家电实现智能生产的突破，践行“中国制造2025”，刘令安投资建设拓浦精工智能制造（邵阳）有限公司（以下简称拓浦精工），为湖南省“100个重点产业建设项目”之一。他带队到国内外先进企业考察学习，反复论证、调研，用短短一年破解层层难题，摸索出一条工业4.0工厂建设之路。2019年1月，拓浦精工完成一期建设并投产。到2020年年底，已发展成为一家向全球客户提供智能家电产品研发、制造、营销服务的高效、节能、环保的智能化现代工厂，拥有一支家电领域高端顶尖人才团队，具备年产2000万台套智能家电产品的能力，在装备生产线、产品外观等方面拥有专利申请权100余项，专利权30余项。实现设备自动化、生产透明化、物流智能化、管理移动化、决策数据化的运营模式。

【全国劳动模范陈方清】 1967年12月出生，邵阳市绥宁县人，大学本科学历，湖南省烟草公司邵阳市公司绥宁县分公司市场服务分部客户经理。1985年10月进入绥宁县烟草专卖局（分公司），先后担任批发部仓库保管员、专卖外勤、网建办事员、农村送货组组长、总库主任、片区配送站站长、客户经理。2002年获评全省烟草商业系统仓储争先创优活动先进个人，2004年、2006年获评全市系统“先进工作者”，2011年获评全市系统“岗位先进”，2014年获评“全国烟草行业劳动模范”。他扎根基层35年，勤勤勉勉工作在烟草行业的最基层、最前沿，坚守在东武陵山区边远农村市场，累计客户服务行程30万公里，始终用真诚、真情、真心赢得卷烟零售客户的一致肯定。2020年被党中央、国务院授予“全国劳动模范”称号。 （唐 涛）

【全国劳动模范王化永】 1969年7月出生，邵阳市隆回县人，中共党员，大学本科学历，隆回县羊古坳镇赵家冲村党支部书记，中共十九大代表，2020年被授予“全国劳动模范”称号。2009年2月，他在雷峰村集中连片流转100多亩耕地，成为以个人土地转流方式承担袁隆平超级稻高产攻关全国第一人。自2009年承担高产攻关任务11年来，严格遵循袁隆平院士“良种、良法、良田、良态”的四良法则进行攻关试验，先后4次创造超级稻连片种植世界最高产纪录。2011年创造世界最高产量纪录，百亩示范片平均亩产达到926.6公斤，2015年又实现亩产1004.3公斤的目标，2019年平均亩产1089公斤，创造籼粳杂交超级稻全国最高纪录。2020年亩产又实现新突破。为世界水稻高产树立中国标杆。超级稻高产试验成果在全国和东南亚国家得到推广应用，仅隆回县内种植面积就达到60多万亩，辐射带动羊古坳周边11个乡镇实施“种三产四”丰产工程，较之前整体粮食增产25%左右，为农业增产、农民增收发挥了重要作用。2020年，获第十一届“袁隆平农业科技奖”，成为唯一获奖的基层农民代表。

【全国劳动模范张丽青】 女，1976年3月出生，邵阳市新邵县人，中共党员，湖南新龙矿业有限责任公司质检中心制样员，2020年被授予“全国劳动模范”称号。坐落在新邵县东北边陲的新龙矿业，崇山峻岭环绕，金、锑矿藏极为丰富，是湖南黄金“稀贵和有色金属”板块的重要支撑，矿区四面环山，位置偏僻，条件艰苦。2005年，她成为新龙矿业选厂车间的一名破碎工。选矿碎矿设备负荷大、战线长，部件磨损严重，任何一台设备故障都会造成全线停车，对工人操作水平、责任心要求极高。可她与碎石打交道，一干就是12年。2011年，成为破碎班班长。在其带领下，破碎车间从未出现过生产、安全事故，班组设备故障率全厂最低，原矿处理能力最高，月出矿量更是高出其他班组五分之一，整个班的工作有声有色。2016年年底，被调入质检中心，在很短的时间她便能高质量地独立操作，对每一份样品都能精准把握。同时善思善学，工作仅半年就提出“制样室抽风系统”“精矿制样抽滤系统”等多项优化方案并被公司采纳，在简化制样操作的同时，降低员工的安全隐患，降低职业病的风险，大大改善了员工工作条件。2020年，被党中央、国务院授予“全国劳动模范”称号。

【全国劳动模范肖笑波】 女，1983年11月出生，邵阳市新邵县人，中共党员，国家一级演员，邵阳市非物质文化遗产保护传承研究所所长，湖南省祁剧保护传承中心旦行演员，湖南省戏剧家协会副主席。11岁学戏，师从祁剧名角花中美，兼习花旦、刀马旦、正旦、老旦等多角。主演并创作《目连救母》《梦蝶》《天下粮仓》《火种》等祁剧剧目，主演并拍摄戏曲电影《李三娘》《王化买父》，主演传承经典剧目《昭君出塞》《沙家浜》《打金枝》《彩楼配》等。2006年、2009年两次获湖南省艺术节田汉表演奖；2010年获“中国长江流域青年戏曲演员大赛”金奖、湖南省青年演员大赛“头牌演员”奖；2011年获第25届中国戏曲奖·梅花表演奖，这是祁剧的第一个梅花奖，肖笑波成为当届全国最年轻的梅花奖得主；2015年入选文化部20名地方戏优秀中青年演员展演，其表演被专家誉为“璀璨的明珠”；2016年被文化部列为“青年拔尖人才”，2018年入选“湖湘青年英才”，被中华妇女联合会授予“全国三八红旗手”称号，2019年入选国家艺术基金青年创作人才，2020年被党中央、国务院授予“全国劳动模范”称号。

【"全国先进工作者"张国华】 1963年6月出生，邵阳市邵东市人，中共党员，大学本科学历，邵阳市中心医院党委书记、主任医师。曾获"湖南省优秀院长""全国优秀院长""湖南省先进工作者"等称号，并获得"全国五一劳动奖章"。2020年被党中央、国务院授予"全国先进工作者"称号。从医30多年以来，他大胆创新，探索新时期下医院管理新途径，成功实现2所医院的现代化转型；率先在邵阳开展30余项新技术、新项目、新疗法；先后为市卫生系统创建和组建了烧伤外科、整形外科、血管介入外科等10余个学科，推出门诊服务流程一站式模式、三专门诊模式、无假日门诊服务模式、临床路径治疗模式、学科体系化建设、医疗服务体系化建设模式、项目小组建设模式等多种运行新模式。本人5次获市科学技术进步奖，其中二等奖1项、三等奖4项，获省级科研项目立项1项。新冠肺炎疫情防控期间，他坚守在临床一线，带领以感染科、重症医学科室120余名医护人员构成的核心班底，进行策略制定、日会诊、病历讨论，对患者进行精心救治，截至2020年2月16日，邵阳市治愈出院率达63.4%，在全国确诊病例过百的45个城市中排名第一。

【全国三八红旗手杨淑亭】 女，1991年出生，苗族，城步苗族自治县白毛坪镇歌舞村人。2011年，杨淑亭因车祸导致高位截瘫，但她乐观向上，勇于拼搏。2014年开设工艺品淘宝店，赚到人生第一桶金。2015年5月与朋友合伙在白毛坪镇歌舞村创办城步万红花卉合作社。2016年12月，成立湖南七七科技股份有限公司，是一家集体育用品、仿真花、箱包、皮具的研发、生产、销售于一体的出口型企业。公司积极参与脱贫攻坚事业，在县城周边设置30余个花卉组装代理点，为留守妇女、贫困户、残疾人等提供就业岗位，带动386户1386人就业增收，其中委托帮扶建档立卡贫困户256户，残疾人59人。2020年公司注册"七语七诗"品牌，产品远销东南亚、南美、欧美、中东、南非国家，四年间公司外贸出口额达4200万元。公司获"全国残疾人之家"称号，其先后获"湖南省百名最美扶贫人物""湖南省自强模范""湖南省向上向善好青年"等称号，2019年获"全国脱贫攻坚奖奋进奖"，2020年10月获2019年度"全国三八红旗手"称号。

【全国扶贫工作先进个人】 2020年，邵阳市共14人被评为全国脱贫攻坚先进个人。

曹权文 邵阳市发展和改革委员会社会发展科副科长。他任劳任怨、恪尽职守，始终坚守在易地扶贫搬迁工作一线，精准指导各县市区，完成全市23658户89545人搬迁任务。

杨韶辉 新邵县委会副书记。他经常满负荷、快节奏开展扶贫工作,干部群众评价其为"拼命三郎"。在其示范带领下，全县干部用心用情用力抓工作落实，新邵县提前一年实现高质量脱贫摘帽，全县30159户115805名贫困对象全部脱贫，127个贫困村全部退出，连续三年代表湖南迎接国家检查。

郭华满 新宁县交通运输局党组书记、局长。他科学施策,向省、市争取项目资金2.93亿元,新改建公路2263.6公里,全县305个行政村和25户100人以上自然团寨通水泥路建设实现全覆盖,通客车率达100%。

肖　阳 洞口县月溪镇管竹村驻村帮扶工作队员、湖南省省财政厅一级主任科员。2018年3月，他主动请缨驻洞口县月溪镇管竹村开展驻村帮扶工作，先后帮助管竹村建起养蜂、油茶、山苍子、穇子种植加工、山苍子油生产等一系列产业，带动困难群众增产增收。

胡拥军 隆回县山界回族乡党委书记。他发挥党委核心领导作用，立足少数民族乡镇实际，全面完成全乡水电路、村级服务场所等基础设施改造升级；立足当地传统特色产业，实现古法红糖、龙牙百合、清真牛羊食品特色扶贫产业升级。全乡所有贫困村顺利出列，贫困人口稳定脱贫。

潘文彬 洞口县大屋瑶族乡高峰村支部书记。他自上任以来，先后争取各类资金累计700多万元，全村15个村民小组中13个组通硬化路，通路里程达11余公里，修水圳2公里，并成立油茶种植专业合作社以及种植养殖专业合作社，带动贫困群众脱贫致富。

石忠柏 绥宁县红岩镇石家村支部书记。他带领全村先后完成90余万元的村级综合服务平台改建、8万余元的党建宣传长廊和政法综治宣传长廊，20多万元的安全饮水工程改造、新建蓄水池6个，3.5公里的村组道路硬化，4000米的高标准水圳及2个高标准排灌站建设，70多万元的新修产业发展机耕道2公里, 20多万元的农网全面升级改造, 40多万元的太阳能路灯, 70多万元的岩门冲水库除险加固工程，为村民生产生活提供有力保障。

杨淑亭 参见全国三八红旗手杨淑亭。

刘孙易 武冈市湾头桥镇泻油村总支部书记。他善谋苦干，在其带领下，全村完成8.4公里的村道硬化，修建1200米水渠，整修河道300米，完成标准农电网改善线路600公里，安装备变压器14台。

肖　欣 武冈市扶贫开发办公室副主任。脱贫攻坚期间，他发扬艰苦奋斗精神，经常"白+黑、5+2"地工作，面对困难不退缩，不抱怨，兢兢业业，埋头苦干。在湾头桥镇担任专职副书记期间，她分管扶贫、党建工作，还是分片指导员、三个村的包村科级干部，她充分安排时间，将有限的精力投入繁杂的工作当中，确保湾头桥工作扶贫工作顺利开展。

宋刘斌 新宁县水庙镇枧杆山村驻村工作队，长沙理工大学 第一书记、队长。2017年9月，他先后在新宁县风神洞村和枧杆山村驻村扶贫，通过“党建+文化”“党建+产业”“党建+志愿服务”和“五化”支部建设，落实各类资金2700万元，完成消费扶贫2200多万元，帮助村民销售滞销脐橙5万余公斤，帮助64户贫困户搬出大山，建好10个文化阵地，培训村民超5000人次，建成7个产业基地，村集体经济收入2019年超过60万元。

张雄军 邵阳县塘渡口镇蔡山团村总支部书记。他以抓党建促脱贫为总揽，在县委办指导下，团结带领支村两委开展精准扶贫，该村投入资金2800万元，硬化村级道路8.2公里，新建机耕道5.1公里，维修机埠2处，修建灌溉渠道1500米，拆除“空心房”85座，改厕182座，新建村级综合服务平台和文化广场、种植精品水果基地220亩，油茶基地200亩，休闲鱼塘50亩，荷花基地50亩，村集体经济从零发展到20万元。

邓胜利 邵阳县住房和城乡建设局党组书记、局长。他把贫困群众住房安全放在首位，走访全县393个行政村，核危房存量、全覆盖鉴定和标识四类对象54059户，落实危房改造对象“应报尽报，应改尽改”。2013年以来，完成农危房改造21433户，成效显著，社会反响良好。

熊劲松 新宁县安山乡大塘村驻村第一书记，中国南方航空集团有限公司湖南分公司扶贫工作队队长。他推动南航集团“航空引领、产业带动、教育固本、关爱救助、阳光扶贫”的特色扶贫模式在大塘村落地,推动全村产业规模化、管理科学化、经营市场化、推进平台化，先后成立5家平台农业公司、合作社、一个电商平台，建成1000亩油茶林、206亩高标准脐橙园、500平方米扶贫工厂。2020年，大塘航橙园正式建成并于当年挂果，大塘村“二环”道路建设提前完成，可覆盖1600人的自来水厂工程投入使用，投资200万元的南航大塘连心桥10月建成通车，使村民20多年的建桥梦想变为现实。

（邱海华）

附录

文件选登

邵阳市承接产业转移示范区发展规划

（2020—2025年）

为深入贯彻落实习近平总书记对湖南工作重要指示精神，抓住东部沿海地区产业向中西部地区转移和国家支持中部地区高质量发展的重大机遇，坚持创新引领开放崛起战略，加快“二中心一枢纽”建设，奋力在湘南湘西承接产业转移示范区建设中干在实处走在前列，根据《湘南湘西承接产业转移示范区总体方案》和省人民政府印发的《湘南湘西承接产业转移示范区发展规划》精神，制定本规划。

一、发展基础

（一）区位交通便利

沪昆高铁、洛湛铁路穿境而过，怀邵衡铁路联通东西沪昆、南北京广两条高铁大动脉，市区邵阳站开行直达北京、上海、广州、深圳、长沙、武汉、杭州、昆明等全国重要城市的高速动车。全国交通大动脉贯通南北的二广、包茂高速和连接东西的沪昆高速在此交会，境内10条高速公路纵横交错，实现县县通高速。邵阳武冈机场开通8条全国重要城市航线。形成了“铁公机一体”的现代化立体交通网和“无缝衔接、零距离换乘”的快速交通圈，基本建成全国区域性综合交通枢纽。

（二）产业来势较好

邵阳沪昆百里工业走廊成为规模最大、覆盖人口最多的工业带，建成电子信息、品牌服饰、发制品、小五金、中药材、循环经济等特色园中园和产业小镇，发展装备制造、智能家居、特色轻工等产业集群。“四上”单位年增量保持全省前两位，规模工业企业数居全省第二。高新技术产品企业857家，彩虹特种玻璃、三一渣土车、邵纺机旋挖机、维克液压深海机器人等新产品和新技术国际国内领先。农业形成“一县一品、一品一特”格局，特色基地和优势产业明显。

（三）生态环境优良

森林覆盖率60.95%，高于全省1个百分点，草山、森林面积分别居全省第一、二，境内有2个国家级地质公园、3个国家级自然保护区、4个国家级风景名胜区、4个国家级森林公园、7个国家建设试点湿地公园，世界自然遗产崀山、国家公园南山、“神奇绿洲”黄桑等自然景观驰名中外。

（四）人力资源丰富

全市户籍总人口828万人，常住人口730万人，劳动力约470万人，其中熟练产业工人约100万人。全球邵商人数超百万，东南亚成为邵商聚集区，邵商群体总资产规模超过4万亿元。近年通过开展创新创业园区“135”工程、“迎老乡回故乡建家乡”活动等，邵商抱团回乡投资创业发展意愿强烈，为邵阳承接产业转移提供有力支撑。

（五）开放平台完善

县县都建有省级工业园区和湘商产业园，正在打造“135”工程升级版，邵阳海关开关运行，保税仓和监管仓实现省级园区全覆盖。

（六）发展机遇难得

国内外产业链格局重塑带来重大发展机遇，全球经济发展正面临百年未有之大变局，我国实现创新驱动和高质量发展变得十分迫切，新一轮科技革命、消费经济升级、产业结构重塑正在来临。粤港澳大湾区、长江三角洲等区域产业转移带来重大发展机遇，邵阳作为粤港澳大湾区经济辐射的前沿梯层，随着“二中心一枢纽”的逐步建成，承接产业转移的空间广阔。国家支持中部崛起带来重大发展机遇，邵阳既有良好基础，又有政策支持，承接产业转移恰逢其时、正逢其势。

二、总体要求

（一）指导思想

以习近平新时代中国特色社会主义思想为指导，全面贯彻党的十九大和十九届二中、三中、四中全会精神，立足在地理位置上是湖南东西部地区过渡带、四大经济板块结合部的战略定位，坚持创新引领开放崛起，围绕建设“二中心一枢纽”，全面对接粤港澳大湾区、长三角一体化，加快推进新旧动能转换和产业转型升级，推动经济发展质量变革、效率变革、动力变革，构建产业结构优化、开放体系完善、区域协同联动、行政服务高效、示范效应明显的高质量发展新格局，奋力在湘南湘西承接产业转移示范区建设中干在实处走在前列。

（二）基本原则

坚持市场主导，推动创新发展。充分发挥市场配置资源的决定性作用，强化规划和政策引导，积极开展先行先试，增强创新驱动发展能力，实现在承接中创新、在创新中发展。

坚持分类指导，推动协调发展。发挥比较优势，优化产业布局，合理确定产业承接重点，推动有序承接和错位发展，形成发展合力。

坚持生态优先，推动绿色发展。践行绿水青山就是金山银山的理念，建立健全绿色低碳、循环发展的经济体系，加快传统产业改造升级，推进绿色发展。

坚持深化改革，推动开放发展。加大“放管服”改革力度，进一步优化审批、成本、法治、信用、服务环境，着力解决客商“愿不愿来、敢不敢来、赚不赚钱、安不安心”的问题，不断推动全方位、深层次对外开放。

坚持区域联动，推动共享发展。探索建立与转出地无缝对接的合作机制，加强产业转移政策与精准扶贫政策对接，让贫困人口同全国一道进入全面小康社会。

（三）战略定位

湘南湘西承接产业转移先行区。抢抓国内外产业分工细化和产业产能转移的机遇，发挥邵阳在地理位置上处于湖南东西部地区过渡带、四大经济板块结合

邵阳市承接产业转移示范区主要经济社会发展指标表

表11

指标类别	具体指标	单位	2019 年	2020 年	2025 年
综合指标	地区生产总值	亿元	2152.48	2350	≥3300
	人均 GDP	万元	2.93	3.2	≥4.5
	地方一般公共预算收入	亿元	102.94	110	≥170
	地方一般公共预算收入与 GDP 比率	%	4.78	4.70	5.17
	常住人口城镇化率	%	48.78	50	≥59
产业指标	产业投资占固定资产投资比重	%	50.1%	60%	62%
	“四上企业”数	家	2375	2517	≥4000
	规模工业企业数	家	1643	1807	≥2900
	累计引进和培育高新技术企业数	家	150	230	≥750
	累计引进三类 500 强企业项目数	个	22	42	≥108
	累计引进三类 500 强项目资金	亿元	160.77	600	≥1600
质量指标	专利授权量	项	2734	3360	≥5000
	每万人有效发明专利拥有量	个	0.52	0.85	2.2
	进出口总额	亿元	257.35	260	≥300
	实际使用外商直接投资	亿美元	3.41	10	≥17
	实际到位境内省外资金	亿元	466.12	500	≥900
	（一站式）政务服务大厅在线审批率	%	—	50%	95%
	单位 GDP 能耗下降率	%	—	—	-15%

备注:“累计引进和培育高新技术企业数”“累计引进三类500强企业项目数”“累计引进三类500强项目总投资额”“累计引进三类500强项目引进资金”为自2018年开始的累计数据

部的区位优势，积极融入粤港澳大湾区、长江经济带产业体系，努力将邵阳建设成湘南湘西承接产业转移的先行区。

湘南湘西制造业转型升级示范区。加快推进数字产业化、产业数字化,推动互联网、云计算、大数据、人工智能与制造业深度融合，提升数字化、网络化、智能化水平，建设湘南湘西最大的高端装备制造业基地和转型升级示范区。

湖南对接东盟地区最大的产业集聚区。依托邵阳与东盟国家经贸合作往来，推动五金工具、时尚制品、中医药、食品等产品“走出去”，装备制造、显示功能材料、智能家居、互联网等产业“引进来”，加强口岸平台建设，建立与东盟对接机制，建设跨境电商平台，建设全省对接东盟地区最大的产业集聚区。

中部地区最大的特色轻工产业开放合作区。全面拓展合作领域，提升小五金、皮具、箱包、制鞋等产品创新设计能力，完善开放合作机制，借鉴应用自贸区先进经验与发展模式，建设中部地区最大的特色轻工研发、生产和国际贸易开放合作区。

（四）发展目标

到2020年，承接产业转移取得重大进展。地区生产总值达到2350亿元，累计引进42个500强企业项目，城镇化率达到50%，在承接产业转移、促进区域协同联动、优化营商环境、加快新旧动能转换和进一步扩大开放等方面取得阶段性成果，形成一批可复制推广的经验做法，与全国同步全面建成小康社会。

到2025年，邵阳市承接产业转移示范区基本建成。地区生产总值力争超过3300亿元，累计引进108个500强企业项目，城镇化率超过59%，经济发展充满活力，产业结构持续优化，创新能力大幅提升，基础设施高效互联，营商环境不断优化，生态环境更加美丽。

到2035年，邵阳市承接产业转移示范区全面建成。综合实力和竞争力进一步提升，产业分工协作格局和全面开放新格局不断巩固，经济质量优势显著增强，承接发展建成一批规模和水平居全省前列的产业集群，产业迈向全球价值链中高端，生态环境根本好转，人民生活更加宽裕，基本实现社会主义现代化。

三、区域布局

“核”引领。“一核”，即邵阳经开区，积极争创国家级开发区，借助国家级创业示范基地、国家产城融合示范区等现有平台，打造邵阳经济发展的中枢核心。依托“核”引领，辐射邵阳市区、邵东、新邵、隆回、邵阳县，打造东部工业集聚引领区。

“带”支撑。“一带”，即沪昆百里工业走廊产业带，东西以沪昆高速、320国道为依托（包括邵东、市区、隆回、洞口、武冈），南北以二广高速、207国道为依托（包括新邵、市区、邵阳县），重点发展装备制造、显示功能材料、智能家居、互联网、循环经济、中医药、时尚轻工、特色农产品加工等产业，形成传统产业和战略性新兴工业集聚轴。

“圈”示范。“一圈”，即以武冈为中心，以洞口、绥宁、城步、新宁为支点，打造文化旅游与健康养老为特色的绿色生态圈。重点发展文化旅游、特色农产品加工、休闲康养等产业，建设世界知名旅游目的地、中部地区绿色生态屏障。

“点”融通。“多点”，即各县市城区和中心城镇依托经济开发区、高新技术开发区和产业集聚区，形成多个特色明显的产业经济增长点，各“点”通过市域交通内循环，实现资源共享、互融互通、竞相发展，打造一批全省乃至全国闻名的特色产业小镇。

四、重点产业

立足资源禀赋和产业基础，明确主攻方向，对优势重点产业优先配套资本、技术、人才、土地等核心要素，依托龙头骨干企业建链、强链、补链、延链，形成重点突出、特色鲜明、空间拓展有序的高质量承接发展格局，构建具有较强竞争力的现代产业体系。

（一）战略新兴产业承接发展重点

1. 装备制造。以三一专汽、邵纺机、亚洲富士电梯、维克液压、通达汽配、兴达精密、亿利金属、帝立德等企业为依托，加快推进三一配套产业园、亚太汽车零部件、液压产业园等项目建设，重点承接发展工程机械、纺织机械、液压基础件、汽车及零部件、电气设备制造等产业，打造全省先进装备制造产业重要基地。到2025年，总产值突破600亿元。

2. 显示功能材料。以彩虹特种玻璃、富相光电、韦全集团、讯源电子、北创光电、创亿达实业、作腾科技、凯通电子、世荣电子等企业为依托，加快推进特种玻璃研究院、电子信息产业园、东盟产业园等项目建设，重点承接发展显示功能材料上下游产业，大力发展新型显示功能材料产业集群，打造全产业链的中国“特种玻璃谷”。到2025年，总产值突破300亿元。

3. 智能家居。以拓浦精工、慕容家居等企业为依托，加速推进工业4.0智能制造小镇建设，重点承接发展人工智能、智能家电、智能机器人、数字视听设备、功能性办公和家居等产业，打造中部地区领先的智能家居产业集群。到2025年，总产值突破150亿元。

4. 互联网。以邵东智能制造技术研究院、邵阳百竞科技、腾创电子商务等企业为依托，重点承接发展网络新媒体、网络动漫及游戏、数字文旅等互联网产业，引进华为大数据、阿里金融、用友网络、58信息等互联网龙头企业，建设数字经济产业园和工业互联网平台，推动数字经济发展。到2025年，总产值突破500亿元。

5. 中医药。以湘中制药、玉新药业、中南制药、松龄堂中药饮片、科瑞生物、南陌生物等企业为依托，瞄准国际国内高端市场，重点承接发展集科研、种植、加工、制造、销售、服务于一体的生物医药产业链，建设邵东“南国药都”中药产业科技园、隆回大健康产业园。到2025年，总产值突破250亿元。

6. 循环经济。以鸿捷新材料、鑫鹏科技、鸿远金属、桑德恒誉、众科新材料等企业为依托，重点承接发展集综合服务、交易物流、废旧产品回收利用、汽车拆解、产品深加工为一体的循环经济产业，打造再生资源循环利用全产业链条。到2025年，总产值突破300亿元。

（二）传统优势产业承接发展重点

1. 时尚用品。以连泰鞋业、阳光发品、醇龙箱包、和亚运动、丰源科技、圣菲达服饰、昌冠隆体育等企业为依托，重点承接发展发制品、体育用品、裘革制品、鞋帽、箱包、精品服饰等特色产业，加快时尚用品产业规模化集约化发展，建设皮革制品制鞋基地、体育用品生产基地、发制品产业基地、服装纺织基地。到2025年，总产值突破600亿元。

2. 小五金及打火机。以东亿电气、永兴五金、小巨人智能锻造等企业为依托，重点承接发展五金工具、电气设备等产业，加强创新，提升品牌，由中低端向高端产品转型升级，建设全国最大的小五金与打火机产业基地。到2025年，产值突破700亿元。

3. 特色农产品。以大祥国家农业科技园、新邵农业科技产业园和邵阳县、隆回、武冈、新宁、城步、洞口、绥宁等园区依托，按照“一县一品”布局战略，重点承接发展竹木、油茶、酒、茶叶、乳制品、果蔬制品、肉禽制品、卤制食品等农业特色产业，引进精深加工龙头企业，推进绿色食品生产标准体系建设，完善食品加工质检、食品安全等配套支撑，建设一批冷链、冷藏等大宗农产品物流交易中心，完善电子商务平台交易，推动农业丰产、营养素提取、食品加工、保鲜等技术升级，建立国内外知名的特色农产品品牌。到2025年，总产值突破1200亿元。

（三）现代服务业承接发展重点

1. 文化旅游。依托新宁崀山、城步南山、绥宁黄桑、武冈云山、新邵白水洞等自然景观，隆回神秘花瑶和呜哇山歌、城步六六山歌节、绥宁四八姑娘节等民俗文化，魏源故居、蔡锷故居等历史人文景点,重点承接发展民俗风情、历史文化、休闲度假、乡村旅游等产业，推动全域旅游发展，打造世界知名旅游目的地。到2025年，旅游总收入突破700亿元。

2. 现代物流。重点承接发展以第三方物流为主体的生产服务型物流、保税物流、商贸物流、冷链物流、快递物流、医药食品物流、再生资源回收物流等专业物流，积极引进国内外现代物流龙头企业，组建本土规模化大型物流企业。加快铁路口岸、公路口岸和公铁联运体系建设，推动物流业与制造业联动发展。建成邵阳东货场大宗货物物流园、城南综合物流园、邵东星沙物流园、邵阳保税物流中心、武冈保税商品展示交易中心和国际快件中心、洞口报木物流园、新邵农产品冷链物流园，打造湘西湘南最大的客货集散中心和物流中心。

3. 健康养老。重点承接发展医疗服务、医养结合服务产业，在北塔、绥宁、新宁、城步、武冈等地建成一批康养基地，创建省级森林康养示范区，发展养生、保健、美容、养老等高端旅游新业态，创立“医、护、养、学、研”一体化的新型健康养生、养老服务模式，将西部县市打造成全省乃至全国闻名的健康养老新高地。

各县市区要充分考虑区位条件、资源禀赋、发展基础和环境承载能力，优化产业分工，推进产业集聚，避免同质化竞争，促进产业合理布局、错位发展，形成区域特色优势。

五、主要任务

（一）提升平台功能，夯实承接载体

1. 提升产业园区承载能力。优化园区土地规划与用地保障，加快全市产业园区新一轮调区扩区工作，做到园区规划和国土空间规划有机结合。鼓励园区建设标准化厂房，建成450万平方米统一规划、功能完善、配套齐全的标准厂房。加强园区基础设施建设，强化园区公交运输、城乡交通、停车场、充电桩、加气站、污水处理、固废处理等基础设施保障力度。支持邵阳经开区、邵东经开区申报国家级开发区。

2. 创新产业园区合作模式。鼓励探索园区建设、招商、运营、管理和服务的市场化模式，采取特许经营、投资补助、资本合作等多种方式吸引社会资本参与园区基础设施和公共服务建设。鼓励与粤港澳大湾区、长株潭地区、国家级开发区、战略投资者和中央直属企业采取多种形式合作共建产业园区。依托邵阳、武冈经开区，共建邵阳市东盟科技产业园、邵阳广州产业园、武冈浙商产业园。

3. 提升综合平台服务能力。加快推进园区产业发展平台、双创公共服务平台、技术支撑平台、融资担保平台建设。完善产业服务体系，为企业提供上市融资、信用担保、管理咨询、产品检测、市场开拓、人才培训、展览展销等共享性服务保障设施，实施“互联网+”工程，全力打造智慧园区、品牌园区、低碳园区。

4. 提升特色小镇承载能力。聚焦旅游休闲、文化创意、摄影写生、健身养生、户外运动、数字经济、金融服务、装备制造、特色农产品(包括油茶、卤菜、脐橙、中药材、茶叶)等重点产业，完善基础设施建设，着力发展工业、现代农业、文化旅游三类国家级、省级和市级特色小镇，把特色小镇打造成产业转移的承接地。

（二）完善配套建设，夯实要素保障

1. 完善现代综合交通体系。加快推进快速铁路、城际铁路和资源开发性铁路建设，力争开工建设邵永高铁、洛湛铁路益永段增建二线、张桂铁路、兴永郴铁路、广清永延伸至邵阳铁路，建成邵阳火车站综合交通枢纽和年吞吐量千万吨的邵阳东货运站，形成区域快速客运网和重载货运网。加快高速公路及国省干线公路建设，推进城龙高速、白新高速、呼北高速新化至新宁段、新宁至永州高速，加大国省干线公路提质改造力度。推进邵东军民两用机场建设，形成“一东一西”两机场为核心、多个通用航空机场为支撑的航空网络格局。

2. 提高能源保障水平。稳步发展传统能源，加快推进既有水电站提质扩容，改（扩）建水电站121个，新增装机容量2.5万千瓦。完成“气化邵阳”建设，新建5条天然气长输管线，总长度396公里。积极推进智能电网建设，加快邵阳东、邵阳西500千伏交流输变电工程建设，进一步优化500千伏及以下电网结构，到2025年，35千伏及以上电网变电容量达到1587.31万千伏安，全年发电量达到197.4亿千瓦时。鼓励发展利用新能源，力争风电装机容量占全省风电装机总量的30%，在绥宁、城步新建垃圾发电、生物质发电等发电厂，在邵东、新邵、武冈、洞口新建垃圾发电厂。

3. 强化金融服务支持。鼓励各类金融机构投资产业发展基金，引导金融机构开展产业链融资、供

邵阳市各县市区重点承接产业引导一览表

表12

市区县	承接重点产业	承接产业主要承载地
邵阳经开区	装备制造（工程机械）、新材料（显示功能材料）、智能家居、时尚用品、新一代信息技术（大数据、数字产业），创建国家级开发区，打造中国(邵阳)特种玻璃谷	邵阳经济开发区
双清区	现代商贸物流（金融、会展、现代物流等）、现代都市农业、健康养老等	双清区
大祥区	文化旅游（宝庆、蔡锷、资江文化）、汽车配件、非金属矿物制品、现代农业与特色农产品（茶油、水产、林果蔬菜加工）等，打造湘西南最大的国家农业科技产业园	大祥工业集中区
北塔区	文化旅游、健康养老、现代商贸物流等，打造现代商贸文旅产业集聚区	北塔区
武冈市	现代农业与特色农产品、装备制造、文化旅游（古城新区）、新一代信息技术、新材料、现代物流等，打造电子产品智能制造产业园、特色农产品加工基地	武冈经济开发区
邵东市	轻工纺织（五金、打火机、时尚用品）、生物医药（中医药）、装备制造（智能制造）、新一代信息技术、现代物流等，打造国内最大的五金轻工专业园区	邵东经济开发区
新邵县	医养健康、循环经济、轻工业制造（家居产业）、现代农业与特色农产品、新一代信息技术等，打造再生资源循环利用产业园	新邵经济开发区
邵阳县	现代农业与特色农产品（茶油）、轻工纺织、新材料、新能源等，打造以油茶为特色的特色农产品加工产业园	邵阳县工业集中区
隆回县	现代农业与特色农产品（富硒食品）、生物医药（现代中药）、轻工纺织、新材料等，打造轻工智能制造产业园、湘西湘南最大的农副产品加工及中药材开发基地	隆回高新技术产业开发区
洞口县	现代农业与特色农产品、非金属矿物制品、木材加工、轻工纺织（服饰、体育用品）、新材料、文化旅游等，打造农产品精深加工产业园	洞口经济开发区
新宁县	文化旅游（崀山）、轻工纺织（裘革制造）、新一代信息技术（手机零配件）、装备制造、现代农业与特色农产品等，打造裘革服饰产业园	新宁工业集中区
绥宁县	现代农业与特色农产品、健康养老（黄桑）、竹木制品、特色轻工、循环经济等，打造国家级竹木精深加工产业园、生态环保型产业示范区、农副产品加工业基地	绥宁工业集中区
城步苗族自治县	现代农业与特色农产品（乳制品、肉制品、高山有机食品）、文化旅游（南山）、健康养老、新能源等，打造高山有机食品产业园	城步工业集中区

应链融资、订单融资、“税融通”等新业务和新产品。推进融资担保公司和小额贷款公司信用评级，将融资担保公司接入人民银行征信系统，完善社会信用体系。支持符合条件的境内纯中资民营企业发起设立民营银行。支持天使投资、创业投资等机构对科技企业进行股权投资和增值服务，鼓励银行与投资机构投贷联动。鼓励保险机构开发中小企业贷款履约责任险、专利权质押贷款类保险等创新险种，实现保贷联动。鼓励开展股权众筹融资试点，支持互联网企业开办专门针对科技型小微企业的网络小贷业务。鼓励企业通过多层次资本市场直接融资,对在沪深交易所首发上市及在香港联交所等境外证券交易所上市或者借壳在沪深交易所上市的企业，在其上市成功后给予一次性补助。

4. 提升跨境贸易便利化。推进海关、边检、海事一次性联合检查和铁路运输货物无纸化通关。开通农副产品快速通关“绿色通道”。加快建设出入境检验检疫分支机构、公路口岸查验场和邵阳电子口岸，实现海关通关一体化。加快出口退税进度，降低出口查验率，扩大出口信用保险覆盖面。鼓励企业投资建设海关特殊监管区和公用型保税仓库、出口监管仓库。鼓励企业使用保税仓、出口监管仓和保税物流中心。

（三）优化营商环境，激发承接活力

1. 营造政令畅通的政治环境。坚决做到“两个维护”，坚定不移贯彻新发展理念，推进政治监督具体化、常态化，深化治理贯彻党中央决策部署只表态不落实，维护群众利益不担当不作为等问题，做到令行禁止、步调一致。

2. 营造充满活力的经济环境。创造产业链配套环境，平等对待各类市场主体和经济活动，落实减税降费政策，加强金融生态环境建设，推进全社会诚信体系建设。

3. 营造和谐稳定的社会环境。加强法治邵阳建设，争创全国市域社会治理现代化试点合格城市。加强平安邵阳建设，开展扫黑除恶专项整治，不断增强人民群众安全感。加强基层治理能力建设，大力提升社会文明程度。

4. 营造务实高效的政务环境。持续整治形式主义官僚主义，开展“乱、违、顽、臃、懒、浮”等突出问题集中整治。深化“放管服”改革，推进“一件事一次办”改革，加快建设智慧政务服务平台，切实提高行政办事效率。加强要素保障，积极主动解决好企业用地、用工、资金、运输以及供电、供水、供气等基础配套方面的问题。建立政务服务“好差评”制度，强化对优化营商环境的监督执纪问责。

5. 营造风清气正的廉洁环境。持续开展公共资源交易领域“提篮子”“打牌子”、违规放贷等专项整治。推动廉洁单位创建，规范权力运行。建立健全党委政府与企业、行业协会商会定期沟通协商机制，列出政商交往正面清单和负面清单，构建亲清新型政商关系。

6. 营造创新创业的人才环境。放活人才政策机制,完善人才配偶就业、子女就学、医疗、住房、社会保障、职称评聘、科研立项、成果奖励等配套措施。培养聚集优秀人才，选用懂经济、会管理、勇担当和善抓项目、能招商、招成商的党政干部，实施优秀经济型人才选拔、培养、引进计划，引进高层次科技人才和急需紧缺人才。激励人才发挥作用，开展高校优势特色学科建设和市级职业教育品牌专业建设，支持科技人才开展科研攻关、科研成果转化和利用，支持高校毕业生、农村产业带头人和致富能人领办创办企业。强化人才服务保障，落实党委联系服务专家制度，宣传先进典型，慰问一批有突出贡献的人才。

7. 营造正面向上的舆论环境。弘扬邵阳优秀传统文化，宣传邵阳和谐稳定、包容开放的城市形象。倡导鼓励创业、支持创新的社会风气，加强对创新企业、创新成果、创新品牌的宣传。弘扬优秀企业家精神，形成创业光荣、企业家光荣和尊重企业家价值、鼓励企业家创新、发挥企业家作用的良好氛围。

（四）坚持创新驱动，提升承接质量

1. 提高企业自主创新能力。引进培育100家创新型领军企业，在装备制造、显示功能材料、智能家居、互联网、时尚用品与特色轻工、中医药、现代农业等领域，推动建设国家级和省级研发平台、院士专家工作站、博士后工作站、科技特派员，推动产学研合作，培育在全国市场竞争中具有话语权的领军型企业。实施高新技术企业倍增计划，引进和培育700家高新技术企业，依靠体制创新和科技创新，搭建高新技术产业发展平台，加快建设高新技术产业开发区。发展壮大科技型中小企业，培育1000家科技型中小微企业，加强创业孵化基地建设，出台扶持中小微企业发展的措施，以科技人员、留学归国人员、大学生为重点创客对象，完善天使投资、创业投资等科技金融服务体系，孵化培育科技型中小微企业。

2. 促进科技成果转移转化。大力支持湖南特种玻璃研究院、邵阳先进制造技术研究院、邵东智能制造技术研究院、AI机器人产学研科技园等研发平台建设，加强与粤港澳大湾区、长株潭高校和科研院所建立产学研合作平台，构建以企业为主导、产学研合作的产业技术创新战略联盟，基本建成功能完善、运行高效、市场化的科技成果转移转化体系，促进科技成果转化、资本化、产业化。

3. 健全科技创新服务体系。全面整合科研资源，运用共建共享机制，对现有的公共科技创新服务平台提质扩能，提升网络科技环境服务平台、星火科技服务平台的管理和服务水平。培育和引进一批市场化科技中介服务机构，支持中介服务机构建设集技术转移、投融资、价值与风险评估、供需对接、知识产权等服务于一体的“保姆式”“一站式”科技服务平台，建成区域科技基础条件保障体系。

（五）扩大招商引资，创新承接方式

1. 开展产业链精准招商。围绕装备制造、功能显示材料、智能家居、互联网、中医药、循环经济、时尚用品等产业，依托园区骨干企业，建链、强链、补链、延链，形成特色优势产业链。对于尚未落户的企业，列入各级政府及商务部门重点外访计划，关键企业、重点项目由市级领导带队登门拜访，根据企业个性化需求定制承接方案。对于轻度落户的旗舰企业，鼓励机构升级或新设机构，引导分支机构升级为分公司，引导设立区域总部、研发中心、采购中心、结算中心等功能性机构。对于重度落户的旗舰企业，重点培育产业生态圈，提高本地配套率，降低企业成本和周转库存。

2. 对接龙头企业推进重点招商。坚持招引“500强”与“培新育潜”并重，坚持引资与引技引智并举，坚持招商引资与经济贸易相结合，重点引进500强企业在本市设立总部机构，从项目引入到落地提供一条龙式全流程服务。充分利用工商联、行业协会、商会等沟通平台，重点对接邵阳籍在东南亚、粤港澳、长三角、长株潭就业生活的企业家群体，开展“迎老乡回故乡建家乡”活动，通过项目商洽会、包装推介会、成立异地商会组织等形式招商。

3. 创新招商模式提升招商效率。发挥企业招商主体作用，深入开展以商招商。加强与中国贸促会、商务部投促局、重点行业协会、区域重点商会等专业招商机构的合作，完善形成政府推动、企业承办、市场运作的招商引资机制。探索“组团招商、集群引进、整体开发”招商模式，组建组团承接联合体，构筑产业链生态圈。实行“轻资产招商”，为入驻企业配套建设标准厂房、职工宿舍等，减轻企业非生产性投入。做好招商配套服务工作，推动企业服务“身边办”，在驻深、驻广办事处等地设置注册大厅，提供贴身优质的企业注册服务。

（六）深化开放合作，拓宽承接空间

1. 扩展与东盟地区交流合作。建立并完善邵阳与东盟对接平台和机制，发挥东盟各国的湖南商会、邵阳商会桥梁纽带和示范引领作用，推动我市打火机、时尚用品、中医药、装备制造等优势产品“走出去”。加快邵商东盟产业园建设，将以邵商为主体的泰国湖南工业园、老挝湖南橡胶产业园、越南商贸物流园建设成为国家级境外园区。

2. 拓展国际新兴市场交流合作。加快与湘欧快线对接，争取中欧快线延伸到邵阳，构建中亚、欧洲国际贸易大通道，与“一带一路”沿线国家在技术创新、人才交流、产业发展等方面合作搭建更多平台。加强与德国产业园合作，在邵东建设德国五金工业园等生产基地。

3. 对接粤港澳大湾区与长三角地区。依托中国（邵阳）特种玻璃谷、智能家居产业园、三一机械制造产业园、汽车零部件配套产业园，主动承接粤港澳大湾区的产业转移和资源输出。探索“异地研发孵化、驻地招才引智”协同创新模式，共建邵阳经开区广州工业园。更大程度融入长三角地区的产业分工体系,有选择性、有针对性地承接长三角地区产业转移，加快推进邵阳浙江产业园、武冈浙商产业园等特色园区建设。

4. 加强湖南区域板块协同。与长株潭自主创新示范区、湘江新区开展合作共建，主动对接并配套长株潭地区的先进装备制造、新材料、信息技术、文化旅游、健康养老等产业，整合长株潭地区优质科技创新资源，提升技术创新能力。加强与湘南三市、大湘西及环洞庭湖的沟通交流与产业合作，推进上下游产业和配套产业互动，促进优势互补、联动发展。

六、保障措施

（一）加强组织领导

建立专门工作机构统筹推进示范区建设，审议重大政策和年度工作安排，协调跨地区跨部门重大事项。市发改委负责总体规划编制、综合政策拟定工作，市商务局负责组织实施等工作，市直有关部门负责本领域目标任务的推进落实，做好与国家相关部委、省相关厅局的对接，争取政策支持。将承接产业转移示范区建设情况纳入绩效考核范围，对综合考评成绩突出的县市区、市直部门予以通报表彰。建立“重大项目直通车”制度，各县区对承接重大项目过程中存在的突出困难和问题，提请市级层面召开专门会议，组织相关部门进行集中会商，提出解决方案、落实责任单位、明确时间节点，对落实情况进行跟踪督查，加速重大项目落地。

（二）强化政策支撑

研究制定承接产业转移相关政策体系，包括总体框架政策以及投资、财税、金融、土地、环保、产业、创新、招商引资等方面的配套支持政策，积极争取国家、省在产业布局、项目立项及投资安排、资金补助等方面给予倾斜和支持。加大财税扶持力度，对承接的企业切实落实好税法、海关法规定的各项税收与监管优惠政策。优化投资政策，逐步放宽民间资本的投资领域和行业限制。完善金融政策，简化贷款审批流程，提高贷款审批效率。优化土地政策，统筹协调承接产业转移特别是园区的用地需求，对园区建设用地实行单列和工业用地预留制度。

（三）防范重大风险

坚决打好防范化解重大风险攻坚战，重点防控金融风险，做好重点领域风险防范和处置，坚持打击违法违规金融活动。进一步加强地方政府债务管理，在切实防范化解地方政府债务风险的前提下，严格落实预算法有关规定，强化地方政府债务限额管理，有效规范政府举债融资，加大财政约束力度，有效抑制不具有还款能力的项目建设。加强薄弱环节监管制度建设，严禁以政府投资基金、政府和社会资本合作、政府购买服务等名义变相举债，坚决遏制各类隐性债务增量。加强对承接产业转移中的政治、意识形态、生态、经济、外部环境等领域的重大风险的分析研判，提高风险化解能力。建立健全风险研判机制、决策风险评估机制、风险防控协同机制、风险防控责任机制。

（四）坚持绿色发展

践行“绿水青山就是金山银山”的理念，严格执行产业准入“三线一单”，综合考虑产业园区布局和建设用地的环境容量和生态承载力，做好环境影响评价、水资源论证、节能评估审查、高危行业安全生产、职业病危害评价等工作，严格把控准入门槛。加强产业落地后准入条件落实情况跟踪和监督，淘汰资源利用率低、污染严重、能耗高的落后工艺，坚决杜绝产业转移中的资源浪费、污染扩散和低水平承接。推进企业实施清洁生产，支持企业开发推广节能环保新技术、新工艺、新装备，淘汰、限制落后生产工艺，改善生产和管理。加强重点污染专项防治，积极推进蓝天、碧水、净土三大行动，聚焦大气污染防治、邵水综合整治、资江锑污染治理等开展重点污染防治。定期开展环境污染隐患排查和计划执法，建立化学品环境风险防控体系，实施邵阳市重污染监测体系预警工程。通过生态修复、生态保护、生态提升，促进生态产业化、产业生态化融合发展，打造优美生态环境品牌，不断提升对高端产业转移的吸引力。

邵阳市城区生活垃圾分类工作实施方案

为贯彻落实习近平总书记关于生活垃圾分类重要指示精神，根据《国务院办公厅关于转发国家发展改革委 住房城乡建设部生活垃圾分类制度实施方案的通知》（国办发〔2017〕26号）、《湖南省人民政府办公厅关于印发〈湖南省地级城市生活垃圾分类工作实施方案〉的通知》（湘政办发〔2020〕25号）等文件的精神，结合我市实际，制定本实施方案。

一、适用范围

邵阳市大祥、双清、北塔区及邵阳经开区建成区范围内。

二、工作目标

2020年，市城区全面启动生活垃圾分类工作，实现宣传发动全覆盖，公共机构生活垃圾分类全覆盖，前端设施设备投放全覆盖，分类指导全覆盖。

2021年，市餐厨废弃物资源化利用和无害化处理项目建成投产，并协同处理厨余垃圾；城市生活垃圾焚烧处理能力占无害化处理总能力的比例达到55%以上；全市建筑垃圾资源化综合利用率达到35%。

2022年，建成园林绿化垃圾（大件垃圾）处理设施，建设一批农贸市场处理设施。

2025年，邵阳市城区基本建成生活垃圾分类处理系统。

各县（市）应参照市本级城区生活垃圾分类要求，因地制宜，逐步推进。

三、工作原则

（一）政府推动，全民参与。坚持市级统筹，各区人民政府和邵阳经开区管委会为生活垃圾分类的责任主体，负责督促实施所辖行政区域的生活垃圾分类工作，全面构建“市—区—街道—社区”四级管理体系。按照“管行业必须管生活垃圾分类”的原则，确定市直各相关部门的职责与分工。率先实行公共机构生活垃圾分类，发挥党政机关带头示范作用，广泛宣传发动，形成全社会普遍参与的良好局面。

（二）全程分类，源头减量。建立生活垃圾分类投放、分类收集、分类运输、分类处理的全程分类体系，形成统一完整、能力适应、协同高效、源头至末端一致的全过程分类运行系统，防止生活垃圾“先分后混”“混装混运”。加强商品生产、流通、消费的全过程管理，促进源头减量。鼓励居民分类规范投放，减少塑料袋和一次性用品的使用。

（三）完善机制，创新发展。充分发挥市场作用，形成有效的激励约束机制。完善相关法律法规标准，加快推进生活垃圾分类管理立法，建立“软引导”和“硬约束”相结合的综合治理机制。加强技术创新，利用信息化手段提高垃圾分类效率。

（四）因地制宜，循序渐进。根据我市经济发展水平、居民生活习惯、人口规模、垃圾成分等实际情况，合理确定实施路径，科学制定实施计划，统筹布局垃圾分类处理设施建设，有序推进垃圾分类。

四、生活垃圾分类标准和要求

生活垃圾分类以“可回收物、有害垃圾、厨余垃圾（包括餐厨垃圾、家庭厨余垃圾和其他厨余垃圾）、其他垃圾”为基本类型，确保有害垃圾单独投放。大件垃圾、建筑垃圾、园林绿化垃圾等要单独分类、独立处理，提高资源化利用效率，减轻生活垃圾终端处置设施负担。

党政机关、学校、企事业单位、群团组织、宾馆酒店、商场等机构的食堂设立厨余垃圾和其他垃圾；楼栋内以可回收物、其他垃圾为基本类型；居民小区楼栋内以厨余垃圾、其他垃圾为基本类型；院落内实行四分法，根据垃圾的数量设立桶位。车站、码头、广场、公园、城市干道、体育场馆等公共区域，根据生活垃圾产生的实际情况合理确定分类模式，主要以可回收物、其他垃圾为基本类型。

五、工作举措

（一）加快建设生活垃圾分类处理体系

1. 促进源头减量。严格执行国家限制商品过度包装标准，减少包装废弃物产生。促进快递包装物减量化和循环使用。加强对果蔬生产基地、农贸市场、标准化菜场、超市的管理，积极推行净菜上市。加大“限塑令”执行力度，推广和引导消费者使用菜篮子、布袋子等环保包装。党政机关、事业单位、企业和社会团体要提高再生纸的使用比例，减少使用一次性办公用品和一次性杯具。餐饮服务提供者和餐饮配送服务提供者不得主动向消费者提供一次性筷子、调羹等餐具。旅馆经营单位不得主动向消费者提供客房一次性用品。鼓励和支持铝合金模板、装配式建筑精装修住宅在建筑工程中的应用，降低建筑施工和房屋装修建筑垃圾产生。

2. 规范分类投放。鼓励居民在家中滤出厨余垃圾水分，采用专用容器盛放，减少塑料袋使用。鼓励有条件的地方开展社区生活垃圾定时定点投放。开展生活垃圾分类的社区，要安排现场引导员，做好生活垃圾分类投放的现场宣传和引导，做好台账记录，纠正不规范的投放行为。公共场所、企事业单位的办公和生产场所、物业小区要安排专人负责垃圾分类投放的宣传和引导工作。生态环境部门应加强家庭源危险废物贮存、处置利用的指导、监督和管理。大件垃圾和装修垃圾临时堆放场地单独设置。

3. 加强分类收集。各区要新建或改造与周边环境相适应的垃圾箱房、垃圾桶站等垃圾分类收集设施，设置垃圾分类引导指示牌，并明确分类收集主体，实行分类收集。新改扩建的住宅工程、老旧小区改造、新区域开发，应当按标准与主体工程同步配套建设居民生活垃圾分类收集设施。所有生活垃圾分类收集设施应喷涂统一、规范、清晰的标志和标识。鼓励和支持有条件的区域采取定时、定点分类收集方式。有害垃圾按照便利、安全原则，设置专门贮存场所。优化可回收物的收集体系，规范城市收旧行为，鼓励实施企业化运作。餐饮行业、大型企事业单位食堂产生的餐厨垃圾应统一收运管理，逐步实现全量收集。农贸市场的厨余垃圾、其他垃圾分类收集，因地制宜建设资源化利用项目，逐步实现农贸市场果蔬垃圾处置不出场。

4. 配套分类运输。以确保全程分类为目标，建立和完善分类后各类生活垃圾的分类运输系统。加快改造城区内的垃圾房、转运站、压缩站等设施，满足厨余垃圾（餐厨垃圾除外）、其他垃圾分类运输的要求。加强生活垃圾分类运输准入管理，按照区域内各类生活垃圾产生量，合理确定收运频次、收运时间和运输线路，配足、配齐分类运输车辆。生活垃圾分类运输车辆应喷涂统一规范、清晰的标志和标识，明示所承运的生活垃圾种类。推广“车载桶装”、密闭直运等高效的垃圾分类运输系统。餐厨垃圾应统一运输处理，严禁偷排偷运。餐厨垃圾以外的厨余垃圾和其他垃圾按照现行环卫模式由各有关责任单位负责运输。可回收垃圾和有害垃圾由有资质的单位统一定期收运。交通运输部门应加强危险废物运输的监督管理。加强管理与执法检查，坚决杜绝生活垃圾“先分后混”“混装混运”，坚决杜绝有害垃圾混入其他垃圾运输。

5. 完善分类处理。有害垃圾处理：由三区人民政府、邵阳经开区管委会负责，市生态环境部门指导，委托有资质企业收运至衡阳危废处理中心处置。可回收物处理：由各区负责定时定点收运处置，也可以通过服务外包委托有资质的企业统一收运处理。厨余垃圾处理：由运营单位统一收运处置或就地就近处置。推进有条件的农贸市场、机关事业单位、学校和大型企业等厨余垃圾产生量较大的单位自行建设相对集中的处理设施，减轻生活垃圾焚烧和卫生填埋设施处置压力。其他垃圾处置：新邵焚烧发电项目建成投运前按现行环卫体系处理，建成投运后，北塔区直接运送至新邵焚烧发电厂进行处理，其他各区环卫部门将垃圾运送至市垃圾转运站进行压缩后，集中运送至新邵焚烧发电厂进行处理。

6. 相对集中处理建筑垃圾、园林绿化垃圾（大件垃圾）。加强建筑垃圾规范化管理，将建筑垃圾资源化处置利用纳入特许经营管理，引入有实力的企业处置各类建筑垃圾。大件垃圾和对城市绿化养护以及公园绿地产生的枝叶、树木等园林绿化垃圾实施集中分类处理，统一由市园林部门按照定点处置的原则进行资源化利用和无害化处置。

7. 加强项目建设。一是前端分类投放与收集，鼓励各区根据实际情况投放垃圾分类回收房、回收箱，投入适量生活垃圾分类收集车。二是加快中端运输环节的基础设施改造与新建。完成垃圾转运站的分类改造或新建任务。三是加快终端处理设施建设。根据工作目标的要求，按时完成市餐厨资源化利用项目、市建筑垃圾资源化利用项目、新邵焚烧发电项目建设。全市尽快建成1个园林绿化垃圾（大件垃圾）处理设施，三区和邵阳经开区尽快各建成一个容量在500万立方米以上的建筑垃圾消纳场。

（二）加强示范引领与宣传教育

1. 强化示范带动。2020年率先实行公共机构生活垃圾分类，同时指导企业和宾馆、饭店、购物中心、超市、专业市场、农贸市场、农产品批发市场、商铺、商用写字楼等经营场所，比照党政机关积极落实生活垃圾分类要求。各区要按照属地管理原则，通过军地协作，共同推进军队营区生活垃圾分类工作。开展生活垃圾分类示范单位、示范学校、示范小区、示范社区、示范街道和示范项目创建工作，以点带面，逐步将生活垃圾分类工作扩大到全市。

2. 广泛宣传发动。市级统筹实施全市性的生活垃圾分类宣传工作，制定生活垃圾分类宣传发动方案，编制城镇生活垃圾分类科普手册，制作公益广告宣传片。在邵阳日报、邵阳晚报、邵阳新闻网等媒体上设立生活垃圾分类专栏，实时报道工作动态，普及有关知识；在学校、医院等企事业单位、商业中心、公交站点、车站广场、建筑围挡等公共场所，大力开展生活垃圾分类知识普及和公益宣传；探索“互联网+垃圾分类”和各种现场宣传活动形式，激发群众参与的热情，创造浓厚的氛围。各区分区域、分层级加大宣传力度，普及生活垃圾分类知识。

3. 深入引导参与。三区人民政府、邵阳经开区管委会和各行政企事业单位要组织开展生活垃圾分类专项培训。依托课堂教学、校园文化、社会实践等平台，切实加强各级各类学校的生活垃圾分类教育。深入开展垃圾分类进校园、进教材、进课堂等活动，鼓励和引导青少年参与生活垃圾分类。建设市、区生活垃圾分类教育基地。开展青年志愿活动，深入社区参与生活垃圾分类宣传、引导和服务等活动。切实达到“教育一个孩子、影响一个家庭、带动一个社区、培养一代新人”的效果。各类群团组织要通过开展形式多样的社会宣传、主题实践、入栋入户宣传、桶边引导等活动，大力传播生态文明理念，发动更多人参与到生活垃圾分类工作中来。

（三）鼓励探索创新体制机制

积极实行特许经营、承包经营、租赁经营等方式，通过公开招标引入专业化服务公司。加快城市智慧环卫系统研发和建设，鼓励企业加快“互联网十再生资源回收”模式创新，促进线上预约、线下回收，提高回收效率。商务部门、供销部门要充分发挥行业优势，积极参与推进生活垃圾分类工作。鼓励社会资本参与生活垃圾分类收集、运输和处理，提升分类回收和处理水平。充分发挥党建引领作用，探索“基层党建+垃圾分类”模式。建立健全物业、社区、街道、环卫部门等协同推进城镇生活垃圾分类的工作机制。

（四）积极建立奖补奖励机制

由市人民政府统筹协调，探索建立垃圾处理生态补偿机制。由区人民政府负责，因地制宜建立减量奖励机制，推动以居民小区为单位进行生活垃圾就地减量和资源化利用，对积极参与垃圾分类、正确分类投放的居民给予可兑换积分奖励，对减量效果明显的居民小区社区、街道(镇)给予物资和荣誉奖励。

六、保障措施

（一）加强组织领导。建立生活垃圾分类组织协调机制，负责统筹解决生活垃圾分类工作中的重大事项，成立市生活垃圾分类工作领导小组，市长担任组长，分管城建的副市长任常务副组长，其他相关行业分管市领导任副组长，三区人民政府、邵阳经开区管委会、市直相关部门主要负责人为成员（具体职责分工见附表），领导小组办公室设市城管执法局。各市直单位和各区、各街道、各社区应分别成立相应工作机构。成立市生活垃圾分类指导办公室，负责全市生活垃圾分类的统筹安排、业务指导、督促检查等工作，在市城管执法局环卫和渣土管理科加挂市生活垃圾分类指导办公室的牌子，安排解决6个事业编制。三区及邵阳经开区要成立生活垃圾分类指导中心。

（二）加强法规政策支撑。发挥立法示范引领作用，结合工作实际，逐步推进生活垃圾分类管理地方性法规、规章的调研、起草和立法等工作。逐步推行生活垃圾分类投放信息纳入个人信息系统。

（三）落实资金保障。市、区人民政府要统筹整合相关渠道资金支持生活垃圾分类工作，足额保障生活垃圾分类设施经费、奖补经费、日常工作经费、宣传教育经费和考核奖励经费等。市发改委、市财政局要积极争取中央预算内资金、专项奖补资金，加大对地方生活垃圾分类工作支持力度。要探索建立生态补偿和减量奖励政策，垃圾处理由市、区财政“共担”，实行市级奖补、区级兜底、社会资本参与的经费保障政策，激发各区源头减量的积极性。

（四）强化督查考核。由市绩效办牵头，将生活垃圾分类工作列入政府绩效考核内容。出台生活垃圾分类工作考核验收办法，由市生活垃圾分类工作领导小组办公室负责日常考核。市文明办、市国卫办将生活垃圾分类工作纳入对各单位的考核评价内容。市机关事务管理局将生活垃圾分类实施情况纳入对各公共机构的节能环保目标责任考核内容。各区要在11月12日前制定生活垃圾分类工作方案并报市生活垃圾分类工作领导小组办公室。各区、各单位要定期整理汇总、分析生活垃圾分类工作进展情况，并于每月25日前向市生活垃圾分类工作领导小组办公室（邮箱：382491883@qq.com，联系电话：0739-5360060）报送工作情况。

邵阳市乡镇污水处理设施建设四年行动实施方案

（2019—2022年）

按照省委、省政府统一部署和《湖南省人民政府办公厅关于推进城乡环境基础设施建设的指导意见》（湘政办发〔2019〕42号）、《湖南省人民政府办公厅关于印发〈湖南省乡镇污水处理设施建设四年行动实施方案（2019—2022年）〉的通知》（湘政办发〔2019〕43号）要求，全面加快乡镇污水处理设施建设，结合我市实际，特制定本方案。

一、工作目标

2020年，所有县市区开展县域乡镇污水处理设施建设专项规划编制、可研、选址、初步设计等前期工作；具备条件的县市区完成PPP项目入库和合同签订工作；已建成的污水处理设施正常运行。

2020年，资水、邵水干流沿线建制镇，以及全国重点镇实现污水处理设施全覆盖。

2021年，实现全市较大规模的建制镇（建成区常住人口5000人以上）污水处理设施全覆盖。

2022年，实现全市建制镇污水处理设施基本覆盖。

二、重点任务

（一）科学编制乡镇排水规划。坚持规划先行，综合考虑县域乡镇规划、产业发展规划、人口经济状况、地形地貌特点等因素，遵循“经济适用、适度超前”的原则，编制乡镇排水专项规划。做到因地制宜选择集中或分散处理方式，合理确定污水处理设施及管网布局、建设规模、技术路线、排放标准。乡镇污水处理设施能够覆盖的周边农村，要一并纳入规划建设范围，确保每个乡镇污水处理设施的设计规模与污水排放量、收集量、处理量相匹配，确保污水处理工艺合理、污水管网铺设合理、管径设计合理，实现污水全收集、全处理、排放全达标，做到经济适用，防止投资浪费。各县市区在2020年要全面完成乡镇排水与污水处理专项规划的编制或修订，在省住房和城乡建设厅进行技术审查的基础上，4月底前完成县级人民政府审批，并报省、市住建部门备案。

（二）全力推进乡镇污水处理设施建设。各县市区要坚持因地制宜，选择经济适用、操作简便、运行可靠、可调节性强的技术路线建设乡镇污水处理设施。在建设方式上采取集中与分散建设相结合，在处理方式上采取建设构筑物和安装一体化设备进行处理。原则上日处理规模在500吨以下的可以采用一体化设备形式，500吨及以上的采用构筑物形式,地形地貌复杂、居住分散的乡镇可以采取多点布局分散建设。要实事求是、科学合理，以建成区现状常住人口为依据，确定处理设施规模，并充分考虑乡镇人口疏解和集散规律，规模按近期设计，预留远期规划用地，避免盲目贪大造成投资浪费。

（三）同步实施乡镇污水管网建设。各县市区、乡镇要按照管网全覆盖、污水全收集的要求，充分考虑管网规模适度超前，避免重复改造，做好污水管网建设计划安排。要严格落实厂网一体，将厂区（设施）与配套管网同步设计、同步建设、同步验收，重点做好人口密集区域的截污工作，特别是干支管与入户管的接驳改造，确保污水收集率不低于80%。原已建成的污水管网要加快落实雨污分流制度，实现新建管网雨污分流、合流管网逐步改造。

（四）确保污水处理设施正常运行。规范运营管理，结合县域打包推进的建设模式，推行县域统筹的项目集中统一运营管理方式，鼓励采取智慧化管理方式，提高运营管理效率，节约运营管理成本。督促污水处理设施建成后1个月内由运营单位接管试运行，在试运行3个月内转入正常运行状态，确保新建成项目一年内负荷率达到50%。严格落实各项操作规程和安全生产制度，规范水质检测和污泥处置，做好各类运行台账记录。要统筹考虑污泥处理处置，确保污泥规范化处理率不低于80%。各县市区要对已建成污水处理设施运行情况进行全面检查，运行不正常的，要查明原因，限期整改，确保正常运营。

（五）全面建立乡镇污水处理基础台账。2020年3月30日前重点解决好乡镇污水处理底子不清的问题，建立全市乡镇基本信息台账、乡镇污水设施建设基础台账、乡镇污水设施运行基础台账、乡镇污水管网基础台账、乡镇污泥处置基础台账等，每年定期进行更新，不断完善信息内容，确保基础信息全面、准确、真实。

三、保障措施

（一）强化组织领导。市新型城镇化领导小组负责统筹推动乡镇生活污水治理工作。按照“市级督导指导、县级统筹实施、乡镇具体配合”的组织管理模式，落实工作责任。市住房和城乡建设局负责牵头组织、统筹安排、工作协调和督查考核工作，市发改委、市财政局、市自然资源和规划局、市生态环境局、市水利局等部门按照职责分工做好相关工作。各县市区人民政府是乡镇污水处理设施建设管理的责任主体，要成立专门的领导机构和工作班子，将乡镇污水处理设施建设和运营经费纳入预算管理，制定具有操作性的乡镇污水处理设施建设管理工作实施方案，进一步细化工作任务，落实工作责任，明确时间节点，确保工程进度和工程质量；在项目实施过程中，要保障前期工作经费，提高前期工作质量，有序推进各项工作。

（二）加强部门支持。各级各相关部门要在建设过程中紧密协作，特事特办，全力支持，加强对乡镇污水处理设施建设前期工作的指导和服务，加大“放管服”改革力度，建立项目审批“绿色通道”，优化审批流程，提高审批效率，为项目建设赢得时间。市发改委要加快项目立项审批，并根据省发改委等五部门联合出台的《关于进一步完善全省乡镇污水处理收费政策和征收管理制度的通知》（湘发改价费〔2020〕29号）精神，指导各县市区出台乡镇污水处理收费办法，开征污水处理费。财政部门要加强对乡镇污水处理PPP项目的指导，加强污水处理费的使用和管理。推进乡镇污水处理政府和社会资本合作规范发展。自然资源规划部门要加强项目选址和建设用地保障，对突出问题专题研究解决，确保项目落地。住房城乡建设部门要加强乡镇污水处理设施建设管理、污水处理厂运营的业务指导和监督工作，提高建设管理水平。生态环境部门负责水质监测，及时更新企业环境信用等级信息；水利部门负责督促所属企业按规定做好乡镇污水处理费随自来水征收工作。鼓励金融机构提早参与项目前期工作，确保项目的投融资模式符合相关金融政策要求。

（三）创新建管模式。各县市区要积极推行县级统筹的乡镇污水处理设施建管模式，原则上以县市区为单位，实行县域乡镇污水处理设施整体打包，统一规划、统一招标、统一建设、统一运营，增强项目规模优势，选择实力雄厚、信誉好、社会责任感强的企业，依法合规采用政府与社会资本合作（PPP）模式实施，发挥社会资本的投融资、建设、管理、运营优势，建立科学的建管机制，提高项目实施效率，节约建设运营成本。具备条件的地区，可采取“工程总承包+运营（EPC+O）”等模式建设污水处理设施。

（四）落实配套政策。支持各县市区用好用足省财政奖补资金、债券资金、贷款贴息补助以及农发行等政策性银行贷款融资政策，多方筹集建设资金。市级财政积极争取、整合上级相关专项资金，重点支持乡镇污水处理设施建设和运营管理。实行年度任务与奖补政策挂钩，市住房和城乡建设局将每年乡镇污水处理设施及管网建设任务进行量化细化，其完成情况作为年终申报省级财政奖补资金等政策的重要依据。对完成任务好的，给予政策倾斜，加大支持力度。

（五）细化考核办法。将乡镇污水处理设施建设管理纳入对县市区政府绩效考核范畴，并统筹纳入河长制、环境污染攻坚等相关专项考核。建立定期协商、通报、督查、约谈制度，及时协调解决项目推进中出现的问题和困难。进一步严格督导机制，采取专项督查、重点督查、日常督查相结合的办法，推进年度工作任务落实。

各县市区人民政府要按照本方案要求，研究制定本地行动落实方案，进一步明确组织方式、责任分工、建设模式、运营模式、融资模式等内容，合理确定建设项目和建设时序。行动落实方案于2020年5月

应对新冠肺炎疫情影响强化稳就业的若干措施

为深入贯彻习近平总书记关于统筹推进新冠肺炎疫情防控和经济社会发展工作的重要指示精神，加快恢复和稳定就业，根据国务院办公厅《关于应对新冠肺炎疫情影响强化稳就业举措的实施意见》（国办发〔2020〕6号）及省政府办公厅《关于印发〈应对新冠肺炎疫情影响进一步做好稳定就业工作十六条措施的通知〉》（湘政办发〔2020〕20号）精神，结合我市实际，制定如下措施：

一、全面实施稳就业政策

（一）推动企业复工复产稳就业。提高复工复产服务便利度，取消不合理审批和限制劳动者返岗的不合理规定。加快重大工程项目、出口重点企业开复工，以制造业、建筑业、物流业、公共服务业和农业生产等为突破口，全力以赴推动企业复工复产，协调解决复工复产企业日常防护物资需求，督促其落实工作场所、食堂宿舍等防控措施。支持企业招工用工，对企业吸纳登记失业人员就业且签订1年以上劳动合同并按规定缴纳社会保险的(经批准可缓缴的企业在申请此项补贴时可视同为按规定缴纳了社会保险费)，可给予1000元/人的一次性吸纳就业补贴，所需资金从就业资金中列支。一次性吸纳就业补贴与一次性岗位补贴不重复享受。企业复工复产和扩产能所需新增用工人员，由属地政府按企业要求招工到位。对村（社区）每招聘一名务工人员到市内企业就业，奖励村（社区）500元/人；积极引导、激励原出省出市的务工人员就近就地就业，对村(社区)每招聘到位一名原出省出市务工人员到市内就近就地就业，奖励村(社区)700元/人，所需奖励资金由当地财政安排。（市发展改革委、市工业和信息化局、市交通运输局、市卫生健康委、市税务局、市财政局、市人力资源和社会保障局、邵阳经开区、各县市区人民政府按职责分工负责）

（二）大力援企减负稳就业。加快实施阶段性、有针对性的减税降费政策，切实落实企业招用建档立卡贫困人口以及符合相关规定持有《就业创业证》或《就业失业登记证》的人员，自2019年1月1日至2021年12月31日按实际招用人数每人每年定额扣减相关税费7800元的政策（担保贷款贴息、就业补贴等政策）。阶段性降低失业保险费率、工伤保险费率政策，实施期限延长至2021年4月30日。加快落实阶段性减免、缓缴社会保险费，从2020年2月起至6月，免征全市中小微企业三项社会保险单位缴费部分，以单位身份参保的个体工商户参照执行；从2020年2月起至4月，减半征收全市大型企业三项社会保险单位缴费部分，机关事业单位以外的其他单位参照执行；受疫情影响，申请缓缴前连续3个月累计亏损的企业，可申请缓缴三项社会保险费，缓缴期限原则上不超过6个月，缓缴期间免收滞纳金。支持企业稳岗，将企业失业保险稳岗返还政策裁员率标准由不高于上年度统筹地区城镇登记失业率，放宽到不高于上年度全国城镇调查失业率控制目标，对参保职工30人(含)以下的企业，裁员率放宽至不超过企业职工总数20%。加大失业保险稳岗返还，对不裁员或少裁员的中小微企业，返还标准最高可提至企业及其职工上年度缴纳失业保险费的100%；对暂时生产经营困难且恢复有望、坚持不裁员或少裁员的参保企业，适当放宽其稳岗返还政策认定标准，重点向受疫情影响企业倾斜，返还标准可按不超过6个月的当地月人均失业保险金和参保职工人数确定，或按不超过3个月的企业及其职工应缴纳社会保险费确定。从2020年3月1日起，统一将全市失业保险待遇提高到最低工资标准的90%。2020年6月底前，经审批允许工程建设项目暂缓缴存农民工工资保证金，支付记录良好的企业可免缴。（市财政局、市人力资源和社会保障局、市住房城乡建设局、市交通运输局、市水利局、人民银行邵阳中心支行、市税务局按职责分工负责）

（三）提升投资和产业带动能力稳就业。实施重大产业就业影响评估，明确重要产业规划带动就业目标，优先投资就业带动能力强、有利于农村劳动力就地就近就业和高校毕业生就业的产业。加快制定和完善引导相关产业向中西部地区转移的政策措施。对部分带动就业能力强、环境影响可控的项目，制定环评审批正面清单，加大环评“放管服”改革力度，审慎采取查封扣押、限产停产等措施。（市发展改革委、市人力资源和社会保障局、市生态环境局、市商务局、市市场监管局按职责分工负责）

（四）优化自主创业环境稳就业。深化“证照分离”改革，推进“照后减证”和简化审批，简化住所

（经营场所）登记手续，申请人提交场所合法使用证明即可登记。充分发挥创业投资促进“双创”和增加就业的独特作用，对带动就业能力强的创业投资企业予以引导基金扶持、政府项目对接等政策支持。加大创业担保贷款支持力度，扩大政策覆盖范围，优先支持受疫情影响的重点群体，对优质创业项目免除反担保要求。对已发放个人创业担保贷款，借款人患新冠肺炎的，可向贷款银行申请展期还款，展期期限原则上不超过1年，财政部门继续给予贴息支持。降低小微企业创业担保贷款申请条件，当年新招用符合条件人员占现有职工比例下调为20%，职工超过100人的比例下调为10%，并与其签订一年以上劳动合同。政府投资开发的孵化基地等创业载体安排一定比例场地，免费向高校毕业生、农民工等重点群体提供。积极扶持农民工就地就近发展种养殖业、农产品加工、家庭农场、乡村旅游、传统手工业等产业项目。积极对有创业愿望和培训需求的农民工免费开展创业培训。农民工等返乡下乡创业人员首次创办小微企业或从事个体经营，自工商登记注册之日起，正常运营6个月以上的，给予不超2万元的一次性创业补贴。对符合创业担保贷款申请条件的农民工，按规定发放创业担保贷款并给予贴息。支持创新创业带动就业示范基地、创业孵化基地、农民工返乡创业园建设，对入驻（孵）企业按规定落实房租减免、水电费补贴等政策。各类城市创优评先项目应将带动就业能力强的“小店经济”、步行街发展状况作为重要条件。（市发展改革委、市工业和信息化局、市财政局、市人力资源和社会保障局、市商务局、人民银行邵阳中心支行、市市场监管局、邵阳银保监分局、市妇联按职责分工负责）

（五）支持多渠道灵活经营稳就业。合理设定无固定经营场所摊贩管理模式，预留自由市场、摊点群等经营网点。支持劳动者依托平台就业，平台就业人员购置生产经营必需工具的，可申请创业担保贷款及贴息；引导平台企业放宽入驻条件、降低管理服务费，与平台就业人员就劳动报酬、工作时间、劳动保护等建立制度化、常态化沟通协调机制。取消灵活就业人员参加企业职工基本养老保险的省内城乡户籍限制，对就业困难人员、离校2年内未就业高校毕业生灵活就业后缴纳社会保险费的，按规定给予一定的社会保险补贴。补贴标准为其个人实际缴费的40%，补贴期限最长不超过2年。对就业困难人员享受灵活就业社会保险补贴政策期满仍未实现稳定就业的，政策享受期限可延长1年，实施期限为2020年1月1日至12月31日。（市财政局、市人力资源和社会保障局、市自然资源和规划局、人民银行邵阳支行、市市场监管局按职责分工负责）

二、大力推进农村劳动力转移就业

（六）引导农民工有序外出就业。强化重点企业用工调度保障、农民工“点对点、一站式”返岗复工服务，推广健康信息互认等机制，提升对成规模集中返岗劳动者的输送保障能力。引导劳动者有序求职就业，及时收集发布用工信息，加强输出地和输入地信息对接，鼓励低风险地区农民工尽快返岗复工。对组织集中返岗、劳务输出涉及的交通运输、卫生防疫等给予支持。疫情防控期间，对企业新招用且按规定缴纳社会保险的员工，给予500元/人的一次性生活费补贴；对企业组织员工包车返岗或者员工自行乘坐铁路列车、客运汽车返岗的，给予企业或员工一次性交通费补贴。交通费补贴按省外、省内、市内分别为300元、200元、100元的标准确定，其中对建档立卡贫困劳动力生活费补贴标准可适当提高，所需资金由企业所在地财政统筹安排。对人力资源服务机构、劳务经纪人开展跨区域有组织劳务输出的，每成功介绍1名劳动力稳定就业6个月以上的，给予300元/人的一次性就业创业服务补贴。受理截止期限为2020年12月31日。所需资金从就业资金中列支。（市公安局、市财政局、市人力资源和社会保障局、市交通运输局、市卫生健康委按职责分工负责）

（七）鼓励农民工就地就近就业。抓好春季农业生产，大力发展新型农业经营主体，组织暂时无法外出的农民工投入春耕备耕，从事特色养殖、精深加工、生态旅游等行业。在县城和中心镇建设一批城镇基础设施、公共服务设施，加强农业基础设施建设，实施农村人居环境改善工程，开展以工代赈工程建设，积极组织农民工参与工程项目建设，优先吸纳农村贫困劳动力和低收入群体就业。对吸纳16～24岁失业青年参加就业见习的单位，按规定给予就业见习补贴。对就业见习完成后继续留在见习单位工作并签订1年以上劳动合同且按规定缴纳社会保险的人员，给予1000元/人的一次性就业补贴，所需资金由当地财政统筹安排。企业、农村专业合作社和扶贫车间等各类生产经营主体吸纳贫困劳动力就业，以及参保企业吸纳就业困难人员、零就业家庭成员就业按规定缴纳社会保险并开展以工代训的，经人力资源和社会保障部门审核后，给予企业每人每月500元的培训补贴，补贴期限最长不超过6个月，所需资金从职业技能提升行动专账资金中列支。（市发展改革委、市人力资源和社会保障局、市自然资源和规划局、市交通运输局、市农业农村局、市卫生健康委按职责分工负责）

（八）大力保障贫困劳动力就业。企业复工复产、重大项目开工、物流体系建设等优先组织和使用贫困劳动力，鼓励企业更多招用贫困劳动力。支持扶贫龙头企业、扶贫车间尽快复工。县级及以下人民政府要统筹各类资金开发乡村公益性岗位，优先安置“无法离乡、无业可扶、无力脱贫”且能胜任岗位要求的建档立卡贫困劳动力。疫情防控期间，结合疫情需要新增一批保洁环卫、防疫消杀、巡查值守等临时岗位，优先就近安置建档立卡贫困劳动力就业，临时岗位工资补助标准应不低于当地最低工资标准，所需资金从财政专项扶贫资金中安排。加大对易地扶贫搬迁大型安置区的支持力度。对吸纳贫困劳动力就业规模大的，各地可通过财政专项扶贫资金给予一次性奖励。（市发展改革委、市财政局、市人力资源和社会保障局、市农业农村局、市扶贫办按职责分工负责）

三、努力扩大高校毕业生就业规模

（九）扩大企业吸纳规模。对中小微企业招用毕业年度高校毕业生签订1年以上劳动合同并按规定缴纳社会保险的，可按1000元/人的标准给予一次性吸纳就业补贴，所需资金从就业资金中列支。市县属国有企业今明两年要连续扩大高校毕业生招聘规模，从新增岗位中拿出不低于50%的岗位专门招聘应届高校毕业生，招聘信息应按照有关规定同步在同级人社部门的官网上发布。不得随意毁约，不得将本单位实习期限作为招聘入职的前提条件。（市财政局、市人力资源和社会保障局、市国资委、市烟草专卖局、市邮政管理局等部门和企业按职责分工负责）

（十）扩大基层就业规模。今明两年事业单位空缺岗位主要用于专项招聘应届高校毕业生和择业期内未落实工作单位的高校毕业生。开发城乡社区等基层公共管理和社会服务岗位吸纳高校毕业生就业。积极开展“三支一扶”计划等基层服务项目招募工作，全面完成30人的“三支一扶”招募任务，做好服务期满人员就业安置工作。落实到县以下机关事业单位工作的高校毕业生适当提高基本工资政策和相关津贴补贴，招聘为事业单位正式工作人员的，可提前转正定级，转正定级的薪级工资，在未列入艰苦边远地区或国家扶贫开发工作重点县的高定一级，在三类及以下艰苦边远地区或国家扶贫开发工作重点县的高定两级。落实对乡镇机关事业单位工作人员实行的工作补贴政策，并向条件艰苦的偏远乡镇和长期在乡镇工作的人员倾斜。对少数条件特别艰苦的偏远乡镇，经县级人民政府同意，其乡镇工作补贴可在省统一标准的基础上再提高100元。畅通民营企业专业技术职称评审渠道。凡在我市民营企业工作满1年的专业技术人才，申报参评职称可由人事代理的人力资源服务机构推荐，也可由所在地工商联、或所在行业协会、学会、或由园区、民营企业按属地化原则推荐。（市教育局、市民政局、市财政局、市人力资源和社会保障局、市工信局、市农业农村局按职责分工负责）

（十一）扩大招生入伍规模。争取省教育厅支持，扩大2020年硕士研究生招生和普通高校专升本招生规模。高标准完成上级赋予的大学生以及大学毕业生征集任务，健全参军入伍激励政策，大力提高应届毕业生征集比例。（市教育局、市财政局、市退役军人局、邵阳军分区政治工作处和动员处按职责分工负责）

（十二）扩大就业见习规模。支持企业、政府投资项目、科研项目设立见习岗位。对因疫情影响见习暂时中断的，相应延长见习单位补贴期限。对见习期未满与高校毕业生签订劳动合同的，给予见习单位剩余期限见习补贴。对见习期满留用见习人员达到50%的单位，见习补贴标准提高至当地最低工资标准的120%。加大对就业困难高校毕业生援助帮扶力度，对符合条件人员按规定落实公益性岗位补贴。（市财政局、市人力资源和社会保障局、市国资委、团市委按职责分工负责）

（十三）适当延迟录用接收。引导用人单位推迟面试体检和签约录取时间。对延迟离校的应届毕业生，相应延长报到接收、档案转递、落户办理时限。通过湖南省政务服务网受理高校毕业生档案托管、就业报到证申办业务。统一非全日制研究生与全日制研究生就业手续办理标准。取消高校毕业生就业报到证手续办理中要求提供介绍信的规定。离校未落实工作单位高校毕业生可按规定将户口、档案在学校保留两年，或申请由省大中专学校学生信息咨询与就业指导中心托管档案，以应届毕业生身份参加用人单位考试、录用，落实工作单位后参照应届毕业生办理相关手续。推进高校毕业生人事档案跨区域流转网上办理。（市教育局、市人力资源和社会保障局、市国资委按职责分工负责）

四、全力实施困难人员就业兜底保障

（十四）落实失业人员基本生活保障。畅通失业保险金申领渠道，放宽失业保险申领期限，2020年4月底前实现线上申领失业保险金。对领取失业保险金期满仍未就业且距离法定退休年龄不足1年的失业人员，可继续发放失业保险金至法定退休年龄，实施时间自2019年12月起。对领取失业保险金期满仍未就业的失业人员、不符合领取失业保险金条件的参保失业人员，发放6个月的失业补助金，标准不高于当地失业保险金的80%。所需资金从失业保险基金中列支。对符合条件的生活困难的失业人员及家庭，按规定及时纳入最低生活保障、临时救助等社会救助范围。（市民政局、市财政局、市人力资源和社会保障局按职责分工负责）

（十五）实施困难人员就业援助。动态调整就业困难人员认定标准，及时将受疫情影响人员纳入就业援助范围，确保零就业家庭动态清零。对通过市场渠道确实难以就业的，利用公益性岗位托底安置。开发一批消杀防疫、保洁环卫等临时性公益岗位，根据工作任务和工作时间，给予一定的岗位补贴和社会保险补贴，补贴期限最长不超过6个月，所需资金可从就业资金中列支。（市财政局、市人力资源和社会保障

局、市残联按职责分工负责）

五、切实加强职业培训和就业服务

（十六）全面开展职业技能培训。加大失业人员、农民工等职业技能培训力度，实施农民工等重点群体专项培训，适当延长培训时间。对企业组织职工参加线上线下培训，组织新招用农民工、高校毕业生参加岗前培训的，给予职业培训补贴。动态发布新职业（工种）补贴标准目录，定时公布我市紧缺职业（工种）目录。提高职业技能培训补贴标准。对《湖南省职业技能培训补贴标准目录(2019—2021年)》(湘人社发〔2019〕17号)规定的各类职业技能培训补贴标准普遍提高50%。原有规定上浮的地区和人员，按原有比例享受职业培训补贴，不叠加享受。由省人力资源和社会保障厅确定为紧缺职业(工种)的，普调后其培训补贴标准上浮10%的规定仍继续执行。完善远程技能培训体系。开展政府补贴性职业技能培训的，经当地人力资源社会保障部门同意，可将全部理论课程由线下集中授课转为线上学习，课时要求不变，实训和结业考核部分根据各地疫情情况，在条件成熟时通过线下完成，相关培训补贴按现有政策标准执行。各级人力资源和社会保障、财政部门可通过项目制方式，向具备资质的培训机构整建制购买就业技能培训项目，为农民工提供免费就业技能培训，按照现行职业技能培训补贴标准给予培训补贴，可先行预拨30%的职业技能培训补贴资金，所需资金从职业技能提升行动专账资金中列支。对参加项目制培训后继续留在当地企业工作并签订1年以上劳动合同且按规定缴纳社会保险的员工，给予1000元/人的一次性就业补贴，所需资金由当地财政统筹安排。（市财政局、市人力资源和社会保障局按职责分工负责）

（十七）持续优化就业服务。劳动年龄内、有劳动能力、有就业要求、处于失业状态的城乡劳动者可在户籍地或常住地进行失业登记，申请享受基本公共就业服务。推进在线办理就业服务和补贴申领。持续开展线上招聘服务，发挥公共就业服务机构、高校就业指导机构、经营性人力资源服务机构作用，加大岗位信息、职业指导、网上面试等服务供给。对大龄和低技能劳动者，通过电话、短信等方式推送岗位信息，提供求职、应聘等专门服务。低风险地区可有序开展小型专项供需对接活动。优化用工指导服务，鼓励困难企业与职工协商采取调整薪酬、轮岗轮休、灵活安排工作时间等方式稳定岗位，依法规范裁员行为。实施基层公共就业服务平台能力提升行动计划。（市教育局、市财政局、市人力资源和社会保障局、市总工会、市工商联按职责分工负责）

六、坚决压实就业工作责任

（十八）强化组织领导。各地区各有关部门要在确保疫情防控到位的前提下，毫不放松抓紧抓实抓细稳就业各项工作。建立由政府负责人牵头的就业工作领导机制，压实工作责任，细化实化扶持政策。各有关部门要同向发力，围绕稳就业需要，落实完善政策措施，形成工作合力。要健全公共就业服务体系，加强基层公共就业服务能力建设，提升基本公共就业服务水平。（各有关部门和单位、各县市区人民政府按职责分工负责）

（十九）加强资金保障。加大就业补助资金和稳岗补贴投入力度。支持市县政府根据稳就业工作推进和政策实施需要，统筹用好就业创业、职业培训、风险储备等方面资金。失业保险基金结余大的地区，要加速稳岗返还、保生活政策落地见效。（市财政局、市人力资源和社会保障局、各县市区人民政府、邵阳经开区按职责分工负责）

（二十）强化考核激励。开展就业工作考核激励，将稳就业工作纳入绩效考核，完善考核办法，并对落实稳就业政策措施工作力度大、促进重点群体就业创业等任务完成较好的地方，推荐评选国家、省稳就业工作先进地区。（市人力资源和社会保障局、市财政局牵头，各有关部门和单位、各县市区人民政府按职责分工负责）

（二十一）加强督促落实。细化分解目标任务，在相关督查工作中将稳就业作为重要内容，重点督促政策服务落地及重点群体就业、资金保障落实等。对不履行促进就业职责，产生严重后果或造成恶劣社会影响的，依法依规严肃问责。完善劳动力调查，研究建立市级调查失业率按月统计发布制度，启动就业岗位调查，做好化解失业风险的政策储备和应对预案。（市人力资源和社会保障局、国家统计局邵阳调查队牵头，各有关部门和单位、各县市区人民政府、邵阳经开区按职责分工负责）

上述新增补贴政策，受理截止期限为2020年12月31日。各地各有关部门要抓紧政策实施，发挥政策最大效应，工作中遇到的重要情况和重大问题及时按规定上报。

邵阳市老旧小区改造实施方案

根据《住房和城乡建设部办公厅国家发展改革委办公厅财政部办公厅关于做好2019年老旧小区改造工作的通知》（建办城函〔2019〕243号）要求，结合我市实际，制定本实施方案。

一、基本原则

以人为本，共同缔造；政府引导，多方参与；市级统筹，区级负责；科学规划，分步实施；综合改造，基础优先。

二、适用范围

（一）市城区建成于2000年以前的小区（含独栋住宅楼）。

（二）公共设施落后，影响居民基本生活，居民改造意愿强烈。

（三）近5年未实施综合改造且未纳入今后5年规划征迁改造范围。

已纳入城镇棚户区改造计划、拟通过拆除新建（改建、扩建、翻建）实施改造的棚户区（居民住房），不属于老旧小区改造范畴；以居民自建住房为主的区域和城中村暂不纳入老旧小区改造范围。拟对居民进行征收补偿安置，或者拟拆除新建（含改建、扩建、翻建）方式实施改造的住宅小区（含独栋住宅楼），不得申报纳入中央补助资金支持城镇老旧小区改造计划。严禁借老旧小区改造之名变相搞房地产开发。

三、改造项目

老旧小区改造分为基础类、完善类、提升类，以基础类改造为主。水、电、气、暖、通信等运营企业应将老旧小区相应设施改造计划纳入行业改造计划，统筹推进。

（一）基础类改造

1. 必改项

（1）对C级危房维修加固；修缮漏水的屋面；整修粉刷房屋公共部位内墙与顶棚。

（2）实施小区排水管网雨污分流改造，设置单独的污水立管，将卫生间、厨房、阳台等污水全部纳入污水管道集中收集，推进雨污混接错接改造。

（3）疏浚和改造排水管网，对处于低洼地带或配有地下车库的老旧住宅小区增设排水防涝设施，提升小区防涝水平。更换破损窨井盖，清淤、改造化粪池。

（4）维修改造小区内的供水管线，实施“一户一表”。

（5）具备条件的接入管道天然气，改造和置换老旧的管道、阀门和调压箱柜等燃气设施，有条件的用户改造安装远传智能气表。

（6）维修改造小区内的供电管线，实施“一户一表”。整理归并小区内弱电线缆，拆除无用缆线，具备条件的下地铺设。

（7）对通信线路实行统一设计、统一走管，集中设置室外、楼道内光纤分配箱。

（8）对小区破损道路进行修补，对具备条件的路面公共停车位、休闲广场、人行道等进行海绵化改造。

（9）改造原有垃圾收集点、垃圾房和转运站等设施，合理设置密封式垃圾桶（箱）或垃圾分类房，明确大件垃圾、建筑垃圾临时堆放点；逐步取缔垃圾道、垃圾池，按标准配建垃圾收集点。改造提升小区原有老旧公共厕所。

（10）合理布置路灯管线，改造和增设公共照明设施，满足小区夜间照明和安全用电标准。

（11）清除消防通道上的障碍物，确保救护和消防通道畅通。清理楼栋间和楼道内乱堆杂物，完善消防配套设施。

（12）积极引导小区居民自愿加装电梯，具备条件的老旧小区楼房加装电梯，对安装本地生产的电梯产品的楼栋按5万元/台从该小区项目改造资金中补助。中央财政补助老旧小区改造政策终止后，本补助政策自然终止。

2. 选改项

（1）依法妥善处理老旧小区内侵占公共空间的违章建筑（构筑物）和侵占绿地、道路的违法设施。

（2）维护改造不符合相关技术、卫生以及安全防范标准的老旧二次供水设施。

（3）修缮存在安全隐患或老化的围墙、大门。鼓励采取“围墙腾退”或“拆除围墙”的方式释放内部公共空间，或打通道路微循环系统。

（4）与小区直接相关的城市道路和公共交通、通信、供电、供排水、供气、供热、停车库(场)、污水与垃圾处理等基础设施的改造升级。

（二）完善类改造

1. 必改项

（1）利用空坪隙地规划增设停车位，合理设置机动车和非机动车停车场地。

（2）整治小区“脏、乱、差”，清理楼道各类小广告；整治餐饮油烟等环境污染问题。有条件的实施园林绿化提质升级。

2. 选改项

（1）有条件的配建邮政、快递设施和公告宣传栏；安装健身器材，增设休闲座椅，完善适老设施。

（2）完善小区安防监控设施，在小区出入口及重要区域配置安防监控设备，并建立小区监控室等。

（三）提升类改造

选改项

（1）因地制宜规整老旧小区立面，窗户和阳台防盗网、外墙外挂空调等。

（2）增设小区党建活动室、读书阅览室、便民服务站等，提标改造城市农贸市场，配套便民市场、养老、托幼、助餐、家政、健身、便利店、医疗等配套服务设施。

（3）推进移动通信5G网络的深度覆盖，建立小区管理和服务综合信息平台；增设小区可视化大门、智能门禁系统及道闸，安装楼道智能门禁系统。推广应用具有“一杆多用”功能的小区智慧灯杆。

（4）挖掘小区历史文化内涵和特色风貌，打造特色景观、雕塑等，制作文化长廊、社区历史、文化展示墙等。

四、实施程序

（一）项目申报

1. 调查摸底。三区人民政府和邵阳经开区管委会负责对辖区内老旧小区（含市直机关企事业单位、部省驻邵单位院落）情况进行调查摸底；市住房和城乡建设局负责直管公房老旧小区情况调查摸底。摸清老旧小区建成年代、占地面积、建筑面积、楼栋数、户数、拟改造的内容和群众改造意愿等基本情况，对老旧小区进行审核认定，保存好小区现状影像资料，确保调查数据真实、准确、完整并在调查摸底的基础上形成项目清单。

2. 自愿申报。在征求小区全体业主意见的基础上，由业主委员会或社区协同业主代表，向街道和社区申报改造，签订《自愿改造老旧小区协议》，承诺自愿支持小区改造、接受物业管理、缴纳物业管理费和房屋维修资金、拆除违法建筑，并就小区内公共资源利用达成一致意向。

3. 编制改造规划和项目库。结合老旧小区申报情况和财政承受能力，对照城市总体规划和控制性详细规划，梳理老旧小区周边空间资源，组织制订2020—2035年城镇老旧小区改造规划，建立项目库。根据实施情况对项目库进行动态调整，切实提高项目库质量，未进入项目库的项目原则上不得安排财政补助资金。

4. 申报年度改造计划。三区人民政府和邵阳经开区管委会根据规划和项目库，结合本年度项目实际执行情况，制订下年度改造计划，报市住房和城乡建设局审查备案。

5. 计划确定。按照“实施一批、谋划一批、储备一批”的原则，市住房和城乡建设局、市发展改革委、市财政局审核年度改造计划，报市人民政府审定后，上报省人民政府申请纳入年度中央补助支持城镇老旧小区改造计划。

（二）项目实施

区人民政府和邵阳经开区管委会是辖区内老旧小区改造项目实施主体，市住保中心是市直管公房老旧小区改造项目实施主体，尚未实施社会化管理的市直机关企事业单位、部省驻邵单位院落老旧小区改造，可由区人民政府负责实施或委托相应单位作为项目实施主体。

1. 编制方案。项目实施单位要结合居民意愿，逐项目编制老旧小区改造初步方案，报市住房和城乡建设局审查备案。初步方案应包括改造内容、资金预算、改造实施计划、政府投入和居民自筹资金比例、物业管理方案。

2. 小区公示。改造方案应在本小区公示不少于5个工作日，公示期满后，由所在街道、社区收集居民意见，反馈给项目实施主体，对方案进行修改完善，并对修改后的方案公示不少于5个工作日。

3. 方案审查。两次公示后的方案，由三区人民政府和邵阳经开区管委会初审，初审合格后报市住房和城乡建设局审核通过后实施。

4. 工程实施和监管。实施单位要严格按照相关法律法规和规范标准组织实施，相关部门、街道、社区要全力配合，为施工提供必要条件。建设行政主管部门应根据老旧小区综合改造提升工作的特点，对工程全过程进行监管，落实工程质量、安全生产、文明施工等管理要求。

5. 项目验收。项目竣工后，市住房和城乡建设局应会同各区组织相关部门、参建单位、街道、社区、居民代表等进行项目联合竣工验收。验收通过后，各区应及时完成竣工财务决算，做好竣工项目的资料整理、归档和移交工作。

6. 长效管理。改造后的老旧小区，原则上实行专业化物业管理。对有条件成立业主大会的老旧小区，街道办事处组织成立业主大会，选举业主委员会，引入物业服务企业管理。对不能成立业主大会或者成立业主大会条件不成熟的，实行社区托管。对产权单位单一、管理责任主体明确的老旧小区，遵从居民意愿，可以继续选择产权单位管理方式，逐步引导实施市场化物业管理。老旧小区业主根据小区实际情况，也可实行业主自行管理，或者委托其他管理人管理。

五、试点示范

为充分发挥示范引领作用，形成可复制、可推广的经验，开展老旧小区改造试点，具体试点项目为大祥区仙人井老旧小区、双清区林化厂老旧小区、北塔区观音庵老旧小区及直管公房新华印刷二厂老旧小区。试点小区要做到七个结合：即供水设施（二次供水）改造与创建节水型城市相结合，排水设施改造与雨污分流、城镇污水提质增效、海绵化改造相结合，环卫设施改造与垃圾分类工作相结合，小区道路改造与停车设施建设相结合，绿化改造与园林城市创建相结合，管线改造与强弱电入地相结合，加装电梯与无障碍设施建设相结合，坚持“一区一策”，因地制宜。

六、2020年度工作计划

（一）4月底前完成老旧小区情况调查摸底工作。

（二）5月底前完成已纳入2019年度和2020年度中央财政补助老旧小区改造计划的项目初步方案编制。

（三）6—11月启动老旧小区改造工作，11月底前完成纳入2019年度中央财政补助老旧小区改造计划的项目改造，实现2020年为民办实事的136个项目要全部开工且完成50%投资额。

七、保障措施

（一）加强组织领导。市保障性安居工程工作领导小组统一领导全市老旧小区改造工作。三区人民政府和邵阳经开区管委会是老旧小区改造工作实施主体，具体负责辖区范围内老旧小区的改造工作。市住房保障中心负责市直管公房老旧小区改造工作。

各县市人民政府是辖区内老旧小区改造工作的责任主体，要根据辖区实际情况，参照本方案制定辖区内老旧小区改造工作的具体实施方案。

（二）多方整合资金。建立多元化的可持续资金筹措机制。坚持“谁受益、谁出资”原则，建立政府、产权单位、居民合理共担机制。一是积极争取中央补助资金、省级资金支持我市老旧小区改造工作。二是整合行业资金，三区人民政府和邵阳经开区管委会负责老旧小区各类管线改造土建施工，水、电、气、暖、通信等运营企业负责老旧小区相应水、电、气、暖、通信的行业改造。三是尚未实行社会化管理的单位院落，所在单位要利用自有资金加大对老旧小区改造的投入。四是居民出资部分可通过直接出资、使用住宅专项维修基金、提取个人公积金等方式落实。五是鼓励电梯、快递、物流、商贸、停车设施、物业服务等企业进行投资，并通过获得特许经营、公共位置广告收益、便民服务等途径收回改造成本的方式参与老旧小区改造。六是引导金融机构以可持续方式支持老旧小区改造。

加强项目资金监管，市发展改革委、市财政局、市住房和城乡建设局负责市本级项目改造资金分配方案起草，报领导小组同意后拨付项目实施单位。负责对县市区项目资金使用情况进行绩效评价考核，绩效评价考核结果在资金拨付方案中占一定权重。

（三）简化报建程序。建立“先建后验”的预许可机制，项目建设业主作出承诺后，即可办理预许可手续。

项目实施主体提供以下材料，即可完成审批，发放施工许可。内容包括:发改部门立项手续；规划设计条件书；满足施工需要的设计图纸及技术资料；明确五方责任主体的经济合同；农民工工资保证金、工伤保险缴存证明。

（四）加强考核督查。将老旧小区改造工作纳入对县市区人民政府的年度绩效考核，纳入对领导干部的政治建设考察。考核标准：2019年度申报的项目要全部完工；2020年为民办实事的136个项目要全部开工且完成50%投资额；委托第三方机构开展老旧小区改造居民满意度调查。考核结果与县市区职级并行指标挂钩。建立工作情况通报制度，对工作严重滞后地区的政府主要负责人、分管负责人进行约谈，对未完成任务指标的地区实行严格问责。

（五）强化宣传引导。积极运用共同缔造理念，加强老旧小区改造与基层党组织建设、社区治理体系建设的有机结合；充分发挥基层党组织在老旧小区改造中的主导作用，统筹协调社区居委会、业主委员会、物业服务公司等，共同做好宣传群众、组织群众、发动群众的工作。搭建沟通议事平台，利用“互联网+共建共治”模式，主动了解居民诉求，打造共建共治共享的社会治理格局。

统计资料

2019年、2020年邵阳市国民经济和社会发展总量指标对比表

表13

	2020年	2019年
人口与就业		
一、人口（万人）		
年末总人口	822.32	825.78
男性人口	434.41	436.32
女性人口	387.91	389.46
二、就业（万人）		
从业人员数	319.72	513.48
#职工人数	42.15	38.21
宏观经济		
一、国民核算（万元）（当年价格）		
生产总值	22508090	21524767
第一产业	3997782	3513128
第二产业	6986171	5956103
第三产业	11524137	12055536
国内支出总额		
#最终消费		
居民消费		
政府消费		
资本形成总额		
固定资本形成总额		
存货增加		
二、固定资产投资（万元）		
全社会固定资产投资总额		

续表13

	2020年	2019年
#国有单位		
集体单位		
个体经济		
三、财政（万元）		
财政总收入	1693199	1689072
#地方财政收入	1053402	1029415
财政总支出	5849314	5891409
四、物价总指数（%）		
商品零售价格总指数	101.2	102.9
居民消费品价格总指数	102.2	102.3
五、利用外资（万美元）		
实际利用外资	39698	34056
产　业		
一、农　业		
耕地面积（千公顷）	448.81	448.81
乡村农林牧渔业从业人员（万人）	215.42	218.62
农林牧渔业总产值（亿元）	677.61	569.42
#农　　业	346.35	322.79
林　　业	20.22	20.2
牧　　业	262.19	180.79
渔　　业	16.53	15.97
农林牧渔服务业产值	32.32	29.68
主要农产品产量		
粮食（万吨）	323.96	319.23
棉花（吨）	1	25
油料（吨）	211934	192973
烤烟（吨）	8909	8768
茶叶（吨）	6231	5915

续表13

	2020年	2019年
柑橘（万吨）	67.28	54.61
肉类总产量（万吨）		52.17
水产品（万吨）	9.66	10.44
二、工　业		
全部工业总产值（当年价格）（万元）		
总计中：规模工业		
非规模工业		
规模工业中：轻工业		
重工业		
主要工业产品产量		
原煤（万吨）	16.7	16.21
发电量（亿千瓦时）	116.9	124.95
饮料酒（万吨）	10.4	11.37
机制纸及纸板（万吨）	53.1	67.05
水泥（万吨）	1043.8	1094.55
独立核算工业企业财务指标		
固定资产原值（万元）		
固定资产净值（万元）		
三、建筑业（四级及四级以上建筑业）		
建筑企业年平均人数（人）	137833	132045
建筑业总产值（万元）	5746962	5210591
施工房屋面积（万平方米）	4568.67	3955.76
竣工房屋面积（万平方米）	1648.37	1703.51
四、交通运输		
货运量（万吨）		20990.6
#铁　路	399	450.2
公　路		20772
水　运	121.6	218.6

续表13

	2020年	2019年
客运量（万人次）	3074.2	8616.1
#铁　路	1258.3	781.5
公　路	3062	8593.5
水　运	12.2	22.6
五、邮电通信业		
邮电业务总量（万元）	4933473	3370708
函件（万件）	46.94	63.59
报刊期发数（万份）	46.91	43.92
交换机容量（万门）	876.25	851.25
电话机（万部）	30.6	32.05
城　市	16.22	16.59
农　村	12.82	13.82
移动电话（万户）	557.71	550.45
计算机互联网用户数（万户）	68.89	62.91
六、国内商业		
社会消费品零售总额（万元）	12088272	10894262
七、外　贸		
进出口总额（万美元）（海关口径）	380103	375672
进口额	7396	9012
出口额	372707	366660
八、金融保险		
金融机构存款（亿元）	3298.2	3011.32
#储蓄存款	2484.06	2241.66
金融机构贷款（亿元）	1961.51	1633.86
保险业务收入（万元）	894369	853180
保险业务支出（万元）	273711	289965

续表13

	2020年	2019年
教育、科技、文化		
一、 教 育		
专任教师数（人）		
普通高等学校	2237	2100
中等专业学校(含职业中学）	3444	3122
普通中学	26406	32546
小 学	26956	25854
在校学生（人）		
普通高等学校	46081	36590
中等专业学校(含职业中学）	79231	78301
普通中学	457664	458070
小 学	587794	592987
二、科 技		
中级技术职称以上人员（万人）		
科学事业费支出（万元）	70684	47772
三、文 化		
公共图书馆藏图书册数（万册）	277	270
电视人口覆盖率（%）	99.27	99.25
广播人口覆盖率（%）	97.36	97.34
家庭、生活、环境		
一、家 庭		
城镇居民平均每户家庭人口（人）	3.23	3.55
农村居民平均每户常住人口（人）	3.4	4.31
二、婚 姻		
结婚数（对）	38781	40007
离婚数（对）	16898	16999
三、居住（平方米/人）		
城市居民人均居住面积	56	56

续表13

	2020年	2019年
农村居民人均居住面积	73	73
四、生　活		
城市居民可支配收入（元）	30845	29503
农村居民人均纯收入（元）	14119	13055
城乡居民储蓄存款余额（亿元）	2484.06	2241.66
五、工资福利		
在岗职工平均工资（元）	68987	65835
六、卫　生		
医　院（个）	139	136
医　生（人）	16070	16166
护　士（人）	20290	20724
医院床位（张）	33272	33272
七、市政建设		
自来水供应量（万立方米）		
下水道总长（公里）	650	630
城市煤气供应量（万立方米）	6263	5843
石油液化气供应量（吨）	4300	4280
公共汽车总数（辆）	560	703
营运线路长度（公里）		
绿地面积（公顷）	3215	3127
八、环境、灾害		
治理污染资金使用额（万元）		
环境污染事故数（次）		
火灾发生数（次）	898	935
火灾经济损失（万元）	1009	1499
交通事故发生数（次）	572	312
交通事故经济损失（万元）		99

2020年邵阳市全部城镇非私营单位在岗职工平均人数一览表

表14　　　　单位：人

总　计	368111
按国民经济行业分组	
（一）农、林、牧、渔业	2761
（二）采矿业	2872
（三）制造业	36185
（四）电力、热力、燃气及水生产和供应业	6849
（五）建筑业	66311
（六）批发和零售业	9375
（七）交通运输、仓储和邮政业	9510
（八）住宿和餐饮业	1612
（九）信息传输、软件和信息技术服务业	4020
（十）金融业	9977
（十一）房地产业	4702
（十二）租赁和商务服务业	4910
（十三）科学研究和技术服务业	4340
（十四）水利、环境和公共设施管理业	4687
（十五）居民服务、修理和其他服务业	2337
（十六）教　育	75123
（十七）卫生和社会工作	36889
（十八）文化、体育和娱乐业	1454
（十九）公共管理、社会保障和社会组织	84198

2020年邵阳市全部非私营单位在岗职工平均工资一览表

表15　　　　单位：元

总　计	68987
按国民经济行业分组	
（一）农、林、牧、渔业	46883
（二）采矿业	65821
（三）制造业	50629
（四）电力、热力、燃气及水生产和供应业	68578
（五）建筑业	54566
（六）批发和零售业	56311
（七）交通运输、仓储和邮政业	68264
（八）住宿和餐饮业	35228
（九）信息传输、软件和信息技术服务业	92008
（十）金融业	119803
（十一）房地产业	50359
（十二）租赁和商务服务业	48816
（十三）科学研究和技术服务业	62494
（十四）水利、环境和公共设施管理业	66177
（十五）居民服务、修理和其他服务业	97817
（十六）教　育	73802
（十七）卫生和社会工作	91428
（十八）文化、体育和娱乐业	56110
（十九）公共管理、社会保障和社会组织	72118

2020年邵阳市固定资产投资（不含跨区项目）增长情况表

表16

指　　标	2020年比2019年±%
投资总额（万元）	8.6
一、按登记注册类型分	
1. 国有企业	-8.9
2. 集体企业	-63.8
3. 个体经营	15.8
个体户	150.5
个人合伙	-62.2
4. 联营企业	-54.3
5. 有限责任公司	38.8
国有独资企业	53.7
其他有限责任公司	21.6
6. 股份有限公司	16.6
7. 私营企业	0.2
8. 港澳台商及外商投资企业	11.9
9. 其他企业	41.8
二、按构成分	
建筑安装工程	15.1
设备工器具购置	-13.2
其他费用	-15.8
三、按隶属关系分	
中　央	101.9
地　方	7.6
四、房屋建筑面积（万平方米）	
施工面积	-33.8
竣工面积	-10
# 住宅	3.8

2020年邵阳市各分县（市、区）法人社会消费品零售总额一览表

表17

单位：万元

指标名称	全　市	双清区	大祥区	北塔区	新邵县	邵阳县	隆回县	洞口县	绥宁县	新宁县	城步苗族自治县	武冈市	邵东市
社会消费品零售总额	12088272.7	1286419.9	921000.1	220615.0	919446.8	1147745.1	1460211.0	1029680.2	475009.9	666022.3	347390.6	917974.5	2696757.0
一、限上法人按销售单位所在地分													
城镇	4260136.6	973902.6	375808.0	82977.0	199331.9	291466.1	276778.2	196108.7	136890.4	234141.3	98529.7	242515.7	1151687.0
其中：城区	2476129.7	755577.3	364823.2	82977.0			6303.0				2553.1	235144.5	1028751.6
乡村	245905.1	112.0	9416.6	11969.4	51757.5	23264.4	19586.0	13287.9	5360.0	12351.1	724.4	2628.5	95447.3
二、限上法人按行业分													
1. 批发业	416261.4	5368.1	12024.4	58750.3	3013.4	24354.9	34853.6	9398.3	26727.4	6768.4	10132.2	2946.6	221923.8
2. 零售业	3811028.7	965771.7	318662.7	28559.5	222199.4	281090.1	228062.5	182474.2	94583.4	213848.6	83165.8	209849.2	982761.6
3. 住宿业	84501.7	1435.1	15786.3	0.0	4537.8	18.7	21050.8	9233.0	12350.4	7557.6	5380.9	3557.7	3593.4
4. 餐饮业	194249.9	1439.7	38751.2	7636.6	21338.8	9266.8	12397.3	8291.1	8589.2	18317.8	575.2	28790.7	38855.5

2019年、2020年邵阳市地方财政收入构成对比表

表18 单位:万元

	2020年	2019年
一、地方财政收入合计	1053410	1029415
增值税	98535	219663
营业税		
企业所得税	60127	61483
企业所得税退税		
个人所得税	16545	18623
资源税	6694	5752
固定资产投资方向调节税		
城市维护建设税	39743	39221
房产税	12873	15315
印花税	9870	9485
城镇土地使用税	10845	11565
土地增值税	86689	71922
车船使用和牌照税	18017	16580
农业税		
农业特产税		
耕地占用税	37536	34057
契　税	152532	126430
烟叶税	3344	2122
国有资产经营收益		
国有企业计划亏损补贴		
行政性收费收入	76754	72743
罚没收入	148347	114578
专项收入	59396	71135
其他收入	215563	138741
二、上划中央收入	522813	544517
三、上划省级收入	116984	115140

2019年、2020年邵阳市地方财政支出构成对比表

表19 单位:万元

	2020年	2019年
支出合计	5902346	5727484
一、一般公共服务	677067	762596
二、外 交	0	
三、国 防	10848	8293
四、公共安全	241903	262332
五、教 育	1086454	1036950
六、科学技术	70684	50602
七、文化体育与传媒	89122	104544
八、社会保障和就业	797532	1112104
九、医疗卫生	680099	704898
十、环境保护	107250	135143
十一、城乡社区事务	358110	636940
十二、农林水事务	882777	864248
十三、交通运输	248208	37438
十四、工业商业金融等事务	140284	9145
十五、其他支出	512008	2251

2020年邵阳市金融机构信贷资金来源情况表

表20　　　　单位:万元

	年末余额	比年初增减数
资金来源总计	**31625860**	**3276869**
一、各项存款	32982029	2868800
（一）境内存款	32970631	2867313
1. 住户存款	24840566	2423940
（1）活期存款	8136516	470151
（2）定期及其他存款	16704050	1953789
2. 非金融企业存款	3912547	56487
（1）活期存款	2676648	–218406
（2）定期及其他存款	1235899	274893
3. 广义政府存款	4195366	380058
（1）财政性存款	455954	93274
（2）机关团体存款	3739411	286784
4. 非银行业金融机构存款	22152	6827
（二）境外存款	11397	1488
二、金融债券	0	0
其中：境外发行	0	0
三、卖出回购资产	0	0
四、借款及非银行业金融机构拆入	0	–9376
五、联行往来（净）	0	0
六、应付及暂收款	685669	125387
七、各项准备	600782	19814
八、所有者权益	1017116	35757
其中：实收资本	434168	11117
九、其他	–3659736	236487

2020年邵阳市金融机构信贷资金运用情况表

表21 单位:万元

	年末余额	比年初增减数
资金运用总计	31625860	3322212
一、各项贷款	19615071	3276460
（一）境内贷款	19614962	3276476
1. 住户贷款	9501809	1566239
（1）短期贷款	2986679	551607
消费贷款	1214389	262658
经营贷款	1772290	288949
（2）中长期贷款	6515130	1014632
消费贷款	4599720	1037873
经营贷款	1915410	-23241
2. 非金融企业及机关团体贷款	10113154	1710238
（1）短期贷款	2011223	320378
（2）中长期贷款	7285144	1258003
（3）票据融资	816200	132323
（4）融资租赁	0	0
（5）各项垫款	586	-467
3. 非银行业金融机构贷款	0	0
（二）境外贷款	109	-17
二、债券投资	2233144	608930
其中：境外债券	0	0
三、股权及其他投资	65521	-85405
四、买入返售资产	27984	27984
五、存放非银行业金融机构款项	0	0
六、联行往来（净）	9327369	-546102
其中：境内存放二级准备金	42360	-458082
七、金银占款	0	0
八、中央银行外汇占款	0	0
九、应收及预付款	175349	31232
十、投资性房地产	1	-8
十一、固定资产	181420	9121

2020年邵阳市财产保险业务收入与支出情况表

表22 单位:万元

项 目	2020年累计	同比增长（%）
一、原保险保费收入合计	298575.99	6.4
1. 企业财产保险	2702.92	-0.7
2. 家庭财产保险	805.27	-5.1
其中：投资型家财险	5.13	-2.4
3. 机动车辆保险	159210.21	-2.9
其中：交强险	49582.62	4.5
4. 工程保险	866.02	14.1
5. 责任保险	12496.51	19.1
6. 信用保险	190.71	19.2
7. 保证保险	565.42	29.8
其中：机动车辆消费贷款保证保险	-0.03	-200.0
其中：个人贷款抵押房屋保证保险	0.26	555.1
8. 船舶保险	9.75	38.7
9. 货物运输保险	307.51	79.3
10. 特殊风险保险	2.18	-1.6
11. 农业保险	40390.17	6.3
12. 健康险	68157.66	28.9
其中：投资型健康险	0.00	0.0
13. 意外伤害保险	12497.26	24.8
其中：投资型意外险	0.00	-100.0
14. 其他险	374.39	60.4

续表22

项　　目	2020年累计	同比增长（%）
二、赔款支出合计	187096.53	12.6
1. 企业财产保险	725.08	–30.5
2. 家庭财产保险	205.16	–3.5
其中：投资型家财险	0.01	–99.1
3. 机动车辆保险	96021.76	5.9
其中：交强险	38790.10	5.2
4. 工程保险	190.70	18.7
5. 责任保险	6203.66	24.7
6. 信用保险	0.37	691.8
7. 保证保险	128.72	132069.0
其中：机动车辆消费贷款保证保险	0.00	1900.0
其中：个人贷款抵押房屋保证保险	0.00	0.0
8. 船舶保险	0.80	–9.6
9. 货物运输保险	15.26	–67.9
10. 特殊风险保险	0.62	1.1
11. 农业保险	27748.12	9.7
12. 健康险	52253.64	29.6
其中：投资型健康险	0.00	0.0
13. 意外伤害保险	3578.67	2.0
其中：投资型意外险	368.45	86.7
14.其他险	23.95	341.3

2019年、2020年邵阳市城市社会经济基本情况表

表23

	计量单位	2020 年		2019 年	
		全市	其中:市辖区	全市	其中:市辖区
一、行政区划					
所辖行政区数	个	3		3	
所辖行政县（旗）数	个	7		7	
所辖行政县级市数	个	2		2	
二、人口规模					
（一）常住人口					
常住人口	万人	656.15	80.28	730.24	78.02
其中：城镇常住人口	万人	342.22	70.32	356.2	61.94
常住人口城镇化率	%	52.16		48.78	
（二）户籍人口					
年末户籍人口	万人	822.32	69.02	825.78	69.24
其中：城镇户籍人口	万人	217.87	46.77	216.68	46.63
户籍人口城镇化率	%	26.49		26.24	
年平均人口	万人	824.05	69.13	827.03	69.55
年出生人口	人	77426	6136	85597	7106
年死亡人口	人	80452	4766	48390	5324
年末总户数	万户	252.89	24.35	249.7	24.31
三、资源环境					
（一）土　地					
行政区域土地面积	平方公里	20830	436	20830	436
建成区面积	平方公里	247	78	242.14	78
城市现状建设用地面积	平方公里	225.09	76.58	221.62	76.58
其中：居住用地	平方公里	82.49	28.52	80.31	28.52
当年征用土地面积	平方公里	6.63	0.00	6.11	0
其中：耕地面积	平方公里	0.82	0.00	0.48	0
绿化覆盖面积	公顷	12046	3960	11622.44	3865
建成区绿化覆盖率	%	40.00	43.00	40.39	41.82
绿地面积	公顷	10019	3215	9327.69	3123
建成区绿地率	%	35.00	36.00	33.96	35.26
公园绿地面积	公顷	3150	1011	3112.57	950

续表23

	计量单位	2020年		2019年	
		全市	其中:市辖区	全市	其中:市辖区
公园面积	公顷	2170	773	1976.49	750
森林覆盖率	%	61.02		60.95	
（二）水资源					
水资源总量	万立方米	1749000		2264000	
降水量	毫米	1499		1556.5	
用水总量	万立方米	254400.00		264500	22514
（三）环　境					
工业废水排放量	万吨	1128.69		1542.93	
工业化学需氧量排放量	吨	619		1808.21	
工业氨氮排放量	吨	24		146.4	
工业化学需氧量去除率	%	93.34		88.37	
工业氨氮去除率	%	90.62		89.35	
工业废气排放量	万立方米	6589326.0		6595100	
工业二氧化硫排放量	吨	3138		5896.34	
工业氮氧化物排放量	吨	5233		5750.13	
工业二氧化硫去除率	%	95.86		95.03	
工业氮氧化物去除率	%	63.18		73.36	
工业烟（粉）尘排放量	吨	5152		7710.37	
一般工业固体废物综合利用率	%	77.36		76.01	
污水处理率	%	94.24		95	
污水处理厂集中处理率	%	93.82		95	
生活垃圾无害化处理率	%	98.04		99.5	
空气质量优良天数比例	%	94.30		85.5	
可吸入细颗粒物（PM2.5）年平均浓度	微克/立方米	35		39	43
四、经济发展					
（一）地区生产总值					
地区生产总值(当年价格)	亿元	2251	419	2152	400
其中：第一产业增加值	亿元	400	16	351	15
第二产业增加值	亿元	699	170	596	146
其中：工业增加值	亿元	530	108	441	94

续表23

	计量单位	2020 年		2019 年	
		全市	其中：市辖区	全市	其中：市辖区
第三产业增加值	亿元	1152	233	1206	239
人均地区生产总值	元	34293	52199	29339	51585
地区生产总值（2015 年价格）	万元	20844592	3888980	20058676	3743006
地区生产总值增长率	%	3.90	3.90	8.0	7.3
（二）财　政					
地方一般公共预算收入	万元	1053410	421248	1029374	397954
其中：税收收入	万元	660165	253042	634012	241511
地方一般公共预算支出	万元	5902346	1212852	5816831	1174870
其中：一般公共服务支出	万元	677067	153798	614498	151703
科学技术支出	万元	70684	25477	47772	18275
教育支出	万元	1086454	172492	990588	153541
文化体育与传媒支出	万元	89122	20586	107128	18133
医疗卫生与计划生育支出	万元	680099	84439	610378	66517
节能环保支出	万元	107250	21535	112499	13819
城乡社区支出	万元	358110	116064	440211	189230
交通运输支出	万元	248208	61679	253522	63567
社会保障和就业支出	万元	797532	157097	982986	235861
住房保障支出	万元	140865	40607	136283	40400
（三）金　融					
年末金融机构人民币各项存款余额	万元	32982029	8843782	30076967	7846054
其中：住户存款余额	万元	24840566	4873714	22397418	4336905
年末金融机构人民币各项贷款余额	万元	19615071	7166261	16270786	5828457
（四）固定资产投资					
固定资产投资（不含农户）	万元	15807760	3406661	14552624	3140334
房地产开发投资	万元	2411547	1088431	2188013	1022898
其中：住宅	万元	2041099	980850	1684309	819509
全年新增固定资产	万元	5375327	863502	4410951	693783
（五）房地产					
商品房销售面积	万平方米	500.38	176.16	439.0967	174.3574
其中：住宅	万平方米	451.08	163.84	389.1095	167.1364

续表23

	计量单位	2020年		2019年	
		全市	其中:市辖区	全市	其中:市辖区
商品房销售额	万元	2340802	865258	1931517	877615
其中：住宅	万元	2042243	802648	1631745	826731
待售面积	万平方米	107.89	54.96	116.614	50.1434
（六）对外贸易					
货物进口额（海关数）	万元	51311		61855.14	
货物出口额（海关数）	万元	2577412		2537951.89	
外商直接投资合同项目	个	8	2	6	2
当年实际使用外资额	万元	259342	50599		
（七）规模以上工业					
工业企业数	个	1871	287	1647	255
其中：内资企业	个	1851	280	1626	250
其中：国有企业	个	11	3	22	3
私营企业	个	1764	259	1486	211
港、澳、台商投资企业	个	15	4	14	4
外商投资企业	个	5	3	7	1
工业总产值(当年价)	万元				
其中：内资企业	万元				
其中：国有企业	万元				
私营企业	万元				
港、澳、台商投资企业	万元				
外商投资企业	万元				
资产总计	万元	10927263	3845260	9316906.9	2676738.9
固定资产净额	万元	3833271	1223746.8		
流动资产合计	万元	3809900	1903131	3240841.2	1446792.7
营业收入	万元	23393033	5095327	20842409.5	4085263.6
营业成本	万元	18777743	4283963	17721987.3	3572597.2
税金及附加	万元	147286	43261	131637	37377.1
利润总额	万元	2176696	455491	896979.5	175157.2
应交增值税	万元	294004	90879	139860.4	36776.7

续表23

	计量单位	2020 年		2019 年	
		全市	其中:市辖区	全市	其中:市辖区
（八）贸　易					
社会消费品零售总额	万元	12088273	2428035	12401354.2	2499015.59
限额以上批发零售业法人企业数	个	1218	165	1054	135
其中：零售业	个	1035	145	897	125
限额以上批发零售业商品销售额	万元	6292277	2666709	6617231	2456310.1
限额以上住宿餐饮业法人企业数	个	294	47	268	47
限额以上住宿餐饮业营业额	万元	378555	83737	538087.1	99842.4
（九）旅　游					
入境游客	人次	2487		81043	
入境旅游收入	万美元	46		1846.8	
国内游客	人次	43007435		56086300	
国内旅游收入	万元	4213673		5204900	
五、科技创新					
（一）科创投入					
R&D 人员	人			5461	1340
R&D 人员全时当量	人年			2972	669
R&D 经费支出	万元			190184	
（二）科创成果					
专利申请数	件	8167		6406	
专利授权数	件	4383		3818	
其中：发明	件	183		76	
六、人民生活					
（一）就　业					
从业人员期末人数（城镇单位）	人	421333		382097	129499
第一产业（农、林、牧、渔业）	人	3005		1789	17
第二产业	人	131278		131783	53922
其中：采矿业	人	3293		3340	72
制造业	人	38142		40253	13762
电力、热力、燃气及水生产和供应业	人	7225		7322	1397
建筑业	人	82618		80868	38691

续表23

	计量单位	2020年		2019年	
		全市	其中:市辖区	全市	其中:市辖区
第三产业	人	287050		248525	75560
其中：批发和零售业	人	9624		9728	4603
交通运输、仓储及邮政业	人	10232		10526	6413
住宿和餐饮业	人	1656		1683	301
信息传输、软件和信息技术服务业	人	3984		3663	2488
金融业	人	29035		27152	23456
房地产业	人	5013		4105	1905
租赁和商业服务业	人	5030		3886	1458
科学研究和技术服务业	人	4576		2236	749
水利、环境和公共设施管理业	人	5111		3915	747
居民服务、修理和其他服务业	人	2434		814	330
教　育	人	80777		67634	9205
卫生和社会工作	人	39729		37500	10419
文化、体育和娱乐业	人	1457		878	259
公共管理、社会保障和社会组织	人	88392		74805	13227
国际组织	人	0	0	0	0
城镇私营和个体从业人员	人			606100	99800
城镇登记失业人数	人	17798		12643	2418
城镇登记失业率	%	3.40		3.01	3.61
（二）收　入					
在岗职工平均人数	万人	36.81		33.73	10.46
在岗职工工资总额	万元	2539474		2220467	737954
在岗职工平均工资	元	68987		65835	70550096
城镇居民人均可支配收入	元	30845	38931	29503	30855
其中：工资性收入	元	15832	18925	15429	18100
经营净收入	元	4251	4944	4156	2627
财产净收入	元	3387	2771	3232	2940
转移净收入	元	7375	12291	6689	7188
（三）消　费					
城镇居民人均消费支出	元	19880	25342	20563	21708

续表23

	计量单位	2020 年		2019 年	
		全市	其中:市辖区	全市	其中:市辖区
其中：食品烟酒	元	6284	6196	6150	6559
衣　着	元	1379	1058	1436	1224
居　住	元	4282	5479	4441	3104
生活用品及服务	元	1038	913	1153	1032
交通和通信	元	2492	6051	2437	3199
教育文化娱乐	元	2733	3563	2999	3051
医疗保健	元	1356	1663	1593	2863
其他用品及服务	元	315	421	353	676
（四）生活质量					
每百户城镇居民家庭拥有量					
家用汽车	辆	32	32	34	35
洗衣机	台	99	100	101	103
电冰箱(柜)	台	102	101	102	105
彩色电视机	台	108	107	110	114
空　调	台	100	104	104	139
移动电话	部	265	263	268	277
其中：接入互联网	部	228	246	216.00	269.67
计算机	台	83	146	71	76
其中：接入互联网	台	64	73	61.60	71.67
城镇人均住房建筑面积	平方米	59.53	36.29	55.7	39.29
七、公共服务					
(一)教　育					
普通高等学校数	所	3		3	
成人高等学校数	所	0	0	1	1
中等职业教育学校数	所	69	34	69	34
普通中学数	所	467	43	466	42
普通小学数	所	927	85	964	86
幼儿园数	所	1608	198	1624	193
普通高等学校专任教师数	人	2237		2100	
成人高等学校专任教师数	人	0	0	33	33

续表23

	计量单位	2020年		2019年	
		全市	其中:市辖区	全市	其中:市辖区
中等职业教育专任教师数	人	3444	1002	3122	865
普通中学专任教师数	人	29358	3165	28024	3024
普通小学专任教师数	人	31816	3546	30376	3217
幼儿园专任教师数	人	9617	1810	9324	1574
普通本专科在校学生数	人	40630		36590	
成人本专科在校学生数	人	8079	8079	5922	5922
中等职业教育在校学生数	人	79231	30180	78301	31760
普通中学在校学生数	万人	45.77	5.07	45.81	4.97
普通小学在校学生数	万人	58.78	6.72	59.30	6.57
幼儿园在园幼儿数	人	200079	30423	199140	29167
(二)文　体					
剧场、影剧院数	个	32	13	34	13
公共图书馆数	个	14	5	14	5
公共图书馆图书藏量	万册	277.00	146.11	270	145.38
博物馆数	个	1	1	1	1
体育场馆数	个	50	3	42	3
(三)医　疗					
医疗卫生机构数	个	5811	520	6227	509
其中:医院数	个	139	40	136	39
医疗卫生机构床位数	张	46062	11325	44818	10760
其中:医院床位数	张	34387	10320	33272	9806
卫生技术人员数	人	55387	12673	42883	10000
其中:执业(助理)医师数	人	16070	3769	16166	3601
注册护士	人	20290	5211	20724	5070
(四)社会保障					
城镇职工基本养老保险参保人数	人	437400	283820	389813	261460
城乡居民基本养老保险参保人数	人	4186690	162304	4106521	162030
城镇职工基本医疗保险参保人数	人	565154	223410	555039	217378
城乡居民基本医疗保险参保人数	人	6576359	406641	6588557	412379
失业保险参保人数	人	330485	122849	321598	119389

续表23

	计量单位	2020年		2019年	
		全市	其中:市辖区	全市	其中:市辖区
工伤保险参保人数	人	546127	164096	536200	157413
生育保险参保人数	人	337836	104525	337828	97699
提供住宿的社会工作机构数	个	193	29	182	32
其中：养老机构数	个	176	25	168	29
提供住宿的社会工作机构床位数	张	17096	4132	20300	2350
其中：养老机构床位数	张	15185	2798	19000	2100
不提供住宿的社会工作机构和设施总数	个	3634	215	662	175
其中：社区服务机构和设施数	个	468	147	460	145
城市居民最低生活保障人数	人	61181	19097	70900	21826
（五）公共安全					
交通事故死亡人数	人	388	26	34	9
交通事故直接财产损失	万元	717	48	99	52
火灾事故死亡人数	人	3	1	3	0
火灾事故直接财产损失	万元	1009	98	1499.27	81.4
刑事案件立案数	起	17365	4741	16526	4763
刑事罪犯总数	人	5646	963	5350	781
其中：青少年人数(年龄14～25周岁)	人	1100	158	1013	188
八、基础设施					
（一）基础设施投入					
环境基础设施建设投资额	万元	172037	8320		
城市维护建设资金支出	万元				
（二）交通运输	万平方米				
年末实有城市道路面积			1146		1058.17
境内公路总里程	公里	22601		22585.022	
其中：高速公路里程	公里	582		582	
民用汽车拥有量	辆	681038		612996	
其中：私人汽车拥有量	辆	650567		584732	
年末实有公共汽（电）车营运车辆数	辆		560		703
公共汽（电）车客运总量	万人次		5572.00		8104
年末实有出租汽车运营车数	辆		1100		1100

续表23

	计量单位	2020年		2019年	
		全市	其中:市辖区	全市	其中:市辖区
年末轨道交通线路长度（建成）	公里	0	0	0	0
轨道交通客运总量	万人次	0.00	0.00	0	0
公路客运量（全社会）	万人	3061.98		8593.5269	
公路货运量（全社会）	万吨			8358	
水运客运量（全社会）	万人	12.21		22.5553	
水运货运量（全社会）	万吨	121.58		218.5888	
民用航空客运量	万人	28.98		38.6	
民用航空货邮运量	吨	0		0.751	
沿海港口货物吞吐量(规模以上)	万吨	0.00		0	
内河港口货物吞吐量(规模以上)	万吨	0.00		0	
（三）邮电通信					
年末邮政局(所)数	处	244	25	244	25
邮政业务收入	万元	144053		128081.99	
电信业务收入	万元	332816		316771.72	
固定电话年末用户数	万户	32.88		36.09	
移动电话年末用户数	万户	557.71		546.64	
其中：3G以上移动电话用户	万户	441.15		440.52	
互联网宽带接入用户数	万户	160.43		139.48	
（四）能源电力					
全社会用电量	万千瓦时	1031425		990653.37	
其中：工业用电	万千瓦时	405078		402681.24	
城乡居民生活用电	万千瓦时	422104		389692.41	
其中：城镇居民生活用电	万千瓦时	159796		156065.86	
（五）生活设施					
年末排水管道长度	公里		650		630
年末公共供水管道长度	公里		1022		610
公共供水综合生产能力	万立方米		38.00		
公共供水总量	万立方米	18905.63	7787.30	19553.87	8524
供气总量（人工煤气、天然气）	万立方米		6263.00		5843
其中：居民家庭用量	万立方米		3631.00		5830
液化石油气供气总量	吨		4300		4280
其中：居民家庭用量	吨		3500		3500

备注：1. 表中指标值为0的表示无发生数。 2. 表中指标值为空的表示免报数。 3. 部分数据为快报数

2020年邵阳市各县（市、区）农林牧渔业总产值(现价)情况表

表24

单位:万元

行政区	农林牧渔业总产值	农业产值	林业产值	牧业产值	渔业产值	农林牧渔服务业产值
邵阳市	**6776032.7**	**3463478.4**	**202192.3**	**2621857.4**	**165287.4**	**323217.2**
双清区	117593.3	40036.8	59.5	36310.5	2686.1	38500.4
大祥区	153277.1	55729.7	1049.6	39442.0	3766.8	53289.1
北塔区	69444.5	26820.6	407.5	22686.9	2438.4	17091.1
新邵县	668088.8	288973.7	17763.5	312432.3	10700.0	38219.3
邵阳县	770625.9	356932.8	31537.9	342215.5	17346.6	22593.1
隆回县	927668.6	551121.1	25145.5	313370.2	17260.5	20771.4
洞口县	1072655.2	576246.2	24586.0	381702.3	31806.0	58314.6
绥宁县	459291.3	166856.7	49031.2	230607.1	3564.0	9232.3
新宁县	460486.5	269691.6	11877.9	154559.5	9303.6	15054.0
城步苗族自治县	232795.5	93884.7	20444.9	109473.7	1271.2	7721.0
武冈市	866588.4	414960.9	15281.1	406622.6	17837.3	11886.6
邵东市	977517.5	622223.6	5007.7	272434.8	47307.0	30544.5

2019年、2020年邵阳市规模工业企业主要产品产量汇总表

表25

项目	计量单位	2020年	2019年	同期增长（%）
锑金属含量	万吨	2.6	3.2	−19
石灰石	万吨	617.2	599.1	3
建筑用天然石料	万立方米	70.2	68.5	2.6
大　米	万吨	208.6	105.2	98.3
饲　料	万吨	103.9	86.1	20.8
其中：配合饲料	万吨	28.2	17.5	61.5
混合饲料	万吨	50.1	43.8	14.3
精制食用植物油	万吨	23.7	1.7	1270.1
鲜、冷藏肉	万吨	0.4	0.4	1.5
冻　肉	万吨	0.2	0.2	−4.4
熟肉制品	万吨	0.2	0.2	22.3
冷冻蔬菜	万吨	0.3	0.9	−60.3
膨化食品	万吨	0.7	1.9	−63.4
糖　果	万吨	0.1	0.2	−54
乳制品	万吨	3.8	4.8	−21.6
液体乳	万吨	3.4	4.6	−24.9
固体及半固体乳制品	万吨	0.3	0.3	37.4
罐　头	万吨	16.4	19.9	−17.2
蔬菜类罐头	万吨	0.7	0.6	19.2
水果类罐头	万吨	2.6	2.8	−7.8
食品添加剂	万吨	0.1	0.1	1.2
饮料酒	万千升	10.4	8.5	22.9
其中：白　酒（折65度，商品量）	万千升	1.5	2	−24.8
啤　酒	万千升	8.8	6.3	38.5
黄　酒	万千升	0.1	0.1	13.1
饮　料	万吨	64.7882	71.59751	−9.5
包装饮用水	万吨	54.6709	60.6667	−9.9
果汁和蔬菜汁类饮料	万吨	6.3347	6.2865	0.8
精制茶	万吨	1.699639	2.405725	−29.4

续表25

项目	计量单位	2020 年	2019 年	同期增长（%）
纱	万吨	2.67938	19.720079	–86.4
棉　纱	万吨	1.01244	18.177979	–94.4
棉混纺纱	万吨	1.65472	1.5421	7.3
布	万米	3320	3053	8.7
其中：棉　布	万米		591	–100
棉混纺布	万米	3320	2462	34.8
印染布	万米	20.9	20.34	2.8
化纤长丝机织物	万米	2224	1930	15.2
非织造布（无纺布）	万吨	1.5656	1.3996	11.9
口　罩	万个（只）	17494.3	6096.9	186.9
其中：医用口罩	万个（只）	6920	6038.1	14.6
服　装	万件	1272.15	2087.43	–39.1
梭织服装	万件	660.95	1057.51	–37.5
运动服类服装	万件	577.67	605.4	–4.6
针织服装	万件	611.2	1029.92	–40.7
皮革服装	万件	408.26	509.45	–19.9
天然毛皮服装	万件	96.2	133.09	–27.7
轻　革	万平方米	110.5166	244.374	–54.8
衣箱、提箱及类似容器	万个	21.4	15.8	35.4
手提包（袋）、背包	万个	29681.67	20528.99	44.6
鞋	万双	20300.44	17803.34	14
其中：纺织面鞋	万双	6795.55	7762.62	–12.5
皮革鞋靴	万双	12465.59	8837.92	41
塑料鞋	万双	122	86	41.9
胶　鞋	万双	199	319	–37.6
人造板	万立方米	100.30786	102.319135	–2
其中：胶合板	万立方米	74.9752	78.230535	–4.2
纤维板	万立方米	19.222	18.589	3.4
细木工板	万立方米	5.4184	4.9751	8.9

续表25

项目	计量单位	2020年	2019年	同期增长（%）
人造板表面装饰板	万立方米	15.3987	4.8195	219.5
实木木地板	万立方米	83.5408	80.0562	4.4
竹地板	万立方米	51.2344	225.5345	–77.3
家　具	万件	108.2098	116.1468	–6.8
其中：木质家具	万件	80.0759	64.7095	23.7
金属家具	万件	1.8175	1.4831	22.5
软体家具	万件	19.5784	37.5566	–47.9
纸浆（原生浆及废纸浆）	万吨		11.08346	–100
机制纸及纸板（外购原纸加工除外）	万吨	53.1407	66.68605	–20.3
其中：未涂布印刷书写用纸	万吨	2.5675	2.1482	19.5
涂布类印刷用纸	万吨	30.2244	32.87745	–8.1
包装用纸及纸板	万吨	2.9762	3.1793	–6.4
其中：箱纸板	万吨	2.9762	3.1793	–6.4
纸制品	万吨	1.5529	6.3737	–75.6
其中：瓦楞纸箱	万吨	0.9914	3.7472	–73.5
卫生用纸制品	万吨	0.4272	0.3144	35.9
单色印刷品	万令	177.734	162.39274	9.4
多色印刷品	万对开色令	902.9425	917.6157	–1.6
硫　酸（折100%）	万吨		3.6597	–100
硅	万吨	0.9601	0.8138	18
化学农药原药（折有效成分100%）	万吨	0.090203	0.0786	14.8
其中：杀虫剂（杀螨剂）原药	万吨	0.090203	0.0786	14.8
涂　料	万吨	5.492125	6.251	–12.1
初级形态塑料	万吨	0.92766	0.607815	52.6
化学试剂	万吨	0.51451	0.545505	–5.7
活性炭	万吨	1.7651	1.566	12.7
化学药品原药	万吨	2.29383	1.925557	19.1
中成药	万吨	1.481254	2.189139	–32.3
兽用药品	万吨	0.6429	0.6087	5.6

续表25

项目	计量单位	2020 年	2019 年	同期增长（%）
化学纤维	万吨	0.0658	0.0636	3.5
合成纤维	万吨	0.0658	0.0636	3.5
塑料制品	万吨	53.493808	43.664236	22.5
其中：塑料薄膜	万吨	1.0879	4.5478	–76.1
泡沫塑料	万吨	5.7909	4.7271	22.5
塑料人造革、合成革	万吨	14.0103	11.5032	21.8
日用塑料制品	万吨	6.2671	5.1401	21.9
硅酸盐水泥熟料	万吨	646.326187	636.758667	1.5
其中：窑外分解窑水泥熟料	万吨	485.774387	490.754004	–1
水　泥	万吨	1043.76745	1056.517703	–1.2
其中：强度等级 42.5 水泥（含 R 型）	万吨	771.361825	641.714024	20.2
石　灰	万吨	16.0758	20.6982	–22.3
商品混凝土	万立方米	1621.740986	1373.43998	18.1
水泥混凝土电杆	万根	3.4415	3.5627	–3.4
砖	亿块	107.571314	107.374464	0.2
瓦	亿片	1.394482	2.422776	–42.4
天然大理石建筑板材	万立方米	9.25175	7.4454	24.3
天然花岗石建筑板材	万立方米	29.4921	29.19875	1
沥青和改性沥青防水卷材	万立方米	419.1662	584.4982	–28.3
平板玻璃	重量箱	568	87080.12	–99.3
钢化玻璃	万平方米	452.8546	522.4162	–13.3
夹层玻璃	万平方米	101.5937	85.7559	18.5
日用玻璃制品	万吨	1.3511	5.5027	–75.4
纤维增强塑料制品	万吨	1.1151	0.9904	12.6
耐火材料制品	万吨	4.7842	3.4928	37
铸铁件	万吨	4.9151	5.1421	–4.4
铸钢件	万吨	15.795107	16.9145	–6.6
钢　材	万吨	1.8876	2.1112	–10.6
钢　筋	万吨	1.8876	2.1112	–10.6

续表25

项目	计量单位	2020年	2019年	同期增长（%）
十种有色金属	万吨	0.0521	0.40268	-87.1
锑　品	万吨	0.0521	0.40268	-87.1
铝　材	万吨	4.2356	3.5445	19.5
钢结构	万吨	3.9745	3.0121	32
金属门窗及类似制品	万吨	3.12741	3.8899	-19.6
金属切削工具	万件	1388	1504	-7.7
锻　件	万吨	0.0511	0.0364	40.4
粉末冶金零件	万吨	1.8827	1.7344	8.6
铸造机械	万台	0.758	1.9579	-61.3
电梯、自动扶梯及升降机	万台	0.3716	0.108	244.1
电　梯	万台	0.3716	0.108	244.1
泵	万台	8.1157	7.1403	13.7
其中：真空泵	万台	3.7782	3.3107	14.1
液压元件	万件	11.2118	12.1232	-7.5
风　机	万台	0.5583	1.2352	-54.8
矿山专用设备	万吨	7.4288	8.4261	-11.8
建筑工程用机械	万台	0.0172	0.0154	11.7
模　具	万套	17.5617	15.2475	15.2
农产品加工专用设备	台	234	227	3.1
农产品初加工机械	台	81	174	-53.4
印刷专用设备	吨	156		
纺织专用设备	台	309	350	-11.7
电子工业专用设备	台	302	3476	-91.3
医疗仪器设备及器械	台	326	338	-3.6
环境污染防治专用设备	台(套)	327	347	-5.8
水质污染防治设备	台(套)	327	347	-5.8
改装汽车	万辆	3.9208	2.8498	37.6
发电机组（发电设备）	万千瓦	88.0536	98.4676	-10.6
其中：水轮发电机组	万千瓦	44.0361	51.4107	-14.3

续表25

项目	计量单位	2020 年	2019 年	同期增长（%）
电动机	万千瓦	1175.4778	1119.796	5
其中：直流电动机	万千瓦	1175.4778	1119.796	5
通信及电子网络用电缆	对千米	20433	40798	-49.9
电力电缆	万千米	8.4902	7.2659	16.8
绝缘制品	万吨	8.17045	7.3187	11.6
锂离子电池	万只(自然只)	3361.7582	162.75	1965.6
铅酸蓄电池	千伏安时	482262	493536	-2.3
电饭锅	万个	261.7916	196.324	33.3
太阳能热水器	万平方米	10.721075	13.4625	-20.4
灯具及照明装置	万套(台、个)	436.4064	381.7583	14.3
打印机	万台	14.6683	31.1118	-52.9
光电子器件	亿只(片、套)	0.248196	0.170728	45.4
电子元件	亿只	12.170344	3.000825	305.6
其中：电声器件	亿只	0.5155	0.4985	3.4
印制电路板	万平方米	93.1067	72.4602	28.5
自来水生产量	万立方米	26181	26193	
石　膏	万吨	82.6191	35.3634	133.6
砂　石	万吨	263.172	295.1766	-10.8
猪饲料	万吨	13.6307	4.1009	232.4
禽饲料	万吨	7.6735	0.513	1395.8
焙、炒加工坚果及果仁	万吨	0.952419	0.89701	6.2
豆腐及豆制品	万吨	17.799902	17.41424	2.2
合成复合肥料（实物量）	万吨	4.615166	3.501236	31.8
焰火制品	千元	1739	2237	-22.3
水泥混凝土砖	万平方米	0.2036	0.271	-24.9
一次性注射器	万支	0.441289		
电磁铁及电磁性装置	万台(套)	1.0685	0.9174	16.5
打火机	亿个	55.1984	50.6277	9

2019年、2020年邵阳市全市交通运输主要统计指标表

表26

指标名称	计量单位	2020年	2019年
一、公路线路到达数	公里	22600.629	22585.022
1. 高速公路	公里	582.152	582.152
2. 一级公路	公里	91.65	89.533
3. 二级公路	公里	1566.662	1484.443
4. 三级公路	公里	542.555	627.247
5. 四级公路	公里	18487.367	18260.074
二、天然河道里程	公里		
其中：通航里程	公里	837	837
其中：全年通航	公里	837	837
三、公路桥梁年末实有数	米/座	90642.76/3651	91063.38/3649
四、民用营业性客货车辆	辆	20391	17778
1. 营业性客车	辆	3863	4015
2. 营业性货车	辆	16528	13763
五、民用运输船舶数	艘	42	42
净载重量	吨位	4202	4202
载客量	客位	350	340
功　率	千瓦	2435.56	2435.56
六、全社会客货运输量			
货物周转量	万吨公里		4549581.12
公　路	万吨公里		4542063.35
水　运	万吨公里	4224.50	7517.77
货运量	万吨		20990.58
公　路	万吨		20771.99
水　运	万吨	121.58	218.59
旅客周转量	万人公里	153840.38	331504.93
公　路	万人公里	153748.43	331344.15
水　运	万人公里	91.96	160.78
客运量	万人	3074.19	8616.08
公　路	万人	3061.98	8593.53
水　运	万人	12.21	22.56
七、港口货物吞吐量	万吨	16.55	67.04
其中：出口	万吨	0	0
八、铁路运输			
旅客运输量	万人	1258.2586	1578.0124
货物吞吐量	万吨	399.0399	450.2468

备注：公路货物周转量及货运量因疫情导致没有数据

2019年、2020年邵阳市邮电业务量和邮电通信服务情况表

表27

指标名称	计量单位	2020 年	2019 年
一、邮电业务总量	万元	4933473.40	3370707.66
邮政业务总量	万元	259063.38	182616.93
电信业务总量	万元	4674410.02	3188090.73
年末局用交换机总容量	万门	876.25	851.25
# 本年新增局用交换机总容量	万门	60.00	40.00
年末固定电话用户	万户	30.60	32.05
城市电话用户	万户	16.22	16.59
乡村电话用户	万户	12.82	13.82
公用电话部数	部	15481	16375
本年新增固定电话用户	万户	0.99	1.12
年末移动电话用户	万户	557.71	550.44
其中：3G 用户	万户	13.56	15.79
4G 用户	万户	409.23	407.37
5G 用户	万户	56.24	0.50
# 本年新增移动电话用户	万户	158.77	115.53
移动电话通话量	万分钟	1259219.56	1269494.39
电话普及率	%	92.25	–
函件收寄量	万件	46.94	63.58
报纸杂志期发份数	万份	46.91	43.92
邮政储蓄收储余额	万元	4353233.48	4045511.88
集邮业务	万枚	188.71	251.19
二、邮电通信服务水平			
设有邮政所的乡（镇）	个	166	167
定班投递邮件的乡（镇）	个	166	167
设有信筒、信箱	个	247.00	247.00
城区局内每日开箱（筒）次数	次	1.98	1.98
农村每周信件投递次数	次	5.13	5.13
设邮政储蓄点	处	168.00	168.00
年末国际互联网用户数	万户	68.89	62.91

2020年邵阳市各县（市、区）对外经济主要指标表

表28

指标名称	实际利用外资（万美元）	实际利用内资（亿元）	进出口总额（万元）	出口总额（万元）
全市	39698	574	2628719	2577407
邵阳经开区	3	20		
双清区	3300	61	461182	440345
大祥区	4036	55	273169	272927
北塔区	0	24	165588	165572
新邵县	3594	63	127249	127234
邵阳县	3936	48	127616	127616
隆回县	5503	46	184243	173584
洞口县	3564	50	47347	44605
绥宁县	0	20	4021	4021
新宁县	4435	24	125607	125607
城步苗族自治县	0	17	3057	2982
武冈市	6153	39	16249	16248
邵东市	5174	107	1093390	1076667

2020年邵阳市旅游业主要经济指标表

表29

指标名称	计量单位	2020年	2019年同期	比上年增长（%）
国内旅游人数	万人次	4300.49	5608.63	–23.3
国内旅游收入	亿元	421.34	520.49	–19.1
境外入境人数	人次	2487	81043	–96.9
外国人	人次	486	20072.00	–97.6
港、澳、台同胞	人次	2001	60971.00	–96.7
国内游客过夜旅游者	万人次	1015.53	1329.16	–23.6
国际旅游外汇收入	万美元	45.74	1846.84	–97.5

2020年邵阳市各类学校和在校学生、招生、毕业生、教职工、专任教师情况表

表30

	计量单位	普通高等学校	中等职业技术学校	普通中学	普通小学	幼儿园
学校数	所	3	69	467	927	1608
在校学生数	人	40853	79231	457664	587794	200079
招生数	人	11699	29600	146197	87834	89119
毕业生数	人	8849	23363	145313	94851	
教职工数	人	2834	4428	36641	27392	19863
专任教师数	人	2237	3444	34218	26956	9617

2019年、2020年邵阳市初中和小学生升学率、辍学率情况表

表31

	计量单位	2020 年	2019 年
初中毕业生	人	102152	98043
高中招生	人	49908	49023
升学率	%	49	50
小学毕业生	人	94851	107757
初中招生	人	96289	108194
升学率	%	100	100
初中生辍学人数	人	32	37
初中生辍学率	%	0.01	0.012
小学生辍学人数	人	0	18
小学生辍学率	%	0	0.003

2020年邵阳市高新全部企业和产品生产情况表（一）

表32

	企业个数(个)	高新技术产品产值（万元）	研发人员合计（人）	本科毕业及以上人员（人）	专利申请数（件）	发明专利申请数(件)	有效发明专利数(件)	增加值（现价）（万元）
高新全部企业产品汇总用总计	1083	17476860	9346	5385	1498	542	790	4469473
大中型工业	123	8263373	3987	2135	490	194	214	2233978
一、按《科技厅认定的高新企业》分组								
省科技厅认定的高新企业	317	10380579	5247	2864	1130	434	628	2590504
二、按《登记注册类型（2012）》分组								
内资企业	1069	17251881	9166	5272	1481	541	777	4409561
国有企业	4	28700	24	10				14784
集体企业	1							
有限责任公司	85	4670255	2583	1522	255	84	63	1255150
国有独资公司	9	1896910	699	328	27	2	11	619879
其他有限责任公司	76	2773345	1884	1194	228	82	52	635271
股份有限公司	32	1044192	433	203	22	16	39	361254
私营企业	942	11503542	6108	3530	1195	441	666	2776525
私营独资企业	12	262457	122	85	22	8	11	68957
私营合伙企业	10	63002	77	63	7	4	6	18792
私营有限责任公司	892	10242809	5610	3200	1050	363	542	2467011
私营股份有限公司	28	935274	299	182	116	66	107	221764
港、澳、台商投资企业	10	128623	152	100	8		10	35362
合资经营企业(港或澳、台资)	2	15021	48	36				2805
合作经营企业(港或澳、台资)	1	32608						7174
港、澳、台商独资经营企业	7	80994	104	64	8		10	25383
外商投资企业	4	96356	28	13	9	1	3	24550
中外合资经营企业	2	91505	22	11	9	1	1	22876
外资企业	1	3988						1475

续表32

	企业个数(个)	高新技术产品产值(万元)	研发人员合计(人)	本科毕业及以上人员(人)	专利申请数(件)	发明专利申请数(件)	有效发明专利数(件)	增加值(现价)(万元)
外商投资股份有限公司	1	864	6	2			2	199
三、按湖南高新领域总计分组								
湖南高新领域总计	1083	17476860	9346	5385	1498	542	790	4469473
（一）电子信息技术	80	794101	695	432	118	48	53	304029
（二）生物与新医药技术	196	2990039	1950	1000	282	113	199	670343
（三）航空航天技术	1	7457						2610
（四）新材料技术	270	4940800	2911	1486	444	150	174	1361689
（五）高技术服务业	81	421056	253	156	63	6	32	98461
（六）新能源及节能技术	30	209838	147	91	26	7	19	54850
（七）资源与环境技术	58	728359	304	170	35	9	33	188499
（八）高新技术改造传统产业	224	4835284	2144	1472	418	183	236	1141503
（九）其　他	143	2549926	942	578	112	26	44	647489
四、按国民经济行业分类（2011 年国家标准）分组								
有色金属矿采选业	1	42029	185	110				15130
非金属矿采选业	6	66755	25	14	2	1		20027
农副食品加工业	77	1090517	758	379	100	29	53	261860
食品制造业	20	245557	197	98	19	14	29	53135
酒、饮料和精制茶制造业	21	444229	308	116	24	13	22	79049
纺织业	19	175130	76	40	14	1	2	45033
纺织服装、服饰业	18	141087	115	45	33	9	11	38179
皮革、毛皮、羽毛及其制品和制鞋业	152	1438403	611	332	142	21	21	361358
木材加工和木、竹、藤、棕、草制品业	23	417356	243	118	34	8	6	96088
家具制造业	13	184674	78	34	28	26	29	33923

续表32

	企业个数(个)	高新技术产品产值(万元)	研发人员合计(人)	本科毕业及以上人员(人)	专利申请数(件)	发明专利申请数(件)	有效发明专利数(件)	增加值(现价)(万元)
造纸和纸制品业	18	197669	98	39	9	1	22	37564
印刷和记录媒介复制业	19	571109	98	37	4	4	1	154199
文教、工美、体育和娱乐用品制造业	29	732869	272	156	54	12	29	160388
石油、煤炭及其他燃料加工业	3	13501	23	10				2565
化学原料和化学制品制造业	29	238827	239	151	24	11	11	55890
医药制造业	38	1182182	407	216	124	41	96	250435
化学纤维制造业	1	5464	4	2				765
橡胶和塑料制品业	54	444350	157	70	10	4	7	102200
非金属矿物制品业	92	1003930	484	258	28	9	35	273078
黑色金属冶炼和压延加工业	3	19968	20	15	3	2	2	3994
有色金属冶炼和压延加工业	4	109171	77	57	16	2	3	20029
金属制品业	98	1298889	572	366	26	7	13	322256
通用设备制造业	28	344240	308	178	47	15	48	91495
专用设备制造业	31	504741	480	250	71	14	30	88584
汽车制造业	11	1571418	336	307	149	74	34	358176
铁路、船舶、航空航天和其他运输设备制造业	1	7457						2610
电气机械和器材制造业	50	662843	912	529	180	54	96	161301
计算机、通信和其他电子设备制造业	41	270964	363	214	78	31	20	72443
仪器仪表制造业	4	29306	4	4				6152
其他制造业	26	982471	172	137	72	43	43	225968
电力、热力生产和供应业	11	156603	212	212	13	12	10	47695
燃气生产和供应业	1	5909	6	2	4		4	1477
水的生产和供应业	5	23344	28	14				11438

续表32

	企业个数(个)	高新技术产品产值（万元）	研发人员合计（人）	本科毕业及以上人员（人）	专利申请数（件）	发明专利申请数(件)	有效发明专利数(件)	增加值（现价）（万元）
房屋建筑业	10	1801236	748	389	26	1	2	594408
土木工程建筑业	6	235790	143	61	5	5	14	68379
建筑安装业	1	101226	50	28	1	1	1	29356
批发业	5	28991	39	18	45	10	10	23193
零售业	5	4398	35	15	1		8	3518
道路运输业	2	1655	5	3				612
电信、广播电视和卫星传输服务	14	373108	43	29				194016
互联网和相关服务	9	15164	48	27				5307
软件和信息技术服务业	8	5709	17	17				2341
商务服务业	7	1337	11	11				454
研究和试验发展	3	2054	18	14				780
专业技术服务业	26	33261	93	74	106	64	54	12639
科技推广和应用服务业	5	8755	24	16			14	3502
生态保护和环境治理业	4	6829	6	2				1980
机动车、电子产品和日用产品修理业	2	842						362
其他服务业	2	644						322
教育	1	276	2	2				207
卫生	3	17680	63	63	1	1	1	10431
社会工作	1	499						319
广播、电视、电影和录音制作业	2	858	2	2				275
文化艺术业	3	1789	6	6				966
娱乐业	3	1461	10	8				672

续表32

	企业个数（个）	高新技术产品产值（万元）	研发人员合计（人）	本科毕业及以上人员（人）	专利申请数（件）	发明专利申请数(件)	有效发明专利数(件)	增加值（现价）（万元）
五、按隶属关系（2012）分组								
中　央	6	349916	604	342	12	5	13	75803
其　他	1064	14825478	7601	4498	1458	534	764	3689329
六、 按企业控股情况（2012）分组								
国有控股	39	2829493	1645	870	41	8	25	955085
集体控股	9	163756	90	23	10	4	16	43847
私人控股	1008	12925630	7003	4110	1285	456	697	3100747
港澳台商控股	9	128322	104	64	8		10	36236
外商控股	3	33698	6	2			2	8309
其　他	15	1395960	498	316	154	74	40	325249
七、 按县市区分组								
邵阳市	1083	17476860	9346	5385	1498	542	790	4469473
双清区	97	4679753	2478	1469	448	186	271	1291287
大祥区	40	658388	316	228	7	1	8	180954
北塔区	11	475739	178	15	0	0	0	139676
新邵县	60	643346	953	635	138	83	144	167599
邵阳县	71	970843	506	256	78	29	38	255622
隆回县	99	1141403	188	125	41	26	17	285364
洞口县	52	874666	760	376	105	16	59	223695
绥宁县	28	580046	291	170	34	10	24	130089
新宁县	35	307641	637	347	8	2	24	72595
城步苗族自治县	13	101567	157	81	31	15	22	19695
武冈市	88	707016	1038	462	96	37	70	187266
邵东市	489	6336453	1844	1221	512	137	113	1515630

2020年邵阳市高新全部企业和产品生产情况表（二）

表33　　　　单位:万元

	其中：高新技术产品主营业务收入	其中：高新技术产品出口收入	高新技术产品税金总额	高新技术产品利润总额	研发经费支出
高新全部企业产品汇总用总计	15411081	864076	265536	730576	588949
大中型工业	7023245	358867	144774	411968	233366
一、按科技厅认定的高新企业分组					
省科技厅认定的高新企业	8920860	770127	173160	384704	310431
二、按登记注册类型（2012）分组					
内资企业	15201209	835453	263813	728419	582357
国有企业	28006		66	2505	250
集体企业					
有限责任公司	3668557	96855	109067	183537	132091
国有独资公司	1442760		34037	14897	40712
其他有限责任公司	2225797	96855	75029	168639	91380
股份有限公司	1011700		24578	102705	26712
私营企业	10487951	738599	130415	439856	423073
私营独资企业	257260	1815	1776	18026	15948
私营合伙企业	53806		773	2128	5007
私营有限责任公司	9408611	608930	122326	390979	375287
私营股份有限公司	768275	127853	5539	28723	26832
港、澳、台商投资企业	114269	27806	1334	300	5224
合资经营企业(港或澳、台资)	9307	2374	215	877	144
合作经营企业(港或澳、台资)	30214	24171		68	144
港、澳、台商独资经营企业	74748	1260	1120	1109	4936
外商投资企业	95604	817	388	1858	1368
中外合资经营企业	90751		258	1621	1033
外资企业	3988		69	151	297
外商投资股份有限公司	866	817	61	85	38
三、按湖南高新领域总计分组					
湖南高新领域总计	15411081	864076	265536	730576	588949
（一）电子信息技术	829020	10798	22682	79502	22142
（二）生物与新医药技术	2516119	52629	46378	91373	97895

续表33

	其中：高新技术产品主营业务收入	其中：高新技术产品出口收入	高新技术产品税金总额	高新技术产品利润总额	研发经费支出
（三）航空航天技术	7457		218	209	373
（四）新材料技术	4292199	269072	69987	137243	174355
（五）高技术服务业	403403	46144	6423	16117	16274
（六）新能源及节能技术	185235		2719	6651	10330
（七）资源与环境技术	625380		6961	32361	32693
（八）高新技术改造传统产业	4133247	264786	79844	263260	159115
（九）其　他	2419022	220648	30325	103860	75774
四、按国民经济行业分类（2011年国家标准）分组					
有色金属矿采选业	39745		2720	4399	1093
非金属矿采选业	57304		571	4476	3165
农副食品加工业	926616	883	9274	27114	51590
食品制造业	216649		2739	5559	9470
酒、饮料和精制茶制造业	218654	33107	15915	4653	10226
纺织业	143643	916	1645	2774	6169
纺织服装、服饰业	110625	6516	1354	4865	4444
皮革、毛皮、羽毛及其制品和制鞋业	1328580	304669	12515	45133	41260
木材加工和木、竹、藤、棕、草制品业	398957		3904	10377	22767
家具制造业	174166		1703	5885	6886
造纸和纸制品业	160333		2325	5555	15799
印刷和记录媒介复制业	546919		2065	38752	16041
文教、工美、体育和娱乐用品制造业	664121	268682	9850	24122	21089
石油、煤炭及其他燃料加工业	13127		69	427	1372
化学原料和化学制品制造业	188166		3002	9866	11547
医药制造业	1153746	17632	18356	44820	25788
化学纤维制造业	5464		32	513	288
橡胶和塑料制品业	424641	1129	3710	16105	19334
非金属矿物制品业	891303		12666	49566	36885
黑色金属冶炼和压延加工业	19504		417	1248	1255
有色金属冶炼和压延加工业	102734		1113	577	5999

续表33

	其中：高新技术产品主营业务收入	其中：高新技术产品出口收入	高新技术产品税金总额	高新技术产品利润总额	研发经费支出
金属制品业	1230014		7809	81594	41250
通用设备制造业	312864		5881	21182	15298
专用设备制造业	422755	5063	11585	20084	14270
汽车制造业	1292381	14224	25975	122086	65778
电气机械和器材制造业	604643	11378	10337	21052	26783
计算机、通信和其他电子设备制造业	269343	620	9398	12833	13356
仪器仪表制造业	29306		372	2367	798
废弃资源综合利用业	176858		11007	3630	5316
电力、热力生产和供应业	157949		10840	19037	1893
燃气生产和供应业	6235		212	525	252
水的生产和供应业	15714		516	1033	1317
房屋建筑业	1399270		37880	14875	51720
土木工程建筑业	265096		4095	4312	6335
建筑安装业	101226		4570	805	251
批发业	44911		215	1717	773
零售业	12774		72	451	1401
道路运输业	1826		69	263	59
电信、广播电视和卫星传输服务	379425		9171	59408	1230
互联网和相关服务	14843		1038	776	561
软件和信息技术服务业	5709		186	284	248
商务服务业	1744		62	299	36
研究和试验发展	2169		19	1218	87
专业技术服务业	33198		1652	2637	1166
科技推广和应用服务业	6404		709	483	71
生态保护和环境治理业	6829		504	2375	106
公共设施管理业	1324			302	141
机动车、电子产品和日用产品修理业	929		18	46	26
其他服务业	639		7	39	11
教　育	215		6	17	2

续表33

	其中：高新技术产品主营业务收入	其中：高新技术产品出口收入	高新技术产品税金总额	高新技术产品利润总额	研发经费支出
卫　生	9656		483	1785	2295
社会工作	446		13	28	9
广播、电视、电影和录音制作业	694		11	35	8
文化艺术业	1689		39	256	55
娱乐业	1422		57	281	117
五、按隶属关系（2012）分组					
中　央	255549	3780	20418	30382	4459
其　他	13510710	860296	188823	676384	539342
六、按企业控股情况（2012）分组					
国有控股	2298138	3780	75286	127544	50516
集体控股	220363		2797	5879	9384
私人控股	11786089	834048	148930	490984	486425
港澳台商控股	118946	25431	1184	2230	5360
外商控股	33700	817	277	579	335
其　他	953844		37062	103360	36930
七、按县市区分组					
邵阳市	15411081	864076	265536	730576	588949
双清区	3743285	267047	108705	202110	119932
大祥区	680812		12891	37533	10863
北塔区	253048	24171	12945	21000	4272
新邵县	633585	7034	13732	35908	34488
邵阳县	760811	37084	12446	42762	62632
隆回县	879431	1983	22520	36885	44044
洞口县	888098		10114	28502	62538
绥宁县	528700	15	9224	18142	25602
新宁县	304000	34382	8391	12806	8458
城步苗族自治县	92249		1217	1024	7894
武冈市	650283	14224	11462	31630	44409
邵东市	5996780	478135	41889	262275	163818

2019年、2020年邵阳市电视、出版文化、电影事业对比表

表34

	计量单位	2020年	2019年
一、广播、电视系统从业人员	人	1527	1094
二、广播电视总收入	万元	26491.49	13911.15
其中：财政补助收入	万元	22302.50	9658.27
事业收入	万元	3467.77	3744.76
经营收入	万元	288.50	269.94
其他收入	万元	433.72	238.18
三、有线广播电台	座		
广播综合覆盖人口	万人	710.94	717.41
广播综合覆盖率	%	97.36	97.34
电视综合覆盖人口	万人	724.89	731.53
电视综合覆盖率	%	99.27	99.25
全年广播播出时间	时分	22123:27	21590:22
全年电视播出时间	时分	48258:46	45918:47
四、无线广播电台	座		
无线广播电台节目	套		
平均每日播出时间	时分		
全年制作广播节目时间	时分	15167:20	15982:21
转播中央台节目	时分	3478:37	2408:12
转播省级台节目	时分	1444:57	1161:32
全年制作电视节目时间	时分	8765:12	8575:18
转播中央台节目	时分	9182:15	9167:37
转播省级台节目	时分	3458:45	2301:26
全年采用广播节目	时分		
# 邵阳台	时分		
省 台	时分		
中央台	时分		
中短波转播发射台	座	1	
中短波发射机功率	部/千瓦	1/3.0	

续表34

	计量单位	2020 年	2019 年
放映农村公益电影	万场		
五、电视发射机	部	39	37
其中：100 瓦以上	部	37	31
100 瓦以下	部	2	6
公共电视节目	套	12	11
公共广播节目	套	11	11
平均每周播出时间	时分		
调频、电视转播发射台	座	12	20
其中：100 瓦以上	座	12	20
调频发射机	部	23	25
其中：100 瓦以上	部	23	16
调频发射机功率	千瓦	37.600	18.23
在电视台总数中			
有线电视台	座	10	10
有线广播电视覆盖用户数	万户		79.21
有线广播电视实际用户数	万户		45.89
六、电视新媒体			
移动客户端 APP 数量	个		3
发布信息	条		22789
点击量	万次		525.4
微信公众号	个		11
发布信息	万条		26825
点击量			
七、出版事业经费	万元		
报纸出版种数	种	3	
图书发行数	万册	3425.21	
图书销售总额	万元	25779.69	
公共图书藏书册数	万册	204	

2019年、2020年邵阳市体育事业对比表

表35

	计量单位	2020年	2019年
一、体育系统固定和合同制职工	人		
# 体育系统固定和合同制职工	人		
体育中学	所		
训练基地	个		
公共体育场所	所		
优秀运动队	个		
二、体育场地数	个	15251	9746
# 体育场	个	24	23
体育馆	个	26	19
游泳池	个	30	30
运动场合计	个	1609	667
其中：小运动场	个	1205	521
社区运动场	个	167	79
水上运动场	个	154	67
综合房（馆）及专训练房馆合计	个	484	294
三、全年体育事业经费	万元	27236.76	18514
# 事业费	万元		
赞助费	万元		
四、当年等级运动员发展人数	人	128	113
# 田径运动员	人	37	45
在总数中：二级	人	128	113

续表35

	计量单位	2020 年	2019 年
三级	人		
五、当年等级裁判员发展人数		104	11
# 二级		104	
三级			
六、在等级裁判员数中	人		
七、达到国家体育锻炼标准人数	人		
达标率	%		
八、举办县以上运动会次数	次	40	18
参加县以上运动人数	人	8921	5400
九、参加重大国际比赛获奖	枚		
在总数中：获金牌	枚	0	1
在总数中：获银牌	枚	0	2
在总数中：获铜牌	枚	0	1
十、参加全国性比赛获奖	枚		
在总数中：获金牌	枚	6	13
在总数中：获银牌	枚	4	6
在总数中：获铜牌	枚	4	8
十一、参加省级比赛获奖	枚		
在总数中：获金牌	枚	32	35
在总数中：获银牌	枚	45	32
在总数中：获铜牌	枚	46	45

2020年邵阳市卫生机构、床位及人员数情况表

表36

机构分类	机构个数	实有床位数	在岗职工	卫生技术人员
总　计	**5811**	**46062**	**55387**	**42407**
一、医　院	139	34387	31546	26401
综合医院	80	23846	22711	19308
中医医院	17	5220	5529	4675
中西医结合医院	4	640	767	601
专科医院	38	4681	2539	1817
口腔医院	5		160	119
眼科医院	5		342	209
耳鼻喉科医院	1		30	23
肿瘤医院	1		85	56
妇产(科)医院	2		115	82
精神病医院	10		995	688
皮肤病医院	1		39	24
骨科医院	2		137	118
其他专科医院	11		636	498
二、基层医疗卫生机构	5620	10950	20719	13654
社区卫生服务中心（站）	56	1233	1399	1164
社区卫生服务中心	32	1233	1330	1100
社区卫生服务站	24	0	69	64
卫生院	202	9707	9360	7824
乡镇卫生院	202	9707	9360	7824
中心卫生院	58		4778	3965
乡卫生院	144		4582	3859
村卫生室	4612		7135	1941
门诊部	28	10	296	221
综合门诊部	8		66	62
中医门诊部	4		39	25
专科门诊部	16		191	134

续表36

机构分类	机构个数	实有床位数	在岗职工	卫生技术人员
诊所、卫生所、医务室	722		2529	2504
诊　所	652		2136	2114
卫生所、医务室	70		393	390
三、专业公共卫生机构	48	725	3074	2321
疾病预防控制中心	13		847	568
省辖市(地区)属	1		192	131
地辖市属	5		221	149
县　属	7		434	288
其　他				
专科疾病防治院(所、站)	7	66	148	97
专科疾病防治所(站、中心)			148	97
皮肤病与性病防治所(中心)	7		148	97
健康教育所(站、中心)	1		5	1
妇幼保健院(所、站)	13	659	1556	1314
其中：省辖市(地区)属	1		191	147
地辖市属	5		394	347
县　属	7		971	820
其中：妇幼保健院	10		1511	1276
妇幼保健所	2		35	28
妇幼保健站	1		10	10
采供血机构	1		91	70
卫生监督所(中心)	13		427	271
地辖市属	6		78	26
县　属	7		323	56
计划生育技术服务机构				189
四、其他卫生机构	4		48	31
临床检验中心（所、站）	1		7	3
其　他	3		41	28

2018—2020年邵阳市人大、政协及工会、共青团、妇联基本情况表

表37

	计量单位	2020年	2019年	2018年
一、人大基本情况（市本级）				
人大代表	人	530	535	537
# 女代表	人	175	175	174
# 少数民族代表	人	59	51	
二、政协基本情况（市本级）				
1. 政协委员数	人	422	421	418
# 女代表	人	105	104	102
# 少数民族代表	人	40	40	40
2. 政协委员提案数	件	188	220	273
3. 落实提案数	件	121	127	145
三、工会组织基本情况				
1. 工会基层组织数	个	12754	12622	12051
2. 建立职代会个数	个	2566	4871	5235
3. 工会专职人员	人	9706	9706	8585
# 女　性	人	5668	5668	4212
4. 工会会员数	人	1078447	1075057	1052105
# 女　性	人	369136	369661	385073
5. 民主选举领导单位数	个	9912	9815	9112
6. 技术革新项目数	项	856	624	610
7. 创造效益	万元	5892	4957	4736
四、共青团组织基本情况（全市）				
1. 基层团支部数	个	9383	6723	8090
2. 专职团干数	人	73	74	73
3. 共青团员数	人	209487	206160	165885
4. 发展新团员数	人	17900	17347	21000
五、妇代会基本情况(市本级）				
1. 妇代会正式代表人数	人	360	360	360
妇代会特邀代表人数	人	25	25	25
2. 妇联执委数	人	52	52	52
3. 常务委员人数	人	19	19	19
4. “三八红旗手”人数	人	0	41	
5. 最美文明家庭	户	20	17	45

2018—2020年邵阳市公安、检察工作情况表

表38

	计量单位	2020 年	2019 年	2018 年
一、公安				
公安经费实际支出	万元	26046.61	29791	28875
1. 人民警察数	人	4695	4799	4840
其中：女　性	人	659	679	695
2. 治安案件查处数	件	26061	24006	20940
3. 治安案件结案数	件	11091	12052	13164
4. 治安案件结案率	%	42.56	50.2	62.87
5. 刑事案件立案数	件	17365	16526	14108
6. 刑事案件侦破数	件	4949	4438	5887
7. 刑事案件破案率	%	28.5	26.85	41.73
8. 青少年犯罪人数占犯罪总人数的比重	%	15.88	16.43	14.25
其中：女　性	%	1.12	2	0.66
9. 交通事故起数	起	572	312	343
10. 交通事故死亡人数	人	388	34	53
11. 交通事故受伤人数	人	399	416	448
12. 火灾事故次数	次	898	935	336
13. 火灾事故死亡人数	人	3	3	16
14. 火灾事故受伤人数	人	1	2	2
二、检　察				
1. 检察事业经费支出数	万元	4408	4688	4878
2. 检察工作人员数	人	683	728	704
其中：女　性	人	227	233	215
3. 起诉人数	人	6341	5861	5623
4. 起诉率	%	77.75	82.26	81.49
5. 批捕人数	人	3609	1271	3879
6. 批捕率	%	81.99	82.11	70.39
7. 出庭率	%	100	100	100

2018—2020年邵阳市律师、公证、调解工作基本情况表

表39

	计量单位	2020 年	2019 年	2018 年
一、律师工作				
律师事务所	个	60	56	52
律师工作人员	人	928	868	816
其中：律师	人	847	803	738
其中：专职律师	人	611	639	626
兼职律师	人	15	12	12
特邀律师	人	0	0	0
其他工作人员	人	81	65	78
聘请常年法律顾问单位	家	786	1284	1061
刑事案件代理及辩护	件	2595	2807	2309
民事诉讼代理	件	8098	6799	5556
经济案件诉讼代理	件	3810	3192	2741
非诉讼代理	件	569	767	717
行政诉讼代理	件	406	758	837
涉外法律事务	件	0	37	41
解答法律询问	人次	16790	18787	16871
代写法律事务文件	件	4457	5937	5398
二、公证工作				
公证处	个	11	11	11
公证人员	人	32	30	27
公证文书	件	29982	33463	21811
其中：经济合同公证	件	9320	10520	8163
三、人民调解				
专职司法助理员	人	1040	1377	1199
人民调解委员会	个	4173	4055	4139
调解人员	人	17397	16825	17700
四、调解各类民间纠纷				
总　计	件	23259	27427	31477
婚姻、继承、赡抚、扶育	件	3306	4046	4773
房屋、宅基地	件	3298	3927	4189
债　务	件	696	1013	1319
生产经营	件	589	842	781
损害赔偿	件	3115	3645	3809
山　林	件	1832	2247	2461
坟　地	件	292	486	672
邻　里	件	8224	8783	10431
其　他	件	1907	2438	3042

2019年、2020年邵阳市社会救济、社会福利情况表

表40

	计量单位	2020 年	2019 年
社会福利费用	万元	32002.0	16217.0
社会救助费用	万元	123667.1	111095.0
（1）最低生活保障		84421.0	74369.0
A 城市低保累计支出	万元	30076.8	33411.0
I 城市低保金	万元	30076.8	33334.0
B 农村低保累计支出	万元	54344.2	40958.0
I 农村低保金	万元	49899.1	40458.0
II 农村低保临时补助	万元	4445.1	499.0
（2）特困人员救助供养支出		24895.9	22149.0
A 城市特困人员救助供养支出	万元	608.7	365.0
B 农村特困人员救助供养支出	万元	24287.2	21784.0
（3）临时救助支出	万元	14026.9	11477.0
自然灾害生活救助支出	万元		
民政管理事务	万元	1190.5	2066.0
行政事业单位离退休	万元	680.1	101.0
其　他	万元	1338	
收养救助人数	人	8725	
（1）老年人与残疾人服务人数	人	7563	6969
（2）智障与精神病人服务人数	人	889	857
（3）儿童收养救助服务人数	人	74	74
（4）其他提供住宿的社会服务人数	人	199	290
残疾人福利			
（1）享受困难残疾人生活补贴人数	人	77572	66560
（2）享受重度残疾人护理补贴人数	人	108364	100669
儿童福利			

续表40

	计量单位	2020年	2019年
（1）孤　儿	人	2107	2826
A 有身份信息的孤儿	人	2107	2826
（a）集中供养孤儿	人	69	78
（b）社会散居孤儿	人	2038	2748
B 无身份信息的孤儿	人	0	
社会救助			
（1）最低生活保障	人		
A 城　市			
（a）城市低保人数	人	61181	70900
其中：当月新增城市低保人数	人	281	421
当月退出城市低保人数	人	1097	2316
（b）按人员性质分类			
I 女　性	人	30162	34953
II 残疾人	人	5363	5088
其中：重度残疾人	人	3704	3354
（c）按人员年龄分类			
I 老年人	人	8729	10947
II 成年人	人	46514	53497
III 未成年人	人	5938	6456
（d）城市低保户数	户	38406	44310
B 农　村			
（a）农村低保人数	人	187235	169223
其中：当月新增农村低保人数	人	2475	2142
当月退出农村低保人数	人	1611	960

续表40

	计量单位	2020年	2019年
其中：纳入扶贫建档立卡对象	人	124846	167863
（b）按人员性质分类			
Ⅰ女　性	人	87814	78318
Ⅱ 残疾人	人	44236	39936
其中：重度残疾人	人	36287	32787
（c）按人员年龄分类			
Ⅰ 老年人	人	63336	56549
Ⅱ 成年人	人	94667	85419
（Ⅰ） 有劳动条件	人	38052	35474
（Ⅱ）无劳动条件	人	56615	49945
Ⅲ 未成年人	人	29232	27255
（d）农村低保户数	户	120209	107882
（2）特困人员救助供养			
A 城　市			
供养人数	人	658	483
（a）女性	人	157	113
残疾人	人	354	252
（b）老年人	人	274	249
未成年人	人	3	
（c）全自理	人	463	347
半护理	人	117	75
全护理	人	78	61
（d）集中供养	人	131	43
分散供养	人	527	440

续表40

	计量单位	2020 年	2019 年
B 农　村			
供养人数	人	36043	36156
（a）女　性	人	3930	4319
残疾人	人	8044	6790
（b）老年人	人	27045	27753
未成年人	人	128	147
（c）全自理	人	31498	30327
半护理	人	2870	3763
全护理	人	1675	2066
（d）集中供养	人	4152	3433
分散供养	人	31891	32723
（3）临时救助	人次	138100	135648
A 按属地分类			
（a）当地户籍	人次	137726	134257
（b）非当地户籍	人次	374	1391
B 按对象分类			
（a）低保人员	人次	27036	16930
（b）特困人员	人次	5621	6209
（c） 其　他	人次	105443	112509
（4）生活无着流浪乞讨人员救助			
救助总人次数	人次	5187	6026
A 在站救助人次数	人次	4708	6025
（a）有身份信息的人员救助人次数	人次	4622	5968
其中：流浪未成年人救助人次数	人次	213	416

续表40

	计量单位	2020 年	2019 年
（b）无身份信息的人员救助人次数	人次	86	57
B 站外救助人次数	人次	479	1
（a）有身份信息的人员救助人次数	人次	468	
其中：流浪未成年人救助人次数	人次		
（b）无身份信息的人员救助人次数	人次	11	1
（5）其他生活救助（含传统救济）	人	2062	4846
其他社会服务			
（一）其他社会服务机构	个	16	16
1. 按机构类型分	个		
（1）婚姻登记机构	个	8	8
（2）殡葬机构	个	8	8
2. 按登记类型分	个		
（1）工商登记	个	4	2
（2）编办登记	个	12	14
（3）民政登记	个		
（二）其他社会服务事务			
1. 婚　姻			
（1）结婚登记	对	38781	40007
其中：涉外及港澳台登记	对		
（2）离婚登记	对	16898	16999
2. 殡　葬			
火化遗体数	具	3838	3474
（1）有身份信息的火化遗体数	具	3755	3374
（2）无身份信息的火化遗体数	具	83	100

索引

说明：

一、本索引把年检的条目（统计资料、表格、概况、综述、彩页除外）用主题分析方法，按汉语拼音字母顺序排列。

二、类目、分目、专稿标题用黑体字表明。

三、索引名称后的阿拉伯数字表示内容所在的页码，拉丁字母（a、b、c）表示栏别（从左至右分1、2、3栏）。

A

案件管理　131b
安全生产三年行动　149a
安全管理　194c
爱国卫生活动　242b

B

8月　16b
办文办会　57c
保密工作　60c
保密自查自评工作监督检查　61a
“不忘初心、牢记使命”主题教育　61b
帮扶重点群体就业　85b
表彰奖励　89a
保障民生　132b
保障性安居工程建设　153b
保障园区建设资金　202c
保险业　209b
保险市场监管　210a
保险服务　211b
病媒生物防制工作　242a
北塔区　287c

C

产业发展　26b
城乡居民生活　31b
城乡居民人均可支配收入　31b
城乡居民工资性收入　32a
城乡居民经营性净收入　32b
城乡居民转移净收入　32a
城乡居民财产净收入　32a
财经工作　60b
常委会自身建设　73a
促进社会综合治理　76a
财经监督　76b
创业带动就业　85c
城乡居民养老保险　87a
参与脱贫攻坚　99c
惩治腐败　104c
参政议政　107c
参政议政　108c
参政议政　109c
成立湘中幼专总支　109c
参政议政　110b
参政议政　111c
残疾人脱贫攻坚　122b
残疾人教育就业　122c
残疾人维权　122c
残疾人精准康复服务　122c
残疾人宣传文化体育活动　123a
残联组织建设　123a
创新内保保安联防联控工作机制　128a
产业和园区经济　135c
长江经济带发展　138c
财　政　142a
财政运行总体平稳　142b
财政管理　143b
财政审计　144c
常规及其他统计调查　145c
城乡建设与生态环境　152a
城乡建设　153a
·城市管理·　154b
·城市建设投资经营·　155b
产业转型　156b
垂直管理制度改革　159a
创建国家森林城市　172c
产业数字化　183a
诚信体系建设　184a
产业园区　184b
产业高质发展　186b
创新联合社治理机制　192a
创新转型　202a
存贷业务　207a
存贷业务　207c
·财信证券·　213b
创优评奖　229c
出生缺陷防治　240b
城乡建设　273a
城步苗族自治县　273c

城步摘掉贫困县帽子 275b
城步峒茶“五峒”商标注册马德里国际商标 275c
城龙高速（湖南段）开工建设 276a
蔡锷故里文化博览园开园 285a

D

大事记 11a
地　理 22a
地　貌 22a
对外经济贸易和旅游 28b
第五届全球邵商大会 57a
督查工作 58a
对台工作 59a
对台经济 59a
对台交流 59b
党史档案工作 59c
党史工作 59c
档案工作 59c
调查研究 60a
党校教育 69b
党管互联网 70b
调查研究 75c
代表工作 76c
代表建议督办 77a
代表履职活动 77c
调查研究 84b
兜底保障 90b
党内监督预警 111b
第四十一届青少年科技创新大赛 120a
第八次归侨侨眷代表大会 121a
对外经济文化交流 121c
打击治理电信网络诈骗犯罪 127b
打造城市乡村治理“平安网” 127c
党管组织 133c
地质灾害防治 141c
大气环境质量 156c
大气污染防治 157b
电信扶贫 167b
大圳灌区管理 176c
电子信息产业、软件和信息服务业 182a
东信棉业技改扩建 185a
电网发展 185a
电力服务 185b
对外贸易 189b
电商扶贫 190a
第五届全球邵商大会召开 190b
打造城乡社区综合服务平台 191c
管理改革 194a
地方金融监管 197c
地方金融稳定 198a
·党史研究· 230b
党史基础研究 230b
党史学习和宣传教育 230b
党史联络工作 230b
·地方志· 230c
·档案· 231c
档案接收征集 231c
档案保管和查阅 232a
档案编研 232a
大病保险 248a
大羊村获评全国文明村 257a
第七次全国人口普查和脱贫攻坚普查 269b
洞口县 269c
洞口县实现脱贫摘帽 271a
大祥区 283b

E

2月 12b
2020年气候表现 22b
2020 年主要天气事件 22b
儿童福利 90c
二十次常委会会议 98c
二十一次常委会会议 98c
二十二次常委会会议 99a
儿童健康服务 240a
2020年湖南（夏季）乡村文化旅游节举行 268a

F

“放管服”改革 31a
发挥离退休干部正能量 68c
服务离退休老干部 69a
扶贫工作 82a
“放管服”改革 83b
服务国防建设 96c
服务科技工作者 119b
服务创新驱动发展 119c
法制·军事 125a
法治邵阳建设 126c
法　院 132a
法律服务 132c
服务业经济 136a
服务发展 139c
服务民生 141c
防疫用品监管 148c
风险防范 165b
防雷监管 178a
发展白酒产业 184a
·纺织工业· 185a
服务民生福祉 185b
防疫保供 192b
防范金融风险 199a
法治央行建设 199b
负债业务 201a
服务实体经济 201c
风险防控 202a
服务社会民生 203b
风险防控 205a
负债业务 206a
风险管理 206c
服务地方经济发展 207a
扶贫信贷 207b
服务农业 207c
风险管理 208b
风险管控 209b
服务民生 210a
反洗钱工作 213b
非物质文化遗产保护传承 227c
·妇幼健康服务· 239c
防范重大风险 289c
附　录 294a

G

国民经济和社会发展 26a
改革开放 27a
工业和建筑业 28a
固定资产投资 28a
国内贸易和物价 28b

公车制度改革 30b
供给侧结构性改革 31a
国企国资改革 31b
工作推进会 56b
公务接待 59c
干部队伍建设 62a
港澳台统战工作 66c
巩固脱贫攻坚成果 82b
工伤保险 87b
工资福利 88b
规范管理 94c
公共资源交易 95b
工程建设专项整治 95b
共青团改革 116b
“共青团爱心专列”活动 117a
公　安 126c
公益诉讼 131a
国防动员 133b
固定资产投资 135a
工业经济与高新技术产业 135c
国有资产监督管理 139a
规范国有产权和处置管理 139b
国企改革 140a
耕地保护 140c
国土空间规划 141a
国土空间生态修复 141b
改善民生福祉 143a
固定资产投资审计 144c
工程建设项目审批制度改革 154a
公用事业 155a
固体废物规范化管理 158c
·公路· 161a
干线公路建设 163a
干线公路管养 163a
高铁项目前期工作 164b
灌区防汛抗灾 176c
灌区水资源管理与“三农”服务工作 177a
灌区“十四五”续建配套与现代化改造方案的编制与申报 177a
灌区工程建设与管理 177b
工　业 180a
国网供电 185a
国际联络交流 190c
供销合作 191b
管　理 194a
改　革 194b
管理改革 194c
个人消费信贷 203c
公益事业 211a
·国泰君安证券· 212a
改善办学条件 216b
·高等教育· 219a
·公共文化· 225a
公共文化服务体系建设 225a
·广播电视电影· 229a
公益电影放映 230a
公共卫生体系建设 236a
公立医院综合改革 236a
公共卫生检测 238c
公共服务 240c
国卫复审通过省级验收 241c
构建支持生育环境 246c
共享电单车成武冈市民出行方式新选择 261c
改善城乡面貌 271c
工　业 272c

H

海外统战工作 66c
互联网行业党建 70c
宏观经济管理 135a
核算改革 145c
后勤保障 150b
环境卫生 154b
·环境状况· 156a
环境质量 156c
·环境监管· 158a
环境监管执法 158a
环境信访调处 158b
·环境基础能力建设· 159a
环境监测 159b
环境宣传教育 159c
行业安全生产监管 164a
行业疫情防控 165a
行业绿色发展 165b
行业服务 165c
河长制基层建设 174a
衡邵干旱走廊治理 174b
湖南南山国家公园体制试点区 175a
货币金银管理 199c
·华融湘江银行邵阳分行· 208a
合规经营 210c
寒梅村入选全国乡村治理示范村 286c

J

9月 17a
建置·区划 24b
建置沿革 24b
经济综合 26a
交通和邮电 29a
金融、证券和保险 29a
教　育 29b
经济体制改革 30b
居民消费支出 32b
绩效考核 58c
建章立制和依法行政 61a
教育培训 61c
基层组织建设 62b
健全体制机制 63b
聚力创新创造 66a
机关党建 67c
机构编制工作 67c
机构编制管理 67c
机构编制监督检查 68a
机构改革 68b
教　学 69c
就业扶贫 82b
经济预测分析 84c
就业再就业 85a
就业服务 85a
就业扶贫 85c
技工院校管理 86a
机关养老保险 86c
基层民主自治 91a
就业创业 92a
基础设施改造和维护 96c
坚持党的全面领导 100b
纪检监察体制改革 104a
捐资送教助学 110a
纪念农工党成立90周年 111a
九三学社邵阳市委员会 111b
教育引领 112b
基层工会组织建设 114c
教育培训 115a
巾帼脱贫 117c
巾帼创业创新 117c
健康扶贫 118a
家庭教育 118b
基层基础建设 119a
基层组织建设 120b
检　察 129b

检务督察 131c
检察技术 132a
基层建设 133b
军分区党委十四届三次全体（扩大）
会　议 133c
价格管理 138b
减税降费和组织收入 143c
经责审计 144c
减灾救灾 149b
基层基础建设 149b
建筑产业监管 153c
建设项目环评审批 158a
交通·邮政·通信 160a
交　通 161a
交通疫情防控 161b
交通运输服务 162a
机制创新 166b
基础管理 166c
机械行业 182a
建设显示功能材料产业链 182b
建设新经济产业园 182c
建材工业 183a
基层社改造升级 192a
卷烟营销 193a
经　营 193c
经营管理 194c
经营管理 195b
金　融 196a
金融支持新冠肺炎疫情防控 197b
金融精准扶贫 198c
金融消保工作 199b
金融统计研究 199b
经理国库 200a
·交通银行邵阳分行· 202b
·建行邵阳市分行· 203a
基础管理 205b
金融服务 208c
经营管理 209a
经纪业务 212c
教育·科技 214a
教　育 215a
教育改革 215a
教师队伍建设 216a
教育督导 216a
就业工作 217a
·基础教育· 217b
机构改革 230c
·基层卫生· 236c
基层卫生人才能力建设 236c
家庭医师签约服务 237a
健康扶贫政策宣传 237a
基层医疗机构规范化建设 237c
·疾病预防控制· 238a
急性及重点传染病防治 238b
检测质量管理 238c
精神卫生 239a
计划生育技术服务 240c
·健康促进· 241c
基药配备和销售管理 244a
继续教育和学术活动 245b
健康科普教育 246a
·计划生育· 246b
计划生育家庭奖励扶助 247a
精准帮扶计划生育特殊家庭 247a
基金监管 248a
禁毒工作 267a
举办第三届“魏源杯”全国演讲大赛
269b

K

科学技术 29b
开放型经济改革 31b
科　研 69c
开展地方立法工作 76a
扩面放贷 94a
库区移民事务 94c
抗击新冠肺炎疫情 99c
抗击新冠肺炎疫情 110c
科学道德与学风建设 119b
科技下乡 119c
科普教育基地认定 120a
科技馆工作 120b
抗击新冠肺炎疫情 121b
课题立项 122a
抗击新冠肺炎疫情主题文艺创作 123b
控告申诉检察 131b
客户服务 166c
抗击新冠肺炎疫情 191a
科技工作成果转化 199c
考试工作 216c
科学技术 222b
科技助农 222c
科技成果转移转化 223c
抗疫宣传 229b

L

6月 15a
理论武装 63a
廉政建设 67c
老干部工作 68c
离退休干部党建 68c
“两不愁、三保障” 82b
劳务协作 85b
落实被征地农民社会保障 87b
劳动关系 89b
劳动监察 89b
劳动人事争议仲裁 89c
利民便民服务 94b
劳动和技能竞赛 114a
劳模推荐评选和表彰 114b
猎豹突击队拉动演练活动 129a
粮食产业调控及发展 138c
林　业 172b
领办、创办农民专业合作社 192a
利率改革 199a
零售业务 209b
旅　游 232b
旅游产业发展 232b
落实健康扶贫政策 237a
·老龄健康· 241a
老龄基层组织建设 241a
老龄法治环境建设 241b
“卤菜市长”直播带货 260c
隆回县 265a
隆回举行扶贫脱单集体婚礼 268c
隆回县易地搬迁入选国家发改委易地扶贫搬迁典型案例 269a
“隆回龙牙百合”被列为农产品地理标志产品 269b
旅游业 273a

M

民　族 26a
民生保障 27b
媒体宣传 63c
模范机关创建 66c

民办培训机构管理 86a
民　政 90b
民族宗教事务 93a
民族地区经济发展 93a
民族宗教领域综治工作 93c
民主党派与工商联 106a
民主监督 110b
面对面主题活动 117b
"梦圆2020"脱贫攻坚主题文艺创作活动 123b
"美丽邵阳我的家"主题系列文艺活动和志愿服务活动 123c
民事行政检察 130c
民事及行政审判 132b
马路市场整治 148c
·民用航空· 164c
美丽乡村建设 172a
贸易促进 190c
贸易投资促进 190c
民族教育 215c
民办教育 218a
美术作品 226c
媒体融合 229c
慢性病、地方病、寄生虫病防治 238b
免疫规划 239a
母婴安全 239c
民生保障 273b

N

年龄结构 25b
农业农村 27b
农民工服务保障 86a
凝聚共识 101a
农工党省委支持邵阳发展 111a
农业经济 136a
能源建设 136c
农村公路管养 163c
农　业 169a
农产品质量监管 171b
农机管理 171b
农业科研推广 171c
农业综合执法 171c
南山国家公园体制试点 172c
农村饮水安全保障 174c
南山国家公园通过第三方评估验收 175b
农村安全饮水 179a
能源清洁转型 185b
农业生产服务 191b
农产品流通服务 191b
农村合作金融服务 191c
内部管理 201b
内控案防 201b
·农发行邵阳市分行· 204c
内控管理 206a
农村贫困家庭签约服务 237b
农　业 272c
农业现代化 279b

P

平安邵阳建设 126b
平安交通建设 162c
平台建设 190a
品德教育 215c
普通高中教育 218a
培育高新企业 222c

Q

7月 16a
区域气候特征 22b
区位交通 24a
全市决战脱贫攻坚再动员会议 56a
全市湘南湘西承接产业转移示范区建设推进现场观摩会 57a
全面深化改革 60b
全面小康建设 60b
企业养老保险 86b
犬木塘水库移民安置 95a
全市"双助双行动"工作电视电话会议召开 99a
群众信访工作 104b
群众团体 113a
全体会议 114a
全市职工工间操大赛、气排球赛 114c
青年防疫抗疫 115b
青春建功 115c
"青年之家"创建 116a
青联改革 116c
全国科普日活动 120a
权益保障 121c
全市交通顽瘴痼疾集中整治 127c
全面防控新冠肺炎疫情 129a
企业退、入库工作 146a
·区域环境综合治理· 158b
气　象 177b
气象服务保障 177c
气象创新 177c
·轻工业· 184b
企业治理 193b
全市烟草市场综合治理工作会议 193b
全市烟田翻耕专题调度会议 193b
渠道建设 201b
渠道建设 203c
全面风险管控 204a
渠道建设 206c
青春健康教育 246a
群众性主题宣传活动 246b
全省首个鱼类健康养殖院士工作室落户武冈 261b
全域旅游 279a
犬木塘水库工程开工仪式在邵阳县举行 283a
区领导成员名录 283b
区领导成员名录 285b
区领导成员名录 287c
全国劳动模范刘令安 291a
全国劳动模范陈方清 291a
全国劳动模范王化永 291b
全国劳动模范张丽青 291b
全国劳动模范肖笑波 291b
"全国先进工作者"张国华 292a
全国三八红旗手杨淑亭 292a
全国扶贫工作先进个人 292b

R

人口·民族 25a
人口总量 25a
人口变动 25a
人口受教育情况 26a
人才队伍建设 62c
人力资源和社会保障 84c
人才工作 88a

人力资源开发 88c
人事考试 89a
人民防空事业 154a
人工繁殖野生动物处置 173b
人工智能和数字产业 182c
·人行邵阳市中支· 198a
人口监测 246c
人　物 290a

S

邵阳概览 21a
3月 13b
4月 14a
10月 17b
11月 18a
12月 19a
水　文 22a
三大攻坚战 27a
社会保障 30a
市场准入负面清单制度 31a
市党政领导机关、市直行政事业单位及部、省属派驻邵阳单位领导名单（2020年） 36a
市委新冠肺炎疫情防控、经济发展、脱贫攻坚大会 56a
市委全体会议 56c
市委办公室工作 57b
邵阳市党委办公室主任座谈会 58c
涉台服务 59b
涉台宣传教育 59b
邵阳市委保密委员会全体会议暨全市保密工作会议 61a
市直机关党建 66c
思想宣传引导 67a
事业单位登记管理 68a
生产经营类事业单位改革 68b
数字经济发展 71c
邵阳市人民代表大会 72a
市第十六届人民代表大会第六次会议 73b
市十六届人大常委会第二十八次会议 73c
市十六届人大常委会第二十九次会议 73c
市十六届人大常委会第三十次会议 74a
市十六届人大常委会第三十一次会议 74a
市十六届人大常委会第三十二次会议 74c
市十六届人大常委会第三十三次会议 74c
市十六届人大常委会第三十四次会议 75a
市十六届人大常委会第三十五次会议 75a
市十六届人大常委会第三十六次会议 75b
深化依法治市理念 75c
邵阳市人民政府 78a
市政府第五次全体扩大会议 79a
市政府常务会议 79a
市政府专题会议 80a
市政府办公室工作 80c
剩余贫困人口脱贫 82a
社会扶贫 82c
“三集中三到位”改革 83b
示范区建设 84c
失业保险 87b
事业单位人事管理 88a
社会保险基金监督 90a
社会保障卡建设 90b
社会公共事务管理 91a
思想政治和权益维护 91c
双拥共建 92c
少数民族文化体育事业 93a
十五次常委会会议 98b
十六次常委会会议 98b
十七次常委会会议 98c
十八次常委会会议 98c
十九次常委会会议 98c
市政协部署“政协委员帮千户”行动 99a
市委政协工作会议召开 99b
省政协主席李微微到邵阳调研 99b
社会服务 107b
思想建设 107c
社会服务 108a
思想建设 108b
社会服务 109a
社会服务 109c
社会服务 110c
思想建设 111c
社会服务 111c
邵阳市工商业联合会 112a
邵阳市总工会 114a
双联和城市困难职工解困脱困 114b
“送清凉”活动 115a
社会实践活动 116a
社会领域团组织建设 116b
邵阳市妇女联合会 117b
邵阳市科学技术协会 119a
邵阳市归国华侨联合会 121a
邵阳市社会科学界联合会 121c
社科普及和社科成果 122a
邵阳市残疾人联合会 122b
邵阳市文学艺术界联合会 123b
邵阳市红十字会 124b
扫黑除恶专项斗争 126b
扫黑除恶专项斗争 127a
司法改革 129c
司法改革 132b
司法行政 132b
邵阳军分区 133a
思想建设 133a
社会事业 137b
社会信用体系建设 138b
市属企业改革扫尾 140b
税　务 143c
税收征管 144a
税收服务 144a
审　计 144b
邵阳市第七次全国人口普查 145b
市场监督管理 147b
商事制度改革 147b
食品安全监管 147c
市场秩序维护 148a
森林防火 149a
邵阳海关 150c
邵阳海关举行开关揭牌仪式 151b
市容秩序 154b
市政设施 154c
生态环境 156c
声环境质量 157a
水环境质量 157a
水污染防治 157c
邵永高铁前期工作 164a
邵阳站改扩建工程 164b

·水路· 164c
市场经营 166b
社会服务 167c
森林资源保护 173c
水　利 174a
水旱灾害防御 174c
水利系统安全 175a
生态保护 176a
社区发展 176a
生态扶贫 176b
水　文 178a
水情服务 178b
水资源管理 178c
水文监测 179b
数字产业化 182c
散装水泥推广 183b
·食品工业· 183c
邵东五金小镇迈向生产智能化 184c
邵阳经济开发区 185c
社会事业 187b
商贸流通 188a
商　务 189a
市直公司经营管理 192c
市场监管 193a
石油经营 193a
·邵阳银保监分局· 200b
“三农”业务 202a
数字化经营 203c
授信业务 205c
·邵阳市农信系统· 207a
·邵阳农商银行· 207b
·邵阳平安人寿· 210a
·邵阳国寿· 211a
·邵阳平安财产· 211c
邵阳市高级技工学校 218c
邵阳学院 219a
邵阳职业技术学院 220c
邵阳广播电视大学 221c
实施守信激励和失信惩戒活动 223c
邵阳市新华书店 225a
邵阳市文化馆 225b
书法作品 226b
摄影作品 227a
诗　词 227a
邵阳日报社 228a
《邵阳城市报》 229a
《邵阳市志（1978—2004）》完成总纂和部门评审 231a
实现市县综合年鉴公开出版全覆盖 231b
市辖3个区首次公开出版综合年鉴 231b
邵阳市档案馆新馆对外开放 232a
食品安全风险监测 243b
生育关怀 247b
生育保险 247c
市本级医保稽核管理 248c
市本级特殊门诊 248c
市本级意外伤害工作 248c
市本级参保权益工作 249a
市本级个人账户工作 249a
市本级结算工作 249b
市本级特殊人员医保服务 249c
邵阳市中心医院 250a
邵阳学院附属第一医院 251c
邵阳学院附属第二医院 253b
市县区情 254a
邵东市 255a
市领导成员名录 255a
邵东星沙物流园开园 256b
邵东经开区与生态产业园正式合并 256c
邵东位列全国县域营商环境百强县第67位 256c
邵东获评国家知识产权示范县 257b
邵东市被认定为中国特色农产品优势区 257c
邵东“两廉线”正式通车 258a
市领导成员名录 258a
绥宁县 272a
深化改革 273b
邵阳县 279c
邵阳县农村垃圾收转运和集镇清扫保洁项目启动运营 283a
邵阳县塘田战时讲学院旧址被列为省级干部党性教育基地 283b
双清区 285b
双清区根治拖欠农民工工资工作获省政府表彰 287a
双清区获评全省2020年安全生产和消防工作优秀单位 287c
邵阳市承接产业转移示范区发展规划（2020—2025年） 295a
邵阳市城区生活垃圾分类工作实施方案 303a
邵阳市乡镇污水处理设施建设四年行动实施方案（2019—2022年） 306a
邵阳市老旧小区改造实施方案 312a

T

特　载 1a
统一战线工作 65a
推进议政建言 65c
推行代表票决制 76c
脱贫质量“回头看” 82c
退役军人断档补缴 86c
统计信息 90a
退役军人事务 91c
推进“廉洁单位”创建活动 104b
脱贫攻坚“护航行动” 105b
铁路、机场、高速公路建设 136b
推进市属经营性国有资产集中统一监管 139b
推进三大攻坚战 140a
推动企业做大做强做优 140b
土地供应 140c
统计工作 144c
统计法治工作 145a
统计法治宣传 145a
统计监督 145b
统计服务 146a
统计基层基础工作 146b
统计调查 146c
脱贫攻坚普查 147b
特种设备安全监管 148a
土壤污染防治 157c
·铁路· 164a
通　信 166a
特色林业产业 173c
推进“引金入邵” 200b
提升小微企业服务水平 200b
推进“断卡”行动 204b
投资者教育 213a
特殊教育 218a
体　育 233c
脱贫攻坚 278c
统计资料 315a

W

5月 14b
位　置 22a
文　化 30a
卫生和体育 30a
外事工作 59a
文明城市创建 64a
文化文艺工作 64b
网络安全和信息化管理 70a
网络综合治理 70b
维护网络意识形态安全 70c
网络主流意识宣传 71a
网络安全保障 71b
文稿服务 84b
无线电管理 95c
无线电服务 95c
无线电管制设备管理 96a
无线电监测 96a
无线电宣传 96b
委员工作 101b
慰问劳模、困难企业及职工 114b
未成年学生极端行为预防 116c
维护妇女儿童合法权益 118a
为侨服务 121b
维护社会稳定 126a
维护经济社会发展 126a
物流业管理 138a
完善业绩考核和薪酬管理 139c
稳投资、稳外贸、促消费 142c
·污染防治· 157b
污染防治“夏季攻势” 157c
网络建设和维护 167c
网　建 194b
网络开发 194c
外汇管理 200a
文化·旅游·体育 224a
文　化 225a
·文学艺术· 225c
文学作品 226a
舞蹈作品 227a
·文化遗产保护· 227b
外宣上稿 229c
文旅广体融合发展 232c
卫生健康与医疗 235a
卫生健康 236a
卫生应急体系和能力建设 238c
卫生城镇创建 241c
·卫生监督执法· 242c
卫生健康监督执法行动 242c
卫生健康领域污染治理 243a
卫生应急管理 243c
·卫生健康宣传教育· 245b
卫生健康宣传 245b
王调兵被追授“中国青年五四奖章” 256c
武冈市 258a
武冈市跻身“2020中国社会保障百佳县市” 261a
文件选登 295a

X

行政区划 24b
项目建设 27a
下发的重要文件 57b
信息及内网工作 58b
宣传工作 63a
县级融媒体中心建设 63c
新闻出版行业监管 65a
信息化惠民利民 71c
行政审批服务 83a
新冠肺炎疫情防控 91b
新冠肺炎疫情防控 92c
信　访 93c
削减信访存量 93c
协商议政 100c
巡察工作 105b
宣传和参政党理论研究 111b
“湘悦读·工力量”活动 114c
选树青年正面典型 115b
新媒宣传 116c
乡村振兴巾帼行动 118a
新时代禁毒人民战争 127a
新时代县域警务工作 128c
刑事检察 130a
刑事执行检察 130c
刑事审判 132a
湘西地区开发及易地扶贫搬迁 137c
新启动的市属企业改制 140b
汛期风险防范 149a
消防救援 149c
消防监督 149c
消防宣传 150a
新型城镇化建设 153a
巡察整改 167b
项目建设 155c
畜牧水产业 171a
休闲农业 171a
小水电清理整改 174b
汛前准备 178b
消费品工业 183b
项目建设 186a
消费促进 189c
信用体系建设 200a
消费者权益保护 204b
信贷支农 204c
·湘财证券· 212c
学校安全 216c
学校体育卫生 217b
学生资助 217b
学前教育 217b
湘中幼儿师范高等专科学校 221b
戏剧作品 226c
·新闻出版· 228a
学校卫生 239a
新邵县 261c
县领导成员名录 261c
筱溪国家湿地公园通过国家评估验收 264a
新邵县获评“全国村庄清洁行动先进县” 264b
新邵县成功创建国家卫生县城 264c
新邵县“康寿新邵”文化旅游节暨2020年夜间经济启动仪式 264c
县领导成员名录 265a
新冠肺炎疫情防控 267a
县委书记王永红赴长沙参加基层代表座谈会 268b
小沙江镇采石场生态环境突出问题整改通过省销号核查 268c
县领导成员名录 269c
县领导成员名录 272a
新冠肺炎疫情防控 272c
县领导成员名录 273c
新宁县 276b
县领导成员名录 276b
县领导成员名录 279c
乡村振兴全面实施 289b

Y

1月 12a
疫情防控及复工复产 26b
意识形态工作 63c
依法履职 75c
“一件事一次办”改革 83c
养老服务 90c
移交安置 91c
优待抚恤 92a
依法行政和民族团结进步创建工作 93a
移民脱贫增收 95a
疫情防控 112a
疫情防控 114a
疫情暖心行动 118a
依法治市 132c
优化经济发展环境 137a
以工代赈 138a
用地保障 140c
药品安全监管 148a
应急管理 148c
应急救援 149b
园林绿化 155a
邮 政 165a
邮政扶贫 165a
邮政市场管理 165c
运维建设 167a
要素保障 176b
冶金、有色金属工业 181b
·医药工业· 183c
优化营商环境 187a
烟草专卖 192c
烟叶生产 192c
盐业经营 195a
银行业 198b
有效防控重点领域风险 200c
·邮储银行邵阳市分行· 206b
业务发展 208b
业务发展 210b
义务教育 217c
音乐作品 226c
楹联作品 227a
·医疗体制改革· 236a
医疗救治和公共卫生 237a
医联体建设 237c
预防艾滋病、梅毒和乙肝母婴传播 240b
银龄安康工程 241b
医养结合项目建设 241c
预防性消毒工作 242a
·医政管理· 243b
医疗卫生资源配置 243c
医疗服务质量管理 243c
·药政管理· 244a
药事管理 244b
药品临床综合评价及经费保障 244b
药品监测及保供稳价 244b
医生培训和医学科研 245c
医疗保障 247b
医疗保险 247b
医保扶贫 248a
医药价格和招标采购 248b
医药服务 248b
异地就医 248b
医疗机构 249c
云山国家森林公园被授予“湖南夏季避暑胜地”称号 261a
优化生态环境 271c
应对新冠肺炎疫情影响强化稳就业的若干措施 308a

Z

政府工作报告 2a
自然资源 22a
宗 教 26a
重点民生实事 30a
资源、环境和安全生产 30b
中国共产党邵阳市委员会 55a
重要会议、重要文件 56a
综合调研 58a
政策研究 60a
组织工作 61b
组织疫情防控 61b
主题宣传 63b
助力疫情防控 65b
助力脱贫攻坚 65c
助力经济发展 65c
助力乡村振兴 66a
助推“邵品出邵” 66b
助推书香活动 66b
中小学教职工编制管理 68a
综合行政执法改革 68b
支援疫情防控 73a
重要会议 73b
助推改革发展 75c
专项评议 76c
专题询问 76c
重要会议 79a
“知党恩、感党恩、听党话、跟党走”脱贫攻坚主题活动推进会议 83a
政务公开 84a
政府服务热线 84a
政务云平台建设 84a
政策研究 84b
智库交流 84c
职业技能培训 86b
职业技能竞赛 86b
在全省率先实现退捕渔民“应保尽保” 87a
专业技术人员管理 87c
宗教事务管理 93b
住房公积金管理 94a
中国人民政治协商会议邵阳市委员会 97a
重要会议 98a
政协邵阳市十二届四次会议 98a
政协邵阳市十二届五次会议 98a
重要活动 99a
主要工作 99c
助推承接产业转移示范区建设 100a
助力优化营商环境 100b
增进民生福祉 100c
中共邵阳市纪律检查委员会邵阳市监察委员会 103a
重要会议 104b
重大决策部署监督检查 104c
作风建设 104c
重点领域专项整治 105a
中国国民党革命委员会邵阳市委员会 107a
组织和思想建设 107a
中国民主同盟邵阳市委员会 107b
中国民主建国会邵阳市委员会 108b
组织建设 108c
中国民主促进会邵阳市委员会 109a

组织建设 109b
中国农工民主党邵阳市委员会 110a
组织建设 110a
助力疫情防控 112a
助力企业复工复产 112b
招商引资 112c
中国共产主义青年团邵阳市委员会 115a
“智慧团建” 116a
志愿服务活动 117a
重要会议 120c
组织建设 121a
助力脱贫攻坚 121b
政法委与综治 126a
政治建警从严治警教育整顿活动 128b
职务犯罪检察 130c
仲　裁 133a
战备训练 133b
综合保障 133c
综合监督管理 134a
重点工程建设 135b
招投标、公共资源管理及代建制 137a
资本合作 139a
驻邵阳央企省企社会职能分离移交 140a
自然资源和规划管理 140c
自然资源开发利用 141a
自然资源确权登记 141c
执法监督 142a
支持疫情防控和复工复产 142c
支持园区产业发展 142c
支持“三大攻坚战” 143a
政策跟踪审计 144b
专项资金审计 144c
重点工业产品监管 148a
质量强市 148b
知识产权保护 148b
直管行业隐患排查 149a
执勤备战工作 149c
住建领域三大攻坚战 153b
综合执法 155b
自然生态监管与保护 158b
重点项目建设 161c
综合治理 162b
·中国电信邵阳分公司· 166a
·中国移动邵阳分公司· 167c
·中国联通邵阳分公司· 168a
种植业 170c
自然保护地整合优化 173a
植树造林 173a
重点项目建设 181c
重大产业项目投产 182b
中医药企业发展 183c
招商引资 186c
征地拆迁“百日大会战”和“秋季攻坚”行动 187a
招商引资 189a
·中国石化· 193c
·中国石油· 194b
资本市场建设 197c
支持复工复产 198b
支付结算服务 199c
支持重点产业和重点项目 200b
支持脱贫攻坚 200a
·中国工商银行邵阳分行· 200c
资产业务 201a
转型业务 201a
·中国农业银行邵阳分行· 201c
支持政府债务化解 202b
支持园区实体企业 202c
助力疫情防控 203a
支持重点项目和重点领域 203b
助力脱贫攻坚 203c
重点产品与业务营销 204a
·中国银行邵阳分行· 205b
资产质量管控 206b
支持复工复产 207b
政银合作 207b
·中信银行邵阳分行· 209a
支持疫情防控 209c
战略转型 210b
证券业 212a
·中等职业教育· 218b
争取项目 223a
主题报道 229b
主题活动 230a
综合治理 234b
专业人才培养 237c
职业健康 239b
执法队伍建设 242c
·中医药事业· 244c
中医药全程参与疫情防控 244c
中医药服务 245a
中医药人才培训 245a
招商引资 267b
重点项目建设 267c
邹学校院士专家工作站落户湖南军杰食品科技有限公司 268a